Правила процедуры Консультативного совещания по Договору об Антарктике и Комитета по охране окружающей среды

Дата обновления: Август 2022 г.

AF741066

ISSN 2362-2628

Secretariat of the Antarctic Treaty
Secrétariat du Traité sur l'Antarctique
Секретариат Договора об Антарктике
Secretaría del Tratado Antártico

Правила процедуры Консультативного совещания по Договору об Антарктике и Комитета по охране окружающей среды

Дата обновления: Август 2022 г.

Секретариат Договора об Антарктике

Буэнос-Айрес

2022 г.

Правила процедуры Консультативного совещания по Договору об Антарктике и Комитета по охране окружающей среды. Дата обновления: Август 2022 г.

Буэнос-Айрес: Секретариат Договора об Антарктике, 2022.

48 p.

1. Международное право. 2. Система Договора об Антарктике. 3. Международные соглашения.

ISBN 978-987-8929-18-7

ISSN 2362-2628

DDC 341.2/9

Опубликовано:

Secretariat of the Antarctic Treaty
Secrétariat du Traité sur l'Antarctique
Секретариат Договора об Антарктике
Secretaría del Tratado Antártico

Maipú 757, piso 4

C1006ACI - Buenos Aires

Argentina

Тел.: +54 11 3991-4250

Данный документ также можно найти на сайте www.ats.aq (электронная версия) и приобрести через Интернет.

СОДЕРЖАНИЕ

Пересмотренные Правила процедуры Консультативного совещания по Договору об Антарктике (принятую в 2016 г.)

1. Совещания, проводимые в соответствии со Статьей IX Договора об Антарктике, называются Консультативными совещаниями по Договору об Антарктике. Договаривающиеся Стороны, имеющие право на участие в этих Совещаниях, называются «Консультативные стороны»; другие Договаривающиеся Стороны, которые могут быть приглашены для участия в этих Совещаниях, называются «Неконсультативные стороны». Исполнительный секретарь Секретариата Договора об Антарктике называется «Исполнительный секретарь».

2. Представители Комиссии по сохранению морских живых ресурсов Антарктики, Научного комитета по антарктическим исследованиям и Совета управляющих национальных антарктических программ, приглашенные на эти Совещания в соответствии с Правилом 31, называются «Наблюдатели».

Представительство

3. Каждая Консультативная сторона представлена делегацией, состоящей из Представителя, а также Заместителей представителя, Советников и других лиц, участие которых каждое Государство сочтет необходимым. Каждая Неконсультативная сторона, приглашенная на Консультативное совещание, представлена делегацией, состоящей из Представителя и лиц, участие которых она сочтет необходимым, в количественных пределах, которые могут периодически устанавливаться Правительством принимающей Стороны по согласованию с Консультативными сторонами. Комиссия по сохранению морских живых ресурсов Антарктики, Научный комитет по антарктическим исследованиям и Совет управляющих национальных антарктических программ должны быть представлены, соответственно, своим Председателем или Президентом или другими лицами, назначенными для этой цели. Фамилии членов делегаций и Наблюдателей сообщаются Правительству принимающей Стороны до открытия Совещания.

4. Делегации указываются в алфавитном порядке на языке Стороны, принимающей Совещание, причем все делегации Неконсультативных сторон

следуют за делегациями Консультативных сторон, а все делегации Наблюдателей следуют за Неконсультативными сторонами.

Должностные лица

5. Представитель Правительства принимающей Стороны является Временным председателем Совещания и выполняет председательские функции до тех пор, пока Совещание не изберет Председателя.

6. На вступительном заседании от одной из Консультативных сторон избирается Председатель. Представители других Консультативных сторон выступают в качестве Заместителей председателя в порядке очередности проведения Совещаний. Председатель обычно председательствует на всех пленарных заседаниях. Если он отсутствует на заседании или на его части, то на таком заседании на основе ротации и в алфавитном порядке, как это определено в Правиле 4, председательствуют Заместители председателя.

Секретариат

7. Исполнительный секретарь исполняет функции Секретаря Совещания. Он (она) отвечает за обеспечение административно-технической поддержки Совещания при содействии Правительства принимающей Стороны, как это предусмотрено в Статье 2 Меры 1 (2003 г.), применяемой на временной основе в соответствии с Решением 2 (2003 г.) до вступления в силу Меры 1.

Заседания

8. Первое пленарное заседание является открытым, остальные заседания являются закрытыми, если Совещание не примет иного решения.

Комитеты и Рабочие группы

9. В целях содействия своей работе Совещание может создавать комитеты, которые оно сочтет необходимыми для осуществления своих функций, и определять круг их полномочий.

10. Работа комитетов осуществляется в соответствии с Правилами процедуры Совещания, за исключением случаев, когда они неприменимы.

11. Совещание или созданные им комитеты могут создавать Рабочие группы для рассмотрения различных вопросов повестки дня. В конце каждого Консультативного Совещания при принятии предварительной повестки дня следующего Совещания (в соответствии с положениями Правила 36) Совещание определяет предварительный порядок формирования и задействования Рабочих групп. Данный порядок включает в себя:

a) формирование Рабочей группы (Рабочих групп) для следующего Совещания;

b) назначение Председателя Рабочей группы (Председателей Рабочих групп)

c) определение пунктов повестки дня для каждой Рабочей группы.

При принятии Совещанием решения о целесообразности создания Рабочих групп на срок более одного года Председатели этих Рабочих групп сразу же могут назначаться на срок, соответствующий одному или двум очередным Совещаниям. В последующем срок назначения Председателей Рабочих групп может продлеваться еще на один или два года, но не может составлять более четырех лет подряд для одной и той же Рабочей группы.

Если Совещание не может назначить Председателей Рабочих групп для следующего Совещания, таковые назначаются в начале следующего Совещания.

Регламент

12. Две трети представителей Консультативных сторон, принимающих участие в Совещании, составляют кворум.

13. Председатель осуществляет свои должностные полномочия в соответствии с обычной практикой. Он следит за соблюдением Правил процедуры и поддержанием надлежащего порядка. Исполняя свои функции, Председатель остается подотчетным Совещанию.

14. В соответствии с Правилом 28 ни один Представитель не может выступать на Совещании без предварительного разрешения Председателя, а Председатель предоставляет делегатам слово в том порядке, в котором они заявили о своем желании выступить. Председатель может призвать выступающего к порядку, если его замечания не имеют отношения к обсуждаемому предмету.

15. Во время обсуждения любого вопроса Представитель Консультативной стороны может попросить слово по порядку ведения, и решение по порядку ведения принимается Председателем незамедлительно в соответствии с Правилами процедуры. Представитель Консультативной стороны может опротестовать решение Председателя. Протест незамедлительно выносится на голосование, и решение Председателя остается в силе в том случае, если оно не отклоняется большинством голосов Представителей Консультативных сторон, присутствующих на заседании и участвующих в голосовании. Представитель Консультативной стороны, взявший слово по порядку ведения, не должен выступать по сути обсуждаемого вопроса.

16. Совещание может ограничить время, отведенное каждому выступающему, а также число выступлений по любому вопросу. Если дебаты были ограничены таким образом, а Представитель исчерпал время, отведенное на его выступление, Председатель незамедлительно призывает его к порядку.

17. Во время обсуждения любого вопроса Представитель Консультативной стороны может внести предложение о том, чтобы отложить его обсуждение. Помимо предложившей Стороны, Представители двух Консультативных сторон имеют право выступить за такое предложение и еще двух – против него, после чего предложение незамедлительно ставится на голосование. Председатель может ограничить время, отведенное тем, кто выступает в соответствии с настоящим Правилом.

18. Представитель Консультативной стороны может в любое время внести предложение о том, чтобы завершить обсуждение какого-либо вопроса, независимо от того, изъявил ли желание выступить какой-либо другой Представитель. Разрешение выступить по вопросу о завершении

обсуждения дается только Представителям двух Консультативных сторон, выступающим против его завершения, после чего предложение незамедлительно ставится на голосование. Если Совещание примет решение о прекращении обсуждения, Председатель должен объявить дискуссию завершенной. Председатель может ограничить время, отведенное тем, кто выступает в соответствии с настоящим Правилом. (Это Правило не распространяется на обсуждения в комитетах.)

19. Во время обсуждения любого вопроса Представитель Консультативной стороны может внести предложение о том, чтобы приостановить или прервать работу Совещания. Такие предложения не выносятся на обсуждение, а незамедлительно ставятся на голосование. Председатель может ограничить время, отведенное тому, кто выступил с предложением приостановить или прервать работу Совещания.

20. При условии соблюдения Правила 15, перечисленные далее предложения имеют приоритет перед всеми другими предложениями, внесенными на рассмотрение Совещания, в указанном порядке убывания приоритета:

a) приостановить Совещание;

b) прервать Совещание;

c) отложить дебаты по обсуждаемому вопросу;

d) завершить дебаты по обсуждаемому вопросу.

21. Решения Совещания по всем процедурным вопросам принимаются большинством голосов Представителей Консультативных сторон, участвующих в Совещании, причем каждый из них имеет один голос.

Языки

22. Официальными языками Совещания являются английский, испанский, русский и французский языки.

23. Любой Представитель может выступить на языке, не входящим в число официальных. Однако в этом случае он должен обеспечить синхронный перевод своего выступления на один из официальных языков.

Меры, Решения. Резолюции и Заключительный отчет

24. Без ущерба для Правила 21 Меры, Решения и Резолюции, о которых идет речь в Решении 1 (1995 г.), принимаются Представителями всех присутствующих Консультативных сторон и в дальнейшем регулируются положениями Решения 1 (1995).

25. В Заключительном отчете содержится также краткое изложение хода работы Совещания. Он утверждается большинством голосов Представителей присутствующих Консультативных сторон, а Исполнительный секретарь направляет его на рассмотрение Правительствам всех Консультативных и Неконсультативных сторон, которые были приглашены принять участие в Совещании.

26. Несмотря на Правило 25, сразу после окончания Консультативного совещания Исполнительный секретарь уведомляет все Консультативные стороны обо всех принятых Мерах, Решениях и Резолюциях и направляет им заверенные копии окончательных формулировок на соответствующем языке Совещания. В отношении любой Меры, принятой в соответствии с процедурами, предусмотренными в Статьях 6 или 8 Приложения V к Протоколу, в соответствующем уведомлении указывается также срок, отведенный для ее утверждения этой Меры.

Неконсультативные стороны

27. Представители Неконсультативных сторон, приглашенные на Консультативное совещание, могут присутствовать:

a) на всех пленарных заседаниях Совещания; и

b) на заседаниях всех официальных Комитетов или Рабочих групп, в состав которых входят все Консультативные стороны, если Представитель Консультативной стороны не потребует иного в каком-либо конкретном случае.

28. Соответствующий Председатель может предложить Представителю Неконсультативной стороны выступить на Совещании, заседании Комитета или Рабочей группы, на котором он присутствует, если Представитель какой-либо Консультативной стороны не потребует иного. При этом Председатель должен всегда отдавать приоритет Представителям Консультативных сторон,

которые выражают желание выступить, и, предлагая Представителям Неконсультативных сторон выступить на Совещании, может ограничить время, отведенное каждому выступающему, и число выступлений по любому вопросу.

29. Неконсультативные стороны не имеют права участвовать в принятии решений.

30.

a) Неконсультативные стороны могут представлять в Секретариат документы для распространения на Совещании в качестве информационных документов. Такие документы должны иметь отношение к вопросам, обсуждаемым на Совещании во время заседания Комитетов.

b) Если Представитель Консультативной стороны не потребует иного, такие документы распространяются только на языке или языках, на которых они были представлены.

Наблюдатели в системе Договора об Антарктике

31. Наблюдатели, упомянутые в Правиле 2, присутствуют на Совещании с конкретной целью представления Докладов по следующим вопросам:

a) в случае Комиссии по сохранению морских живых ресурсов Антарктики – развитие событий в сфере ее компетенции;

b) в случае Научного комитета по антарктическим исследованиям:

   i) деятельность СКАР в целом;

   ii) вопросы, относящиеся к компетенции СКАР в соответствии с Конвенцией о сохранении антарктических тюленей;

   iii) публикации и отчеты, которые могли быть опубликованы или подготовлены в соответствии с Рекомендациями IX-19 и VI-9, соответственно;

c) в случае Совета управляющих национальных антарктических программ – деятельность в сфере его компетенции.

32. Наблюдатели могут присутствовать:

a) на пленарных заседаниях Совещания, на которых рассматривается соответствующий Доклад;

b) на заседаниях официальных Комитетов или Рабочих групп, в состав которых входят все Договаривающиеся Стороны, где рассматривается соответствующий Доклад, если Представитель Консультативной стороны не потребует иного в каком-либо конкретном случае.

33. После представления соответствующего Доклада Председатель соответствующего заседания может предложить Наблюдателю еще раз выступить на Совещании, на котором рассматривается этот Доклад, если Представитель Консультативной стороны не потребует иного. Председатель может ограничить время, отведенное для таких выступлений.

34. Наблюдатели не имеют права участвовать в принятии решений.

35. Наблюдатели могут представить в Секретариат свой Доклад и/или документы, относящиеся к обсуждаемым в нем вопросам, для распространения на Совещании в качестве рабочих документов.

Повестка дня Консультативного совещания

36. В конце каждого Консультативного совещания Правительство принимающей Стороны готовит предварительную повестку дня следующего Консультативного совещания. Если Совещание утверждает предварительную повестку дня следующего Совещания, она прилагается к Заключительному отчету Совещания.

37. Любая Договаривающаяся Сторона может предложить дополнительные вопросы для включения в предварительную повестку дня предстоящего Консультативного совещания, сообщив об этом Правительству принимающей Стороны не позднее, чем за 180 дней до начала Совещания; каждое такое предложение должно сопровождаться пояснительной запиской. Правительство принимающей Стороны обращает внимание всех Договаривающихся Сторон на это Правило не позднее, чем за 210 дней до начала Совещания.

38. Правительство принимающей Стороны готовит проект повестки дня Консультативного совещания. В состав проекта повестки дня входят:

a) все вопросы, включенные в предварительную повестку дня, принятую в соответствии с Правилом 36; и

b) все вопросы, включение которых было предложено какой-либо Договаривающейся Стороной в соответствии с Правилом 37.

Не позднее, чем за 120 дней до Совещания Правительство принимающей Стороны направляет всем Договаривающимся Сторонам проект повестки дня вместе с пояснительными записками и другими относящимися к ней документами.

Эксперты от международных организаций

39. В конце каждого Консультативного совещания Совещание решает, каким международным организациям, имеющим научные или технические интересы в Антарктике, нужно предложить назначить экспертов для участия в предстоящем Совещании, чтобы они оказали содействие в его работе по существу.

40. Любая Договаривающаяся Сторона может впоследствии предложить направить приглашение в другие международные организации, имеющие научные или технические интересы в Антарктике, чтобы они оказали содействие Совещанию в его работе по существу; каждое такое предложение направляется Правительству принимающей Стороны не позднее, чем за 180 дней до начала Совещания и сопровождается запиской с изложением оснований для такого предложения.

41. Правительство принимающей Стороны направляет эти предложения всем Договаривающимся Сторонам в соответствии с процедурой, изложенной в Правиле 38. Любая Консультативная Сторона, у которой имеются возражения против такого предложения, должна заявить об этом не позднее, чем за 90 дней до начала Совещания.

42. Если такие возражения не поступили, Правительство принимающей Стороны направляет приглашения международным организациям, определенным согласно Правилам 39 и 40, и просит каждую международную организацию сообщить фамилию назначенного эксперта Правительству принимающей Стороны до открытия Совещания. Все такие эксперты могут присутствовать на Совещании при рассмотрении всех вопросов, за исключением тех, которые относятся к работе Системы Договора об

Антарктике и были определены на предыдущем Совещании или после принятия повестки дня.

43. Соответствующий Председатель с согласия всех Консультативных сторон может предложить эксперту выступить на Совещании, на котором он присутствует. Председатель должен всегда отдавать приоритет Представителям Консультативных или Неконсультативных сторон или Наблюдателям, упомянутым в Правиле 31, которые выразили желание выступить, и, предоставляя слово эксперту, может ограничить время, отведенное на его выступление, и число выступлений по любому вопросу.

44. Эксперты не имеют права участвовать в принятии решений.

45.

a) Эксперты могут представлять в Секретариат документы, относящиеся к соответствующему пункту повестки дня, для их распространения на Совещании в качестве информационных документов.

b) Если Представитель Консультативной стороны не потребует иного, такие документы распространяются только на том языке или языках, на которых они были представлены.

Межсессионные консультации

46. В межсессионный период Исполнительный секретарь, действуя в пределах своей компетенции, как это установлено Мерой 1 и соответствующими актами, регулирующими деятельность Секретариата, проводит консультации с Консультативными сторонами, когда это юридически необходимо в рамках соответствующих актов КСДА и когда неотложные обстоятельства требуют принятия мер до начала следующего КСДА, с соблюдением следующей процедуры:

a) Каждая Консультативная сторона должна регулярно уведомлять Исполнительного секретаря о своем Представителе и Заместителях Представителя, уполномоченных выступать от имени свей Консультативной стороны в ходе межсессионных консультаций;

b) Исполнительный секретарь должен вести перечень Представителей и Заместителей Представителя и следить за его актуальностью;

c) В случае необходимости проведения межсессионных консультаций Исполнительный секретарь направляет соответствующую информацию и любые предлагаемые меры всем Консультативным сторонам через Представителей и Заместителей Представителя, назначенных ими в соответствии с вышеприведенным пунктом (а), с указанием необходимого срока предоставления ответов;

d) Исполнительный секретарь должен убедиться в том, что все Консультативные стороны подтвердили получение такой информации;

e) Каждая Консультативная сторона рассматривает данный вопрос и к указанному сроку направляет Исполнительному секретарю ответ, если таковой имеется, через своего Представителя или Заместителей Представителя;

f) Исполнительный секретарь, сообщив Консультативным сторонам о результатах консультаций, может приступить к осуществлению предлагаемых мер, если ни у одной Консультативной стороны нет никаких возражений;

g) Исполнительный секретарь ведет учет межсессионных консультаций, включая результаты таких межсессионных консультаций и принятые им/ею меры, и отражает эти результаты и меры в своем отчете, представляемом на рассмотрение КСДА.

47. в межсессионный период при получении информационного запроса о деятельности КСДА от международной организации, имеющей научный или технический интерес в Антарктике, Исполнительный секретарь должен скоординировать ответ по следующей процедуре:

a) Исполнительный секретарь должен направить запрос и первый проект ответа всем Консультативным сторонам через их Представителей или Заместителей Представителя, назначенных ими в соответствии с Правилом 46(а), с предложением предоставить ответ на запрос и указанием соответствующей даты, к которой Консультативные стороны должны либо (1) сообщить о нецелесообразности ответа, либо (2) предоставить комментарии к первоначальному проекту ответа. Указанная дата должна предусматривать разумное количество времени для предоставления комментариев с учётом сроков, установленных в первоначальных информационных запросах. Если какая-либо Консультативная сторона сообщит о нецелесообразности ответа, Исполнительный секретарь должен отправить только формальный ответ, подтверждающий получение запроса, без рассмотрения существа вопроса.

b) Если возражения по существу отсутствуют и до даты, указанной в запросе, о котором говорится выше в пункте (a), предоставлены комментарии, Исполнительный секретарь должен переработать ответ с учётом комментариев и направить переработанный ответ всем Консультативным сторонам с указанием соответствующей даты, к которой требуется предоставление ответов;

c) Если до даты, указанной в запросе, о котором говорится выше в пункте (b), предоставляются какие-либо дополнительные комментарии, Исполнительный секретарь должен повторять процедуру, описанную выше в пункте (b), до тех пор пока поступление комментариев не закончится;

d) Если до даты, указанной в запросе, о котором говорится выше в пунктах (a), (b) или (c), комментарии не предоставляются, Исполнительный секретарь должен разослать всем окончательный вариант с запросами, как оперативного цифрового подтверждения в электронном виде «прочитано», так и оперативного подтверждения в электронном виде «одобрено» от каждой Консультативной стороны с указанием даты, к которой подтверждение «одобрено» должно быть получено. Исполнительный секретарь должен осведомлять Консультативные стороны о ходе поступления подтверждений. После получения подтверждения «одобрено» от всех Консультативных сторон Исполнительный секретарь должен от имени всех Консультативных сторон подписать и отправить ответ заинтересованной международной организации и предоставить копию подписанного ответа всем Консультативным сторонам.

e) На любом этапе данного процесса любая Консультативная сторона может попросить большее количество времени на рассмотрение вопроса.

f) На любом этапе данного процесса любая Консультативная сторона может сообщить о нецелесообразности предоставления ответа на запрос. В таком случае Исполнительный секретарь должен отправить только формальный ответ, подтверждающий получение запроса, без рассмотрения существа вопроса.

Документы совещания

48. Рабочими документами должны называться документы, представленные Консультативными сторонами, которые требуют обсуждения и принятия решений на Совещании, а также документы, представленные Наблюдателями согласно положениям Правила 2.

49. Документами Секретариата должны называться документы, подготовленные Секретариатом согласно мандату, установленному на Совещании, или документы, которые, по мнению Исполнительного секретаря, помогут информировать участников Совещания или содействовать его проведению.

50. Информационными документами должны называться:

- документы, представленные Консультативными сторонами или Наблюдателями, в которых содержится информация в поддержку какого-либо Рабочего документа или информация, которую необходимо обсудить на Совещании;
- документы, представленные Неконсультативными сторонами, которые необходимо обсудить на Совещании;
- документы, представленные Экспертами, которые необходимо обсудить на Совещании.

51. Вспомогательными документами должны называться документы, представленные любым участником, которые не будут вноситься на рассмотрение на Совещании и представлены с целью формального предоставления информации.

52. Руководство по представлению, переводу и распространению документов прилагается к настоящим Правилам процедуры.

Поправки

53. Настоящие Правила процедуры могут быть изменены двумя третями голосов Представителей Консультативных сторон, принимающих участие в Совещании. Настоящее Правило не распространяется на Правила 24, 27, 29, 34, 39-42, 44 и 46, изменение которых требует согласия Представителей всех Консультативных сторон, присутствующих на Совещании.

Приложение

Руководство по представлению, переводу и распространению документов КСДА и КООС

1. Настоящее Руководство регулирует представление, перевод и распространение официальных документов Консультативного совещания по Договору об Антарктике (КСДА) и Комитета по охране окружающей среды (КООС), к которым относятся Рабочие документы, Документы Секретариата, Информационные документы и Вспомогательные документы.

2. В документах, представляемых на КСДА и на заседание КООС, по мере необходимости должно быть указано, какие части документа или содержащиеся в нем вопросы должны, по мнению авторов документа, обсуждаться на соответствующем заседании.

3. Переводу подлежат следующие документы: Рабочие документы, Документы Секретариата, доклады КСДА, представленные Наблюдателями на КСДА и приглашёнными Экспертами в соответствии с положениями Рекомендации XIII-2 или в связи со Статьёй III-2 Договора об Антарктике, а также Информационные документы, по которым Консультативная сторона подала запрос на перевод. Вспомогательные документы переводу не подлежат.

4. Объём документов, подлежащих переводу, кроме отчётов Межсессионных контактных групп (МКГ), созванных КСДА или КООС, Отчётов Председателя Совещания экспертов Договора об Антарктике, а также Отчёта и Программы Секретариата, не должен превышать 1500 слов. Объем документа рассчитывается без учёта предлагаемых Мер, Решений и Резолюций и вложений к ним.

5. Документы, подлежащие переводу, должны быть получены Секретариатом не позднее, чем за 45 дней до начала Консультативного совещания. Если такие документы предоставляются позднее, чем за 45 дней до начала Консультативного совещания, они могут рассматриваться только при отсутствии возражений всех Консультативных сторон.

6. Информационные документы, по которым не было запроса на перевод, и Вспомогательные документы, которые участники хотят включить в Заключительный отчёт, должны быть получены Секретариатом не позднее, чем за 30 дней до начала Совещания.

7. По каждому документу, предоставленному Стороной Договора, Секретариат назначит Наблюдателя или Эксперта в день подачи документа.

8. Если в Секретариат вновь направляется на перевод пересмотренный вариант документа, подготовленный после его первоначального представления, в пересмотренном варианте текста должны быть чётко указаны внесённые изменения.

9. Документы следует направлять в Секретариат в электронном виде. Все документы будут размещаться на главной странице сайта КСДА, созданной Секретариатом для данного КСДА. Рабочие документы, полученные до установленного срока в 45 дней, должны быть размещены на странице в кратчайшие сроки, но в любом случае не позднее, чем за 30 дней до начала Совещания. Изначально документы будут размещаться на страницах сайта, защищённых паролем, а после завершения Совещания они будут перемещаться на страницы, не защищённые паролем.

10. Стороны могут согласиться с тем, чтобы документы, перевод которых не был запрошен, были представлены в Секретариат для перевода во время Совещания.

11. Ни один документ, представленный на КСДА, не будет использоваться в качестве основы для обсуждения на КСДА или КООС, если он не был переведён на четыре официальных языка Совещания.

12. В течение трёх месяцев после окончания Консультативного совещания Секретариат должен разместить на главной странице сайта КСДА предварительный вариант Заключительного отчёта данного Совещания на четырёх официальных языках Совещания. Данный вариант Отчёта должен иметь чёткую пометку «ПРОЕКТ» и указания о том, что он подлежит финальному форматированию и прохождению процедуры публикации.

13. В течение шести месяцев после окончания Консультативного совещания Секретариат должен распространить среди Сторон и разместить на главной странице сайта КСДА Заключительный отчёт данного Совещания на четырёх официальных языках Совещания.

Пересмотренные Правила процедуры Комитета по охране окружающей среды (принятую в 2011 г.)

Правило 1

Если не установлено иное, применяются Правила процедуры Консультативного совещания по Договору об Антарктике.

Правило 2

Для целей настоящих Правил процедуры:

a) выражение «Протокол» означает Протокол по охране окружающей среды к Договору об Антарктике, подписанный в Мадриде 4 октября 1991 года;
b) выражение «Стороны» означает Стороны Протокола;
c) выражение «Комитет» означает Комитет по охране окружающей среды согласно определению, приведенному в Статье 11 Протокола;
d) выражение «Секретариат» означает Секретариат Договора об Антарктике.

Часть I Представители и эксперты

Правило 3

Каждая Сторона Протокола имеет право быть членом Комитета по охране окружающей среды и назначать представителя, которого могут сопровождать эксперты и советники, обладающие необходимой научной, экологической или технической квалификацией.

Каждый член Комитета сообщает имя и должность своего представителя Правительству принимающей Стороны, как можно раньше до начала каждого заседания Комитета, а имена и должности консультантов предоставляются либо до начала заседания, либо на его открытии.

Часть II Наблюдатели и консультации

Правило 4

Статус наблюдателя в Комитете может быть предоставлен:

a) любой Договаривающейся Стороне Договора об Антарктике, не являющейся Стороной Протокола;

b) Президенту Научного комитета по антарктическим исследованиям, Председателю Научного комитета Комиссии по сохранению морских живых ресурсов Антарктики и Председателю Совета управляющих национальных антарктических программ или назначенным ими представителям;
c) по согласованию с Консультативным совещанием по Договору об Антарктике, другим научным, природоохранным и техническим организациям, которые занимаются вопросами охраны окружающей среды и могут внести вклад в работу Комитета.

Правило 5

Каждый наблюдатель сообщает Правительству Принимающей стороны имя и должность своего представителя, как можно раньше до начала каждого заседания Комитета.

Правило 6

Наблюдатели могут принимать участие в обсуждении, но не принимают участия в принятии решений.

Правило 7

В процессе исполнения своих функций Комитет, при необходимости, консультируется с Научным комитетом по антарктическим исследованиям, Научным комитетом Комиссии по сохранению морских живых ресурсов Антарктики, Советом управляющих национальных антарктических программ и другими научными, природоохранными и техническими организациями.

Правило 8

При необходимости Комитет может запрашивать мнение экспертов по конкретным вопросам.

Часть III Совещания

Правило 9

Комитет заседает раз в год – обычно и желательно, в связи с проведением Консультативного совещания по Договору об Антарктике и в том же месте. По согласованию с КСДА и с целью исполнения своих обязанностей Комитет также может проводить совещания в период между ежегодными заседаниями.

Комитет может создавать контактные группы открытого состава для изучения конкретных вопросов и представления отчета Комитету.

Контактные группы открытого состава, создаваемые для проведения работы в межсессионный период, работают следующим образом:

a) при необходимости, Комитет согласует на своем заседании координатора контактной группы и указывает его в своем заключительном отчете;
b) при необходимости, Комитет согласует техническое задание контактной группы и включает его в свой заключительной отчет;
c) при необходимости, Комитет согласует способы поддержания связи между членами контактной группы – например, такие, как электронная почта, онлайновый дискуссионный форум, поддерживаемый Секретариатом и неформальные встречи – и включает их в свой заключительной отчет;
d) представители, желающие принять участие в работе контактной группы, сообщают координатору о своей заинтересованности через дискуссионный форум, по электронной почте или иным приемлемым способом;
e) координатор, используя приемлемые способы связи, сообщает всем членам контактной группы о ее составе;
f) вся переписка своевременно предоставляется всем членам контактной группы;
g) выступая с комментариями, члены контактной группы указывают, от чьего имени они говорят.

Комитет может также принимать решения о создании других неформальных подгрупп или рассматривать другие способы работы, включая, среди прочего, семинары и видеоконференции.

Правило 10

При необходимости, Комитет может создавать вспомогательные органы по согласованию с Консультативным совещанием по Договору об Антарктике.

Эти вспомогательные органы осуществляют деятельность на основе соответствующих Правил процедуры Комитета.

Правило 11

На заседания Комитета распространяются Правила процедуры, касающиеся подготовки повестки дня Консультативного совещания по Договору об Антарктике.

До начала каждого заседания вспомогательного органа Секретариат, проконсультировавшись с Председателем Комитета и соответствующего вспомогательного органа, готовит и распространяет предварительную аннотированную повестку дня.

Часть IV   Представление документов

Правило 12

1. Рабочими документами должны называться документы, представленные Членами Комитета, которые требуют обсуждения и принятия решений на Совещании, а также документы, представленные Наблюдателями согласно положениям Правила 4(b).

2. Документами Секретариата должны называться документы, подготовленные Секретариатом согласно мандату, установленному на Совещании, или документы, которые, по мнению Исполнительного секретаря, помогут информировать участников Совещания или содействовать его проведению.

3. Информационными документами должны называться:

- документы, представленные Членами Комитета или Наблюдателями согласно положениям Правила 4(b), в которых содержится информация в поддержку какого-либо Рабочего документа или информация, которую необходимо обсудить на Совещании;
- документы, представленные Наблюдателями согласно положениям Правила 4(a), которые необходимо обсудить на Совещании;
- документы, представленные Наблюдателями согласно положениям Правила 4(c), которые необходимо обсудить на Совещании.

4. Вспомогательными документами должны называться документы, которые не будут вноситься на рассмотрение на Совещании и представлены с целью формального предоставления информации.

5. Руководство по представлению, переводу и распространению документов прилагается к настоящим Правилам процедуры.

Часть V   Соображения и рекомендации

Правило 13

Комитет старается прийти к консенсусу в отношении рекомендаций и соображений, которые он предоставляет в соответствии с Протоколом.

При отсутствии возможности достижения консенсуса, Комитет отражает в своем отчете все точки зрения по данному вопросу.

Часть VI Решения

Правило 14

При необходимости принятия решений, решения по существу вопроса принимаются членами комитета, присутствующими на заседании, на основе консенсуса. Решения по вопросам процедурного характера принимаются простым большинством голосов членов Комитета, присутствующих на заседании и участвующих в голосовании. Каждый член комитета имеет один голос. Решение о том, носит ли тот или иной вопрос процедурный характер, принимается методом консенсуса.

Часть VII Председатель и заместители Председателя

Правило 15

Комитет избирает Председателя, а также двух заместителей Председателя из числа представителей Консультативных сторон. Председатель и заместители Председателя избираются на два года, и, по возможности, таким образом, чтобы сроки их полномочий не совпадали.

Председатель и заместители Председателя переизбираются на свои должности не более чем на один дополнительный двухлетний срок. Председатель и заместители Председателя не могут быть представителями одной и той же Стороны.

Заместитель Председателя, который исполнял эти обязанности в течение более длительного периода времени (в общей сложности, учитывая любой предыдущий срок пребывания в этой должности), становится Первым заместителем Председателя.

В случае, когда оба заместителя Председателя, назначаются впервые на одном и том же заседании, Комитет принимает решение о том, какой из заместителей Председателя избирается в качестве Первого заместителя Председателя.

Правило 16

Среди прочих обязанностей на Председателя возлагаются следующие обязанности и полномочия:

a) созывать, открывать, вести и закрывать каждое заседание Комитета;
b) выносить решения по порядку ведения на каждом заседании Комитета при условии, что каждый представитель сохраняет за собой

право подать просьбу о том, чтобы любое такое решение было подано в Комитет для одобрения;

c) одобрять предварительную повестку дня заседаний после проведения консультации с представителями;
d) подписывать от имени Комитета отчет каждого заседания;
e) представлять Консультативному совещанию по Договору об Антарктике отчет о каждом заседании Комитета, упомянутый в Правиле 22;
f) в случае необходимости выступать с инициативой о проведении межсессионной работы
g) по согласованию с Комитетом представлять Комитет на других форумах.

Правило 17

Если Председатель не может исполнять свои обязанности, его полномочия и обязанности берет на себя Первый заместитель Председателя.

Если ни Председатель, ни Первый заместитель Председателя не могут исполнять свои обязанности, полномочия и обязанности Председателя берет на себя Второй заместитель Председателя.

Правило 18

В случае если должность Председателя освобождается в период между заседаниями, Первый заместитель исполняет полномочия и обязанности Председателя до тех пор, пока не будет избран новый Председатель.

Если в период между заседаниями освобождается и должность Председателя, и должность Первого заместителя Председателя, Второй заместитель исполняет полномочия и обязанности Председателя до тех пор, пока не будет избран новый Председатель.

Правило 19

Председатель и заместители Председателя приступают к исполнению своих функций по окончании заседания Комитета, на котором они были избраны.

Часть VIII Административные средства

Правило 20

Как правило, Комитет и любые вспомогательные органы используют административные средства Правительства, согласившегося провести их заседания в своей стране.

Часть IX Языки

Правило 21

Официальными языками Комитета и, в соответствующих случаях, вспомогательных органов, упомянутых в Правиле 10, являются английский, французский, русский и испанский языки.

Часть X Материалы и отчеты

Правило 22

Комитет направляет на Консультативное совещание по Договору об Антарктике отчёт о каждом из своих заседаний. Отчёт охватывает все вопросы, обсуждавшиеся на заседании Комитета, включая межсессионные заседания Комитета и, в соответствующих случаях, его вспомогательных органов, и отражает высказанные точки зрения. Кроме того, в отчёт включается полный перечень официально распространённых Рабочих, Информационных и Вспомогательных документов. Отчёт направляется Консультативному совещанию по Договору об Антарктике на официальных языках Совещания. Отчёт направляется Сторонам и присутствовавшим на заседании наблюдателям, после чего передаётся в общедоступные источники информации.

Часть XI Поправки

Правило 23

Комитет может принимать поправки к настоящим Правилам процедуры, которые подлежат утверждению Консультативным совещанием по Договору об Антарктике

.

Решение 4 (2017 г.): Порядок назначения Председателей Рабочих групп Консультативного совещания по Договору об Антарктике

Представители,

напоминая о том, что Правило 11 пересмотренных Правил процедуры Консультативного совещания по Договору об Антарктике, приложенных к Решению 2 (2015 г.) (далее - Правила процедуры), наделяет Консультативное совещание по Договору об Антарктике (далее - КСДА) правом учреждения Рабочих групп и назначения Председателей Рабочих групп;

отмечая, что в Правиле 11 Правил процедуры ничего не говорится об организационных вопросах назначения Председателей Рабочих групп;

напоминая о том, что на XXXIX КСДА (2016 г.) было принято решение разработать Порядок назначения Председателей Рабочих групп;

принимают следующее решение: отбор соискателей и назначение Председателей Рабочих групп осуществляются в соответствии с представленным ниже порядком:

1. Не менее чем за 180 дней до проведения каждого Консультативного совещания по Договору об Антарктике (далее - КСДА) Секретариат Договора об Антарктике (далее - Секретариат) проводит консультации со всеми Председателями Рабочих групп, назначенными на предыдущем Совещании, на предмет их готовности возглавлять Рабочую группу, если они соответствуют критериям Правила 11 пересмотренных Правил процедуры Консультативного совещания по Договору об Антарктике, приложенных к Решению 2 (2015 г.) (далее - Правила процедуры).

2. Не менее чем за 120 дней до проведения каждого КСДА Секретариат выпустит циркуляр, чтобы:

а) напомнить Консультативным Сторонам о предварительных договорённостях в отношении Рабочих групп, определённых на предыдущем Совещании в соответствии с Правилом 11 Правил процедуры, в том числе о:

i. созданных Рабочих группах;

ii. назначенных председателях Рабочих групп; а также

iii. распределении пунктов повестки дня для каждой Рабочей группы;

а также

b) уведомить Консультативные Стороны:

i. о тех предварительно назначенных Председателях Рабочих групп, которые сообщили, что на предстоящем Совещании или после него не смогут занимать должность председателя Рабочей группы, или которые не соответствуют критериям для продолжения работы в качестве Председателя конкретной Рабочей группы после предстоящего Совещания в соответствии с Правилом 11 Правил процедуры; а также

ii. о том, в течение скольких последовательно проведённых Совещаний другие ныне действующие Председатели Рабочих групп выполняли функции Председателя в одной и той же Рабочей группе и на сколько лет они были назначены;

а также

(с) в случаях предположительного возникновения вакансий обратиться к Консультативным сторонам с просьбой представить кандидатуры на должности Председателей Рабочих групп не позднее чем за 60 дней до начала КСДА, указав, что в каждом представлении:

i. должна содержаться кандидатура лица, обладающего хорошими практическими знаниями Системы Договора об Антарктике, практических сторон работы КСДА и рассматриваемых вопросов;

ii. должно быть указано, что соответствующая Сторона выразила поддержку своему кандидату на эту должность, по крайней мере на следующем Совещании и, возможно, на срок до 4 лет, отмечая требование к Председателям Рабочих групп участвовать в ежегодных Совещаниях и надлежащим образом готовиться к ним, а также быть готовыми взять на себя руководство или координацию деятельности в межсессионный период; а также

iii. должна быть указана предметная область (области), на которую выдвигается кандидат, с учётом того, что на предстоящем Совещании может быть принято решение о создании новых или иных Рабочих групп.

3. До начала КСДА Секретариат выпускает дополнительный Циркуляр, в котором подводятся итоги представления кандидатур.

4. На КСДА в рамках пункта повестки дня, касающегося выборов должностных лиц и создания Рабочих групп, Председатель КСДА:

а) напоминает Консультативным Сторонам о необходимости создания Рабочих групп и назначения Председателей Рабочих групп в соответствии с Правилом 11 Правил процедуры КСДА;

b) сообщает о Председателях Рабочих групп, предварительно назначенных в конце предыдущего Совещания, и об их готовности занимать эту должность на текущем Совещании;

c) если какой-либо Председатель Рабочей группы, предварительно назначенный в конце предыдущего Совещания, более не может занимать эту должность, сообщает о том, были ли получены представления каких-либо кандидатур до проведения Совещания; а также

d) предлагает представить кандидатуры, а если на какую-либо вакантную должность представлены две кандидатуры или больше, применяется процедура, описанная в пунктах 5(c)-(f) ниже.

5. На КСДА в рамках пункта повестки дня, касающегося организации следующего Совещания, Консультативные Стороны, насколько это практически возможно, используют следующую процедуру для назначения председателя (а также при необходимости сопредседателя или сопредседателей) какой-либо Рабочей группы, предварительно создаваемой для последующего Совещания:

a) Председатель кратко излагает текущую ситуацию в отношении готовности и соответствия критериям нынешних председателей Рабочих групп для работы на следующем КСДА и сообщает о поступивших в Секретариат других кандидатурах и выражениях заинтересованности;

b) Председатель предлагает сообщить о наличии заинтересованности или представить кандидатуры во время проведения Совещания;

c) для признания выборов состоявшимися необходим кворум;

d) каждая Консультативная сторона имеет право на один голос (в каждом туре голосования, если требуется несколько туров);

e) решение о результате выборов принимается простым большинством голосов присутствующих и участвующих в голосовании Консультативных сторон; а также

f) при наличии более двух кандидатов на должность Председателя Рабочей группы проводится несколько туров голосования с выбыванием кандидата, набравшего наименьшее количество голосов, в каждом туре.

6. При назначении Председателей Рабочих групп по возможности:

a) устанавливается постепенная сменяемость с разными сроками пребывания на посту Председателей различных Рабочих групп для обеспечения преемственности опыта Председателей Рабочих групп на всех КСДА; а также

b) несколько Председателей Рабочих групп не могут быть представителями от одной и той же Стороны, и при назначении обеспечивается гендерное и географическое разнообразие.

Решение 1 (2016 г.): Статус наблюдателей в Комитете по охране окружающей среды

Представители,

действуя в соответствии с рекомендацией Комитета по охране окружающей среды (КООС);

на основании Решения 1 (2000 г.) по вопросу подтверждения статуса наблюдателей в отношении ряда организаций;

принимают следующее решение:

В соответствии с положениями Правила 4с Правил процедуры Комитета по охране окружающей среды подтвердить статус наблюдателей в КООС до принятия Консультативным совещанием по Договору об Антарктике иного решения следующим организациям: АСОК, МААТО, МГО, МГЭИК, МСОП, ЮНЕП и ВМО.

Стороны

Изначально Договор подписали двенадцать стран, которые осуществляли деятельность в Антарктике в течение Международного геофизического года 1957-58 гг., а затем приняли приглашение Правительства Соединенных Штатов Америки принять участие в дипломатической конференции в Вашингтоне в 1959 г., в ходе которой состоялись переговоры по Договору об Антарктике. Эти Стороны имеют право участвовать в совещаниях, предусмотренных Статьей IX Договора (Консультативные совещания по Договору об Антарктике, КСДА).

После 1959 года, Договор сопровождается другими 43 государств. Согласно пункту 2 Статьи IX, они имеют право участвовать в Консультативных совещаниях в течение того времени, пока они проявляют свою заинтересованность в Антарктике «*проведением там существенной научно-исследовательской деятельности*». В соответствии с этим положением Семнадцать присоединившихся стран получили подтверждение своей деятельности в Антарктике, вследствие чего в настоящее время насчитывается в общей сложности 26 девять Консультативных сторон. Остальные двадцать три Неконсультативных сторон приглашаются присутствовать на Консультативных совещаниях, но не участвуют в принятии решений.

В таблице ниже представлена следующая информация:

- День, когда Договор вступил в силу для каждой Стороны. Для Сторон, изначально подписавших Договор, – это 23 июня 1961 г. Для стран, присоединившихся к Договору позднее, – это день, когда они внесли свои документы о присоединении к Договору.
- Консультативный статус первоначальных участников (отмеченных звёздочкой *), который является постоянным, отсчитывается со дня вступления Договора в силу: 23 июня 1961 г. Для остальных Сторон указан день, когда КСДА подтвердило консультативный статус данной Стороны.
- День, когда Протокол по охране окружающей среды вступил в силу для каждой Стороны. Протокол изначально вступил в силу 14 января 1998 г.
- Страны, являющиеся Сторонами Конвенции о сохранении тюленей Антарктики (КОАТ) или Конвенции о сохранении морских живых ресурсов Антарктики (АНТКОМ), отмечены «галочкой».

Страна	**Вступление в силу**	**Консультативный статус**	**Протокол по охране окружающей среды**	**КОАТ**	**АНТКОМ**
Австралия*	23 Июн 1961	23 Июн 1961	14 Янв 1998	X	X
Австрия	25 Авг 1987		26 Авг 2021		
Аргентина*	23 Июн 1961	23 Июн 1961	14 Янв 1998	X	X
Беларусь	27 Дек 2006		15 Авг 2008		
Бельгия*	23 Июн 1961	23 Июн 1961	14 Янв 1998	X	X
Болгария	11 Сен 1978	05 Июн 1998	21 Май 1998		X
Бразилия	16 Май 1975	27 Сен 1983	14 Янв 1998	X	X
Великобритания*	23 Июн 1961	23 Июн 1961	14 Янв 1998	X	X
Венгрия	27 Янв 1984				
Венецуэла	24 Мар 1999		31 Авг 2014		
Гватемала	31 Июл 1991				
Германия	05 Фев 1979	03 Мар 1981	14 Янв 1998	X	X
Греция	08 Янв 1987		14 Янв 1998		X
Дания	20 Май 1965				
Индия	19 Авг 1983	12 Сен 1983	14 Янв 1998		X
Исландия	13 Окт 2015				

Страна	**Вступление в силу**	**Консультативный статус**	**Протокол по охране окружающей среды**	**КОАТ**	**АНТКОМ**
Испания	31 Мар 1982	21 Сен 1988	14 Янв 1998		X
Италия	18 Мар 1981	05 Окт 1987	14 Янв 1998	X	X
Казахстан	27 Янв 2015				
Канада	04 Май 1988		13 Дек 2003	X	X
Китай	08 Июн 1983	07 Окт 1985	14 Янв 1998		X
Колумбия	31 Янв 1989		14 Мар 2020		
Корея демократическая	21 Янв 1987				
Корея; республика	28 Ноя 1986	09 Окт 1989	14 Янв 1998		X
Коста-Рика	11 Авг 2022				
Куба	16 Авг 1984				
Малайзия	31 Окт 2011		14 Сен 2016		
Монако	31 Май 2008		31 Июл 2009		
Монголия	23 Мар 2015				
Нидерланды	30 Мар 1967	19 Ноя 1990	14 Янв 1998		X
Новая Зеландия*	23 Июн 1961	23 Июн 1961	14 Янв 1998		X
Норвегия*	23 Июн 1961	23 Июн 1961	14 Янв 1998	X	X

Страна	Вступление в силу	Консультативный статус	Протокол по охране окружающей среды	КОАТ	АНТКОМ
Пакистан	01 Мар 2012		31 Мар 2012		X
Папуа Новая Гвинея	16 Мар 1981				
Перу	10 Апр 1981	09 Окт 1989	14 Янв 1998		X
Польша	23 Июн 1961	29 Июл 1977	14 Янв 1998	X	X
Португалия	29 Янв 2010		10 Окт 2014		
Российская Федерация*	23 Июн 1961	23 Июн 1961	14 Янв 1998	X	X
Румыния	15 Сен 1971		05 Мар 2003		
Словакия	01 Янв 1993				
Словения	22 Апр 2019				
Соединенные Штаты Америки*	23 Июн 1961	23 Июн 1961	14 Янв 1998	X	X
Турция	24 Янв 1996		27 Окт 2017		
Украина	28 Окт 1992	04 Июн 2004	24 Июн 2001		X
Уругвай	11 Янв 1980	07 Окт 1985	14 Янв 1998		X
Финляндия	15 Май 1984	20 Окт 1989	14 Янв 1998		X
Франция*	23 Июн 1961	23 Июн 1961	14 Янв 1998	X	X

Страна	**Вступление в силу**	**Консультативный статус**	**Протокол по охране окружающей среды**	**КОАТ**	**АНТКОМ**
Чешская Республика	14 Июн 1962	01 Апр 2014	24 Сен 2004		
Чили*	23 Июн 1961	23 Июн 1961	14 Янв 1998	X	X
Швейцария	15 Ноя 1990		01 Июн 2017		
Швеция	24 Апр 1984	21 Сен 1988	14 Янв 1998		X
Эквадор	15 Сен 1987	19 Ноя 1990	14 Янв 1998		
Эстония	17 Май 2001				
Южная Африка*	23 Июн 1961	23 Июн 1961	14 Янв 1998	X	X
Япония*	23 Июн 1961	23 Июн 1961	14 Янв 1998	X	X

Совещания

Каждый год двенадцать Сторон, первоначально подписавших Договор, и те Стороны, которые проявляют свою заинтересованность в Антарктике «проведением там существенной научно-исследовательской деятельности» – вместе называемые Консультативными сторонами – встречаются «*с целью обмена информацией, взаимных консультаций по вопросам Антарктики, представляющим общий интерес, а также разработки, рассмотрения и рекомендации своим правительствам мер, содействующих осуществлению принципов и целей настоящего Договора*» (Ст. IX). Это Консультативное совещание по Договору об Антарктике (КСДА).

В 1998 г., в год вступления в силу Протокола по охране окружающей среды к Договору об Антарктике, был создан Комитет по охране окружающей среды (КООС). Заседания КООС обычно проводятся одновременно с КСДА для решения вопросов, связанных с охраной и рациональным использованием окружающей среды, и предоставления рекомендаций КСДА. Помимо очередных Консультативных совещаний и заседаний КООС, Консультативные стороны также созывают Специальные консультативные совещания по Договору об Антарктике и Совещания экспертов для рассмотрения конкретных проблем.

Совещания	**Даты**	**Страна**
КСДА XLIV - КООС XXIV	23 Май - 2 Июн 2022	Берлин, Германия
КСДА XLIII - КООС XXIII	14 – 24 Июн 2021	Париж, Франция
КСДА XLII - КООС XXII	1 - Июл 2019	Прага, Чешская Республика
КСДА XLI - КООС XXI	13 - Май 2018	Буэнос-Айрес, Аргентина
КСДА XL - КООС XX	22 Май - 01 Июн 2017	Пекин, Китай
КСДА XXXIX - КООС XIX	23 Май - 01 Июн 2016	Сантиаго, Чили

Совещания	Даты	Страна
КСДА XXXVIII - КООС XVIII	01 - 10 Июн 2015	София, Болгария
КСДА XXXVII - КООС XVII	28 Апр - 07 Май 2014	Бразилиа, Бразилия
КСДА XXXVI - КООС XVI	20 - 29 Май 2013	Брюссель, Бельгия
КСДА XXXV - КООС XV	11 - 20 Июн 2012	Хобарт, Австралия
КСДА XXXIV - КООС XIV	20 Июн - 01 Июл 2011	Буэнос-Айрес, Аргентина
КСДА XXXIII - КООС XIII	03 - 14 Май 2010	Пунта-дель-Эсте, Уругвай
СЭ Изменение климата	06 - 09 Апр 2010	Своллбер, Норвегия
СЭ морской туризм	09 - 11 Дек 2009	Веллингтоне, Новая Зеландия
КСДА XXXII - КООС XII	06 - 17 Апр 2009	Балтимор, Соединенные Штаты Америки
КСДА XXXI - КООС XI	02 - 13 Июн 2008	Киев, Украина
КСДА XXX - КООС X	30 Апр - 11 Май 2007	Нью-Дели, Индия
КСДА XXIX - КООС IX	12 - 23 Июн 2006	Эдинбург, Великобритани я
КСДА XXVIII - КООС VIII	06 - 17 Июн 2005	Стокгольм, Швеция
КСДА XXVII - КООС VII	24 Май - 04 Июн 2004	Кейптаун, Южная Африка
СЭ Туризм	22 - 25 Мар 2004	Тремсе, Норвегия
КСДА XXVI- КООС VI	09 - 20 Июн 2003	Мадрид, Испания

Совещания	**Даты**	**Страна**
КСДА XXV - КООС V	10 - 20 Сен 2002	Варшава, Польша
КСДА XXIV - КООС IV	09 - 20 Июл 2001	С-нкт Петербург, Российская Федерация
СКСДА XII - КООС III	11 - 15 Сен 2000	Гага, Нидерланды
СЭ Судоходство	17 - 19 Апр 2000	Лондон, Великобритания
КСДА XXIII - КООС II	24 Май - 04 Июн 1999	Лима, Перу
КСДА XXII - КООС I	25 Май - 05 Июн 1998	Тремсе, Норвегия
КСДА XXI	19 - 30 Май 1997	Крайстчерч, Новая Зеландия
КСДА XX	29 Апр - 10 Май 1996	Утрехт, Нидерланды
КСДА XIX	08 - 19 Май 1995	Сеул, Корея; республика
КСДА XVIII	11 - 22 Апр 1994	Киото, Япония
КСДА XVII	11 - 20 Ноя 1992	Венеция, Италия
СЭ Мониторинг окружающей среды	01 - 04 Июн 1992	Буэнос-Айрес, Аргентина
КСДА XVI	07 - 18 Окт 1991	Бонн, Германия
СКСДА XI-4	03 - 04 Окт 1991	Мадрид, Испания
СКСДА XI-3	17 - 22 Июн 1991	Мадрид, Испания
СКСДА XI-2	22 - 30 Апр 1991	Мадрид, Испания
СКСДА XI-1	19 Ноя - 06 Дек 1990	Виньа дел Мар, Чили
СКСДА X	19 Ноя 1990	Виньа дел Мар, Чили
КСДА XV	09 - 20 Окт 1989	Париж, Франция

Совещания	Даты	Страна
СКСДА IX	09 Окт 1989	Париж, Франция
СЭ Безопасность полетов	02 - 05 Май 1989	Париж, Франция
СКСДА VIII	20 - 21 Сен 1988	Париж, Франция
Конф. Анализ действия КОАТ	12 - 16 Сен 1988	Лондон, Великобритания
СКСДА IV-12	02 Май - 02 Июн 1988	Веллингтон, Новая Зеландия
СКСДА IV-11	18 - 29 Янв 1988	Веллингтон, Новая Зеландия
КСДА XIV	05 - 16 Окт 1987	Рио де Жанейро, Бразилия
СКСДА VII	05 Окт 1987	Рио де Жанейро, Бразилия
СКСДА IV-10	11 - 20 Май 1987	Монтевидео, Уругвай
СКСДА IV-9	27 Окт - 12 Ноя 1986	Токио, Япония
СКСДА IV-8	14 - 25 Апр 1986	Гобарт, Австралия
КСДА XIII	08 - 18 Окт 1985	Брюссель, Бельгия
СКСДА VI	07 Окт 1985	Брюссель, Бельгия
СКСДА IV-7	23 Сен - 04 Окт 1985	Париж, Франция
СКСДА IV-6	26 Фев - 08 Мар 1985	Рио де Жанейро, Бразилия
СКСДА IV-5	23 - 31 Май 1984	Токио, Япония
СКСДА IV-4	18 - 27 Янв 1984	Вашингтон, Соединенные Штаты Америки
КСДА XII	13 - 27 Сен 1983	Канберра, Австралия
СКСДА V	12 Сен 1983	Канберра, Австралия

Совещания	**Даты**	**Страна**
СКСДА IV-3	11 - 22 Июл 1983	Бонн, Германия
СКСДА IV-2	17 - 28 Янв 1983	Веллингтон, Новая Зеландия
СКСДА IV-1	14 - 25 Июн 1982	Веллингтон, Новая Зеландия
КСДА XI	23 Июн - 07 Июл 1981	Буэнос-Айрес, Аргентина
СКСДА III	03 Мар 1981	Буэнос-Айрес, Аргентина
Конф. АНТКОМ	07 - 20 Май 1980	Канберра, Австралия
СКСДА II-3	05 - 06 Май 1980	Канберра, Австралия
КСДА X	17 Сен - 05 Окт 1979	Вашингтон, Соединенные Штаты Америки
СЭ Телеком 3	11 - 15 Сен 1978	Вашингтон, Соединенные Штаты Америки
СКСДА II-2	17 - 28 Июл 1978	Буэнос-Айрес, Аргентина
СКСДА II-1	27 Фев - 10 Мар 1978	Канберра, Австралия
КСДА IX	19 Сен - 07 Окт 1977	Лондон, Великобритания
СКСДА I	25 - 29 Июл 1977	Лондон, Великобритания
КСДА VIII	09 - 20 Июн 1975	Осло, Норвегия
КСДА VII	30 Окт - 10 Ноя 1972	Веллингтон, Новая Зеландия
Конф. КОАТ	03 - 11 Фев 1972	Лондон, Великобритания
КСДА VI	19 - 31 Окт 1970	Токио, Япония
СЭ Телеком 2	01 - 12 Сен 1969	Буэнос-Айрес, Аргентина

Совещания	**Даты**	**Страна**
КСДА V	18 - 29 Ноя 1968	Париж, Франция
СЭ Логистика	03 - 08 Июн 1968	Токио, Япония
КСДА IV	03 - 18 Ноя 1966	Сантиаго, Чили
КСДА III	02 - 13 Июн 1964	Брюссел, Бельгия
СЭ Телеком 1	24 - 28 Июн 1963	Вашингтон, Соединенные Штаты Америки
КСДА II	18 - 28 Июл 1962	Буэнос-Айрес, Аргентина
КСДА I	10 - 24 Июл 1961	Канберра, Австралия
Конф. Антарктика	15 Окт - 01 Дек 1959	Вашингтон, Соединенные Штаты Америки

www.ingramcontent.com/pod-product-compliance
Lightning Source LLC
LaVergne TN
LVHW082235051026
849532LV00012B/3988
* 9 7 8 9 8 7 8 9 2 9 1 8 7 *

Grands arrêts du droit de la concurrence
2004 - 2022

Pratiques anticoncurrentielles

Volume I – Règles de fond

ISBN 979-10-94201-65-7

Ouvrages Concurrences

La version électronique de ces ouvrages est disponible sur le site concurrences.com.

Mélanges

Laurence Idot Liber Amicorum, Vol. I & II, *Christophe Lemaire, Francesco Martucci (dir.), 2022*

Eleanor M. Fox – Antitrust Ambassador to the World, *2022*

Frédéric Jenny – Standing Up for Convergence and Relevance in Antitrust, Vol. I & II, *2021*

Herbert Hovenkamp – The Dean of American Antitrust Law, *2021*

Albert A. Foer – A Consumer Voice in the Antitrust Arena, *2020*

Richard Whish – Taking Competition Law Outside the Box, *2020*

Wang Xiaoye – The Pioneer of Competition Law in China, *Adrian Emch, Wendy Ng (eds.), 2019*

Douglas H. Ginsburg – An Antitrust Professor on the Bench, Vol. I & II, *2018 & 2021*

Ian S. Forrester – A Scot Without Borders, Vol. I & II, *Assimakis Komninos et al. (eds.), 2015*

William E. Kovacic: An Antitrust Tribute, Vol. I & II, *Nicolas Charbit et al. (eds.), 2013 & 2014*

Thèses

Bargaining Power, Competition and Innovation, *Morgane Guignard, 2023*

Abuse of Platform Power: Leveraging Conduct in Digital Markets under EU Competition law and Beyond, *Friso Bostoen, 2023*

Reform of Chinese State-owned enterprises: What China Can Learn From the Practice of Competitive Neutrality Policy in Australia, *Xue Bai, 2023*

La soumission des banques au droit de la concurrence, *Antonin Pitras, 2022*

L'entreprise contrevenante en droit des pratiques anticoncurrentielles, *Etienne Thomas, 2021*

Droit de la commande publique et droit de l'Union européenne : Étude sur une dynamique commune, *Vincent Bridoux, 2021*

Competition and Regulation in Network Industries: Essays in Industrial Organization, *Jean-Marc Zogheib, 2021*

La faute lucrative en droit de la concurrence, *Godefroy de Moncuit de Boiscuillé, 2020*

The Role of Media Pluralism in the Enforcement of EU Competition Law, *Konstantina Bania, 2019*

Les accords de report d'entrée (Pay-for-delay), *Walid Chaiehloudj, 2019*

Buyer Power in EU Competition Law, *Ignacio Herrera Anchustegui, 2017*

Google, la presse et les journalistes, *Guillaume Sire, 2015*

L'Union européenne et le droit international des subventions, *Loïc Wagner, 2015*

Pratiques

Dictionnaire de droit de la concurrence, *Muriel Chagny, Emmanuel Combe (dir.), 2023*

Global Dictionary of Competition Law, *Deborah Healey, William E. Kovacic, Pablo Trevisán, Richard Whish (eds.), 2023*

Judicial Review of Competition Cases, *Tim Eicke, Douglas H. Ginsburg, Nicholas Forwood (eds.), 2023*

Antitrust in Life Sciences, *Michael Cowie, George G. Gordon, Mélanie Thill-Tayara (eds.), 2023*

State Aid & National Enforcement, *Jacques Derenne, Denis Jouve, Christophe Lemaire, Francesco Martucci (dir.), 2023*

Grands arrêts du droit de la concurrence – Pratiques anticoncurrentielles – Volume II : Mise en œuvre, Nouvelle édition, *Laurence Idot (dir.), 2022*

Grands arrêts du droit de la concurrence – Concentrations, Nouvelle édition, *Laurence Idot (dir.), 2022*

Grands arrêts du droit de la concurrence – Aides d'État, Nouvelle édition, *Laurence Idot (dir.), 2022*

Grands arrêts du droit de la concurrence – Régulations, *Francesco Martucci (dir.), 2019*

Grands arrêts du droit de la concurrence – Distribution & Pratiques commerciales déloyales, *Nicolas Ferrier & Frédéric Buy (dir.), 2019*

Competition Law Treatment of Joint Ventures, *Benedict Bleicher, Neil Campbell, Andrea Hamilton, Niko Hukkinen, Arshad (Paku) Khan, Alastair Mordaunt (eds.), 2022 (in collaboration with the IBA)*

Information Exchange and Related Risks – A Practical Guide, *Zoltán Marosi & Marcio Soares (eds.), 2022 (in collaboration with the IBA)*

Rulemaking Authority of the US Federal Trade Commission, *Daniel A. Crane (ed.), 2022*

The International Competition Network at Twenty, *Dave Anderson & Paul Lugard (eds.), 2022*

Competition Case Law Digest – 5th Edition, *Frédéric Jenny, Nicolas Charbit (eds.), 2022*

Competition Inspections in 21 Jurisdictions – A Practitioner's Guide, *Nathalie Jalabert-Doury (ed.), 2022*

Perspectives on Antitrust Compliance, *Anne Riley, Andreas Stephan, Anny Tubbs (eds.), 2022 (in collaboration with the ICC)*

Turkish Competition Law, *Gönenç Gürkaynak, 2021*

Les pratiques commerciales déloyales, *Erwann Kerguelen, Jean-Louis Fourgoux, Leyla Djavadi (dir.), 2021*

Les inspections de concurrence des autorités françaises, *Nathalie Jalabert-Doury, 2e édition, 2021*

Competition Law, Climate Change & Environmental Sustainability, *Simon Holmes, Dirk Middelschulte, Martijn Snoep (eds.), 2021*

La réparation des préjudices causés par les pratiques anticoncurrentielles, *Rafael Amaro, Jean-François Laborde, 2e édition, 2020*

Competition Inspections under EU Law – A Practitioner's Guide, *Nathalie Jalabert-Doury, 2020*

Merger Control in Latin America – A Jurisdictional Guide, *Paulo Burnier da Silveira, Pamela Sittenfeld (eds.), 2020*

Gun Jumping in Merger Control, A Jurisdictional Guide, *Catriona Hatton, Yves Comtois, Andrea Hamilton (eds.), 2019*

Choice – A New Standard for Competition Analysis ?, *Paul Nihoul et al., 2016*

Ouvrages généraux

Chroniques (décalées) d'un économiste, *Emmanuel Combe, 2022*

Women & Antitrust – Voices from the Field, Vol. I & II, *Evelina Kurgonaite & Kristina Nordlander (eds.), 2020*

Petit manuel (irrévérencieux) d'économie, *Emmanuel Combe, 2018*

A quoi sert la concurrence ?, *Martine Behar-Touchais et al. (ed.), 2014*

Colloques

Antitrust in Emerging and Developing Countries, Vol I & II, *Eleanor Fox, Harry First (eds.), 2015 & 2016*

Global Antitrust Law – Current Issues in Antitrust Law and Economics, *Douglas Ginsburg, Joshua Wright (eds.), 2015*

Competition Law on the Global Stage: David Gerber's Global Competition Law in Perspective, *David Gerber, 2014*

Sommaire

Préface

Six ans se sont écoulés depuis la publication de la première édition des *Grands Arrêts du droit de la concurrence,* dont le lancement en 2014 était justifié par le dixième anniversaire de l'entrée en vigueur des divers textes porteurs de la modernisation du droit de la concurrence. Les caractéristiques de l'ouvrage n'ayant pas été modifiées, l'on renverra à la préface de la première édition (ci-après) et ces brefs propos seront centrés sur les évolutions postérieures.

Le changement le plus visible est d'abord d'ordre matériel. Toutes les affaires retenues n'ont pas nécessairement donné lieu à des « grands arrêts ». Certaines ne sont que « notables », mais, le fait qu'elles soient récentes leur donne un intérêt, qu'elles perdront peut-être au fil du temps… comme les secrets d'affaires. Elles ont été néanmoins retenues dans le souci d'être utile aux praticiens. L'accroissement des commentaires retenus qui en résulte a justifié une multiplication du nombre des volumes, un ouvrage spécifique étant désormais consacré à chacune des composantes du droit de la concurrence, parfois deux, comme en droit des pratiques anticoncurrentielles, le premier portant sur le droit substantiel, le second sur la mise en œuvre des règles.

S'agissant des règles de fond, qui font l'objet du présent volume, les articles 101 et 102 TFUE sont naturellement au cœur de tous les débats, y compris devant les autorités et juridictions nationales. Quant aux règles françaises spécifiques, plus que les quelques applications de l'interdiction des accords exclusifs d'importation dans les départements d'outre-mer de l'article L 420-2-1 c. com., devra être surveillée l'interdiction de l'abus de dépendance économique de l'article L 420-2 c. com., confirmée par la cour d'appel de Paris dans l'affaire *Apple* (CA Paris, 6 oct. 2022, RG n° 20/0852), l'arrêt étant rendu après le bouclage du présent ouvrage. Le maintien de ces interdictions nationales devrait être de notre point de vue remis en cause à l'occasion de la révision du règlement n° 1/2003, lancée en juin 2022.

Le champ d'application des articles 101 et 102 TFUE est désormais bien stabilisé, y compris sur le plan géographique, depuis l'arrêt *Intel* de 2017, qui est indéniablement l'un des grands arrêts de ces dernières années. En revanche, l'intégration d'autres intérêts publics, illustrée par les débats sur l'application de l'article 101 TFUE au secteur de l'agriculture pourrait devenir plus prégnante dans les années à venir, du fait de la contribution de la politique de concurrence au Pacte vert.

En matière d'ententes, l'on est frappé par la persistance des débats sur la notion de restriction par objet que l'arrêt *Cartes bancaires* de 2014 n'a pas éteints. On l'a vu apparaître y, compris dans quelques affaires de cartels, où le contentieux, qui a sensiblement diminué soulève surtout des problèmes de mise en œuvre. Il a surtout été au cœur de l'analyse des accords de report d'entrée qui ont été une nouvelle illustration de l'application de l'article 101 TFUE aux accords horizontaux, tandis qu'en matière verticaux, le traitement de la distribution en ligne a fait l'objet d'affinements, désormais pris en compte dans le nouveau règlement sur les accords verticaux (Règlement (UE) 2022/720 de la Commission du 10 mai 2022 concernant l'application de l'article 101, paragraphe 3, du traité sur le fonctionnement de l'Union européenne à des catégories d'accords verticaux et de pratiques concertées, JOUE, n° L 134, 11 mai 2022) accompagné des nouvelles lignes directrices (JOUE, n° C 248, 30 juin 2022).

Même si quantitativement son application est plus restreinte, l'article 102 TFUE est au cœur du contentieux, ce qui s'explique en grande partie, par l'utilisation qui en est faite pour appréhender les comportements des grands opérateurs du secteur numérique. En-dehors du renouveau des pratiques d'exploitation, qui n'est pas sans soulever des difficultés, le cadre d'analyse des pratiques d'éviction a été provisoirement fixé par l'arrêt *Intel* de 2017, qui est sans doute le plus important de la période, non seulement pour l'interprétation de l'article 102 TFUE, mais également pour ses autres apports, y compris procéduraux et processuels. Il est désormais constamment cité dans les affaires les plus récentes concernant les GAFAS, notamment l'arrêt *Google Android* (Trib. UE, 14 sept. 2022, aff. T-604/18) rendu lui aussi après le bouclage de l'ouvrage. Ces affaires en cours, qui illustrent également les limites de la distinction entre pratiques d'éviction et pratiques d'exploitation, feront certainement partie de la prochaine édition de l'ouvrage. En attendant leur issue, il est toujours utile de revenir aux fondamentaux et de s'imprégner de la jurisprudence antérieure.

Nous souhaitons que le second regard (« second look ») des lecteurs sur ces arrêts qui nous ont semblé marquants leur sera utile.

Octobre 2022

Laurence Idot
Professeur émérite de l'Université Paris-Panthéon-Assas (Paris II)
Présidente du Comité scientifique de Concurrences

Préface de la 1re édition

Il n'est pas besoin d'insister sur le rôle créateur de la jurisprudence en droit européen de la concurrence. Tout étudiant a entendu parler des arrêts *LTM/MBU*, *Grundig*, *Haecht I*, *Matières colorantes*, *Continental Can*, *Zoja*, ou encore *United Brands* et *Hoffman-Laroche*..., qui, dans les deux premières décennies d'application des articles 85 et 86 du Traité de Rome, ont façonné les contours de ce droit antitrust européen naissant. Les données ont par la suite évolué à partir des années 90 en raison de deux phénomènes concomitants : la création du Tribunal de Première Instance des Communautés Européennes (TPICE), qui a joué un rôle décisif dans certaines évolutions, et l'entrée en vigueur du contrôle des concentrations. Parallèlement, la jurisprudence en matière d'aides d'État, apparue plus discrètement dans les années 70, s'est significativement développée. Coïncidant presque avec l'entrée dans le nouveau millénaire, la « modernisation », sous son double aspect substantiel et procédural, a indéniablement marqué l'entrée du droit européen de la concurrence dans une nouvelle phase de son histoire.

C'est dans ce contexte qu'est née en 2004 la revue *Concurrences*. Dès l'origine, la revue a eu pour objectif de rendre compte de cette jurisprudence de plus en plus touffue, en y associant la dimension nationale, du moins pour la France. Indépendamment de la contrainte linguistique, le choix s'est avéré d'autant plus justifié que les autorités et juridictions françaises ont vite acquis une place de tout premier rang dans l'application du droit européen de la concurrence. La première décennie a désormais pris fin et il est apparu utile de dresser un tableau rétrospectif de ces dix premières années de jurisprudence consécutive à la « modernisation ». Tel est l'objectif de cet ouvrage, dont l'idée revient à Nicolas Charbit, directeur de la rédaction de *Concurrences*, qu'il nous appartient de présenter, avant d'essayer de tirer quelques conclusions sur l'évolution de la matière.

Plus que le titre « Grands arrêts », le sous-titre doit retenir l'attention. Ces grands arrêts sont différents de leurs illustres aînés au moins sur différents points qui ont une origine commune : les commentaires ici rassemblés sont ceux qui ont été publiés dans *Concurrences*, au plus tard dans le trimestre qui a suivi l'adoption de l'arrêt. Comme dans la revue, les arrêts commentés ne sont pas reproduits, ne serait ce que par extraits. Leur longueur, mais également le fait qu'ils sont tous en libre accès sur les sites Internet des différentes institutions, justifie ce choix. Plus important, l'unité d'auteurs – souvent un duo, ou un trio –, et donc de pensée et de style, qui caractérise habituellement les grands arrêts ne se retrouve pas davantage. La pluralité des équipes des chroniques de la revue, au surplus évolutives et sujettes à renouvellement, donne lieu à une multitude d'auteurs. Cette diversité, tant dans les points de vue exprimés que dans la manière de commenter un arrêt, est source d'une autre richesse. La dimension temporelle est enfin différente à un double titre. Outre que ces commentaires ne couvrent que la période la plus récente, une dizaine d'années ce qui est en définitive très court, comparé à certaines matières où l'on peut s'appuyer sur un siècle de jurisprudence, le lecteur ne doit pas oublier que l'analyse a été faite peu de temps après l'adoption de la décision, sans le recul que l'on a pour apprécier la portée d'un arrêt intervenu quelques décennies plus tôt.

S'il trouve sa base dans les chroniques de la revue *Concurrences*, cet ouvrage ne rend que partiellement compte de leur richesse et de leur diversité. Pour des raisons de volume, mais également de cohérence, il a été décidé de le limiter au droit européen de la concurrence, ce qui a conduit à exclure les composantes propres au droit français (pratiques restrictives et concurrence déloyale), ainsi que le droit de la régulation, mais également les aspects de droit comparé et de politique internationale. Ce choix justifie également la construction retenue qui s'écarte de la division des chroniques, puisque les trois parties, au demeurant d'importance inégale, correspondent aux trois composantes de la matière que sont le droit antitrust ou droit des pratiques anticoncurrentielles, le contrôle des concentrations et le contrôle des aides d'État. Toutefois, en raison du rôle fondamental dans l'application de ces règles joué par les autorités et juridictions nationales, en particulier depuis la « modernisation », les grandes affaires qui se sont déroulées en France ont été intégrées. Ce choix s'imposait naturellement pour le droit des pratiques anticoncurrentielles. Certes, en contrôle des concentrations, seul le droit français est applicable, mais ce dernier est si proche du droit de l'Union sur les questions de droit matériel qu'il a été décidé de rendre compte également de quelques grandes décisions.

Les sources européennes et nationales n'ont pu recevoir exactement le même traitement. Pour les premières, une approche thématique a été retenue et pratiquement toutes les chroniques de la revue ont été sollicitées en fonction des sujets traités. Les commentaires sont naturellement centrés sur les arrêts du Tribunal et de la Cour de Justice, car la longue période qui s'écoule entre l'adoption et la publication des décisions de la Commission empêche un compte rendu en temps utile. Pour les recours directs, en cas de pourvoi, un choix a dû être opéré entre l'arrêt du Tribunal et celui de la Cour, en fonction de l'intérêt des questions traitées, l'arrêt non commenté étant seulement mentionné. Les données sont différentes pour les sources françaises. Les décisions de l'Autorité sont accessibles le jour même, ce qui permet leur étude immédiate, mais, dans les affaires intéressantes, les arrêts des cours de contrôle se succèdent souvent, les questions de procédure prenant parfois le pas sur les aspects de droit substantiel. L'on est alors en présence de véritables « sagas judiciaires », ce qui rend difficile la présentation thématique. Dans ces cas, il a été décidé de suivre leur déroulement chronologique en mentionnant les rebondissements processuels.

L'ouvrage, qui vient d'être présenté, peut faire l'objet de plusieurs lectures : arrêt sur images, lecture en continue. Dans cette deuxième approche, l'ouvrage permet de dresser un bilan de ce qu'il est convenu d'appeler la « modernisation » du droit européen de la concurrence, chacune des trois composantes donnant lieu à des conclusions spécifiques. Il est vrai que la neutralité de ce bilan peut être contestée, puisque la base sur laquelle il repose dépend de la sélection que nous avons unilatéralement opérée, et que les résultats sont également tributaires de la présentation adoptée.

En droit antitrust, un premier constat en creux peut être opéré. Les vives discussions de la décennie précédente sur la notion d'entreprise en tant que critère d'applicabilité des règles de concurrence et sur la possibilité d'appréhender les comportements de l'État sont en voie d'apaisement. Le contentieux a très sensiblement diminué et les solutions semblent désormais acquises. Sur le fond, la « modernisation » dite substantielle était supposée se traduire par un l'abandon d'une approche dite formaliste de l'atteinte à la concurrence au profit d'une approche dite plus économique. Pour l'application de l'article 101 TFUE, l'essentiel du contentieux devant les juridictions européennes ayant porté sur les cartels, cela transparaît peu. Restent les affaires « article 101/hors cartels », qui trouvent souvent leur origine devant les autorités et juridictions nationales, et, bien sûr, le contentieux sur l'article 102 TFUE, qui, quantitativement plus limité surtout devant le Commission, retient particulièrement l'attention. Dans les deux cas, les débats sur les premiers éléments constitutifs – notion d'accord et/ou de pratiques concertées, notion de position dominante – semblent aujourd'hui tranchés. En revanche, l'on assiste à une vive controverse sur la distinction restriction de concurrence par objet/restriction de concurrence par effet, avec toutes les conséquences qui en découlent, notamment en termes de preuve. Loin d'être limité à l'article 101, § 1 TFUE, le débat s'est étendu à l'article 102 TFUE. Les problématiques deviennent communes. Alors qu'il y a dix ans était en cause la généralisation de l'approche des effets, les dernières affaires conduisent à s'interroger sur l'existence « d'abus par objet ». De même, l'on n'hésite plus à parler de justifications et d'efficiences, y compris en matière de pratiques abusives. En définitive, la modernisation « substantielle » est sans doute moins la conséquence de choix politiques assumés que de l'évolution de l'économie, à laquelle les autorités de concurrence doivent nécessairement s'adapter. À l'instar des grands articles du code civil, la force des articles 101 et 102 TFUE réside dans la généralité des règles qui leur permet de suivre les évolutions sociétales. Internet est désormais sous-jacent dans grand nombre d'affaires : des communications électroniques, qui en sont le support, au commerce en ligne, en passant par les cas impliquant les fabricants de produits connectés, de logiciels, et maintenant les opérateurs de plates-formes.

La modernisation dite procédurale est plus facile à appréhender. La première conséquence est là encore en creux. La « décentralisation » a permis à la Commission de recentrer son action contre les cartels et cela transparaît très nettement dans le contentieux de cette première décennie, où les questions de procédure et plus généralement de respect des droits fondamentaux, de responsabilités et de sanctions tiennent un rôle prédominant devant le juge européen. Cette décennie est celle de « l'amendologie », science complexe qui dépasse le seul calcul de l'amende, puisque, pour en faire réduire le montant, les entreprises poursuivies attaquent les décisions sur tous les fronts en commençant par la preuve de l'existence et de l'étendue leur participation à une infraction souvent déclarée d'« unique et continue ». Il n'est pas sûr que cela soit le cas de la suivante, puisque ce contentieux commence à se raréfier du fait du développement de la procédure de transaction. En dehors des cartels, les affaires, qui se trouvent dans les « zones grises », sont plus souvent traitées par les autorités nationales que par la Commission. La Cour de Justice en est heureusement saisie par le biais des questions préjudicielles qui émanent fréquemment maintenant des cours de contrôle. Là encore, l'on assiste à une diminution du contentieux du fait du développement des procédures d'engagement. Si cela présente d'indéniables avantages à court terme tant pour les autorités que pour les entreprises visées, il ne faudrait pas que cela remette en cause à long terme le développement du droit de la concurrence, faute de débat contradictoire sur les questions sensibles.

Il est possible de se rassurer en constatant que la modernisation a fait surgir de nouvelles problématiques devant le juge. Plus que le fonctionnement du Réseau européen de concurrence, dont le bilan, s'il est appréhendé sous le prisme d'un contentieux quasi inexistant, est indéniablement positif, l'étendue du principe d'autonomie procédurale est désormais l'une des questions clefs. Le constat vaut tant pour la mise en œuvre par les autorités spécialisées, soit le *public enforcement*, que pour l'articulation entre le *public* et le *private enforcement*. Au demeurant, la période de référence prend fin avec l'adoption de directive 2014/104 UE du 24 novembre 2014 sur les actions en réparation qui est à l'origine, avant même qu'elle soit transposée, d'un nouveau contentieux indemnitaire. Les grands arrêts de la prochaine décennie traiteront sans nul doute de questions tout à fait nouvelles.

En comparaison, le contentieux sur le contrôle des concentrations paraît bien limité. Si les données matérielles tenant à l'intérêt pratique limité d'un combat judiciaire en cette matière sont certainement déterminantes, le fait que la modernisation paraisse acquise est peut-être un facteur explicatif accessoire. Les débats de fond ont été tranchés dans la première décennie et le nouveau test d'appréciation issu du règlement n° 139/2004, tel que réinterprété par la Commission dans les lignes directrices, semble faire l'objet d'un consensus, du moins dans son principe. De même, le mécanisme des renvois qui permet une répartition des cas entre la Commission et les autorités nationales de concurrence n'a pas été remis en cause. Tant en droit européen que français, les difficultés se déplacent, soit en amont avec les choix possibles quant à la délimitation du domaine du contrôle, soit en aval avec la question cruciale sur le plan pratique de l'exécution des engagements et des sanctions de leur inexécution. De manière générale, les problèmes concernent moins le droit européen des concentrations *stricto sensu* que le droit des concentrations dans l'Union européenne.

Une fois de plus, le contrôle des aides d'État affiche une spécificité certaine, ne serait ce que parce qu'il a vécu deux modernisations, la première implicite à la suite du plan d'action de 2005, la seconde revendiquée qui s'est achevée en 2014. Le contentieux est particulièrement élevé, comme le montrent les statistiques du Tribunal et de la Cour. Le phénomène est aisé à expliquer. Au nombre sensiblement plus important de décisions de la Commission, il faut ajouter une multiplicité de requérants potentiels, au premier rang desquelles les entreprises, soit bénéficiaires, soit concurrentes des précédentes, ce qui génère, indépendamment des débats sur les questions de fond et de procédure propre aux aides, un contentieux préalable sur la seule recevabilité des actions. Dans la mesure où ces recours sont souvent dirigés contre des décisions d'incompatibilité, tous les éléments constitutifs de la notion d'aide d'État sont régulièrement passés en revue par le juge européen. Statistiquement, l'existence de l'avantage est le plus souvent débattue, soit par le biais de débats sur le critère de l'opérateur privé en économie de marché, soit, pour les entreprises chargées d'un SIEG, à l'occasion d'une vérification des critères de la jurisprudence *Altmark*. Le juge national joue en pratique un rôle de plus en plus important, les opérateurs n'hésitant plus à intégrer la dimension « aides d'État » dans leur stratégie contentieuse. De ce point de vue, il est possible d'identifier une forme de « décentralisation » dans le contrôle des aides d'État, caractéristique de la modernisation dite procédurale. Bien que non visible dans les arrêts qui abordent rarement la question de l'interprétation de l'article 107, § 3, TFUE, l'analyse dite économique se traduit, comme en antitrust, principalement dans le Règlement général d'exemption par catégorie (RGEC) qui couvre un champ considérable en pratique. Bien que sensiblement plus élevé que dans les autres composantes du droit de la concurrence, le contentieux en matière d'aides d'État n'est finalement que la partie visible de l'iceberg.

Au-delà de la « modernisation » qui est le point commun de ces dix années d'application du droit européen de la concurrence, il est tendant de chercher d'autres points de convergence entre les trois composantes. Si l'on raisonne sur la seule jurisprudence européenne, l'évolution dans la rédaction des arrêts appellerait sans doute des remarques, d'autant qu'elle traduit peut être une évolution plus profonde quant à l'intensité du contrôle juridictionnel. L'on pourrait également s'interroger sur les interactions entre jurisprudence européenne et jurisprudence nationale.

Il appartiendra au lecteur de faire son propre jugement. L'on souhaite que cet ouvrage lui soit utile sur le plan pratique et lui donne matière à réflexion.

Nous voudrions enfin terminer en saluant le travail de tous les auteurs des commentaires, de ceux qui sont ici reproduits, mais également de ceux qui n'ont pas été sélectionnés. La tâche de rédacteur de chronique est ingrate et répétitive, soumise à des contraintes temporelles constantes. Sans leur dévouement pour Concurrences, cet ouvrage n'aurait pu voir le jour. Qu'ils en soient ici vivement remerciés. Nos remerciements vont également aux « petites mains » de l'ombre, à ceux et celles qui, sous la direction de Fanny Méjane, Rédactrice en chef adjointe de Concurrences, ont sorti les commentaires, opéré les renvois, conçu et réalisé une nouvelle présentation, tâches également indispensables et encore plus ingrates s'il en est...

Décembre 2015

Laurence Idot
Professeur émérite de l'Université Paris-Panthéon-Assas (Paris II)
Présidente du Comité scientifique de Concurrences

Note des éditeurs

Le projet éditorial de la série des *Grands arrêts de la concurrence* a vu le jour en 2014. Huit ans plus tard, le site de la revue compte plus de 39 000 articles et une mise à jour s'imposait. Le Professeur Laurence Idot et les éditeurs de Concurrences ont souhaité mettre à jour ces précieux outils qui regroupent une sélection des affaires les plus importantes ayant marqué le droit de la concurrence, de 2004 à 2022.

Dans la tradition des « grands arrêts », le travail effectué par le Professeur Idot a consisté à repérer les arrêts et décisions ayant fait date, puis à les ordonner selon un plan cohérent. L'exercice est complexe en ce qu'il n'est pas aisé de procéder à une sélection, parmi les nombreuses décisions rendues et les multiples commentaires écrits, permettant de mettre en avant les principes essentiels et les évolutions marquantes de la jurisprudence rendue dans le domaine du droit de la concurrence.

Cette nouvelle édition a également été l'occasion d'une refonte des deux premiers ouvrages de la série des *Grands arrêts*. Le premier volume était consacré aux *Pratiques anticoncurrentielles*, et le second aux *Concentrations et aides d'État*. Face à l'accroissement des décisions rendues ces dernières années, le choix a été fait de rendre justice à cette jurisprudence foisonnante, en consacrant deux volumes distincts aux *Pratiques anticoncurrentielles,* le premier dédié aux règles de fond, le second aux règles de mise en oeuvre, ainsi que deux ouvrages indépendants consacrés respectivement au *Contrôle des concentrations* et au *Contrôle des aides d'État.*

Ce premier volume des *Grands arrêts*, dédié aux règles de fond des *Pratiques anticoncurrentielles*, réunit une sélection de commentaires de jurisprudence publiés au sein de la revue Concurrences de 2004 à 2022. Ils concernent l'applicabilité des règles antitrust (Chapitre 1), l'article 101 TFUE (Chapitre 2), et l'article 102 TFUE (Chapitre 3).

Ces *Grands arrêts* n'auraient pu voir le jour sans la contribution de l'ensemble des auteurs qui participent à la revue Concurrences et que nous tenons à remercier chaleureusement pour leur expertise et la qualité de leurs analyses. Il nous faut d'ailleurs préciser que l'ensemble des opinions exprimées au sein des commentaires reproduits ici n'engagent que leurs auteurs et non l'institution à laquelle ils appartiennent.

Pour finir, l'ensemble des textes et décisions commentés que le lecteur trouvera dans cet ouvrage, ainsi que les références des commentaires auxquels nous renvoyons à la fin de chaque commentaire, sont accessibles aux abonnés de Concurrences+. Cet abonnement donne accès aux archives de la revue, soit près de 39 000 articles depuis 2004 (au 1er janvier 2023).

Nicolas Charbit – Fanny Méjane – Maevy Lakrouf

Droit des pratiques anticoncurrentielles (Art. 101, 102 TFUE)

Volume I – Règles de fond

Chapitre 1

APPLICABILITÉ

1.1 Champ d'application matériel

1.1.1 Notion d'entreprise et activité économique

CJCE, 18 juill. 2006, Meca-Medina et Majcen, C-519/04 P

La Cour de justice des Communautés européennes annule l'arrêt du Tribunal en ce qu'il donne une définition trop étroite du champ d'application des règles de concurrence, mais rejette le recours en raison de l'objectif légitime de la réglementation.

Cette affaire concerne la suspension de deux nageurs professionnels par la Fédération Internationale de Natation en raison de l'utilisation de certaines substances interdites par le règlement antidopage du CIO. Selon les deux sportifs, ce règlement serait contraire aux règles de concurrence. Ce point de vue n'a été suivi, ni par la Commission dans sa décision de rejet de leur plainte, ni par le Tribunal dans l'arrêt confirmant cette décision. Tant la Commission que le Tribunal ont estimé que la réglementation antidopage était étrangère à toute considération économique et qu'elle échappait par conséquent au champ d'application des règles en matière de libre circulation et de concurrence.

La Cour ne partage pas ce point de vue. La jurisprudence en matière de libre circulation, selon laquelle les réglementations purement sportives n'entrent pas dans le champ d'application des règles de libre circulation, n'est pas transposable aux règles de concurrence : « [...], à supposer même que ces règles ne constituent pas des restrictions à la libre circulation parce qu'elles portent sur des questions intéressant uniquement le sport et sont en tant que telles, étrangères à l'activité économique [...], cette circonstance n'implique ni que l'activité sportive concernée échappe nécessairement au champ d'application des articles 81 CE et 82 CE, ni que lesdites règles ne rempliraient pas les conditions d'application propres aux dits articles ». La Cour annule donc l'arrêt du Tribunal.

Toutefois, cette annulation n'implique pas que le pourvoi des deux athlètes prospère. Estimant que l'affaire était en état d'être jugée, la Cour a décidé de statuer directement sur le fond du recours en annulation initialement introduit devant le Tribunal. Conformément à la jurisprudence Wouters (19 février 2002, aff. C-309/99, Rec. p. I-1577), la Cour analyse la réglementation antidopage dans son contexte global et à la lumière de son objectif général, qui est celui d'assurer un déroulement loyal de la compétition sportive. La Cour admet que la réglementation peut aboutir à l'exclusion de certains sportifs de la compétition et précise que les restrictions imposées n'échappent à l'interdiction de l'article que dans la mesure nécessaire pour assurer cet objectif. Considérant que les requérants n'avaient pas établi le caractère excessif de la règlementation, la Cour rejette leur recours comme non-fondé.

M. van der Woude

Concurrences N° 4-2006, Art. N° 12547, p. 68

Voir aussi, sur les origines de l'affaire

TPICE, 30 sept. 2004, Meca-Medina et Majcen, T-313/02

M. Debroux, Champ d'application – Activité économique : Le TPICE précise que l'article 81 ne s'applique qu'aux aspects économiques de l'activité sportive (Meca-Medina), 30 septembre 2004, Concurrences N° 1-2005, Art. N° 1500, p. 54.

CJCE, gde ch., 11 juill. 2006, Fenin, C-205/03 P

La Cour de justice des Communautés européennes considère que l'opérateur qui achète des produits pour les utiliser dans le cadre d'une activité « sociale » n'est pas soumis au droit de la concurrence.

Faits

La Fenin, une association espagnole regroupant des entreprises commercialisant des instruments médicaux, reprochait aux entités gestionnaires du Système national de santé (SNS) d'abuser de leur position dominante en payant leurs fournisseurs avec d'importants retards.

Elle faisait valoir que le droit de la concurrence s'applique à ces entités dans la mesure où, si celles-ci n'exercent pas une activité économique – condition de l'application des règles de concurrence – lorsqu'elles gèrent le système de santé, elles exercent en revanche une activité économique lorsqu'elles achètent des instruments médicaux.

La Commission européenne (Comm. CE, 26 août 1999), puis le Tribunal de première instance (TPICE, 4 mars 2003, T-319/99, *Fenin* c/ Commission, Rec. II-357), ont rejeté la plainte de la Fenin. La Cour de justice rejette le pourvoi formé par cette dernière.

Décision

« Le Tribunal a rappelé à bon droit [...] que la notion d'« entreprise » comprend, dans le contexte du droit communautaire de la concurrence, toute entité exerçant une activité économique, indépendamment du statut juridique de cette entité et de son mode de financement (CJCE, 23 avril 1991, C-41/90, *Höfner et Elser*, Rec. I-1979, point 21 ; CJCE, 16 mars 2004, jtes C-264/01, C-306/01, C-354/01 et C-355/01, *AOK-Bundesverband e. a.*, Rec. I-2493, point 46). Conformément à la jurisprudence de la Cour, il a également souligné [...] que c'est le fait d'offrir des biens ou des services sur un marché donné qui caractérise la notion d'activité économique (CJCE, 18 juin 1998, C-35/96, *Commission c/ Italie,* Rec. I-3851, point 36).

Le Tribunal en a inféré à bon droit [...] qu'il n'y a pas lieu de dissocier l'activité d'achat du produit de l'utilisation ultérieure qui en est faite aux fins d'apprécier la nature de cette activité d'achat et que le caractère économique ou non de l'utilisation ultérieure du produit acheté détermine nécessairement le caractère de l'activité d'achat.

Il s'ensuit que doit être rejetée comme non fondée la première branche de l'unique moyen invoqué par la Fenin au soutien de son pourvoi, selon laquelle l'activité d'achat des entités gestionnaires du SNS est une activité économique en soi, dissociable du service fourni postérieurement à celle-ci [...]. »

Commentaire

Les articles 81 et 82 du traité CE visent les « entreprises », définies comme toute entité « exerçant une activité économique, indépendamment du statut juridique de cette entité et de son mode de financement » (CJCE, 23 avril 1991, C-41/90, *Höfner et Elser*, Rec. I-1979).

Il ressort des décisions rendues dans l'affaire rapportée que, pour déterminer si un opérateur exerce une activité économique et est par conséquent soumis au droit de la concurrence, il faut prendre en considération l'activité d'offreur exercée par cet opérateur sur un marché. La jurisprudence communautaire a en effet énoncé à plusieurs reprises que l'activité économique s'entend de « toute activité consistant à offrir des biens ou des services sur un marché donné » (CJCE, 16 juin 1987, 118/85, *Commission c/ Italie*, Rec. 2599 ; définition fréquemment rappelée, notamment dans les arrêts : CJCE, 18 juin 1998, C-35/96, *Commission c/ Italie*, Rec. I-3851 ; CJCE, 12 septembre 2000, jtes C-180/98 à C-184/98, *Pavlov*, Rec. I- 6451).

Comme il n'y a pas lieu *a priori*, selon les autorités de concurrence, de dissocier l'activité d'achat des produits de l'utilisation qui en est faite ensuite dans le cadre de l'activité d'offreur sur un marché, le caractère économique ou non de l'activité d'offreur détermine le caractère économique ou non de l'activité d'achat.

En l'espèce, les entités gestionnaires du SNS n'exercent pas une activité économique, mais une activité sociale. Le Tribunal a en effet relevé que le SNS fonctionne conformément au principe de solidarité dans son mode de financement par des cotisations sociales et d'autres contributions étatiques, ainsi que dans sa prestation gratuite de services auxdits affiliés (TPICE, 4 mars 2003, T-319/99, *Fenin* c/ Commission, Rec. II-357, point 39. Voir également, s'agissant d'opérateurs exerçant une activité sociale : CJCE, 17 février 1993, jointes C-159/91 et C-160/91, *Poucet et Pistre*, Rec. I- 637, s'agissant d'un organisme chargé de la gestion du service public de la Sécurité sociale ; CJCE, 22 janvier 2002, C-218/00, *Cisal*, Rec. I- 691 s'agissant d'un organisme chargé par la loi de la gestion d'un régime d'assurance contre les accidents du travail et les maladies professionnelles ; CJCE, 16 mars 2004, jointes C-264/01, C-306/01, C-354/01, C-355/01, *AOK Bundesverband*, Rec. I-2493, s'agissant de caisses d'assurance se rattachant au régime légal d'Assurance maladie. Comp., s'agissant d'opérateurs exerçant une activité économique : CJCE, 16 novembre 1995, C-244/94, *Fédération française des sociétés d'assurance*, Rec. I-4013, s'agissant d'un organisme gérant un système d'assurance vieillesse destinée à compléter un régime de base obligatoire ; CJCE, 21 septembre 1999, C- 67/96, *Albany*, Rec. I-5751, s'agissant d'un fonds de pension sectoriel chargé de la gestion d'un régime de pension complémentaire). Par conséquent, l'achat de matériel médical pour exercer cette activité ne constitue pas non plus une activité économique. Les entités gestionnaires du SNS ne sont donc pas soumises au droit de la concurrence.

Cette affaire pourrait amener le Conseil de la concurrence à faire évoluer sa position en la matière. En droit français, l'article L. 410-1 du Code de commerce dispose que les règles du droit de la concurrence s'appliquent « à toutes les activités de production, de distribution et de services ». L'autorité de concurrence considère traditionnellement que l'acte d'achat par un acheteur public ne constitue pas un acte de production, de distribution ou de services, au sens de l'article précité. Dans une décision du 9 novembre 2005 (Cons. conc., déc. n° 05-D-61, relative à des pratiques relevées à l'occasion de marchés de construction de l'autoroute A51 dans le département de l'Isère, *BOCCRF* n° 5, 29 avril 2006), il a indiqué que cette appréciation pourrait changer à la lumière de la solution dégagée dans l'affaire Fenin.

D. Ferrier

Concurrences N° 4-2006, Art. N° 27388

Voir aussi, sur les origines de l'affaire
TPICE, 4 mars 2003, Fenin, T-319/99

CJCE, 26 mars 2009, Selex Sistemi, C-113/07 P

La Cour de justice de la Communauté européenne confirme les jurisprudences Eurocontrol et Fenin sur la notion d'activité économique et la qualification de l'acte d'achat.

On se souvient que le Tribunal de première instance avait rejeté le 12 décembre 2006 le recours formé par la société Selex contre une décision de la Commission refusant de qualifier d'entreprise l'Organisation européenne pour la sécurité de la navigation aérienne (Eurocontrol) et de sanctionner ses agissements prétendument contraires à l'article 82 TCE (J.-P. K., Le Tribunal précise la notion d'activité économique et confirme la jurisprudence Fenin, *Concurrences* N° 1-2007, p. 16). Saisie sur pourvoi, la Cour écarte la demande d'annulation émanant de la société requérante mais accueille la demande de substitution de motifs de la Commission. Suivant les conclusions de l'Avocat général Verica Trstenjak présentées le 3 juillet 2008, la Cour modifie la motivation de l'arrêt attaqué entaché d'erreur de droit et corrige la qualification donnée par le Tribunal aux activités d'Eurocontrol. Au sein des missions d'Eurocontrol, le Tribunal avait distingué les fonctions de normalisation technique, d'assistance aux administrations nationales et de recherche-développement. Seule l'assistance aux administrations nationales avait été qualifiée d'activité économique au sens du droit communautaire de la concurrence. Pour le reste, le Tribunal avait considéré que les activités en cause, soit traduisaient l'exercice de prérogatives de puissance publique, soit ne consistaient pas à offrir des biens ou services sur un marché, soit relevaient des missions de service public non économique d'Eurocontrol.

La Cour examinant l'appréciation portée par le Tribunal sur les activités d'Eurocontrol procède à une analyse sensiblement différente

S'agissant des activités de normalisation technique, le Tribunal distinguait la préparation, l'élaboration et l'adoption des normes. Si l'adoption des normes techniques par le conseil d'Eurocontrol lui paraissait inséparable de l'exercice de prérogatives de puissance publique, la préparation ou l'élaboration des normes lui semblait, en revanche, ne pas relever de la mission de gestion de l'espace aérien et de développement de la sécurité aérienne d'Eurocontrol. Le Tribunal écartait cependant la qualification d'activité économique au motif que la société requérante n'avait pas démontré qu'il existait un marché pour les services de normalisation technique dans le secteur concerné. Or, l'exercice d'une activité économique, au sens du droit communautaire de la concurrence, suppose la fourniture de biens ou de services sur un marché donné (CJCE, 12 septembre 2000, *Pavlov* e. a., aff., C-180-98 à C-184/98, Rec. p. I-6451, point 75 ; CJCE, 25 octobre 2001, *Ambulanz Glöckner*, aff. C-475/99, Rec. p. I-8089, point 19 ; CJCE, 19 février 2002, *Wouters* e. a., aff. C-309/99, Rec. p. I-1577, point 47).

La Cour de justice ne suit que partiellement l'analyse du Tribunal. S'appuyant sur une interprétation téléologique de la convention pour la sécurité de la navigation aérienne instituant Eurocontrol, la Cour refuse de distinguer la préparation et l'élaboration des normes techniques de leur adoption. Ces trois opérations inhérentes à la mission de normalisation technique confiée par les États membres à l'organisation internationale visent, dans leur ensemble, au maintien et au développement de la sécurité de la navigation aérienne. Elles se rattachent ainsi à l'exercice de prérogatives de puissance publique par Eurocontrol.

Concernant l'assistance aux administrations nationales, le Tribunal estimait qu'il s'agissait également d'une activité dissociable de l'exercice des prérogatives de puissance publique. Selon lui, l'assistance aux administrations nationales lors des procédures d'appel d'offres menées pour l'acquisition d'équipements et de systèmes de gestion du trafic aérien ne relevait pas des missions de puissance publique attribuées à l'organisation internationale. Eurocontrol assurait une activité économique en intervenant sur le marché des conseils sur lequel des entreprises privées spécialisées en la matière auraient pu proposer leurs services.

La Cour considère à l'inverse que l'assistance aux administrations nationales est « étroitement liée à la mission de normalisation technique confiée par les parties contractantes à Eurocontrol dans le cadre d'une coopération entre État visant au maintien et au développement de la sécurité de la navigation aérienne, de sorte qu'elle se rattache à l'exercice de prérogatives de puissance publique ». En effet, l'activité d'assistance « participe directement à la réalisation de l'objectif d'harmonisation et d'intégration techniques dans le domaine de la circulation aérienne qui est poursuivi pour contribuer au maintien et à l'amélioration de la sécurité de la navigation aérienne ». Cette analyse fondée sur une interprétation finaliste de la convention pour la sécurité de la navigation aérienne, amène la Cour à écarter la qualification d'activité économique au sens du droit communautaire de la concurrence. Elle juge cependant que les erreurs de droit commises par le Tribunal dans l'appréciation de la nature des activités de normalisation technique et d'assistance aux administrations nationales n'entraînent pas l'annulation de l'arrêt attaqué dont la motivation est simplement modifiée.

Enfin, la Cour confirme l'analyse du Tribunal s'agissant des activités de recherche et développement financées par l'organisation internationale. Le Tribunal estimait que l'acquisition de prototypes et la gestion par Eurocontrol des droits de propriété intellectuelle s'y rapportant ne constituaient pas des activités économiques. En particulier, le Tribunal considérait que l'achat de prototypes était indissociable de la mission de normalisation technique exercée par Eurocontrol qui elle-même était dépourvue de caractère économique à l'exception de la préparation ou de l'élaboration des normes techniques. Or, il ressort de la jurisprudence communautaire « qu'il n'y a pas lieu de dissocier l'activité d'achat du produit de l'utilisation ultérieure qui en est faite aux fins d'apprécier la nature de celle-ci et que c'est l'utilisation ultérieure du produit acheté qui détermine nécessairement le caractère de l'activité d'achat » (CJCE, 11 juillet 2006, *Fenin c/ Commission*, aff. C-205/03 P, Rec. p. I-6295, point 26). La Cour rappelle à ce propos que la solution de l'arrêt *Fenin* est applicable alors même que l'acte d'achat ne serait pas accessoire à une activité de solidarité. En outre, la Cour fait sienne l'analyse du Tribunal jugeant que la gestion des droits de propriété intellectuelle acquis par Eurocontrol sur ces prototypes participe de ses missions de service public non économique et ne relève pas du droit communautaire de la concurrence.

La reconnaissance de la place et de l'importance des services publics non économiques

La décision commentée s'inscrit ainsi dans le prolongement du célèbre arrêt *Eurocontrol* dans lequel la Cour de justice avait exclu le caractère économique des activités de l'organisation internationale au motif que « prises dans leur ensemble [...] par leur nature, par leur objet et par les règles auxquelles elles sont soumises », ces activités « se rattachent à l'exercice de prérogatives relatives au contrôle et à la police de l'espace aérien, qui sont typiquement des prérogatives de puissance publique. Une organisation internationale comme Eurocontrol ne constitue pas, dès lors, une entreprise » (CJCE, 19 janvier 1994, *SAT Fluggesellchaft mbH c/ Eurocontrol,* aff. C-364/92, Rec. p. I-43, point 30). Devant le Tribunal, la Commission avait d'ailleurs soutenu que les activités de l'organisation internationale étaient dépourvues de caractère économique dans leur intégralité en se fondant expressément sur l'arrêt *Eurocontrol.* Mais le Tribunal avait écarté cet argument estimant que « les différentes activités d'une entité sont à examiner individuellement et qu'on ne saurait déduire de l'assimilation de certaines d'entre elles à des prérogatives de puissance publique que les autres activités ne puissent avoir un caractère économique ». La jurisprudence communautaire semblait pleinement consacrer cette approche analytique (CJCE, 16 juin 1987, *Commission c/ Italie*, aff. 18/85, Rec. p. 2599, point 7 ; TPICE, 12 décembre 2000, *Aéroports de Paris* c/ Commission, aff. 128/98, Rec. p. II-3929, point 108 ; CJCE, 24 octobre 2002, *Aéroports de Paris* c/ Commission, aff. C-82/01 P). Pourtant, la Cour réaffirme en l'espèce la solution de l'arrêt *Eurocontrol* déclarant « qu'une organisation internationale comme Eurocontrol ne constitue pas une entreprise » et « que cette conclusion vaut également pour l'activité d'assistance qu'Eurocontrol exerce au profit des administrations nationales, lorsqu'elles en font la demande, à l'occasion des procédures d'appel d'offres menées par celles-ci pour l'acquisition, notamment, d'équipements et de systèmes dans le domaine de la gestion du trafic aérien ».

La Cour privilégie l'appréciation globale des activités d'Eurocontrol à la méthode analytique adoptée par le Tribunal. Cette préférence transparaît encore dans la volonté de la Cour de justice de ne pas séparer la préparation, l'élaboration et l'adoption des normes techniques jugées inhérentes à la mission de normalisation technique d'Eurocontrol, qui « dans son ensemble, se rattache à l'exercice de prérogatives de puissance publique et, par conséquent, ne présente pas de caractère économique ». Le rejet d'une méthode pas trop analytique, faisant de la qualification d'activité économique le principe, contribue ainsi à une application raisonnée du droit communautaire de la concurrence en reconnaissant la place et l'importance des services publics non économiques.

J.-P. Kovar

Concurrences N° 2-2009, Art. N° 26095, p. 212

Voir aussi

A.-L. Sibony, Activité économique : La CJCE retient que l'activité d'Eurocontrol relève de prérogatives de puissance publique et n'est pas une activité économique, quand bien même il s'agit d'une activité de conseil facultative proposée aux autorités nationales, dès lors que cette activité est un moyen au service de l'objectif de réalisation d'un système européen harmonisé de gestion de la circulation aérienne (Selex Sistemi Integrati ; Eurocontrol), 26 mars 2009, Concurrences N° 2-2009, Art. N° 26025, p. 117.

Voir aussi, sur les origines de l'affaire

TPICE, 12 déc. 2006, Selex Sistemi Integrati, T-155/04

J.-P. Kovar, Notion d'activité économique : Le TPICE précise la notion et confirme la jurisprudence Fenin sur la qualification de l'acte d'achat (Selex Sistemi Integrati), 12 décembre 2006, Concurrences N° 1-2007, Art. N° 12914, pp. 168-169.

CJUE, 3 mars 2011, AG2R Prévoyance, C-437/09

La Cour de justice de l'Union européenne considère que la gestion d'un régime complémentaire de santé obligatoire par un organisme à but non lucratif constitue un service d'intérêt économique général justifiant l'octroi de droits exclusifs.

Cet arrêt précise encore un peu plus les contours de la notion d'activité exclusivement sociale qui échappe au champ d'application du droit européen de la concurrence et rappelle les conditions de mise en œuvre de l'article 106, § 2 du Traité FUE aux organismes chargés d'un service social d'intérêt économique général.

Rappelons, à titre liminaire, que la Cour de justice était saisie d'une question préjudicielle en interprétation soulevée à l'occasion d'un litige opposant une institution de prévoyance régie par le Code de la Sécurité sociale à une entreprise de boulangerie artisanale qui refusait d'adhérer au régime complémentaire de santé obligatoire de la profession de la boulangerie-pâtisserie géré par cet organisme. AG2R, désignée comme organisme assureur du régime complémentaire santé par un avenant à la convention collective nationale de la boulangerie-pâtisserie étendu à l'ensemble des entreprises du secteur et rendu obligatoire par arrêté ministériel, avait assigné l'entreprise Beaudout devant le Tribunal de grande instance de Périgueux pour avoir refusé d'adhérer au régime complémentaire et de payer ses cotisations. L'entreprise défenderesse, qui était déjà affiliée au titre de l'assurance complémentaire santé à un organisme d'assurances, a contesté devant le Tribunal la compatibilité de l'avenant avec les dispositions des articles 101 et 102 du traité FUE. Le Tribunal de grande instance a sursis à statuer et saisi la Cour d'un renvoi préjudiciel au motif notamment qu'AG2R semblait détenir une position dominante sur le marché pertinent et être manifestement incapable de satisfaire la demande existante.

La Cour exclut la qualification d'activité purement sociale

Appelée à se prononcer sur la qualification d'entreprise au sens de l'article 102 du traité FUE d'une institution telle qu'AG2R, la Cour fait application des deux critères dégagés dans l'arrêt *Poucet et Pistre* (CJCE, 17 février 1993, *Poucet et Pistre*, aff. C-159/91 et C-160/91, Rec. p. I-637, pts 10 et suivants), confirmés par la jurisprudence ultérieure (CJCE, 16 novembre 1995, *Fédération française des sociétés d'assurance* e. a., aff. C-244/94, Rec. p. I-4013, pt 15 ; CJCE, 21 septembre 1999, *Albany*, aff. C-67/96, Rec. p. I-5751, pt 78 ; CJCE, 12 septembre 2000, *Pavlov,* aff. jtes C-180/98 et 184/98, Rec. p. I-6461, pt 109 ; CJCE, 22 janvier 2002, *Cisal,* aff. 218/00, Rec. p. I-691, pts 38 et suivants ; CJCE, 16 mars 2004, *AOK Bundesverband* e. a., aff. C-264/01, pt 47) et systématisés dans l'arrêt *Kattner* (CJCE, 5 mars 2009, *Kattner Stahlbau*, aff. C-350/07, Rec. p. I-1513, pt 43) afin de distinguer, dans le domaine de la protection sociale, les activités économiques des activités purement sociales. La Cour invite ainsi le juge de renvoi à vérifier si l'organisme concerné, d'une part, met en œuvre le principe de solidarité et, d'autre part, est soumis au contrôle de l'État (pt 44). En l'espèce, la Cour estime que le régime de remboursement complémentaire des soins de santé en cause présente un « degré élevé de solidarité » (pt 52) considérant que la nature des prestations servies et l'étendue de la couverture accordée ne sont pas proportionnelles au montant des cotisations versées (pt 50) et que les prestations sont, dans certains cas, indépendantes du paiement des cotisations dues (pt 51). Le Cour souligne, en particulier, que l'avenant à la convention collective nationale prévoit le maintien de la couverture sociale pendant une certaine période après la rupture du contrat de travail et au profit des ayants droits en cas de décès de l'assuré.

En revanche, la Cour doute du contrôle de l'État sur la désignation de l'organisme gestionnaire et le fonctionnement du régime complémentaire. Elle relève que le Code de la Sécurité de la sociale reconnaît aux partenaires sociaux la faculté de déterminer eux-mêmes, par voie de conventions ou d'accords collectifs, les garanties collectives complémentaires dont bénéficient les salariés, les anciens salariés et leurs ayants droits et qu'un arrêté ministériel est nécessaire pour rendre obligatoire ces stipulations à tous les salariés et employeurs du secteur professionnel (pts 54 à 56). Mais le Code n'obligeait pas les partenaires sociaux à conclure une convention collective ni à désigner AG2R pour assurer la gestion du régime de remboursement complémentaire des frais de soins de santé (pt 62), d'autant que d'autres institutions de prévoyance ou compagnies d'assurance offraient des services identiques (pt 63). Au regard de ces différents éléments, la Cour considère que l'État ne semble avoir joué aucun rôle dans la désignation d'AG2R et que l'organisme gestionnaire dispose d'une véritable autonomie dans la gestion du régime complémentaire (pt 59). Il pourrait donc être conclu que cet organisme « bien que n'ayant pas de but lucratif et agissant sur le fondement du principe de solidarité est une entreprise exerçant une activité économique qui a été choisie par les partenaires sociaux, sur la base de considérations financières et économiques, parmi d'autres entreprises avec lesquelles elle est en concurrence sur le marché des services de prévoyance qu'elle propose » (pt 65). La Cour invite la juridiction de renvoi à tenir compte, dans son appréciation, des circonstances de la désignation d'AG2R en qualité de gestionnaire du régime complémentaire et de la marge de négociation dont cet organisme a pu bénéficier.

La Cour rappelle les conditions d'application de l'article 106, § 2 du TFUE aux services sociaux d'intérêt économique général

Si le « degré élevé de solidarité » caractérisant le fonctionnement du régime complémentaire ne permet pas, en l'absence de contrôle de l'État, d'exclure la qualification d'activité économique et, partant, d'entreprise, il autorise cependant à considérer qu'AG2R est investie d'une mission d'intérêt économique général au sens de l'article 106, § 2 du traité FUE. Il en résulte que les contraintes particulières pesant sur AG2R, auxquelles échappent les compagnies d'assurance susceptibles de proposer un service comparable, pourrait justifier le droit exclusif de cet organisme de gérer le régime de remboursement complémentaire des frais de soins de santé pour l'ensemble des entreprises du secteur de la boulangerie artisanale française. En effet, la suppression de l'obligation d'adhésion par l'introduction d'un système de dispense d'affiliation au profit d'autres assureurs préconisée par l'entreprise Beaudout « pourrait aboutir à une impossibilité pour l'organisme concerné d'accomplir les missions d'intérêt économique général qui lui ont été imparties dans des conditions économiquement acceptables » (pt 80) en mettant à la charge de l'organisme gestionnaire les « mauvais risques » (v. également CJCE, 21 septembre 1999, *Albany,* préc., pt 107 ; CJCE, 21 septembre 1999, *Brentjens',* aff. jtes C- 115/97 et 117/97, Rec. p. I-6025, pt 107 ; CJCE, 21 septembre 1999, *Drijvende Bokken,* aff. C-219/97, Rec. p. I-6121, pt 97). En réponse aux arguments de l'entreprise Beaudout, la Cour rappelle « qu'il n'est pas nécessaire, pour que les conditions d'application de l'article 106, § 2 du traité FUE soient remplies, que l'équilibre financier ou la viabilité économique de l'entreprise chargée de la gestion d'un service d'intérêt économique général soit menacé. Il suffit que, en l'absence des droits exclusifs litigieux, il soit fait échec à l'accomplissement des missions particulières imparties à cette entreprise, telle qu'elles sont précisées par les obligations et contraintes pensant sur elle, ou que le maintien de ces droits soit nécessaire pour permettre à leur titulaire d'accomplir les missions d'intérêt économique général qui lui ont été imparties dans des conditions économiquement acceptables » (pt 76). Cette solution désormais classique (CJCE, 19 mai 1993, *Corbeau*, aff. C-320/91, Rec. p. I-2533, pts 14 à 16 ; CJCE, 23 octobre 1997, *Commission c/ Pays-Bas*, aff. C-157/94, Rec. p. I-5699, pt 53) confirme une lecture compréhensive de l'article 106, § 2 du traité FUE qui prévoit que les entreprises chargées de la gestion des services d'intérêt général sont soumises aux règles de concurrence dans les limites où l'application de ces règles ne fait pas échec à l'accomplissement en droit ou en fait de la mission particulière qui leur est impartie.

La Cour parvient ainsi à concilier une conception nécessairement extensive du champ d'application du droit européen de la concurrence avec la sauvegarde des intérêts légitimes des États membres dans le domaine des services d'intérêt général qui accomplissent une mission fondamentale de cohésion sociale.

Cet arrêt est d'autant plus riche d'enseignements que trois autres questions préjudicielles portant sur la compatibilité du droit exclusif accordé à AG2R avec le droit européen de la concurrence sont toujours pendantes devant la Cour de justice (Demandes de décision préjudicielle présentées par le tribunal d'instance de Dax le 22 février 2010 dans les affaires *AG2R Prévoyance c/ Bourdil SARL, AG2R Prévoyance c/ Société boucalaise de boulangerie ARL, AG2R Prévoyance c/ Baba-Pom SARL*, aff. C-97/10, C-98/10, C-99/10, JOUE n° C 113 du 1er mai 2010, p. 29).

J.-P. Kovar

Concurrences N° 2-2011, Art. N° 35839, p. 206

Voir aussi

A.-L. Sibony, Notion d'entreprise – SIEG : La Cour de justice de l'Union européenne conclut à la compatibilité avec l'article 102 TFUE d'un dispositif français d'assurance complémentaire soins de santé reposant sur l'affiliation obligatoire des professionnels d'un secteur (boulangerie-pâtisserie) (AG2R Prévoyance / Beaudout Père et Fils), 3 mars 2011, Concurrences N° 2-2011, Art. N° 35667, p. 111.

C. Sarrazin, Convention collective : La Cour de justice déclare le régime obligatoire de remboursement complémentaire de frais de soins de santé, pour le secteur de la boulangerie artisanale en France, compatible avec les dispositions de l'article 101 TFUE (AG2R Prévoyance), 3 mars 2011, Concurrences N° 2-2011, Art. N° 35942, p. 93.

1.1.2 Réglementations étatiques

CJCE, gde ch., 5 déc. 2006, Federico Cipolla c/ Rosaria Portolese; Stefano Macrino et Claudia Capodarte c/ Roberto Meloni, aff. jtes C-94/04 et C-202/04

La Cour de justice des Communautés européennes confirme sa jurisprudence Arduino selon laquelle les articles 10 et 81 CE, combinés, ne s'appliquent pas aux règles nationales fixant les honoraires d'avocats, et en étend le champ d'application.

Saisie de deux questions préjudicielles introduites par la *Corte d'appello di Torino* (Italie) et le Tribunal *di Roma* (Italie), la Cour de justice des Communautés européennes a été une nouvelle fois amenée à se prononcer sur la compatibilité de la législation italienne en matière de fixation des honoraires des avocats italiens. L'examen de ces dispositions nationales portait tant sur les règles du traité CE en matière de libre concurrence que sur celles relatives à la libre prestation de services. Nonobstant l'intérêt de cette seconde partie, au terme de laquelle la Cour a conclu à l'existence d'une restriction à la libre prestation prévue à l'article 49 CE, dont la justification au regard de raisons impérieuses d'intérêt général devra être appréciée par les juridictions nationales, la présente note se limitera aux développements de l'arrêt portant sur la compatibilité des dispositions en cause au regard des articles 10 CE et 81 CE.

Dans les présentes affaires jointes, la Cour était en substance invitée à délimiter le champ d'application de son arrêt du 19 février 2002, *Arduino* (aff. C-35/99, Rec. p. I-1529). En effet, alors que cette dernière affaire portait sur les tarifs applicables aux prestations délivrées par les avocats dans le cadre de procédures judiciaires, il s'agissait, dans le cas d'espèce, d'apprécier si la jurisprudence Arduino était applicable, d'une part, aux prestations de services extrajudiciaires, qui peuvent être effectuées également par tout autre opérateur économique non soumis audit tarif et, d'autre part, à l'interdiction faite aux avocats et à leurs clients de conclure des accords dérogeants au tarif.

Ainsi que relevé par l'Avocat général Maduro au point 43 de ses conclusions en date du 1er février 2006, la Commission défendait la thèse selon laquelle il faudrait revenir sur la solution adoptée par la Cour dans l'arrêt *Arduino*, pour constater qu'une mesure étatique restreignant la concurrence viole les articles 10 CE et 81 CE, sauf si elle peut être justifiée par des objectifs d'intérêt public et si elle est proportionnée à ces objectifs. Cette thèse tendant à appliquer le principe de proportionnalité à l'examen de telles mesures étatiques a d'ailleurs été soutenue à de multiples reprises par la Commission dans le cadre de ses travaux menés depuis 2004 quant à la concurrence dans le secteur des professions libérales (v. en particulier la communication de la Commission du 9 février 2004, COM(2004) 83 final – Rapport sur la concurrence dans le secteur des professions libérales, points 93 et 94, et la communication de la Commission du 5 septembre 2005 COM(2005) 405 final – « Services professionnels – Poursuivre la réforme », point 8).

Pourtant c'est bien à une confirmation, voire à un renforcement de sa jurisprudence *Arduino* auxquels la Cour s'est livrée aux points 44 à 54 de son arrêt du 5 décembre 2006.

Dans un premier temps, la Cour a rappelé sa jurisprudence constante quant à l'application des articles 81 CE et 82 CE lus en combinaison avec l'article 10 CE, et notamment qu'il y a violation des articles 10 CE et 81 CE lorsqu'un État membre, soit impose ou favorise la conclusion d'ententes contraires à l'article 81 CE ou renforce les effets de telles ententes, soit retire à sa propre réglementation son caractère étatique en déléguant à des opérateurs privés la responsabilité de prendre des décisions d'intervention d'intérêt économique.

Or, dans un second temps, sans même distinguer le type de prestations de services offertes par les avocats, la Cour s'est contentée de reprendre ses développements aux points 39 à 43 de l'arrêt *Arduino*.

C'est ainsi que la Cour réitère son constat selon lequel l'État italien n'avait pas renoncé à exercer son pouvoir de décision en dernier ressort ou à contrôler la mise en œuvre du tarif en cause. Au contraire, elle rappelle, d'une part, qu'en soi, le projet de tarif établi par le *Consiglio nazionale forense* (Conseil national des avocats), faute d'approbation par le ministre de la Justice, est dénué de force obligatoire. D'autre part, il appartient aux autorités judiciaires de liquider les honoraires en se fondant sur les critères visés par la réglementation applicable avec la possibilité, dans certaines circonstances exceptionnelles, de déroger aux limites fixées en application de cette même réglementation. Dès lors la Cour conclut, au même titre que dans l'arrêt *Arduino*, qu'il ne saurait non seulement être considéré que l'État italien a renoncé à exercer son pouvoir de telle sorte qu'il aurait enlevé à la réglementation en cause son caractère étatique, mais qu'en outre, il ne saurait non plus lui être reproché d'avoir imposé ou favorisé la conclusion d'ententes contraires à l'article 81 CE ou d'en avoir renforcé les effets.

Le champ d'application de la jurisprudence Arduino se trouve donc, *in fine*, étendu aux tarifs des avocats italiens en matière extrajudiciaire, mais surtout force est de constater qu'en confirmant cette jurisprudence, la Cour n'a pas suivi la thèse de la Commission visant à appliquer, dans le cadre des règles de concurrence du traité CE, le test de proportionnalité à de telles mesures étatiques.

C. Sarrazin
Concurrences N° 1-2007, Art. N° 12802, p. 89

CJCE, gde ch., 1er juill. 2008, Motosykletistiki Omospondia Ellados NPID (MOTOE) c/ Elliniko Dimosio, C-49/07

La Cour de justice des Communautés européennes condamne une réglementation nationale attribuant à une association à but non lucratif le pouvoir de donner un avis conforme sur l'autorisation administrative des courses motocyclistes alors qu'elle organise et exploite elle-même de telles courses.

En Grèce, l'organisation de courses motocyclistes est soumise à un régime d'autorisation préalable. Les autorisations doivent être sollicitées auprès du ministère de l'ordre public, qui statue sur avis conforme de l'organisme représentant officiellement en Grèce la Fédération internationale de motocyclisme. Or, cet organisme, appelé EPLA, exerce lui-même une activité d'organisation et d'exploitation de courses motocyclistes à travers l'une de ses divisions, opérant sous le nom d'ETHAM. L'association MOTOE avait fait les frais de cette double position d'acteur et de régulateur d'EPLA/ETHAM.

En effet, MOTOE, qui avait souhaité organiser plusieurs courses au cours de l'année 2000, avait sollicité une autorisation du ministère. Celui-ci n'ayant pas reçu d'avis conforme de l'EPLA, ne put faire droit à cette demande. En somme, en temporisant, l'EPLA avait, de fait, empêché la tenue des manifestations projetées par MOTOE. À défaut de pouvoir utilement agir contre la décision implicite de rejet qui lui était opposée, MOTOE intenta un recours administratif visant à obtenir l'indemnisation du préjudice moral résultant pour elle de ce rejet. Après avoir été débouté en première instance, MOTOE interjeta appel. C'est dans ces circonstances que la Cour administrative d'appel d'Athènes a saisi la Cour de justice de la conformité du dispositif réglementaire grec au droit communautaire de la concurrence aux articles 82 et 86 CE. Celle-ci paraissait à première vue d'autant plus douteuse que le pouvoir d'avis de l'EPLA n'était assorti d'aucune limite, d'aucune obligation de motivation, ni d'aucun contrôle. Mais avant d'arriver à cette question de fond, plusieurs questions relatives à l'applicabilité des articles 82 et 86 CE à la situation en cause devaient être résolues. Tout d'abord, une association sportive à but non lucratif comme l'EPLA devait-elle être considérée comme une entreprise au sens de l'article 82 CE ? Sans être nouvelle, cette question donne lieu à une réponse pédagogique de la Cour (L. Idot, « Application des règles à l'organisation de compétition sportives », Europe, 2008, comm. 276 et références citées). Après avoir exposé pourquoi l'EPLA peut être considéré comme une entreprise, la Cour indique au juge national comment vérifier si elle détient une position dominante. Sous réserve de cette vérification, la Cour analyse le dispositif réglementaire régissant en Grèce l'organisation de courses motocyclistes comme créateur d'une situation d'abus automatique contraire aux articles 82 et 82 CE combinés.

Applicabilité de l'article 82 CE à une association à but non lucratif

On sait que la première condition pour que l'article 82 CE soit applicable à un comportement est que celui-ci soit imputable à une entreprise. Le traité ne définissant pas la notion d'entreprise, c'est la Cour qui en a forgé les contours. Elle l'a fait selon une méthode qui a parfois été qualifiée de substantielle (v. par ex. G. Farjat, Pour un droit économique, *PUF*, 2004, p. 107), en s'attachant à l'existence d'une activité économique plutôt qu'à des critères formels liés à la nature juridique du groupement exerçant cette activité. Ainsi, il est de jurisprudence constante que doit être qualifiée d'entreprise au sens du droit communautaire de la concurrence « toute entité exerçant une activité économique, indépendamment de sa forme juridique et de son mode de financement » (point 21 et jurisprudence citée, voy. également CJCE, 16 nov. 1995, *FSA,* C-244/94. 129).

Cette caractérisation substantielle de la notion d'entreprise appelle à son tour une définition de la notion d'activité économique. La Cour a toujours maintenu cette définition très ouverte, indiquant que « constitue une activité économique toute activité consistant à offrir des biens ou des services sur un marché donné » (point 22 et jurisprudence citée). Cette définition présente, certes l'inconvénient de se référer à la notion de marché, au risque de laisser entendre qu'il faudrait, pour s'assurer qu'une activité est économique, délimiter un marché pertinent. Telle n'est heureusement pas la pratique et, ici comme ailleurs, la référence au « marché » est essentiellement formelle et inutile (pour d'autres exemples, v. A.-L. Sibony, Le Juge et le raisonnement économique, *LGDJ*, 2008, spéc. N° 531, p. 356).

En effet, ce qui compte, ce n'est pas l'existence d'un marché aux contours précisément délimité, mais bien l'existence d'une offre marchande. Aussi la Cour, sans chercher à étayer la description d'un éventuel marché des courses motocyclistes, se contente-t-elle de rappeler que le fait qu'une activité soit liée au sport n'empêche pas de la qualifier d'économique (point 22 et jurisprudence citée).

En l'espèce, les considérations selon lesquelles l'EPLA organise des compétitions de motocycles et conclut dans ce cadre des contrats de parrainage, de publicité et d'assurance, dont elle tire des revenus, sont suffisantes pour admettre que l'EPLA exerce une activité économique (point 23). On voit que la méthode substantielle ne diffère pas toujours d'une méthode formelle, puisqu'aussi bien, en l'espèce, il semble que c'est parce que l'EPLA se livre habituellement à des actes de commerce qu'elle est qualifiée d'entreprise. Toutefois, et c'est ici que l'on voit l'incidence de la méthode substantielle, la Cour était également invitée à préciser l'incidence sur la qualification d'entreprise du fait que l'organisme exerçant une activité économique soit aussi chargé de prérogatives de puissance publique. Sur ce point, la Cour, se référant à sa jurisprudence antérieure et aux conclusions de l'Avocat général Kokott, rappelle que le fait qu'un organisme détienne des prérogatives de puissance publique n'empêche pas de le qualifier d'entreprise, car la qualification d'entreprise s'applique activité par activité et non en considération des contours de l'entité juridique (points 25-26).

De même, la circonstance que l'organisme exerce l'activité en cause sans but lucratif ne fait pas obstacle à la qualification d'entreprise, dès lors que cet organisme se trouve en concurrence avec des opérateurs poursuivant un but lucratif (point 27). Sur ce point, l'affaire présentait toutefois une difficulté, car s'il y avait indéniablement un rapport de concurrence entre l'EPLA/ETHAM et d'autres organisateurs de courses, dont la plaignante, MOTOE, celle-ci était également une association sans but lucratif. Deux associations sans but lucratif pouvaient-elles être des entreprises en concurrence ? La Cour juge en l'espèce que cette considération est « sans aucune incidence », et ce pour deux raisons. D'une part, relève la Cour, il n'est pas exclu que d'autres organisateurs de courses poursuivent un but lucratif. Toutefois, aucune vérification factuelle ne semble nécessaire sur ce point puisque, d'autre part, « des associations sans but lucratif qui offrent des biens ou des services sur un marché donné, peuvent se trouver mutuellement en situation de concurrence » (point 28). Autrement dit, le critère d'application de l'article 82 CE, quels que soient les détours par les notions d'entreprise et d'activité économique, est en définitive l'existence d'une situation de concurrence. Qui doutera encore que le droit de la concurrence se caractérise par une approche substantielle ?

Ayant ainsi tranché la question d'applicabilité de l'article 82 CE au regard de la notion d'entreprise, la Cour rappelle à la juridiction nationale : est-elle seulement invitée à vérifier que l'EPLA occupe une position dominante sur un marché à délimiter. La Cour indique sur ce point que les deux activités d'organisation de compétition et de leur exploitation commerciale, sans être interchangeables, sont complémentaires (point 33, sur l'incidence de la délimitation du marché dans une autre espèce relative à un abus automatique, voy. M. Malaurie-Vignal, Divergences d'analyses entre le Conseil de la concurrence et le Conseil d'État sur la théorie de l'abus automatique, Contrats, Concurrence, Consommation, 2004, n° 11, com. 155). La Cour rappelle aussi qu'un marché national peut constituer une partie substantielle du marché commun (point 35) et que l'article 82 CE ne s'applique que s'il peut être démontré que le comportement en cause affecte le commerce entre États membres de manière substantielle (points 38 à 42).

Achevant son exercice de pédagogie sur l'applicabilité de l'article 82 CE à la situation en cause, la Cour rappelle ensuite sa jurisprudence relative aux entreprises détenant des droits spéciaux ou exclusifs. S'il est loisible aux États membres d'accorder de tels droits, y compris lorsqu'ils créent ou renforce une position dominante, en revanche ces droits ne doivent pas être définis de manière telle que, par leur simple exercice, l'entité qui en est titulaire soit amenée à abuser de sa position dominante (points 48 et 49), peu important qu'un abus se produise réellement ou soit seulement favorisé (point 50).

Condamnation d'un dispositif conduisant à un abus automatique

La Cour a, de longue date, eu l'occasion de juger qu'une réglementation nationale qui confère à une entreprise des droits spéciaux ou exclusifs viole les articles 82 et 86 CE pris ensemble lorsque ces droits sont susceptibles de créer une situation de conflit d'intérêt dans le chef de l'entreprise qui les détient. En effet, une telle réglementation créée par elle-même dans le chef de l'entreprise détentrice de droits spéciaux ou exclusifs des incitations aux abus, ce que l'on désigne comme des « abus automatiques » (Voy. M. Malaurie-Vignal, L'Abus de position dominante, *LGDJ,* 2003, p. 128-129 ; S. Nicinski, Droit public de la concurrence, *LGDJ,* 2005, p. 96-97).

Ainsi, la Cour avait déjà condamné les modalités d'organisation du monopole grec d'émission de radio-télévision (CJCE, 18 juin 1991, *ERT,* Rec. P. I-295, spéc., point 38), car la réglementation applicable permettait à l'entreprise détentrice du monopole de l'émission d'adopter une politique discriminatoire en faveur des programmes de télévision qu'elle produisait elle-même. De la même manière, les règles régissant l'entité gestionnaire du port de Gênes avaient été condamnées au motif que cette entité, « par le simple exercice de ce monopole [...] se trouve en mesure de fausser à son profit l'égalité de chances entre les différents opérateurs » (CJCE, 12 févr. 1998, *Raso*, C-163/96, Rec. p. I-53, point 29).

L'arrêt rapporté se borne à faire une nouvelle application de ces principes au secteur de l'organisation de compétitions sportives. La Cour relève ainsi que l'article 49 du Code de la route grec, qui soumet l'autorisation des compétitions motocyclistes à l'avis conforme de l'EPLA « revient *de facto* à lui conférer un pouvoir de désigner les personnes autorisées à organiser lesdites compétitions, ainsi que de fixer les conditions dans lesquelles ces dernières sont organisées, et à octroyer, ainsi, à cette entité, un avantage évident sur ses concurrents » (point 51).

Au-delà de l'application à un nouveau domaine d'une jurisprudence bien établie, on peut noter que la Cour relève en l'espèce l'incidence de considérations procédurales. Le fait que l'EPLA elle-même ne soit pas, en tant qu'organisateur de courses, soumise au système d'autorisation (point 51) rend encore plus flagrante la rupture d'égalité. En outre, l'absence de tout contrôle, notamment en termes de délai pour rendre un avis et de motivation, accentuait le risque d'arbitraire et, partant, d'abus.

A.-L. Sibony

Concurrences N° 4-2008, Art. N° 22221, p. 87

1.2 CHAMP D'APPLICATION TERRITORIAL

CJUE, gde ch., 6 sept. 2017, Intel, C-413/14 P

La Cour de justice de l'Union européenne conforte la compétence de la Commission européenne pour appréhender des pratiques mises en œuvre en dehors du territoire de l'Union européenne et exige l'enregistrement des entretiens menés dans le cadre de ses enquêtes.

Dans cette affaire, la Commission avait sanctionné l'entreprise Intel pour avoir pratiqué deux types de comportements à l'égard de ses partenaires commerciaux, à savoir, d'une part, des rabais conditionnels et, d'autre part, des restrictions dites non déguisées, comme des paiements à la condition de reporter le lancement de certains produits.

Quant aux rabais conditionnels, qualifiés de rabais de fidélisation, la Commission avait constaté qu'ils étaient appliqués en faveur de certains fabricants d'ordinateurs à la condition qu'ils s'approvisionnent en totalité ou quasi-totalité en microprocesseurs de marque Intel.

La Commission en a notamment conclu que de tels rabais avaient, par leur nature même, la capacité de restreindre la concurrence. Dans ces conditions, une analyse de l'ensemble des circonstances de l'espèce, et notamment l'application du test du concurrent aussi efficace (*as efficient competitor test* ou test AEC), n'était pas nécessaire. Malgré cela, elle avait fait le choix, dans sa décision, de mener également une analyse économique de la capacité des rabais consentis à produire un effet d'éviction.

Le Tribunal avait validé cette façon de procéder, estimant en revanche que, puisque la Commission n'était pas tenue de mener l'analyse économique en question, il n'avait pas à examiner, dans le cadre de son propre contrôle, si elle avait effectué le test AEC dans les règles de l'art (Trib. UE, 12 juin 2014, *Intel*, aff. T-286/09 ; Chronique pratiques unilatérales, *Concurrences N° 3-2014*).

Cette prise de position du Tribunal est censurée par la Cour dans le présent arrêt. Elle la conduit non seulement à annuler l'arrêt de ce dernier et à renvoyer l'affaire aux juges de première instance, mais également – usant d'un euphémisme – à « préciser » sa jurisprudence Hoffmann-La Roche sur le caractère *per se* ou *non* (en l'occurrence, *non*) des rabais de fidélité au regard de l'article 102 TFUE (CJUE, 13 fév. 1979, *Hoffmann-La Roche*, aff. 85/76).

Par ailleurs, cet arrêt apporte deux précisions significatives au plan procédural.

Critère de la mise en œuvre *versus* critère des effets qualifiés ?

La première concerne la compétence de la Commission pour sanctionner des pratiques qui ont été mises en œuvre en dehors du territoire de l'Union. En l'espèce, au regard de la stratégie d'ensemble mise en œuvre par Intel, la Commission avait appréhendé dans sa décision des accords conclus par l'entreprise avec certains partenaires concernant la livraison de produits au seul marché chinois.

Le Tribunal avait conforté la compétence de la Commission en s'appuyant sur l'arrêt *Pâte de Bois* (CJUE, 31 mars 1993, arrêt *Ahlström Osakeyhtiö* e. a., aff. C-89/85, C-104/85, C-114/85, C-116/85, C-117/85 et C-125/85 à C-129/85), duquel il ressort que le lieu de commission d'une infraction n'est pas déterminant et que c'est le lieu de mise en œuvre de l'entente qui compte, ainsi que sur son arrêt *Gencor* (Trib. UE, 25 mars 1999, *Gencor,* aff. T-102/96), par lequel il avait jugé que l'application du règlement sur les concentrations était justifiée au regard du droit international public pour des opérations ayant un effet prévisible, immédiat et substantiel (effet dit « qualifié ») à l'intérieur de l'Union.

En l'occurrence, le Tribunal avait, à titre principal, apprécié les effets « qualifiés » des accords en question, puis, à titre subsidiaire, le critère de la mise en œuvre.

À cet égard, la Cour souligne tout d'abord l'objectif des règles européennes de concurrence, à savoir appréhender les comportements, collectifs et unilatéraux, des entreprises qui limitent le jeu de la concurrence à l'intérieur du marché intérieur, tant dans le cadre de l'article 101 TFUE que de l'article 102 TFUE. Elle retient ensuite que, à l'instar du critère de la mise en œuvre, celui des effets qualifiés poursuit le même objectif, à savoir appréhender des comportements qui n'ont certes pas été adoptés sur le territoire de l'Union, mais dont les effets anticoncurrentiels sont susceptibles de se faire sentir sur le marché de l'Union.

Cet arrêt consacre donc non seulement le recours au critère des effets dits qualifiés afin d'apprécier la compétence de la Commission pour sanctionner des comportements anticoncurrentiels de dimension internationale, mais encore il valide la méthode suivie par le Tribunal en l'espèce. Ce dernier n'est pas tenu d'analyser la situation qui lui est soumise d'abord au regard du critère de la mise en œuvre puis, ensuite, au regard du critère des effets qualifiés.

Il n'est pas non plus tenu de les apprécier de manière cumulative. En effet, la Cour rejette les griefs de la requérante sur l'application par le Tribunal du critère de la mise en œuvre en raison du fait qu'ils portent sur des motifs surabondants de son arrêt. Le Tribunal ayant justement appliqué le critère des effets qualifiés, la Cour les juge inopérants.

Enfin, la Cour écarte également les arguments de la requérante qui tendaient à démontrer que le Tribunal ne pouvait pas juger que les effets des accords en question étaient prévisibles, immédiats et substantiels dans l'EEE, notamment en raison du nombre limité de produits concernés. La Cour considère qu'il suffit qu'il soit « prévisible » que le comportement en cause produise un effet immédiat et substantiel dans l'Union.

Au-delà des « effets probables », elle indique surtout, à l'instar du Tribunal, que c'est au regard du comportement de l'entreprise ou des entreprises, « pris dans son ensemble », qu'il convient d'apprécier le caractère substantiel des effets en question, afin de ne pas aboutir à une « fragmentation artificielle d'un comportement anticoncurrentiel global, susceptible d'affecter la structure du marché au sein de l'EEE, en une série de comportements distincts risquant d'échapper à la compétence de l'Union ».

Il n'existe pas d'entretiens informels devant la Commission qui doit alors procéder à l'enregistrement de tout entretien dans la forme de son choix

La seconde précision apportée par cet arrêt concerne les pouvoirs d'enquête de la Commission. En amont de sa décision, celle-ci avait tenu une réunion avec un dirigeant d'une entreprise cliente d'Intel. En raison de son caractère informel, cette réunion n'avait donné lieu à aucun procès-verbal. Sur intervention du médiateur, la Commission avait, par la suite, établi une note interne au sujet de cette réunion, dont une version non confidentielle avait été adressée à la requérante.

À l'occasion de son pourvoi, la requérante critiquait le Tribunal d'avoir considéré qu'il convenait de distinguer les interrogatoires formels des interrogatoires informels et d'avoir jugé que seuls les premiers relèvent du cadre réglementaire, résultant des articles 19 du règlement n° 1/2003 et 3 du règlement n° 773/2004. Elle lui reprochait également d'avoir jugé, alors qu'il avait relevé la violation du principe de bonne administration commise par la Commission, que cette dernière avait corrigé cette lacune en produisant la note en question, alors même que, selon lui, elle n'était pas tenue de la communiquer à la requérante en raison de son caractère interne.

La Cour censure d'emblée la distinction opérée par le Tribunal entre entretiens formels et informels. Elle souligne que « aucun élément tiré du libellé de [l'article 19, paragraphe 1, du règlement n° 1/2003] ou du but qu'[il] poursuit ne permet d'inférer que le législateur ait entendu introduire une distinction entre deux catégories d'entretiens relatifs à l'objet d'une enquête, ni exclure du champ d'application de ladite disposition certains de ces entretiens ».

Nous retiendrons surtout, au plan procédural et pour la pratique lorsque la Commission entend recourir à des entretiens, que la Cour procède à une lecture très rigoureuse du cadre réglementaire dans lequel ces entretiens doivent être menés. Dans la mesure où l'article 3 du règlement n° 773/2004 prévoit que la Commission « informe aussi la personne interrogée de son intention d'enregistrer l'entretien », elle estime que la Commission n'a pas d'autre choix que de procéder à l'enregistrement de l'entretien – enregistrement qui ne revêt pas un caractère facultatif – et que, partant, elle est tenue d'avertir la personne concernée de cet enregistrement.

Si la Commission dispose d'une certaine latitude, c'est seulement en ce qui concerne la forme que prendra cet enregistrement. Le même article prévoit en effet que « la Commission peut enregistrer sous toute forme les déclarations faites par les personnes interrogées ».

Il pèse donc sur la Commission une obligation d'enregistrer, sous la forme de son choix, tout entretien mené par elle, au titre de l'article 19 du règlement n° 1/2003, lorsqu'elle entend collecter des informations relatives à l'objet de son enquête.

Autre indication donnée par la Cour, et non des moindre selon nous, la Commission est tenue d'enregistrer cet entretien « dans son intégralité ». Elle ne peut donc pas se contenter de n'enregistrer qu'une partie de l'entretien, au risque d'écarter d'éventuels éléments à décharge.

Quant à la note réalisée par les services de la Commission et que le Tribunal avait jugée suffisante pour réparer la lacune initiale découlant de l'absence de procès-verbal, la Cour relève que, si cette note interne comporte un bref résumé des sujets abordés au cours de l'entretien, elle ne contient, en revanche, aucune indication quant à la teneur des discussions et, en particulier, quant à la nature des renseignements que la personne entendue a fournis pendant l'entretien sur ces sujets. Dès lors, c'est à tort que le Tribunal a considéré que la communication de la note en question à la requérante au cours de la procédure administrative avait corrigé cette lacune initiale.

Pour autant, si la Cour relève en l'occurrence une erreur de droit commise par la Tribunal, elle estime néanmoins que la solution retenue par lui est, en l'occurrence, justifiée pour d'autres raisons, par le jeu d'une substitution de motifs, qui nous semble discutable.

En effet, la Cour retient, d'une part, que la Commission ne s'est pas appuyée sur des informations obtenues lors de l'entretien pour mettre en cause la requérante. D'autre part, elle rappelle que la jurisprudence exige de la partie qui invoque l'absence de communication d'un document prétendument à décharge, qu'elle établisse que sa non-divulgation a pu influencer, à son détriment, le déroulement de la procédure et le contenu de la décision de la Commission (CJUE, 1er juill. 2010, *Knauf Gips,* aff. C-407/08 P).

Or, la Cour relève que la requérante eu accès, au cours de la procédure administrative, à un « document de suivi » contenant des réponses écrites de l'entreprise à des questions orales qui avaient été posées à la personne entendue lors de l'entretien.

La Cour souligne également que la requérante n'a pas fourni d'indice laissant supposer que la Commission se serait abstenue de consigner, au cours de l'entretien, des éléments à décharge qui auraient pu être utiles à sa défense. Or, la requérante reprochant à la Commission de ne pas avoir consigné dans un procès-verbal les éléments d'informations qu'elle a recueillis lors de l'entretien, la motivation de la Cour à cet égard apparaît sévère et même, dans une certaine mesure, circulaire.

En revanche, la Cour note que la requérante n'a pas usé de la possibilité dont elle disposait, conformément au règlement de procédure du Tribunal, de demander à ce que cette personne soit citée devant le Tribunal. Elle n'a pas non plus démontré devant le Tribunal avoir tenté de contacter ladite personne afin d'obtenir de sa part qu'elle confirme avoir avancé, lors de son entretien, des éléments à décharge qui auraient pu être utiles à sa défense. Il faut donc en tirer l'enseignement que les droits de la défense exigent une parfaite et constante rigueur de la part des entreprises dans la mise en œuvre des moyens déployés pour en assurer la protection.

A. Lacresse

Concurrences N° 4-2017, Art. N° 85060, p. 151

Voir aussi, sur les origines de l'affaire

Trib. UE, 12 juin 2014, Intel, T-286/09

P. Cardonnel, Compétence internationale : Le Tribunal de l'Union européenne rejette l'intégralité des griefs procéduraux et précise le régime des interrogatoires dans une importante affaire d'abus de position dominante sur le marché des microprocesseurs (Intel), 12 juin 2014, Concurrences N° 3-2014, Art. N° 68377, pp. 163-165.

Chapitre 2

ARTICLE 101 TFUE

2.1 GÉNÉRALITÉS

2.1.1 Le champ d'application

Accords couverts

CJUE, 4 déc. 2014, FNV Kunsten Information en Media, C-413/13

La Cour de justice de l'Union européenne précise les conditions dans lesquelles la disposition d'une convention collective de travail prévoyant des tarifs minimaux pour les prestataires de services indépendants qui effectuent pour un employeur la même activité que les travailleurs salariés de cet employeur ne relève pas du champ d'application de l'article 101, § 1 TFUE.

Selon une jurisprudence constante, inaugurée par l'arrêt *Albany* (CJCE 21 septembre 1999, aff. C-67/96 ; Voir également arrêts *Brentjens',* CJCE 21 septembre 1999, aff. C-115/97 à C-117/97, *Drijvende Bokken,* CJCE 21 septembre 1999, aff. C-219/97 ; *Pavlov,* CJCE 21 septembre 1999, aff. C-180/98 à C-184/98 ; *Van der Woude,* CJCE 21 septembre 2000, aff. C-222/98 ; *et AG2R Prévoyance,* CJUE 3 mars 2011, aff. C-437/09), la Cour a jugé que les accords conclus dans le cadre de négociations collectives entre partenaires sociaux destinés à améliorer les conditions d'emploi et de travail sont exclus du champ d'application de l'article 101, paragraphe 1, TFUE. Ce sont des accords qui par nature et par objet ne peuvent se voir appliquer le droit de la concurrence. Bien que certains effets restrictifs de la concurrence soient inhérents aux accords collectifs conclus entre des organisations représentatives des employeurs et des travailleurs, les objectifs de politique sociale poursuivis par de tels accords seraient sérieusement compromis si les partenaires sociaux étaient soumis à l'article 101, § 1 TFUE dans la recherche en commun de mesures destinées à améliorer les conditions d'emploi et de travail (arrêt commenté point 22 ; voir arrêts *Albany,* précité point 59 ; *International Transport Workers' Federation et Finnish Seamen's Union,* CJCE 11 déc. 2007, aff. C-438/05, point 49).

Mais il faut que deux conditions cumulatives soient remplies : les conventions collectives sont exclues du champ d'application de l'article 101 TFUE si :

- elles ont été conclues dans le cadre de négociations collectives entre partenaires sociaux ;
- elles contribuent directement à l'amélioration des conditions de travail de travailleurs (la Cour a insisté sur cette exigence dans les arrêts *Albany, Brentjens'* et *Drijvende Bokken.* Certes, la Cour n'a pas repris le terme « directement » dans ses arrêts *Van der Woude* et *AG2R* Prévoyance : précités).

Il appartient en principe aux autorités de concurrence et juridictions nationales compétentes d'apprécier, pour chaque cas, la réunion des deux conditions d'application de cette « exception *Albany* » (selon l'expression de l'Avocat général Nihls Wahl). Cette appréciation doit clairement s'effectuer au cas par cas, à la lumière des dispositions spécifiques de chaque convention collective et des circonstances particulières du marché pertinent.

La même « exception » existe aux États-Unis, mais contrairement à ce qui se passe en droit de l'Union, il y a une disposition expresse dans le *Clayton Act* (*Clayton Antitrust Act,* 15 U.S.C., articles 12 à 27) ou dans le *Norris-La Guardia Act* (*Norris-La Guardia Act,* 29 U.S.C., articles 101 à 115), exonérant explicitement du droit de la concurrence les « syndicats de travailleurs, à condition qu'ils agissent dans leur propre intérêt et qu'ils ne s'associent pas à des groupes de non-travailleurs ». Ainsi, par exemple, dans l'arrêt *AFM v. Carroll 391 U.S. 99* (1968), cité par l'Avocat général Nihls Wahl, la Cour suprême des États-Unis a confirmé la validité d'un ensemble de prix minimaux (ci-après la « liste de prix ») qu'un syndicat (représentatif de musiciens et de directeurs d'orchestre) avait obligé des directeurs d'orchestre à appliquer lors de la conclusion de contrats avec des acquéreurs de musique. Alors que la Cour d'appel fédérale avait considéré que la liste de prix constituait en soi une violation du *Sherman Act*, dans la mesure où elle concernait des prix et non des salaires (les directeurs d'orchestre étant des indépendants et non des employés), la Cour suprême a rejeté cette thèse car dans cette affaire, le facteur déterminant n'était pas de savoir si la liste de prix se rapportait à des prix ou à des salaires, mais si cette liste servait à protéger les salaires des musiciens employés par le directeur d'orchestre. La Cour suprême a conclu que tel était effectivement le cas et que, partant, la liste de prix relevait de l'exemption du *Sherman Act* applicable aux travailleurs (*Sherman Antitrust Act,* 15 U.S.C., articles 1 à 7). Néanmoins, dans l'arrêt *Allen Bradley Co. v. Local union n° 3*, la Cour suprême a insisté sur le fait que le *Sherman Act* ne permet pas aux syndicats d'« aider des groupes de non-travailleurs à créer des monopoles commerciaux et à contrôler la distribution de produits ou services » *325 U.S. 797 (1945)*. En outre, dans l'arrêt *United Mine Workers v. Pennington*, la Cour suprême a également jugé qu'« un syndicat renonce à son exemption du droit de la concurrence lorsqu'il apparaît clairement qu'il a convenu avec un ensemble d'employeurs d'imposer une grille de salaires déterminée à d'autres unités de négociations. [...] Tel est le cas même si, ce faisant, le syndicat vise à s'assurer que les autres employeurs du secteur en cause accorderont les mêmes salaires, horaires ou autres conditions d'emploi » (cf. points 97 et 98 des conclusions de l'Avocat général Nihls Wahl dans la présente espèce).

L'exception *Albany* couvre-t-elle aussi les dispositions de conventions collectives qui réglementent des aspects de la relation professionnelle entre des indépendants et leurs clients ?

Dans l'espèce soumise à la Cour de justice dans l'arrêt commenté, la question était précisément de savoir si cette exception *Albany* couvrait aussi les dispositions de conventions collectives qui réglementent des aspects de la relation professionnelle entre des indépendants et leurs clients et, dans l'affirmative, sous quelles conditions.

En effet, aux Pays-Bas, les prestataires indépendants néerlandais ont le droit de s'affilier à une quelconque association syndicale, patronale ou professionnelle. Par conséquent, selon la loi sur la convention collective de travail, les fédérations patronales et les organisations de travailleurs peuvent conclure une convention collective de travail au nom et pour le compte non seulement des travailleurs, mais également des prestataires de services indépendants qui sont membres de ces organisations. La Cour de justice parle d'une organisation de travailleurs à composition mixte (*cf.* point 24). C'est ce qu'ont fait, pendant les années 2006 et 2007, la FNV et la *Nederlandse Toonkunstenaarsbond* (association néerlandaise des musiciens), une association de travailleurs, d'une part, et la *Vereniging van Stichtingen Remplaçanten Nederlandse Orkesten* (fédération des fondations de remplaçants d'orchestres néerlandais), une association d'employeurs, d'autre part. Elles ont conclu une convention collective de travail relative aux musiciens remplaçant les membres d'un orchestre (les « remplaçants »), convention qui imposait, notamment, des tarifs minimaux non seulement pour les remplaçants embauchés dans le cadre d'un contrat de travail (appelés par la Cour les « remplaçants salariés »), mais aussi pour les remplaçants qui exercent leur activité en vertu d'un contrat d'entreprise et qui ne sont pas considérés comme des « travailleurs », au sens de la convention elle-même (appelés par la Cour les « remplaçants indépendants »).

D'où la question de savoir si une convention collective de travail qui règle des contrats d'entreprise ne se trouve pas modifiée dans sa nature juridique, en ce qu'elle est négociée du côté syndical par une organisation qui agit, à cet égard, non pas en tant qu'association de travailleurs, mais en tant qu'association d'indépendants. Ne devient-elle pas un accord interprofessionnel soumis de ce fait au droit de la concurrence ?

La FNV a introduit un recours devant le tribunal de La Haye visant notamment à faire juger que le droit de la concurrence néerlandais et celui de l'Union ne s'opposent pas à une disposition d'une convention collective de travail obligeant l'employeur à respecter des tarifs minimaux non seulement pour les remplaçants salariés, mais aussi pour les remplaçants indépendants. Le tribunal a rejeté le recours de la FNV aux motifs qu'une telle disposition ne remplissait pas l'une des deux conditions cumulatives permettant d'échapper à l'application du droit de la concurrence de l'Union au sens des arrêts *Albany*, *Brentjens'* (*précités*), *Drijvende Bokken* (C-219/97) et *van der Woude* (*précité*). Selon le Tribunal de La Haye, la fixation de tarifs prévue par cette disposition doit, premièrement, avoir été générée par le dialogue social et avoir été conclue sous la forme d'un accord collectif entre les organisations d'employeurs et les organisations de travailleurs et, deuxièmement, elle doit contribuer directement à l'amélioration des conditions de travail des travailleurs. La FNV a formé un recours contre cette décision.

C'est dans ces conditions qu'ont été posées à la Cour de justice les questions préjudicielles suivantes :

« 1) Convient-il d'interpréter les règles de concurrence du droit de l'Union en ce sens qu'une disposition d'une convention collective de travail conclue entre des associations d'employeurs et des associations de travailleurs, qui prévoit que les indépendants qui effectuent pour un employeur, sur la base d'un contrat d'entreprise, le même travail que les travailleurs qui relèvent de la convention collective de travail doivent percevoir un tarif minimum déterminé, ne relève pas du champ d'application de l'article 101 TFUE, dès lors que cette disposition apparaît dans une convention collective de travail ?

2) En cas de réponse négative à la première question, cette disposition est-elle alors exclue du champ d'application de l'article 101 TFUE lorsqu'elle a (notamment) pour objectif d'améliorer les conditions de travail des travailleurs qui relèvent de la convention collective de travail, et importe-t-il encore à cet égard que les conditions de travail soient ainsi améliorées directement ou seulement indirectement ? »

La Cour de justice qui s'est reconnue compétente, alors même que le litige était interne, mais parce que le texte interne néerlandais reproduit pour l'essentiel l'article 101 TFUE, va considérer que la disposition d'une convention collective de travail prévoyant des tarifs minimaux pour les prestataires de services indépendants, affiliés à l'une des organisations de travailleurs contractantes, qui effectuent pour un employeur, en vertu d'un contrat d'entreprise, la même activité que les travailleurs salariés de cet employeur, ne relève pas du champ d'application de l'article 101, § 1 TFUE si et seulement si ces prestataires constituent de « faux indépendants », à savoir des prestataires se trouvant dans une situation comparable à celle desdits travailleurs.

Comme on s'en doutait, l'exclusion de l'article 101 TFUE ne dépend pas de la localisation formelle dans une convention collective de droit du travail des dispositions éventuellement restrictives de concurrence.

Mais à la vérité, le raisonnement de la Cour est moins fondé sur la réunion ou non des conditions susvisées de l'exception *Albany* (qu'elle vise toutefois rapidement), que sur la notion d'entreprise, alors même que l'Avocat général Nihls Wahl ne l'avait pas mise au centre des débats.

On revient à la question toujours essentielle en droit de la concurrence : les « remplaçants indépendants » sont-ils ou non des entreprises ?

Or, en premier lieu, les remplaçants indépendants sont des entreprises

La Cour de justice relève tout d'abord « que, tout en effectuant la même activité que les travailleurs, des prestataires tels que lesdits remplaçants en cause au principal constituent, en principe, des « entreprises », au sens de l'article 101, § 1 TFUE, dès lors qu'ils offrent leurs services contre rémunération sur un marché donné (arrêt *Ordem dos Técnicos Oficiais de Contas*, C-1/12, EU:C:2013:127, points 36 et 37) et exercent leur activité en tant qu'opérateurs économiques indépendants par rapport à leurs commettants (voir arrêt *Confederación Española de Empresarios de Estaciones de Servicio*, C-217/05, EU:C:2006:784, point 45) » (point 27).

En conséquence, dans la mesure où une organisation représentative des travailleurs procède à des négociations au nom et pour le compte de ces prestataires de services indépendants qui en sont membres, elle n'agit pas dans sa qualité d'association syndicale et donc de partenaire social, mais opère, en réalité, en tant qu'association d'entreprises. La disposition d'une convention collective de travail, en ce qu'elle a été conclue par une organisation de travailleurs au nom et pour le compte des prestataires de services indépendants qui y sont affiliés, ne constitue pas le résultat d'une négociation collective entre partenaires sociaux, d'un dialogue social, et ne saurait être exclue, en raison de sa nature, du champ d'application de l'article 101, § 1 TFUE.

L'Avocat général avait quant à lui insisté sur le fait que « bien que l'effet restrictif de concurrence susceptible de découler de conventions collectives qui réglementent les conditions d'emploi de travailleurs soit souvent accessoire ou limité, tel n'est pas nécessairement le cas s'agissant de conventions qui réglementent les conditions de travail d'indépendants et, plus particulièrement, s'agissant de conventions qui réglementent la concurrence sur les prix entre des indépendants. La fixation du prix est l'un des aspects les plus importants, voire... souvent le plus important, de la concurrence entre les entreprises. C'est pour cette raison que le point a) de la « liste noire » dressée à l'article 101, § 1 TFUE vise les accords qui consistent à « fixer de façon directe ou indirecte les prix d'achat ou de vente ou d'autres conditions de transaction ». Partant, la Cour a invariablement jugé que des accords fixant des prix minimaux pour des produits ou services constituent une restriction sensible de la concurrence » (points n° 35 et 36 de ses conclusions). La Cour n'a pas repris ce motif, car la nature de la restriction n'influe pas sur l'objet de l'accord. Or, l'accord échappe ou non par son objet au droit de la concurrence. S'il n'y échappe pas, c'est alors que l'on souciera de la gravité de la restriction de concurrence.

La conclusion serait cependant différente en second lieu si l'on était face à de faux indépendants

La Cour admet qu'il faudrait juger autrement si l'on était face à de faux indépendants, « à savoir des prestataires se trouvant dans une situation comparable à celle des travailleurs » (*cf.* point 31).

Il faut donc revenir à la définition européenne de l'entreprise. On sait qu'en droit de l'Union, un prestataire de services est susceptible de perdre sa qualité d'opérateur économique indépendant, et donc d'entreprise, lorsqu'il ne détermine pas de façon autonome son comportement sur le marché, mais dépend entièrement de son commettant, du fait qu'il ne supporte aucun des risques financiers et commerciaux résultant de l'activité de ce dernier et opère comme auxiliaire intégré à l'entreprise dudit commettant (voir, en ce sens, arrêt *Confederación Española de Empresarios de Estaciones de Servicio,* CJCE 14 décembre 2006, aff. C-217/05, points 43 et 44).

Parallèlement, le droit de l'Union définit aussi le travailleur comme une personne qui accomplit, pendant un certain temps, en faveur d'une autre personne et sous la direction de celle-ci, des prestations en contrepartie desquelles elle perçoit une rémunération (*voir* arrêts *L. N. c/ Styrelsen for Videregående Uddannelser og Uddannelsesstøtte,* CJUE 21 février 2013, aff. C-46/12, point 40 et jurisprudence citée, ainsi que *Haralambidis,* CJUE 10 septembre 2014, aff. C-270/13, point 28).

Dès lors, la qualification de « prestataire indépendant », au sens du droit national, parce que cette personne a été embauchée en tant que prestataire de services indépendant pour des raisons fiscales, administratives ou bureaucratiques, n'exclut pas qu'elle doive être qualifiée de « travailleur », au sens du droit de l'Union, si son indépendance n'est que fictive, déguisant ainsi une véritable relation de travail (*arrêt Allonby,* CJCE 13 janvier 2004, aff. C-256/01, point 71). Ce sera le cas si cette personne agit sous la direction de son employeur, en ce qui concerne notamment sa liberté de choisir l'horaire, le lieu et le contenu de son travail (*arrêt Allonby,* préc. point 72), qu'elle ne participe pas aux risques commerciaux de cet employeur et qu'elle est intégrée à l'entreprise dudit employeur pendant la durée de la relation de travail, formant avec celle-ci une unité économique (voir *arrêt Becu,* CJCE 16 septembre 1999, aff. C-22/98, point 26).

La Cour de justice invite donc la juridiction de renvoi à vérifier que « au-delà de la nature juridique de leur contrat d'entreprise, ces remplaçants ne se... trouvent pas dans une relation de subordination avec l'orchestre concerné pendant la durée du rapport contractuel, disposant ainsi davantage d'autonomie et de flexibilité que les travailleurs qui exercent la même activité, en ce qui concerne la détermination de l'horaire, de l'endroit et des modalités d'exécution des missions confiées, à savoir les répétitions et les concerts » (point n° 37).

La réponse de la Cour de justice est donc la suivante : « À la lumière de ces considérations, il y a donc lieu de répondre aux questions posées que le droit de l'Union doit être interprété en ce sens que la disposition d'une convention collective de travail, telle que celle en cause au principal, prévoyant des tarifs minimaux pour les prestataires de services indépendants, affiliés à l'une des organisations de travailleurs contractantes, qui effectuent pour un employeur, en vertu d'un contrat d'entreprise, la même activité que les travailleurs salariés de cet employeur, ne relève pas du champ d'application de l'article 101, § 1 TFUE uniquement si ces prestataires constituent de « faux indépendants », à savoir des prestataires se trouvant dans une situation comparable à celle desdits travailleurs. Il incombe à la juridiction de renvoi de procéder à une telle vérification » (point 42).

On ne pourra qu'approuver un arrêt qui se réfère à la notion cardinale d'entreprise pour décider de l'applicabilité du droit de la concurrence à l'accord litigieux.

Même le rapport entre l'objet de la convention et la qualité des parties, qui surprend de prime abord, peut ici se comprendre. Il ne peut y avoir de dialogue social qu'avec les représentants des travailleurs (et non avec des représentants d'entreprises). L'objet est donc bien en relation ici avec la qualité des parties.

Mais le détour par l'objet était-il absolument nécessaire ? Ne suffisait-il pas de dire que l'on n'applique pas l'article 101 à une convention collective, uniquement quand elle n'est pas une convention entre entreprises (donc quand elle est conclue avec les représentants des travailleurs) ? C'est ainsi que l'on exclut l'application du droit de la concurrence aux conventions conclues avec les organismes gérant un régime d'Assurance maladie obligatoire, et qui ont de ce fait une fonction exclusivement sociale, et non une activité économique, ce qui exclut leur qualité d'entreprise (CJCE 17 février 1993, *Poucet et Pistre,* C-159/91 et C-160/91, points 18 et 19). On n'a pas alors recours à la notion d'objet de la convention. Le présent arrêt laisse penser que la référence à la notion d'entreprise pourrait se suffire à elle-même.

M. Behar-Touchais
Concurrences N° 1-2015, Art. N° 70985, p. 74

Parties à l'entente : ordres professionnels

Trib. UE, 10 déc. 2014, Ordre national des pharmaciens, T-90/11

Le Tribunal de l'Union européenne confirme que l'Ordre national des pharmaciens français a restreint la concurrence sur le marché des analyses de biologie médicale, mais réduit la sanction de 5 à 4,75 millions d'euros (Ordre national des pharmaciens).

On se souvient des arrêts de la Cour de justice du 19 mai 2009 (aff. C-171/07 et 172/07 *Apothekerkammer des Saarlandes* et autres (C-171/07) et *Helga Neumann-Seiwert* (C-172/07) *c/ Saarland et Ministerium für Justiz, Gesundheit und Soziales*) qui ont admis qu'une législation nationale (italienne ou allemande dans les deux espèces) réservant l'accès au capital des officines aux seuls pharmaciens était certes une restriction à la liberté d'établissement mais qu'elle était justifiée par l'objectif de protection de la santé publique, ce qui a fait écrire à certains que le monopole des pharmaciens était garanti par le droit communautaire (O. Blin, « Les pharmacies aux pharmaciens ! (ou le monopole des pharmaciens garanti par le juge communautaire) », *Revue Lamy Droit des affaires*, août-sept 2009, p. 50). Et l'Avocat général Bot dans cette affaire avait bien insisté sur le fait que cette solution était justifiée par la spécificité de la profession de pharmacien :

« le pharmacien se trouve associé, pour les raisons qui précèdent, à une politique générale de santé publique, largement incompatible avec une logique purement commerciale, propre aux sociétés de capitaux, directement orientée vers la rentabilité et le profit. Le caractère spécifique de la mission confiée au pharmacien impose donc de reconnaître et de garantir au professionnel l'indépendance nécessaire à la nature de sa fonction » (*cf.* n° 52).

Mais un contentieux identique (ou tout au moins proche) se posait également à propos du capital des laboratoires de biologie médicale, plus précisément à propos de la loi française de l'époque (loi n° 90-1258, du 31 décembre 1990) limitant à 25 % la part du capital d'un tel laboratoire pouvant être détenue par un non-professionnel de santé. La Cour de justice, dans un arrêt du 16 décembre 2010, a ainsi jugé « qu'en interdisant aux biologistes de détenir une participation dans plus de deux sociétés constituées en vue de l'exploitation en commun d'un ou de plusieurs laboratoires d'analyses de biologie médicale, la République française a manqué aux obligations qui lui incombent en vertu de l'article 43 CE » (aff. C-89/09). Ce texte a donc été modifié par la loi LME.

C'est dans ce contexte de grande activité contentieuse européenne que le présent arrêt du Tribunal de l'Union européenne vient sanctionner des pratiques de l'Ordre national des pharmaciens (ONP), ayant commencé en 2003 et ayant perduré jusqu'à présent, pratiques que la Commission avait qualifiées de « stratégie planifiée » de l'Ordre visant à entraver les groupes de laboratoires.

Ce faisant, la présente décision pose une fois de plus la question des rapports de la déontologie et de la concurrence. Il convient de rappeler leur articulation avant d'envisager la décision, en ce qu'elle a appliqué concrètement ces principes aux faits l'espèce, et d'expliquer pourquoi le tribunal aboutit à une réduction très minime de l'amende.

Les rapports de la déontologie et de la concurrence

Déontologie et concurrence font-ils bon ménage ? (*cf.* notamment notre intervention « Déontologie et concurrence : une influence réciproque ? » in Les pratiques de l'industrie pharmaceutique au regard du droit de la concurrence, *Litec 2010*). Alors que 2014 s'est terminée sur une révolte des professions règlementées contre le projet Macron, qui a toutefois épargné pour l'essentiel le domaine pharmaceutique, le Tribunal dans une décision très technique sur le droit français, veut remettre en quelque sorte les pendules à l'heure.

Rappelant la jurisprudence *Wouters* (CJCE 19 février 2002, *Wouters,* aff. C-309/99, Rec. p. I-1577), le Tribunal précise dans quelles circonstances l'action d'un ordre professionnel pouvait être qualifiée de décision d'association d'entreprises restreignant la concurrence en violation de l'article 101, § 1 TFUE.

« 36. En premier lieu, une activité qui, par sa nature, par les règles auxquelles elle est soumise et par son objet, est étrangère à la sphère des échanges économiques ou se rattache à l'exercice de prérogatives de puissance publique, échappe à l'application des règles de concurrence prévues par le traité FUE (arrêts de la Cour *Wouters,* point 21 *supra*, point 57, et du 28 février 2013, *Ordem dos Técnicos Oficiais de Contas,* C-1/12, non encore publié au Recueil, point 40).

37. En second lieu, toute décision d'une association d'entreprises qui restreint la liberté d'action des parties ou de l'une d'elles ne tombe pas nécessairement sous le coup de l'interdiction édictée à l'article 101, § 1 TFUE. En effet, aux fins de l'application de cette disposition à un cas d'espèce, il y a lieu tout d'abord de tenir compte du contexte global dans lequel une décision de l'association d'entreprises en cause a été prise ou déploie ses effets, et plus particulièrement de ses objectifs, qui consistent, en l'occurrence, à procurer les garanties nécessaires aux consommateurs finaux des services en cause. Il convient ensuite d'examiner si les effets restrictifs de la concurrence qui en découlent sont inhérents à la poursuite desdits objectifs (arrêts de la Cour

Wouters, point 21 *supra*, point 97, et du 18 juillet 2013, *Consiglio nazionale dei geologi et Autorità garante della concorrenza e del mercato, C-136/12,* non encore publié au Recueil, point 53).

38. Il ressort de cette jurisprudence que des raisons d'intérêt général, en particulier l'intérêt du bon exercice d'une profession, peuvent justifier la non-application de l'article 101, § 1 TFUE à certaines restrictions de la concurrence lorsqu'elles sont nécessaires. »

Aux fins d'application de l'article 101 TFUE à un cas d'espèce, il y a lieu tout d'abord de tenir compte du contexte global dans lequel la décision d'association d'entreprises a été prise ou déploie ses effets, et plus particulièrement de ses objectifs

On sait qu'un Ordre professionnel ne peut être poursuivi, s'il met en œuvre une prérogative de puissance publique. Il ne peut être considéré dans ce cas comme une entreprise, dans l'activité en cause. Il peut l'être en revanche quand il a une activité de services, c'est-à-dire quand il sort de sa mission de service public.

- Par exemple, si le Conseil de l'Ordre se contente d'un simple rappel de dispositions légales, il agit dans le cadre de sa mission, et ne peut de ce fait se rendre coupable d'une pratique anticoncurrentielle. Ce rappel est alors dicté par la recherche de l'intérêt général.
- En revanche, s'il développe un argumentaire, par exemple pour réserver certaines activités à ses membres au détriment de concurrents non membres, il exerce une activité d'entreprise, en l'occurrence de services, activité qui entre dans le champ d'application de l'article L. 420-1 du Code de commerce, ou le cas échéant de l'article 101 TFUE. Il ne recherche plus l'intérêt général (et notamment l'intérêt des consommateurs clients), mais il recherche l'intérêt collectif de ses membres pour limiter la concurrence. Là, on est face à une décision d'association d'entreprises, à laquelle le droit de la concurrence est applicable.

Et il est de jurisprudence constante « qu'un Ordre professionnel représente la collectivité de ses membres et qu'une pratique susceptible d'avoir un objet ou un effet anticoncurrentiel mise en œuvre par un tel organisme révèle nécessairement une entente, au sens de l'article L. 420-1, entre ses membres » (Cass. com., 16 mai 2000, pourvoi n° 98-12.612). Notons d'ailleurs que l'Ordre national des pharmaciens constitue bien une association d'entreprises, même s'il contient en son sein en plus des entreprises pharmaceutiques indépendantes, des pharmaciens hospitaliers ou salariés qui eux ne sont pas des entreprises.

Il existe en droit interne une pluralité de décisions qui ont rappelé qu'un Ordre professionnel qui dépasse le cadre de sa mission est soumis au droit de la concurrence. On en citera juste deux :

En premier lieu, on peut rappeler l'affaire du portage des médicaments à domicile (Décision du Cons. conc., n° 97-D-18 du 18 mars 1997 ; voir aussi une autre affaire assez proche, décision n° 97-D-26 du 22 avril 1997).

Dans cette affaire, l'Ordre national des pharmaciens avait diffusé auprès des Conseils régionaux de l'Ordre des pharmaciens un communiqué leur indiquant que le portage à domicile des médicaments par des sociétés diverses était contraire au Code de la santé publique, et qu'il y était opposé. Divers courriers avaient ensuite été envoyés aux pharmaciens par les institutions ordinales.

Le Conseil de la concurrence puis les juridictions de recours, y compris la Cour de cassation (Cass. Com., 16 mai 2000, n° 98-12.612) ont condamné cette pratique de l'Ordre.

- Elle a été condamnée d'une part parce que l'Ordre est sorti de sa mission de service public.

Et la Cour de cassation relève que :

- « La Cour d'appel a pu décider que la diffusion de ce communiqué dans lequel le Conseil central diffusait une interprétation inexacte du Code de la santé publique sur laquelle il se fondait pour manifester son opposition à l'activité de portage de médicaments à domicile, ne manifestait pas l'exercice d'une prérogative de puissance publique, sortait de la mission de service public qui lui est conférée en tant qu'Ordre professionnel, et constituait une intervention sur le marché du portage de médicaments à domicile dont le Conseil de la concurrence pouvait connaître » ;
- d'autre part, cette activité de services a eu un objet ou un effet anticoncurrentiel, puisque cela impliquait un boycott des entreprises déjà en place, et cela « pouvaient avoir pour effet d'empêcher l'accès au marché des entreprises proposant ce type de service ; » (*cf.* décision précitée du Conseil de la concurrence).

En second lieu, est également révélatrice une affaire d'incitation d'une maison de retraite à s'adresser aux pharmaciens proches de son implantation et à respecter le maillage territorial (Aut. conc., déc. du 22 avril 2009 n° 09-D-17 relative à des pratiques mises en œuvre par le Conseil régional de l'Ordre des pharmaciens de Basse-Normandie).

En simplifiant les faits, quatre pharmaciens de la région de Caen avaient formulé des plaintes auprès de l'Ordre contre M. X… pour démarchage abusif de clientèle en précisant que ce dernier fournissait en médicaments des pensionnaires de maisons de retraite et d'établissements de soins éloignés de sa propre implantation, soit directement, soit par l'intermédiaire d'Équipmédical.

Le Conseil régional de l'Ordre avait alors fait plusieurs choses :

- il avait nommé deux pharmaciens pour enquêter sur les faits reprochés ;
- il avait adressé à tous les pharmaciens de la circonscription une lettre circulaire leur rappelant la règle déontologique leur imposant d'informer l'Ordre de tous les contrats qu'ils concluaient avec des établissements de soins (art. R. 4235-60 du Code de la santé publique) ;
- il avait traduit M. X… en chambre de discipline ;
- enfin, informé que la maison de retraite Les Hauts de Monceaux avait l'intention de cesser de s'approvisionner auprès de l'officine proche de son établissement le Président de l'Ordre lui avait envoyé un courrier pour l'inciter à ne pas le faire. Le courrier s'achevait sur la citation de l'article R. 4235-21 du Code de la santé publique concernant : « L'interdiction faite au pharmacien de porter atteinte au libre choix du pharmacien par la clientèle et le fait de s'abstenir de tout acte de concurrence déloyale » et sur la citation de l'article R. 4235-18 qui dispose : « Le pharmacien ne doit se soumettre à aucune contrainte financière, commerciale, technique ou morale de quelque nature que ce soit, qui serait susceptible

de porter atteinte à son indépendance dans l'exercice de sa profession, notamment à l'occasion de la conclusion de contrats, conventions ou avenants à objet professionnels ».

La décision de l'Autorité de la concurrence est intéressante parce qu'elle va distinguer dans tous ces actes :

- ceux qui ne sont pas détachables de l'exercice du pouvoir de contrôle et du pouvoir disciplinaire confié à l'Ordre, qui sont des prérogatives de puissance publique de l'Ordre, et qui ne relèvent pas du droit de la concurrence ;
- des comportements qui, parce qu'ils invitent les professionnels ou des tiers à adopter telle ou telle attitude sur le marché, constituent une intervention dans une activité de services ; et qui sont donc susceptibles de se voir appliquer le droit de la concurrence.

Ainsi, relèvent des prérogatives de puissance publique de l'Ordre :

1) la demande d'ouverture d'une enquête par la DRASS ;

2) l'envoi d'une circulaire à l'ensemble des pharmacies du ressort pour leur rappeler qu'elles doivent tenir l'Ordre informé des contrats ou accords de fournitures conclus avec certains établissements ;

3) l'accueil de plaintes de confrères à l'encontre de M. X..., le lancement d'enquêtes à son égard et la poursuite de leur instruction alors qu'aucun élément n'était recueilli au soutien de ces plaintes ;

4) la décision de saisir la chambre de discipline alors qu'en définitive, les accusations portées par les confrères se sont avérées sans fondement.

Sur tous ces points, qui ne sont pas détachables de l'exercice du pouvoir disciplinaire de l'Ordre et donc de sa mission de service public, l'Autorité de la concurrence s'avère n'avoir pas compétence pour intervenir.

En revanche, relève de l'activité de services de l'Ordre, soumise au droit de la concurrence, l'envoi de la lettre adressée à la maison de retraite Les Hauts de Monceaux pour l'inciter à s'adresser aux pharmacies dont elle dépendrait « géographiquement ».

Sur ce dernier point, et seulement sur celui-là, l'Ordre a été considéré comme sortant de sa mission de service public puisqu'il invitait un établissement de soins et de séjour à recourir à certains fournisseurs plutôt qu'à d'autres en l'expliquant par la nécessaire proximité et poursuite des relations entre les pharmacies « recommandées » et l'établissement de soins, et en se fondant sur le Code de la santé publique, qui n'impliquait pourtant pas cette analyse. En effet, les articles R. 4235-18 et R. 4235-21, n'impliquent nullement, bien au contraire, qu'un établissement de soins ou de séjour n'ait pas le choix du pharmacien sollicité pour répondre aux besoins des pensionnaires quand ceux-ci ont donné leur consentement en ce sens.

Dans la présente affaire, le Tribunal de l'Union européenne va vérifier de la même façon si les pratiques sanctionnées de l'ONP ont consisté à appliquer le droit français, ou à exiger davantage que ce qu'exige le droit français.

L'application concrète de ces principes

Le comportement de l'Ordre visant le développement des groupes de laboratoires, et poursuivi dans la présente espèce, se compose de quatre types de décision identifiés au considérant 127 de la décision de la Commission :

- premièrement, celles visant à interdire le démembrement des parts sociales de SEL ;
- deuxièmement, celles visant à imposer que les mouvements d'actions soient immédiatement communiqués ;
- troisièmement, celles visant à imposer que les pharmaciens biologistes détiennent une participation minimale au capital ;
- et, quatrièmement, les décisions visant à imposer que toute modification des statuts ou nomination de directeur soit conditionnée à l'approbation préalable de l'Ordre.

Ledit comportement a été résumé aux considérants 667 à 676 de la décision de la Commission.

La défense de l'ONP consistait bien évidemment devant le Tribunal à tenter de montrer qu'il n'était pas allé au-delà de la loi française. Il était donc dans sa mission de puissance publique et échappait au droit de la concurrence.

C'est dire que la quasi-totalité de l'arrêt du Tribunal de l'Union va consister à interpréter un droit français, particulièrement confus sur certains points, comme cela va être montré, sans exhaustivité.

Sur les pratiques concernant la détention du capital dans les SEL de laboratoires

Le tribunal dégage d'abord le droit français applicable aux SEL et notamment aux SELARL :

« 74. ... les principes de base suivants étaient applicables pendant la période concernée : d'une part, le quart du capital au plus des SEL de laboratoires pouvait être détenu par des personnes extérieures à la profession (article R. 6212-82 du CSP) et, d'autre part, les professionnels exerçant la même profession, mais extérieurs aux laboratoires pouvaient détenir plus de la moitié du capital des SEL de laboratoires (article 5-1, premier alinéa, loi n° 90-1258) à condition que les professionnels en exercice dans le laboratoire détiennent plus de la moitié des droits de vote (article 5, premier alinéa, loi n° 90-1258). »

En revanche, pour les SELARL dans le domaine de la biologie, il existe une difficulté sérieuse d'interprétation, que le Tribunal va trancher lui-même :

« 94. S'agissant encore de la discussion entre les parties sur la question spécifique de savoir si la possibilité de dissociation entre droits en capital et droits de vote n'était, à l'époque des faits, pas possible pour les SELARL, l'Ordre invoque à cet égard la portée générale de l'article L. 223-28 du Code de commerce français (ci-après le "CDC") concernant les SARL. Cet article dispose que chaque associé a le droit de participer aux décisions et dispose d'un nombre de voix égal à celui des parts sociales qu'il possède.

95. Selon l'Ordre, cette disposition s'applique aux SELARL et exclut donc la possibilité de dissociation dans leur cas.

96. À cet égard, dans sa réponse aux questions écrites du Tribunal et à l'audience, la Commission ne conteste plus que, par le biais de la circulaire n° 2005-506, l'administration française a indiqué que les SELARL étaient exclues du bénéfice de l'article 5-1 de la loi n° 90-1258, sauf pour les cas de l'apport en industrie.

97. Cependant, indépendamment de l'argument que l'Ordre a mentionné à l'audience selon lequel la circulaire n° 2005-506 ne fait que refléter l'état de la loi ou de la question de savoir si, au contraire, la circulaire en cause en contient une interprétation *contra legem* sur ce point, il ne saurait être remis en cause que, jusqu'à l'adoption de cette circulaire en 2005, les sociétés pouvaient incontestablement considérer que l'article 5-1 de la loi n° 90-1258 primait, en tant que *lex specialis*, sur les dispositions générales du Code de commerce.

98. En effet, comme indiqué au considérant 388 de la décision attaquée, l'article 1er de la loi n° 90-1258 précise que les SEL sont régies par les dispositions du livre II du Code de commerce "sous réserve des dispositions du titre Ier de la présente loi". Or, l'article 5-1 fait partie dudit titre Ier. »

Selon la Commission, l'ordre a systématiquement choisi d'imposer l'interprétation la plus défavorable à l'ouverture du marché aux groupes de laboratoires

Le Tribunal de l'Union décide donc qu'entre l'article L. 223-28 du Code de commerce (sur les SARL) et l'article 1er de la loi n° 90-1258 sur les SEL, c'est cette dernière qui doit recevoir application. Il conclut donc :

« 100. Dans ces circonstances, la Commission n'a pas commis d'erreur en retenant que, jusqu'en 2005, différentes interprétations du cadre légal affectant les SELARL étaient possibles et que l'Ordre a systématiquement choisi d'imposer l'interprétation la plus défavorable à l'ouverture du marché aux groupes de laboratoires. »

Mais quid si l'interprétation la plus défavorable à l'ouverture du marché aux groupes de laboratoires étaient la bonne interprétation (ce dont nous ne préjugeons pas dans le cadre restreint de ce commentaire) ?

On ne peut manquer de relever qu'il peut apparaître curieux que le Tribunal de l'Union européenne ait ainsi à trancher entre plusieurs interprétations possibles du droit français.

On peut même penser qu'il y a là une lacune du règlement n° 1/2003. L'article 15 du règlement prévoit que « les juridictions des États membres peuvent demander à la Commission de leur communiquer des informations en sa possession ou un avis au sujet de questions relatives à l'application des règles communautaires de concurrence » et que « les autorités de concurrence des États membres » peuvent jouer le rôle d'*amicus curiae* pour aider les juges à rendre les décisions en matière de pratiques anticoncurrentielles. Il aurait peut-être été important de prévoir soit une procédure d'*amicus curiae*, soit une procédure de « recours en interprétation » ou de « recours pour avis », pour permettre aux juridictions de l'Union de saisir une Cour suprême nationale d'une demande d'interprétation de son droit national.

Dès lors que la violation du droit de la concurrence s'appuie sur le dépassement des exigences du droit français, il ne serait pas excessif de permettre à la plus haute juridiction française (de l'Ordre concerné) de dire ce que dit le droit français.

On objectera que, par exemple, dans le contentieux sur la libre circulation des marchandises, qui concerne les législations, il n'a jamais été besoin d'une interprétation de la loi interne par le juge interne, avant que le juge de l'Union ne statue sur la conformité de la loi nationale aux principes du Traité. Mais, outre que dans ce cas, le défendeur est le gouvernement de l'État membre concerné, c'est la loi qui est elle-même jugée, et l'on comprend que le juge interne dont l'État encourt une sanction, se trouverait dans une situation difficile pour interpréter le texte.

Rien de tel en l'espèce. La preuve directe de ce que l'ONP a dépassé les limites du droit français dépend d'une interprétation de ce droit par le Tribunal de l'Union européenne (dont on espère qu'elle ne sera pas ensuite assortie du principe de primauté (*sic*)).

Le tribunal interprète donc le droit français, puis en déduit que l'ONP a dépassé les limites du droit français, et qu'il y a PAC.

Heureusement en l'espèce, sur ce point, il existe aussi des preuves indirectes du dépassement par l'Ordre des dispositions du droit français, en l'occurrence le fait que l'Ordre ait œuvré pour une modification législative :

« 104. Enfin, il doit être rappelé que la décision attaquée fait état de plusieurs documents dont il ressort que l'Ordre savait qu'il était juridiquement possible que des investisseurs exerçant la profession détiennent la majorité du capital, pourvu que la majorité des droits de vote soit détenue par les professionnels en exercice au sein de la SEL, ce qui est notamment démontré par le fait qu'il a œuvré pour une modification législative prévoyant la détention d'une quotité minimale du capital par les associés exerçant leur activité au sein de la société (voir les éléments de preuve cités à la note en bas de p. 523 et les considérants 442 à 449 de la décision attaquée). »

C'est en quelque sorte ici une application du principe de cohérence. Dès lors que l'Ordre a demandé une modification de la loi parce qu'elle permettait telle chose, l'Ordre ne peut soutenir ensuite que la loi ne le permettait pas.

Sur les démembrements

La Commission a reproché à l'Ordre d'avoir interdit le démembrement d'actions au sein des SEL. Là aussi il convient d'interpréter le texte français, mais le Tribunal va se fonder sur une preuve indirecte du dépassement, assez flagrante : le fait que l'Ordre ait reconnu que la loi ne permettait pas d'interdire le démembrement, mais que celui-ci devait être interdit sur le plan déontologique :

« 115. Cet objectif de l'Ordre de s'opposer à tout démembrement est documenté aux considérants 277 à 287 de la décision attaquée. À titre d'exemple, il en ressort que, même si le CCG (Conseil central de la section G de l'Ordre national des pharmaciens) conclut le 27 mars 2003 que, "sur le plan strictement légal, il paraît impossible de s'opposer au démembrement de parts ou d'actions au sein d'une SEL", il décide "qu'il soit procédé à la préparation d'un avis circonstancié suivant lequel le démembrement qui a profité aux Stés Unilabs soit refusé pour des raisons déontologiques" (*considérant 282*). De même, une note interne d'octobre 2003 fait état de la prise d'une position de principe par les organes de l'Ordre visant à s'opposer "à tout démembrement de parts sociales dans les sociétés constituées pour l'exploitation d'une officine ou d'un laboratoire d'analyses de biologie médicale" (*considérant 284*) ».

Ceci est exactement l'hypothèse de dépassement de sa mission par l'Ordre, puisqu'il reconnaît que le droit français permet le démembrement, et qu'il entend l'interdire sur le plan déontologique.

Les devoirs de communication des SEL durant leur vie

Il était également reproché à l'Ordre d'avoir voulu retarder la prise d'effets des modifications des statuts et des contrats relatives à des SEL en indiquant que ces modifications ne seraient effectives qu'à compter de l'obtention d'arrêtés préfectoraux modificatifs et des inscriptions ordinales subséquentes, ainsi que d'avoir demandé que des clauses explicites en ce sens soient incluses dans des actes de transformation des SEL. Selon la Commission, la formulation de telles exigences augmente artificiellement le risque économique lié à la réalisation de ces transformations.

Là encore, une discussion préalable sur le contenu du droit français a été déterminante : l'obligation de communication des modifications intervenues au cours de la vie d'une SEL a-t-elle ou non en droit français un caractère déclaratoire (oui pour la Commission, non pour l'ONP) ? Et l'Ordre joue-t-il un rôle subordonné à celui du préfet s'agissant de telles modifications ou peut-il agir de manière autonome ?

La particularité ici, tient au fait qu'il y a des circulaires qui sont invoquées pour interpréter le texte français et que l'une d'elle est peut-être *contra legem*. Qu'à cela ne tienne, le Tribunal de l'Union européenne va aller jusqu'à se pencher sur le caractère éventuellement *contra legem* d'une circulaire française :

« 156. En effet, la circulaire n° 98-585 prévoyant une procédure d'agrément tandis que la loi institue un régime déclaratif, la Commission soulève à juste titre la question de savoir si elle contient une transposition correcte du cadre légal. À cet égard, la Commission fait mention aux considérants 467 et 468 de la décision attaquée de documents datant d'avant 2005 qui peuvent contredire l'analyse ressortant de ladite circulaire. Il s'agit notamment d'une lettre, de juillet 2004, du Directeur des affaires sanitaires et sociales du département de l'Essonne (France) à un cabinet d'avocats se référant à l'obligation d'une simple déclaration s'agissant d'un "changement ultérieur dans le personnel exploitant" et de documents internes de l'Ordre, d'octobre 2003 et de juin 2004, cités au considérant 468 de la décision attaquée, se référant au contrôle *a posteriori* et à un régime de déclaration ressortant de l'article L. 6211-2 du CSP. À cela peut être ajoutée la référence faite par l'Ordre, dans un courrier du 27 mai 2004 au laboratoire d'Isle, *cité à la note en bas de page n° 555 de la décision attaquée*, au fait que, concernant "les conditions suspensives, nous précisions aux intéressés que, sans être obligatoires dans le cas qui nous occupe, elles constituent simplement une mesure de protection pour les biologistes, à l'égard des modifications qu'ils envisagent de réaliser". »

Quoi qu'il en soit de la pertinence ou non de ces développements, on peut légitimement se demander, si l'ONP ne pouvait pas se fier à une circulaire *contra legem* et si le fait de demander aux biologistes le respect d'une circulaire (peut-être *contra legem*) n'implique pas que l'ONP agissait dans sa mission, et que ce n'est que si la circulaire avait été annulée, en raison de son caractère *contra legem* que l'on pourrait reprocher à l'Ordre de ne pas avoir aussitôt changé ses préconisations.

Le Tribunal en fera une circonstance atténuante pour diminuer très légèrement la sanction encourue. Mais la question se pose de savoir si cela n'excluait pas l'infraction elle-même.

Sur le pouvoir disciplinaire

La Commission a également reproché à l'Ordre les dépôts de plainte visant des pharmaciens ou des SEL.

L'Ordre considère que les activités de ses chambres disciplinaires se rattachent à l'exercice de prérogatives de puissance publique au sens de l'arrêt *Wouters* précité et tombent en dehors du champ d'application de l'article 101 TFUE de sorte que la Commission n'aurait même pas pu considérer que l'exercice par l'Ordre de son pouvoir disciplinaire renforçait les effets potentiels ou réels des décisions en cause. Au contraire, au considérant 514 de la décision attaquée, la Commission conclut que « le comportement ici en cause est constitué de l'ensemble des décisions de l'Ordre qui visent à exiger des acteurs du marché qu'ils adoptent certains comportements de marché, ce qui inclut notamment le dépôt de plaintes visant des pharmacies ou des SEL par des dirigeants de l'Ordre ».

Le Tribunal va approuver la Commission car elle a distingué l'exercice dudit pouvoir disciplinaire des menaces implicites ou explicites de son exercice ou de l'action de dépôt de plaintes, en ajoutant :

« 207. Quoi qu'il en soit, même si, dans ces circonstances, il n'est pas nécessaire de prendre définitivement position sur la question de savoir dans quelle mesure l'exercice par l'Ordre de son pouvoir disciplinaire se rattache à l'exercice d'une prérogative de puissance publique, de sorte qu'il tombe en dehors du champ d'application de l'article 101 TFUE, il doit encore être précisé que l'existence d'une telle prérogative ne saurait offrir une protection absolue contre toute allégation de comportement restrictif de concurrence, puisque l'exercice manifestement inapproprié d'un tel pouvoir consisterait, en tout état de cause, en un détournement de ce pouvoir ».

On relèvera que dans l'affaire interne précitée relative à des pratiques mises en œuvre par le Conseil régional de l'Ordre des pharmaciens de Basse-Normandie sur le « respect du maillage le maillage territorial » (Aut. conc., 22 avril 2009, décision 09-D-17), l'Autorité de la concurrence avait décidé que relève des prérogatives de puissance publique de l'Ordre, la décision de saisir la chambre de discipline alors qu'en définitive, les accusations portées par les confrères se sont avérées sans fondement.

À l'inverse, dans sa fameuse communication du 9 février 2004 intitulée « Rapport sur la concurrence dans le secteur des professions libérales » (Com (2004) 83 final) et dans celle du 5 septembre 2005 qui a suivi, la Commission avait listé cinq types de réglementations restrictives que l'on retrouve dans les professions libérales, comme :

- les prix imposés ou recommandés ;
- les règles en matière de publicité ;
- les règles relatives aux conditions d'accès et aux droits réservés ;
- les règles régissant la structure des entreprises ;
- et les règles régissant les pratiques disciplinaires.

Elle considérait donc que les pratiques disciplinaires pouvaient entrer dans les pratiques restrictives à contrôler.

Il est peut-être possible de concilier les deux analyses. Une poursuite disciplinaire isolée relève de l'activité de puissance publique de l'Ordre. Ce n'est d'ailleurs pas à notre sens une « pratique ». Si la poursuite est infondée, il y a des voies de recours pour la personne poursuivie.

Mais quand la poursuite disciplinaire est utilisée pour inciter au respect des préconisations anticoncurrentielles, elle mérite d'être qualifiée de « pratique », elle participe au plan global, et il faut la prendre en compte dans l'appréciation d'ensemble de l'infraction.

Sur les pratiques de prix minimal

La Commission a encore reproché à l'Ordre d'avoir imposé un prix minimal de marché au motif que tout écart par rapport à ce minimum « n'honore pas la profession et pourrait révéler un comportement anticonfraternel ».

Le débat devant le Tribunal a concerné, plus précisément, l'interprétation de l'article L. 6211-6 du Code de la santé publique (dans sa rédaction antérieure à l'ordonnance n° 2010-49, du 13 janvier 2010, entrée en vigueur le 16 janvier 2010) qui dispose :

« Sous réserve des accords ou conventions susceptibles d'être passés avec des régimes ou des organismes d'Assurance maladie ou des établissements de santé publics ou privés et des [contrats de collaboration entre laboratoires] mentionnés à l'article L. 6211-5, les personnes physiques et les sociétés et organismes qui exploitent un laboratoire d'analyses de biologie médicale ne peuvent consentir à des tiers, sous quelque forme que ce soit, des ristournes pour des analyses ou examens dont ils sont chargés... ».

Le texte est tout de même très clair : il interdit en principe les ristournes, sauf dans les contrats passés avec des régimes ou des organismes d'Assurance maladie ou des établissements de santé publics ou privés et les contrats de collaboration entre laboratoires.

La position de l'ONP prétendant que ce texte interdit en principe de telles ristournes était difficile à soutenir, compte tenu de la lettre du texte, même si le Code de la santé publique est en général défavorable aux ristournes trop importantes.

En revanche, l'ONP se fondait également sur sa mission de protection de la santé publique. Selon l'Ordre, en substance, une pratique systématique de ristournes élevées engagerait la qualité des soins, l'indépendance du professionnel de santé et comporterait un risque de détournement de l'argent public. L'Ordre soutient, par ailleurs, que le prix fixé dans la nomenclature est un prix d'équilibre négocié par l'État qui prend en compte le coût réel de l'analyse, la rémunération de l'acte de soins et la protection des deniers publics et non un prix du marché. Selon lui, il est généralement admis qu'il existe une relation certaine entre la qualité des services reçus par les malades et la nature et le mode de rémunération. Il invoque, à cet égard, l'arrêt de la Cour du 5 décembre 2006, *Cipolla* (C-94/04 et C-202/04, Rec. p. I-11421, point 67). Dès lors, étant chargé par le législateur de veiller au respect des règles déontologiques dont, notamment, l'article R. 4235-75 du CSP, spécifique aux pharmaciens-biologistes, il ne pouvait, selon lui, que s'inquiéter de certaines ristournes importantes (majoritairement supérieures à 30 % et allant jusqu'à 50 %) comme étant un indice de pratiques de dumping (*cf.* point 280).

À cet égard, tant la Commission, que le tribunal vont reconnaître la mission de gardien des devoirs déontologiques de ses membres qui incombe à l'Ordre, ce qui est tout de même sa mission essentielle :

« 287. À cet égard, il ne saurait être nié que le comportement de l'Ordre en matière de prix décrit dans la décision attaquée n'est pas étranger à sa mission de gardien des devoirs déontologiques des pharmaciens-biologistes, ce que la Commission reconnaît d'ailleurs également quand elle indique, au considérant 174 de la décision attaquée, que la surveillance du respect des règles déontologiques en matière de prix pratiqués par les pharmaciens entre dans le cadre des missions légales de l'Ordre ».

Mais le Tribunal va approuver la décision de la Commission en ce qu'elle a considéré que les décisions de l'Ordre relevaient dans ce domaine d'une interprétation de la loi à des fins économiques plutôt que d'une interprétation stricte de celle-ci.

Ainsi, à aucun moment, l'Ordre n'a établi que les ristournes consenties affecteraient la qualité de la prestation fournie par le laboratoire visé.

En outre, l'analogie avec l'arrêt *Cipolla* (C-94/04 et C-202/04, Rec. p. I-11421), est écartée. Dans cet arrêt, la Cour a relevé (point 67) qu'il ne saurait être exclu qu'un tarif minimal imposé aux avocats permette d'éviter que ces derniers ne soient incités, dans le contexte spécifique du marché italien très concurrentiel, à se livrer à des offres au rabais avec le risque d'une détérioration de la qualité des services fournis. Or, outre le fait que cet arrêt concerne la problématique de la libre prestation de services, il s'agit dans cet arrêt de prestations livrées généralement dans un contexte d'asymétrie d'informations entre le client-consommateur et le prestataire, contrairement aux scénarios visés dans la décision attaquée qui concernent des relations entre professionnels du secteur. Pour le Tribunal, l'arrêt ne saurait donc être déterminant pour soutenir la thèse de l'Ordre.

En tout état de cause, le Tribunal considère que le fait que l'Ordre ait pu poursuivre un objectif légitime n'exclut pas que son action en matière de ristournes puisse être considérée comme ayant un objet restrictif de concurrence (voir, en ce sens, l'arrêt de la Cour du 20 novembre 2008, *Beef Industry Development Society et Barry Brothers*, C-209/07, Rec. p. I-8637, points 19 à 21).

Sur l'amende

L'amende de 5 millions d'euros va être réduite très succinctement à 4,75 millions d'euros.

Cette réduction est fondée sur le fait qu'une des pratiques est fondée sur le caractère *contra legem* d'une circulaire (*cf. supra*).

« 377. (...) même s'il ressort de l'examen du deuxième moyen fait aux points 128 à 157 ci-dessus que la Commission n'a pas commis d'erreur d'appréciation résultant d'une mauvaise interprétation de la législation française quant à la prise d'effet immédiate de modifications de statuts et de contrats pour les SEL au cours de leur vie, il a néanmoins été considéré au point 155 ci-dessus qu'il était regrettable que la décision reste quasi muette sur l'impact de la circulaire n° 98-585 dans ce contexte, mise à part la référence sise en note en bas de page n° 562, au fait qu'elle contient une interprétation différente du régime applicable quand elle indique que "la société doit d'abord demander l'agrément en raison des modifications".

378. En effet, même si cette circulaire et la pratique des préfets qui en découle d'adopter des arrêtés modificatifs d'agrément ne remettent pas en cause la légalité de l'analyse de la Commission, il s'agit de circonstances ayant pu avoir une influence sur les prises de position de l'Ordre, qui lui sont reprochées. Indépendamment de la question de la légalité, sur ce point spécifique, de la circulaire n° 98-585 et de la pratique des préfets, elles peuvent expliquer l'analyse défendue par l'Ordre d'un double système : modification de

l'autorisation du laboratoire soumise à un régime déclaratif, mais nécessité d'un nouvel agrément pour la SEL ayant un caractère suspensif. Or, l'hypothèse de ce double système n'est pas abordée dans la décision attaquée.

379. Dès lors, tenant également compte du fait qu'il ressort des considérants 453 et suivants de la décision attaquée que plusieurs prises de position reprochées à l'Ordre envers des SEL sont antérieures à la circulaire n° 2005/206, il y a lieu de considérer en l'espèce que la Commission a commis une erreur en ne reconnaissant pas l'existence d'une circonstance atténuante pour ce volet spécifique de l'infraction pendant une partie de la période concernée, à savoir notamment avant la mise en vigueur de la circulaire n° 2005/206 le 14 novembre 2005 ».

Lorsqu'une amende est infligée à une association d'entreprises en tenant compte du chiffre d'affaires de ses membres et que l'association n'est pas solvable, elle est tenue de lancer à ses membres un appel à contributions pour couvrir le montant de l'amende

L'amende prononcée à l'encontre d'un Ordre professionnel reste néanmoins très substantielle. Et le tribunal rappelle l'article 23, § 4, du règlement n° 1/2003 selon lequel, « lorsqu'une amende est infligée à une association d'entreprises en tenant compte du chiffre d'affaires de ses membres et que l'association n'est pas solvable, elle est tenue de lancer à ses membres un appel à contributions pour couvrir le montant de l'amende ».

Il restera toutefois à se demander si les pharmaciens hospitaliers ou salariés, qui adhèrent à l'Ordre, devront contribuer au paiement de l'amende. Nous ne le pensons pas dans la mesure où n'étant pas des entreprises, ils ne peuvent faire partie d'une entente. Ils n'ont absolument pas pu profiter des pratiques, et devrait donc à notre sens ne pas contribuer à l'amende ainsi prononcée.

Dans la mesure où le 1er janvier 2014, il y avait 21 915 officines en métropole et 627 Outre-mer (http://www.ordre.pharmacien.fr/Le-pharmacien/Le-metier-du-pharmacien/La-demographie-des-pharmaciens), cela ferait approximativement 211 euros par officine.

M. Behar-Touchais
Concurrences N° 1-2015, Art. N° 71060, p. 79

Parties à l'entente : facilitateur d'un cartel

CJUE, 22 oct. 2015, AC-Treuhand, C-194/14 P

La Cour de justice de l'Union européenne confirme, contre l'avis de l'Avocat général Nils Wahl, la sanction imposée au facilitateur d'un cartel, qui n'est pas actif sur le marché objet de l'entente, au nom de la « pleine efficacité » de l'article 101, § 1 TFUE.

On se souvient des termes très fermes par lesquels l'Avocat général Nils Wahl avait suggéré à la Cour d'accueillir le pourvoi formé par AC-Treuhand et d'annuler l'arrêt du Tribunal du 6 février 2014 (*aff. T-27/10*) qui avait confirmé sa condamnation par la Commission en tant que responsable d'avoir participé au cartel des stabilisants étain et ESBO/esters : pour l'Avocat général, l'approche retenue par le Tribunal ne fixait que « peu de limites quant à la nature des comportements collusoires susceptibles de tomber sous le coup de l'interdiction visée à [l'article 101, § 1 TFUE] » ignorant ainsi « totalement la portée de cette interdiction et l'objectif qu'elle vise à atteindre » (conclusions présentées le 21 mai 2015, § 42 – *cf.* le commentaire de L. Bernardeau, « L'Avocat général Nils Wahl exclut qu'un « facilitateur » puisse constituer une « entreprise » au sens de l'article 101 TFUE et être sanctionné à ce titre »).

La principale question posée par le pourvoi est simple : une entreprise de conseil, qui n'est pas active directement sur les marchés objets des pratiques d'ententes, peut-elle être considérée comme responsable des pratiques anticoncurrentielles et sanctionnée à ce titre ?

Au nom de la « pleine efficacité » de l'article 101, § 1 TFUE, un « facilitateur », bien que n'étant pas directement présent sur les marchés objets de l'entente, peut être condamné comme responsable de l'entente

La Cour répond sans ambiguïté par la positive, en considérant que les notions d'accord et de pratique concertée ne présupposent pas une « limitation réciproque de la liberté d'action sur un même marché sur lequel seraient présentes l'ensemble des parties » (§ 33). La raison principale avancée par la Cour pour parvenir à cette conclusion, qui consacre la « portée large » (§ 43) des notions d'accord et de pratique concertée est la volonté de protéger « la pleine efficacité de l'interdiction édictée par [l'article 101, § 1 TFUE] », dans la mesure où l'interprétation inverse « ne permettrait pas de faire échec à la contribution active d'une entreprise à une restriction de concurrence du seul fait que cette contribution ne concerne pas une activité économique relevant du marché pertinent sur lequel cette restriction se matérialise ou a pour objet de se matérialiser » (§ 36).

Il importe donc peu que l'entreprise condamnée soit elle-même active sur le marché pertinent, mais il faut et il suffit qu'elle apporte une contribution active à une restriction de concurrence sur ce marché.

On remarquera que la Cour évite de qualifier précisément la nature du rôle d'AC-Treuhand, et ne recourt ni aux termes d'auteur, de complice ou de « facilitateur », notions que l'Avocat général avait soigneusement distinguées. En retenant que le comportement d'AC-Treuhand « s'inscrit directement dans les efforts des producteurs de stabilisants thermiques relatifs tant à la négociation qu'au contrôle de l'application des obligations souscrites par ces derniers dans le cadre des ententes » et que « le but même des services fournis par AC-Treuhand (...) [est] la réalisation, en toute connaissance de cause, des objectifs anticoncurrentiels en question » (§ 38), la Cour semble implicitement accepter l'idée de n'établir aucune distinction formelle entre les producteurs eux-mêmes et AC-Treuhand. Il est de toute façon établi que le droit de la concurrence ignore ces distinctions, qui ne sont pas nécessaires, vient affirmer ici la Cour, pour parvenir à une décision de condamnation.

La Cour vient-elle d'affirmer la nature pénale du droit de l'union de la concurrence ?

L'un des arguments avancés par l'Avocat général au soutien d'une interprétation stricte de la notion d'« accord entre entreprises », et donc de l'annulation de l'arrêt du Tribunal, reposait sur l'absence de reconnaissance dans le droit de l'Union de la concurrence, des notions d'« auteur » ou de « complice », largement reconnues dans le domaine de la répression pénale, mais étrangères à la nature administrative du droit européen de la concurrence. En confirmant la condamnation d'AC-Treuhand sans recourir explicitement à la notion d'auteur ou de complice, la Cour maintient une forme d'ambiguïté, mais semble toutefois pencher vers l'affirmation, au moins implicite, de la nature pénale du droit européen de la concurrence. On y trouvera un indice supplémentaire dans sa réponse à l'argument tiré par AC-Treuhand d'une violation par le Tribunal du principe de légalité des délits et des peines. La Cour écarte cet argument, en relevant que ce principe ne saurait être interprété comme proscrivant « la clarification graduelle des règles de la responsabilité pénale par l'interprétation judiciaire d'une affaire à l'autre » (§ 41).

Dans un cas particulier comme celui-ci, la Commission peut déroger au mode de détermination de l'amende établi dans ses lignes directrices

Le premier et principal moyen soulevé par AC-Treuhand ayant été rejeté, on ne sera pas surpris de voir également rejeté le moyen tiré de la violation par la Commission de ses lignes directrices de 2006 en matière de fixation des amendes. Puisque l'entreprise n'est pas présente sur le marché en cause, il était impossible d'appliquer la méthode classique fondée sur une part de la valeur des ventes sur ce marché. De même, retenir comme base de calcul le seul montant des honoraires perçus par AC-Treuhand au titre de ses prestations de conseil n'aurait pas reflété « l'importance économique des infractions en cause ni le poids de la participation individuelle d'AC-Treuhand » dans les pratiques. La Cour confirme donc l'arrêt du Tribunal qui avait approuvé la détermination du montant de base, par la Commission, de manière forfaitaire (§ 67).

Ainsi, qu'elle soit qualifiée d'auteur, de complice ou de facilitateur, ou que son rôle ne soit pas explicitement qualifié, il n'en demeure pas moins que la tendance visant à retenir la responsabilité de toute entreprise ayant activement contribué à une entente, qu'elle soit ou non présente sur le marché en cause, semble donc à présent clairement se dessiner. On relèvera à cet égard la décision similaire que vient d'adopter l'Autorité de la concurrence dans sa décision *Messageries* (n° 15-D-19).

Sans doute faut-il y voir une tendance lourde et l'indication, une nouvelle fois, que lorsqu'une interprétation stricte des textes fondateurs du droit européen de la concurrence risquerait d'affecter leur efficacité, c'est cette dernière qui primera dans l'interprétation de la Cour.

M. Debroux

Concurrences N° 1-2016, Art. N° 77702, p. 80

Voir aussi, sur les conclusions de l'Avocat général

L. Bernardeau, Notion d'entreprise : L'Avocat général Nils Wahl exclut qu'un « facilitateur » puisse constituer une « entreprise » au sens de l'article 101 TFUE et être sanctionné à ce titre (AC Treuhand), 21 mai 2015, Concurrences N° 3-2015, Art. N° 74995, p. 66.

Voir aussi, sur les origines de l'affaire

Trib. UE, 6 fév. 2014, T-27/10

M. Behar-Touchais, Infraction unique: Le Tribunal de l'Union européenne rejette les recours dans l'affaire du cartel des stabilisants thermiques (Arkema, AC-Treuhand, Elf Aquitaine), 6 février 2014, Concurrences N° 2-2014, Art. N° 65653, pp. 73-77.

2.1.2 Le concours de volontés

CJUE, gde ch., 18 juin 2013, Schenker e. a., C-681/11

La Cour de justice de l'Union européenne considère qu'une entreprise peut être sanctionnée pour sa participation à une entente même si elle est la conséquence de son erreur à la suite de l'avis juridique fourni par un avocat et reconnait le droit aux autorités nationales de concurrence d'accorder exceptionnellement l'immunité d'amende lorsqu'elles appliquent le droit de l'Union.

Cette affaire soulevait deux questions importantes, d'une part, pour les entreprises qui entendraient s'exonérer de leur responsabilité en faisant reporter la faute de leur participation à une pratique anticoncurrentielle sur un tiers et, d'autre part, pour les autorités nationales de concurrence qui souhaiteraient mettre en œuvre leur programme de clémence lorsqu'elles appliquent les dispositions du droit de l'Union, et notamment l'article 101 TFUE.

Les faits à l'origine des questions préjudicielles

Les faits sont particulièrement singuliers et méritent d'être rappelés. En l'occurrence, en 1994, plusieurs membres de l'association professionnelle autrichienne des transporteurs ont décidé de constituer une société civile, la SSK, dans le but « d'offrir aux expéditeurs et au consommateur final des tarifs plus avantageux en matière de transport autoroutier et ferroviaire de colis groupés (par rapport aux tarifs des compagnies de chemin de fer applicables au transport de détail) et, en créant des conditions de concurrence identiques, de favoriser une concurrence loyale entre ses membres ».

Les membres de la SSK « ayant particulièrement égard au respect du droit des ententes » national et de l'Union, selon les termes de la convention-cadre conclue entre eux, il a été décidé de déclarer cet accord auprès des autorités de concurrences nationales et d'introduire une demande d'autorisation, à laquelle était subordonnée la constitution de la SSK. Cette demande fût finalement retirée au motif que le comité paritaire pour les ententes autrichien a considéré que l'existence de la SSK ne se justifiait pas économiquement.

L'association professionnelle autrichienne des transporteurs s'est alors tournée vers la juridiction autrichienne en matière d'ententes. En 1996, celle-ci a constaté que la SSK était une entente mineure, au sens du droit national, compte tenu de la faible part de marché que son activité représentait sur le marché autrichien du transport de marchandises (moins de 2 %). L'ordonnance rendue par la juridiction n'ayant pas fait l'objet d'un recours, elle est passée en force de chose jugée.

Parallèlement, à la même période, le délégué autrichien chargé des ententes a sollicité l'avis d'un cabinet d'avocats, lequel a lui aussi estimé que la SSK constituait une entente mineure, au regard du seul droit national.

Près de dix années plus tard, le même cabinet d'avocats a été sollicité, cette fois par l'association professionnelle, afin d'examiner les éventuelles conséquences, pour la SSK, de l'entrée en vigueur de la loi de 2005 sur les ententes. Sur les conseils du cabinet, l'association s'est alors assurée que l'activité des membres de la SSK dans le domaine du transport groupé des colis de détail ne dépassait pas le seuil de 5 % du marché national, prévu par la nouvelle loi.

En 2007, à la suite d'inspections menées par la Commission européenne dans les locaux de différents prestataires de transport international, les dirigeants de la SSK et de l'association professionnelle autrichienne des transporteurs se sont réunis, en présence d'un membre du cabinet d'avocats précédemment sollicité, et ont exprimé des réserves quant à la légalité du statut d'entente mineure de la SSK. Partant, le directoire de la SSK a décidé la dissolution immédiate de la société.

En 2010, l'Autorité fédérale de la concurrence autrichienne a saisi la juridiction nationale afin de faire constater que les entreprises membres de la SSK ont enfreint l'article 101 TFUE et d'obtenir, en conséquence, le prononcé d'une amende, sauf à l'égard de l'entreprise Schenker qui avait présenté une demande de clémence.

Cette juridiction ayant rejeté la demande de l'autorité de concurrence, cette dernière a interjeté appel. La Commission a soumis des observations, au titre de l'article 15 du règlement 1/2003, comme *amicus curiae*. Dans ces conditions, la juridiction d'appel a saisi la CJUE de deux questions préjudicielles.

La question de l'exonération de responsabilité des participants à l'entente en raison de l'erreur imputable à un tiers sur la licéité de la pratique

En substance, par la première question soumise à la Cour, il s'agissait de savoir si les entreprises, qui ont participé à l'entente que constituerait la SSK, pouvaient faire l'objet d'une amende alors que leur comportement résultait d'une erreur. Le juge de renvoi relevait que cette erreur pourrait ne pas leur être reprochée puisqu'elle faisait suite à un avis fourni par un cabinet d'avocats, dont l'inexactitude n'était pas manifeste, et à une ordonnance de 1996 passée en force de chose jugée de la juridiction autrichienne en matière d'ententes.

La réponse de la Cour s'effectue en trois temps. Tout d'abord, elle souligne que le règlement 1/2003 (art. 23) donne compétence à la Commission pour infliger des amendes aux entreprises qui enfreignent l'article 101 TFUE « de propos délibéré ou par négligence ».

Or, aux fins de la même disposition, l'article 5 du règlement donne compétence aux autorités nationales de concurrence pour infliger les amendes prévues par le droit national, sans toutefois prévoir que cette mesure d'application serait soumise à des conditions de nature subjective et qui tiendraient donc à l'auteur de la pratique.

La Cour n'exclut cependant pas que les États membres puissent introduire de telles conditions, mais uniquement « dans l'intérêt général d'une application uniforme » du droit de la concurrence de l'Union. En revanche, dans ce cas, il conviendrait, afin de préserver l'efficacité de ces dispositions, que ces conditions ne soient pas moins strictes que celles prévues par l'article 23 du règlement 1/2003.

Ensuite, la Cour rappelle sa jurisprudence selon laquelle la sanction d'une infraction aux règles de la concurrence, parce que commise de propos délibéré ou par négligence, est possible dès lors que l'entreprise ne peut ignorer le caractère anticoncurrentiel de son comportement, qu'elle ait ou non conscience d'enfreindre ces règles.

Or, la Cour constate que l'erreur commise en l'occurrence par les entreprises membres de la SSK n'est pas susceptible de leur éviter la sanction dans la mesure où, par l'accord qu'elles ont conclu en constituant la SSK, elles se sont concertées de façon directe sur leurs prix de vente. Elles ne pouvaient donc, « de toute évidence », ignorer le caractère anticoncurrentiel de leur comportement, même si cette erreur trouve sa source dans l'avis produit par un avocat ou dans une décision émanant d'une autorité nationale de concurrence.

Enfin, la Cour n'exclut pas l'hypothèse dans laquelle une autorité nationale de concurrence déciderait, de manière exceptionnelle, de ne pas infliger d'amende alors qu'une infraction à l'article 101 TFUE aurait été relevée, notamment « lorsqu'un principe général du droit de l'Union » s'y oppose, comme le principe de la confiance légitime en l'occurrence.

Toutefois, la Cour rappelle que l'application du principe de la confiance légitime suppose que des assurances précises aient été fournies par l'administration compétente. Il s'ensuit que l'avis juridique d'un avocat ne peut jamais fonder une confiance légitime dans le chef de l'entreprise que son comportement est conforme aux règles de la concurrence ou qu'elle n'encourt aucune sanction.

Quant à la juridiction autrichienne en matière d'ententes qui avait rendu une ordonnance en 1996 constatant que la SSK n'enfreignait pas les règles de la concurrence nationales, la Cour souligne que les autorités nationales de concurrence n'ayant pas compétence pour adopter de décisions négatives concluant à l'absence de violation de l'article 101 TFUE, elles ne peuvent pas non plus, par de telles décisions, faire naître une confiance légitime. À cet égard, l'appréciation de la Cour est en cohérence avec son précédent arrêt *Tele2 Polska* (CJUE, 3 mai 2011, aff. C-375/09).

Ce faisant, la Cour maintient, dans le souci manifestement de préserver l'effet utile des dispositions du droit de l'Union, une approche restrictive des cas susceptibles d'exonérer les entreprises des conséquences de leurs comportements anticoncurrentiels.

La question de l'application du programme national de clémence au bénéfice d'une entreprise ayant pris part à une entente contraire à l'article 101 TFUE

La seconde question avait trait à la faculté dont disposerait une autorité nationale de concurrence de constater une infraction à l'article 101 TFUE sans toutefois infliger d'amende à l'entreprise ayant participé au programme national de clémence.

À cet égard, à la lecture, la réponse de la Cour pourrait laisser subsister quelques interrogations.

Certes, la Cour relève que l'article 5 du règlement 1/2003 n'exclut pas la possibilité pour les autorités nationales de concurrence de constater une telle infraction sans infliger d'amende. Mais, afin d'assurer « l'application effective de l'article 101 TFUE dans l'intérêt général », les autorités nationales ne pourraient y avoir recours « qu'exceptionnellement » et, dans l'hypothèse où elles viendraient à ne pas infliger d'amende en application du programme de clémence national, il y aurait lieu que la mise en œuvre de ce programme ne porte pas atteinte à l'exigence de l'application efficace et uniforme de l'article 101 TFUE.

S'inspirant de son arrêt *Dansk Rørindustri* (CJCE, 28 juin 2005, aff. C-189/02 P, C-202/02 P, C-205/02 P à C-208/02 P et C-213/02 P), la Cour rappelle qu'à l'occasion de l'application d'un programme de clémence, la réduction du montant de l'amende n'est justifiée que si la coopération de l'entreprise facilite la tâche de la Commission visant à constater l'existence d'une infraction et, le cas échéant, à y mettre fin, le comportement de l'entreprise devant également témoigner d'un véritable esprit de coopération.

Elle étend son appréciation au cas de l'immunité ou de la non-imposition d'amende accordée par une autorité nationale de concurrence, en précisant qu'un tel traitement ne peut être accordé que dans des situations « strictement exceptionnelles », telles que celles où la coopération d'une entreprise a été déterminante pour la détection et la répression effective de l'entente, et ce afin de ne pas porter atteinte à l'application effective et uniforme de l'article 101 TFUE.

On comprend la prudence de la Cour puisqu'il est vrai que les programmes de clémence nationaux ne font pas l'objet d'une harmonisation au sein de l'Union. En revanche, l'on peut s'étonner que la Cour ne relève pas l'existence d'une convergence entre ces programmes et le programme de clémence de la Commission européenne, en particulier depuis la publication, en 2006, du « programme modèle de clémence » au sein du Réseau européen de la concurrence (REC) et qui est, au jour où ses lignes sont écrites, en cours de révision.

Dans les faits, les situations évoquées par la Cour se confondent avec les cas où la Commission aurait elle-même accordé l'immunité d'amende. On peut difficilement envisager que la Cour ait entendu appréhender des situations faisant l'objet d'un standard moins exigeant, tout en soulignant qu'elles devaient demeurer « strictement exceptionnelles ». Toutefois, compte tenu du rapprochement des programmes de clémence, ces situations correspondent désormais également aux hypothèses où l'immunité est accordée en application du programme national de clémence, de sorte que le risque soulevé par la Cour que puisse être porté atteinte à l'application effective et uniforme des règles de la concurrence de l'Union ne pourrait se présenter que dans un nombre de cas très réduit.

A. Lacresse

Concurrences N° 3-2013, Art. N° 53839, p. 142

Voir aussi, sur les conclusions de l'Avocat général

M. Debroux, Erreur sur la licéité de pratique : L'Avocat général Kokott suggère à la Cour de justice de juger qu'une entreprise qui a enfreint le droit de la concurrence par erreur, sur la foi d'avis d'avocats et d'une décision d'une autorité nationale de concurrence, ne peut pas être sanctionnée si aucune erreur ou négligence ne peut lui être reprochée (Schenker), 28 février 2013, Concurrences N° 2-2013, Art. N° 52325, p. 70.

2.1.3 La restriction de concurrence

Restriction de concurrence par objet

CJCE, 20 nov. 2008, Competition Authority c/ Beef Industry Development, Barry Brothers (Carrigmore) Meats, C-209/07

La Cour de justice des Communautés européennes considère qu'un accord tel que celui de réduction des capacités de production entre les transformateurs de viande irlandais est contraire, au regard de son objet.

Saisie d'une demande de décision préjudicielle introduite par la Cour suprême d'Irlande, la Cour de justice a eu l'occasion de rappeler la jurisprudence constante, au regard des dispositions de l'article 81 CE, s'agissant de l'interdiction d'accords entre entreprises au regard de leur objet anticoncurrentiel.

Le litige au principal s'inscrivait dans le contexte des surcapacités affectant la filière bovine en Irlande et, plus particulièrement, le secteur de la transformation. Afin de remédier à cette situation, la Beef Industry Development Society Ltd (ci-après la « BIDS »), créée à l'initiative des dix principaux transformateurs irlandais représentant environ 93 % du marché de l'offre de viande, avait préparé un plan de rationalisation prévoyant, notamment, une réduction des capacités de transformation de l'ordre de 25 %. Cet objectif devait être mis en œuvre au moyen de conventions conclues entre les transformateurs restants (ci-après les « restants ») et ceux sortants, selon les termes d'un accord type.

Conformément à cet accord type, les restants devaient indemniser les sortants, par l'intermédiaire du BIDS qui percevait dans le chef des premiers une contribution, de 2 euros par tête de bétail à concurrence de leur volume habituel de transformation, et de 11 euros au-delà. En contrepartie, les sortants, d'une part, s'engageaient à détruire ou à mettre hors d'usage leurs équipements de transformation ou à ne les vendre qu'à des personnes établies en dehors de l'île d'Irlande ou, le cas échéant, aux restants, à condition que ces derniers les utilisent comme matériel de remplacement ou pièces de rechange, d'autre part, à ne pas utiliser, pour la transformation de la viande bovine, les terrains sur lesquels ces équipements étaient situés pendant une période de 5 ans et, enfin, à ne pas concurrencer les restants pendant 2 ans sur le marché de la transformation de viande bovine en Irlande. En substance, la juridiction de renvoi demandait à la Cour si des accords ayant des caractéristiques telles que celles de l'accord type en cause en l'espèce doivent être considérés comme restrictifs de la concurrence et prohibés par l'article 81, § 1, CE en raison de leur seul objet ou si, au contraire, il est nécessaire, pour parvenir à une telle conclusion, de démontrer au préalable l'existence des effets anticoncurrentiels de tels accords.

Dans un premier temps, la Cour rappelle que selon une jurisprudence constante depuis l'arrêt du 30 juin 1966, *LTM* (*56/65, Rec. P. 337, 359*), le caractère alternatif de la condition pour qu'un accord relève de l'interdiction énoncée à l'article 81, § 1 CE, à savoir, qu'il ait pour objet ou pour effet d'empêcher de restreindre ou de fausser le jeu de la concurrence à l'intérieur du marché commun, conduit d'abord à la nécessité de considérer l'objet même de l'accord, compte tenu du contexte économique dans lequel il doit être appliqué. Ce n'est qu'au cas où l'analyse des clauses de cet accord ne révèlerait pas un degré suffisant de nocivité à l'égard de la concurrence qu'il conviendrait alors d'en examiner les effets.

En réponse aux arguments de la BIDS, qui précisait que le but des accords en cause n'était pas de porter atteinte à la concurrence et au bien-être des consommateurs, mais de rationaliser la filière bovine pour la rendre plus concurrentielle en réduisant les surcapacités de production, sans pour autant les éliminer, la Cour rappelle qu'un accord peut être considéré comme ayant un objet restrictif, même s'il n'a pas pour seul objectif de restreindre la concurrence, mais poursuit également d'autres objectifs légitimes, ces derniers pouvant, le cas échéant, être pris en considération aux fins d'obtenir une exemption.

Les accords envisagés à l'article 81, § 1 CE, sous a) à e), ne forment pas une liste exhaustive.

Dans un second temps, après avoir rappelé que les types d'accords envisagés à l'article 81, § 1, sous a) à e) CE ne forment pas une liste exhaustive de collusions prohibées, la Cour examine si des accords tels que ceux décrits par la juridiction de renvoi ont pour objet de restreindre la concurrence.

Premièrement, à ce titre, elle constate que les accords en cause en l'espèce visent essentiellement à permettre à plusieurs entreprises de mettre en œuvre une politique commune ayant pour objet de favoriser la sortie du marché de certaines d'entre elles et de réduire, par voie de conséquence, les surcapacités qui affectent leur rentabilité en les empêchant de réaliser des économies d'échelle.

Les accords BIDS se heurtent manifestement à la conception inhérente des dispositions de l'article 81 CE.

Selon la Cour, de tels accords se heurtent de manière patente à la conception inhérente aux dispositions du traité CE relatives à la concurrence, selon laquelle tout opérateur économique doit déterminer de manière autonome la politique qu'il entend suivre sur le marché. Et de rappeler que l'article 81, § 1 CE vise en effet à interdire toute forme de coordination qui substitue sciemment une coopération pratique entre entreprises aux risques de la concurrence.

Or, en l'espèce, la Cour estime que, grâce à la conclusion de tels accords, les opérateurs concernés, au lieu d'améliorer leur rentabilité en intensifiant leur rivalité commerciale ou en recourant à des opérations de concentration, pourraient éviter un tel processus et mutualiser une partie importante des coûts nécessaire pour accroître le degré de concentration du marché en cause, par le biais du prélèvement de 2 euros par unité produite par chacun des restants.

L'objet des moyens pour atteindre l'objectif des accords BIDS est anticoncurrentiel.

Deuxièmement, la Cour relève que les moyens mis en œuvre pour atteindre l'objectif des accords en cause comportent des restrictions dont l'objet présente un caractère anticoncurrentiel. D'une part, la contribution de 11 euros par tête de bétail abattue au-delà de la moyenne habituelle constitue un obstacle au développement naturel des parts de marché à l'égard de certains restants qui, du fait du caractère dissuasif de cette contribution, sont incités à ne pas dépasser leur volume habituel de production. D'autre part, les restrictions imposées aux sortants quant à la disposition et l'utilisation de leurs installations de production visent manifestement à dissuader toute nouvelle entrée de concurrents sur l'ensemble du territoire de l'île d'Irlande. Enfin, la Cour considère que le fait que lesdites restrictions, ainsi que la clause de non-concurrence imposée aux sortants, soient limitées dans le temps n'est pas susceptible de remettre en cause le constat de l'objet anticoncurrentiel des accords en cause.

La Cour conclut donc, que de tels accords ont pour objet d'empêcher, de restreindre ou de fausser le jeu de la concurrence au sens de l'article 81, § 1 CE.

C. Sarrazin
Concurrences N° 1-2009, Art. N° 23359, p. 104

CJCE, 4 juin 2009, T-Mobile Netherlands e. a. c/ Raad van bestuur van de Nedelandse Mededingings autoriteit, C-8/08

La Cour de justice des Communautés européennes conclut à la potentialité d'objet anticoncurrentiel d'une pratique d'échange d'informations entre concurrents, même ponctuelle et limitée à un paramètre isolé de la concurrence et affirme que la présomption de causalité est une règle de fond, directement applicable, et non une règle de procédure.

La Cour a donc suivi les recommandations de l'Avocat général Julianne Kokott (*présentées dans le N° 2-2009 de Concurrences*) et adopté une position de principe extrêmement stricte à l'égard des pratiques d'échanges d'informations entre concurrents, même isolées et *a priori* marginales. On rappellera qu'en l'espèce, quatre opérateurs présents sur le marché néerlandais de la téléphonie mobile s'étaient réunis en une occasion pour discuter de la réduction des rémunérations des revendeurs d'abonnement et avaient, à cette occasion, évoqué un certain nombre d'informations confidentielles. Condamnés par l'Autorité néerlandaise de concurrence, ces opérateurs avaient fait appel devant le tribunal de Rotterdam, lequel avait annulé cette décision ; c'est à l'occasion du recours formé contre cet arrêt devant le College van Beroep voor het bedrijfsleven, que ce dernier a soumis plusieurs questions préjudicielles à la Cour.

Une approche stricte et formaliste des échanges d'informations entre concurrents, même isolés et de portée limitée

Trois questions étaient posées à la Cour, et plusieurs d'entre elles laissaient clairement percevoir un certain scepticisme de la juridiction de renvoi à l'encontre de l'éventuel objet anticoncurrentiel des pratiques en cause, ou du lien de causalité entre ces pratiques et les comportements des entreprises sur le marché. Loin d'abonder dans le sens de ses doutes, la Cour invite au contraire la juridiction de renvoi à adopter une approche très stricte sur ces deux points. À la lecture de l'arrêt, le moins que l'on puisse dire est que la Cour se montre résolument hostile, en matière d'échange d'informations entre concurrents, à toute analyse qui pourrait ressembler, de près ou de loin, à une règle de raison. À la lumière des faits de l'espèce, tels que décrits par la juridiction de renvoi, un tel formalisme rigoriste laisse une impression de malaise, dans un domaine où la doctrine économique est loin de considérer unanimement toute forme d'échange d'informations entre concurrents comme une infraction *per se* (*cf.* Francesco Rosati, *Concurrences,* N° 4-2008, pp. 27-30).

Par la première question, le College van Beroep souhaitait savoir si le simple constat de l'objet anticoncurrentiel d'une pratique dispense l'Autorité de concurrence d'en rechercher les effets. La Cour répond par l'affirmative et précise que l'objet anticoncurrentiel d'une pratique concertée peut résulter du simple constat que celle-ci est « concrètement apte, en tenant compte du contexte juridique et économique dans lequel elle s'inscrit, à empêcher, à restreindre ou à fausser le jeu de la concurrence au sein du marché commun », la question de l'effet n'intervenant alors qu'au stade des amendes ou du calcul d'éventuels dommages et intérêts (§ 31). Plus précisément, s'agissant d'échanges d'informations entre concurrents, l'objet anticoncurrentiel peut être caractérisé par la simple « atténuation du degré d'incertitude sur le fonctionnement du marché en cause avec comme conséquence une restriction de la concurrence entre entreprises » (§ 35), quand bien même il n'existerait aucun lien entre la pratique en cause et les prix payés par les consommateurs (§ 39).

La présomption de causalité est une règle de fond et échappe au principe de l'autonomie procédurale

La deuxième question portait sur le lien de causalité entre la concertation et le comportement sur le marché des entreprises participant à celle-ci. La Cour rappelle qu'il existe une présomption de causalité entre la pratique et les comportements (une présomption en principe « simple » que les entreprises peuvent renverser, mais on sait ce qu'il en est en pratique...), mais elle énonce surtout que cette présomption découle directement de l'article 81 § 1 du traité CE et qu'à ce titre, elle fait partie intégrante du droit communautaire applicable, faisant ainsi échec au principe d'autonomie procédurale. Les juridictions et autorités nationales n'ont donc pas, décide la Cour, de marge de manœuvre sur ce point, même en présence de règles de preuve différentes dans leur droit national, comme c'était le cas en l'espèce.

Il suffit d'une fois...

Enfin, la troisième question portait en substance sur le point de savoir si la présomption de causalité, telle que rappelée ci-dessus, pouvait trouver à s'appliquer même si la concertation n'était fondée que sur une seule réunion, qui de surcroît n'avait traité que d'un paramètre isolé de la concurrence. Sans surprise, eu égard à l'approche adoptée jusque-là, la Cour répond par l'affirmative, au motif que « si [...] la concertation est ponctuelle et vise une harmonisation unique du comportement sur le marché concernant un paramètre isolé de la concurrence, une seule prise de contact pourra suffire pour réaliser la finalité anticoncurrentielle recherchée par les entreprises » (§ 60). Il incombe alors aux entreprises d'apporter la preuve que cette concertation n'a pas eu d'influence sur leur comportement sur ledit marché (§ 61). Au vu des critères dégagés par la Cour dans cet arrêt, gageons qu'il ne sera pas aisé d'apporter cette preuve, et que le caractère prétendument « simple » de la présomption de causalité risque bien, tout comme en matière de présomption de responsabilité de la maison-mère pour les pratiques de la filiale, de s'apparenter en pratique à une fiction.

M. Debroux

Concurrences N° 3-2009, Art. N° 28164, p. 70

Voir aussi, sur les conclusions de l'Avocat général

M. Debroux, Objet anticoncurrentiel : L'Avocat général Julianne Kokott rappelle les contours de la notion d'objet anticoncurrentiel et établit une distinction entre les effets concrets d'une pratique et son « aptitude concrète » à produire des effets anticoncurrentiels (T-Mobile Netherlands BV), 19 février 2009, Concurrences N° 2-2009, Art. N° 26001, pp. 101-102.

CJCE, 6 oct. 2009, 4 arrêts, GlaxoSmithKline e. a., C-501/06 e. a.

La Cour de justice des Communautés européennes confirme l'arrêt du Tribunal et clarifie les règles de preuve au titre de l'article 81.3 CE.

Par décision 2001/791/CE du 8 mai 2001, relative à une procédure d'application de l'article 81 CE [*Affaires : IV/36.957/F3, Glaxo Wellcome (notification) ; IV/36.997/F3, Aseprofar et Fedifar (plainte) ; IV/37.121/F3, Spain Pharma (plainte) ; IV/37.138/F3, BAI (plain e) ; IV/37.380/F3, EAEPC (plainte)*] (*JO* L 302, pt 1 ; ci-après la « décision litigieuse »), la Commission avait estimé que Glaxo Wellcome SA (ci-après « GW »), filiale de la société GlaxoSmithKline Services Unlimited (ci-après « GSK »), avait enfreint l'article 81, § 1 CE en concluant avec les grossistes espagnols un accord opérant une distinction entre les prix facturés aux grossistes en cas de revente de médicaments remboursables aux pharmacies ou aux hôpitaux sur le territoire national et les prix les plus élevés facturés en cas d'exportation des médicaments vers n'importe quel autre État membre. La Commission avait, en outre, rejeté la demande d'exemption dudit accord au titre de l'article 81, § 3 CE.

Par arrêt du 27 septembre 2006, *GlaxoSmithKline Services* c/ Commission (T 168/01, Rec. 2006 p. II 2969, *Concurrences,* N° 4-2006, p. 64-65), le Tribunal de première instance des Communautés européennes avait annulé les articles 2 à 4 de la décision litigieuse et avait rejeté pour le surplus le recours formé par GSK.

Saisie de plusieurs pourvois introduits en particulier par GSK, mais aussi, de manière incidente, par la Commission, la troisième chambre de la Cour a rejeté l'ensemble desdits pourvois. Pour les besoins de la présente contribution, nous retiendrons que, dans cet arrêt, la Cour a, d'une part, rappelé sa jurisprudence quant aux modalités d'application des conditions alternatives d'appréciation d'un accord au regard de l'interdiction énoncée à l'article 81, § 1 CE, d'autre part, clarifié les règles de preuve au titre de l'article 81, § 3 CE et, enfin, entériné l'examen en quatre temps retenu par le Tribunal dans le cadre de son contrôle sur la manière dont la Commission a examiné les arguments de fait et les éléments de preuve apportés par GSK pour démontrer l'existence d'un avantage objectif sensible.

L'objet et l'effet anticoncurrentiel d'un accord étant des conditions alternatives, il n'est pas nécessaire d'examiner les effets d'un accord dès lors que l'objet anticoncurrentiel de ce dernier est établi

En premier lieu, s'agissant des modalités d'application des conditions alternatives d'appréciation d'un accord au regard de l'interdiction énoncée à l'article 81, § 1 CE, rappelons que le Tribunal avait affirmé, au point 121 de l'arrêt attaqué, que s'il est acquis qu'un accord visant à limiter le commerce parallèle doit, en principe, être considéré comme ayant pour objet de restreindre la concurrence, c'est en tant qu'il peut être présumé qu'il prive les consommateurs finals des avantages d'une concurrence efficace en termes d'approvisionnement ou de prix.

Or, la Cour relève que ni le libellé de l'article 81, § 1 CE ni la jurisprudence ne permettent de corroborer une telle affirmation.

À ce titre, la Cour rappelle que l'objet et l'effet anticoncurrentiel d'un accord sont des conditions alternatives de sorte qu'il convient de considérer en premier lieu l'objet même de l'accord, compte tenu du contexte économique dans lequel il doit être appliqué. Elle ajoute qu'au cas où l'analyse de la teneur de l'accord ne révèle pas un degré suffisant de nocivité à l'égard de la concurrence, il convient alors d'en examiner les effets et, pour le frapper d'interdiction, d'exiger la réunion des éléments établissant que le jeu de la concurrence a été, en fait, soit empêché, soit restreint, soit faussé de façon sensible. Elle ajoute, enfin qu'il n'est pas nécessaire d'examiner les effets d'un accord dès lors que l'objet anticoncurrentiel de ce dernier est établi (pt 55 de l'arrêt).

L'article 81 CE visant à protéger non pas uniquement les intérêts des concurrents ou des consommateurs, mais aussi la structure du marché, la constatation de l'existence de l'objet anticoncurrentiel d'un accord ne saurait être subordonnée à ce que les consommateurs finals soient privés des avantages d'une concurrence efficace en termes d'approvisionnement ou de prix

Or, en l'espèce, la Cour constate, d'une part, qu'il ne ressort aucunement des dispositions de l'article 81, § 1 CE que seuls les accords privant les consommateurs de certains avantages pourraient avoir un objet anticoncurrentiel. D'autre part, elle souligne que, ainsi que cela ressort de la jurisprudence, l'article 81 CE vise, à l'instar des autres règles de concurrence énoncées dans le traité, à protéger non pas uniquement les intérêts des concurrents ou des consommateurs, mais la structure du marché et, ce faisant, la concurrence en tant que telle. Dès lors, elle rappelle que, ainsi que cela ressort de la jurisprudence, la constatation de l'existence de l'objet anticoncurrentiel d'un accord ne saurait être subordonnée à ce que les consommateurs finals soient privés des avantages d'une concurrence efficace en termes d'approvisionnement ou de prix (pt 63 de l'arrêt).

Partant, la Cour en conclut que, en subordonnant l'existence d'un objet anticoncurrentiel à la preuve que l'accord comporte des inconvénients pour les consommateurs finals et en ne concluant pas à l'existence d'un tel objet à l'égard dudit accord, le Tribunal a commis une erreur de droit (pt 64 de l'arrêt).

Toutefois, nonobstant cette erreur de droit, par le jeu d'une substitution des motifs, la Cour relève que, par le point 2 du dispositif de l'arrêt attaqué, le Tribunal a confirmé l'article 1er de la décision litigieuse par lequel la Commission avait conclu que l'accord enfreignait l'article 81, § 1 CE. Dès lors, la Cour juge qu'il n'y a pas lieu d'annuler le point 2 du dispositif de l'arrêt attaqué.

Si la charge de la preuve incombe à l'entreprise qui demande à bénéficier de l'exemption au titre de l'article 81, § 3 CE, les éléments factuels invoqués par ladite entreprise peuvent obliger la Commission à fournir une explication ou une justification, faute de quoi il est permis de conclure que la charge de la preuve a été satisfaite

En deuxième lieu, s'agissant des règles de preuve au titre de l'article 81, § 3 CE, la Commission, soutenue par d'autres parties intervenantes au pourvoi, reprochait en particulier au Tribunal d'avoir fait une application erronée de l'attribution de la charge de la preuve et du niveau de preuve requis (pts 77 à 106 de l'arrêt).

Premièrement, la Cour rappelle que la charge de la preuve incombe à l'entreprise qui demande à bénéficier de l'exemption au titre de l'article 81, § 3 CE. Toutefois, elle ajoute que, conformément à la jurisprudence, les éléments factuels invoqués par ladite entreprise peuvent être de nature à obliger l'autre partie à fournir une explication ou une justification, faute de quoi il est permis de conclure que la charge de la preuve a été satisfaite (pt 83 de l'arrêt). La Cour constate que le Tribunal n'a commis aucune erreur de droit en considérant que, d'une part, lorsqu'il est saisi d'une demande d'annulation d'une décision de la Commission prise en réponse à une demande d'exemption au titre de l'article 81, paragraphe 3, CE, il se livre à un contrôle restreint quant au fond et, d'autre part, qu'il ne lui appartient pas de substituer son appréciation économique à celle de l'auteur de la décision dont il lui est demandé de contrôler la légalité.

Deuxièmement, après avoir approuvé le rappel par le Tribunal selon lequel, pour être exempté au titre de l'article 81, § 3 CE, un accord doit contribuer à améliorer la production ou la distribution des produits ou à promouvoir le progrès technique ou économique, la Cour confirme l'arrêt attaqué en ce que le Tribunal a jugé que la démarche de la Commission peut impliquer de rechercher si, au vu des arguments de fait ou des éléments de preuve fournis, il apparaît plus probable soit que l'accord doit permettre d'obtenir des avantages objectifs sensibles, soit que tel n'est pas le cas. C'est également à bon droit que le Tribunal a relevé qu'il convenait de déterminer si la Commission a pu conclure que les arguments et les éléments de preuve de GSK, dont l'examen impliquait une analyse prospective, ne démontraient pas, avec un degré de probabilité suffisant, que l'accord devait permettre l'obtention d'un avantage objectif sensible de nature à compenser l'inconvénient qu'il comportait pour la concurrence, en favorisant l'innovation (pts 92 à 95 de l'arrêt).

Troisièmement, la Cour rappelle tout d'abord que l'examen d'un accord, aux fins de déterminer si ce dernier contribue à améliorer la production ou la distribution des produits ou à promouvoir le progrès technique ou économique et si ledit accord engendre des avantages objectifs sensibles, doit être entrepris au vu des arguments de fait et des éléments de preuve fournis dans le cadre de la demande d'exemption au titre de l'article 81, § 3 CE. Ensuite, elle ajoute qu'un tel examen peut nécessiter de prendre en compte les caractères et les éventuelles spécificités du secteur concerné par l'accord, si ces caractères et ces spécificités sont décisifs sur le résultat de l'examen. Enfin, la Cour a jugé nécessaire de préciser qu'une telle prise en compte ne signifie pas que la charge de la preuve soit renversée, mais assure seulement que l'examen de la demande d'exemption soit effectué à la lumière des arguments de fait et des éléments de preuve appropriés fournis par le demandeur. Partant, la Cour juge que le Tribunal n'a pas commis d'erreur de droit en reprochant à la Commission d'avoir omis de prendre en compte certains éléments soulignés par GSK dans sa demande et en considérant qu'une telle omission entachait d'un défaut d'examen la demande d'exemption en cause (pts 102 à 104 de l'arrêt).

La Cour approuve l'examen en quatre temps retenu par le Tribunal au titre de l'appréciation de l'existence d'un avantage objectif sensible.

En troisième lieu, s'agissant enfin de la démonstration de l'existence d'un avantage objectif sensible, la Cour a constaté que, dans le cadre du contrôle exercé par le Tribunal dans l'arrêt attaqué sur la manière dont la Commission a examiné les arguments de fait et les éléments de preuve apportés par GSK pour démontrer l'existence d'un avantage objectif sensible, celui-ci a procédé à un examen en quatre temps à savoir : analyse de la pertinence de ces arguments et éléments ; appréciation de l'existence d'une perte d'efficacité attachée au commerce parallèle ; examen de l'ampleur de cette perte d'efficacité ; et enfin analyse du gain d'efficacité attaché à la disposition litigieuse de l'accord en cause (pt 128 de l'arrêt).

Or, la Cour juge que cet examen en quatre temps, qui précède la mise en balance de l'avantage objectif sensible identifié dans la restriction de concurrence avec les inconvénients que cette même restriction engendre pour la concurrence, vise manifestement, en l'espèce, à déterminer si la Commission a pu, à bon droit, conclure à l'absence d'avantage objectif sensible pour rejeter l'exemption au titre de l'article 81, § 3 CE. Ainsi, selon la Cour, le Tribunal a exercé son contrôle sans commettre une quelconque erreur de droit (pts 129 et 130 de l'arrêt).

C. Sarrazin
Concurrences N° 1-2010, Art. N° 30306, p. 89

Voir aussi

A. Maitrepierre, Entente – Exemption – Preuve : La CJCE précise sa jurisprudence en matière de preuve des conditions d'exemption d'une entente (GlaxoSmithKline), 6 octobre 2009, Concurrences N° 4-2009, Art. N° 29297, pp. 175-176.

Voir aussi, sur les origines de l'affaire

TPICE, 27 sept. 2006, GlaxoSmithKline Services, T-168/01

F. Zivy, Recours en annulation : Le TPICE délimite les preuves admissibles en justice à l'appui d'une demande d'annulation d'une décision d'application de l'article 81 CE (GlaxoSmithKline Services), 27 septembre 2006, Concurrences N° 4-2006, Art. N° 12490, p. 116.

M. van der Woude, Système de prix différenciés – Commerce parallèle de produits pharmaceutiques : Le TPICE annule la décision de la Commission rejetant une demande d'exemption pour un système de prix différenciés en fonction de la destination des produits pharmaceutiques (GlaxoSmithKline Services), 27 septembre 2006, Concurrences N° 4-2006, Art. N° 12539, p. 64.

CJUE, 13 déc. 2012, Expedia e. a., C-226/11

La Cour de justice de l'Union européenne reconnaît aux autorités nationales la possibilité d'appliquer l'article 101 à une restriction pourtant couverte par la Communication de minimis.

Par une décision de 2009, le Conseil de la concurrence avait infligé des sanctions à la SNCF ainsi qu'à Expedia, et accepté des engagements de la SNCF au titre de la non-contestation des griefs, dans le cadre d'une saisine concernant le partenariat vertical établi entre ces deux entreprises, voyages-sncf.com (décision n° 09-D-06 du 5 février 2009 relative à des pratiques mises en œuvre par la SNCF et Expedia Inc. dans le secteur de la vente de voyages en ligne).

En substance, le Conseil avait caractérisé une entente ayant pour objet et pour effet de favoriser la filiale commune en cause sur le marché des services d'agence de voyages prestés pour les voyages de loisirs au détriment des concurrents (avantages liés au partage du site marchand de la SNCF et notamment le trafic généré par l'achat de billets de train, l'envoi de newsletters communes, le partage inégalitaire des revenus publicitaires et le bénéfice de la marque contenant la mention SNCF). Par ailleurs, le Conseil avait constaté plusieurs abus de position dominante de la SNCF consistant à faire profiter voyages-sncf.com d'avantages dont ne disposaient pas ses concurrents concernant la distribution des billets de train.

S'agissant du grief d'entente, Expedia avait soulevé l'argument que l'accord était couvert par la communication de minimis de la Commission européenne, ainsi que par l'article L. 464-6 du Code de commerce, son équivalent français (la teneur de l'exception de minimis n'est cependant pas la même : condition d'application dans le cas du droit européen, opportunité des poursuites s'agissant du texte français). Le Conseil avait cependant rejeté cet argument au motif que les parties étaient concurrentes et que le seuil de 10 % de part de marché cumulée était atteint.

Ce n'est que dans le cadre du recours que la question d'une éventuelle applicabilité de la communication et de l'article L. 464-6 C. com. a surgi, Expedia contestant l'évaluation des parts de marché du Conseil (Cour d'appel de Paris, arrêt du 23 février 2010).

La Cour d'appel de Paris avait relevé que le moyen était inopérant dès lors que les deux textes n'instaurent pour l'Autorité qu'une faculté de ne pas poursuivre les pratiques en deçà des seuils qu'ils établissent : le texte de l'article L. 464-6 laisse le Conseil libre d'agir en deçà des seuils et la communication indique elle-même qu'elle est dépourvue d'effet contraignant à l'égard des autorités et juridictions nationales.

La Cour d'appel avait également jugé que l'article 3(2) du règlement n° 1/2003, selon lequel l'application du droit national ne peut entraîner l'interdiction d'accords qui n'ont pas pour objet ou pour effet de restreindre la concurrence au sens de l'article 101 TFUE, ne s'y opposait pas (à supposer évidemment que les conditions d'application de ce dernier soient bien réunies). En d'autres termes, la Cour d'appel avait purement et simplement écarté la communication de minimis et admis qu'une autorité nationale puisse constater une violation de l'article 101 TFUE, y compris dans le champ couvert par la communication.

La Cour d'appel avait donc tranché la question qui lui était posée par le prisme de la seule communication de minimis, sans revenir à la jurisprudence de la Cour qui exige certes qu'un accord ayant pour objet ou pour effet de restreindre la concurrence produise une incidence « sensible » sur le jeu de la concurrence (CJCE, 9 juillet 1969, n° 5-69, *Völk* et les arrêts qui ont suivi), mais retient également que les restrictions par objet sont restrictives de concurrence « indépendamment de leurs effets » (CJCE, 13 juillet 1966, *Grundig*, aff. jtes 56 et 58/64 et les arrêts qui ont suivi).

Au stade du pourvoi, la Cour de cassation était, elle, repartie de ces jurisprudences, en mettant en exergue une difficulté à les concilier pour adresser à la Cour de justice la question préjudicielle suivante : « L'article 101, § 1 TFUE et l'article 3-2 du règlement n° 1/2003 doivent-ils être interprétés en ce sens qu'ils s'opposent à ce qu'une pratique d'accords, de décisions d'associations d'entreprises ou de concertation qui est susceptible d'affecter le commerce entre États membres, mais qui n'atteint pas les seuils fixés par la Commission européenne dans sa communication du 22 décembre 2011 concernant les accords d'importance mineure qui ne restreignent pas sensiblement le jeu de la concurrence au sens de l'article 81, § 1 du traité instituant la Communauté européenne (de minimis) soit poursuivie et sanctionnée par une autorité nationale sur le double fondement de l'article 101, § 1 du TFUE et du droit national de la concurrence ? » (arrêt du 10 mai 2011, pourvoi n° 10-14.881).

Cet arrêt de la Cour de cassation a suscité de nombreux commentaires, soulignant selon les cas l'absence d'ambiguïté de la jurisprudence de la Cour sur le fait que l'exigence d'une restriction sensible ne s'applique pas aux restrictions par objet (voir L. Idot, RDC octobre 2011, p. 1208) ou la pertinence de la question dès lors que la communication de minimis ne les exclut pas de son champ d'application (voir la présente chronique, *Concurrences* n° 3/2011, p. 105-106, M. Debroux).

La Cour valide tout d'abord l'analyse des juridictions françaises sur l'absence de force contraignante de la communication de minimis à l'égard des autorités nationales

Par la communication de minimis, la Commission a – selon les termes de la Cour – entendu quantifier, au moyen de seuils en parts de marché, ce qui ne constitue pas une restriction sensible de la concurrence. Cette communication offre, en effet, un safe harbour aux accords entre concurrents et non-concurrents en deçà de certains seuils de parts de marché dès lors que ces accords ne contiennent aucune des restrictions caractérisées nommément visées par la communication.

Or, cette communication n'a pas vocation à lier les autorités de concurrence et juridictions nationales. Selon la Cour, elle n'est que l'expression d'une autolimitation de la Commission européenne dans l'exercice de son pouvoir d'appréciation. Il s'ensuit que « afin de déterminer le caractère sensible ou non d'une restriction du jeu de la concurrence, l'autorité de concurrence d'un État membre peut prendre en considération les seuils établis au point 7 de la communication de minimis sans pour autant être obligée de s'y tenir ». Ceci résulte en effet directement de la lecture de la communication, dans laquelle la Commission a indiqué que « bien que dépourvue de force contraignante à leur égard, la présente communication entend aussi donner des indications aux juridictions et autorités des États membres » (point 4).

En d'autres termes, la communication n'instaure qu'un safe harbour s'agissant des procédures de la Commission européenne. En aucun cas, ce texte ne lie les autorités et juridictions nationales sur l'interprétation qu'il convient de faire de la notion de « restriction sensible » dans le cadre de l'article 101 TFUE.

Cette analyse est imparable, mais ne va pas sans poser de questions s'agissant de la cohérence au sein du Réseau européen de la concurrence. L'Avocat général Kokott l'avait relevé et avait souligné que la communication de minimis n'était pas pour autant dénuée de tout effet juridique et que les autorités et juridictions nationales ne pouvaient totalement ignorer une communication adoptée par la Commission européenne, compte tenu de son rôle « prépondérant » dans le développement de la politique européenne de concurrence. Il devrait dès lors incomber aux autorités nationales de prendre dûment en considération la communication et de justifier précisément la non-application des seuils.

L'arrêt de la Cour ne se fait pas l'écho de ces principes de « bonne administration » du Réseau européen de la concurrence – peut-être simplement parce qu'ils relèvent de l'évidence – mais il offre une porte ouverte aux autorités et juridictions nationales pour écarter l'application de la communication à chaque fois qu'elles seront en mesure d'identifier une restriction par objet.

Un accord susceptible d'affecter le commerce entre les États membres et ayant un objet anticoncurrentiel constitue, par nature, une restriction sensible du jeu de la concurrence

En effet, la Cour poursuit l'analyse de la question qui lui est posée en rappelant sa jurisprudence sur la notion d'infraction « par objet » visant des formes de collusion « qui peuvent être considérées, par leur nature même, comme nuisibles au bon fonctionnement du jeu normal de la concurrence ». Classiquement, leur objet anticoncurrentiel permet aux autorités de ne pas avoir à examiner leurs effets et de présumer leur caractère restrictif de concurrence, cette présomption étant réfragable.

L'exigence d'une restriction sensible ne leur est donc pas applicable : « un accord susceptible d'affecter le commerce entre États membres et ayant un objet anticoncurrentiel constitue, par sa nature et indépendamment de tout effet concret de celui-ci, une restriction sensible du jeu de la concurrence ».

Il s'agit en effet de considérer isolément l'exigence qu'un accord ait un « objet » ou un effet restrictif de concurrence (dans le cadre de laquelle le seuil de sensibilité s'applique aussi bien à l'objet qu'à l'effet restrictif) et la notion de restriction ayant par nature un « objet » anticoncurrentiel (auquel le seuil de sensibilité ne s'applique pas).

Si une lecture attentive – et parfois sélective, certains arrêts étant moins clairs – des arrêts de la Cour conduisait logiquement à cette solution, le principe méritait d'être posé dès lors que la communication de minimis s'applique à toutes les formes de restriction de concurrence, hormis une liste limitative de restrictions caractérisées, et que les entreprises étaient jusqu'à présent protégées de toute remise en cause des accords entrant dans son champ d'application, dès lors qu'elles ne franchissaient pas les seuils en part de marché.

En somme, si la communication de minimis écarte les restrictions caractérisées de son champ d'application, elle devrait en réalité écarter la totalité des restrictions par objet. Les restrictions caractérisées sont en effet définies par référence aux règlements d'exemption, ce qui a le mérite d'établir une liste limitative, mais ne couvre pas toutes les formes de restriction par objet, dont la Cour a souligné qu'établir une liste limitative serait exclu (CJCE, 20 novembre 2008, *Beef Industry Development Society*, aff. C-209/07).

Cette nouvelle jurisprudence participe ce faisant du mouvement de renforcement de la notion de restriction par objet, qui ressortait déjà d'un certain nombre d'arrêts de la Cour (CJCE, 20 novembre 2008, *Beef Industry Development Society,* aff. C-209/07, CJUE, 13 octobre 2011, *Pierre Fabre,* aff. C-439/09).

Un safe harbour ainsi amputé, et qui plus est à géométrie variable, a-t-il encore un sens au sein du réseau européen de la concurrence ?

La confiance légitime que les entreprises ont bâtie sur la base de la communication de minimis est tout d'abord sérieusement mise à mal. Ce texte, qui existe de longue date, n'avait jusqu'à présent jamais été remis en cause par les juridictions européennes et a servi au quotidien aux entreprises pour définir leur ligne d'action et il est permis de penser que nombre d'accords horizontaux ou verticaux aujourd'hui en vigueur ont été validés au regard de ce texte et devraient désormais être passés au crible des différents règlements d'exemption ou lignes directrices en vigueur afin de valider leur conformité aux règles de concurrence puisque celles-ci leur sont désormais applicables.

Certes, l'arrêt de la Cour souligne « que les poursuites engagées et les sanctions infligées, par l'autorité de concurrence d'un État membre, aux entreprises parties à un accord n'ayant pas atteint les seuils définis dans la communication de minimis ne sauraient enfreindre, en tant que telles les principes de confiance légitime et de sécurité juridique eu égard au libellé du point 4 de cette communication » qui indique que la Commission n'infligera pas d'amende lorsque les entreprises ont estimé de bonne foi qu'un accord était couvert par la communication.

Ceci étant, la Cour n'évacue pas totalement l'éventualité d'une sanction. Par ailleurs, la sécurité juridique n'est pas la même à partir du moment où les restrictions par objet ne peuvent faire l'objet d'une liste limitative et que les contours en demeurent particulièrement flous.

Il suffit de se reporter à la décision qui a fait l'objet de cet arrêt pour le constater : l'accord considéré comme une restriction par objet en l'occurrence est un accord d'entreprise commune verticale instaurant à son bénéfice des avantages par rapport à ses concurrents. Nombre de décisions rappellent cependant que la discrimination n'était une restriction de concurrence que pour autant qu'elle produise un « effet » sur la concurrence entre celui qui en profite et ses concurrents... La jurisprudence de la Cour a elle-même fourni des exemples de restrictions par objet qui n'allaient pas de soi, qu'il s'agisse d'échanges d'informations (CJCE, 4 juin 2009, *T-Mobile,* aff. C-8/80) ou encore de la mise en œuvre de systèmes de distribution sélective en l'absence de justification objective (forme de restriction par objet visée dans l'arrêt *Pierre Fabre*). Il est dès lors permis de s'interroger sur ce qui subsiste du safe harbour avec des conceptions aussi extensives de la notion de restriction par objet.

Enfin, il nous semble que la Commission reste, elle, belle et bien liée par sa communication et la confiance légitime qu'elle a instaurée. L'arrêt rappelle d'ailleurs qu'elle ne « saurait se départir du contenu de cette communication sans violer les principes généraux du droit ». La Commission ne pourrait donc intervenir à l'encontre de restrictions par objet émanant d'entreprises détenant des parts de marché inférieures aux seuils qu'elle a fixés, tandis que les autorités nationales le pourraient.

Au mieux, l'arrêt de la Cour est donc une invitation pour la Commission à adapter rapidement le texte de la communication pour exclure de son champ d'application la totalité des restrictions par objet. Au pire, il faut d'ores et déjà considérer que la communication de minimis est morte de sa belle mort, parce que peu nombreux seront les accords entre entreprises pour lesquelles ces dernières auront la certitude non seulement d'être en deçà des seuils de parts de marché fixés mais encore que leur accord n'emporte aucune restriction qualifiable de restriction par objet.

N. Jalabert-Doury
Concurrences N° 1-2013, Art. N° 50436, p. 63

Voir aussi, sur les conclusions de l'Avocat général

N. Jalabert-Doury, Seuils de minimis : L'Avocat général Kokott précise les conditions d'application de la communication de minimis en cas de restriction par objet (Expedia), 6 septembre 2012, Concurrences N° 4-2012, Art. N° 49478.

Voir aussi, sur les origines de l'affaire

– La décision de l'Autorité

Cons. conc., déc. n° 09-D-06 du 5 fév. 2009 relative à des pratiques mises en œuvre par la SNCF et Expedia Inc. dans le secteur de la vente de voyages en ligne

L. Nicolas-Vullierme, Distribution exclusive sur internet : Le Conseil de la concurrence condamne une entente verticale dans le secteur de la vente sur internet (SNCF – Expedia), 5 février 2009, Concurrences N° 2-2009, Art. N° 26011, pp. 106-107.

– L'arrêt de la cour d'appel

CA Paris, 23 fév. 2010, Expedia, Karavel, SNCF e. a.

A.-L. Sibony, Rejet : La Cour d'appel de Paris rejette le recours contre la décision du Conseil de la concurrence dans le secteur de la vente de voyages en ligne (Karavel ; SNCF ; Expedia), 23 février 2010, Concurrences N° 2-2010, Art. N° 31268, p. 81.

L. Nicolas-Vullierme, Curieuse interprétation du seuil de sensibilité : La Cour d'appel de Paris confirme la décision du Conseil de la concurrence en proposant une curieuse interprétation du seuil de sensibilité (Expedia ; Karavel ; SNCF), 23 février 2010, Concurrences N° 2-2010, Art. N° 31237, pp. 73-75.

▶

▶
– ***Le premier arrêt de la Cour de cassation posant une question préjudicielle à la Cour de justice de l'Union européenne***

Cass. com., 10 mai 2011, Expedia, n° 10-14.881, « secteur de la vente de voyages en ligne »

M. Debroux, M. Pujdak, Communication de minimis : La Cour de cassation demande à la Cour de justice si les règles de concurrence de l'Union s'opposent à ce qu'une entente qui ne franchit pas les seuils de minimis fixés dans la communication de la Commission peut être poursuivie et sanctionnée par une ANC sur le double fondement du droit de l'UE et du droit national de la concurrence (Expedia), 10 mai 2011, Concurrences N° 3-2011, Art. N° 37354, pp. 105-106.

Voir aussi, sur les suites de l'affaire

Cass. com., 16 avr. 2013, Expedia, n° 10-14.881

N. Jalabert-Doury, Restriction par objet : La Cour de cassation tire les conséquences de l'arrêt de la Cour de justice et rejette le pourvoi dans l'affaire Expedia (Expedia), 16 avril 2013, Concurrences N° 3-2013, Art. N° 53685, p. 77.

CJUE, 11 sept. 2014, Groupement des cartes bancaires, C-67/13 P

La Cour de justice de l'Union européenne change de cap et adopte de nouveau une conception stricte de l'objet anticoncurrentiel.

Voici une décision très importante, que l'on peut qualifier de changement de cap (ou de quasi-revirement), la Cour de justice opérant un retour à l'orthodoxie dans l'appréciation stricte de la notion de restriction par objet, même si elle se défend d'avoir changé sa jurisprudence.

Cette décision concerne le domaine bancaire, qui a récemment connu beaucoup de démêlés avec les autorités de concurrence, en particulier à cause des commissions multilatérales d'interchange (*cf. Notre contribution, « Instruments de paiement et concurrence À propos des commissions multilatérales d'interchange », Mélanges offerts à Paul Le Cannu, p. 443 et, Lextenso, 2014*).

Dans un colloque organisé en 2006, Philippe Nasse distinguait en ce domaine l'inter-concurrence entre les moyens de paiement, et l'intra-concurrence entre les émetteurs d'un même type de moyen de paiement (*P. Nasse, « Concurrence et moyens de paiement », Concurrences N° 1-2007* p. 3 et s.).

- S'agissant de l'inter-concurrence entre les moyens de paiement, « dans un monde économiquement parfait, l'inter-concurrence entre moyens de paiement se développerait en fonction de prix re-internalisant les externalités, positives ou négatives, attachées à ces divers moyens, l'utilisateur final – le consommateur acheteur est le payeur final – opérant ses choix concurrentiels en toute connaissance de cause ».

Philippe Nasse concluait que c'était utopique pour trois raisons essentielles.

Tout d'abord, l'acheteur final n'arbitre pas entre les moyens de paiement en fonction de leur coût, car il croît que les moyens de paiement sont gratuits. Ensuite, l'asymétrie d'information entre le couple émetteur-acquéreur et le couple acheteur-vendeur est forte dans un marché biface, de sorte que les risques de dissimulation des prix effectivement payés pour les services rendus et de subventions croisées entre les paiements de ces services sont élevés. Enfin, les clientèles sont captives des coûts du changement, ce qui ne favorise pas l'inter-concurrence entre les moyens de paiement.

- On peut alors se tourner vers l'intra-concurrence, c'est-à-dire la concurrence entre les émetteurs d'un même type de moyen de paiement.

Mais, les difficultés à laisser s'instaurer une libre concurrence naissent du grand nombre des opérateurs : plusieurs milliers de banques opèrent en Europe, et plusieurs millions de commerçants, de sorte que laisser s'instaurer une totale liberté tarifaire des services rendus conduirait à d'insurmontables difficultés de facturation.

Et Philippe Nasse concluait alors que pour le chèque, « une forme d'entente tarifaire doit s'instaurer pour tout ce qui concerne la compensation, sauf à la rendre ingérable », et pour la carte bancaire, « comme pour le chèque, la multiplicité des opérateurs rendait nécessaire un certain degré d'entente, sauf à rendre ingérable la facturation des services rendus ».

C'est ainsi que l'existence de plusieurs plates-formes regroupant émetteurs et acquéreurs d'un même réseau mais en concurrence entre elles permettrait de mettre en concurrence les commissions d'inter-change.

Ces grands accords multilatéraux ou plateformes regroupant émetteurs et acquéreurs d'un même réseau apparaissent donc comme une nécessité en matière d'instruments de paiement. Même si l'on comprend sur le plan pratique la création de ces accords multilatéraux, le droit de la concurrence ne peut y être insensible (les banques ne sont d'ailleurs pas les seules à devoir en passer par là. On peut en effet citer les grands accords de simulcasting pour la gestion mondiale des droits d'auteur en utilisant le procédé du simulcast (diffusion de musique par internet), qui eux aussi ont dû être examinés au regard du droit des ententes, avant d'être à l'époque exemptés : décision de la Commission du 8 octobre 2002 relative à une procédure d'application de l'article 81 du traité CE et de l'article 53 de l'accord EEE (Aff. COMP/C2/38.014 – IFPI "Simulcast") *Journal Officiel n°* L 107 du 30/04/2003, p. 0058-0084).

C'est dans ce contexte que les autorités de concurrence ont eu à traiter de certaines pratiques délicates, et parmi elles, celles du Groupement des cartes bancaires (CB).

Le « Groupement des cartes bancaires » a été créé en 1984 en France afin que les détenteurs d'une carte CB émise par un membre du Groupement puissent effectuer des paiements auprès des commerçants affiliés et/ou retirer de l'argent dans les distributeurs exploités par les membres du Groupement. En 2002, le Groupement a adopté trois mesures tarifaires : tout d'abord, un droit MERFA (« mécanisme de régulation de la fonction acquéreur ») payable par les membres du Groupement dont l'activité d'émission de cartes CB était supérieure à l'activité d'affiliation de nouveaux commerçants au système, ensuite une réforme du droit d'adhésion pour les nouveaux adhérents, comprenant un droit fixe, ainsi qu'un droit complémentaire d'adhésion pour les membres dont le nombre de cartes CB en stock dépassait un certain seuil à un moment donné et enfin un droit par carte CB émise, payable par les membres « dormants », c'est-à-dire les membres du Groupement inactifs ou peu actifs avant la date d'entrée en vigueur des nouvelles mesures tarifaires.

Par décision du 17 octobre 2007, la Commission a conclu que les mesures tarifaires adoptées par le Groupement étaient contraires au droit de la concurrence de l'Union en raison tant de leur objet que de leurs effets anticoncurrentiels et a imposé au Groupement de mettre immédiatement fin à cette infraction et de s'abstenir de toute mesure similaire à l'avenir. Saisi par le Groupement, le tribunal, par arrêt du 29 novembre 2012 (*Aff. 491/07*), a rejeté le recours du Groupement au motif que la Commission avait pu valablement conclure que les mesures tarifaires en cause restreignaient la concurrence en raison de leur objet anticoncurrentiel et constituaient une décision d'association d'entreprises illégale.

La question était donc de savoir si cette décision d'association d'entreprises avait ou non un objet anticoncurrentiel.

Or, la distinction entre objet et effet anticoncurrentiel d'une pratique est conçue on le sait, comme une règle de preuve (I. Lianos, La transformation du droit de la concurrence par le recours à l'analyse économique, Bruylant 2007). La Cour de justice examine en effet d'abord l'objet de la pratique, et considère qu'il convient d'examiner les effets seulement en l'absence d'objet anticoncurrentiel de ladite pratique. Ces exigences ont un caractère alternatif en dépit de la traduction du texte utilisant la conjonction « et » (CJCE, 30 juin 1966, n° 56/65, *Sté technique minière :* Rec. CJCE 1966, p. 337).

La Commission européenne avait défini strictement les restrictions par l'objet dans sa communication sur l'application de l'article 81, § 3 du 27 avril 2004, en ces termes : « 21. Les accords ayant pour objet de restreindre le jeu de la concurrence sont ceux qui, par nature, ont la capacité de le faire. Il s'agit de restrictions qui, au regard des objectifs poursuivis par les règles communautaires de concurrence, sont tellement susceptibles d'avoir des effets négatifs sur la concurrence, qu'il est inutile, aux fins de l'application de l'article 81, § 1, de démontrer qu'elles ont des effets concrets sur le marché. Cette présomption repose sur la gravité de la restriction et sur l'expérience qui montre que les restrictions de concurrence par objet sont susceptibles d'avoir des effets négatifs sur le marché et de mettre en péril les objectifs poursuivis par les règles communautaires de concurrence [...].

22. La question de savoir si un accord a pour objet de restreindre la concurrence ou non est fonction d'un certain nombre de facteurs, notamment de la teneur de l'accord et de ses buts objectifs. Il peut également s'avérer nécessaire d'examiner le contexte [...] d'examiner les faits [...]. La preuve de l'intention subjective des parties de restreindre la concurrence est un facteur important, mais pas une condition nécessaire.

23. [...] En règle générale, la Commission considère comme des restrictions par objet celles qui sont interdites dans les règlements d'exemption par catégorie ou sont définies comme étant des restrictions caractérisées dans les lignes directrices et communications [...] ».

Cette conception était une conception qui limitait la restriction par l'objet aux infractions graves et de ce fait la rapprochait des restrictions caractérisées.

Mais la Cour de justice a eu par la suite une conception beaucoup plus large de l'objet anticoncurrentiel (*cf. infra*) en faisant de la restriction par l'objet, celle qui empêche les autres opérateurs économiques de déterminer de manière autonome leur comportement sur le marché.

L'analyse était même devenue si large qu'on en était venue à se demander quelle serait la restriction de concurrence aujourd'hui qui ne serait pas une restriction de concurrence par l'objet, car cette qualification tend à se confondre avec celle de restriction de concurrence (voir toutefois CA Paris, 23 fév. 2012 sur le recours contre la décision 10-D-28 de l'ADLC dans l'affaire du traitement des chèques remis à l'encaissement (dite affaire « image chèque ») ; un pourvoi en cassation est pendant).

Cette conception trop large de l'infraction par l'objet a ému les entreprises, et la doctrine. Le souci de faciliter la preuve des autorités de concurrence n'allait-il pas trop loin ? Le recours à la présomption (ici une présomption d'effets nocifs sur le marché) ne devenait-il pas trop systématique ?

C'est en particulier à propos des vastes accords multilatéraux du domaine bancaire (nous employons le terme « accords » sans préjuger de leur qualification d'accords ou de décisions d'associations d'entreprises) que la question s'est posée avec acuité, avec comme enjeu pratique la question suivante : appartient-il d'abord à l'Autorité de concurrence (européenne ou nationale) d'établir que l'accord multilatéral ou la décision d'association d'entreprises a des effets sur le marché (ce qui doit être démontré si l'accord n'est pas une restriction par l'objet), ou appartient-il aux banques de prouver que leur accord a un bilan économique favorable (ce qui est leur seule chance d'échapper à une sanction [sauf engagements] si l'accord est une restriction par l'objet) ?

Jusqu'alors, du fait de l'évolution jurisprudentielle élargissant la notion de restriction par l'objet, les décisions rendues en matière bancaires ont été nombreuses à retenir que ces pratiques étaient des restrictions par l'objet et le débat s'est focalisé sur la question de leur bilan économique.

Mais le présent arrêt révèle un changement de cap, à la fois au plan des principes, mais aussi dans leur application aux faits de l'espèce.

Changement de cap quant aux critères de la restriction par l'objet

Notons tout d'abord que la Cour de justice se défend d'avoir changé de cap. Mais cette défense ne trompera personne. La Cour de justice retient des erreurs de droit à la charge du Tribunal qui n'avait fait qu'appliquer la jurisprudence plus souple qui se dégageait.

Pour montrer qu'il n'y a pas de changement de cap, la Cour se réfère à sa jurisprudence « constante » (*cf.* pt 57).

Mais l'embarras de l'Avocat général Nilhs Wahl montre bien que la jurisprudence antérieure avait assouplit la notion. Il relève en effet :

- « 46. Il apparaît que la jurisprudence de la Cour et du Tribunal, tout en rappelant la distinction entre les deux types de restrictions envisagées par l'article 81, § 1 CE, a pu, dans une certaine mesure, être source d'interprétations divergentes, voire de confusion. Certaines orientations jurisprudentielles semblent, en effet, avoir rendu délicate la nécessaire distinction entre l'examen de l'objet anticoncurrentiel et l'analyse des effets concurrentiels des accords entre les entreprises ».
- « 61. En tout état de cause, il est fait observer que la Cour, en dépit de l'élargissement apparent des comportements qualifiés de restrictifs par objet, a rappelé de façon constante, depuis l'arrêt *LTM*, précité, jusqu'à l'arrêt *Allianz Hungária Biztosító* e. a., précité, que l'analyse de l'objet devait révéler un "degré suffisant de nocivité" ».
- « 65. D'emblée, il faut souligner que la jurisprudence, qui est caractérisée par une ambivalence entre le souhait de ne pas viser une liste fermée de restrictions par objet et la nécessité de respecter la *ratio legis* de l'article 81, § 1 CE, qui exige notamment que les comportements visés présentent un certain degré de nocivité, ne répond pas toujours clairement à la question de savoir si la notion

de restriction par objet doit ou non être interprétée de façon restrictive, et ce quand bien même certains avocats généraux se sont prononcés en faveur de l'une ou de l'autre approche ».

En effet, il suffit de relire ses arrêts antérieurs pour voir qu'elle avait réellement élargi la notion de restriction par l'objet.

Ainsi, dans la fameuse affaire du bœuf irlandais, la Cour de justice relève que : « pour déterminer si un accord relève de l'interdiction énoncée à l'article 81, § 1 CE, il y a lieu de s'attacher à la teneur de ses dispositions et aux buts objectifs qu'il vise à atteindre. À cet égard, à supposer même qu'il soit établi que les parties à un accord ont agi sans aucune intention subjective de restreindre la concurrence, mais dans le but de remédier aux effets d'une crise sectorielle, de telles considérations ne sont pas pertinentes aux fins de l'application de ladite disposition. En effet, un accord peut être considéré comme ayant un objet restrictif même s'il n'a pas pour seul objectif de restreindre la concurrence, mais poursuit également d'autres objectifs légitimes (arrêt *General Motors* c/ Commission, pt 64, et jurisprudence citée) » (CJCE, 20 nov. 2008, n° C-209/07, n° 21).

Dans cette affaire, la BIDS faisait valoir que la notion d'« infraction par objet » devait être interprétée de manière restrictive et concernait seulement les infractions les plus graves, comme les accords ayant pour objet la fixation horizontale de prix, la limitation de la production ou la répartition des marchés, accords dont les effets anticoncurrentiels sont à ce point évidents qu'ils ne nécessitent aucune analyse économique, et elle considérait que les accords BIDS, qui visent essentiellement à permettre à plusieurs entreprises de mettre en œuvre une politique commune ayant pour objet de favoriser la sortie du marché de certaines d'entre elles et de réduire, par voie de conséquence, les surcapacités qui affectent leur rentabilité en les empêchant de réaliser des économies d'échelle, ne pouvaient pas être assimilés à de tels accords.

Or la Cour va préciser ce qu'est la restriction par l'objet, en ces termes : « 34. Ce type d'accords se heurte de manière patente à la conception inhérente aux dispositions du traité CE relatives à la concurrence, selon laquelle tout opérateur économique doit déterminer de manière autonome la politique qu'il entend suivre sur le marché. L'article 81, § 1 CE vise en effet à interdire toute forme de coordination qui substitue sciemment une coopération pratique entre entreprises aux risques de la concurrence ».

Notre collègue Laurence Idot, commentant cet arrêt, dans un éditorial remarqué *(« Le retour de l'objet concurrentiel », Concurrences N° 4-2009, novembre 2009, pp. 1-2)*, écrivait alors :

« ... de manière quelque peu surprenante, la Cour, suivant les conclusions remarquées de l'Avocat général Trstenjak, a fait une lecture très large de sa jurisprudence antérieure sur l'objet anticoncurrentiel dans l'affaire dite du bœuf irlandais (CJCE, 3e ch., 20 novembre 2008, aff. C-209/07, Beef Industry Development Society), dont il est possible de tirer deux apports : en premier lieu, sur le terrain des principes, l'objet anticoncurrentiel ne se limite pas aux ententes injustifiables et aux restrictions caractérisées (*pt 21*), affirmation à laquelle il est possible d'adhérer ; en second lieu, en l'espèce, l'accord a un objet anticoncurrentiel du seul fait que les entreprises ne se déterminent pas de manière autonome sur le marché (*pt 34*), ce qui est déjà plus sujet à discussion. Compte tenu de la particularité des faits et de la procédure, la portée de l'arrêt aurait pu rester limitée. Force est de constater que tel n'a pas été le cas. Quelques semaines plus tard, dans l'affaire T-Mobile (CJCE, 3e ch., 4 juin 2009, aff. C-8/08, concl. Kokott), la Cour, se faisant écho à l'arrêt du 20 novembre, confirme qu'un échange d'informations, au surplus limité à une seule réunion, poursuit un objet anticoncurrentiel dès lors qu'il élimine les incertitudes des entreprises quant à leur comportement futur ».

La restriction par l'objet était donc devenue celle qui empêche les autres opérateurs économiques de déterminer de manière autonome leur comportement sur le marché. Car c'est là l'essence de la libre concurrence. Il faut que les opérateurs se déterminent librement sur le marché. Tout comportement qui vient empêcher cela, aurait un objet anticoncurrentiel. Mais on remarque tout de suite qu'une définition aussi large (extra-large pour certains) correspond plus à la notion de restriction de concurrence, que de restriction par l'objet.

Cette jurisprudence a cependant été confirmée, comme indiqué ci-dessus dans l'affaire T-Mobile Netherlands. Dans cette affaire, la Cour de justice a décidé qu'un échange d'informations avait un objet anticoncurrentiel : « Pour avoir un objet anticoncurrentiel, il suffit que la pratique concertée soit susceptible de produire des effets négatifs sur la concurrence. En d'autres termes, elle doit simplement être concrètement apte, en tenant compte du contexte juridique et économique dans lequel elle s'inscrit, à empêcher, à restreindre ou à fausser le jeu de la concurrence au sein du marché commun. La question de savoir si et dans quelle mesure un tel effet se produit réellement ne peut avoir d'importance que pour calculer le montant des amendes et évaluer les droits à des dommages et intérêts [...] il convient de rappeler que les critères de coordination et de coopération constitutifs d'une pratique concertée doivent être compris à la lumière de la conception inhérente aux dispositions du traité relatives à la concurrence, selon laquelle tout opérateur économique doit déterminer de manière autonome la politique qu'il entend suivre sur le marché commun [...]. L'échange d'informations entre concurrents poursuit un objet anticoncurrentiel lorsqu'il est susceptible d'éliminer les incertitudes quant au comportement envisagé par les entreprises concernées » (CJCE, 4 juin 2009, n° C-8/08, n°s 31 et 32).

Or, après un échange d'informations stratégiques, les parties ne se déterminent plus librement sur le marché. Ledit échange a donc, d'après cet arrêt, un objet anticoncurrentiel.

L'arrêt *Pierre Fabre* (CJUE, 13 oct. 2011, no C-439/09, *Pierre Fabre Dermo-Cosmétique SAS* c/ Président de l'Autorité de la concurrence : http://curia.europa.eu, RDC 2012 n° 2, P. 522 et nos obs. L'accès à internet, droit essentiel du distributeur en réseau ?) se situe enfin dans la même veine d'interprétation large de la restriction par l'objet.

On y lit d'abord : « 39. S'agissant des accords qui constituent un système de distribution sélective, la Cour a déjà relevé que de tels accords influencent nécessairement la concurrence dans le marché commun (CJCE, 25 oct. 1983, n° 107/82, *AEG-Telefunken* c/ Commission, 107/82 : Rec. CJCE, p. 3151, pt 33). De tels accords sont à considérer, à défaut de justification objective, en tant que « restrictions par l'objet » (CJUE, 13 oct. 2011, C-439/09) ».

Cette dernière phrase est très révélatrice de l'élargissement, car si on compare ce motif à celui auquel se réfère la Cour dans l'arrêt *AEG-Telefunken*, on voit qu'elle n'y employait absolument pas l'expression de « restriction par l'objet ». Elle relevait : « 33. Il est constant que les accords qui constituent un système de distribution sélective influencent nécessairement la concurrence dans le marché commun ».

Puis la Cour conclut : « qu'une clause contractuelle, dans le cadre d'un système de distribution sélective, exigeant que les ventes de produits cosmétiques et d'hygiène corporelle soient effectuées dans un espace physique en présence obligatoire d'un pharmacien diplômé, ayant pour conséquence l'interdiction de l'utilisation d'internet pour ces ventes, constitue une restriction par objet au sens de cette disposition si, à la suite d'un examen individuel et concret de la teneur et de l'objectif de cette clause contractuelle et du contexte juridique et économique dans lequel elle s'inscrit, il apparaît que, eu égard aux propriétés des produits en cause, cette clause n'est pas objectivement justifiée » (n° 47).

La conception large de la restriction par l'objet dans l'affaire Pierre Favre se trouve d'ailleurs plus dans ses motifs de l'arrêt qui qualifient un accord de distribution sélective (sans justification objective) de restriction par l'objet, que dans la solution de l'espèce. En effet, l'interdiction faite au distributeur du réseau Pierre Fabre de vendre par internet est *in fine* (*cf.* CA Paris, 31 janv. 2013, nO 2008/23812 : http://www.autoritedelaconcurrence.fr/doc/ca_pierrefabre_jan13.pdf, RDC 2013 n° 4, P. 1401 obs MBT, L'épilogue de l'affaire Pierre Fabre) qualifiée à la fois de restriction par l'objet et de restriction caractérisée, ce qui fait que même avec une conception stricte de la restriction par l'objet, la Cour aurait pu donner la même solution. La Cour relève en effet que « Une clause contractuelle, telle que celle en cause au principal, interdisant *de facto* internet comme mode de commercialisation a, à tout le moins, pour objet de restreindre les ventes passives aux utilisateurs finals désireux d'acheter par internet et localisés en dehors de la zone de chalandise physique du membre concerné du système de distribution sélective » (n° 54).

Et l'Autorité de la concurrence, dans sa décision image-chèques n° 10-D-28 avait également adopté cette conception large. Seule, la Cour d'appel de Paris avait fait de la résistance en réformant ladite décision n° 10-D-28, ce qui avait conduit l'Autorité à déposer un pourvoi à son encontre, qui est toujours pendant, au jour où ces lignes sont écrites.

Donc, la Cour de justice avait bien fait preuve d'une souplesse accrue pour interpréter la notion de restriction par l'objet, sa jurisprudence faisant l'objet de critiques devant l'élargissement trop grand du concept. Il semble qu'elle ait entendu ces critiques.

Or, l'arrêt commenté change de cap et revient à l'orthodoxie, en retenant une notion stricte de la restriction par l'objet. La nouvelle solution est claire :

- d'une part, l'interprétation de l'objet anticoncurrentiel est restrictive :

« [...] C'est à tort que le Tribunal a considéré, [...] que la notion de restriction de concurrence "par objet" ne doit pas être interprétée "de manière restrictive". En effet, sous peine de dispenser la Commission de l'obligation de prouver les effets concrets sur le marché d'accords dont il n'est en rien établi qu'ils sont, par leur nature même, nuisibles au bon fonctionnement du jeu normal de la concurrence, la notion de restriction de concurrence "par objet" ne peut être appliquée qu'à certains types de coordination entre entreprises révélant un degré suffisant de nocivité à l'égard de la concurrence pour qu'il puisse être considéré que l'examen de leurs effets n'est pas nécessaire. [...] » (n° 58) ;

- d'autre part, le critère essentiel (« En outre, bien que l'intention des parties ne constitue pas un élément nécessaire pour déterminer le caractère restrictif d'un accord entre entreprises, rien n'interdit aux autorités de la concurrence ou aux juridictions nationales et de l'Union d'en tenir compte (voir arrêt *Allianz Hungária Biztosító* e. a., EU:C:2013:160, pt 37, ainsi que jurisprudence citée) » (n° 54) qui revient plusieurs fois est la nocivité de la pratique, alors que la détermination autonome de son comportement par l'opérateur disparaît de l'analyse.

« [...] Le critère juridique essentiel pour déterminer si une coordination entre entreprises comporte une telle restriction de concurrence « par objet » réside dans la constatation qu'une telle coordination présente, en elle-même, un degré suffisant de nocivité à l'égard de la concurrence » (n° 57).

« Il convient, afin d'apprécier si un accord entre entreprises ou une décision d'association d'entreprises présente un degré suffisant de nocivité pour être considéré comme une restriction de concurrence « par objet » au sens de l'article 81, § 1 CE de s'attacher à la teneur de ses dispositions, aux objectifs qu'il vise à atteindre, ainsi qu'au contexte économique et juridique dans lequel il s'insère. [...] » (n° 53).

Par là même, la Cour de justice se range aux critiques qui avaient été faites contre les arrêts interprétant largement la notion de restriction par l'objet. Cette dispense de preuve faite en faveur des autorités de concurrence allait trop loin, dans un domaine qui emporte des sanctions administratives répressives. On retrouvera en revanche des difficultés pour distinguer les restrictions par l'objet des restrictions caractérisées.

Mais cela aurait pu être seulement une affirmation de principe, sans incidence concrète. Il n'en est rien, la Cour de justice tire en l'espèce les conséquences de son interprétation stricte.

Changement de cap quant à l'application en l'espèce des nouveaux critères

Le Tribunal avait retenu la qualification de restriction par l'objet au motif que :

- les pratiques litigieuses entravent la concurrence des nouveaux entrants sur le marché de l'émission des cartes de paiement en France ;
- l'objectif légitime de lutte contre le parasitisme du système CB n'excluait pas qu'elles puissent être considérées comme ayant un objet restrictif de concurrence (*cf.* arrêt *BIDS*) ;
- cet objet, tel qu'il ressortait des formules mêmes prévues pour lesdites mesures, contredisait les objectifs déclarés par le Groupement ;
- qu'à titre « complémentaire et confirmatif » que, dans la décision litigieuse, la Commission s'est appuyée sur l'intention du Groupement, telle qu'elle ressortait des documents recueillis lors des vérifications contenant les propos des chefs de file au stade de la préparation des mesures en cause ;
- ces mesures imposaient aux membres du Groupement qui y étaient soumis soit de limiter leur activité d'émission, soit de supporter des coûts (liés à l'émission) qui n'étaient pas supportés par d'autres membres du Groupement, dont les chefs de file. Ces formules limitaient ainsi la possibilité des membres y étant soumis de concurrencer (par les prix), sur le marché de l'émission, les membres du Groupement qui n'y étaient pas soumis ;
- la fonction prêtée par le Groupement au MERFA, consistant en une incitation à développer l'acquisition, « était contredite par l'existence de commissions interbancaires qui encourageaient l'émission [...] et par la circonstance que le droit complémentaire d'adhésion et le droit de réveil des dormants sanctionnaient les banques qui n'avaient pas émis suffisamment de cartes lors d'un passé récent ».

- les mesures litigieuses, à l'instar de celles en cause dans l'arrêt *BIDS*, ont pour objet d'entraver la concurrence des nouveaux entrants sur le marché de l'émission des cartes de paiement en France, dès lors qu'elles imposent aux banques qui y sont soumises soit de payer une redevance, soit de limiter leurs activités d'émission.

Ces motifs sont « balayés » par la Cour de justice.

La Cour reproche au tribunal de ne pas avoir tenu compte de la nature biface du marché d'avoir méconnu le fait que le contexte permet de prendre en compte des éléments pertinents, même s'ils ne font pas partie du marché pertinent, et enfin d'avoir tenu compte des effets potentiels de telles mesures qui relèveraient d'un examen des effets.

L'importance du marché biface pour exclure la qualification d'infraction par l'objet

Le tribunal avait considéré que le fait que les banques soient contraintes soit de payer une redevance, soit de limiter leurs activités d'émission, et que cela entrave l'arrivée de nouveaux entrants, étaient des mesures analogues à celles examinées par la Cour dans l'arrêt *BIDS*. Il avait relevé que « dans l'arrêt Beef Industry Development Society et Barry Brothers (pt 73 *supra,* pts 36 et 37), la Cour a examiné une mesure imposant à certains producteurs une contribution financière par unité produite au-delà de leur volume de production habituel. Elle a estimé que cette mesure constituait un obstacle au développement naturel des parts de marché de ces producteurs qui, du fait du caractère dissuasif de cette contribution, étaient incités à ne pas dépasser un certain volume de production. Elle a considéré, sans examiner la contrepartie que ces producteurs étaient censés obtenir en échange de cette contribution, que cette mesure était une restriction dont l'objet présentait un caractère anticoncurrentiel » (n° 197). Le tribunal concluait que « la Commission ayant constaté que, pour échapper au paiement des redevances dues au titre des mesures en cause, les banques y étant soumises devaient limiter leur volume d'émission de cartes CB, elle pouvait considérer que les mesures en cause avaient pour objet de restreindre la concurrence sur le marché de l'émission de cartes CB sans devoir examiner la valeur de la contrepartie de ces redevances ».

En effet, dans l'affaire BIDS, la Cour de justice avait relevé :

« S'agissant, en second lieu, des restrictions imposées aux sortants en ce qui concerne la disposition et l'utilisation de leurs installations de production, les accords BIDS comportent également, de par leur objet même, des restrictions à la concurrence dans la mesure où ils visent à éviter que ces installations ne puissent être utilisées par de nouveaux opérateurs entrant sur le marché aux fins de concurrencer les restants. [...] Les investissements nécessaires pour la construction d'une installation nouvelle de transformation étant largement supérieurs aux coûts de la reprise d'une installation existante, ces restrictions visent manifestement à dissuader toute nouvelle entrée de concurrents sur l'ensemble du territoire de l'île d'Irlande » (n° 38).

Mais dans la présente affaire Groupement des cartes bancaires, la Cour de justice écarte la comparaison faite avec l'arrêt *BIDS*. D'une part, il n'a pas été soutenu que les mesures en cause visaient à modifier de manière sensible la structure du marché concerné par un mécanisme destiné à encourager la sortie d'entreprises concurrentes et, partant, que ces mesures présentaient un degré de nocivité tel que celui des accords BIDS (n° 85). D'autre part, si « les mesures en cause incitaient les membres du Groupement à ne pas dépasser un certain volume d'émission de cartes CB, l'objectif d'une telle incitation était… non pas de réduire d'éventuelles surcapacités sur le marché de l'émission des cartes de paiement en France, mais d'atteindre un rapport déterminé entre les activités d'émission et les activités d'acquisition des membres du Groupement afin de développer davantage le système CB » (n° 86).

Or, pour la Cour de justice, c'est la structure biface du marché, et l'équilibre à obtenir entre les activités d'émission et d'acquisition, qui permet d'exclure ici la restriction par l'objet.

Selon la définition de Rochet&Tirole, le marché est biface si le volume des transactions réalisées (et le profit de la plateforme organisatrice) dépend de la structure de la tarification des deux faces du marché et non de la seule somme des charges acquittées par le porteur et le commerçant.

En matière de moyens de paiement, on distingue les opérations à 4 coins et les opérations à 3 coins (on ne parle ici que des moyens de paiement « classiques ». Dans un avenir proche, la technologie RFID (*Radio Frequency Identification*) qui permet le transfert sans contact d'informations d'un point A vers un point B, va être le cheval de Troie de Google pour venir empiéter sur le terrain « réservé » aux banques : http://www.knowckers.org/2012/05/les-banques-et-google-en-concurrence-a-lheure-des-puces-rfid/).

À titre d'exemple, une opération à 4 coins, met en jeu quatre acteurs : d'une part, côté émission, on trouve :

- une institution financière émettrice (l'émetteur) ;
- et un utilisateur des moyens émis (l'acheteur ou le porteur).

D'autre part, côté acquisition, on trouve :

- une institution financière acquéreuse (la banque acquéreuse) ;
- et un acceptant des moyens émis (le vendeur ou le commerçant).

Les activités d'émission et les activités d'acquisition sont donc étroitement liées comme l'a relevé la Cour. Et c'est ce qui justifie le fait qu'on ne puisse augmenter ses activités d'émission, sans avoir à payer une contrepartie à ceux qui œuvrent sur le marché de l'acquisition.

La Cour insiste ainsi sur le fait que « 73. […] Dans un système de paiement par carte de nature biface, tel que celui du Groupement, les activités d'émission et d'acquisition sont "indispensables" l'une à l'autre et au fonctionnement de ce système, étant donné que, d'une part, les commerçants n'accepteraient pas de rejoindre ledit système si le nombre de porteurs de cartes était insuffisant et, d'autre part, les consommateurs ne souhaiteraient pas posséder une carte si celle-ci n'était pas utilisable auprès d'un nombre suffisant de commerçants.

74. Ayant constaté, en conséquence, au point 104 de l'arrêt attaqué, qu'il existait des "interactions" entre les activités d'"émission" et d'"acquisition" d'un système de paiement et que ces activités produisaient des "effets de réseau indirects", l'importance de l'acceptation des cartes par les commerçants et le nombre de cartes en circulation influant l'un sur l'autre, le Tribunal ne pouvait, sans commettre d'erreur de droit, conclure que les mesures en cause avaient pour objet de restreindre la concurrence au sens de l'article 81, paragraphe 1, CE ».

Finalement, la pratique a seulement pour objet d'imposer une contribution financière aux membres du Groupement qui bénéficient des efforts déployés par d'autres membres aux fins du développement des activités d'acquisition du système. Or, la Cour en déduit qu'un tel objet ne saurait être considéré comme étant, par sa nature même, nuisible au bon fonctionnement du jeu normal de la concurrence, la lutte contre le parasitisme du système CB constituant au surplus un objectif légitime (ceci doit toutefois être rapproché du motif de la Cour où elle rappelle que le fait que « les mesures en cause poursuivent un objectif légitime de lutte contre le parasitisme n'exclut pas qu'elles puissent être considérées comme ayant un objet restrictif de concurrence » (n° 70)).

Donc, c'est bien le caractère biface du marché qui justifie ici la solution, ce qui est encore conforté par l'affirmation de la Cour selon laquelle le contexte permet de prendre en compte des éléments pertinents, même s'ils ne font pas partie du marché pertinent.

Le contexte permet de prendre en compte des éléments pertinents même s'ils ne font pas partie du marché pertinent

D'autre part, l'erreur du Tribunal, selon la Cour de justice, reprenant les conclusions de son Avocat général, aurait été d'analyser les exigences d'équilibre entre les activités d'émission et d'acquisition au sein du système de paiement dans le cadre de l'article 81, paragraphe 1, CE, alors que le marché pertinent était non celui des systèmes de paiement en France, mais le marché, situé en aval, de l'émission de cartes de paiement dans cet État membre (n° 76).

La Cour en déduit que « le Tribunal a confondu la question de la définition du marché pertinent et celle du contexte qu'il y a lieu de prendre en compte… » (n° 77). En effet, toujours selon la Haute juridiction, pour apprécier si une coordination entre entreprises est par nature nuisible au bon fonctionnement du jeu normal de la concurrence, il convient de prendre en compte tout élément pertinent, compte tenu, notamment, de la nature des services en cause, ainsi que des conditions réelles de fonctionnement et de la structure des marchés, relatifs au contexte économique ou juridique dans lequel ladite coordination s'insère, sans qu'il importe qu'un tel élément relève ou non du marché pertinent. Et notamment, il faut prendre en compte l'existence d'interactions entre le marché pertinent et un marché connexe distinct et, à plus forte raison, des interactions entre les deux volets d'un système biface (n° 78 et 79).

La Cour suit les conclusions de son Avocat général Nils Wahl, qui avait relevé que « la prise en compte des interactions existantes entre le volet "émission" et le volet "acquisition", dans le cadre de l'examen du contexte… me semble bien distincte de celle qui porte sur la définition du marché pertinent. En effet, il est question non pas de remettre en cause l'affirmation selon laquelle les marchés de l'émission et de l'acquisition sont bien distincts, mais d'examiner si le contexte économique d'élaboration des mesures a suffisamment été pris en compte. En l'occurrence, (…) le bon fonctionnement du système CB exigeait que les activités d'émission et d'acquisition soient exercées de façon équilibrée. Dans cette perspective, il ne saurait être exclu que la contribution respective de chacun des membres au développement de chacune de ces fonctions puisse être prise en compte. En effet, qu'il soit d'ores et déjà membre ou nouvel entrant, le membre du Groupement, qui est actif principalement ou exclusivement dans le domaine de l'émission de CB, tire profit des investissements déployés en vue du développement de l'aspect "acquisition", ce dernier étant un pilier nécessaire à la pérennité du système » (n° 149 et 150).

En d'autres termes, le fait que les opérateurs actifs sur le marché de l'émission profitent des activités que d'autres déploient sur le marché de l'acquisition rend légitime le fait qu'ils aient à leur payer une somme d'argent en contrepartie du fait qu'ils continuent d'émettre de nombreuses cartes sur le marché de l'émission. Un tel objet n'est pas nuisible au fonctionnement du jeu normal de la concurrence.

La prise en compte des effets potentiels ressortissant de l'analyse des effets

Le tribunal s'était fondé sur le fait que la pratique faisait obstacle à l'entrée de nouveaux entrants : « 198. De même, en l'espèce, les mesures en cause constituent un obstacle au développement naturel des parts de marché des nouveaux entrants dans la mesure où ces banques sont incitées à ne pas dépasser un certain volume d'émission de cartes CB afin d'éviter le paiement des redevances dues si ce volume d'émission est dépassé ».

La Cour ne nie pas cet effet nocif potentiel, et dont il est difficile de dire qu'il n'est pas grave. Elle reconnaît qu'« il ne peut être exclu que les mesures en cause (...) entravent la concurrence émanant des nouveaux entrants, compte tenu de la difficulté créée par ces mesures d'accroître l'activité d'acquisition de ces nouveaux entrants, voire conduisent à l'exclusion de ces derniers du système, en fonction... du niveau des redevances exigées en application desdites mesures » (n° 80).

Mais, suivant là encore son Avocat général, elle considère qu'il s'agit de l'appréciation des effets :

« 81. Toutefois, une telle constatation (...) relèverait d'un examen des effets desdites mesures sur la concurrence et non de l'objet de ces mesures.

82.- Ainsi, force est de constater que, sous couvert d'un examen des « options » ouvertes aux membres du Groupement par les mesures en cause, aux points 161 à 193 de l'arrêt attaqué, au terme duquel il a conclu, au point 194 de cet arrêt, que « le MERFA laissait en pratique deux options aux banques y étant soumises : le paiement d'une redevance ou la limitation de l'émission des cartes CB », le Tribunal a en réalité apprécié les effets potentiels desdites mesures, en procédant à l'analyse des difficultés pour les banques de développer l'activité d'acquisition sur la base de données de marché, de déclarations de certaines banques et de documents saisis lors des vérifications, faisant ainsi lui-même ressortir que les mesures en cause ne peuvent être considérées « par leur nature même » comme nuisibles au bon fonctionnement du jeu normal de la concurrence ».

Ces motifs peuvent surprendre parce que l'analyse des effets potentiels fait partie de l'analyse de la restriction par l'objet même conçue strictement. Rappelons la définition de la Commission : « Il s'agit de restrictions qui, au regard des objectifs poursuivis par les règles communautaires de concurrence, sont tellement susceptibles d'avoir des effets négatifs sur la concurrence, qu'il est inutile, aux fins de l'application de l'article 81, paragraphe 1, de démontrer qu'elles ont des effets concrets sur le marché ».

L'Avocat général Nihls Wahl qui a suggéré cette solution, avait pourtant écrit quelques lignes avant que « 55. Cette approche formaliste (de la restriction par l'objet) ne peut donc se concevoir qu'en présence de comportements qui présentent un risque intrinsèque d'effet préjudiciable particulièrement grave... ».

L'explication semble être dans le fait que la pratique litigieuse ne peut conduire à l'exclusion des nouveaux entrants du système qu'en fonction du niveau des CMI (*cf.* Arrêt n° 80).

Or, l'Avocat général, dont la Cour a suivi les conclusions écrivait : « À mon sens, ce n'est que dans le cas où l'expérience montre qu'une restriction, en conformité avec l'analyse économique, est constamment prohibée qu'il apparaît raisonnable de la sanctionner directement, dans un souci d'économie procédurale » (55).

En l'occurrence, la pratique litigieuse ne serait pas « constamment prohibée » parce que l'exclusion dépendrait du niveau des CMI.

Mais qu'est-ce qu'une pratique « constamment prohibée » si ce n'est une infraction *per se*, qui n'existe pas en droit européen, puisque même les restrictions caractérisées peuvent être sauvées par un bilan économique favorable (CJUE, 6 octobre 2009, C-501/06 *GlaxoSmithKline Services Limited* c/ Commission des Communautés européennes) ?

Cela signifie sans doute que seul un effet « potentiel » ayant un degré de probabilité très proche de la certitude devrait être pris en compte pour qualifier l'infraction d'infraction par l'objet. Les autres effets potentiels doivent être pris en compte lors de l'examen des effets.

En définitive, la Cour de justice a donc annulé l'arrêt attaqué.

Tout cela ne préjuge pas de ce que sera l'examen des effets de ces pratiques. Il suffit de noter que dans l'arrêt *MasterCard* ci-après commenté, la qualification d'entente anti-concurrentielle a été maintenue (aff. C-381/12). La « bataille des effets » sera rude.

Mais on peut dire au moins que les banquiers, en voulant sauver leurs systèmes d'accords multilatéraux, ont gagné « la bataille de l'objet » et ont remis la Cour de justice dans le droit chemin d'une conception stricte de la restriction par l'objet, plus respectueuse des droits des entreprises, mais plus lourde en termes de charge de la preuve pour les Autorités de concurrence.

M. Behar-Touchais

Concurrences N° 4-2014, Art. N° 69843, p. 110

Voir aussi, sur les origines de l'affaire

Comm. CE, 17 oct. 2007, Groupement des cartes bancaires « CB », COMP/D1/38.606

M. Debroux, Cartes bancaires : La Commission européenne juge anticoncurrentielles, et enjoint au groupement des cartes bancaires de ne pas mettre en œuvre, diverses mesures conditionnant l'adhésion au groupement, ainsi que liées au fonctionnement de celui-ci, mais n'impose aucune sanction (Groupement « CB »), 17 octobre 2007, Concurrences N° 2-2008, Art. N° 16592, p. 102.

Trib. UE, 29 nov. 2012, Groupement des cartes bancaires « CB », T-491/07

M. Debroux, Association d'entreprises – Restriction par l'objet : Le Tribunal de l'Union européenne rejette en totalité les recours formés contre la décision de la Commission et confirme tant la définition des marchés que l'analyse concurrentielle, fondée sur une restriction par l'objet et par l'absence de justification sur le fondement de l'article 81, § 3 du Traité (Groupement des cartes bancaires « CB »), 29 novembre 2012, Concurrences N° 1-2013, Art. N° 50442, pp. 68-69.

Voir aussi, sur les suites de l'affaire

Trib. UE, 30 juin 2016, Groupements cartes bancaires « CB », T-491/07

M. Debroux, Restriction de concurrence : Le Tribunal de l'Union européenne valide sur renvoi, à la suite de l'arrêt de principe de la Cour de justice de l'Union européenne du 11 septembre 2014, l'analyse concurrentielle menée par la Commission européenne en matière de marchés biface et confirme que les mécanismes mis en place en vue d'établir un équilibre entre les activités d'émission de cartes bancaires et les activités d'acquisition de commerçants affiliés, avaient bien des effets anticoncurrentiels (Groupement des cartes bancaires), 30 juin 2016, Concurrences N° 4-2016, Art. N° 81879, pp. 87-89.

CJUE, 2 avr. 2020, Budapest Bank, C-228/18

La Cour de justice de l'Union européenne tente à nouveau de clarifier le concept de restriction de concurrence par objet (et n'y parvient pas totalement) et fournit une méthodologie pratique pour identifier un tel objet (et n'échoue pas entièrement).

La clarté d'une notion naît-elle de l'abondance des tentatives d'explication de celle-ci ?

Si tel était le cas, la notion de restriction de concurrence par objet serait aujourd'hui limpide, entre l'arrêt Groupement des cartes bancaires de 2014 (CJUE, 11 sept. 2014, aff. C-67-13 P, *Concurrences* n° 4-2014, note M.B.-T., pp. 110-118), le récent arrêt *UK Generics* (Paroxetine®) (CJUE, 30 janv. 2020, aff. C-307/18, *Concurrences* n° 2-2020, note M.D., p. 72), l'arrêt *Maxima Latvija* (CJUE, 26 novembre 2015, aff. C-345/14, *Concurrences* n° 1-2016, note E.T., pp. 81-82), ou encore l'arrêt *Philips* du 26 septembre 2018 (CJUE, 26 sept. 2018, aff. C-98/17, *Concurrences* n° 1-2019, note L.B., pp. 68-69) ou enfin, en France, l'arrêt *Banque Postale* e. a. de la Cour de cassation (Cass. com., 29 janv. 2020, *Concurrences* n° 2-2020, note A.-S.C.-G., p. 75).

Et pourtant, la lecture de l'arrêt rendu le 2 avril 2020 par la Cour (5e ch.), sur conclusions conformes de l'Avocat général Bobek (commentées dans *Concurrences* N° 4-2019, note M.D., p. 87), laisse persister le sentiment un sentiment d'inachevé. Certes, la Cour fournit dans cet arrêt, comme l'y invitait l'Avocat général, une méthodologie d'identification des pratiques restrictives de concurrence par objet. Toutefois, les éléments de cette méthodologie, et tout particulièrement ceux portant sur les « objectifs » d'un accord, ainsi que sur le recours à la méthode contrefactuelle, contribuent sans doute davantage à entretenir la confusion entre les restrictions par « objet » et par « effet », qu'à y mettre fin. La raison doit sans doute en être trouvée dans le fait que ces deux notions présentent des différences de degré et non de nature, comme l'affirmait déjà l'Avocat général Bobek : « (...) il n'y a aucune différence entre une restriction par objet et une restriction par effet sur le plan conceptuel (...) ; la différence dans l'analyse qui incombe à l'autorité dans l'une et l'autre situation touche davantage au degré et à l'ampleur de cette analyse qu'à la nature de celle-ci. » (concl. préc. § 32).

Vingt fois sur le métier remettez votre ouvrage...

Rappelons brièvement que la Cour devait répondre à plusieurs questions posées par la Cour suprême hongroise, la Kuria, dans une affaire mettant en cause la politique d'harmonisation des commissions multilatérales d'interchange (CIM), mise en œuvre à partir des années 1990, par les principales banques actives en Hongrie. En particulier, était en cause un accord conclu entre plusieurs banques hongroises en 1996, conduisant à l'introduction d'une commission multilatérale d'interchange (CMI), que l'Autorité hongroise de la concurrence avait qualifiée de restriction de concurrence selon son objet mais également selon ses effets, conduisant à une lourde condamnation.

Saisie en dernier recours des contentieux portés contre cette décision, la Cour suprême hongroise posait essentiellement deux questions à la Cour : (i) l'article 101, § 1 TFUE peut-il s'appliquer à un même comportement anticoncurrentiel tant en raison de son objet que de ses effets anti-concurrentiels ? et (ii) un accord interbancaire harmonisant le montant des CMI peut-il être qualifié d'accord ayant un objet anticoncurrentiel ?

« Hâtez-vous lentement, et sans perdre courage, vingt fois sur le métier remettez votre ouvrage. Polissez-le sans cesse, et le repolissez. Ajoutez quelquefois et souvent effacez. » La Cour a-t-elle relu *L'Art poétique* de Boileau, avant de rendre son arrêt ? Si l'on ne lisait que la partie de l'arrêt consacrée à la première question posée par la juridiction de renvoi, le doute serait amplement permis. En réponse à la première question, la Cour rappelle tout d'abord que la qualification de restriction de concurrence par objet suppose l'identification d'un « degré suffisant de nocivité sur la concurrence », expression dorénavant consacrée (§ 37). Elle ajoute que si le constat d'une restriction de concurrence par objet dispense l'autorité ou la juridiction de l'examen de ces effets, il ne lui interdit nullement un tel examen si elle l'estime opportun (§ 40). Elle précise encore, dans un paragraphe particulièrement abscons – pour ne pas dire confus – que cette possibilité n'est pas remise en cause par le fait qu'une qualification de restriction de concurrence « par objet » est moins susceptible de faire l'objet d'une exemption au titre de l'article 101, § 3 TFUE. En effet, selon la Cour : « Il convient de relever que le fait que, le cas échéant, les considérations sous-tendant la qualification d'un comportement de restriction de la concurrence « par objet » revêtent également une pertinence dans le cadre de l'examen du point de savoir si cette restriction peut être exemptée au titre de l'article 101, paragraphe 3, TFUE ou de l'examen de la sanction qu'il y a lieu d'imposer en rapport avec ladite restriction n'a aucune incidence sur la possibilité, pour l'Autorité de concurrence compétente, de qualifier un comportement d'entreprise de restrictif de la concurrence au titre de l'article 101, paragraphe 1, TFUE en raison tant de l'objet de celui-ci que de ses effets. » (§ 42).

En d'autres termes, qu'aurait peut-être davantage apprécié Boileau (qui était juriste de formation) : les éléments conduisant à la qualification de restriction par objet sont pertinents dans l'appréciation d'une sanction ou d'une éventuelle exemption sur le fondement de l'article 101, § 3 TFUE, mais sont sans incidence sur la possibilité de qualifier une pratique de restriction de concurrence par objet ou par les effets. Le choix incombe à l'autorité ou à la juridiction, qui peut retenir, ou non, la double qualification dès lors que les conditions juridiques propres à ces dernières sont remplies.

Les qualifications de restriction de concurrence par l'objet et par l'effet peuvent être cumulatives ou alternatives, mais ne sont pas mutuellement exclusives

Ce qu'affirme la Cour, en somme, c'est que les qualifications de restriction de concurrence par l'objet et par l'effet sont cumulatives ou alternatives, au choix de l'Autorité de concurrence ou de la juridiction, mais ne sont pas mutuellement exclusives. Il en ressort également, implicitement mais assez clairement, que ces deux qualifications seraient de nature différente. On reviendra sur l'ambiguïté fondamentale que révèle ainsi la réponse de la Cour à cette première question après l'examen de la réponse de la Cour à la deuxième question.

La deuxième question a conduit la Cour à énoncer les conditions permettant de qualifier une restriction de concurrence par objet (interprétation restrictive, § 54), en rappelant que le critère de « degré suffisant de nocivité » d'un accord s'analyse au regard de la teneur de ses dispositions, des objectifs poursuivis et de son contexte économique et juridique, lequel implique également de prendre en considération la nature des biens ou des services affectés, ainsi que les conditions réelles du fonctionnement et de la structure des marchés concernés (§ 51). Deux aspects vont alors être principalement analysés : les objectifs de l'accord et le contexte dans lequel il s'inscrit, au travers d'une analyse contrefactuelle. Les apports de l'arrêt sont ici particulièrement intéressants.

Les apports les plus intéressants de l'arrêt portent sur l'analyse des objectifs d'un accord, et sur la méthode contrefactuelle nécessaire à l'analyse du contexte dans lequel il s'inscrit

On relèvera tout particulièrement l'affirmation de la Cour selon laquelle il est nécessaire de procéder à l'identification de l'ensemble des objectifs poursuivis par un accord, qu'ils soient mis en avant par les parties à cet accord, ou implicites mais nécessaires. En l'occurrence, la Cour relève, au terme d'une description détaillée des éléments de fait – incomplets – dont elle dispose, que les accords CMI peuvent poursuivre un objectif d'uniformisation du niveau minimum de commission à acquitter par les commerçants, mais potentiellement, aussi, un objectif d'équilibre entre les activités d'émission et celles d'acquisition au sein du système de paiement par carte.

Comment apprécier, dès lors, l'existence d'une éventuelle restriction de concurrence par objet résultant d'un accord qui poursuit plusieurs objectifs, dont certains peuvent être neutres, voire pro-concurrentiels (§ 74) ? La Cour accorde alors une importance majeure à la méthode contrefactuelle, consistant à comparer la situation résultant de l'accord avec celle qui aurait prévalu en l'absence dudit accord. Or, par nature, une méthode contrefactuelle impose de comparer des effets avérés, résultant d'une situation connue, avec des effets potentiels, résultant d'une situation hypothétique. En d'autres termes : sans analyse des effets, pas de méthode contrefactuelle ; et sans méthode contrefactuelle, point de qualification de restriction de concurrence par objet (du moins lorsque les objectifs poursuivis sont multiples et ne sont pas, *prima facie*, tous anticoncurrentiels).

Sans analyse des effets, pas de contrefactuel ; sans contrefactuel, pas de restriction par objet (lorsque les objectifs poursuivis sont divers) ; pour résumer : sans effet, pas d'objet, et l'objet n'est alors qu'une présomption d'effets

L'on retrouve alors ici le raisonnement partiellement circulaire que nous avions déjà identifié et critiqué dans les conclusions de l'Avocat général Bobek (*Concurrences* N° 4-2019, note M.D., p. 89), alors même que ce dernier avait, très justement, souligné qu'il n'existe pas de différence de nature entre une restriction par objet et par effets, mais une différence de degré. C'est précisément cette absence de différence de nature entre les deux qualifications qui nous a conduit, *supra*, à critiquer la réponse de la Cour à la première question qui lui était posée. À l'inverse, si, comme semble l'accepter implicitement la Cour dans sa réponse à la deuxième question, on affirme cette absence de différence de nature, et si l'on pousse alors le raisonnement à son terme logique, il conviendrait d'affirmer que la qualification de restriction de concurrence par objet ne fait rien d'autre, au fond, que d'établir une présomption (réfragable) de l'existence d'effets anticoncurrentiels.

Si l'on veut bien lire l'arrêt sous ce prisme, on ne peut alors qu'accueillir avec intérêt la méthodologie qu'il établit, et qui paraît de nature à encadrer rigoureusement l'exercice d'une présomption, dont il importe de conserver effectivement le caractère réfragable.

Toutefois, la jurisprudence de la Cour n'ayant pas toujours été à l'abris de tout reproche à cet égard (*cf.* la présomption *de facto* irréfragable de responsabilité de la maison-mère pour les pratiques anticoncurrentielle de ses filiales), il serait bon que de futurs arrêts clarifient encore plus précisément cette méthode.

« *Vingt-et-une fois sur le métier remettez votre ouvrage* », aurait dit Boileau...

M. Debroux
Concurrences N° 3-2020, Art. N° 95918, p. 88

Voir aussi, sur les conclusions de l'Avocat général

M. Debroux, Restriction par objet : L'Avocat général Bobek propose à la Cour de justice de l'Union européenne, saisie d'une question préjudicielle par la Cour suprême hongroise, une méthode d'analyse visant à déterminer si une pratique anticoncurrentielle peut être qualifiée de restriction par objet ou si l'examen de ses effets est nécessaire (Gazdasági Versenyhivatal / Budapest Bank), 5 septembre 2019, Concurrences N° 4-2019, Art. N° 92206, pp. 87-89.

Articulation avec la PAC

CJUE, gde ch., 14 nov. 2017, Pdt Aut/APVE, C-671/15

La Cour de justice de l'Union européenne, saisie d'une question préjudicielle dans l'affaire des endives actuellement portée devant la Cour de cassation française, articule et interprète les différentes dérogations apportées au jeu de l'article 101, § 1 TFUE dans le secteur agricole.

Par une décision ayant eu un certain retentissement médiatique, l'Autorité condamnait, le 6 mars 2012, un certain nombre de producteurs et d'organisations professionnelles pour leur participation à une entente nouée dans le secteur de la production et de la commercialisation des endives (déc. n° 12-D-08). Si les amendes prononcées restaient à des niveaux assez modestes, il n'empêche que ces condamnations survenaient dans un contexte économique et social tendu : on sait que les producteurs agricoles français, à la tête d'exploitations peu, voire pas rentables, soumis au libre jeu de la concurrence mondiale et, surtout, confrontés à la puissance d'achat des transformateurs, des industriels et des distributeurs, se trouvent dans une situation économique compliquée, parfois même catastrophique.

Aux yeux de l'opinion publique, les différentes pratiques des producteurs d'endives et de leurs organisations professionnelles consistant à se concerter sur leurs pratiques tarifaires et sur les quantités et, *in fine*, à s'accorder sur un prix minimum de vente, pouvaient paraître légitimes. C'était pourtant ignorer le fait que la construction européenne repose sur une « économie de marché ouverte où la concurrence est libre » (art. 120 TFUE) dans laquelle l'application des règles de libre concurrence est perçue comme une solution et non comme un problème, même dans les secteurs confrontés à des difficultés structurelles (voir, sur le site de la DG COMP, les différents mémos rédigés à ce sujet, dans lesquels il est couramment rappelés que : « competition policy plays a key role in maintaining a level playing field in the food supply chain » ; voir aussi, dans le même sens : Aut. conc., Communiqué de presse du 6 mars 2012, ententes dans le secteur des endives : « Loin d'être un frein à leur développement, le droit de la concurrence peut, au contraire, accompagner les producteurs et les aider à renforcer leur pouvoir de négociation face aux acteurs de la grande distribution. Il admet l'emploi d'outils utiles (contractualisation, indicateurs de tendance, marchés à termes, etc.) qui permettent aux producteurs d'avoir une meilleure visibilité dans la gestion de leurs exploitations »). Cela étant, on ne doit guère être surpris par le nombre important de dérogations prévues en droit de l'UE pour tenir compte des spécificités dans le secteur agricole. Dès le début de la construction européenne et parce que les traités ont été rédigés à une époque où le souvenir des pénuries alimentaires était encore présent dans les mémoires, il a été tenu compte du besoin de protection de l'agriculture (sur ces questions, voir l'étude thématique de l'Autorité de la concurrence insérée dans son rapport annuel pour l'année 2012 : « Agriculture et concurrence », p. 61 et s.).

Aujourd'hui, ce nombre croissant de textes porteurs de dérogations apportées aux règles du marché intérieur et de la libre concurrence génère des difficultés d'articulation.

Un principe d'applicabilité ou d'inapplicabilité des règles de concurrence au secteur agricole ?

Il convient tout d'abord de rappeler que l'article 38 TFUE soumet le secteur agricole aux règles prévues pour l'établissement et le fonctionnement du marché intérieur. Mais l'article 42 TFUE prévoit une dérogation s'agissant des règles de concurrence : le secteur agricole n'est soumis à ces règles que si cela est prévu par les textes relatifs à la politique agricole commune et aux organisations communes de marché. On doit donc en déduire que, contrairement aux autres secteurs économiques, le secteur agricole n'est pas, par principe, soumis aux règles de la concurrence. C'est l'adoption des règlements élaborés dans le cadre de la politique agricole commune et des organisations de marché qui rend les articles 101 et 102 TFUE applicables au secteur agricole (étaient applicables, à l'époque des faits, l'article 1er du règlement n° 1184/2006 du 24 juillet 2006 et l'article 175 du règlement n° 1234/2007 du 22 octobre 2007 ; est applicable, en l'état du droit positif, l'article 206 du règlement n° 1308/2013 du 17 décembre 2013). L'application du droit des pratiques anticoncurrentielles au secteur agricole n'est donc pas un principe mais une exception (Voir en ce sens : CJUE, 9 sept. 2003, Milk Marque, aff. C-137/00 : « Le maintien d'une concurrence effective sur les marchés des produits agricoles fait partie des objectifs de la politique agricole commune et de l'organisation commune des marchés en cause »). L'analyse ne s'arrête pas là : les différents règlements applicables dans cette matière prévoient des exceptions à l'exception, en autorisant certaines pratiques anticoncurrentielles, du fait des bienfaits dont elles sont porteuses. Pour ces pratiques, il y a donc un retour au principe : l'inapplicabilité des règles de concurrence.

Contrairement au raisonnement classique en droit de la concurrence qui se fait en deux temps (caractérisation de l'entente – exemption ; caractérisation de l'abus de position dominante – justification), dans le secteur agricole, le raisonnement se fait en trois temps (inapplicabilité du droit des ententes et des abus de position dominante – applicabilité dérogatoire – exclusions). C'est ainsi que l'on comprend la position de la Cour qui explique, dans l'arrêt commenté, au point 38, que « les interventions du législateur de l'Union à ce titre ont pour objet non pas d'établir des dérogations ou des justifications à l'interdiction des pratiques visées à l'article 101, paragraphe 1, et à l'article 102 TFUE, mais d'exclure du champ d'application de ces dispositions des pratiques qui, si elles intervenaient dans un secteur autre que celui de la pratique agricole commune, en relèveraient ». En conséquence, et contrairement à la terminologie couramment employée en droit des ententes où il est question en général de déclarer « l'article 101, § 1, inapplicable » à telle ou telle pratique (telle est la terminologie retenue dans les règlements d'exemption par catégorie), la Cour, dans cet arrêt, va déclarer que les pratiques autorisées sont « soustraites » au jeu de l'article 101, § 1 TFUE. C'est en tout cas la formule retenue dans le dispositif de l'arrêt. Car, dans les motifs, la Cour semble elle-même un peu perdue lorsqu'elle affirme par exemple que le règlement portant organisation commune des marchés prévoit des « hypothèses d'inapplicabilité de l'article 101, § 1 » (point 45 de l'arrêt).

Au vrai, on se serait bien passé de ce nouveau raffinement ! Car le raisonnement présenté en trois temps pourrait parfaitement l'être en deux temps. Il suffirait de combiner l'article 42 TFUE avec les articles 1er du règlement n° 1184/2006 et 175 du règlement n° 1234/2007 (transposé à l'article 206 du règlement n° 1308/2013) pour en déduire qu'en principe, les articles 101 et 102 sont applicables au secteur agricole, ce qui constituerait le premier temps de l'analyse, puis de qualifier de dérogatoires les diverses exceptions prévues dans les règlement portant Organisations communes des marchés qui permettent de faire échapper à la prohibition des ententes telle ou telle pratique. L'argument développé par l'Avocat général dans les conclusions rendues dans cette affaire, qui est à l'origine de cette présentation, ne nous convainc guère. Selon lui, cette précision terminologique a des conséquences « tant sur la méthodologie d'examen des mesures prises par les acteurs des OCM que sur la charge de la preuve du caractère potentiellement anticoncurrentiel de ces mesures » (point 52 des conclusions). En effet, selon l'Avocat général, du fait de cette particularité attachée au secteur agricole, il reviendrait aux autorités le soin, non seulement de démontrer que les mesures incriminées sont porteuses de restriction de concurrence (ce qui est classique dans le raisonnement de concurrence) mais, en plus, d'établir que ces mesures relèvent bien du champ d'application des règles de concurrence (point 53 des conclusions). Pareille assertion semble bien étrange et on ne voit pas de cas dans lesquels il n'y a pas à démontrer que la mesure incriminée relève du champ d'application des règles de concurrence pour pouvoir la sanctionner. En pratique, quelles seront les différences probatoires entre les cas dans lesquels l'article 101 est déclaré inapplicable à telle pratique et ceux dans lesquels la pratique est soustraite au jeu de l'article 101 ? On l'ignore.

D'ailleurs il importe de remarquer que les règlements relatifs aux organisations communes de marché eux-mêmes utilisent la terminologie classique en prévoyant que, dans tel ou tel cas, l'article 101, § 1 ne « s'applique pas » aux accords qui présentent telle ou telle caractéristique (article 176 du règlement n° 1234/2007 ; formulation reprise dans le règlement n° 1308/2013).

L'applicabilité des dérogations spécifiques, en sus des dérogations générales

La première question posée à la Cour de justice concernait l'articulation des dérogations générales (prévues, pour l'essentiel, par l'article 2 des règlements n° 26 et 1184/2006 et par l'article 176 du règlement n° 1234/2007) avec les dérogations spécifiques prévues dans certains secteurs comme celui des fruits et légumes (prévues, pour l'essentiel, par les articles 122 et 125 du règlement n° 1234/2007).

Au titre des dérogations générales, on sait que sont permis, premièrement, les accords qui font partie intégrante d'une organisation nationale de marché et, deuxièmement, ceux qui sont nécessaires à la réalisation des objectifs énoncés à l'article 39 TFUE. Aucune de ces deux dérogations ne pouvait justifier les pratiques mises en œuvre dans le cadre du cartel des endives. En effet, d'une part, il n'existe pratiquement plus de produits faisant l'objet d'une organisation nationale des marchés, la quasi-totalité des produits faisant l'objet d'une organisation commune des marchés, comme c'est le cas des fruits et légumes. D'autre part, la jurisprudence européenne s'est toujours montrée très sévère dans l'application des conditions de l'article 39, de sorte que cette dérogation est pratiquement restée lettre morte (C. Del Cont, Les producteurs agricoles face au marché. Contrats, concurrence et agriculture dans le règlement UE n° 1308/2013, Dr. rural oct. 2015, dossier 16).

Ainsi que nous l'avons déjà signalé, les textes applicables à l'époque des faits étudiés étaient les règlements n° 26 et 1184/2006 et le règlement n° 1234/2007. Aujourd'hui, il faut essentiellement compter avec le nouveau règlement n° 1308/2013 portant organisation commune des marchés des produits agricoles, qui a repris ces dérogations générales à l'identique à l'article 209. L'analyse juridique menée à ce sujet par la Cour de justice reste donc pleinement applicable en l'état du droit positif.

Au titre des dérogations spécifiques relatives aux fruits et légumes (articles 122 et 125 du règlement n° 1234/2007), figurent les règles qui accordent aux organisations de producteurs une certaine marge de manœuvre dans la négociation de la vente de la production de leurs membres. Même si le règlement n° 1234/2007 a été abrogé et remplacé par le nouveau règlement n° 1308/2013, cela ne change pas fondamentalement les solutions retenues quant à l'articulation des dérogations générales avec les dérogations spécifiques, le nouveau règlement prévoyant également des dérogations sectorielles applicables au secteur des fruits et des légumes, notamment aux articles 159 et 160.

Interrogée comme *amicus curiae*, comme cela est permis par l'article 15, § 3 du règlement n° 1/2003, la Commission européenne a plaidé en faveur d'un cumul de ces différentes dérogations. Il faut reconnaître que la lecture des textes ne laissait que peu de doutes sur la pertinence de l'analyse. Sans surprise, la Cour de justice fait sienne cette conclusion en déclarant que les hypothèses d'inapplicabilité de l'article 101, § 1 TFUE ne se limitent pas aux seules pratiques faisant l'objet de dérogations générales mais couvrent également les pratiques faisant l'objet de dérogations sectorielles, en l'espèce celles ressortant de l'organisation commune des marchés dans le secteur des fruits et légumes (points 39 à 45). À la vérité, on n'en sera guère étonné. Depuis plusieurs années, la tendance est à favoriser le regroupement des producteurs dans des organisations censées leur donner plus de poids pour contrer la puissance d'achat détenue en aval par les acheteurs (industriels et distributeurs). Et, en effet, les différents règlements édictés dans le secteur agricole se font l'écho de cette incitation en accordant un statut dérogatoire à différents types de structures de regroupement qui leur permet de s'affranchir de certaines contraintes du droit de la concurrence (réglementations relatives aux ententes, aux concentrations et, surtout, aux aides d'État). Ainsi que le relève la Cour de justice dans cet arrêt, ne pas leur offrir le bénéfice des dérogations sectorielles, en sus des dérogations générales, aurait remis en cause l'effet utile des règlements portant organisation commune des marchés (point 44 de la décision), ce qui à l'évidence n'était pas conforme à la politique économique menée dans ce secteur.

La marge de manœuvre des OP et AOP, actives sur le marché des endives

Une fois les dérogations sectorielles déclarées applicables, encore fallait-il les interpréter pour en dessiner les contours. La Cour de justice, suivant en cela les conclusions de son Avocat général, opère un savant compromis entre les tenants d'une approche libérale et ceux d'une approche interventionniste. Ce compromis découle directement de l'application d'un principe de proportionnalité, selon lequel « les pratiques concernées ne doivent pas excéder ce qui est strictement nécessaire pour atteindre le ou les objectifs assignés à l'OP ou à l'AOP en cause en conformité avec la réglementation relative à l'organisation commune du marché concerné » (point 49). Selon la Cour de justice – et c'est là l'apport essentiel de l'arrêt –, les organisations professionnelles ne peuvent conclure des accords porteurs d'une restriction de concurrence ou se livrer à des pratiques concertées que si trois conditions sont réunies. Il faut, premièrement, que l'organisation en cause soit une organisation de producteurs (OP), une association d'organisations de producteurs (AOP) ou une organisation interprofessionnelle reconnue par l'État (points 52 à 55), deuxièmement, que la pratique soit adoptée et mise en œuvre au sein d'une organisation unique et non au sein de plusieurs organisations qui se seraient concertées en ce sens (points 56 à 60) et, troisièmement, qu'elle n'oblige pas les producteurs au respect d'un prix minimum lorsqu'ils vendent une partie de leur production de manière autonome, sans passer par l'intermédiaire de l'organisation (points 61 à 66).

Revenons sur chacune des conditions exposées.

S'agissant de la première condition, le règlement n° 1234/2007 définit trois catégories d'organisations qui bénéficient d'un statut dérogatoire justifié par les missions d'intérêt général qui leur sont confiées : il s'agit des organisations de producteurs, des associations d'organisations de producteurs et des organisations interprofessionnelles. Pour que ce statut leur soit accordé, encore faut-il que l'État membre concerné leur ait reconnu cette qualité, ce qui suppose qu'elles aient été constituées dans un des objectifs visés par le règlement. Signalons ici que ces règles de reconnaissance, quoique reformulées un peu différemment, ont été reprises dans le nouveau règlement n° 1308/2013, ce dont il découle que cette première condition est appelée à perdurer sous l'empire du nouveau texte. En l'espèce, la Cour de justice remarque que, parmi les organisations qui ont été condamnées par l'Autorité de la concurrence, plusieurs d'entre elles ne satisfaisaient pas les conditions leur permettant de se prévaloir du statut dérogatoire, faute d'avoir été reconnues par la France. À leur égard, l'article 101, § 1 TFUE s'appliquant dans sa plénitude sans dérogation, la condamnation était inévitable.

S'agissant de la deuxième condition, la Cour distingue les décisions prises au sein d'une même organisation, de celles prises de manière concertée par plusieurs organisations. Remarquons que, si l'article 101, § 1 était appliqué dans toute sa rigueur, il permettrait d'appréhender les deux types de pratiques. On sait en effet que l'article 101, § 1 vise, comme forme possible d'entente, aux côtés de l'accord et de la pratique concertée, la décision d'association d'entreprises. Cette notion permet précisément de qualifier d'entente la décision unilatérale d'une organisation qui reflète la volonté collective de ses membres. Tel est le cas d'une décision adoptée par une OP ou une AOP. Mais on sait que les règlements portant organisation commune des marchés prévoient des exceptions qui permettent aux OP, AOP et interprofessions d'adopter certaines décisions pour remplir leurs missions. À certaines conditions, ils leur permettent d'adopter de telles décisions unilatérales pourtant porteuses de restriction de concurrence. La Cour fixe cependant une limite : si de telles décisions peuvent être adoptées au sein d'une telle organisation, « des accords ou des pratiques concertées convenus, non pas au sein d'une OP ou d'une AOP, mais entre OP ou entre AOP, excèdent ce qui est nécessaire à l'accomplissement de ces missions » (point 58). En l'espèce, il apparaît que les pratiques en cause consistent dans des accords ou pratiques concertées conclus entre organisations, ce qui suffit à les extraire du champ des dérogations offertes. Le raisonnement aurait donc pu s'arrêter là, une des conditions de compatibilité de la pratique avec le droit de l'UE faisant défaut. Mais la Cour de justice va faire œuvre de pédagogie en explicitant la troisième condition qu'elle pose.

S'agissant de cette troisième condition, la plus importante en l'espèce, la Cour rappelle que les OP, AOP et organisations interprofessionnelles ne peuvent mettre en œuvre que les pratiques qui répondent à la poursuite de leurs objectifs, sachant que le règlement OCM prévoit trois types d'objectifs : (i) assurer la programmation de la production et son adaptation à la demande, (ii) concentrer l'offre et mettre sur le marché la production des membres, (iii) régulariser les prix à la production. Ces missions peuvent justifier la conclusion d'accords entre membres de l'organisation et l'échange d'informations stratégiques. Mais encore faut-il ici respecter un principe de proportionnalité. Et précisément sur ce point, la Cour de justice livre une analyse intéressante en distinguant les cas dans lesquels les membres de l'OP ou de l'AOP ont l'obligation de commercialiser l'ensemble de leur production par l'intermédiaire de l'organisation de ceux dans lesquels il leur est permis de commercialiser une partie de leur production de manière indépendante. Dans le premier cas, la marge de manœuvre de l'organisation est accrue et celle-ci peut aller jusqu'à mettre en place « une certaine forme de coordination de la politique tarifaire », ce qui devrait lui permettre de fixer un prix unique de vente de la production de ses membres (point 65). En revanche, dans le second cas, l'organisation n'a pas le droit d'imposer une « fixation collective de prix minima de vente », chaque membre de l'organisation devant être libre de la fixation de ses prix de vente pour la part de sa production qu'il n'écoule pas *via* l'organisation (point 66). Il importe de signaler que le sort de cette distinction semble incertain depuis l'entrée en vigueur du règlement n° 1308/2013, puisqu'il est expressément prévu, à l'article 160 que « les statuts d'une organisation de producteurs du secteur des fruits et légumes imposent à ses membres producteurs de vendre par l'intermédiaire de l'organisation de producteurs la totalité de leur production concernée ».

Et après ?

Au vu de la réponse de la Cour, on ne voit guère comment, en l'espèce, les organisations condamnées par l'Autorité de la concurrence pourraient espérer une remise en cause de cette condamnation.

Cet arrêt de compromis permet de rappeler combien est forte l'incitation faite aux producteurs et aux éleveurs de se regrouper en organisations de producteurs et de constituer ainsi des associations d'organisations de producteurs d'une taille suffisante pour que celles-ci soient à même de remplir leur mission, sans avoir besoin de s'échanger des informations entre elles ou de conclure des accords entre elles. Mais cet objectif de constitution d'organisations de grande taille n'est pas sans limite : le règlement OCM fixe des seuils en termes de taille que doivent respecter les OP et AOP. Dans certains secteurs, il est même imposé un seuil en termes de parts de marché (dans le secteur du lait ou de la viande bovine, par exemple). De plus, les OP et AOP ne doivent pas mettre en œuvre des pratiques qui pourraient recevoir la qualification d'abus de position dominante, ce qui incite à déconseiller la constitution d'OP ou d'AOP dont la taille les placerait en position dominante. Cet arrêt permet également d'entrevoir les premières pistes de solution s'agissant de la nouvelle problématique relative au partage des données agricoles. On sait que les initiatives gouvernementales se multiplient à ce sujet, l'échange des données agricoles paraissant constituer la solution d'avenir pour accroître la rentabilité des exploitations (voir par exemple, Rapport INRA, « Agriculture et Innovation 2025 » – Axe agriculture numérique ; IRSTEA, « Portail de données pour l'innovation en agriculture », oct. 2016). La solution actuellement proposée consistant dans la création d'un grand portail national, accessible à tous, sur lequel pourraient figurer des informations stratégiques, paraît difficilement compatible avec les exigences de l'article 101, § 1 TFUE. En revanche, à suivre la réponse que la Cour de justice vient d'apporter dans l'arrêt commenté, ce partage de données pourrait avoir lieu au sein des OP et AOP, constitués dans l'objectif d'« optimiser les coûts de production et les retours sur les investissements réalisés pour satisfaire aux normes environnementales et de bien-être des animaux, et stabiliser les prix à la production » (article 151, § 1, c, iii du règlement n° 1308/2013). En effet, ces échanges d'informations paraîtraient justifiés et proportionnés au regard des objectifs de l'organisation. Mais, pour accepter que de tels échanges se fassent sur un grand portail national en dehors des OP, des AOP et des interprofessions, il faudrait, soit réviser l'actuel règlement n° 1308/2013 pour insérer une nouvelle dérogation en ce sens, soit montrer que la pratique remplit les quatre conditions cumulatives de l'exemption individuelle prévue par l'article 101, § 3 TFUE. Pareille possibilité n'est pas insolite. Si la fixation d'un prix minimum qui conduit à une hausse des prix généralisée au détriment des consommateurs finaux n'a aucune chance de remplir ces quatre conditions, il en va différemment de partages d'informations qui permettraient de produire des produits de meilleure qualité à un moindre coût… Affaire à suivre, donc.

A.-S. Choné-Grimaldi

Concurrences N° 1-2018, Art. N° 85798, p. 71

Voir aussi, sur les origines de l'affaire

– La décision de l'Autorité

Aut. conc., déc. n° 12-D-08 du 6 mars 2012 relative à des pratiques mises en œuvre dans le secteur de la production et de la commercialisation des endives

N. Jalabert-Doury, Prix minima – Mesures de retrait : L'Autorité de la concurrence sanctionne fortement des organisations de producteurs et leurs associations pour entente sur les prix des endives (Secteur de la production et de la commercialisation des endives), 6 mars 2012, Concurrences N° 2-2012, Art. N° 45850, pp. 57-59.

– L'arrêt de la cour d'appel

CA Paris, 15 mai 2014, CERAFEL, RG n° 2012/06498

M. Debroux, Organisation commune de marché : La Cour d'appel de Paris réforme en toutes ses dispositions la décision de l'Autorité de la concurrence dans le secteur des endives (CERAFEL), 15 mai 2014, Concurrences N° 3-2014, Art. N° 68069, pp. 89-90.

– L'arrêt de la Cour de cassation

Cass. com., 8 déc. 2015, n° 14-19.598

A.-S. Choné-Grimaldi, Entente des endives : La Cour de cassation préfère surseoir à statuer et interroge la Cour de justice de l'Union européenne sur l'articulation et l'interprétation de différents règlements relevant de la politique agricole lorsqu'est en cause l'application des règles du droit de la concurrence (Endives), 8 décembre 2015, Concurrences N° 1-2016, Art. N° 77659, p. 91.

Voir aussi, sur les suites de l'affaire

Cass. com., 12 sept. 2018, Association des producteurs d'endives de France e. a., n° 14-19.589

A.-S. Choné-Grimaldi, Secteur alimentaire : La Cour de cassation casse l'arrêt de la Cour d'appel de Paris rendu dans l'affaire des endives, invitant la Cour de renvoi à appliquer les critères dégagés par la Cour de justice de l'Union européenne interrogée à titre préjudiciel sur l'interprétation du règlement portant organisation commune des marchés dans le secteur agricole (APEF), 12 septembre 2018, Concurrences N° 4-2018, Art. N° 88150, pp. 112-113.

CA Paris, 1er juill. 2021, Cambresis Artois Picardie Endives – Cap Endives e. a., RG n° 19/00595

La Cour d'appel de Paris confirme, comme prévu, les condamnations prononcées à l'encontre des producteurs d'endives et de leurs organisations professionnelles mais réduit, de manière sensible, le montant des amendes prononcées.

Suite et fin : voici rendu – en principe – le dernier arrêt dans la fameuse affaire des endives ! L'arrêt de Cour d'appel de renvoi était attendu : il ne surprendra guère le lecteur fidèle à cette chronique. On se souvient en effet de la condamnation pour ententes prononcée par l'Autorité de la concurrence à l'encontre d'organismes qui, représentant des producteurs d'endives, s'étaient concertés en vue, entre autres, de fixer des prix minimums communs (Aut. conc., n° 12-D-18, 6 mars 2012, pratiques mises en œuvre dans le secteur de la production et de la commercialisation des endives, *Concurrences* 2012/02, obs. N. J.-D). La décision avait été réformée en appel, les juges décidant que les règles de la concurrence devaient ici céder face aux règles issues de la politique agricole commune qui leur semblaient de nature à autoriser un tel comportement (CA Paris, 15 mai 2014, RG n° 12/06498, *Concurrences* 2014/3, obs. M. D.). La Cour de cassation, saisie d'un pourvoi, a préféré poser une question préjudicielle à la Cour de justice, laquelle a expliqué dans quels cas, de tels accords étaient autorisés (CJUE, 14 nov. 2017, aff. C-671/15, *Concurrences* 2018/01, obs. A.-S. C.-G.). Il ressort de cette décision que seuls les accords conclus, en interne, au sein d'une organisation de producteurs (OP), d'une association d'organisations de producteurs (AOP) ou d'une organisation interprofessionnelle (OI) reconnue par l'État et laissant aux producteurs la liberté de fixer leur prix lorsqu'ils vendent une partie de leur production de manière autonome, sans passer par l'intermédiaire de l'organisation, échappent à l'interdiction des ententes (points 52 à 55 de l'arrêt). Les accords conclus entre OP, AOP ou OI constituent en revanche des ententes. Se conformant aux règles ainsi énoncées, la Cour de cassation a cassé l'arrêt d'appel (Cass. com., 12 sept. 2018, n° 14-19589, *Concurrences* 2018/4, obs. A.-S. C.-G.) ; une Cour d'appel de renvoi a donc été saisie, elle a rendu son arrêt le 21 juillet dernier.

Tout d'abord, il a fallu déterminer si les entités visées par la notification des griefs pouvaient se voir reconnaître la qualité d'OP ou d'AOP, au sens du règlement OCM n° 1308/2013 du 17 décembre 2013. Il est apparu qu'un certain nombre d'entre elles avaient le statut d'OP (statut parfois accordé après le début des faits litigieux mais dont la portée est rétroactive) ou celui d'AOP ; d'autres pouvaient être assimilées à des AOP dès lors qu'elles exerçaient des missions qui relevaient de ce statut. En revanche, les entités non reconnues ne pouvaient pas bénéficier des règles dérogatoires prévues par le règlement OCM.

Ensuite, la Cour d'appel est revenue sur chacun des agissements anticoncurrentiels qui avait été qualifié, par l'Autorité, d'entente.

Premièrement, on se souvient qu'un système d'échanges d'informations, *via* une plateforme, avait été mis en place afin de récolter des données rétrospectives sur les volumes et les prix de vente des OP. Le but était de permettre à chacun d'adapter ensuite son offre. L'application des critères dégagés par la CJUE conduit naturellement la Cour d'appel à confirmer les analyses de l'Autorité. Dès lors que les échanges d'informations ne se sont pas seulement produits à l'intérieur d'une OP ou d'une AOP, mais ont eu lieu entre entités mises en cause et ont parfois fait intervenir des producteurs indépendants n'appartenant à aucune de ces entités, lesquels ont ainsi pu avoir accès aux informations litigieuses, la qualification d'entente était inévitable.

Deuxièmement, la Cour d'appel a été interrogée sur la licéité des pratiques dites de dénaturation obligatoire, qui sont en réalité des pratiques de destruction des légumes dans le but de réduire les quantités offertes sur le marché. Pour des raisons évidentes de bonne gestion des récoltes, la destruction des fruits et légumes est encadrée par les textes européens et ne doit être utilisée qu'en dernier recours, lorsque c'est indispensable pour réguler les prix. Les décisions de destruction ne doivent pas devenir un outil structurel de gestion de l'offre. Ce n'est donc qu'en cas de grave difficulté que les OP ou AOP peuvent imposer à leurs membres de détruire une partie de leur production. Ces décisions peuvent être étendues à l'ensemble des producteurs de la zone sur décision d'une autorité publique. La Cour d'appel constate qu'en l'espèce, des arrêtés d'extension ont été adoptés, lesquels ont eu pour effet de rendre contraignantes certaines décisions de destruction prises par des OP ou AOP. Mais, selon la Cour d'appel, ces décisions de destruction ont parfois été prises en dehors des objectifs poursuivis par le règlement européen. Dès lors, des décisions systématiques de destruction d'une partie de la production, prises par différentes entités représentatives du secteur des endives, ont été sanctionnées comme constitutives d'ententes.

Troisièmement, la Cour d'appel a dû statuer sur différentes pratiques tarifaires qui ont conduit certaines OP ou AOP à imposer un prix minimum ou un prix de retrait (en dessous duquel il faut détruire la production) ou à se coordonner sur certaines offres promotionnelles. La qualification d'entente a été, à nouveau, retenue. En effet, ces pratiques n'ayant pas seulement eu lieu à l'intérieur d'une OP ou d'une AOP reconnue mais ayant été mises en œuvre, de manière concertée, par différentes entités (certaines ayant la qualité d'OP ou d'AOP reconnue, d'autres non), les dérogations prévues par le règlement OCM tel qu'interprété par la Cour de justice étaient inapplicables.

Après, la Cour d'appel est revenue sur les conditions qui permettent de retenir l'existence d'une infraction unique et complexe. Sans surprise, celle-ci se réfère à la jurisprudence européenne et, en particulier, à la condition tenant à l'existence d'un « plan d'ensemble ». Elle rappelle que si le lien de complémentarité entre les différents agissements anticoncurrentiels n'est pas exigé, il constitue un fort indice de l'existence d'un tel plan d'ensemble. En l'espèce, la Cour d'appel fait état de similarités entre les différents agissements et décèle un lien de complémentarité entre ceux-ci. L'existence d'un plan d'ensemble est ainsi reconnue, ce qui permet de caractériser l'infraction unique et complexe. On le sait, la qualification permet – dans bien des cas et celui-ci ne fait pas exception – d'éviter le jeu d'une prescription extinctive et d'imputer aux participants à l'infraction l'ensemble des agissements anticoncurrentiels, même ceux auxquels ils n'ont pas directement pris part. Une société qui s'était pourtant distanciée publiquement d'un certain nombre d'agissements composant l'infraction unique a ainsi vu sa responsabilité engagée au titre de cette infraction unique mais le montant de son amende a été réduit pour tenir compte de cette circonstance atténuante (Rappr. CJUE, 26 sept. 2018, C-99/17, Infineon).

Enfin, la Cour d'appel est revenue sur les critères d'évaluation des amendes. On constate que les montants finalement retenus sont sensiblement inférieurs à ceux retenus initialement par l'Autorité. En effet, le montant a parfois été divisé par 8 ou 10 ! Il s'est agi, pour la Cour d'appel, de tenir compte des incertitudes sur l'état du droit qui existaient à l'époque des faits. Il est en effet exact qu'avant l'interprétation livrée par le Cour de justice du règlement OCM, il n'était pas évident de connaître la véritable portée des règles.

A.-S. Choné-Grimaldi
Concurrences N° 4-2021, Art. N° 103346, p. 69

CA Paris, 12 mai 2022, Association des viticulteurs d'Alsace e. a., RG n° 20/15606

La Cour d'appel de Paris divise par deux les sanctions infligées à deux organisations professionnelles des vins d'alsace pour une entente sur le prix du raisin et pour l'élaboration et la diffusion de recommandations tarifaires sur le vin en vrac car estime que l'administration a entretenu la confusion sur l'application des règles de concurrence au secteur agricole.

Le même jour, le 12 mai 2022, la Chambre de la régulation économique et financière de la Cour d'appel de Paris (Ch. 5-7) a rendu un autre arrêt, dans l'affaire des vins d'Alsace.

On se souvient que par décision n° 20-D-12 du 17 septembre 2020, l'Autorité de la concurrence avait sanctionné deux organisations syndicales, l'une de viticulteurs, l'Association des Viticulteurs d'Alsace (AVA), et l'autre de négociants-producteurs, le Groupement des Producteurs-Négociants du Vignoble Alsacien (GPNVA), ainsi qu'une organisation interprofessionnelle, le Comité Interprofessionnel des Vins d'Alsace (CIVA), pour deux pratiques d'entente contraires à l'article 101 TFUE et l'article L. 420-1 du Code de commerce : en premier lieu, une entente unique complexe et continue qui comportait deux branches : d'une part, une concertation sur le prix du raisin au sein de la commission paritaire du CIVA, et d'autre part, une concertation sur le prix du raisin sous l'égide de l'AVA – qui avait notamment conduit à la publication de recommandations de prix du raisin dans la revue des Vins d'Alsace ; en second lieu, une entente mise en œuvre par le CIVA, visant à donner, pour chaque récolte, à ses adhérents des consignes tarifaires sur un prix minimum du vin en vrac.

Estimant qu'aucune des exceptions aux règles de concurrence concernant le secteur agricole n'était applicable en l'espèce, l'Autorité avait considéré que les pratiques visées par les griefs notifiés ne sauraient être exclues du champ d'application du droit de la concurrence : Le CIVA, le GPNVA et l'AVA ne constituent pas des OP ou AOP au sens du règlement OCM). En outre, les pratiques de l'espèce n'ont pas été notifiées à la Commission européenne.

S'agissant donc des exceptions aux règles de concurrence concernant le secteur agricole, d'emblée, s'est posée la question de l'application immédiate et rétroactive de deux dispositions du règlement n° 2021/2117 qui est venu modifier le règlement OCM, l'une en insérant un nouvel article 172 ter, l'autre en modifiant les termes de son article 210, la Cour s'est dès lors attachée à examiner d'office si ces textes peuvent être appliqués à des faits intervenus antérieurement à leur entrée en vigueur et, dans l'affirmative, si les conditions d'application en sont réunies. Mais encore faut-il, pour admettre leur application immédiate et rétroactive au litige, que ces dispositions constituent une disposition plus douce (pt 91). Considérant que les articles 172 ter et 210 du règlement n° 2021/2117 sont plus favorables que le cadre juridique antérieur, la Cour d'appel de Paris conclut à ce stade qu'il convient d'admettre, en son principe, l'applicabilité immédiate et rétroactive des dispositions des articles 210 et 172 ter, dans leur nouvelle rédaction (pt 97). Cependant, au terme de son examen, la Cour de Paris relève que les modifications apportées au règlement OCM par le règlement n° 2021/2117 ne sont pas susceptibles d'entraîner l'annulation de la décision attaquée, faute d'établir que les pratiques en cause, s'agissant du grief n° 1 comme du grief n° 2, remplissent les conditions des articles 210 modifié et 172 ter. Les règles de la PAC, issues de ce nouveau règlement, ne permettent donc pas de soustraire ces pratiques du champ du TFUE (pt 131).

Sur la compétence de l'Autorité pour sanctionner des pratiques mises en œuvre par un syndicat professionnel et une organisation interprofessionnelle, la Cour, observant que les comportements visés par les griefs n° 1 et n° 2 excèdent l'action légitime de défense des intérêts confiés aux organismes professionnels en cause (pt 148) et sortent des limites de l'action syndicale légitime (pt 150), conclut que c'est à juste titre que l'Autorité a retenu, dans la décision attaquée, que les comportements visés aux griefs n° 1 et n° 2 entraient dans le champ matériel du droit de la concurrence et qu'elle était ainsi compétente pour apprécier le caractère anticoncurrentiel des pratiques reprochées à des organisations professionnelles, qui constituent par ailleurs des associations d'entreprises au sens de l'article 101 du TFUE (pt 151).

Sur la qualification de restriction par objet appliquée aux pratiques, la Cour d'appel estime tant pour le grief n° 1 que pour le grief n° 2 les pratiques visées présentent, de façon manifeste, un degré suffisant de nocivité à l'égard de la concurrence pour qu'elles puissent être considérées comme constitutives d'une restriction de concurrence par objet (pts 220 et 285). D'une part, les pratiques en cause constituaient une incitation, à l'égard d'opérateurs en situation de concurrence, à ne pas déterminer leurs prix de façon autonome et à aligner leurs comportements (pt 187) et sont de nature à détourner les opérateurs d'une appréhension directe et personnelle de leurs coûts, limitant ainsi le libre jeu de la concurrence (pt 251). D'autre part, et s'agissant de l'existence d'une expérience acquise, la Cour observe qu'il est constant que les pratiques consistant en l'élaboration et la diffusion par un groupement professionnel de barèmes de prix ou de méthodes de calcul de prix qui ne prennent pas en considération les coûts effectifs propres à chaque entreprise sont considérés comme ayant un objet anticoncurrentiel, nonobstant le caractère non impératif des consignes tarifaires données (pts 192 et 253). Par ailleurs et s'agissant du contexte économique dans lequel s'insère les pratiques, la Cour considère qu'il n'est en tout état de cause pas établi que les pratiques litigieuses seraient inhérentes à la singularité du contexte économique dans lequel opéraient les organismes en cause (pts 206 et 263). Quant au contexte juridique et au rôle joué par l'administration, la Cour de Paris retient qu'il ne ressort pas de l'analyse conduite que les pratiques visées tant par le grief n° 1 que par le grief n° 2 ont été imposées ou clairement admises par la réglementation applicable à la date des faits tandis qu'il résulte clairement des éléments précités qu'elles s'écartent de simples indicateurs de valeurs agrégées passées (pts 217 et 275). Toutefois, ajoute immédiatement la Cour, cette analyse est sans préjudice des conséquences qui pourront être tirées des incertitudes et de l'ambivalence des administrations qui ont été associées aux travaux du CIVA, dont il sera tenu compte au stade de l'appréciation de la gravité des pratiques.

Sur les sanctions, la Cour d'appel, examinant en premier lieu la gravité des pratiques, confirme d'abord que tant les pratiques visées par le grief n° 1 et celles visées par le grief n° 2 relèvent des pratiques les plus graves (pts 336-337). Toutefois, la Cour revient à ce stade aux conséquences qu'il convient de tirer des incertitudes et de l'ambivalence des administrations qui ont été associées aux travaux du CIVA. À cet égard, elle observe que la décision attaquée a écarté à tort des circonstances de nature à atténuer la gravité des pratiques, sans tirer les conséquences de ses propres constatations (pt 341). Ainsi, l'attitude adoptée par l'administration lors des réunions de la commission paritaire démontre que la légalité des discussions auxquelles les représentants des différentes administrations ont participé n'a suscité aucune réserve jusqu'en 2012. Ce n'est qu'en 2013 que l'administration a indiqué qu'elle ne souhaitait plus s'associer et cautionner des discussions de prix. Cette situation, estime la Cour, révèle que loin d'avoir adopté une attitude passive, l'administration a concouru, jusqu'en 2012 au minimum, à entretenir la confusion sur le sens de la réglementation et les limites posées aux échanges intervenant au sein de la commission paritaire du CIVA. Dans un tel contexte, il ne saurait donc être reproché aux requérants de ne pas avoir saisi la Commission européenne, dans la mesure où, jusqu'en 2012, l'attitude de l'administration ne les conduisait nullement à douter de la légalité des pratiques (pt 342). La Cour relève, en outre, le contexte d'évolution de la PAC et les contraintes inhérentes aux règles du droit de la concurrence qui rendaient complexe l'articulation de leurs règles respectives, contrairement à ce que la décision attaquée a retenu (pt 342). Faisant le même constat à propos des pratiques relevant du grief n° 2, la Cour d'appel de Paris conclut que cette circonstance est de nature à atténuer la gravité des pratiques résultant notamment de leur durée, nonobstant leur caractère anticoncurrentiel par objet et, partant, à justifier la réformation de la décision attaquée (pt 346). En revanche, la Cour confirme l'analyse de l'Autorité s'agissant de l'évaluation du dommage à l'économie (pt 358), de sorte que la décision attaquée n'est réformée qu'en ce qui concerne l'appréciation de la gravité des pratiques, en tenant compte de la circonstance atténuante tenant à l'attitude de l'administration (pt 359).

À l'issue de cette réformation, la Cour d'appel de Paris divise par deux les amendes infligées par l'Autorité à l'Association des Viticulteurs d'Alsace et au Conseil Interprofessionnel des Vins d'Alsace et fait injonction à l'Autorité de modifier le résumé figurant au § 449 de la décision réformée en indiquant qu'à la suite de l'arrêt rendu le 12 mai 2022 par la Cour d'appel de Paris sur les recours exercés par le CIVA et l'AVA, qui ont été partiellement accueillis, les sanctions pécuniaires ont été réduites.

A. Ronzano *

Concurrences N° 2-2022, Art. N° 106782

Voir aussi, sur les origines de l'affaire

Aut. conc., déc. n° 20-D-12 du 17 sept. 2020 relative à des pratiques mises en œuvres dans le secteur des vins d'Alsace

L. Bernardeau, Entente horizontale : L'Autorité de la concurrence sanctionne trois organismes professionnels pour des pratiques anticoncurrentielles dans le secteur des vins d'Alsace (Vins d'Alsace), 17 septembre 2020, Concurrences N° 1-2021, Art. N° 98968, p. 122.

2.2 Ententes horizontales

2.2.1 Jurisprudence européenne

Échanges d'informations

CJUE, 19 mars 2015, Dole Food et Dole Fresh Fruit Europe, C-286/13 P

La Cour de justice de l'Union européenne maintient le caractère de restriction par l'objet des échanges d'informations stratégiques.

Il est intéressant, après la mise au point de l'arrêt *Groupement des Cartes bancaires* (arrêt CB c/ Commission, C-67/13 P, EU:C:2014:2204, point 49 et jurisprudence citée), qui a réaffirmé la nécessité d'interpréter strictement la notion de restriction par l'objet, après une période d'interprétation plus large, de voir jusqu'où va le reflux de la notion d'infraction par l'objet.

C'est d'autant plus intéressant, en matière d'échange d'informations, car est en cause dans ce cas, le critère de la perte d'autonomie de l'action sur le marché. Or, c'est le critère, très adapté à l'échange d'informations, qui avait eu tendance à remplacer celui de la nocivité extrême, dans la jurisprudence de la Cour, pendant sa période (inavouée) de souplesse, entre l'arrêt du Bœuf irlandais, et la reprise en mains dans l'arrêt *Groupement des Cartes bancaires*.

Or, cette affaire du cartel de la banane donne l'occasion d'apprécier que les échanges d'informations stratégiques restent des infractions par l'objet.

Les trois entreprises concernées en l'espèce, sont les principaux importateurs de bananes dans les États membres. Il semble qu'il y ait eu de multiples communications téléphoniques bilatérales de prétarification entre Dole et Chiquita, d'une part, et Dole et Weichert, d'autre part. Au cours de ces communications, lesdites entreprises ont discuté de facteurs de tarification de la banane se rapportant aux prix d'offre pour la semaine à venir, ont débattu des tendances suivies par les prix ou se sont données des indications sur les prix d'offres pour la semaine à venir. Une fois leur prix d'offre fixé, les entreprises ont échangé ensuite sur le prix tel qu'elles l'avaient finalement établi. La Commission a condamné Dole Food à 45 600 000 euros d'amende, et Weichert à 14 700 000 euros d'amende, Chiquita bénéficiant d'une immunité totale de l'amende au titre de la clémence. Notons que la Commission avait réduit le montant de base des amendes de 60 % pour les deux entreprises Dole Food et Weichert, au titre des circonstances atténuantes compte tenu du régime réglementaire particulier du secteur de la banane et au motif que la coordination portait uniquement sur les prix de référence.

Or, l'arrêt démontre que le raisonnement concernant les échanges d'informations n'a pas changé.

La Cour va tout d'abord rappeler que certains comportements collusoires, tels que ceux conduisant à la fixation horizontale des prix par des cartels, peuvent être considérés comme étant tellement susceptibles d'avoir des effets négatifs sur, en particulier, le prix, la quantité ou la qualité des produits et des services qu'il peut être considéré inutile, aux fins de l'application de l'article 81, paragraphe 1, CE (devenu art. 101 TFUE), de démontrer qu'ils ont des effets concrets sur le marché. En effet, l'expérience montre que de tels comportements entraînent des réductions de la production et des hausses de prix, aboutissant à une mauvaise répartition des ressources au détriment, en particulier, des consommateurs

Tout opérateur économique doit déterminer de manière autonome la politique qu'il entend suivre sur le marché.

En ce qui concerne plus particulièrement l'échange d'informations entre concurrents, la Cour reprend ici la jurisprudence T-mobile Netherlands qui s'était fondée sur le fait que tout opérateur économique doit déterminer de manière autonome la politique qu'il entend suivre sur le marché (arrêt T-Mobile Netherlands, CJUE 4 juin 2009, aff. C-8/08, EU:C:2009:343, point 32). Si cette exigence d'autonomie n'exclut pas le droit des opérateurs économiques de s'adapter intelligemment au comportement constaté ou attendu de leurs concurrents, elle s'oppose cependant rigoureusement à toute prise de contact direct ou indirect entre de tels opérateurs de nature soit à influencer le comportement sur le marché d'un concurrent actuel ou potentiel, soit à dévoiler à un tel concurrent le comportement qu'il a décidé de tenir sur ce marché ou qu'il a envisagé d'adopter sur celui-ci. Or, l'échange d'informations entre concurrents est susceptible d'être contraire aux règles de la concurrence lorsqu'il atténue ou supprime le degré d'incertitude sur le fonctionnement du marché en cause avec comme conséquence une restriction de la concurrence entre entreprises (arrêts *Thyssen Stahl* c/ Commission, C-194/99 P, EU:C:2003:527, point 86, et *T-Mobile Netherlands*, préc. point 35).

En particulier, il y a lieu de considérer comme ayant un objet anticoncurrentiel un échange d'informations sur les prix susceptible d'éliminer des incertitudes dans l'esprit des intéressés quant à la date, à l'ampleur et aux modalités de l'adaptation du comportement sur le marché que les entreprises concernées vont mettre en œuvre (voir, en ce sens, arrêt *T-Mobile Netherlands*, préc. point 41).

Enfin, la notion de pratique concertée implique, outre la concertation entre les entreprises concernées, un comportement sur le marché faisant suite à cette concertation et un lien de cause à effet entre ces deux éléments (arrêt *T-Mobile Netherlands*, préc. point 51). Mais il est présumé simplement que les entreprises participant à la concertation et qui demeurent actives sur le marché ont tenu compte des informations échangées avec leurs concurrents pour déterminer leur comportement sur ce marché (*ibid*). Il leur appartient alors de prouver le contraire.

On le voit, ce rappel montre qu'en matière d'échange d'informations, le critère de la perte d'autonomie sur le marché reste d'actualité.

En l'espèce, cette perte d'autonomie ressortait des constatations du Tribunal : des communications bilatérales de prétarification avaient eu lieu entre les sociétés Dole et d'autres entreprises du secteur de la banane, dans le cadre desquelles leurs prix de référence respectifs et certaines tendances de prix avaient été discutés. On peut certes regretter que l'arrêt de la Cour ne précise pas bien ce qu'il faut entendre par prix de référence. Il s'agit du prix de l'offre (« *quotation price* ») des bananes vertes (pour celles des bananes jaunes, il faut ajouter une redevance de mûrissage). Cela ressemble au prix figurant dans le tarif du fournisseur, même s'il peut être négocié ensuite par le client.

Par ailleurs, la Cour relève que le Tribunal a constaté que les prix de référence étaient importants pour le marché concerné, dès lors que, d'une part, ils servaient à tout le moins de signaux, de tendances ou d'indications pour le marché sur l'évolution prévue des prix de la banane et étaient importants pour le commerce de la banane et les prix obtenus et, d'autre part, les prix réels étaient directement liés, dans certaines transactions, aux prix de référence. Enfin, le Tribunal a constaté que les salariés de Dole impliqués dans les communications de prétarification participaient aux réunions internes de tarification.

Dans ces conditions, il était légitime d'en déduire que les entreprises participant à la concertation et qui demeuraient actives sur le marché étaient présumées avoir tenu compte des informations échangées avec leurs concurrents pour déterminer leur comportement sur ce marché, sauf à ce qu'elles apportent la preuve contraire.

M. Behar-Touchais
Concurrences N° 2-2015, Art. N° 72737, p. 81

Voir aussi, sur les origines de l'affaire

Trib. UE, 14 mars 2013, Fresh Del Monte Produce, T-587/08

N. Jalabert-Doury, Objet anticoncurrentiel : Le Tribunal de l'UE confirme les qualifications de pratique concertée par objet et d'infraction unique dans l'affaire du cartel des bananes (Fresh Del Monte Produce), 14 mars 2013, Concurrences N° 2-2013, Art. N° 52298, pp. 67-68.

Clause de non-concurrence et accord de cession

CJUE, 13 déc. 2017, Telefonica, C-487/16 P

La Cour de justice de l'Union européenne confirme qu'une clause de non-concurrence est constitutive d'une entente, même précédée de l'incise « dans la mesure autorisée par la loi ».

Rappelons pour mémoire que, dans un arrêt rendu le 28 juin 2016, le Tribunal de l'UE condamnait la société Telefonica pour l'insertion d'une clause de non-concurrence dans le contrat de cession portant sur le contrôle de l'opérateur de téléphonie brésilien Vivo, conclu entre l'opérateur espagnol (Telefonica) et l'opérateur portugais (PT). La clause était ainsi rédigée : « Dans la mesure autorisée par la loi, chaque partie s'abstiendra de participer ou d'investir, directement ou indirectement, par l'intermédiaire de toute filiale, dans tout projet relevant du secteur des télécommunications (y compris les services de téléphonie fixe et de téléphonie mobile, les services d'accès à internet et les services de télévision, à l'exception de tout investissement ou de toute activité en cours au jour de la signature du présent accord) susceptible d'être en concurrence avec l'autre partie sur le marché ibérique, pendant une période qui débute au jour de la date de la conclusion définitive de la transaction le 27 juillet 2010 et qui prend fin le 31 décembre 2011 ». Le Tribunal avait rapidement balayé l'application de la théorie des restrictions accessoires, la clause portant sur le marché ibérique, non concerné par le contrat de cession relatif au marché brésilien.

La Cour vient de rejeter le pourvoi formé par Telefonica. On ne s'attardera pas sur les divers moyens développés par l'opérateur qui ont été rejetés faute de preuves suffisantes de leur véracité. L'intérêt de l'espèce réside dans la présence, dans la clause litigieuse, de l'incise ainsi rédigée : « dans la mesure autorisée par la loi ». Les parties soutenaient que cette incise les contraignait à procéder à une auto-évaluation de la licéité de l'obligation de non-concurrence, qui devait les conduire à regarder comme étant illégale la clause litigieuse et donc à la laisser lettre-morte, ce qui aurait dû les prémunir contre tout risque de condamnation. Dans les faits, il était bien délicat de savoir si les parties avaient réellement laissé lettre-morte l'obligation de non-concurrence puisque l'on constatait que, certes, les deux entreprises ne s'étaient pas fait concurrence sur le marché ibérique, mais sans que l'on sache si cela relevait d'un choix délibéré des parties ou de l'exécution de la clause. La Cour ne s'attarde guère sur l'analyse de cette incise pourtant fort intéressante et se range derrière les analyses du Tribunal, lui-même peu prolixe sur ce point, pour confirmer que la clause de non-concurrence étudiée constitue une restriction par objet.

Même si l'on regrette l'absence de réelle justification donnée à la solution, celle-ci nous semble devoir être pleinement approuvée. D'une part, la qualification d'entente anticoncurrentielle n'est pas dépendante de la validité juridique de la clause, et un accord nul ou caduque peut parfaitement être sanctionné comme constitutif d'une entente. En effet, en dépit de sa cause d'invalidité, il peut, dans les faits, orienter les pratiques des acteurs en cause. D'autre part, le contrôle des pratiques anticoncurrentielles se fait *a posteriori*, ce qui oblige les parties à évaluer la licéité de leurs contrats en amont, avant leur conclusion. La simple introduction d'une formule de style précisant que l'accord ne vaut que sous réserve de sa conformité aux règles de la concurrence ne peut suffire à les dédouaner de leur responsabilité. Une fois la question de l'incise écartée, la qualification de la clause litigieuse ne faisait que peu de doutes : l'accord de répartition territoriale de marchés est une pratique bien connue pour la restriction de concurrence par objet qu'elle entraîne et fait l'objet de nombreux précédents de condamnation.

A.-S. Choné-Grimaldi
Concurrences N° 1-2018, Art. N° 85802, p. 77

Voir aussi, sur les origines de l'affaire

Trib. UE, 28 juin 2016, 2 arrêts, Portugal Telecom SGPS, T-208/13 ; Telefónica, T-216/13

A.-S. Choné-Grimaldi, Répartition territoriale de marchés : Le Tribunal de l'Union européenne confirme qu'une clause de non-concurrence portant répartition territoriale du marché, insérée dans un accord de cession d'une entreprise tierce conclu entre deux géants européens des télécommunications, constitue une restriction par l'objet, mais annule la décision de la Commission européenne, en ce qu'elle a fait une appréciation erronée du périmètre des ventes qui constitue l'assiette de l'amende (Portugal Telecom SGPS et Telefónica), 28 juin 2016, Concurrences N° 4-2016, Art. N° 81878, pp. 86-87.

Accords de report d'entrée

CJUE, gde ch., 23 janv. 2018, Hoffman Laroche, C-179/16

La Cour de justice de l'Union européenne répond à une série de questions préjudicielles posées par le Conseil d'État italien à la suite de la sanction d'une entente entre deux groupes pharmaceutiques visant à diffuser des informations trompeuses sur l'utilisation d'un médicament commercialisé par le premier groupe, en dehors du champ de son autorisation de mise sur le marché, et ce, pour alléger la pression concurrentielle exercée sur un second médicament, commercialisé par le second groupe pharmaceutique, conformément à une licence d'exploitation octroyée par le premier.

Quelques mois après son arrêt prononcé à la suite des deux questions posées par la Cour de cassation à titre préjudiciel dans l'affaire des « endives », la grande chambre de la Cour s'est de nouveau réunie pour répondre à une série de questions émanant du Conseil d'État italien. Si la présente affaire s'inscrit assurément dans la lignée des nombreuses affaires en lien avec le secteur pharmaceutique dont le Tribunal et la Cour sont de plus en plus amenés à connaître, elle se démarque avant tout par l'originalité de ses antécédents. Pour appréhender les questions de droit posées à la Cour, lesquelles s'avèrent au demeurant des plus classiques, en ce qu'elles l'invitaient à se pencher sur les notions de substituabilité des produits, d'infractions par objet et d'infractions accessoires, une attention particulière se doit en effet d'être portée à l'affaire au principal.

Cette dernière oppose l'Autorité italienne de la concurrence et les groupes Roche et Novartis, lesquels groupes avaient demandé l'annulation d'une décision les ayant condamnés au paiement d'une amende pour avoir participé à une entente à partir de juin 2011.

Cette entente visait à prévoir, en substance, une stratégie de dénigrement du médicament Avastin® dont le groupe Roche assurait l'exploitation commerciale, au profit du médicament Lucentis®, lequel était commercialisé par le groupe Novartis au moyen d'une licence d'exploitation concédée par Genentech, filiale du premier groupe. Plus précisément, cette entente avait été rendue nécessaire, d'une part, pour corriger l'utilisation supposée anormale de l'Avastin® pour le traitement de maladies oculaires, pour lequel seul le médicament Lucentis® aurait dû, selon le groupe Roche, être prescrit et, d'autre part, pour assurer le bon fonctionnement de l'accord de licence. Au risque de se perdre dans les détails, nous rappellerons seulement, aux fins des présentes colonnes, que l'Avastin® avait été élaboré pour le seul traitement de pathologies tumorales, conformément à son autorisation de mise sur le marché de 2005. Or, précédemment à l'octroi en 2007 de l'autorisation de mise sur le marché pour le médicament Lucentis®, des médecins avaient commencé à prescrire l'Avastin® sous une forme reconditionnée pour le traitement de maladies oculaires, à savoir hors autorisation de mise sur le marché. À cela s'ajoutaient certaines « complications » : l'inscription seulement fin 2008 en Italie du médicament Lucentis® sur la liste des médicaments remboursables et l'inscription, à titre exceptionnel, dès 2007 du médicament Avastin® sur une liste spéciale de médicaments remboursables pour le traitement de maladies oculaires.

Si cette entente était le volet officieux de la stratégie du groupe Roche pour provoquer un déplacement ingénieux de la demande vers le médicament Lucentis®, elle s'accompagnait d'un volet officiel, auprès de la Commission et de l'Agence européenne du médicament, pour que soient précisées certaines conséquences indésirables de l'Avastin® pour les traitements ophtalmiques. Toutefois, si l'inscription d'une simple mention « mise en garde spéciales et précautions d'emploi » sur le résumé des caractéristiques du médicament avait semble-t-il conduit en 2012 à la suppression de l'Avastin® de la liste des médicaments remboursables pour les maladies oculaires, elle ne permettait pas de conclure avec certitude au caractère illicite de l'utilisation de ce dernier pour des fins autres que son autorisation de mise sur le marché.

Dans ce contexte factuel, trois catégories de questions se posaient à la Cour : sur la définition du marché pertinent, sur la nature de l'infraction et sur la notion d'infraction accessoire.

Deux médicaments peuvent être considérés comme substituables s'ils sont utilisés pour le traitement de pathologies identiques, et ce, alors même que l'utilisation d'un des médicaments n'est pas couverte par son autorisation de mise sur le marché

Tout d'abord, s'agissant de la détermination du marché pertinent, le groupe Roche se limitait uniquement à faire valoir, en substance, le fait que l'Avastin® avait été utilisé pour le traitement de pathologies différentes de celles pour lesquelles il avait obtenu une autorisation de mise sur le marché. Or, pour cette utilisation, le groupe Roche soutenait que le reconditionnement de son médicament avait été fait sans autorisation, de sorte que, en raison de cette illicéité, il ne pouvait être dans un rapport de substitution avec le médicament Lucentis®.

Sur ce point, la Cour rappelle la jurisprudence constante sur la détermination du marché pertinent et précise, d'une part, que, dans les circonstances de l'espèce, aucun élément du dossier ne suggérait que l'éventuel caractère illicite du reconditionnement et de la prescription de l'Avastin® avait été constaté par les autorités compétentes. Elle relève, d'autre part, que l'existence d'un rapport concret de substituabilité entre l'Avastin® et le Lucentis® pouvait être aisément constatée, dans la mesure où le premier avait été largement prescrit par des médecins pour le traitement de pathologies oculaires. Ainsi, la Cour dit pour droit que deux médicaments peuvent être, sous certaines conditions, substituables pour le traitement d'une même maladie, alors même que l'un est utilisé en dehors du champ de son autorisation de mise sur le marché.

Une entente entre des parties à un accord de licence visant à limiter les comportements de tiers lesquels consistent à encourager l'utilisation d'un médicament différent du médicament licencié n'est pas une restriction accessoire audit accord

Ensuite, outre la question du marché pertinent, celle tenant à l'existence d'une restriction dite accessoire à l'accord de licence, permettant à l'entente de passer la rampe de la légalité, se posait avec un intérêt certain. Assurément, l'utilisation non souhaitée par le groupe Roche de l'Avastin® à des fins autres que son autorisation de mise sur le marché ne permettait pas au Lucentis®, pour lequel le groupe avait concédé une licence au groupe Novartis, de gagner des parts de marché. Ainsi l'entente entraînait-elle bien une restriction de concurrence, en ce que, en influant sur les comportements des tiers, l'Avastin® ne freinait plus l'expansion du Lucentis® et permettait, d'une certaine manière, à Novartis de profiter pleinement de l'accord de licence.

Toutefois, la seule question qui se posait à cet endroit était celle de savoir si, en l'absence de l'entente, la réalisation de l'accord de licence avait été rendue impossible. La Cour rappelle à juste titre que « le fait que l'opération soit simplement rendue plus difficilement réalisable, voire moins profitable, (...) ne saurait conférer à la restriction un caractère objectivement nécessaire [pour être qualifiée d'accessoire] ».

Or, l'entente n'avait pas pour but de limiter l'autonomie commerciale des parties à l'accord de licence, mais uniquement les comportements des tiers pour cesser l'utilisation de l'Avastin®. D'autre part, si les restrictions accessoires sont généralement contenues dans un même accord, comme il en est souvent ainsi pour les clauses de non-concurrence, la restriction de concurrence qui découlait de l'entente est intervenue plusieurs années après la conclusion de l'accord de licence.

En clair, sans l'entente, la mise en œuvre de l'accord de licence n'était pas impossible.

Le fait pour une entreprise de diffuser, dans un contexte d'incertitude scientifique, des informations trompeuses pour affaiblir son propre médicament au profit d'un autre constitue une infraction de concurrence par objet

Le refus de qualifier la restriction de concurrence de restriction accessoire à l'accord de licence conduisait enfin la Cour à se pencher sur une dernière série de questions portant sur la qualification de la restriction de concurrence d'infraction par objet et sur la possibilité de bénéficier d'une exemption individuelle. La question posée était la suivante : la diffusion d'informations, dans un contexte d'incertitudes scientifiques, sur les effets indésirables de l'utilisation d'un médicament pour des indications thérapeutiques non couvertes par son autorisation de mise sur le marché, aux fins de réduire la pression concurrentielle sur un médicament concurrent, doit-elle être considérée comme une infraction de concurrence par objet ?

La Cour y répond par l'affirmative tout en excluant le bénéfice éventuel d'une exemption individuelle. Elle subordonne toutefois la qualification d'infraction par objet au caractère « trompeur » des informations transmises, ce qu'il appartiendra, non sans difficulté, au Conseil d'État italien de vérifier. Elle considère, d'une part, que des informations exagérées ou trompeuses sont susceptibles d'inciter des médecins à ne plus prescrire l'Avastin®, entraînant une diminution de la demande pour ce médicament. Elle relève, d'autre part, que le degré de nocivité important est illustré par le fait que la diffusion d'informations trompeuses à l'Agence européenne des médicaments ou aux professionnels de santé est une infraction à la réglementation pharmaceutique de l'Union, laquelle peut donner lieu à des sanctions.

En tout état de cause, la présente affaire ne sera pas sans rappeler aux lecteurs assidus de cette chronique l'affaire Reckitt Benckiser dont la Cour d'appel de Paris et la Cour de cassation ont eu à connaître, dans laquelle ces dernières avaient d'ores et déjà considéré que le fait de dénigrer un médicament concurrent constituait une infraction par objet (sur l'arrêt de la Cour d'appel, v. E. Thomas, *Concurrences* N° 3-2015).

E. Thomas
Concurrences N° 2-2018, Art. N° 86852, p. 63

> ***Voir aussi***
> *S. Pietrini, Italie : Le Conseil d'État italien confirme l'amende infligée à deux laboratoires pharmaceutiques et se prononce sur l'étendue du contrôle juridictionnel à la lumière de la transposition de la directive 2014/104/UE sur les actions en réparation (Avastin / Lucentis), 15 juillet 2019, Concurrences N° 1-2020, Art. N° 93283, pp. 196-199.*

Trib. UE, 12 déc. 2018, Servier e. a., T-691/14

Le Tribunal de l'Union européenne confirme pour l'essentiel, dans huit arrêts totalisant près de 900 pages, les décisions de la Commission européenne sanctionnant des transactions « pay-for-delay » conclues entre un laboratoire fabricant un médicament princeps et plusieurs génériqueurs, mais réduit la sanction infligée dans une affaire, et annule partiellement deux des décisions.

Deux ans après son arrêt *Lundbeck* (Trib. UE 8 sept. 2016, T-472/13, voy. « L'affaire Lundbeck et le concept de concurrence potentielle », *Concurrences* N° 2-2017, p. 24-50), le Tribunal se penche à nouveau, dans huit arrêts totalisant près de 900 pages, sur la question complexe de l'articulation entre le droit de la concurrence, le droit des brevets, et la liberté de tout opérateur économique de procéder à des transactions pour mettre fin à des litiges.

Les faits sont connus et peuvent être résumés comme suit. À la suite de l'enquête sectorielle sur le secteur pharmaceutique ouverte par la Commission le 15 janvier 2008, l'attention de la Commission a été attirée sur divers règlements amiables de litiges en matière de brevets conclus entre des laboratoires pharmaceutiques fabricant des médicaments princeps et des sociétés de génériques (les « génériqueurs »). En novembre 2008, elle a procédé à des inspections inopinées chez le groupe Servier et plusieurs de ses filiales (« Servier ») et plusieurs génériqueurs, avant d'adopter une communication des griefs en juillet 2012 puis, le 9 juillet 2014, la décision objet des recours ici commentés.

Les accords transactionnels litigieux portaient sur le périndopril, médicament mis au point par Servier, indiqué en médecine cardiovasculaire et principalement destiné à lutter contre l'hypertension et l'insuffisance cardiaque. L'ingrédient pharmaceutique actif du périndopril se présente sous la forme d'un sel, l'erbumine. Le brevet relatif à la molécule du périndopril, déposé par Servier devant l'Office européen des brevets en 1981 est arrivé à expiration au cours des années 2000 dans différents États membres de l'Union européenne, mais un nouveau brevet relatif à l'erbumine et à ses procédés de fabrication a été déposé par Servier en 2001 et délivré en 2004 par l'Office européen des brevets (le « brevet 947 »). À la suite de litiges dans lesquels la validité de ce brevet était contestée, Servier a conclu avec plusieurs sociétés de génériques (Niche, Unichem [la société mère de Niche], Matrix [devenue Mylan Laboratories], Teva, Krka et Lupin), des accords transactionnels par lesquels chacune de ces sociétés s'engageait, notamment, à ne pas entrer sur le marché et à ne pas contester ledit brevet. Une filiale de Servier, Biogaran, détenue à 100 % par Servier SAS, a conclu également un accord de licence et de fourniture avec Niche.

Dans sa décision de juillet 2014, la Commission a considéré que ces transactions constituaient des restrictions de concurrence par objet et par effet. Elle a estimé également que Servier avait mis en œuvre, notamment par ces accords, une stratégie d'exclusion constitutive d'un abus de position dominante (cet aspect des arrêts du Tribunal, qui a annulé la décision portant sur l'abus de position dominante, est commenté dans la rubrique Pratiques Unilatérales). Elle a infligé des amendes d'un montant total de 427,7 millions d'euros, correspondant à :

- 330,99 millions d'euros pour Servier ;
- 13,96 millions pour Niche et Unichem ;
- 17,16 millions pour Matrix ;
- 15,56 millions pour Teva ;
- 10 millions pour Krka ;
- 40 millions pour Lupin.

Elle a décidé en outre que Servier et Biogaran étaient solidairement tenues au paiement de l'amende de 131,53 millions d'euros qui leur a été infligée au titre de l'infraction résultant de l'accord de règlement amiable entre Servier et Niche.

Par les arrêts commentés, le Tribunal confirme la décision de la Commission sur plusieurs points essentiels, en validant notamment la méthode que celle-ci a suivi, tout en rappelant la liberté de principe des opérateurs économiques à procéder à des règlements amiables de litiges, pour aboutir à la conclusion que les transactions litigieuses constituaient en l'espèce des restrictions de concurrence par l'objet. De même, le Tribunal reprend l'approche déjà développée dans Lundbeck sur la caractérisation d'une concurrence potentielle émanant de génériqueurs, en dépit de la présomption de validité attachée en principe aux brevets. Dans deux affaires en revanche, il reproche à la Commission de ne pas avoir suffisamment caractérisé le cumul d'infraction (transaction Matrix) ou la restriction de concurrence par l'objet résultant des accords conclus entre Servier et Krka d'autre part, faute d'avoir correctement pris en compte certaines des spécificités propres à ces accords particulièrement complexes. Il réduit donc de 30 % la sanction infligée à Servier au titre de la transaction Matrix et annule dans sa totalité la décision en ce qu'elle porte sur la transaction conclue avec Krka.

Devant l'ampleur des arrêts commentés, il est inévitable de procéder à des choix et de traiter en priorité les questions essentielles. Nous commenterons donc, en nous fondant essentiellement sur l'arrêt *Servier* (aff. T-691/14), les considérations présentes dans cet arrêt qui sont relatives à la restriction par l'objet, avant de nous attarder sur les raisons qui ont conduit le Tribunal à réserver un sort particulier à l'accord conclu entre Servier et Krka, et à annuler la sanction infligée par la Commission dans ce cas.

Le tribunal valide la méthode appliquée par la Commission pour conclure que les transactions en cause constituent des restrictions de concurrence par l'objet

Le Tribunal confirme d'abord que les accords conclus par Servier avec les génériqueurs (hors le cas de Krka) pour mettre fin aux litiges portant sur le brevet 947 constituent, par leur objet, des restrictions de concurrence. Pour aboutir à cette conclusion, il approuve la méthode suivie par la Commission qui consiste tout d'abord à affirmer que ces sociétés étaient des concurrents potentiels de Servier au moment de la conclusion des accords. Dans un deuxième temps, il examine la portée et les effets des clauses de non-commercialisation et de non-contestation contenues dans les transactions et enfin, s'attarde sur les mécanismes de « paiements inversés » contenus dans ces accords et sur leurs éventuelles justifications.

Des précisions utiles et longuement détaillées sur la notion de nocivité suffisante des transactions « pay-for-delay », qui sont *a priori* suspectes par plusieurs aspects, mais dont la condamnation dépend finalement de l'effet incitatif concret des « versements inversés » au profit des génériqueurs

Le Tribunal procède tout d'abord à un rappel détaillé de la jurisprudence relative à la notion de restriction par l'objet (§ 219 et s.), et écarte les critiques formulées par les requérantes, qui estimaient que la Commission aurait dû procéder à une approche restrictive de cette notion. Le Tribunal estime au contraire que l'analyse de la Commission est conforme aux critères dégagés par la Cour dans son arrêt CB c. Commission du 11 septembre 2014 (aff. C-67/13 P) qui sont, par eux-mêmes, restrictifs.

Examinant ensuite la question de savoir si les transactions en cause peuvent présenter un degré suffisant de nocivité pour répondre aux exigences de la jurisprudence CB, le Tribunal va analyser longuement la nature et la portée de ces accords, à la recherche du « point d'équilibre entre, d'une part, la nécessité de permettre aux entreprises de procéder à des règlements amiables dont le développement est favorable à la collectivité et, d'autre part, la nécessité de prévenir le risque d'un usage détourné des accords de règlement amiable, contraire au droit de la concurrence (...) » (aff. T-691/14, § 252).

Ce faisant, le Tribunal rappelle d'abord que les droits de propriété intellectuelle sont protégés par la charte des droits fondamentaux de l'Union européenne à laquelle le traité de Lisbonne a conféré une valeur juridique égale à celle des traités (aff. T-691/14, § 245), et est présumé être valide lorsqu'il est accordé par une autorité publique (*Ibid.*, § 251). Il souligne également que le règlement amiable de litiges doit être autorisé, voire encouragé. Toutefois, les accords en cause en l'espèce sont *a priori* suspects, car ils comportent des clauses de non-contestation de brevets et de non-commercialisation de produits, lesquelles ont, par elles-mêmes, un caractère restrictif de la concurrence, même si leur seule présence ne permet pas de conclure à une restriction de concurrence présentant un degré suffisant de nocivité pour être qualifiée de restriction par objet (§ 62).

Le Tribunal relève un autre élément de nature à considérer avec suspicion les transactions en cause, à savoir l'existence d'un « paiement inversé », c'est-à-dire d'un paiement de la société de princeps vers la société de génériques. Ce mécanisme de paiement inversé est doublement suspect dans le cadre d'un accord de règlement amiable conclu entre un laboratoire princeps et un génériqueur, puisque le sens « naturel » du paiement devrait être au profit du princeps afin de récompenser ses efforts d'innovation, et non l'inverse. En outre et surtout, l'existence d'un paiement inversé introduit une suspicion quant au fait que le règlement amiable est fondé sur la reconnaissance par les parties à l'accord de la validité du brevet en cause (aff. T-691/14, pt. 264).

En dépit de ces suspicions, le Tribunal ne conclut toujours pas, à ce stade de son raisonnement, à l'existence d'une restriction de concurrence par l'objet. C'est en détaillant l'effet incitatif de tels versements inversés que le Tribunal parvient à cette conclusion, dans la mesure où c'est précisément cette incitation, qui confère à la transaction le caractère d'un « rachat de concurrence » (§ 271), qui doit être considérée comme étant la véritable cause des restrictions à la concurrence qu'introduisent les clauses de non-commercialisation et de non-contestation, lesquelles, « étant dépourvues dans ce cas de toute légitimité, présentent dès lors un degré de nocivité pour le bon fonctionnement du jeu normal de la concurrence » (§ 270). Parachevant son raisonnement, le Tribunal examine alors en détail les transferts de valeur qui sont à l'œuvre dans lesdits mécanismes de paiements inversés, et conclut que de tels transferts vont au-delà de la compensation légitime des coûts inhérents au règlement amiable supportés par le génériqueur (§ 278). À cet égard, doivent être considérés comme disproportionnés des montants qui correspondraient à des frais contentieux dont le caractère objectivement indispensable pour la conduite de la procédure litigieuse ne serait pas établi sur le fondement de documents précis et détaillés. En outre, certains frais incombant à la société de génériques sont, *a priori*, trop extérieurs au litige et à son règlement pour pouvoir être considérés comme inhérents au règlement amiable d'un litige en matière de brevets. Il en est de même des sommes devant être versées par la société de génériques à des tiers en raison d'engagements contractuels conclus en dehors du litige (par exemple, des contrats de fourniture) (§ 280).

En dépit de la présomption de validité attachée en principe aux brevets, des génériqueurs peuvent constituer des concurrents potentiels.

Le Tribunal juge que la Commission a correctement considéré que lesdites sociétés avaient des possibilités réelles et concrètes d'entrer sur le marché avec leur périndopril générique, en dépit des obstacles liés aux brevets de Servier, des difficultés à obtenir des autorisations de mise sur le marché de leur produit, des problèmes techniques de mise au point de ce produit et des difficultés financières auxquelles elles étaient confrontées. Il confirme que la capacité réelle et concrète d'entrer sur un marché, demeure l'aspect crucial pour démontrer la concurrence potentielle. Cette possibilité réelle et concrète se déduit notamment de données concrètes et propres à chacune d'elles, relatives notamment à leurs capacités de production et à leurs stocks de produits, à leurs contrats commerciaux, à leurs démarches en vue de l'obtention d'AMM et à leurs actions contentieuses contre Servier, etc. (aff. T-691/14, § 323). Il examine ensuite d'autres critères, tels que celui de l'entrée suffisamment rapide (§§ 332 et s.), celui de la perception des opérateurs en place (§§ 342 et s.) et, longuement, celui tiré des obstacles à la concurrence potentielle constitués par les brevets de Servier (§§ 349 à 386).

Ayant conclu de l'examen de l'ensemble de ces critères que les génériqueurs sont bien des concurrents potentiels de Servier, le Tribunal examine ensuite (à partir du § 419) les spécificités de chacun des accords transactionnels distincts. Nous nous attarderons sur les raisons qui ont conduit le Tribunal à distinguer l'accord conclu avec Krka des autres accords, et à annuler la sanction prononcée par la Commission à ce titre.

Le tribunal annule la décision relative à la transaction avec Krka, en raison d'un accord de licence qui la distingue des autres transactions litigieuses

C'est principalement la présence d'un accord de licence, au sein de l'imbrication des accords transactionnels conclus entre Servier et Krka, qui distingue ceux-ci des autres accords sanctionnés par la Commission. Le Tribunal rappelle en effet la nécessité, pour conclure à une restriction de concurrence par objet dans un accord transactionnel, d'identifier à la fois un avantage incitatif à l'égard de la société de génériques et une limitation corrélative des efforts de celle-ci à faire concurrence à la société de princeps.

En l'espèce, le Tribunal observe que les parties avaient conclu un accord de licence autorisant Krka à exploiter le brevet 947 dans sur sept pays. Or, en présence d'un accord de licence, les deux éléments rappelés ci-dessus sont atténués, voire absents, de sorte qu'un degré suffisant de nocivité pour le bon fonctionnement du jeu normal de la concurrence ne peut aisément être constaté (aff. T-691/14, § 956). Ce constat résulte notamment du fait que par nature, un accord de licence implique la non-contestation de la validité du brevet licencié, ainsi objectivement justifiée, et ensuite parce qu'en l'espèce, les redevances liées à la licence se traduisent par des paiements en faveur du laboratoire princeps, et non l'inverse.

Dès lors, en présence d'un véritable litige opposant les parties concernées en justice et d'un accord de licence qui apparaît en lien direct avec le règlement amiable de ce litige, l'association de cet accord à l'accord de règlement amiable ne constitue pas un indice sérieux de l'existence d'un paiement inversé. Dans une telle hypothèse, c'est donc sur la base d'autres indices que la Commission peut démontrer que l'accord de licence ne constitue pas une transaction conclue aux conditions normales de marché et masque ainsi un paiement inversé (§ 963). Dans la mesure où, tant l'accord de règlement amiable que l'accord de licence étaient en lien avec les litiges et où il existait, au moment de la conclusion de ces accords, des indices concordants de la validité du brevet 947 était valide, l'association de ces deux accords était justifiée et ne constituait donc pas un indice sérieux de l'existence d'un paiement inversé de Servier vers Krka auquel donnerait lieu l'accord de licence (§ 972).

En outre, le Tribunal juge que la Commission n'a pas démontré à suffisance de droit que la redevance versée par Krka à Servier dans le cadre de l'accord de licence (3 %) était anormalement basse, c'est-à-dire dans une mesure telle qu'elle ne saurait s'expliquer par des considérations limitées à la valeur économique du brevet objet de la licence (§ 977). Conséquence logique selon le Tribunal : la Commission ne pouvait constater en l'espèce l'existence d'une restriction de concurrence présentant un caractère suffisamment nocif pour qu'elle puisse être qualifiée de restriction par objet.

Au surplus, le Tribunal conclut également à une absence de restriction de concurrence par effet, en relevant que la Commission n'a pas établi qu'en l'absence d'accords, Krka serait probablement entrée sur les marchés en cause (§ 1160), ni que la poursuite des procédures diligentées par Krka à l'encontre du brevet 947 aurait, de manière probable, voire plausible, permis une invalidation plus rapide ou plus complète de ce brevet (§ 1203). Au final, le Tribunal annule donc les amendes infligées à Servier et à Krka au titre de leurs accords.

M. Debroux

Concurrences N° 1-2019, Art. N° 88900, p. 73

CJUE, 30 janv. 2020, Generics, e. a., C-307/18

La Cour de justice de l'Union européenne précise, à la suite d'une question préjudicielle du Competition Appeal Tribunal, les conditions dans lesquelles un accord de report d'entrée (« pay-for-delay ») constitue une restriction de concurrence par l'objet.

Très attendu, l'arrêt rendu le 30 janvier par la quatrième chambre de la Cour en réponse aux questions préjudicielles posées par le Competition Appeal Tribunal [CAT] est déjà vu comme apportant, avec l'arrêt rendu le 2 avril 2020 dans l'affaire C-228/18 (Budapest Bank) une contribution majeure à l'éternel débat sur la distinction entre les restrictions de concurrence par l'objet et par les effets. L'arrêt *Budapest Bank* fera l'objet d'un commentaire dans la prochaine livraison de cette revue, mais nous pouvons d'ores et déjà renvoyer le lecteur au commentaire de l'opinion de l'Avocat général Bobek du 5 septembre 2019, publié dans le numéro 4-2019 de cette revue.

De façon remarquable, on soulignera aussi que l'arrêt commenté a été rendu à peine huit jours après la présentation par l'Avocate générale Juliane Kokott dans cette affaire et qu'il est tout à fait conforme auxdites conclusions. Dans son arrêt, la Cour a manifestement entendu faire œuvre pédagogique en expliquant dans le détail les conditions auxquelles un accord de report de l'entrée (pay-for-delay) constitue une restriction de la concurrence par objet ou par effet, et sa conclusion peut s'analyser en un abus de position dominante (ce dernier point étant traité dans la chronique *Pratiques Unilatérales*).

Des accords de reports d'entrée (pay-for-delay) parfaitement classiques

Les faits doivent tout d'abord être rappelés précisément, tant ils conditionnent le raisonnement suivi par la Cour, qui était en l'espèce saisie d'une demande de décision préjudicielle formée par le Competition Appeal Tribunal britannique, lui-même saisi en appel d'une décision de la Competition and Market Authority [CMA] ayant sanctionné GlaxoSmithKline [GSK] et plusieurs génériqueurs.

Dans les années 1990, GSK avait développé la paroxétine, un antidépresseur dont le princeps était vendu sous la dénomination commerciale « Seroxat® ». Le brevet protégeant le principe actif de ce médicament a expiré en janvier 1999, et divers brevets secondaires couvrant quatre polymorphes de ce principe actif, ainsi que leur procédé de fabrication ont soit été partiellement annulés, soit ont expiré (pour la partie demeurée valide) en 2016.

Dans ce contexte, GSK était confronté au début des années 2000 à la perspective de l'entrée des génériqueurs sur le marché britannique avec de la paroxétine générique. Pour mettre fin à des contentieux sur les brevets secondaires de GSK, ce dernier et les génériqueurs ont alors conclu plusieurs accords aux termes desquels les génériqueurs ont accepté de renoncer, durant une période convenue, à entrer sur le marché avec leurs propres génériques en contrepartie de paiements de la part de GSK. Ces accords prévoyaient, en substance, outre des paiements de GSK en leur faveur, une entrée de ces génériqueurs sur le marché avec une quantité limitée de paroxétine générique fabriquée par GSK au lieu d'une entrée indépendante avec leur propre générique.

Le 12 février 2016, la CMA a sanctionné GSK et deux des trois génériqueurs à hauteur d'un montant total de 44,99 millions de livres. Selon la CMA, ces accords avaient pour objet d'inciter ces fabricants de génériques à abandonner leurs efforts pour entrer sur le marché de manière indépendante et s'apparentaient donc à des accords d'exclusion du marché interdits par l'article 101 TFUE. Parallèlement, leur conclusion s'analysait, dans le chef de GSK, en un abus de position dominante au sens de l'article 102 TFUE.

Concurrence potentielle, restriction par l'objet, définition de marché… Le CAT a transmis à la Cour une impressionnante liste de questions préjudicielles

Dans le cadre du recours contre la décision de la CMA introduit par les sociétés sanctionnées que le CAT a transmis à la Cour de nombreuses questions préjudicielles, dont la substance peut se résumer aux conditions auxquelles un accord de règlement amiable d'un litige de brevet en matière pharmaceutique peut constituer une restriction de la concurrence par objet ou par effet. Cette question rappelle naturellement l'affaire Lundbeck, actuellement pendante devant la Cour de justice de l'Union (aff. C-591/16 P).

En outre, dans la mesure où les accords conclus entre GSK et les génériqueurs ont mis fin au litige sur la validité des brevets secondaires, l'incertitude qui en résultait concernant l'éventuelle illégalité, au regard du droit des brevets, d'une entrée sur le marché des trois génériqueurs rend difficile l'évaluation – au regard du droit de la concurrence cette fois – de la réalité d'une concurrence potentielle entre GSK et les génériqueurs. Ainsi, la Cour a été conduite à fournir des précisions intéressantes, bien que classiques, sur la notion de concurrence potentielle.

Sur cette question, la juridiction de renvoi demandait en substance si l'existence d'un litige sur la validité d'un brevet de procédé de fabrication d'un principe actif tombé dans le domaine public ou sur le caractère contrefaisant des médicaments génériques concernés empêche que soient en situation de concurrence potentielle, d'une part, un fabricant de médicaments princeps titulaire dudit brevet et, d'autre part, des fabricants de médicaments génériques s'apprêtant à entrer sur le marché du médicament contenant ce principe actif (§ 34).

Dans sa réponse, la Cour rappelle le principe bien connu selon lequel la notion de concurrence « potentielle » ne peut ni découler d'une possibilité purement théorique, ni exiger la démonstration certaine d'une entrée effective. Ce qu'il importe de démontrer, c'est l'existence de possibilités réelles et concrètes d'une telle entrée. Au-delà de ce rappel de principe, c'est son application concrète au secteur pharmaceutique qui retient ici l'intérêt.

La concurrence potentielle implique le constat d'une possibilité « réelle et concrète » d'entrer sur le marché – application au secteur pharmaceutique (où l'on voit que l'intention pointe obstinément son museau dans l'analyse concurrentielle…)

En pratique, afin d'apprécier l'existence d'un rapport de concurrence potentielle dans le secteur pharmaceutique, en présence de contentieux sur la validité d'un brevet, il importe de déterminer, premièrement, si, à la date de la conclusion de cet accord, le fabricant de médicaments génériques en cause avait effectué des démarches préparatoires suffisantes lui permettant d'accéder au marché concerné dans un délai à même de faire peser une pression concurrentielle sur le fabricant de médicaments princeps (obtention des autorisations administratives requises, constitution d'un stock suffisant, éventuelles démarches judiciaires visant à contester des brevets de procédé détenus par un labo princeps, etc.). Autant de démarches qui attestent de la détermination ferme (et donc de l'intention) et de la capacité d'un génériqueur à entrer sur le marché, même en présence de brevets de procédé détenus par le fabricant de médicaments princeps (§ 44).

La Cour rappelle aussi que la présence de brevets détenus par le fabricant princeps ne suffit pas à constituer une « barrière à l'entrée présentant un caractère insurmontable », ce point étant la deuxième étape du raisonnement concernant l'existence d'un rapport de concurrence potentiel (§ 45). En effet, un brevet ne confère à son titulaire qu'une simple présomption de validité, qui n'équivaut pas à une présomption d'illégalité de son générique valablement mis sur le marché (§ 51). Au contraire, le sérieux du différend constitue un indice de l'existence d'un rapport de concurrence potentielle entre les protagonistes (§ 52).

Troisièmement, les deux constats ci-dessus (détermination ferme et capacité propre à entrer sur le marché et absence de barrières insurmontables) peuvent être corroborés par des éléments supplémentaires : l'existence même d'un accord entre des entreprises opérant à un même niveau de la chaîne de production, et dont certaines n'étaient pas présentes sur le marché concerné constitue un indice fort de l'existence d'une relation de concurrence entre ces entreprises (§ 55). De même, un paiement par le fabricant de médicaments princeps au profit du génériqueur en contrepartie du report de l'entrée de ce dernier sur le marché constitue un indice d'autant plus fort que le transfert de valeurs est important (§ 56), car cette volonté révèle la perception que le fabricant de médicaments princeps se fait du risque que présente pour ses intérêts commerciaux le fabricant de médicaments génériques concerné (§ 57). En d'autres termes, pourquoi des entreprises non concurrentes se donneraient-elles la peine de conclure un accord portant sur leurs activités respectives sur le marché ?

Au terme de ces développements la Cour conclut que l'article 101, § 1 TFUE doit être interprété en ce sens que « sont en situation de concurrence potentielle, d'une part, un fabricant de médicaments princeps titulaire d'un brevet de procédé de fabrication d'un principe actif tombé dans le domaine public et, d'autre part, des fabricants de médicaments génériques s'apprêtant à entrer sur le marché du médicament contenant ce principe actif, en litige sur la validité de ce brevet ou sur le caractère contrefaisant des médicaments génériques concernés, lorsqu'il est établi que le fabricant de médicaments génériques a effectivement la détermination ferme ainsi que la capacité propre d'entrer sur le marché et que celui-ci ne se heurte pas à des barrières à l'entrée présentant un caractère insurmontable, ce qu'il appartient à la juridiction de renvoi d'apprécier » (§ 58).

Sur la notion de « restriction de concurrence par objet » dans des accords de pay-for-delay : la valeur et la justification des contreparties financières sont l'indice principal, les éventuels effets pro-concurrentiels doivent être pris en compte

Dans une formulation devenue classique, la Cour rappelle que la notion de « restriction par objet » doit être interprétée de manière stricte et ne peut être appliquée qu'à certaines pratiques collusoires entre entreprises qui un degré suffisant de nocivité à l'égard de la concurrence, en elles-mêmes et compte tenu de la teneur de leurs dispositions, des objectifs qu'elles visent ainsi que du contexte économique et juridique dans lequel elles s'insèrent (§ 67). Elle insiste ensuite sur le fait qu'un report d'entrée d'un médicament générique sur le marché conduit au maintien d'un prix de monopole sensiblement supérieur au prix auquel seraient vendues ses versions génériques, ce qui entraîne des conséquences financières importantes si ce n'est pour le consommateur final du moins pour les organismes de Sécurité sociale (§ 70).

Ceci rappelé, la Cour juge que tout accord de report d'entrée n'est pas nécessairement anticoncurrentiel. Elle estime ainsi que le génériqueur pourrait renoncer à entrer sur le marché en considération de ses chances d'obtenir gain de cause dans la procédure juridictionnelle et estimer rationnellement qu'il est préférable de ne pas entrer sur le marché. Ce raisonnement reste valable en présence d'une procédure juridictionnelle, et ce même s'il existe une contrepartie financière, laquelle peut être justifiée, c'est-à-dire strictement nécessaire au regard d'objectifs légitimes des parties à l'accord, à l'instar d'une compensation de frais liés au litige ou d'une rémunération pour la fourniture effective, immédiate ou ultérieure, de biens ou de services au fabricant de médicaments princeps (§§ 84-86).

En revanche, la qualification de « restriction par objet » doit être retenue, juge la Cour, lorsqu'il ressort de l'analyse de l'accord de règlement amiable que les transferts de valeurs prévus par celui-ci s'expliquent uniquement, en l'absence d'autre explication plausible, par l'intérêt commercial tant du titulaire du brevet que du contrefacteur allégué à ne pas se livrer une concurrence par les mérites (§ 87).

Le principe posé par la cour est irréprochable – mais comment l'appliquer concrètement sans s'égarer dans les méandres d'une quantification illusoire de l'appréciation d'un risque ou d'une chance ?

Si l'on ne peut que saluer cette affirmation de principe, on en perçoit immédiatement les difficultés d'application concrète. Comment juger de la force d'un brevet et des chances de succès de sa contestation et, surtout, comment juger des conséquences financières à court, moyen et long terme, d'une stratégie de contestation de ce brevet et des démarches visant à entrer sur le marché ? La perception par un acteur économique d'un risque, ou d'une chance, est un processus qui mêle évaluations objectives et estimations subjectives, et toute décision en la matière met également en œuvre des facteurs éminemment subjectifs, voire parfois psychologiques. L'affirmation du principe se veut logique et objective. Sa mise en œuvre concrète promet d'être singulièrement ardue.

Les éventuels effets proconcurrentiels d'un accord doivent être pris en compte dès le stade de la qualification dudit accord au regard de l'article 101 § 1 – S'agit-il du dernier clou dans le cercueil de l'article 101 § 3 ?

On saluera aussi une affirmation par laquelle la Cour vient confirmer que les effets proconcurrentiels d'un accord doivent être pris en compte dès le stade de la qualification dudit accord au titre de l'article 101 § 1, et non pas seulement au stade d'une éventuelle justification au titre de l'article 101 § 3 : « lorsque les parties à l'accord se prévalent d'effets proconcurrentiels attachés à celui-ci, ceux-ci doivent, en tant qu'éléments de contexte de cet accord, être dûment pris en compte aux fins de sa qualification de « restriction par objet », (...) dans la mesure où ces effets sont susceptibles de remettre en cause l'appréciation globale du degré suffisamment nocif de la pratique collusoire concernée à l'égard de la concurrence et, en conséquence, sa qualification de « restriction par objet » » (§ 103). Pour autant, leur prise en compte suppose que les effets proconcurrentiels soient non seulement avérés et pertinents, mais également propres à l'accord concerné, leur seule invocation n'étant pas suffisante.

La précision est bienvenue. Mais il n'est pas interdit de penser qu'il s'agit du dernier clou planté dans le cercueil de l'article 101 § 3, dont on sait depuis l'adoption du règlement 1/2003 qu'il n'est quasiment plus jamais invoqué avec succès, et dont on se demande désormais s'il a encore la moindre pertinence en pratique.

Importance du scénario contrefactuel dans l'évaluation d'une « restriction de concurrence par effet »

En réponse à la sixième question préjudicielle, la Cour se penche alors sur l'hypothèse où l'analyse de la pratique collusoire concernée ne révélerait pas un degré suffisant de nocivité à l'égard de la concurrence.

Dans ce cas, il convient alors naturellement d'en examiner les effets et, pour la qualifier de « restriction de concurrence » au sens de l'article 101, paragraphe 1, TFUE, de réunir les éléments établissant que le jeu de la concurrence a été, en fait, soit empêché, soit restreint, soit faussé de façon sensible. C'est ici que la Cour souligne alors l'importance du scénario contrefactuel, lequel n'impose toutefois pas à la juridiction de renvoi d'aboutir à un constat définitif relatif aux chances de succès du laboratoire princeps. En effet, le scénario contrefactuel a uniquement pour but d'établir les possibilités réalistes de comportement de ce fabricant en l'absence de l'accord en cause, de sorte que les chances de succès du génériqueur dans la procédure de brevet ou la probabilité de la conclusion d'un accord moins restrictif ne constituent que des éléments parmi d'autres à prendre en compte pour déterminer le jeu probable du marché ainsi que la structure de celui-ci en l'absence de conclusion de l'accord concerné (§ 120).

M. Debroux
Concurrences N° 2-2020, Art. N° 94721, p. 72

CJUE, 25 mars 2021, Lundbeck, C-591/16 P e. a.

La Cour de justice de l'Union européenne confirme, dans le droit fil de son arrêt Generics (UK) et sans surprise – mais non sans laisser subsister quelques interrogations – les arrêts du tribunal de l'Union européenne qui avaient confirmé les sanctions imposées à des accords de "pay-for-delay".

Le sort des six pourvois à l'origine des arrêts rendus le 25 mars par la Cour dans cette affaire des accords de retard d'entrée (« *pay-for-delay* ») avait très probablement été scellé, en réalité, dès le 30 janvier 2020 lorsque la Cour a rendu son arrêt *Generics* (UK). Dans cet arrêt, commenté dans le numéro 2-2020 de cette revue dans la chronique Ententes (p. 74, obs. M.D.) et dans la chronique Pratiques unilatérales (p. 83, obs. A. W. & N. Z), la Cour s'était notamment prononcée sur les notions de concurrence potentielle et de restriction de concurrence par objet, toutes deux cruciales dans une affaire au croisement du droit de la concurrence et du droit de la propriété intellectuelle. Sans surprise et dans le droit fil de son arrêt *Generics* (UK), la Cour rejette ici les pourvois formés contre les arrêts rendus par le Tribunal le 8 septembre 2016, et confirme les amendes de près de 150 millions d'euros infligées par la Commission au laboratoire pharmaceutique danois Lundbeck (fabriquant de produits médicaments princeps) et plusieurs génériqueurs, dans la première affaire de pay-for-delay.

Les arrêts commentés ici n'apportent sans doute pas de développement majeur par rapport aux solutions affirmées dans l'arrêt *Generics* (UK), mais ils en précisent la portée sur plusieurs points importants. Ainsi, la Cour se prononce notamment sur la question de savoir si la Commission est tenue ou non de procéder à l'examen d'un scénario contrefactuel pour retenir la qualification de restriction de concurrence par objet. De même, elle précise la notion de concurrence potentielle, dans un contexte où cette dernière dépend très largement d'une analyse complexe des forces et faiblesses des brevets détenus par les fabricants princeps et des risques pris par les génériqueurs, alors même que la Cour confirme qu'il n'appartient pas à la Commission de procéder à une telle analyse. On relèvera encore que la Cour reprend à son compte une analyse peu convaincante de l'avocate générale Mme Kokott, la conduisant à enterrer la notion d'« *expérience acquise* » comme élément d'identification du degré suffisant de nocivité d'une pratique, condition de sa qualification en tant que restriction de concurrence par objet.

Comment caractériser une situation de concurrence potentielle entre un fabricant princeps et des génériqueurs, lorsque l'effectivité de cette situation dépend d'une analyse complexe des forces et faiblesses des brevets en cause à laquelle la Commission n'est pas tenue de procéder ?

Rappelons tout d'abord brièvement les faits, très proche en substance de ceux qui étaient en cause dans l'affaire *Generics* (UK) et qui concernaient le laboratoire GSK. Le 19 juin 2013, la Commission avait infligé une amende de près de 94 millions d'euros à Lundbeck, qui avait développé un antidépresseur contenant l'ingrédient pharmaceutique actif (« IPA »), citalopram. Les brevets protégeant cet IPA et les procédés de fabrication correspondants ont expiré dans le courant des années 1990 et, dans certains pays, en 2002 et 2003. Lundbeck a alors, très classiquement, déposé des brevets secondaires protégeant certains procédés de fabrication développés ultérieurement. Dans ce contexte, Lundbeck a conclu des accords avec, et accordé des paiements à quatre fabricants de génériques (Generics UK, Alpharma, Arrow et Ranbaxy) en contrepartie de leur engagement à s'abstenir d'entrer sur le marché. Selon la Commission, l'accord de règlement amiable de litiges de brevet conclus entre Lundbeck et les génériqueurs visait, en réalité, non pas à résoudre un litige relatif à un brevet, mais à éviter ou retarder l'entrée sur le marché de concurrents potentiels.

Dans ses arrêts de 2016, le Tribunal avait validé l'appréciation de la Commission selon laquelle, au moment de la conclusion des accords, Lundbeck et les fabricants de génériques se trouvaient dans un rapport de concurrence potentielle. La Cour confirme l'analyse du Tribunal, et juge qu'afin d'apprécier si une entreprise absente d'un marché se trouve dans un rapport de concurrence potentielle avec une ou plusieurs autres entreprises déjà présentes sur le marché, il convient de déterminer s'il existe des possibilités réelles et concrètes que cette entreprise accède audit marché et concurrence les entreprises qui y sont établies (arrêt *Lundbeck*, § 55). Certes, l'entrée sur le marché d'un médicament dont le principe actif est récemment tombé dans le domaine public implique la prise en compte des contraintes réglementaires propres à ce marché, mais aussi des droits de propriété intellectuelle détenus par les fabricants princeps sur un ou plusieurs procédés de fabrication dudit principe actif (arrêt *Lundbeck*, § 56).

À ce stade, la Cour n'ignore donc pas les spécificités des brevets qui structurent les marchés pharmaceutiques, mais la suite de son raisonnement démontre qu'elle n'y attache, au fond, guère d'importance, car l'existence de tels brevets « ne saurait, en tant que telle, empêcher de qualifier de concurrent potentiel du fabricant du médicament princeps concerné un fabricant de médicaments génériques (...) ». C'est d'autant plus vrai que, selon la Cour, il n'appartient pas à l'Autorité de concurrence concernée de procéder à un examen de la force du brevet en cause ou de la probabilité de succès d'une action en contrefaçon intentée par son titulaire. Davantage que l'existence même des brevets détenus par le fabricant princeps, ce qui est réellement déterminant dans l'appréciation d'un rapport de concurrence potentiel avec un génériqueur doit être trouvé dans la « détermination ferme et la capacité propre d'entrer sur le marché » de ce dernier (arrêt *Lundbeck*, § 59).

Pour apprécier la détermination et la capacité du génériqueur d'entrer sur le marché, la Cour précise que peut être pris en considération tout élément de preuve antérieur, contemporain, voire même postérieur à la conclusion de l'accord en cause, dès lors qu'il est de nature à éclairer l'existence ou l'absence d'un rapport de concurrence au moment de la conclusion de cet accord, mais à l'exception d'éléments relatifs à des événements postérieurs à la conclusion dudit accord. Au cas d'espèce, la Commission avait procédé à un examen concret des possibilités réelles et concrètes qu'avaient les génériqueurs d'entrer sur le marché, en se fondant sur des éléments objectifs tels que les investissements déjà réalisés, les démarches effectuées afin d'obtenir une AMM, mais l'élément le plus probant résidait dans le fait même que Lundbeck a conclu des accords avec les fabricants de médicaments génériques afin de retarder leur entrée sur le marché (arrêt *Lundbeck*, § 78).

Précisions sur la qualification de « restriction de concurrence par objet » dans le cas d'accords de règlement amiable de litiges en matière de brevets

La Cour reprend et précise le raisonnement déjà développé dans son arrêt *Generics* (UK), qui la conduit à retenir la qualification de restriction de concurrence par objet. Elle rappelle tout d'abord que des accords de règlement amiable de litiges relatifs à un brevet, ayant eu pour effet de reporter l'entrée sur le marché de médicaments génériques, ne peuvent pas être considérés, dans tous les cas, comme des « restrictions par objet », au sens de l'article 101, paragraphe 1, TFUE.

Cette qualification ne peut être retenue que lorsqu'il ressort de l'examen de l'accord en question, que les transferts de valeurs (monétaires ou non) prévus par celui-ci s'expliquent uniquement par l'intérêt commercial des deux parties, les conduisant à ne pas se livrer une concurrence par les mérites. À son tour, l'examen de cette condition nécessite d'apprécier si le solde positif net des valeurs du fabricant princeps au profit du génériqueur crée une incitation suffisante pour conduire le génériqueur à renoncer à entrer sur le marché (*Lundbeck*, §§ 113-115).

Suivant l'avis de l'avocate générale – qui n'avait pas reculé devant l'affirmation d'un truisme – la cour enterre la notion d'« expérience acquise » en tant qu'élément d'identification du « degré suffisant de nocivité » d'une pratique

Au terme d'un raisonnement sommaire et qui peine à convaincre, la Cour abandonne la notion d'expérience acquise, en tant qu'élément d'identification du degré suffisant de nocivité d'une pratique, conduisant à la qualification de restriction de concurrence par objet. Rappelons que dans son arrêt *Groupement CB* de 2014 (C-67/13 P), la Cour avait affirmé le principe suivant (§ 51) : « (...) Il est acquis que certains comportements collusoires, tels que ceux conduisant à la fixation horizontale des prix par des cartels, peuvent être considérés comme étant tellement susceptibles d'avoir des effets négatifs (...) qu'il peut être considéré inutile, aux fins de l'application de l'article 81, paragraphe 1, CE, de démontrer qu'ils ont des effets concrets sur le marché (...). En effet, l'expérience montre que de tels comportements entraînent des réductions de la production et des hausses de prix, aboutissant à une mauvaise répartition des ressources au détriment, en particulier, des consommateurs ». Ce paragraphe venait à la suite de – et précisait – l'affirmation selon laquelle « certaines formes de coordination entre entreprises peuvent être considérées, par leur nature même, comme nuisibles au bon fonctionnement du jeu normal de la concurrence » (*idem*, § 50). Le champ sémantique était clairement celui de l'évidence, la référence aux cartels était éloquente.

Les pratiques reprochées à Lundbeck et aux génériqueurs relevaient-elles de cette « évidence » et s'apparentaient-elles à ces formes de coordination nuisibles à la concurrence « par leur nature même », selon les termes utilisés par la Cour dans l'arrêt *Groupement CB* ? Il est permis d'en douter. Ainsi, il a été abondamment relevé, tant par la Cour que par l'Avocate générale Mme Kokott, que cette affaire était la première sanction imposée par la Commission à un accord de « pay-for-delay », et qu'elle se caractérisait par une interaction complexe entre le droit de la concurrence et le droit de la propriété intellectuelle. La Cour a également affirmé que de tels accords ne constituent pas nécessairement, en tant que tels, une restriction de concurrence par objet (*Lundbeck*, § 113). Au contraire, la qualification de restriction de concurrence par objet suppose une analyse – nécessairement complexe – des intérêts commerciaux des parties en cause et donc des contreparties qu'ils en retirent, alors même que la Cour admet qu'il n'appartient pas à la Commission d'apprécier la force ou la faiblesse des brevets en cause, ce qui conditionne pourtant nécessairement l'analyse en question ! Est-on véritablement ici sur le terrain de l'évidence celui de pratiques qui sont anticoncurrentielles par leur nature même, comparables à des pratiques de fixation horizontale de prix dans le cadre d'un cartel ?

Alors même le caractère nouveau de l'analyse dans le cadre des accords amiables en matière de brevets et les éléments de complexité affirmés par la Cour elle-même, semblaient justifier avec insistance que la condition « d'expérience acquise » fût jugée non remplie ici, la Cour l'écarte dans une formulation sibylline : « (...) Il n'est nullement requis que le même type d'accords ait déjà été condamné par la Commission pour que ceux-ci puissent être considérés comme restrictifs de la concurrence par objet, et ce quand bien même ceux-ci interviendraient dans un contexte spécifique tel que celui des droits de propriété intellectuelle » (*Lundbeck*, § 130). Il s'agit bel et bien ici d'un petit revirement de jurisprudence, par lequel la Cour abandonne, sans réelle justification, l'un des éléments de l'analyse du degré suffisant de nocivité qu'elle avait développée dans son arrêt *Groupement CB*. Au demeurant, on ne trouvera guère plus d'explication dans les conclusions de l'Avocate générale, qui se contente d'affirmer que « Le rôle de l'expérience et, partant, la prévisibilité à cet égard concernent en effet (...) non pas la catégorie spécifique d'un accord dans un secteur particulier, mais le fait qu'il est établi que certaines formes de collusion, telle l'exclusion de concurrents du marché, sont, en général et au vu de l'expérience acquise, tellement susceptibles d'avoir des effets négatifs sur la concurrence qu'il n'est pas nécessaire de démontrer qu'elles ont des effets dans le cas particulier en cause » (conclusions du 4 juin 2020, § 156). En d'autres termes, l'expérience acquise permet de confirmer que des collusions excluant des concurrents sont anticoncurrentielles, ce qui s'apparente à un truisme et n'apporte guère d'éclaircissements dans la situation complexe et nouvelle soumise à la Cour.

L'analyse du scénario contrefactuel n'est pas requise au stade de la qualification de restriction de concurrence par objet d'une pratique, dès lors que cette qualification résulte du degré suffisant de nocivité de la pratique en cause.

Soulignons enfin que, dans son pourvoi, Lundbeck avait invoqué le paragraphe 37 de l'arrêt *Generics* (UK), selon lequel « lorsqu'est en cause un accord ayant pour conséquence de maintenir temporairement hors du marché une entreprise, il y a lieu de déterminer s'il aurait existé, en l'absence dudit accord, des possibilités réelles et concrètes que cette entreprise accède audit marché et concurrence les entreprises qui y sont établies ». La requérante en déduisait que la Commission aurait été tenue d'examiner le « *scénario contrefactuel* » fondé sur le comportement hypothétique des génériqueurs en l'absence d'accord, au motif qu'un tel élément serait à prendre en compte dans le cadre de toute analyse concurrentielle même lorsque l'accord concerné est réputé comporter une restriction par objet. Lundbeck soutenait notamment que cette analyse était nécessaire pour exclure que cette restriction puisse être causée par d'autres facteurs, comme en l'espèce l'existence de brevets.

La Cour rejette cet argument, en précisant que l'examen du « *scénario contrefactuel* » vise à apprécier les effets d'une pratique collusoire au regard de l'article 101 TFUE lorsqu'il n'a pas été constaté le degré suffisant de nocivité de la pratique, conduisant à sa qualification de restriction par objet. La Cour ajoute, pour éviter toute ambiguïté : « *(...) Sauf à nier la distinction nette existant entre les notions de "restriction par objet" et de "restriction par effet" issue de la lettre même de l'article 101, § 1 TFUE (...), l'examen du "scénario contrefactuel", qui a pour finalité de mettre en évidence les effets d'une pratique collusoire déterminée, ne saurait s'imposer aux fins de la qualification d'une pratique collusoire de "restriction par objet"* » (§ 140).

Ces arrêts étaient attendus et sont en partie sans surprise, puisque la Cour s'inscrit dans le droit fil de son arrêt *Generics* (UK) de 2020. Pour être sans surprise, ils n'en laissent pas moins subsister quelques interrogations et peuvent par endroits prêter le flanc à la critique, ne serait-ce qu'en raison de l'abandon de l'élément de l'« *expérience acquise* » en tant que facteur de qualification de restriction de concurrence par objet, alors même que les faits de l'espèce étaient nouveaux et leur analyse complexe.

On peut y voir un élargissement implicite de la notion de restriction de concurrence par objet, et donc un retour en arrière par rapport à l'arrêt *Groupement CB* de 2014. En concurrence comme ailleurs, l'histoire est un éternel recommencement, rythmé de coups de balanciers.

M. Debroux
Concurrences N° 3-2021, Art. N° 101690, p. 85

Voir aussi, sur les origines de l'affaire

Trib. UE, 8 sept. 2016, Sun Pharmaceutical Industries et Ranbaxy, T-460/13 e. a.

L. Bernardeau, "Pay-for-delay" : Le Tribunal de l'Union européenne confirme les amendes de près de 150 millions d'euros infligées à plusieurs sociétés dans le cadre d'un accord visant à retarder la commercialisation du générique d'un antidépresseur (Sun Pharmaceutical Industries et Ranbaxy, Arrow Group et Arrow Generics, Generics (UK), Merck, Xellia Pharmaceuticals et Alpharma, Lundbeck), 8 septembre 2016, Concurrences N° 4-2016, Art. N° 81881, pp. 90-92.

2.2.2 Jurisprudence française

Affaire de la « téléphonie mobile »

Cass. com., 29 juin 2007, Bouygues Télécom e. a., n° 07-10.303

La Cour de cassation confirme l'essentiel des sanctions du Conseil de la concurrence condamnant l'entente entre opérateurs.

On se souvient qu'à l'été 2001, le Conseil de la concurrence avait décidé, dans le cadre de ses pouvoirs d'autosaisine de s'intéresser à l'état de la concurrence sur le marché de la téléphonie mobile. Bouygues Télécom (Bouygues), SFR et Orange France (Orange) se partageaient le marché – dans tous les sens du terme. Au terme de son enquête, le Conseil de la concurrence a, par décision n° 05-D-65 du 30 novembre 2005, estimé que ces trois opérateurs avaient enfreint les dispositions des articles L. 420-1 du Code de commerce et 81 du Traité CE, d'une part, en échangeant régulièrement, de 1997 à 2003, des informations confidentielles relatives au marché, de nature à réduire l'autonomie commerciale de chacune d'elles, et ainsi à altérer la concurrence sur ce marché oligopolistique, et d'autre part, en s'entendant pendant les années 2000 à 2002 pour stabiliser leurs parts de marché respectives autour d'objectifs définis en commun. Il leur avait alors infligé des sanctions pécuniaires allant de 16 à 41 millions d'euros pour les premiers faits et de 42 à 215 millions d'euros pour les seconds. La Cour d'appel de Paris avait confirmé la totalité du dispositif, mais les opérateurs s'étaient, vu les enjeux, pourvus en cassation. La cour vient de rendre, le 29 juin dernier, sa décision, qui, pour l'essentiel, valide les sanctions, mais sur un seul chef.

Les société requérantes articulaient plusieurs moyens de procédure, sur lesquels la Cour n'innove pas au regard de sa jurisprudence habituelle (par exemple en estimant que les éventuelles imperfections de la procédure contradictoire devant le Conseil sont couvertes par la procédure devant la Cour qui permet au débat de se dérouler avec toutes les garanties requises et sur tous les points) ou s'en remet à l'appréciation souveraine des juges du fond ; certains des moyens pouvaient d'ailleurs prêter à sourire, quand les pauvres petites entreprises se plaignaient d'avoir été confrontées à trois fonctionnaires à la fois au mépris de l'égalité des armes...

Au fond, la cour valide entièrement le grief résultant d'un faisceau d'indices établissant une répartition des parts de marché et une coordination des politiques commerciales, et donc les sanctions en découlant. En revanche, elle censure l'erreur de droit consistant à avoir admis qu'un échange d'informations portant sur les positions commerciales et non publiques entre opérateurs est par lui-même le signe d'une entrave à la concurrence : il faut, sur la base de ces faits, rechercher si effectivement ils ont eu un tel impact. L'arrêt est cassé sur ce point (et donc les sanctions afférentes) et l'affaire renvoyée devant la cour de Paris ; il n'est pas impossible qu'elle parvienne à maintenir la décision du Conseil fut-ce en la réformant partiellement, avec une formulation répondant aux légitimes critiques de la Cour de cassation, qui exclut – comme la plupart des cours suprêmes en matière de concurrence – toute automaticité en matière d'ententes : les faits comptent plus que les comportements, et la suspicion doit être corroborée pour donner lieu à sanction. Au total, cet arrêt n'a rien de révolutionnaire mais méritait d'être mentionné pour la pierre supplémentaire qu'il pose sur l'édifice de la crédibilité et de l'efficacité du Conseil de la concurrence, dont les procédures et analyses sortent grandies d'un litige dans lequel il jouait clairement le rôle d'un David peu impressionnant face aux Goliath du secteur.

T. Tuot

Concurrences N° 3-2007, Art. N° 13926, p. 159

Voir aussi

V. Michel-Amsellem, Secret de l'instruction – Secret du délibéré : La Cour de cassation confirme l'analyse de la Cour d'appel de Paris relative à l'absence de violation du secret de l'instruction et du secret du délibéré et confirme sa jurisprudence sur le caractère non public des séances (Téléphonie mobile), 29 juin 2007, Concurrences N° 3-2007, Art. N° 13858, pp. 138-139.

Voir aussi, sur les origines de l'affaire

Cons. conc., déc. n° 05-D-65 du 30 nov. 2005 relative à des pratiques constatées dans le secteur de la téléphonie mobile

E. Claudel, Parallélisme de comportements : Le Conseil de la concurrence sanctionne lourdement les opérateurs de téléphonie mobile pour s'être répartis le marché (Orange France, SFR, Bouygues Télécom), 30 novembre 2005, Concurrences N° 1-2006, Art. N° 856, pp. 131-132.

CA Paris, 12 déc. 2006, RG n° 2006/00048

E. Claudel, Échanges d'information : La Cour d'appel de Paris confirme en tous points la décision du Conseil de la concurrence (Téléphonie mobile), 12 décembre 2006, Concurrences N° 1-2007, Art. N° 12782, p. 82.

V. Michel-Amsellem, Confidentialité : La Cour d'appel de Paris apporte quelques réponses sur la protection de la confidentialité (Téléphonie mobile), 12 décembre 2006, Concurrences N° 1-2007, Art. N° 13130, p. 149.

CA Paris, 30 juin 2011, Orange France, RG n° 2010/12040

La Cour d'appel de Paris confirme le rejet, après cassation, d'un recours exercé contre la décision du Conseil de la concurrence dans l'affaire de la Téléphonie mobile.

En 2005, le Conseil de la concurrence avait sanctionné les trois opérateurs français de téléphonie mobile à un total de 534 millions d'euros pour deux ententes ayant restreint le jeu de la concurrence sur le marché des services de téléphonie mobile : (i) un échange d'informations mensuelles concernant les nouveaux abonnements et résiliations de 1997 à 2003 et (ii) une entente de stabilisation de parts de marché de 2000 à 2002 (décision n° 05-D-65 du 30 novembre 2005).

Le 12 décembre 2006, la Cour d'appel de Paris avait validé en tous points l'analyse du Conseil. Mais la Cour de cassation était une première fois intervenue sur l'échange d'informations pour considérer que la Cour d'appel n'avait pas justifié sa décision en s'abstenant de rechercher *in concreto* si l'échange d'informations avait eu pour objet ou pour effet réel ou potentiel de restreindre la concurrence compte tenu des caractéristiques du marché et de la périodicité des échanges. Elle avait donc renvoyé à la Cour d'appel la partie de la décision retenant l'échange d'informations et les sanctions pécuniaires correspondantes.

Par un nouvel arrêt du 11 mars 2009, la Cour d'appel de Paris avait de nouveau confirmé la décision du Conseil, sur la base d'une motivation plus détaillée des effets de la pratique concernée. Faisant sienne l'analyse du Conseil, la Cour d'appel avait notamment souligné « que ces informations, suffisamment précises et d'une grande actualité, concernaient un marché oligopolistique fermé en phase d'expansion puis de consolidation sur lequel la concurrence était en voie d'atténuation ; que ces échanges avaient accru la transparence du marché et révélé aux opérateurs leurs stratégies respectives en leur permettant, par leur accord de volonté, de limiter la concurrence résiduelle ».

Nouveau pourvoi des opérateurs de téléphonie devant la Cour de cassation qui cassa cette fois partiellement l'arrêt sur la preuve du dommage à l'économie, à l'égard de la seule société Orange qui avait soulevé un moyen sur ce terrain (arrêt du 7 avril 2010, pourvois n° Z 09-12.984 e. a., la présente chronique, *Concurrences* n° 2-2010, p. 67). La Cour de cassation a cassé l'arrêt d'appel à deux titres : pour avoir considéré que l'existence du dommage à l'économie pourrait être présumée (renversant ce faisant sa propre jurisprudence) et pour avoir en tout état de cause estimé que le dommage à l'économie serait établi à suffisance de droit au vu de la taille du marché et du fait que tous les opérateurs avaient participé à la pratique, alors qu'elle aurait dû tenir compte de la sensibilité de la demande au prix.

Reprenant l'affaire pour la troisième fois, la Cour d'appel de Paris a rejeté le recours d'Orange par un arrêt dont la motivation continue à susciter un certain nombre de questions (arrêt du 30 juin 2011, RG n° 10/12049).

La Cour d'appel énonce tout d'abord qu'en « l'espèce, la pratique d'échange d'informations en ce qu'elle réduit significativement l'incertitude sur les évolutions de la demande a causé un dommage certain et obligé à l'économie en réduisant le surplus des consommateurs, l'entreprise ajustant et affinant ainsi sa politique commerciale en fonction de la connaissance améliorée dont elle disposait illicitement du niveau de la demande dans un marché où les entreprises se concurrencent en prix pour des produits différenciés mais substituables ; que la pratique litigieuse a permis de la sorte aux opérateurs concernés et, en particulier, à la société Orange, d'optimiser leurs anticipations sur l'évolution de la demande à laquelle les intéressés furent confrontés et d'extraire de la sorte le surplus des consommateurs ».

En d'autres termes, pour la Cour d'appel, un échange d'informations sur les évolutions récentes de la demande d'un produit homogène engendre nécessairement un dommage à l'économie sous la forme d'une appropriation du surplus des consommateurs. Il faut avouer que l'on a quelque peine à suivre un tel raisonnement qui revient sur les effets de la pratique et non seulement sur le dommage à l'économie par des considérations contredisant toute possibilité qu'un échange d'informations produise des effets pro-concurrentiels. Or, les lignes directrices sur l'application de l'article 101 aux accords de coopération horizontale reconnaissent que les échanges d'informations peuvent produire différents types de gains d'efficacité, y compris sur des marchés oligopolistiques (Com. de la Commission 2011/C 11/01).

La cour semble considérer que la possibilité d'ajuster une politique commerciale au vu de l'évolution des volumes se fait nécessairement au détriment des consommateurs, sans expliquer plus avant que la précédente formation de jugement les éléments qui permettraient de l'affirmer

La Cour d'appel observe également qu'un tel échange d'informations « est préjudiciable à la libre concurrence sur un marché oligopolistique par le simple fait qu'elle a un effet dissuasif en soi à l'endroit de concurrents potentiels souhaitant entrer sur ce marché sans participer à de telles pratiques ou qui, s'ils avaient été présents sur ledit marché, eussent recherché un prix concurrentiel hypothétique conforme au jeu de la concurrence ». Le fait que les informations ne soient partagées que par les trois membres de l'oligopole est cependant insusceptible d'établir le dommage à l'économie. La théorie économique indique au contraire que cette caractéristique ne permet pas de dissocier les échanges d'information pro- ou anticoncurrentiels (en ce sens, Frédéric Jenny, « L'économie des échanges d'informations entre concurrents et le droit de la concurrence », *Concurrences* n° 2-2011, p. 1). La Commission a elle-même sensiblement fait évoluer sa position sur ce point (Com. précitée point 93).

Enfin, invitée à se pencher sur l'élasticité de la demande au prix, la Cour d'appel relève que « la prise en compte nécessaire de la sensibilité de la demande par rapport au prix, celle-ci étant en l'espèce modérée, n'est pas de nature à modifier l'analyse faite par le Conseil au travers des critères (...) tirés de la taille du marché concerné, de l'implication dans les pratiques des trois opérateurs présents sur ledit marché et du fait que le dommage s'est accru à compter de l'année 2000, année à partir de laquelle l'intensité de la concurrence a fortement diminué, les échanges ayant alors, de surcroît, permis jusqu'en 2002 aux trois opérateurs de surveiller la mise en œuvre de leur accord de gel des parts de marché ».

Si les directives données par la Cour de cassation étaient certes sibyllines, observer l'élasticité de la demande par rapport au prix est cependant nécessaire pour déterminer dans quelle mesure une pratique restrictive permet aux entreprises concernées d'augmenter leurs prix sans que les consommateurs ne se détournent de leurs produits, et donc de mesurer l'ampleur du dommage à l'économie. Si l'élasticité de la demande est faible, les opérateurs ont la capacité d'augmenter les prix sans perdre en volumes et dès lors, en effet, de s'approprier une partie du surplus du consommateur ; si elle est élevée, le bénéfice qu'ils sont susceptibles d'en tirer est au contraire limité.

La Cour d'appel donne le sentiment d'avoir recherché si l'élasticité de la demande par rapport au prix était de nature à modifier l'analyse du Conseil. En réalité, il convenait qu'elle s'assure que l'élasticité de la demande par rapport au prix était suffisamment faible pour justifier l'analyse du Conseil, et sa décision sur ce point ne semble pas correspondre aux attentes de la Cour de cassation. Pour finir, la Cour d'appel prétend établir le dommage à l'économie en se fondant sur l'accord de parts de marché intervenu par ailleurs entre les mêmes entreprises. Mais le Conseil ayant considéré deux pratiques distinctes et parallèles, c'est tout aussi indépendamment que le dommage à l'économie de chacune doit être établi.

À quand des lignes directrices pour éclairer les juridictions de contrôle sur les échanges d'informations ?

Bref, cet arrêt de la Cour d'appel trouble plus qu'il ne clarifie l'analyse des effets posée par la précédente Cour d'appel. Des lignes directrices de l'Autorité en la matière, approfondissant les premières indications fournies par la Commission dans ses lignes directrices précitées, auraient le mérite de mieux baliser le chemin des juridictions et de renforcer la sécurité juridique des entreprises.

Enfin, la Cour d'appel considère que la sanction, représentant 0,54 % du chiffre d'affaires du groupe France Telecom en 2004, est proportionnée à la gravité de la pratique et à l'importance du dommage causé par celle-ci à l'économie. Là encore, la motivation semble légère : elle ne repose sur aucun calcul de la proportion du chiffre d'affaires réalisé sur le marché concerné et procède à nouveau par amalgame avec le second grief retenu par le Conseil en justifiant l'amende par le fait que l'échange d'informations serait constitutif d'une entente horizontale en vue d'une répartition de marché.

Il faut avouer que la caractérisation de deux griefs parallèles pour l'échange d'informations et l'entente *stricto sensu* soulève depuis l'origine quelques difficultés conceptuelles : ou l'échange d'informations restreignait en tant que tel la concurrence au point d'être sanctionné comme il l'a été et une entente explicite parallèle n'avait alors pas grande utilité ; ou alors l'échange d'informations n'a pas eu l'effet dénoncé, d'où le recours à l'entente explicite, dans laquelle il ne constitue en toute hypothèse qu'un simple outil de surveillance et non une pratique anticoncurrentielle indépendante.

N. Jalabert-Doury
Concurrences N° 4-2011, Art. N° 39943, p. 99

Affaire de la « commission image-chèque »

Cass. com., 29 janv. 2020, 2 arrêts, La Banque postale e. a., n° 18-10.967 et 18-11.001

La Cour de cassation affirme, avec fermeté, que la notion d'objet anticoncurrentiel doit être appréciée de manière restrictive, en l'absence d'expérience acquise par les autorités sur la pratique en cause.

Dans le secteur bancaire, les années 2000 ont été marquées par le passage à la dématérialisation. S'agissant de l'encaissement des chèques, cette dématérialisation a provoqué une accélération du transfert des sommes. Par conséquent, la banque de l'émetteur du chèque (le tireur) perd l'argent plus tôt et celle du bénéficiaire l'encaisse plus vite, ce qui lui permet de le placer et d'en tirer des revenus. Le système avantage certaines banques, en particulier celles qui ont une importante clientèle de commerçants et en désavantage d'autres. C'est la raison pour laquelle cette dématérialisation a posé certains problèmes. Après plusieurs tentatives préalables qui se sont soldées par des échecs, faute d'accord des banques, une ultime tentative a été initiée et s'est soldée par la conclusion d'accords entre banques prévoyant l'instauration de diverses commissions. La plus importante a pris le nom de « commission d'échange image-chèque » (CEIC) ; elle imposait, à chaque remise de chèque, à la banque du bénéficiaire de payer 4,3 centimes à la banque du tireur, afin de compenser la perte de trésorerie. Par ailleurs, une autre commission appelée « Commissions sur annulation d'une opération compensée à tort » (AOCT) a été instaurée afin de compenser les charges supportées par les banques lorsqu'elles effectuent la contrepassation d'une opération initiale émise à tort. Le système a ainsi été décrit par l'Autorité : « La commission sur annulation d'image-chèque est payée par la banque remettante qui, constatant une telle erreur, demande à la banque tirée l'annulation de l'opération compensée à tort. La commission sur annulation de rejet d'image-chèque est payée par la banque tirée qui, ayant émis un rejet à tort, demande à la banque remettante d'annuler cette opération ».

Une saga qui dure depuis 10 ans

En 2010, l'Autorité de la concurrence a sanctionné les banques françaises pour avoir mis en place un tel système de commissions interbancaires appliqué lors de la remise de chèques et destiné à compenser les effets de la dématérialisation de leur traitement (Aut. conc., déc. n° 10-D-28 du 20 sept. 2010 relative aux tarifs et aux conditions liées appliquées par les banques et les établissements financiers pour le traitement des chèques remis aux fins d'encaissement). Le concours de volontés entre les banques ne faisait pas de doute, puisque ces commissions, d'un même montant pour chacune des banques concernées, étaient le résultat de décisions collectives. S'agissant de la restriction de concurrence, l'Autorité a retenu l'existence d'un objet anticoncurrentiel. Étudiant la question sous l'angle des restrictions accessoires, puis sous l'angle des exemptions, l'Autorité a écarté ces modes de défense, estimant que ces commissions n'étaient pas nécessaires pour le passage à la dématérialisation et remarquant, au passage, que, si la dématérialisation fait en effet perdre de l'argent à certaines banques, du fait des transferts des sommes plus rapides, elle permet aussi des gains de trésorerie pour les banques lorsqu'elles ont la qualité de banque bénéficiaire et des économies de frais administratifs. Quant à la commission AOCT, son montant n'étant pas apparu comme étant en adéquation avec les coûts supportés par les banques pour le service rendu, l'Autorité en a déduit qu'elle avait le même objet anticoncurrentiel.

Pour bien comprendre cette décision de l'Autorité et les débats auxquels elle a donné lieu, il n'est pas inutile de remarquer que celle-ci a été rendue en 2010, peu après l'adoption de l'arrêt *BIDS* (CJCE, 20 nov. 2008, aff. C-209/07, ECLI:EU:C:2008:643), qui avait été analysé comme facilitant le recours à l'objet anticoncurrentiel.

En 2012, la Cour d'appel a, ensuite, infirmé cette décision, estimant que l'objet anticoncurrentiel ne pouvait pas être retenu et qu'une recherche des effets était indispensable (CA Paris, 23 févr. 2012, RG n° 2010/20555). Cet arrêt a fait l'objet d'une cassation pour des raisons purement procédurales.

En 2017, la Cour d'appel de renvoi a ensuite choisi de faire marche arrière, en confirmant la qualification d'entente pour objet retenue initialement par l'Autorité (CA Paris, 21 déc. 2017, RG 2015/17638). Le scénario anticoncurrentiel sur lequel la Cour d'appel de renvoi a fondé son raisonnement comporte deux volets : d'une part, ces commissions interbancaires provoqueraient une hausse des prix payés par les utilisateurs sur toutes sortes de services bancaires ; d'autre part, en permettant un statu quo financier pour les banques qui voulaient conserver leur équilibre financier, elles seraient de nature à figer les parts de marché des banques. Aucun de ces deux pans du scénario anticoncurrentiel n'a convaincu la Cour de cassation.

En janvier 2020, la Cour de cassation prononce une nouvelle cassation, à la fois pour violation de l'article 101 TFUE et de l'article L. 420-1 C. com. et pour manque de base légale.

La Cour de cassation casse l'arrêt pour violation de la loi, reprochant aux juges d'appel de s'être fondé sur la présomption selon laquelle la pratique provoquait des hausses de prix

Accueillant le premier moyen présenté par les demandeurs au pourvoi, la Cour de cassation décide qu'« en se fondant sur la présomption, contestée, d'une répercussion nécessaire des commissions litigieuses sur les prix finaux, prise du financement du service de chèque par subventions croisées et d'un principe général de répercussion par tout opérateur économique de tout élément de coût sur les prix finaux, la Cour d'appel qui, en l'absence d'expérience acquise pour ce type de commissions interbancaires, a méconnu le principe d'interprétation restrictive de la notion de restriction de concurrence par objet, a violé les textes susvisés ». On remarquera que le cas d'ouverture de la cassation est bien une violation de loi et non un manque de base légale, ce qui signifie que pour la Cour de cassation, les juges du second degré n'ont pas simplement caractérisé l'objet anticoncurrentiel de manière insuffisante, mais l'ont caractérisé de manière erronée.

On sait que, depuis l'arrêt *Groupement des cartes bancaires* (CJUE, 11 sept. 2014, aff. C-67/13 P), la jurisprudence est devenue plus exigeante quant à la démonstration de l'existence d'un objet anticoncurrentiel puisque, désormais, celle-ci ne peut être retenue que pour certains types de coordination dotés d'un degré de nocivité particulier. Il n'est donc guère surprenant que, rendu 10 ans après la décision initiale de l'Autorité, l'arrêt de la Cour de cassation manifeste une sévérité plus grande à ce sujet. À vrai dire, la cassation était même assez prévisible (Rappr. L. Idot, « La distinction restriction de concurrence par objet/restriction de concurrence par effet et l'article 101 TFUE : un sujet de disputatio », Mélanges C. Lucas de Leyssac, LexisNexis 2018, p. 235).

Se fondant expressément sur la jurisprudence de la Cour de justice qui exige de donner à la notion d'objet anticoncurrentiel une « interprétation stricte » (CJUE, 26 nov. 2015, Sia Maxima Latvija, aff. C-345/14), la Cour de cassation reproche aux juges d'appel de s'être appuyé sur la présomption selon laquelle les commissions sont nécessairement répercutées sur le consommateur. Et c'est pour violation de ce principe dit « d'interprétation restrictive » de l'objet anticoncurrentiel que la cassation intervient. On remarquera avec intérêt que la Cour de cassation, pour sanctionner l'utilisation de la présomption par la Cour d'appel, signale que celle-ci était « contestée ». De plus en plus, la restriction par l'objet paraît être fondée sur une idée d'« évidence », à l'instar de ce qui existe pour le contentieux conservatoire. Il faut que la pratique s'analyse, avec évidence, comme étant restrictive de concurrence, c'est-à-dire qu'il en découle de sa « nature », pour qu'elle puisse être qualifiée de restriction par l'objet. Dès lors qu'il y a des débats sur cet élément, et que cela nécessite, de la part des autorités, des investigations poussées, alors on n'est plus dans le champ de la restriction par objet.

Au passage, la Cour de cassation signale d'ailleurs l'absence d'expérience acquise pour ce type de commissions interbancaires. Si une telle expérience avait existé, alors il aurait probablement été possible de présumer la nocivité particulière de la pratique et de caractériser l'objet anticoncurrentiel, ce qui aurait permis de se passer de la recherche et de la mesure des effets anticoncurrentiels. Est-ce à dire que, sans expérience sur la pratique en cause, il est impossible de se fonder sur l'objet anticoncurrentiel et qu'il est alors indispensable de rechercher les effets ? N'allons pas trop vite en besogne. La Cour de cassation interdit seulement de présumer la particulière nocivité de la pratique, c'est-à-dire de présumer son objet anticoncurrentiel. Rien n'interdit en revanche, s'agissant d'une pratique nouvelle, de rapporter la preuve de son caractère particulièrement nocif et, donc, de son objet anticoncurrentiel. La lecture de la suite de l'arrêt confirme cette interprétation.

La Cour de cassation casse l'arrêt pour défaut de base légale, estimant que les juges d'appel n'ont pas expliqué en quoi la pratique aboutissait à cristalliser la structure du marché

Alors qu'il aurait été possible de s'en tenir au premier motif de cassation, la Cour de cassation accueille un autre moyen et casse également l'arrêt d'appel pour défaut de base légale. Cette seconde cassation sur les mêmes chefs de la décision d'appel peut étonner : le procédé n'est pourtant pas inédit ; la « cassation multiple » peut avoir des intérêts, en particulier lorsque la Cour de cassation veut clairement montrer sa désapprobation au sujet de plusieurs motifs de l'arrêt critiqué (Voir, sur cette question, Jacques et Louis Boré, La cassation en matière civile, Dalloz action 2015/2016, n° 122.06). En l'espèce, l'examen du fond de l'arrêt permet de comprendre en quoi cette cassation multiple était nécessaire. La Cour d'appel n'avait pas seulement justifié sa décision par la prise en compte de la présomption contestée. Elle avait également expliqué que l'objet anticoncurrentiel de ces commissions découlait d'un de ses objectifs : le maintien des équilibres financiers dans le secteur bancaire. Par cette seconde cassation, il s'est agi, pour la Cour de cassation, de montrer que ce second motif avancé par la Cour d'appel pour justifier l'existence d'un objet anticoncurrentiel ne pouvait pas davantage être utilisé.

En effet, après avoir affirmé, dans la première partie de l'arrêt, qu'aucune présomption ne pouvait être utilisée pour démontrer l'existence d'un objet anticoncurrentiel, la Cour de cassation reproche ensuite aux juges du second degré de ne pas avoir « précisé les éléments sur lesquels elle se fondait pour affirmer que la recherche du maintien des équilibres financiers entre les banques conduisait à la cristallisation de la structure du marché ».

Il est vrai qu'on ne voyait pas bien en quoi la seule fixation de commissions de même montant pouvait figer les parts de marché des banques sur le marché aval ! La concurrence entre banques s'exerce de diverses manières, sur les divers services offerts. Le fait que certains de leurs frais appliqués à propos des remises de chèques soient identiques ne remet nullement en cause leur capacité à se faire concurrence. Ou sinon, il faudrait en dire autant pour d'autres frais, comme des taxes ou des impôts fixés à l'identique pour toutes les entreprises qui pourraient également être considérés comme étant anticoncurrentiels !

Devant une nouvelle Cour d'appel de renvoi, il faudra à nouveau discuter de la restriction de concurrence engendrée par ces pratiques. Le recours à la qualification de restriction par objet étant désormais banni, il incombera à la Cour d'appel de rechercher l'existence d'effets anticoncurrentiels. La tâche s'annonce délicate. Des analogies pourront peut-être être faites avec l'affaire du groupement des cartes bancaires, où, après avoir réfuté l'existence d'un objet anticoncurrentiel, des effets anticoncurrentiels sensibles ont pu être établis, permettant aux autorités européennes de condamner les membres de cette entente (Trib. UE, 30 juin 2016, aff. T-491/07).

A.-S. Choné-Grimaldi
Concurrences N° 2-2020, Art. N° 94731, p. 75

Voir aussi, sur les origines de l'affaire

– La décision de l'Autorité

Aut. conc., déc. n° 10-D-28 du 20 sept. 2010 relative aux tarifs et aux conditions liées appliquées par les banques et les établissements financiers pour le traitement des chèques remis aux fins d'encaissement

L. Nicolas-Vullierme, Secteur bancaire – Sanction : L'Autorité de la concurrence sanctionne 11 établissements bancaires pour un montant total de 384,9 millions d'euros (Traitement des chèques), 20 septembre 2010, Concurrences N° 4-2010, Art. N° 32991, pp. 108-117.

C. Lemaire, Accès au dossier : L'Autorité de la concurrence valide l'utilisation d'un sondage de prix dont les données ont été transmises en cours de contradictoire après contrôle par un expert (Banques et établissements financiers), 20 septembre 2010, Concurrences N° 4-2010, Art. N° 33176, pp. 208-210.

▶

▶
– Le premier arrêt de la cour d'appel

CA Paris, 23 fév. 2012, Crédit Lyonnais e. a., RG n° 2010/20555

N. Jalabert-Doury, Restriction par objet : La Cour d'appel de Paris réforme la décision de l'Autorité de la concurrence dans l'affaire des commissions échange image-chèque au motif que l'existence d'une infraction par objet n'a pas été démontrée à suffisance de droit (Crédit Lyonnais), 23 février 2012, Concurrences N° 2-2012, Art. N° 45846, pp. 52-55.

– Le premier arrêt de la Cour de cassation

Cass. com., 14 avr. 2015, Le Crédit lyonnais, n° 12-15.971

C. Lemaire, S. Naudin, Interventions volontaires : La Cour de cassation censure la Cour d'appel de Paris pour avoir jugé que des interventions volontaires étaient sans objet du fait de la réformation de la décision de condamnation qu'elles soutenaient (Crédit Lyonnais), 14 avril 2015, Concurrences N° 3-2015, Art. N° 75112, p. 153.

– Le second arrêt de la cour d'appel

CA Paris, 21 déc. 2017, Crédit Lyonnais (LCL – Crédit Lyonnais) e. a., RG n° 15/17638

L. Bernardeau, Amendes : La Cour d'appel de Paris confirme, sur renvoi, la décision de l'Autorité de la concurrence dans l'entente des commissions interbancaires non justifiées lors du passage à la dématérialisation du traitement des chèques, tout en réformant le montant de certaines amendes (LCL – Crédit Lyonnais), 21 décembre 2017, Concurrences N° 2-2018, Art. N° 86854, pp. 66-70.

CA Paris, 2 déc. 2021, BNP Paribas e. a., RG n° 20/04626

La Cour d'appel de Paris réforme la décision ayant infligé une amende de près de 385 millions d'euros à 11 banques dans l'affaire de la tarification des chèques, et applique rigoureusement (davantage que la Cour ?) la notion de restriction de concurrence par objet.

La Cour de cassation lui avait tracé la voie, la Cour d'appel de Paris s'y est résolument engagée avec son arrêt rendu le 2 décembre 2021, dans lequel elle appelle l'Autorité à une approche plus rigoureuse de la notion de restriction de concurrence par objet.

On se souvient qu'à l'occasion du passage à l'euro, la dématérialisation de la compensation interbancaire des chèques s'était accompagnée, à partir de 2002, par la mise en place d'un système d'échange d'image-chèques [« EIC »] dans un système interbancaire de télécompensation, et d'un mécanisme de commissions interbancaires appliqué lors de la remise de chèques et destiné à compenser les effets de la dématérialisation de leur traitement. La principale de ces commissions, la « commission d'échange image chèque », [ou « CEIC »] imposait à la banque du bénéficiaire, à chaque remise de chèque, de payer 4,3 centimes à la banque du tireur, afin de compenser la perte de trésorerie. Une autre commission appelée « commissions sur annulation d'une opération compensée à tort » [« AOCT »] visait à compenser les charges supportées par les banques lorsqu'elles effectuent la contrepassation d'une opération initiale émise à tort.

Par sa décision n° 10-D-28 du 20 septembre 2010, l'Autorité avait sanctionné 11 banques françaises pour la mise en œuvre de ces commissions, uniformes pour chaque banque, dans lesquelles l'Autorité a vu l'existence d'un objet anticoncurrentiel. Il s'en était suivi une assez longue saga judiciaire, avec un premier arrêt de la Cour d'appel en date du 23 février 2012 qui avait infirmé cette décision (CA Paris, 23 févr. 2012, RG n° 2010/20555), lequel a été cassé en 2015 pour des raisons uniquement procédurales (Cass. com., 14 avril 2015, pourvoi n° 12-15.971). Sur renvoi, la Cour d'appel avait alors changé d'avis dans son arrêt du 21 décembre 2017 (RG n° 2015/17638), et confirmé la décision de 2010, mais cet arrêt avait à nouveau été cassé le 29 janvier 2020, pour défaut de base légale. Dans le droit-fil de la jurisprudence récente de la Cour de justice de l'UE et en particulier des arrêts *Groupement des cartes bancaires* du 11 septembre 2014 (aff. C-67/13 P) et *Sia Maxima Latvija* du 26 novembre 2015 (aff. C-345/14), cet arrêt remarqué, commenté dans la présente chronique (*Concurrences* n° 2-2020, p. 75-77, note A.-S.C.-G.), avait reproché à la Cour d'appel une interprétation extensive de la notion de restriction de concurrence par objet.

Comme l'y invitait la Cour de cassation, la Cour d'appel revient à une interprétation restrictive de la notion de restriction de concurrence par objet, qui ne peut reposer sur une présomption

Dans son arrêt du 29 janvier 2020, la Cour de cassation avait dit pour droit qu'il n'est pas permis de considérer, en l'absence d'expérience acquise pour ce type de commissions de nature compensatoire et dissuasive, que par leur nature même, elles présentent un degré de nocivité suffisante à l'égard de la concurrence pour être qualifiées de restriction de concurrence par objet. Sur ce, la Cour d'appel, avec l'appui remarqué du ministère public, rappelle à son tour que la notion de restriction par objet doit être interprétée de manière restrictive et ne peut être appliquée qu'à certains types de coordination entre entreprises révélant un degré suffisant de nocivité à l'égard de la concurrence pour qu'il puisse être considéré que l'examen de leurs effets n'est pas nécessaire (§ 113). La Cour d'appel souligne que l'Autorité de la concurrence ne pouvait se fonder sur la présomption, contestée, d'une répercussion nécessaire des commissions litigieuses sur les prix payés par les utilisateurs finals, au nom d'un supposé principe général de répercussion par tout opérateur économique de tout élément de coût sur les prix finaux. Or, en l'absence de toute stipulation contractuelle en ce sens dans les accords conclus par les banques, ces dernières restaient libres de déterminer, dans le cadre de leur relation commerciale avec leur clientèle, s'il y avait lieu de pratiquer une telle répercussion et dans quelle mesure.

La Cour retient le critère de l'« expérience acquise » parmi les critères d'identification d'une restriction de concurrence par objet, alors que la Cour s'en est écartée dans son récent arrêt *Lundbeck*

S'intéressant ensuite aux objectifs poursuivis par l'accord litigieux, la Cour d'appel admet que la préservation des équilibres de trésorerie interbancaire, qui participait de l'équilibre des deux faces du marché du chèque (émission et remise), pouvait être légitime au regard du jeu normal de la concurrence entre les banques. Quant au contexte juridique et économique, la Cour d'appel retient que l'instauration d'une commission interbancaire multilatérale visait à compenser, de manière transitoire, un déséquilibre de trésorerie induit par la dématérialisation d'un système de compensation interbancaire. Elle n'y voit aucune raison de constater un « *caractère nocif avéré et facilement décelable au vu de l'expérience acquise* » (§ 147). On relève ici la référence à l'expérience acquise comme critère d'identification d'une restriction de concurrence par objet, ce qui est conforme à la jurisprudence *Groupement Cartes Bancaires*, mais dont la Cour a semblé signer l'abandon dans son récent arrêt *Lundbeck* du 25 mars 2021 (aff. C-591/16,

v. *Concurrences* n° 3-2021, p. 85-87, note M.D.). Le débat n'est sans doute pas clos, et il faut saluer la position de la Cour d'appel, tant l'abandon du critère de l'expérience acquise pour des pratiques complexes et nouvelles n'est pas à l'abris de critiques.

Quant aux commissions sur AOCT, la Cour constate également que leur objectif de compenser le transfert de la charge générée par une banque qui a effectué une opération à tort, au détriment d'une autre, mais également d'inciter les établissements à plus de vigilance dans les opérations de paiement des chèques, n'apparaît ni artificiel ni illégitime. Leur fixation à un niveau uniforme pour chaque banque, sans considération de leurs coûts propres, ne permet pas de considérer, au regard des objectifs poursuivis et des circonstances dans lesquelles elles ont été instaurées, qu'elles ont pour objet de neutraliser un élément de concurrence entre les banques (§§ 155-156).

Jugeant que l'effet dévolutif du recours lui permet de se prononcer sur la notion de pratique restrictive de concurrence par les effets, la Cour va écarter l'existence de tels effets anticoncurrentiels.

La Cour ayant retenu que l'objet anticoncurrentiel de l'accord entre banques n'était pas établi, se posait alors la question de la portée de l'effet dévolutif du recours et de la possibilité pour la Cour de se prononcer sur les éventuels effets anticoncurrentiels des pratiques. Contrairement à la position défendue tant par les appelantes que par l'Autorité, la Cour d'appel juge que le recours formé contre une décision de l'Autorité qui constate une infraction aux articles 101, § 1 du TFUE et L. 420-1 du Code de commerce, investit la Cour du pouvoir de statuer à nouveau sur l'existence de cette infraction, de substituer sa propre motivation à celle de l'Autorité.

La Cour d'appel s'attache alors à déterminer si l'accord entre les banques est de nature à entraîner des effets anticoncurrentiels, en appliquant la méthode contrefactuelle qui impose d'examiner le jeu de la concurrence dans le cadre réel où il se produirait en l'absence de l'accord litigieux. Ainsi, pour apprécier les éventuels effets restrictifs de l'accord sur les prix, il faut tenir compte non seulement de l'évolution des prix directement facturés aux clients remettants, mais également de l'évolution des prix indirects, tels que résultant des dates de valeur appliquées, afin de déterminer si l'accélération des échanges interbancaires permise par l'accord leur a été répercutée et partant, de mesurer leurs gains de trésorerie générés par une disposition plus rapide des fonds (§ 233). À cet égard, la Cour relève que les acteurs remettant des volumes très important de chèques (Trésor public, entreprise de grande distribution, etc.) ont pu parfois bénéficier d'un gain, en matière de jours de valeur, largement supérieur au montant de la CEIC, et qu'en l'absence de répercussion systématique de la CEIC, l'Autorité n'est pas parvenue à établir l'existence d'une hausse sensible des prix pratiqués à l'égard d'une partie significative de ces différentes catégories de remettants. Et la Cour de conclure qu'il n'est pas établi que la CEIC a eu pour effet de fausser, restreindre ou empêché le jeu normal de la concurrence entre les banques (pt. 296).

Finalement, la Cour d'appel conclut qu'aucun grief notifié aux banques n'était fondé (§ 303) et, en conséquence, dit qu'il n'est pas établi que l'instauration des commissions interbancaires litigieuses et la perception de ces commissions à compter du 1er janvier 2002 ont enfreint les dispositions de l'article 101 TFUE et l'article L. 420-1 du Code de commerce.

M. Debroux

Concurrences N° 1-2022, Art. N° 105311, p. 88

Affaire des « lessives »

CA Paris, 30 janv. 2014, Unilever, Procter & Gamble, Henkel, Colgate Palmolive, RG n° 2012/00723

La Cour d'appel de Paris rejette le recours contre la décision de l'Autorité de la concurrence sanctionnant le cartel des lessives.

On se souvient que par une décision n° 11-D-17 du 8 décembre 2011, l'Autorité de la concurrence avait sanctionné une entente entre les 4 fabricants de lessives actifs en France (Unilever, Procter & Gamble, Henkel et Colgate Palmolive) à hauteur de 367,9 millions d'euros. Les entreprises avaient coordonné leurs stratégies commerciales en décidant en commun les prix de vente et les promotions qu'elles entendaient pratiquer auprès de la grande distribution en France. Le cartel, qui avait duré de 1997 à 2004 – avec une interruption de quelques mois entre octobre 1998 et novembre 1999 – avait concerné toutes les gammes des grandes marques de lessives commercialisées en France telles que Ariel, Skip, Le Chat, Dash, Omo, Super Croix, Gama, Persil, et X Tra. Toutes les formes de lessive étaient incluses dans l'entente : poudre, liquide ou tablettes. Dans son communiqué de presse, l'Autorité de la concurrence notait qu'il s'agissait du plus important dossier de clémence qu'elle ait eu à connaître à ce moment.

La Cour d'appel de Paris vient de rejeter par arrêt du 30 janvier 2014 le recours contre cette décision.

- Une première question se pose en l'espèce où les quatre lessiviers ont demandé la clémence. Comment concilier obligation de coopération dans la procédure de clémence et droits de la défense ?

En l'espèce, un débat s'est élevé sur la question de savoir si l'Autorité de la concurrence ne devait pas se dessaisir car la Commission européenne avait ouvert une procédure, la question étant de savoir si les infractions étaient ou non distinctes (*cf. infra*). Un moyen de violation de la règle *Non bis in idem* va même être soulevé dans l'instance de recours pour faire annuler la décision de l'Autorité de la concurrence. Or, la Cour d'appel va relever que les entreprises, bénéficiaires de la clémence devant l'Autorité de la concurrence, et tenues de ce fait à une obligation de coopération avec les services de l'Autorité, tentent par ce moyen de remettre en cause ce qu'elles n'étaient pas recevables à faire devant l'Autorité de la concurrence et donc aussi devant la Cour (*cf.* p. 19 avant dernier alinéa). La Cour va revenir sur ce point dans la partie de son arrêt relative aux sanctions, considérant que jusqu'à ce que la Commission envoie une lettre à l'Autorité de la concurrence indiquant que les infractions étaient différentes, le fait que les bénéficiaires d'une clémence conditionnelle se prévalent de cette saisine de la Commission n'était que l'exercice de leurs droits de la défense (*cf.* p. 45). Mais ensuite, le fait d'adopter une stratégie obligeant les services d'instruction de l'Autorité de la concurrence à une discussion permanente sur la nature et le champ d'application des pratiques, et invoquant en séance une atteinte au principe *Non bis in idem,* est une violation de son obligation de coopération « totale, rapide, permanente et véritable » (*cf.* p. 46). C'est ce qui a justifié qu'Henkel ne bénéficie *in fine* que d'une réduction d'amende de 25 %.

Ce n'est pas tant le fait que la coopération exclue une stratégie de contestation permanente qui gêne, mais c'est un peu l'incertitude de la limite à ne pas franchir.

La possibilité de se défendre est également légitimement limitée, tout simplement par l'aveu que l'on fait en demandant la clémence. La Cour d'appel relève d'ailleurs que « sur la valeur probante des déclarations recueillies, il n'est ni contesté ni contestable (§ 492 de la décision), que la déclaration du représentant de l'entreprise reconnaissant sa participation à une entente constitue une preuve se suffisant à elle-même de l'existence et de la participation de l'entreprise à l'infraction en cause mais qu'en revanche, une déclaration mettant en cause une entreprise et émanant du représentant d'une entreprise concurrente constitue un simple indice de la participation de l'entreprise concernée à l'entente en cause ou d'autres indices matériels » (*cf.* arrêt p. 23 al.4)

En l'espèce, Procter & Gamble n'avait pas, dans ses déclarations, reconnu que l'infraction avait commencé pour elle en 1997. Donc la Cour d'appel va se fonder, d'une part, sur les déclarations des autres lessiviers et, d'autre part, sur d'autres éléments pour admettre sa participation à l'entente dès 1997 (*cf.* p. 25, al. 2, 1er tiret). Mais sur ce point, la défense de Procter & Gamble n'est pas considérée comme une atteinte à son obligation de coopération. Ce n'est même pas évoqué.

- En deuxième lieu, les entreprises poursuivies se défendaient donc en invoquant le principe *Non bis in idem*, au motif que la Commission européenne avait déjà infligé une sanction au cartel des détergents par une décision du 13 avril 2011 (Comp/39579 Cionsumer Detergents, *Concurrences* n° 1-2012 p. 97 obs NJD). En d'autres termes, l'Autorité de la concurrence aurait dû se dessaisir quand la Commission a ouvert la procédure, sur le fondement de l'article 11, § 6 du Règlement n° 1/2003, et l'Autorité de la concurrence ne pouvait pas selon les entreprises poursuivies sanctionner de nouveau les dites entreprises pour ces faits.

Toute la question était cependant de savoir si l'on était bien face à la triple condition d'identité des faits, d'unité de contrevenant et d'unité d'intérêt protégé (CJCE, 7 janvier 2004, Aalborg Portland e. a. c/ Commission, aff. jointes C-204/00 P, C-205/00 P, C-213/00 P, C-217/00 P, et C-219/00 P, Rec. P. I-123 point 338).

Au-delà de ce qui vient d'être dit sur l'incompatibilité relevée par l'arrêt de cette argumentation avec la demande de clémence, la Cour d'appel va admettre qu'il s'agissait d'infractions distinctes, d'une infraction française d'une part, et d'une infraction unique, complexe et continue de dimension européenne, d'autre part.

Elle va se fonder d'abord sur la lettre que la Commission a envoyée à l'Autorité de la concurrence le 22 avril 2010, faisant état de son opinion sur l'existence d'infractions distinctes, et lui demandant de ne pas se dessaisir de l'affaire française. La Cour en déduit que cela suffit à établir que l'Autorité de la concurrence était en droit de sanctionner les pratiques dont elle était saisie sans violer le principe Non bis in idem (*cf.* arrêt p. 16, al. 4 *in fine*). Elle qualifiera d'ailleurs cette lettre de « décision initiale de la Commission de ne pas dessaisir l'autorité » (*cf.* arrêt p. 19 avant-dernier alinéa). On peut cependant douter de cette qualification de décision (sans débat contradictoire préalable). Mais ce premier motif peut paraître surabondant par rapport au motif qui suit.

La Cour d'appel va en effet apprécier elle-même s'il y a identité des infractions, et elle va conclure par la négative, au motif que l'infraction sanctionnée par la Commission européenne dans le cadre d'une transaction, est liée à la mise en œuvre d'une initiative environnementale lancée dans l'EEE en 1997 par les principaux fabricants européens de détergents par le biais de l'association professionnelle de l'AISE (Association internationale de la savonnerie, de la détergence, et des produits d'entretien). Dans le cadre de cette initiative environnementale, les fabricants de lessives se sont entendus sur les dosages et le poids des paquets de lessive en poudre (uniquement), sur les réductions de poids (compactage) et de volume, et sur des augmentations indirectes de prix (ne pas réduire le prix des produits compactés, ne pas faire bénéficier les consommateurs des économies réalisées), sur la limitation des promotions, sur une augmentation directe des prix à partir de fin 2004, et elles ont échangé des informations sensibles sur les prix. La Cour d'appel de Paris va toutefois relever que l'objet des pratiques était différent (pratiques mises en œuvre à l'occasion de l'initiative environnementale de l'AISE d'une part, pratique de fixation directe des prix et des promotions des lessives dans le contexte de l'adoption de la loi Galland d'autre part), les produits sont différents (lessives en poudre devant la Commission, toutes les lessives devant l'Autorité de la concurrence), le champ géographique est différent (seulement le marché français devant l'Autorité de la concurrence, 8 États membres de l'Union devant la Commission), la période est différente (les pratiques ont commencé en 2002 pour l'affaire soumise à la Commission, en 1997 pour l'affaire soumise à l'Autorité de la concurrence, ce qui n'exclut pas une période de chevauchement, l'entente française s'étant terminée le 1er août 2004), et enfin les entreprises concernées ne sont pas exactement les mêmes (Colgate Palmolive ne fait pas partie de l'entente devant la Commission). Ces critères de la dualité d'infractions sont dans la même veine que ceux développés par le Tribunal de l'Union européenne dans l'affaire ci-avant commentée du cartel des stabilisants thermiques (*cf. supra*).

Au surplus, il ne semble même pas qu'il s'agissait du même type de réunions dans les deux ententes. La Commission relève en effet dans sa décision : "40. The respective managers met regularly and were in regular telephone contact, sometimes several times a month. Those contacts were part of the single overall infringement of stabilisation of market positions and price coordination". Ceci ne semble pas correspondre exactement au même processus de réunion que l'entente française.

La Cour d'appel va rejeter tout autant l'argumentation reprochant à l'Autorité de la concurrence de ne pas avoir pu procurer à certaines entreprises les pièces du dossier de la Commission, ce qui les aurait privé de leurs droits de défense. Or, l'Autorité de la concurrence les a demandées, à la suite d'une initiative du conseiller auditeur, mais la Commission a refusé de les communiquer, considérant que les affaires étaient différentes. On ajoutera qu'à part, Colgate Palmolive qui n'a pas été partie à l'entente européenne, les autres entreprises qui étaient dans cette procédure ont dû avoir un accès direct aux pièces de ce fait.

- En troisième lieu, le débat a porté sur le grief d'entente complexe unique et continue. Procter & Gamble a soutenu que sa participation à l'entente n'aurait débuté qu'en 2001, à la fin de son initiative de franc-tireur qui a conduit les lessiviers à suspendre l'entente pendant une période et à subir des baisses de parts de marché.

Mais, une entente unique peut être retenue à l'égard d'un ensemble complexe fait de relations multilatérales et bilatérales s'il est établi que ces relations s'inscrivent dans un plan global poursuivant un objectif commun et l'infraction reste une infraction continue même si certaines entreprises participent pour une durée moindre par rapport aux autres entreprises (TPICE, 15 mars 2000, aff. jtes T-25/95, T-26/95, T-30/95 à T-32/95, T-34/95 à T-39/95,

T-42/95 à T-46/95, T-48/95, T-50/95 à T-65/95, T-68/95 à T-71/95, T-87/95, T-88/95, T-103/95 et T-104/95, *SA Cimenterie CBR*, Rec. CJCE, II, p. 491, Europe juin 2000, comm. 179, obs. L. Idot). L'infraction continue comporte donc une pluralité de comportements infractionnels ou d'actes d'exécution d'une seule infraction, réunis par un élément subjectif commun. Un des enjeux de la qualification est le point de départ du délai de prescription. Celui-ci ne commence à courir qu'à compter du jour où l'infraction a pris fin (CJCE, 8 juillet 1999, aff. C-235/92, *Montecatini* c/ Commission, Rec. CJCE, I, p. 4539). Une entreprise participant à une infraction unique par des comportements qui lui sont propres mais qui visent à contribuer à la réalisation de l'infraction dans son ensemble, peut être également responsable des comportements des autres entreprises dans le cadre de la même infraction s'il est établi qu'elle connaissait ces comportements ou qu'elle pouvait raisonnablement les prévoir (CJCE, 8 juillet 1999, aff/ C-49/92, Commission c/ *Anic*, Rec. CJCE, I, p. 4125 ; cf. J. Théry-Schultz, « Pratiques continues et infractions complexes », Contrats, conc., consom. 2009, chron. 3 ; T. Oster, « L'entente complexe et continue : genèse et perspective d'une notion récemment accueillie par le droit français », RLC 2008/16, n° 1179).

En l'espèce, au regard de cette jurisprudence, la Cour d'appel va décider que la suspension d'une entente anticoncurrentielle sur une période déterminée n'empêche pas cette dernière d'être une entente complexe, unique et continue dès lors qu'après son interruption, l'entente a été reprise selon les mêmes modalités.

De ce fait, la Cour d'appel va rejeter l'argumentation de Procter & Gamble, car l'Autorité de la concurrence a démontré « que l'ensemble des pratiques mises en œuvre par les quatre lessiviers présentent un lien de complémentarité, en ce sens que chacune d'entre elles a visé un objectif anticoncurrentiel unique consistant en la maîtrise totale des prix de vente des lessives standard à la grande distribution et aux consommateurs (finaux) et qu'après la suspension des pratiques, celles-ci ont été reprises par les parties impliquées selon les modalités distinctes » (p. 23). La Cour va rappeler également « l'interdépendance des comportements des 4 lessiviers » et leur « mode opératoire commun », ainsi que la « surveillance de l'application du prix au consommateur » qui témoigne « de l'existence d'une continuité de l'objectif poursuivi et de la connaissance de chacun des participants à l'entente de cet objectif » (*cf.* p. 24). La Cour a également relevé qu'il résultait des déclarations des trois autres lessiviers que l'entente avait bien commencé en 1997, par des réunions auxquelles participait Proter & Gamble (*cf.* p. 25).

- Enfin, sur les sanctions, la décision de l'Autorité de la concurrence était le premier cas d'application à un cartel du communiqué français relatif aux sanctions (*cf.* N. Jalabert-Doury, cette chronique).

Devant la Cour, reprenant leur argumentation sur l'existence d'une entente unique européenne, deux des lessiviers ont reproché à l'Autorité de la concurrence de ne pas avoir exclu de la sanction la période du 7 janvier 2002 au 1er août 2004, période de chevauchement selon elles des décisions de l'Autorité de la concurrence et de la Commission européenne.

Les deux lessiviers sont même allés jusqu'à soutenir qu'en vertu « du principe général d'équité, l'Autorité aurait dû prendre en compte les sanctions pécuniaires infligées par la Commission » (*cf.* arrêt p. 29).

Cette argumentation ne pouvait pas prospérer compte tenu de ce que la Cour d'appel a jugé qu'il ne s'agissait pas de la même infraction (voir aussi notre article « La reconnaissance mutuelle des sanctions pécuniaires et la règle *non bis in idem* », Travaux du Comité français de droit international privé, Années 2004-2006, Edit. Pedone, 2008, p. 165 et s.).

La question a été également posée de savoir si l'application du communiqué sanctions à des faits antérieurs ne heurtait pas le principe de non-rétroactivité de la loi plus sévère.

La Cour d'appel va rejeter cette argumentation au motif que « le communiqué sanction se borne à décrire et expliciter à droit constant la méthode suivie en pratique par l'Autorité et qu'il ne s'agit pas d'un texte à valeur normative en soi susceptible de comporter des dispositions plus sévères que les dispositions du Code de commerce en vigueur » (*cf.* arrêt p. 31).

La valeur juridique des communiqués et lignes directrices a déjà été maintes fois explicitée. On sait que d'un côté, les principes de confiance légitime et d'égalité de traitement imposent à la Commission ou à l'Autorité de la concurrence le respect de la *soft law* qu'elle a elle-même édictée. La Cour de justice l'avait déjà énoncé dans plusieurs arrêts (CJCE, 21 sept. 2006, aff. C-167/04 P *JCB Service* c/ Commission, Rec. 2006, p. I-8935), en ces termes : « Si les lignes directrices ne sauraient être qualifiées de règle de droit à l'observation de laquelle l'administration serait, en tout cas, tenue, elles énoncent toutefois une règle de conduite indicative de la pratique à suivre dont l'administration ne peut s'écarter, dans un cas particulier, sans donner des raisons qui soient compatibles avec le principe d'égalité de traitement (arrêt du 28 juin 2005, *Dansk Rørindustri e. a.* c/ Commission, C-189/02 P, C-202/02 P, C-205/02 P à C-208/02 P et C-213/02 P, Rec. p. I-5425, point 209). En adoptant de telles règles de conduite et en annonçant par leur publication qu'elle les appliquera dorénavant aux cas concernés par celles-ci, la Commission s'autolimite dans l'exercice de son pouvoir d'appréciation et ne saurait se départir de ces règles sous peine de se voir sanctionnée, le cas échéant, au titre d'une violation de principes généraux du droit, tels que l'égalité de traitement ou la protection de la confiance légitime (arrêt *Dansk Rørindustri e. a.* c/ Commission, précité, point 211) (points 207 et 208). Cette autolimitation s'impose par la suite à l'autorité qui a édicté les lignes directrices, ce que le juge peut contrôler (*cf.* notre art. « La mutation de la norme et le droit de la concurrence » *in* Les mutations de la norme, le renouvellement des sources du droit, dir. N. Martial-Braz, J.-F. Riffard, et M. Behar-Touchais, Economica, 2011 coll. Etudes Juridiques T. 43 p. 195 et s.). La Cour de justice décide en effet que les lignes directrices ou les communications créent des attentes légitimes chez les entreprises, de sorte que la Commission est tenue de s'y conformer (*ibid* ; voir aussi CJCE, 8 février 2007, C-3/06 P, *Groupe Danone* c/ Commission ; et voir aussi TPICE, 14 juin 2006, affaires jointes T-259/02, T-264/02 et T-271/02 ; CJUE, 13 décembre 2012, C-226/11, *Expedia Inc.* c/ Autorité de la concurrence, RDC 2012, p. 598 obs M.-B. T).

Pour les lignes directrices de l'Autorité de la concurrence, elles constituent une directive au sens de la jurisprudence *Crédit Foncier de France* (CE, Sect., 11 décembre 1970, p. 750).

La question de la rétroactivité des lignes directrices a déjà été posée en droit européen, mais dans une hypothèse de changement des lignes directrices. Ainsi, la Cour de justice a admis la possibilité de la Commission de changer de méthode de calcul de l'amende dans ses lignes directrices (CJCE, 8 février 2007, C-3/06 P, *Groupe Danone* c/ Commission ; et voir aussi et surtout TPICE, 14 juin 2006, aff. jointes T-259/02, T-264/02 et T-271/02) :

« 217. Erste conteste la méthode suivie pour le calcul des amendes au motif que la Commission, en faisant application des lignes directrices adoptées postérieurement à la cessation de l'infraction et en ayant durci à nouveau sa pratique au cours de l'automne 2001, a enfreint le principe de non-rétroactivité consacré à l'article 7 de la Convention européenne de sauvegarde des droits de l'homme et des libertés fondamentales, signée à Rome le 4 novembre 1950, et à l'article 49 de la Charte des droits fondamentaux de l'Union européenne, proclamée le 7 décembre 2000 à Nice (JO C 364, p. 1).

218. Comme il a été jugé par la Cour dans son arrêt *Dansk Rørindustri e. a.* c/ Commission, point 189 *supra* (points 202 à 232), ce moyen doit être écarté, étant donné que les lignes directrices et, en particulier, la nouvelle méthode de calcul des amendes qu'elles comportent, à supposer qu'elle ait eu un effet aggravant quant au niveau des amendes infligées, étaient raisonnablement prévisibles pour des entreprises telles que les requérantes à l'époque où les infractions concernées ont été commises ».

En l'occurrence, le communiqué relatif aux sanctions de 2011 n'était sans doute pas prévisible dans sa teneur ni en 1997, ni en 2004.

Mais, dès lors que le communiqué sanction a été pris pour donner de la transparence à une pratique qui ne l'était pas, on peut se demander comment les deux lessiviers de l'espèce peuvent faire pour comparer (autrement qu'intuitivement) la fixation (non transparente) des sanctions avant le communiqué, et celle qui résulte de l'application du communiqué. Et cela est d'autant plus vrai, que, comme le relève la Cour d'appel, la pratique décisionnelle en matière de sanction ne conduit pas à une application automatique de critères, les sanctions sont déterminées en fonction d'un ensemble d'éléments de fait et de droit, et l'Autorité conserve une marge d'appréciation de ces éléments.

La Cour d'appel a enfin confirmé l'appréciation de l'Autorité de la concurrence sur l'extrême gravité des pratiques, et son appréciation du dommage à l'économie. Elle a relevé notamment que le fait que les quatre lessiviers aient ensemble une part de marché de l'ordre de 87 à 95 % selon les périodes a été de nature à assurer une stabilité particulière de l'entente et donc à avoir conforté son incidence sur le secteur en cause.

M. Behar-Touchais
Concurrences N° 2-2014, Art. N° 65667, p. 82

Voir aussi, sur les origines de l'affaire

Aut. conc., déc. n° 11-D-17 du 8 déc. 2011 relative à des pratiques mises en œuvre dans le secteur des lessives, dit cartel des lessives

N. Jalabert-Doury, Entente complexe et continue : L'Autorité de la concurrence sanctionne lourdement une entente dans le secteur des lessives sur la base du nouveau communiqué sur les sanctions (Secteur des lessives) 8 décembre 2011, Concurrences N° 1-2012, Art. N° 42275, pp. 98-100.

Affaire des « farines »

CA Paris, 20 nov. 2014, Grands moulins de Paris, RG n° 2012/06826

La Cour d'appel de Paris réforme partiellement la décision de l'Autorité de la concurrence relative à des pratiques mises en œuvre dans le secteur des farines alimentaires.

Par une décision n° 12-D-09 du 13 mars 2012, l'Autorité de la concurrence avait sanctionné à hauteur de 242,6 millions d'euros, trois ententes dans le secteur de la farine en sachets (*cf.* D. Bosco, « Ententes dans le secteur alimentaire : l'Autorité irait-elle « un peu loin » ? » Contrats conc. consom. mai 2012, comm. 131). L'affaire avait débuté en mars 2008 à la suite d'une demande de clémence introduite par un meunier allemand, non seulement auprès de l'Autorité de concurrence française mais également auprès du Bundeskartellamt. Il y dénonçait une entente entre meuniers allemands et français visant à limiter les importations de farine entre la France et l'Allemagne. Les perquisitions réalisées en France et en Allemagne, ont permis de corroborer les preuves de l'entente franco-allemande. Plus largement, le Conseil de la concurrence s'était alors saisi d'office, à la suite de cette dénonciation, de la situation de la concurrence sur le secteur de la farine, ce qui lui avait permis de mettre au jour deux autres ententes entre meuniers français visant à fixer le prix, à limiter la production et à répartir la clientèle de la farine en sachets vendue, d'une part, à la grande et moyenne distribution et, d'autre part, aux enseignes du hard-discount en France.

Par le présent arrêt, la Cour d'appel de Paris confirme en tous points la sanction du cartel franco-allemand, mais décide que l'Autorité de la concurrence n'a pas établi que les meuniers français avaient noué au travers des sociétés communes France Farine et Bach Mühle une entente ayant un objet anticoncurrentiel contrevenant aux dispositions des articles 101, paragraphe 1, du TFUE et L. 420-1 du Code de commerce.

La confirmation de la condamnation du cartel franco-allemand de la farine

Les meuniers français et allemands ont conclu entre eux un pacte de non-agression mutuelle dont l'objet était de limiter l'accès réciproque à leurs marchés nationaux respectifs et à maîtriser les exportations franco-allemandes de farines en sachets en les maintenant à un niveau déterminé par avance (15 000 tonnes). Ils se sont réunis à plusieurs reprises (douze réunions) afin de fixer les modalités de cet accord. De plus, de manière plus ponctuelle, ils se sont répartis certains clients présents sur le territoire français et ont convenu des principes de lissage de prix de la farine en sachets importés en France, aux fins de s'assurer du respect du quota convenu.

Ces accords ont été constatés à la suite de réunions anticoncurrentielles. Mais, et c'est la particularité de l'affaire, ces réunions ont d'abord été régulières et fréquentes (12 entre le 14 mai 2002 et le 21 septembre 2004), mais il n'y a plus eu de réunion ensuite pendant 4 ans, jusqu'au 17 juin 2008, date des opérations de visite et saisie.

L 'Autorité avait néanmoins conclu à une pratique anticoncurrentielle par l'objet, ayant duré du 14 mai 2002 au 17 juin 2008.

Les entreprises poursuivies ont contesté que la fin de l'entente soit fixée au 17 juin 2008 et non au 21 septembre 2004, date de la dernière réunion.

La Cour d'appel a toutefois confirmé cette partie de l'analyse de l'Autorité, en relevant qu'après la dernière réunion de 2004, l'entente avait été surveillée, au moins par la partie française. En outre, la transparence du marché de la farine en sachets avait facilité cette surveillance.

La Cour d'appel relève aussi qu'après la dernière réunion du cartel, des pressions ont été constatées au moins à trois reprises, en octobre 2006, au début de l'année 2007 et à l'automne 2007, par certains meuniers français sur l'entreprise allemande Bindewald pour qu'elle se retire du marché français.

Enfin, l'accord ne permettait que 15 000 tonnes d'importation en France par les meuniers allemands. Ce montant a été dépassé progressivement jusqu'en 2008, jusqu'à ce que l'Allemagne devienne le plus gros importateur de farine en France en 2009 : la Cour d'appel en déduit que le cartel a contribué à ralentir la pénétration des farines allemandes en sachets en France jusqu'en 2008. Ce dernier motif laisse sur sa faim.

La fin d'un cartel ne peut certes se situer le jour de la dernière réunion, car cette dernière réunion a pour but de régler par le cartel la période qui suit, et qui est donc incluse dans la durée d'entente. En revanche, ne fallait-il pas considérer que le cartel avait pris fin à partir du moment où les quotas convenus n'étaient plus respectés par les meuniers allemands, sans qu'il y ait de représailles efficaces de la part des meuniers français ?

Certes, il est possible que ne sachant plus si le cartel était toujours en vigueur après 2004, les entreprises allemandes aient commencé progressivement à importer de plus en plus. Mais cela ne prouve pas l'existence du cartel à ce moment. C'est plutôt un effet néfaste du cartel qui a eu lieu antérieurement. Un marché ne redevient pas concurrentiel le jour même où le cartel se termine. Comme un malade, le marché a besoin d'une période de convalescence, avant de redevenir concurrentiel.

Quant aux pressions qui ont eu lieu en 2006 et 2007, et qui auraient pu, elles, être de nature à établir la survie du cartel, on ne nous dit toutefois pas si elles ont été efficaces. Or, elles n'ont pas dû l'être en tout cas suffisamment puisque, si nous comprenons bien le motif de l'Autorité, repris par la Cour d'appel, le montant des importations est passé à 50 000 tonnes en 2006, 55 000 tonnes en 2007 et 60 000 tonnes en 2008 (avant d'être de 90 000 tonnes en 2009).

Ce dépassement plus que sensible des quotas permis (de 3 à 4 fois), est tout de même très gênant pour admettre malgré tout que le cartel a perduré pendant cette période.

Le fait en outre que la Cour d'appel constate que « les meuniers français avaient la constante préoccupation de voir les meuniers allemands réduire leurs ventes en France et espéraient toujours arriver à leurs fins *via* le dialogue avec les meuniers allemands » (*cf.* arrêt p. 30) n'est-il pas d'ailleurs la constatation qu'il n'y avait plus d'accord, et que les meuniers français essayaient d'en obtenir de nouveau un ?

Un peu comme dans l'affaire Bayer (CJCE, 6 janvier 2004, aff. C-2/01), où l'entente n'a pas été admise parce que les grossistes auxquels Bayer voulait imposer une interdiction d'exporter, continuaient d'exporter ; ne peut-on pas considérer que le fait que les meuniers allemands aient dépassé les quotas montraient qu'ils ne voulaient plus de l'entente, ce qui explique d'ailleurs peut-être la cessation des réunions.

Ainsi, la fixation de la fin du cartel en 2008 nous laisse perplexe.

L'annulation de la condamnation de l'entente entre les meuniers français

À l'occasion des investigations permises par la procédure de clémence concernant le cartel franco-allemand (V. Selinsky, « La clémence, un moyen exceptionnel pour dépister les cartels injustifiables », RLC 2012 n° 32), les enquêteurs ont découvert les preuves de deux autres ententes entre meuniers français dans le secteur national des farines en sachets. La plupart des meuniers français, afin de commercialiser leurs produits, se sont regroupés au sein de deux sociétés, France Farine (commercialisant la marque nationale « Francine » auprès de la moyenne et grande distribution) et Bach Mülhe (commercialisant la farine auprès d'enseignes de hard-discount), ces dernières étant chargées d'assurer à titre de mandataire la commercialisation de la production de leurs associés. Les enquêteurs ont constaté que ces regroupements ont servi de support à des pratiques anticoncurrentielles par lesquelles les meuniers se sont entendus pour fixer le prix de la farine et pour se répartir la clientèle.

Ainsi, concernant le marché français, il a été reproché aux meuniers français d'avoir verrouillé leur marché d'abord en se regroupant dans une entreprise commune distribuant la marque Francine dont le but véritable était de s'entendre sur les prix et de répartir la clientèle entre ses membres et, finalement, d'annihiler toute concurrence entre ses membres. Les meuniers réunis dans Bach Mühle obtenaient un résultat comparable.

Sept meuniers ont été ici lourdement sanctionnés, pour un montant d'environ 147 millions d'euros, l'Autorité faisant une application intéressante de sa nouvelle méthodologie dans le calcul des sanctions pécuniaires (V. Communiqué du 16 mai 2011 relatif à la méthode de détermination des sanctions pécuniaires : Contrats, conc. consom. 2011, comm. 171, obs. G. Decocq ; *Concurrences* N° 3-2011, p. 54, C. Prieto).

France farine, entreprise commune, était commissionnaire des meuniers. Elle devait respecter les conditions et tarifs définis par les associés réunis en « administratif-commercial ». France Farine est en outre titulaire de marque (comme Francine) et avait conclu des contrats de licence avec ses associés.

L'Autorité en a conclu qu'« il résulte de l'ensemble de ce qui précède que les modalités d'organisation et de fonctionnement de France Farine constatées plus haut ont permis aux entreprises en cause de pratiquer un prix unique pour la vente de farine en sachets à destination de la grande distribution, d'aligner leurs politiques tarifaires et commerciales, et de se répartir clients et volumes de livraisons. Il est établi que ces pratiques contreviennent aux articles 101, paragraphe 1, du TFUE et L. 420-1 du Code de commerce » (§ 648).

De la même façon, les contrats conclus avec Bach Mühle étaient ressemblants et conduisaient à ce qu'un prix unique soit proposé au hard-discount, quel que soit le producteur de la farine.

Il s'agissait donc d'accords de commercialisation en commun, visés par les lignes directrices de la Commission européenne sur la coopération horizontale (§ 225).

Mais la Cour d'appel de Paris va estimer que l'Autorité ne pouvait conclure que les meuniers français avaient, au travers des sociétés communes France Farine et Bach Mühle, verrouillé le marché français en éliminant toute forme de concurrence entre meuniers, particulièrement sur la farine de marque Francine.

L'Autorité a échoué à démontrer l'existence d'une restriction de concurrence par objet

Pour elle, l'Autorité a échoué à démontrer l'existence d'une restriction de concurrence par objet. Si elle a admis que l'objet ou l'effet anticoncurrentiel ne ressortait pas, pris isolément, des statuts dont France Farine a été dotée au moment de sa création et que ces statuts ne font pas apparaître de clauses qui seraient, par elles-mêmes, restrictives de concurrence dans ce qu'elle a estimé être le contexte de l'époque ; l'Autorité a néanmoins décidé que France Farine avait pour objet d'empêcher, de fausser ou de restreindre la concurrence « au regard notamment des caractéristiques contractuelles qui régissent la gestion et le fonctionnement de l'entreprise commune France Farine, et de certaines modalités de fonctionnement de cette dernière que ses associés ont eux-mêmes défini ».

La Cour d'appel de Paris ne va pas suivre l'Autorité sur ce point, considérant que selon la jurisprudence constante, il convient de s'attacher notamment à la teneur de ses dispositions, aux objectifs qu'il vise à atteindre ainsi qu'au contexte économique et juridique dans lequel il s'insère. Or, la Cour d'appel de Paris estime, à la suite du ministre de l'Économie, que la décision de l'Autorité omet de prendre en compte des éléments déterminants de contexte économique et juridique ayant présidé à la création des structures de commercialisation.

Tout d'abord, elle omet de tenir compte d'éléments du contexte juridique.

En effet, lors de la création des sociétés communes France Farine et Bach Mühle, respectivement en 1965 et en 1971, les entreprises de meuneries étaient soumises comme les autres entreprises à un régime général d'encadrement réglementaire des prix ; l'activité de meunerie était par ailleurs soumise à une réglementation restrictive à travers des quotas de production, de sorte que le fonctionnement concurrentiel du marché se trouvait neutralisé dès le stade amont.

Ensuite, l'Autorité a omis de tenir compte des éléments du contexte économique.

La Cour d'appel de Paris relève en outre que l'objectif de commercialisation en commun de farines en sachets que poursuivaient les meuniers français s'inscrivait alors dans un contexte économique particulier, qui doit être pris en compte, tant en ce qui concerne les contraintes procédant des relations commerciales avec la grande distribution puis avec les entreprises de hard-discount, ainsi que certaines caractéristiques de leur activité. En somme, le regroupement des meuniers au sein d'entreprises communes était en quelque sorte dicté par les impératifs de la grande distribution : à la suite du mouvement de rationalisation des achats au sein des groupes de distribution lancé au milieu des années 1960, les meuniers fondateurs de France Farine puis de Bach Mühle, actifs au niveau régional, voire local, ont été incités à se regrouper au sein de ces structures de commercialisation communes afin de répondre de manière efficace à la demande, devenue nationale, qui résultait des appels d'offre de la grande distribution.

La Cour d'appel de Paris se montre particulièrement sensible au contexte

Par ailleurs, la Cour d'appel de Paris se montre particulièrement sensible au contexte qui, selon elle, contraint à une répartition des commandes reçues à la suite des négociations commerciales par France Farine selon une clé de répartition consistant en une transmission de la commande au meunier le plus proche du site, avec finalement une désignation de zones géographiques pré-attribuées à chacun des meuniers. Elle estime à cet égard qu'une telle répartition préétablie ne peut non plus être incriminée *a priori* au titre d'une restriction de concurrence par objet, dès lors que ces pratiques découlent, pour l'essentiel, de la nécessité de présentation d'offres groupées dans le cadre de structures de commercialisation communes (p. 62). Ainsi, les centrales d'achat de la grande distribution alimentaire traditionnelle et des enseignes hard-discount, qui détiennent près de 100 % des débouchés de la vente de farines en sachets, choisissent leurs fournisseurs par des mises en concurrence annuelles formalisées par des appels d'offres aussi bien pour les produits des marques de distributeurs que les produits premiers prix et hard-discount. Dès lors que chaque meunier individuellement ne peut répondre intégralement à la demande de la totalité de la grande distribution alors que le référencement et la négociation sont centralisés au niveau national, la généralisation de la centralisation des appels d'offres explique la nécessité de se grouper pour s'adapter à l'évolution de la demande, ne pouvant offrir des commandes ponctuelles suffisamment substantielles pour continuer sans inconvénient à vendre leur production de façon individuelle.

La Cour d'appel va en déduire que ces éléments d'analyse du contexte juridique et économique dans lequel ont été passés les accords commerciaux en cause, ainsi que les objectifs économiques poursuivis par les promoteurs de ces accords sont assurément de nature à faire douter sérieusement de la mise en œuvre par les entreprises concernées, dans le cadre de l'activité de France Farine et de Bach Mühle, d'une entente ayant un objet anticoncurrentiel, étant précisé, qu'au-delà de cette analyse, il est constant que l'objet anticoncurrentiel ne ressort pas, de toute façon, des statuts des deux entreprises communes France Farine qui ne comportent pas de clauses qui seraient par elles-mêmes restrictives de concurrence (p. 60).

Enfin, la Cour d'appel se montre sensible au fait que l'activité et le mode de fonctionnement de France Farine, dont la création a été encouragée par les pouvoirs publics, n'a en près de cinquante ans jamais fait l'objet de plainte au titre du respect des règles de la concurrence de la part de clients ou de concurrents, et n'a jamais donné lieu à l'établissement de constats d'infraction aux règles du droit de la concurrence.

Au final, l'élément essentiel de cette partie du dossier est bien la nécessité de se regrouper pour répondre aux appels d'offre centralisés de la grande distribution. On se trouve devant la même problématique que celle que l'on a lorsque des entreprises soumissionnent en commun à un appel d'offres à la suite d'un groupement momentané d'entreprises. Tout va dépendre de la question de savoir si le groupement est justifié :

- lorsque le groupement permet de réunir en son sein des compétences techniques réellement complémentaires, la problématique concurrentielle est assez rare, parce que les entreprises qui s'allient ne sont généralement pas concurrentes entre elles ;
- lorsque le groupement, à l'inverse, permet de faire masse des capacités de traitement de ses membres pour leur permettre de franchir un palier de taille critique, le problème concurrentiel prend toute son ampleur, et les membres du groupement peuvent, parfois sans avoir une réelle conscience du danger, se trouver impliqués dans une entente anticoncurrentielle.

Mais, on relèvera que c'est souvent difficile de justifier le groupement momentané sur la seule nécessité de lisser les pics d'activités, de mutualiser les coûts, ou certaines ressources, ou de répondre à des marchés géographiquement étalés, chaque entreprise intervenant au plus près de son implantation.

En conséquence si on raisonne un peu par analogie, la question se pose de savoir si le groupement durable d'entreprises à travers France Farine et Bach Mühle était justifié. Pouvaient-elles faire autrement alors que la grande distribution ne proposait que des appels d'offres centralisés (ou presque), les centrales d'achat lançant même des appels d'offres européens ? La Cour d'appel a pensé que ce groupement était justifié, puisque l'Autorité avait elle-même relevé que « chaque meunier individuellement ne peut répondre intégralement à la demande de la totalité de la grande distribution ». Nous aurions tendance à la suivre.

Un pourvoi en cassation a été formé contre cet arrêt.

M. Behar-Touchais
Concurrences N° 1-2015, Art. N° 71074, p. 90

Cass. com., 8 nov. 2016, Grands moulins de Paris e. a., n° 14-28.234 e. a.

La Cour de cassation confirme qu'une entreprise peut voir sa responsabilité recherchée pour participation à un cartel dès lors qu'elle assiste à une ou plusieurs réunions anticoncurrentielles sans se distancier publiquement de l'entente mais refuse, en revanche, de déduire la continuation de sa participation de sa seule absence de distanciation publique.

Par décision du 13 mars 2012, l'Autorité de la concurrence avait sanctionné un cartel franco-allemand mis en œuvre sur le marché de la farine alimentaire. Plusieurs ententes ont ainsi été sanctionnées : d'une part, une entente entre meuniers allemands et français visant à une répartition territoriale de marché et, d'autre part, deux ententes entre meuniers ayant permis la constitution de structures communes de commercialisation visant à renforcer leur force de négociation avec la grande distribution. Les deux types de pratiques ont suscité d'intéressants débats devant la Cour de cassation.

Répartition territoriale de marchés entre meuniers français et allemands : des éléments intéressants sur la responsabilité des acteurs ayant participé à une ou plusieurs réunions anticoncurrentielles

Plusieurs entreprises contestent leur participation à l'entente. Celle-ci est révélée par la tenue de plusieurs réunions dont l'objet anticoncurrentiel a été démontré. Entre 2002 et 2006, la preuve de la tenue de douze réunions a été rapportée. Elles se sont ensuite espacées mais il apparaît que le plan anticoncurrentiel global continuait à être en vigueur jusqu'aux opérations de visite qui ont eu lieu en 2008. Certaines entreprises contestent leur participation à l'entente, n'ayant pas assisté aux douze réunions ; d'autres contestent la durée de leur participation. S'agissant de la participation des entreprises au cartel, la Cour de cassation reprend les termes de la jurisprudence européenne : « Dans le cadre d'une infraction continue, dès lors qu'une entreprise participe, même sans y prendre une part active, à une ou plusieurs réunions ayant un objet anticoncurrentiel et qu'elle ne se distancie pas sans délai et publiquement du contenu de celles-ci, donnant ainsi à penser aux autres participants qu'elle souscrit au résultat des réunions et s'y conformera, il est établi qu'elle participe à l'entente résultant de ces réunions » et retient la responsabilité des entreprises en cause pour entente. Les faits de l'espèce ne se prêtaient guère aux raffinements proposés par l'Autorité de la concurrence (voir notre commentaire sous la décision : Aut. conc., n° 16-D-20 du 29 sep. 2016) et démontraient clairement que, par leur participation, les entreprises avaient adhéré au plan anticoncurrentiel mis en place. S'agissant de la durée de l'infraction, l'arrêt est nettement plus intéressant, cette question faisant d'ailleurs l'objet d'une cassation. Pour statuer sur ce point, la Cour de cassation commence par rappeler, conformément à la jurisprudence européenne (CJUE, 6 déc. 2012, aff. C-441/11 P, Verhuizingen Coppens), qu'il n'y a pas besoin que l'entente se manifeste par la tenue de réunions organisées de manière régulière et séparées par un lapse de temps identique. En effet, on peut parfaitement concevoir qu'au départ, la mise en place de l'organisation collusoire nécessite la tenue de plusieurs réunions rapprochées puis que ces réunions s'espacent sans que cela signifie la fin de l'entente. Il suffit que soit démontrée la « persistance de l'objectif commun anticoncurrentiel ». Le doute surgit en revanche, s'agissant de deux entreprises qui ne sont venues qu'à une ou deux réunions en 2003 et qui, invitées aux réunions suivantes, ne se sont plus manifestées. L'absence de distanciation publique permet-elle de retenir leur responsabilité pour toute la durée de l'infraction alors que rien ne démontre qu'elles entendaient continuer à y participer ? La rigueur que les autorités de concurrence manifestent à l'encontre des participants passifs aux réunions anticoncurrentielles semble ici atteindre sa limite. Selon la Cour de justice, « en ce qui concerne la participation non pas à des réunions anticoncurrentielles individuelles, mais à une infraction s'étendant sur plusieurs années, (...) l'absence d'une distanciation publique ne constitue qu'un des éléments parmi d'autres à prendre en considération en vue d'établir si une entreprise a effectivement continué à participer à une infraction ou, au contraire, a cessé de le faire » (CJUE, 17 sept. 2015, aff. C-634/13 P, Total Marketing Services, point 23). La Cour de cassation s'aligne sur la jurisprudence européenne et déclare, dans un attendu de principe très clair, que : « Si la preuve d'une distanciation publique peut permettre de renverser la présomption du caractère illicite de la participation d'une entreprise à une réunion anticoncurrentielle, l'absence d'une telle distanciation ne peut, dans le cas d'une entente se poursuivant dans le temps et se caractérisant par une succession de réunions collusoires, être le seul élément retenu pour établir qu'une entreprise a continué de participer à l'infraction, lorsque cette entreprise a cessé, pendant une période significative, de participer à ces réunions ». Quels vont être les éléments permettant d'établir la durée de la participation à l'infraction d'une entreprise qui cesse de participer aux réunions ? La mise en œuvre des consignes dégagées lors de ces réunions devrait être un élément déterminant.

Constitution d'une structure commune de vente : quelle marge de manœuvre pour les fournisseurs désireux de renforcer leur pouvoir de négociation vis-à-vis de la grande distribution ?

L'Autorité de la concurrence avait sanctionné les meuniers pour avoir constitué des structures d'exercice (France Farine en France et Bach Mühle en Allemagne) permettant de négocier en commun les conditions d'approvisionnement avec les acteurs de la grande distribution. On connaît bien le problème du déséquilibre des forces de négociation, caractéristique des relations nouées par la grande distribution avec ses fournisseurs, en particulier dans le domaine agricole. Une des solutions généralement promues pour combattre ce déséquilibre est le renforcement du pouvoir de négociation des agriculteurs. La création de structures de négociation constitue une des réponses possibles. Mais il convient alors d'être particulièrement vigilant aux exigences du droit de la concurrence. Pour sécuriser ce type de formules, le plus simple serait sûrement de soumettre la création de ces structures au contrôle des concentrations. L'autorisation donnée *a priori* permettrait ainsi de lever les doutes. Mais cela suppose que la structure soit de « plein exercice ». À défaut d'entrer dans le champ d'application du contrôle des concentrations, ce type de structures relève du contrôle du droit des ententes. Contrairement à certaines idées reçues, le secteur de l'agriculture – en dépit des difficultés indéniables qu'il traverse – est soumis aux contraintes du droit de la concurrence (art. 38 TFUE ; CJUE, 9 sept. 2003, Milk Marque, aff. C-137/00), la concurrence étant perçue comme vecteur de croissance et d'efficacité. Il reste que, conscients des particularités d'un secteur jugé crucial au lendemain de la 2e Guerre mondiale, les rédacteurs du traité ont prévu à l'article 42 TFUE que l'agriculture pourrait faire l'objet de dérogations. Elles sont actuellement prévues dans le règlement portant Organisation

Commune des Marchés (Règlement n° 1308/2013 du 17 déc. 2013), lequel prévoit des dérogations générales et sectorielles à la pleine applicabilité des règles de concurrence. S'agissant des organisations de regroupement des producteurs, sauf pour certains produits comme le lait, le règlement OCM ne permet pas aux organisations de fixer les prix en commun. Or, précisément, dans cette affaire, les structures créées par les meuniers fixaient les prix en commun. Le règlement portant Organisation Commune des Marchés n'étant alors d'aucun secours en la matière, le raisonnement a été mené sur le fondement de l'article 101, § 1 TFUE. En l'espèce, la structure créée agissait comme mandataire des producteurs ; il s'agissait donc d'une structure qui fonctionnait sans transfert de propriété et qui, en tant que tel, est en général traitée avec moins de sévérité. Cela n'a cependant pas suffit, l'Autorité ayant estimé que, reposant sur une fixation uniforme des prix, la structure provoquait une restriction de concurrence par l'objet. La qualification a ensuite été contestée par la Cour d'appel qui a estimé que l'Autorité, pour caractériser l'objet anticoncurrentiel, n'avait pas (ou avait insuffisamment) analysé le contexte dans lequel s'inscrivaient ces accords. Selon la Cour d'appel, ces entreprises n'avaient pas d'autres choix que de se regrouper pour répondre à la demande des géants de la grande distribution. C'est ce point qui fait l'objet de la cassation : en omettant de vérifier « si la création et le mode de fonctionnement de ces structures de commercialisation commune n'excédaient pas ce qui était strictement nécessaire à la pénétration et au maintien des entreprises sur ce marché, la Cour d'appel a privé sa décision de base légale ». La cassation est fondée sur l'article 101, § 1, puisque c'est sur ce fondement que la Cour d'appel avait décidé que l'accord ne constituait pas une entente. Pourtant, les débats auraient mieux fait d'être portés sur le terrain de l'article 101, § 3, c'est-à-dire sur celui des exemptions individuelles. L'Autorité de la concurrence avait refusé d'accorder le bénéfice d'une telle exemption, expliquant que l'accord ne générait pas les gains d'efficacité nécessaires à l'obtention d'une dérogation. On sait qu'outre cette condition, l'octroi d'une exemption individuelle suppose de pouvoir démontrer que la restriction de concurrence est nécessaire à l'obtention des gains d'efficacité, que la concurrence n'est pas totalement éliminée sur le marché et que l'utilisateur final en tire un profit. Au-delà de la difficulté de réunion de ces conditions, nous tirerions profit à savoir si le fait que l'accord porte sur les prix est un élément rédhibitoire ou non à l'octroi d'une exemption. La réponse ne nous semble pas évidente. Le meilleur conseil à donner aux meuniers aurait probablement été de se glisser dans la sphère de sécurité offerte par le règlement n° 1218/2010 du 14 décembre 2010, qui permet la conclusion d'« accords de spécialisation » entre concurrents.

A.-S. Choné-Grimaldi

Concurrences N° 1-2017, Art. N° 82707, p. 92

Voir aussi, sur les origines de l'affaire

– La décision de l'Autorité

Aut. conc., déc. n° 12-D-09 du 13 mars 2012 relative à des pratiques mises en œuvre dans le secteur des farines alimentaires

N. Jalabert-Doury, Cartel – Comptoir de vente en commun : L'Autorité de la concurrence sanctionne plusieurs ententes dans un secteur économique organisé depuis des décennies (Farines alimentaires), 13 mars 2012, Concurrences N° 3-2012, Art. N° 48333, pp. 97-99.

C. Lemaire, S. Naudin, Réseau européen de concurrence : L'Autorité de la concurrence et le Bundeskartellamt coopèrent dans l'instruction du cartel de la farine en sachets (Farines alimentaires), 13 mars 2012, Concurrences N° 2-2012, Art. N° 45890, pp. 146-147.

▶

▶

Voir aussi, sur les suites de l'affaire

– Le premier arrêt de la Cour de cassation

Cass. com., 4 oct. 2017, Axiane meunerie e. a., n° 14-28 234 e. a.

C. Lemaire, S. Naudin, Rabat d'arrêt : La Cour de cassation décide de rabattre l'arrêt rendu par sa chambre commerciale le 8 novembre 2016 dans l'affaire des farines, en raison d'une erreur non imputable aux parties (Axiane meunerie), 4 octobre 2017, Concurrences N° 1-2018, Art. N° 86241, p. 165.

– L'arrêt de la cour d'appel sur renvoi

CA Paris, 4 juill. 2019, Goodmills, RG n° 16/23609

L. Bernardeau, Amende : La Cour d'appel de Paris réduit sensiblement le montant d'amendes pour prendre en compte le défaut de capacité contributive de certaines sociétés, dans le cadre d'une saga judiciaire non encore achevée (Goodmills), 4 juillet 2019, Concurrences N° 4-2019, Art. N° 92209, pp. 91-92.

– Le dernier arrêt de la Cour de cassation

Cass. com., 10 fév. 2021, Goodmills, n° 19-20.599

L. Bernardeau, Distanciation publique : La Cour de cassation rejette un nouveau pourvoi dans le cartel des « farines alimentaires » et rappelle que la participation d'une société à une infraction, caractérisée par des réunions successives, pour la plupart desquelles elle aurait été absente, ne saurait être établie à partir du seul constat de son absence de distanciation publique (Goodmills), 10 février 2021, Concurrences N° 2-2021, Art. N° 100272, pp. 83-84.

Affaire des « produits d'hygiène et d'entretiens »

CA Paris, 27 oct. 2016, Beiersdorf, RG n° 15/01673

La Cour d'appel de Paris rejette la plupart des recours introduits contre la décision de l'Autorité de la concurrence dans l'affaire hygiène et entretien, mais en accueille certains, en raison d'erreurs dans la détermination du montant des amendes.

« Hygiène et entretien », acte deux

En attendant un arrêt de la Cour de cassation, saisie sur pourvoi dans cette même affaire, il y a lieu de s'attarder sur l'arrêt prononcé par la chambre 5-7 de la Cour d'appel de Paris, à la suite du recours formé contre la décision de l'Autorité de la concurrence relative à des pratiques mises en œuvre dans le secteur des produits d'hygiène et d'entretien. Cette décision avait été soulignée, notamment en ce qu'elle infligeait des amendes records à l'échelle de l'Autorité (v. M. Debroux et A. Moyrand, « L'Autorité de la concurrence sanctionne lourdement deux cartels dans le domaine de l'approvisionnement de la grande distribution en produits d'entretiens et d'hygiène, décelés grâce au programme de clémence et considérés comme des ententes uniques, complexes et continues »). L'arrêt de la Cour d'appel de Paris doit, à notre sens, l'être tout autant, eu égard, non seulement, au nombre des requérants – 26 sans compter les intervenants –, mais également et surtout aux moyens du recours contestant tout feu tout flamme la décision de l'Autorité.

Nous ne nous attarderons pas, dans ces quelques lignes, sur la question de l'obligation faite à l'Autorité de traduire ses communications des griefs en langue anglaise, lorsque cette dernière est transmise à une société dont le siège est situé aux États-Unis, sur le reproche de partialité du Collège de l'Autorité, en ce que ce dernier était composé d'une Présidente d'une association de défense des consommateurs, sur les tentatives, vaines, de la part des requérantes de contester la qualification des pratiques en tant qu'infraction par objet, ni sur l'existence d'une infraction unique, complexe et continue.

Car, l'intérêt de cette affaire réside, en premier lieu, dans l'incidence des restructurations sociétaires, dans l'hypothèse où l'auteur direct d'une infraction est une filiale faisant l'objet, à l'issue de l'infraction, d'une fusion-absorption. En l'espèce, l'une des requérantes, la société Hillshire, avait été sanctionnée en sa qualité de société-mère, pendant l'infraction, de la société Sara Lee, acquise, postérieurement, par la société Colgate Palmolive.

L'imputation d'une infraction à l'ancienne société-mère d'une société absorbée

L'imputation simultanée de l'infraction au successeur juridique et à l'ancienne société-mère de l'auteur direct de l'infraction doit être soulignée, en ce que, à notre connaissance, la société absorbante était toujours la seule à se voir imputer l'infraction commise par la société absorbée. Cette particularité, motivée par un pouvoir discrétionnaire reconnu aux autorités de concurrence en la matière, avait d'ailleurs donné lieu à un important contentieux devant les juges de l'Union, notamment dans les affaires Erste Group ou encore Deutsche Bahn et Schenker (Trib. UE, 29 fév. 2016, Deutsche Bahn c/ Commission, T-267/12, EU:T:2016:110, point 122 et Trib. UE, 29 fév. 2016, Schenker c/ Commission, T-265/12, EU:T:2016:111, point 191 ; v., égal., CJUE, 24 sept. 2009, Erste Bank c/ Commission, aff. jtes C-125/07 P, C-133/07 P, C-135/07 P et C-137/07 P, EU:C:2009:576, points 77 à 83). Dans l'affaire ici rapportée, l'imputation à l'ancienne société-mère doit, à notre sens, être approuvée, nonobstant les arguments de la société Hillshire, cherchant, par tous moyens, à voir sa responsabilité disparaître ou, à tout le moins, à être atténuée.

Cette société faisait valoir, d'une part, une violation du principe d'égalité de traitement en raison de l'application de la présomption d'influence déterminante à son encontre, mais non pour les sociétés du groupe Unilever. Mais, encore fallait-il que les sociétés en cause eussent été dans une situation objectivement comparable, ce qui pouvait être le cas, dans la mesure où il s'agissait, pour ce qui concernait les sociétés du groupe Unilever, d'une détention indirecte et conjointe par deux sociétés-mères du capital social de l'auteur direct de l'infraction – même si l'application de la présomption d'influence déterminante peut être discutée lorsque deux sociétés détiennent à parts égales le capital d'une autre société.

Sur ce point, la Cour d'appel souligne uniquement que l'Autorité avait, dès sa décision, précisé que l'instruction n'avait pas permis de démontrer l'exercice effectif d'une influence déterminante, dans le cas des sociétés du groupe Unilever et que, même en présence d'une « erreur », aucune discrimination n'aurait pu être constatée. Il conviendrait, à notre sens, de nuancer cette affirmation, à la lumière notamment de l'arrêt *Sasol* du Tribunal de l'UE (v. Trib. UE, 11 juill. 2014, Sasol c/ Commission, T-541/08, EU:T:2014:628, points 190 et s.). En présence d'une erreur de la part de l'Autorité, une discrimination aurait certes pu être constatée. Il n'en demeure pas moins que le respect du principe d'égalité de traitement devant se concilier avec le principe selon lequel nul ne peut invoquer à son profit une illégalité commise en faveur d'autrui, la société Hillshire n'aurait pu, en tout état de cause, obtenir gain de cause. D'autre part, elle contestait, en vain, que l'imputation « automatique » de l'infraction à la société-mère de l'auteur direct de l'infraction était contraire au principe de primauté et violait le principe d'individualisation et de nécessité des peines. Sur ce point, les juges de la chambre 5-7 se contentent de rappeler les principes pertinents issus, notamment, de la jurisprudence des juges de l'Union en la matière, permettant, lorsque la filiale n'a pas agi de manière autonome sur le marché pendant l'infraction, d'imputer l'infraction à sa société-mère, *a fortiori*, lorsque cette dernière détient, directement ou indirectement, la totalité de son capital social.

Par ailleurs, l'ancienne société-mère reprochait à l'Autorité d'avoir « changé de doctrine » en matière d'imputation du comportement infractionnel d'une filiale à sa société-mère. S'il est vrai, comme le soutenait la société Hillshire, que, avant 2009, l'Autorité imputait alternativement et non simultanément l'infraction soit à la filiale soit à la société-mère, selon que la première était ou non autonome, la Cour d'appel se contente, sans entrer dans le débat, de renvoyer à la pratique – quant à elle constante – de la Commission européenne, tel que validée par les juges de l'Union.

La société Hillshire considérait également que l'Autorité avait violé le principe d'égalité des armes en acceptant la demande de « clémence » formulée par Colgate Palmolive, la société absorbante. La première ne pouvant plus contester les griefs, dans la mesure où la seconde les acceptait, tant dans le cadre de la « clémence » que de la procédure de « non-contestation des griefs ». Belle illustration, à notre sens, du fait que la procédure de « clémence » relève d'un « choix procédural » propre à chaque société. Il en aurait été de même pour le recours à la procédure de « non-contestation des griefs », que l'on soit en présence de restructurations sociétaires ou non (sur ce point, v. CA Paris, 19 mai 2016, Mobilitas, RG n° 14/25803).

S'agissant encore de la « clémence », les juges de la chambre 5-7 soulignent de même, tout comme en droit de l'Union, que le périmètre de l'unité économique, au sens du droit de la concurrence, n'a d'incidence qu'au jour de l'introduction de la demande, pour déterminer les sociétés qui en bénéficieront (v., notamment, Trib. UE, 23 janv. 2014, SKW c/ Commission, T-384/09, EU:T:2014:27, point 239 ; pour une confirmation par la Cour, v. CJUE, 19 juin 2014, FLS Plast c/ Commission, C-243/12 P, EU:C:2014:2006, point 85). Ainsi, dès lors que la société Colgate Palmolive sollicitait de la Cour d'appel que le bénéfice de la clémence soit étendu à la société absorbée, la Cour d'appel refuse, dans la mesure où l'opération était postérieure à la demande. En second lieu, l'arrêt de la Cour d'appel de Paris mérite, à notre sens, une attention tout autant particulière s'agissant de la détermination du montant de l'amende. Toutefois, nous nous limiterons, à nouveau, à certains points qui nous paraissent essentiels, eu égard aux développements extensifs de l'arrêt signalé, tant sur les circonstances aggravantes ou atténuantes, l'activité monoproduit ou encore la prise en compte de la valeur des ventes.

La non-reconnaissance de l'« immunité de fait » en droit français de la concurrence

Premièrement, si la pratique de l'Autorité tend à s'aligner sur celle de la Commission européenne, il n'en va pas toujours ainsi en matière d'amendes, en particulier en application du principe dit « d'autonomie procédurale ». Ainsi, les juges de la Cour d'appel refusent de reconnaître en droit français de la concurrence la pratique de « l'immunité de fait », laquelle permet à une société qui ne bénéficie pas de l'immunité de voir son amende calculée sur la base d'une durée de l'infraction diminuée en tenant compte des faits dénoncés qui contribuent à aggraver ou à allonger la durée de la pratique. Ainsi, une société ne pourra bénéficier que d'une réduction du montant de son amende ne pouvant excéder 50 % (sur ce point, v. C. Lemaire et S. Naudin, « L'Autorité de la concurrence apporte des précisions sur la mise en œuvre de la clémence au niveau national »). Par ailleurs, si ce taux de réduction ne saurait être cumulé avec celui, accordé au titre de la non-contestation des griefs, ce que la Cour d'appel rejette à juste titre en l'espèce, il est toujours possible d'appliquer ces deux taux « en cascade ». Deuxièmement, s'agissant de la gravité de l'infraction, les requérantes contestaient l'application d'un pourcentage unique au titre de la gravité. Selon elles, l'Autorité aurait dû prendre en compte le niveau différencié de participation des entreprises concernées pour chaque composante de l'infraction unique et continue. La Cour d'appel écarte ce moyen, à juste titre selon nous, dans la mesure où, en ayant choisi de constater une seule infraction unique et continue dans les deux secteurs des produits d'hygiène et d'entretien, la gravité, en tant qu'élément objectif de la détermination de l'amende, ne saurait varier entre les sociétés.

L'Autorité a toutefois entendu tenir compte, au stade de l'individualisation du montant de l'amende, de l'intensité de la participation de chacune des sociétés, et ce, en application du point 47 de son communiqué sanction du 16 mai 2011. Chaque société tentait d'obtenir quelques pourcents d'abattement supplémentaires : seules les sociétés Lascad et Procter & Gamble auront été les heureuses gagnantes.

La majoration pour appartenance à un groupe concerne-t-elle le groupe auquel appartient l'auteur de l'infraction au jour de cette dernière ou celui au jour de la décision ?

Troisièmement, si l'amende peut certes être atténuée, cette dernière peut plus fréquemment être majorée, en tenant compte de la taille et de la puissance économique du groupe auquel appartient l'auteur direct de l'infraction. Il ressort, d'une part, de l'arrêt commenté que les conditions d'application de cette majoration demeurent toujours imprécises. En témoignent les arguments avancés par les sociétés Reckitt Benkeiser et Beiersdorf. Si le débat porte toujours sur la question de savoir si la majoration n'est possible qu'en cas d'imputation à une société-mère, dans la présente affaire commentée, la société Beiersdorf tentait notamment de faire valoir, en vain, que la majoration nécessitait outre l'imputation, la démonstration que le groupe avait « joué un véritable rôle dans la pratique litigieuse » (v., notamment, E. Thomas, « Appartenance à un groupe : La Cour d'appel de Paris confirme que l'appartenance à un groupe ne saurait entraîner une majoration automatique de l'amende [Degaine/Pradeau et Morin] »).

Last but not least, doit-on prendre en compte le groupe auquel appartient la société au jour de la décision ou bien le groupe auquel appartenait la société pendant l'infraction ? Cette question était celle posée nous semble-t-il par la société Colgate Palmolive à la Cour d'appel, dans la mesure où elle faisait valoir qu'elle supportait la majoration pour appartenance à un groupe imputée à l'ancienne société-mère de la société absorbée. En effet, à la lecture de la décision attaquée, la majoration de 10 % imputée à la société Hillshire nous semble également être imputée à la société Colgate Palmolive ; la différence, dans le montant de l'amende, s'expliquant par le recours par la seconde à la procédure de non-contestation des griefs. Cette imputation est confirmée par la Cour d'appel qui souligne que « la société Colgate Palmolive est tenue solidairement responsable du paiement de l'amende ainsi majorée en tant que successeur juridique de la société auteur [...] ». Toutefois, si la société absorbée appartenait bien au groupe Hillshire pendant l'infraction, force est de constater qu'en fusionnant avec la société Colgate Palmolive, elle appartenait, au jour de la décision, au groupe Colgate et non au groupe Hillshire. Dès lors, y aurait-il encore lieu de distinguer l'imputation de l'infraction avec l'imputation de l'amende ?

Attendons le troisième acte.

E. Thomas

Concurrences N° 1-2017, Art. N° 82708, p. 94

Voir aussi

A. Lacresse, Clémence : La Cour d'appel de Paris confirme la décision de l'Autorité de la concurrence dans l'affaire des produits d'hygiène et d'entretien (Beiersdorf), 27 octobre 2016, Concurrences N° 1-2017, Art. N° 83320, pp. 190-191.

Voir aussi, sur les origines de l'affaire

Aut. conc., déc. n° 14-D-19 du 18 déc. 2014 relative à des pratiques mises en œuvre dans le secteur des produits d'entretien et des insecticides et dans le secteur des produits d'hygiène et de soins pour le corps

M. Debroux, A. Moyrand, Cartels : L'Autorité de la concurrence sanctionne lourdement deux cartels dans le domaine de l'approvisionnement de la grande distribution en produits d'entretiens et d'hygiène, décelés grâce au programme de clémence et considérés comme des ententes uniques, complexes et continues (Produits d'entretien et d'hygiène), 18 décembre 2014, Concurrences N° 2-2015, Art. N° 72747, pp. 88-90.

Voir aussi, sur les suites de l'affaire

– Les premiers pourvois de la Cour de cassation

Cass. com., 27 mars 2019, L'Oréal, Lascad, Unilever, Procter & Gamble e. a., n° 16-26.472 e. a.

A. Ronzano, Infraction par objet : La Cour de cassation confirme presque intégralement l'arrêt de la Cour d'appel de Paris dans l'affaire des produits d'hygiène et produits d'entretien (L'Oréal), 27 mars 2019, Concurrences N° 2-2019, Art. N° 90342.

– Le renvoi de la cour d'appel après cassation

CA Paris, 18 juin 2020, L'Oréal, RG n° 19/08826

A.-S. Choné-Grimaldi, Amende : La Cour d'appel de Paris confirme, pour l'essentiel, sur renvoi après cassation, le montant des condamnations prononcées par l'Autorité de la concurrence dans l'affaire des produits d'hygiène et d'entretien (L'Oréal), 18 juin 2020, Concurrences N° 4-2020, Art. N° 97349, pp. 126-127.

Affaire des « messageries »

CA Paris, 19 juill. 2018, Chronopost e. a., RG n° 16/01270

La Cour d'appel de Paris confirme en tous points la décision rendue par l'Autorité de la concurrence dans l'affaire des messageries, se contentant de réduire à la marge certaines amendes, et confirme le caractère global des analyses qu'il convient de mener dans ce type d'affaires.

On se souvient des condamnations exemplaires prononcées en 2015 par l'Autorité de la concurrence à l'encontre de la quasi-totalité des entreprises de transport, coupables de pratiques concertées constitutives d'ententes. Trois ans plus tard, c'est au tour de la Cour d'appel de Paris de se prononcer. Il n'a pas fallu moins de 190 pages pour que celle-ci expose son raisonnement et ses analyses qui l'ont conduite à confirmer, sur pratiquement tous les points, la décision de l'Autorité de la concurrence. L'impression générale qui se dégage de la lecture de l'arrêt est celle d'une grande sévérité à l'encontre de ces pratiques qui, lorsqu'elles sont mises au jour – et l'on sait comme cela est difficile – font l'objet d'une lourde répression.

Rappelons brièvement que le secteur de la messagerie (transport de colis) se caractérise à la fois par une forte expansion et par une faible rentabilité du fait de surcapacités structurelles. C'est probablement pour tenter d'enrayer les pertes subies que les principaux transporteurs se sont, *via* leur organisation professionnelle, livrés à des échanges d'informations sensibles et confidentielles. Comme souvent dans ce type d'affaires, c'est grâce à des demandes de clémence que les faits ont été portés à la connaissance de l'Autorité. Les échanges d'informations portent sur deux éléments et font ainsi l'objet de deux griefs distincts : ils concernent, d'une part, l'application d'une « surcharge gazole » exigée de manière identique par tous les membres de l'organisation à l'ensemble de leurs clients et, d'autre part, les hausses tarifaires annuelles pour l'année à venir.

En réalité, la qualification des faits ne faisait pas vraiment de doutes. L'argument consistant à soutenir que la surcharge gazole n'était que l'application d'une nouvelle réglementation qui a exigé qu'il soit tenu compte des coûts du gazole dans la détermination du tarif a été rapidement écarté, dès lors qu'il était possible de respecter cette réglementation sans mettre en œuvre la surcharge litigieuse. En effet, la réglementation n'imposait pas de méthodologie de répercussion de la hausse du gazole et chaque opérateur disposait d'une marge de manœuvre pour se conformer à cette législation.

C'est la participation de chacun à l'infraction et le calcul de la durée de chaque infraction qui ont donné lieu aux débats les plus intéressants.

Rappelons que la qualification de « pratique concertée » au sens des articles 101 TFUE et L. 420-1 C. com. suppose (i) une concertation entre opérateurs économiques (ii) dont il découle une restriction de concurrence sur le marché.

S'agissant du premier élément, à savoir la concertation elle-même, on sait que la preuve de celle-ci est rapportée dès lors qu'au cours de réunions, des informations stratégiques sont échangées. Ces réunions peuvent indifféremment se tenir dans un cadre confidentiel ou, au contraire, dans un cadre statutaire, comme c'était le cas en l'espèce (réunions organisées par une fédération de transporteurs). Pour être réputées stratégiques, les informations n'ont pas nécessairement à être secrètes, ni même à être véridiques. En l'espèce, parce qu'elles n'étaient pas publiques et qu'elles portaient sur la stratégie commerciale menée pour l'avenir par les transporteurs, leur caractère stratégique pouvait être aisément reconnu. Certains membres de la fédération ont cherché à nier leur participation à l'entente, en rapportant la preuve de leur absence à certaines réunions et de leur caractère passif à d'autres. La réponse de la Cour est claire : dès lors que les membres de la fédération sont venus à une réunion, leur participation est établie. Pour la contester, il faut rapporter la preuve d'une distanciation publique. Celle-ci doit être expresse et particulièrement claire. DHL s'est heurté à la sévérité exemplaire de la Cour : le transporteur tentait en effet de se prévoir du fait qu'en 2004, il avait informé ses concurrents de son intention de mener une politique commerciale agressive en vue de la « reconquête du marché » et de son refus de se soumettre à toute politique commune qui pourrait être décidée. Bien mal lui en a pris ! Alors que l'on aurait pu y voir une manifestation de volonté en faveur d'un accroissement de l'intensité concurrentielle, la Cour d'appel y voit à l'inverse la preuve de sa participation à l'entente. En effet, ce faisant, DHL a livré à ses concurrents des informations sensibles sur l'évolution de ses tarifs.

Il reste un cas douteux : celui dans lequel l'entreprise n'assiste à aucune réunion mais reçoit les comptes rendus par mail de celles-ci, ce qui lui permet d'obtenir la communication d'informations stratégiques. La Cour d'appel a estimé, contrairement à l'Autorité de la concurrence, que la participation à l'entente de cette entreprise (en l'espèce Geodis pour la campagne 2005-2006) ne devait pas être retenue, aux motifs suivants : « L'absence de distanciation ne saurait être opposée à l'entreprise qui, n'ayant assisté à aucune réunion collusoire, aurait reçu de ses concurrents des informations sensibles qu'elle n'a ni sollicitées ni acceptées, et dont il n'est pas démontré qu'elle aurait tiré parti » (point 332). Dans un tel cas de figure, il faudrait donc rapporter la preuve d'une utilisation des informations pour retenir la participation de l'opérateur. Nulle mention au fait que cet opérateur ait pris connaissance ou non des informations litigieuses. La question de la connaissance des informations avait pourtant été placée au cœur d'autres décisions (CJUE, 21 janvier 2016, *Eturas*, aff. C-74/14).

Signalons qu'une entreprise fait l'objet d'un traitement particulièrement sévère : il s'agit d'un transporteur dont les trois quarts de l'activité consistent dans des missions de sous-traitance au profit des autres transporteurs, membres de l'entente. Parce que, pour le reste de son activité, il a pu profiter des échanges d'informations, cette circonstance ne lui a pas profité.

S'agissant du deuxième élément, à savoir la restriction de concurrence sur le marché, on regrettera la confusion qui existe à ce sujet. Celle-ci peut-elle être présumée ? Et, si présomption il y a, est-elle simple ou irréfragable ? Il semblerait, si notre lecture de la pratique décisionnelle est exacte, qu'il faille distinguer selon la nature de la restriction de concurrence provoquée par la concertation. Tout dépend s'il s'agit d'une restriction par l'objet ou par les effets. Et cette qualification dépend elle-même de la nature des informations échangées. Lorsque celles-ci sont particulièrement stratégiques – comme, en l'espèce, des informations sur les prix futurs – alors ces échanges sont réputés avoir un objet anticoncurrentiel (CJUE, 11 sept. 2014, *Groupement des cartes bancaires*, aff. C-413/14 P, spéc. pts 49 à 51). Dans ce cas, nul besoin de démontrer l'existence d'effets sur le marché, c'est-à-dire l'existence d'une coordination des pratiques commerciales consécutives à la concertation. Implicitement, on présume l'existence de tels effets, étant admis qu'il est impensable que l'échange de telles informations n'ait pas d'impact sur l'intensité concurrentielle du marché (la Cour d'appel cite à ce sujet : Trib. UE, 16 juin 2015, *FSL* e. a., aff. T-655/11, pts. 456 à 458 ; Voir aussi, CJUE, 19 mars 2015, *Dole Food*, aff. C-286/13 P, spéc. pt 127). C'est à ce stade de l'analyse qu'il convient d'apprécier le contexte économique dans lequel les pratiques s'inscrivent pour confirmer que celles-ci ont bien un objet anticoncurrentiel. En revanche, si les informations ne sont pas suffisamment stratégiques pour que l'on décèle, dans leur échange, un objet anticoncurrentiel, alors il incombera aux autorités de concurrence d'évaluer leurs effets sur le marché, ce qui revient à rechercher l'existence d'une coordination des pratiques entre les membres de l'entente.

C'est sur la base de cette distinction qu'il convient de lire certains passages de l'arrêt commenté. En l'espèce, s'agissant d'informations sur les prix futurs, l'existence d'un objet anticoncurrentiel est retenue. Ainsi, le fait que certaines informations échangées étaient erronées et donc insusceptibles d'expliquer l'alignement des conditions commerciales est indifférent, puisque l'effet anticoncurrentiel n'a pas à être démontré. Peu importe également leur inutilité. DHL n'a pas davantage pu se défendre en établissant que de nombreuses décisions sur l'évolution de ses tarifs avaient été prises avant les réunions au cours desquelles des échanges d'informations avaient eu lieu. Au stade de l'évaluation de l'amende, on retrouve des analyses sur l'effet des pratiques puisque de ces effets, dépend le dommage à l'économie qui est un des critères d'évaluation de l'amende. La Cour, tout comme l'Autorité avant elle, reconnaît que l'effet est limité (on évoque un surprix inférieur à 2 %), ce qui n'empêche pas de caractériser l'entente mais conduit à limiter le montant des amendes.

Enfin, aucune exemption individuelle n'a pu être accordée. En effet, il manquait la preuve de gains économiques dont profiterait l'utilisateur final. Le seul fait que l'entente ait permis la survie de certains opérateurs économiques ne constituait pas un motif pertinent.

Le montant de certaines amendes a été légèrement raboté, la Cour d'appel ayant accepté, dans la droite ligne de la décision de l'Autorité, de soustraire de l'assiette de calcul les prestations internationales. L'essentiel des opérations de calcul menées par l'Autorité sont validées. Ainsi, la Cour rappelle la différence qui existe entre la notion de « ventes affectées par la pratique » et celles de « ventes en relation avec la pratique ». Sont incluses dans la « valeur des ventes » sur laquelle repose le montant de l'amende, toutes celles qui sont en relation avec l'infraction, peu importe qu'elles aient été, ou non, affectées par la pratique.

A.-S. Choné-Grimaldi

Concurrences N° 4-2018, Art. N° 88134, p. 108

Voir aussi, sur les origines de l'affaire

Aut. conc., déc. n° 15-D-19 du 15 déc. 2015 relative à des pratiques mises en œuvre dans les secteurs de la messagerie et de la messagerie express

L. Bernardeau, Messageries : L'Autorité de la concurrence sanctionne lourdement pas moins de vingt « entreprises », pour une entente dans les secteurs de la messagerie traditionnelle et de la messagerie express de 2004 à 2010, tout en tenant compte des difficultés financières de certaines d'entre-elles (Messagerie traditionnelle et de messagerie express), 15 décembre 2015, Concurrences N° 1-2016, Art. N° 77701, pp. 87-88.

Cass. com., 22 sept. 2021, Chronopost e. a., n° 18-21.436 e. a.

La Cour de cassation rejette l'intégralité des pourvois dans l'affaire des échanges d'informations dans le secteur de la messagerie.

À la faveur d'un arrêt rendu le 22 septembre 2021 à propos de l'affaire des échanges d'informations dans le secteur de la messagerie, la chambre commerciale de la Cour de cassation rejette l'intégralité des nombreux pourvois – pas moins de neuf – introduits contre l'arrêt rendu le 19 juillet 2018 par la Cour d'appel de Paris dans cette même affaire.

On se souvient que, dans cet arrêt, la Chambre 5-7 de la Cour d'appel de Paris avait confirmé pour l'essentiel la décision n° 15-D-19 du 15 décembre 2015 aux termes de laquelle l'Autorité de la concurrence avait sanctionné 19 entreprises du secteur de la messagerie et de la messagerie express (pour la livraison de marchandises de moins de 3 tonnes) représentant bon an mal an 52 à 87 % dudit secteur et un syndicat professionnel, à hauteur d'un montant total cumulé de plus de 670 millions d'euros, pour avoir mis en œuvre deux ententes.

À l'origine, les pratiques sanctionnées ont été portées à la connaissance du Conseil de la concurrence en octobre 2008 à la faveur d'une demande de clémence présentée par un opérateur allemand, le groupe Deutsche Bahn. D'autres éléments de preuve ont ensuite été réunis à l'occasion d'opérations de visites et saisies réalisées en septembre 2010. À la suite de ces OVS, la société Alloin Transports a, à son tour, présenté une demande de clémence de second rang.

En dépit des difficultés d'un secteur marqué par une rentabilité très faible, voire négative qui a conduit à de nombreuses faillites et restructurations, en particulier au cours de l'année 2008, qui a vu la disparition de 11 % des entreprises du secteur et de près de 30 % de ses effectifs salariés pendant la période de l'entente, l'Autorité avait retenu une proportion de la valeur servant d'assiette du montant des sanctions pécuniaires de 9 %. En revanche, elle avait largement tenu compte de la faible capacité contributive de six entreprises mises en cause, ainsi que de celle du syndicat professionnel, leur octroyant des réductions d'amendes allant de 78,6 % à 99,99 % ! Sans compter les réductions d'amendes dues à l'application du programme de clémence, ou au titre de la non-contestation des griefs.

La principale entente, qui s'est déroulée du mois de septembre 2004 au mois de septembre 2010, a consisté en des échanges d'informations précises, futures, stratégiques et individualisées sur les hausses tarifaires que les entreprises du secteur de la messagerie envisageaient de demander à leurs clients respectifs. En pratique, les entreprises de messagerie échangeaient des informations chaque année avant le début des négociations annuelles, puis faisaient le point durant les négociations. Pendant l'été et/ou l'automne de chaque année, les entreprises concernées s'échangeaient des informations par courriels, courriers et lors d'une ou plusieurs réunions au sein du syndicat professionnel. Les entreprises adoptaient ensuite un comportement sur le marché en cohérence avec les informations préalablement échangées, c'est-à-dire qu'elles annonçaient à leurs clients des augmentations de prix conformes à la hausse convenue entre elles. Par ailleurs, les entreprises surveillaient le résultat des négociations tarifaires et la mise en œuvre effective auprès des clients de ce qui avait été décidé en commun, même si, compte tenu de l'opacité des négociations et de leur multiplicité, il n'était pas aisé de mettre en œuvre un mécanisme formalisé de surveillance et de représailles. En outre, des informations ont été échangées de façon bilatérale entre entreprises en dehors du cadre du syndicat professionnel. Du fait de la transparence accrue, même si chaque entreprise devait gérer individuellement les discussions avec ses propres clients, elle bénéficiait d'une position de négociation bien plus favorable que celle qui aurait résulté d'une situation de concurrence non faussée.

La seconde entente, de moindre importance, du moins si l'on en juge par le montant des sanctions, s'est déroulée du mois de mai 2004 au mois de janvier 2006, et a porté sur la mise en œuvre commune d'une « surcharge gazole » destinée à répercuter auprès des clients la hausse de 41,6 % qu'a connu le prix du gazole entre janvier 2004 et octobre 2005. Constatant une infraction par objet, l'Autorité de la concurrence avait écarté le bénéfice d'une exemption individuelle au titre des dispositions figurant à l'article 101, § 3 TFUE ou à l'alinéa 2 du I de l'article L. 420-4 du Code de commerce, et ce au motif que les quatre conditions posées à l'article 101, § 3 TFUE n'étaient pas remplies, ce qu'a confirmé la Cour d'appel dans son arrêt. En revanche, l'Autorité a pris en compte, au stade de l'évaluation de la sanction, la concomitance de fortes hausses du prix du gazole avec les débats parlementaires et les interventions des pouvoirs publics en faveur d'une répercussion des variations du coût des carburants dans les contrats de transport, estimant qu'elle avait pu créer une certaine confusion dans l'esprit des professionnels. En tout état de cause, l'Autorité a estimé que le dommage à l'économie avait été limitée. Pour toutes ces raisons, l'Autorité a décidé de s'écarter de la méthode décrite dans le communiqué du 16 mai 2011 relative à la détermination des sanctions pécuniaires pour lui préférer un mode de fixation forfaitaire, méthode que la Cour d'appel a validé.

Aux termes du présent arrêt, la chambre commerciale de la Cour de cassation commence par écarter de nombreux moyens comme n'étant manifestement pas de nature à entraîner la cassation (pt. 8).

Elle passe ensuite en revue les nombreux autres moyens restants.

Les requérants faisaient valoir l'irrégularité de la saisine d'office de l'Autorité, dont on sait que l'initiative revient, du fait de la séparation des pouvoirs d'instruction et de jugement, au seul rapporteur général, en vertu de l'article L. 462-5 III du Code de commerce. En substance, elles soutenaient que la proposition du rapporteur général ne figurait pas au dossier et que la proposition de saisine d'office formulée à l'oral par un des rapporteurs généraux adjoints ne pouvait pallier à son absence. Elles avançaient encore que l'article R. 461-3, alinéa 5, du Code de commerce qui figure dans la partie réglementaire du Code de commerce qui suit sa partie législative distincte, n'a, en prévoyant la possibilité pour le rapporteur général de déléguer les attributions prévues au « présent titre », pu viser que les attributions figurant dans le titre VI de la partie réglementaire du Code de commerce, de sorte qu'en se fondant sur cette disposition pour admettre que le rapporteur général avait pu déléguer à un rapporteur général adjoint le pouvoir qu'il tient de l'article L. 462-5 III du Code de commerce, d'émettre une proposition permettant à l'Autorité à de pratiques anticoncurrentielles, la Cour appel avait violé, par fausse application, l'article R. 461-3 alinéa 5 du Code de commerce.

Sur quoi, la chambre commerciale de la Cour de cassation, rappelant que l'Autorité ne peut se saisir d'office de pratiques anticoncurrentielles que si la proposition lui en est préalablement faite par le rapporteur général, approuvant la Cour d'appel de Paris d'avoir considéré qu'aucune disposition légale ou réglementaire n'exige que la proposition adressée à l'Autorité de se saisir d'office prenne la forme d'un avis écrit, une recommandation orale, à condition qu'elle émane du rapporteur général, apparaissant suffisante, ni qu'une telle proposition soit communiquée aux parties (pt 101), relève que l'article L. 461-4 du Code de commerce prévoit la désignation d'adjoints au rapporteur général et que l'article R. 461-3 alinéa 5 de ce code constitue une disposition normative de niveau approprié pour conférer au rapporteur général la possibilité de déléguer à un rapporteur général adjoint tout ou partie de ses attributions, lui seraient-elles attribuées par la loi et retient encore que ce même article R. 461-3 alinéa 5, qui figure au titre VI du livre IV du Code de commerce, prévoit que le rapporteur général « peut déléguer à un ou plusieurs rapporteurs généraux adjoints tout ou partie des attributions qu'il détient conformément au présent titre ». Elle en déduit que, l'article L. 462-5 du Code de commerce, qui donne pouvoir au rapporteur général de proposer au collège de l'Autorité de se saisir d'office, figurant dans ce même titre VI, résulte de l'article R. 461-3 alinéa 5 précité que le rapporteur général peut déléguer à un rapporteur général adjoint le pouvoir de proposer à l'Autorité de se saisir d'office (pt 16). Du reste, conclut la Cour, l'article R. 461-3 alinéa 5 renvoyait nécessairement au titre VI de la partie législative du Code de commerce, dès lors que le titre VI de la partie réglementaire du même code ne mentionne aucun pouvoir du rapporteur général susceptible d'être délégué, de sorte que la Cour d'appel, qui n'a pas méconnu le principe de la séparation des pouvoirs dès lors que la délégation en cause n'était pas détachable de la procédure contestée, dont l'appréciation de la légalité appartient à l'autorité judiciaire, a statué à bon droit et a légalement justifié sa décision (pt 18).

La société Geodis et la SNCF faisait valoir, aux termes de leur pourvoi, que l'intervention de l'Autorité devant la Cour d'appel constituait, eu égard à ses conditions, une violation du droit à un procès équitable, dans la mesure où l'Autorité avait disposé d'un délai de sept mois pour déposer ses observations en réponse, là où les demandeur au recours devaient, à peine d'irrecevabilité prononcée d'office, déposer l'exposé de leurs moyens au greffe de la Cour dans les deux mois qui suivent la notification de la décision attaquée.

Sur quoi, la chambre commerciale de la Cour de cassation, relevant que la différence de délais concrètement observée était en rapport avec le nombre de parties demanderesses et la volumétrie de leurs moyens, estime que la Cour d'appel de Paris a fait l'exacte application du principe de l'égalité des armes (pt 22).

La société XPO remettait en cause, aux termes de son pourvoi, la délimitation du marché pertinent, estimant qu'en tant qu'entreprise n'offrant que des services de transport par palettes, ses prestations de service n'étaient pas comparables aux entreprises de messageries n'offrant pas des services de transport par palettes. Elle reprochait à la Cour d'appel de Paris de n'avoir pas censuré l'Autorité de la concurrence pour avoir retenu que le critère déterminant de la délimitation du secteur de la messagerie de colis ne consiste pas dans le mode de conditionnement des colis (présence/absence de palettes), mais bien dans le poids total des colis transportés (inférieur à 3 tonnes), pour décider que la société XPO, quoique n'offrant que des services de transport palettisé, n'en est pas moins dans une situation de concurrence avec les autres entreprises du secteur de la messagerie.

Sur quoi, la chambre commerciale de la Cour de cassation se contente de relever, à la suite de la Cour d'appel, que, si la société XPO n'offre que des services de transport par palettes, nombre d'entreprises de messagerie proposent des transports par palettes dans le cadre de leur offre de messagerie, de sorte qu'il existe une pluralité d'opérateurs, exerçant la même activité que celle dans laquelle la société XPO indiquait s'être spécialisée, dont la Cour d'appel de Paris a pu déduire que cette société était en concurrence avec ceux-ci (pts 26-27).

La société Geodis et la SNCF faisait encore grief à l'arrêt attaqué d'avoir retenu qu'elles avaient participé à une entente sur le marché français de la messagerie et de la messagerie express, qui visait à la mise en place d'une concertation sur les hausses tarifaires annuelles, en dépit de l'absence de participation de Geodis à la pratique concertée reprochée pour les campagnes 2009-2010. Celle-ci faisait valoir que la personne censée la représenter à ces réunions n'était autre qu'un ancien salarié de la société Geodis, qui avait pris sa retraite au mois de mars 2009.

Sur quoi, la chambre commerciale de la Cour de cassation se contente de relever que le fait que la personne en question, ancien salarié de la société Geodis, ait pris sa retraite au mois de mars 2009 ne permet pas d'exclure qu'il la représentait encore, après cette date, lors des réunions du conseil de métiers, observant à cet égard qu'elle figurait en qualité de représentant de la société Geodis sur les comptes rendus de ces réunions, quelle avait conservé, après son départ à la retraite, son adresse de messagerie électronique Geodis et que que la société Geodis n'a pas nommé, après son départ à la retraite, de nouveau représentant au conseil de métiers, tout en continuant à régler ses cotisations à la fédération TLF, et que cette absence de nomination d'un nouveau représentant de la société Geodis à compter du mois de mars 2009 pouvait aisément s'expliquer si cette personne avait continué de représenter l'entreprise après son départ à la retraite (pt 30)... Dès lors, c'est sans méconnaître la présomption d'innocence, eu égard au faisceau d'indices retenu pour déterminer en quelle qualité ladite personne avait participé aux réunions litigieuses et à l'analyse des pièces qu'elle a effectuée que la Cour d'appel a estimé que la société Geodis était, s'agissant des campagnes tarifaires 2009/2010 et 2010/2011, représentée par cette dernière aux réunions en cause et qu'avaient eu lieu, au cours de celles-ci ou au cours d'échanges bilatéraux, des échanges d'information prohibés portant notamment sur des éléments dont elle était à l'origine et qui ne pouvaient avoir été communiqués que par son représentant, justifiant ainsi légalement sa décision (pt 32).

Répondant encore à un moyen soulevé par les sociétés XPO et XPO Logistics Europe sur la date de fin des pratiques, la chambre commerciale de la Cour de cassation approuve la Cour d'appel de Paris d'avoir considéré que la date de fin des pratiques ne correspondait pas à la date de la dernière réunion à laquelle a participé une entreprise, mais coïncidait avec la fin du cycle annuel de négociations, à l'issue duquel elle a cessé d'exploiter les informations obtenues lors de cette dernière réunion, ajoutant que c'est à tort que la société XPO soutenait, dans ses écritures d'appel, qu'il revenait à l'Autorité d'établir les effets de la pratique, cependant que celle-ci avait été qualifiée de pratique anticoncurrentielle par objet (pts 35-36).

De même, réagissant à un moyen soulevé par la société Geodis et la SNCF concernant le rejet par la Cour d'appel de Paris d'un moyen tiré de l'absence d'imputabilité du grief n° 2 à la SNCF faute d'influence déterminante sur sa filiale Geodis pendant la période concernée par les pratiques, la chambre commerciale de la Cour de cassation estime que la Cour d'appel de Paris, constatant que l'imputabilité des pratiques à la SNCF en sa qualité de société-mère de la société Geodis, était fondée, non seulement sur la détention de 100 % du capital de cette dernière, mais aussi sur l'existence de liens organisationnels et de gouvernance entre la mère et sa fille, avait, par cette appréciation globale légalement justifié sa décision (pt 40).

Mais l'ensemble des requérantes contestait surtout le mode de calcul des sanction infligées par l'Autorité de la concurrence et validé sur ce point par la Cour d'appel de Paris. S'agissant en premier lieu de la détermination du montant de base des sanctions, l'Autorité avait retenu, afin de déterminer le montant de base de l'amende, la valeur des ventes de tous les biens ou les services réalisés sur le marché affecté, et non pas seulement les ventes dont les prix ont été influencés par l'entente. Plus précisément, elle avait retenu, au titre de la valeur des ventes, le chiffre d'affaires lié aux prestations de messagerie et de messagerie express domestique sur le territoire français, dont elle a déduit le chiffre d'affaires réalisé lorsque les entreprises ont agi exclusivement comme sous-traitant d'un autre transporteur, le chiffre d'affaires réalisé lors de prestations intragroupe et le chiffre d'affaires réalisé lors de prestations internationales. Par leurs moyens, les requérantes invoquaient des erreurs de calcul lors de la détermination de la valeur de leurs ventes : absence de prise en compte des activités de sous-traitance et prise en compte indue de prestations étrangères aux activités de messagerie et de messagerie express, mais aussi d'activités internationales et intragroupe.

Les requérantes reprochaient encore à la Cour d'appel d'avoir validé le choix fait par l'Autorité, tant dans sa pratique décisionnelle que dans son communiqué sanctions, de ne pas prendre en compte le critère de la seule affectation des ventes par l'infraction, pour couvrir toutes les produits ou services « en relation avec l'infraction », considérant que c'est à juste titre que l'Autorité avait constaté que l'ensemble des prestations de messagerie classique et express réalisées sur le marché français étaient en relation avec le grief n° 2.

Sur la proportion de la valeur des ventes retenue au titre de la gravité des faits et de l'importance du dommage causé à l'économie, les requérantes faisaient également grief à la Cour de Paris d'avoir confirmé la proportion de 9 % de la valeur retenue comme assiette du montant des sanctions pécuniaires au titre de la pratique d'échanges d'informations et, ce faisant, d'avoir approuvé pour l'essentiel l'analyse conduite par l'Autorité en ce qui concerne la gravité des faits, d'autant que l'Autorité avait déjà admis que le dommage à l'économie avait été limité.

Sur quoi, la chambre commerciale de la Cour de cassation approuve la Cour d'appel de Paris d'avoir considéré que, dès l'instant où une catégorie de produits ou services est « en relation avec l'infraction », la valeur des ventes de cette catégorie de produits ou de services doit être prise en compte et qu'ainsi c'est la qualification de l'infraction, effectuée au regard de son objet ou de ses effets, qui permet de déterminer les catégories de produits ou de services en relation avec l'infraction, cependant qu'il n'est fait aucune référence à une nécessaire affectation des ventes de ces catégories de produits ou services par l'infraction pour pouvoir prendre en compte leur valeur (pt 50). Elle approuve également la Cour d'appel de Paris d'avoir retenu que l'Autorité a pu décider que l'ensemble des prestations de messagerie classique et express réalisées sur le marché français étaient en relation avec le grief n° 2, dès lors que les informations échangées concernaient un aspect de la politique tarifaire générale qu'entendaient suivre les entreprises participantes, soit le taux de hausse qu'elles souhaitaient obtenir, sans distinction selon la nature des services ou selon les caractéristiques des clients (pt 51). Ensuite, elle fait sienne la constatation selon laquelle la prise en compte, comme assiette des sanctions, de la valeur de l'ensemble des ventes des produits et services en relation avec l'infraction n'est pas contraire au principe de proportionnalité des peines, dès lors que sont appliqués à la valeur retenue un coefficient fixé en fonction de la gravité des faits et du dommage causé à l'économie, ainsi qu'un coefficient traduisant la durée de l'infraction et de la participation individuelle de chaque entreprise à l'entente et que le montant de base ainsi obtenu peut encore faire l'objet d'une individualisation en fonction des circonstances aggravantes et atténuantes propres à chaque entreprise, et d'ajustement finaux pour tenir compte de ses éventuelles difficultés (pt 53). Partant, conclut-elle, la Cour d'appel, qui a fait l'exacte interprétation des termes du communiqué et de leur portée visant à prendre en considération l'ampleur économique de l'infraction, a, sans établir une présomption irréfragable, ni méconnu la présomption d'innocence, et abstraction faite des motifs surabondants relatifs aux charges des services d'enquête de l'Autorité et à l'effet dissuasif des sanctions, ainsi que de ceux, également surabondants et relatifs à la particularité de certains contrats ou clients, légalement justifié sa décision (pt 54).

Par ailleurs, certaines entreprises contestait la mise en œuvre par l'Autorité de la réduction d'amende au titre d'entreprise mono-produit. S'agissant de la société Kuehne+Nagel, la Cour avait relevé que l'« entreprise », au sens du droit de la concurrence, avait été successivement constituée, du 30 septembre 2004 au 30 juin 2007, de l'entité formée par la société Alloin Transport et sa société-mère Alloin Holding, du 1er juillet 2007 au 5 janvier 2009, par l'entité formée de la société Transport Alloin, devenue Kuehne+Nagel, et de sa société-mère Alloin Holding et, du 6 janvier 2009 au 29 septembre 2010, de la société Kuehne+Nagel et de ses sociétés mère Alloin Holding et grand-mère Kuehne+Nagel International. Or, constate à son tour la chambre commerciale de la Cour de cassation, les requérantes n'ont pas établi que ces entités, ou l'une d'entre elles, avait le caractère d'entreprise mono-produit (pt. 58).

Répondant encore à un moyen soulevé par les sociétés Overland, Kuehne Nagel Road et Kuehne+Kuehne Nagel International à propos du plafond de sanction de 10 % du montant du chiffre d'affaires mondial hors taxes le plus élevé réalisé au cours d'un des exercices clos depuis l'exercice précédant, celui au cours duquel les pratiques ont été mises en œuvre, la chambre commerciale de la Cour de cassation, rappelant que, lorsque les comptes de l'entreprise concernée ont été consolidés ou combinés en vertu des textes applicables à sa forme sociale, le chiffre d'affaires pris en considération pour le calcul du plafond légal est celui figurant dans les comptes consolidés ou combinés de l'entreprise consolidante ou combinante, sans que soit exigé que l'entreprise sanctionnée ait été, au moment des pratiques anticoncurrentielles, filiale de l'entreprise consolidante ou combinante, seul important le fait que ses comptes ont été consolidés ou combinés au titre de l'exercice au cours duquel a été réalisé le chiffre d'affaires retenu pour le calcul du plafond légal, estime que c'est à bon droit, cependant que la règle légale en cause fixe seulement un plafond de sanction, dont le respect a été vérifié, que l'arrêt attaqué en a déduit que rien ne s'opposait à ce que ce plafond ait été calculé par référence au chiffre d'affaires mondial consolidé hors taxe du groupe Kuehne +Nagel, y compris pour la partie de la sanction correspondant à la participation à la pratique antérieurement au 6 janvier 2009, date d'acquisition par ce groupe du groupe Alloin, auteur de la pratique. Il suffit, à cet égard, que la proportionnalité de la sanction ait été vérifiée concrètement par la Cour d'appel au terme d'une méthode de fixation appliquant, à la valeur de l'ensemble des ventes des produits et services en relation avec l'infraction, un coefficient fixé en fonction de la gravité des faits et du dommage causé à l'économie, ainsi qu'un coefficient traduisant la durée de l'infraction et de la participation individuelle de chaque entreprise à l'entente et individualisant la sanction en fonction des circonstances aggravantes et atténuantes propres à chaque entreprise et d'ajustement finaux en cas d'éventuelles difficultés de celle-ci (pt 62).

Pour le reste, la chambre commerciale de la Cour de cassation, répondant à un moyen soulevé par les sociétés DHL express (France), DHL holding France et Deutsche Post, approuve la Cour d'appel de Paris d'avoir considéré que, bien que ne constituant pas une entente entre concurrents ayant pour objet de fixer directement en commun leurs prix futurs, les échanges d'informations en cause tendaient à la hausse de prix futurs et contribuaient ainsi indirectement à leur fixation à un niveau supra-concurrentiel, de sorte que la Cour d'appel, qui ne s'est pas contredite, a pu retenir que constituent des infractions particulièrement graves et sévèrement réprimées les ententes horizontales tendant à la fixation des prix futurs (pt 67).

On se souvient que le demandeur de clémence de rang 1 n'avait pas obtenu l'immunité totale, mais avait écopé de 3 millions d'euros d'amende pour n'avoir pas respecté ses obligations de coopération totale avec l'Autorité. Quoique les demandeurs de clémence – les sociétés Deutsche Bahn AG et ses filiales pendant l'instruction – étaient censées avoir interrompu leur participation aux activités illégales présumées en 2008, il apparaît qu'elles avaient de nouveau pris part à l'infraction suspectée en participant, le 16 septembre 2010, à une réunion du Conseil de métiers, sans en informer les services d'instruction de l'Autorité. Les sociétés Deutsche Bahn et Schenker France, demanderesse à la clémence, reprochaient à l'Autorité d'avoir retenu avec l'approbation de la Cour d'appel que, s'il ne saurait leur être reproché d'avoir continué de participer aux réunions du Conseil de métiers, puisque l'avis de clémence ne le leur interdisait pas, en revanche, les requérantes avaient manqué à la première condition de l'avis de clémence, en ne l'informant pas de sa participation à la réunion du 16 septembre 2010 et de la teneur des échanges potentiellement prohibés qui s'y sont déroulés et qu'il importe peu à cet égard que ce comportement ait résulté d'une négligence ou d'une volonté de se soustraire auxdits engagements. Au final, la Cour avait estimé que le fait que l'amende finalement infligée corresponde à seulement 4,37 % de la sanction qui aurait pu être appliquée aux requérantes au titre de leurs agissements anticoncurrentiels suffisait à en démontrer le caractère proportionné. La chambre commerciale de la Cour de cassation estime quant à elle, qu'en l'état de ces énonciations, constatations et appréciations, la Cour d'appel a légalement justifié sa décision (pt 74). Et que la Cour d'appel, qui a contrôlé la proportionnalité entre le manquement constaté et la sanction prononcée et qui a pris à juste titre en considération l'objectif de dissuasion ressortissant à l'obligation légale de réduire le montant de l'exonération associée à la procédure de clémence lorsqu'un manquement, serait-il de simple négligence, est constaté de la part d'une entreprise ayant obtenu le bénéfice conditionnel de la clémence, peu important l'importance des conséquences, au cas d'espèce, de ce manquement, a pu statuer comme elle a fait et a légalement justifié sa décision (pt 79).

A. Ronzano *

Concurrences N° 4-2021, Art. N° 102583

2.3 Relations verticales

2.3.1 Jurisprudence européenne

Contrat d'agence

TPICE, 15 sept. 2005, DaimlerChrysler, T-325/01

Le Tribunal de première instance des Communautés européennes annule la majeure partie de l'amende infligée et encadre des principes d'imputabilité les pratiques d'une filiale à la maison-mère.

L'arrêt rendu le 15 septembre 2005 par la cinquième chambre du TPI est particulièrement riche d'enseignements sur l'une des questions les plus débattues en matière d'entente, relative à la notion d'entreprise auteur d'une infraction. L'originalité de cet arrêt est qu'il conjugue l'examen de cette question dans deux aspects distincts, à savoir d'une part les relations entre une société et ses agents, et d'autre part l'imputation des pratiques d'une filiale à sa société-mère.

La Commission a décidément bien du mal à appréhender et sanctionner les pratiques visant à restreindre les importations parallèles de produits, qu'il s'agisse de médicaments ou de véhicules. Dans l'affaire Bayer/Adalat (TPICE, 26 octobre 2000, aff. T-41/96, confirmé par CJCE, 6 janvier 2004, aff. C-2/01 et C-3/01), c'est en insistant sur une approche stricte et « civiliste » de la notion d'entente, axée sur la concordance de volonté entre deux parties au moins, que le Tribunal puis la Cour avaient censuré la Commission. Dans le cas présent, c'est la notion d'entreprise, perçue comme une unité économique auteur d'une infraction, qui est examinée.

Dans une décision du 10 octobre 2001, la Commission avait infligé une forte amende à Mercedes Benz (groupe DaimlerChrysler) pour avoir donné des instructions à ses agents commerciaux en Allemagne visant à restreindre le commerce parallèle de ses véhicules, pour avoir interdit aux agents allemands et aux concessionnaires espagnols de livrer des véhicules aux sociétés de crédit-bail n'ayant pas de clients identifiés et enfin pour avoir participé, *via* une filiale belge, à des accords visant à restreindre des remises commerciales que pouvaient accorder des concessionnaires de la marque en Belgique.

Sur la première question, le Tribunal rappelle tout d'abord sa jurisprudence *Bayer* précitée et l'exigence de constater l'existence d'une concordance de volonté entre deux ou plusieurs parties, par opposition aux pratiques unilatérales d'une entreprise. Le Tribunal rappelle également que « la notion d'entreprise, placée dans un contexte de droit de la concurrence, doit être comprise comme désignant une unité économique du point de vue de l'objet de l'accord en cause » (point 85), que la séparation d'une « entreprise » entre plusieurs personnes physiques ou morales distinctes n'est pas déterminante, mais que ce qui s'impose, c'est « l'unité ou non de leur comportement sur le marché » (*idem*).

Le Tribunal examine ensuite l'application de ces principes au cas particulier des relations entre une société et ses agents commerciaux. Au cas d'espèce, le Tribunal se livre à une analyse détaillée des droits et obligations caractérisant la relation entre Mercedes-Benz et ses agents, pour conclure finalement que ces derniers « accomplissent la vente des véhicules Mercedes-Benz pour l'essentiel sous la direction de la requérante, en sorte qu'ils doivent être assimilés à des employés et considérés comme intégrés dans cette entreprise et formant ainsi avec elle une unité économique » (point 102). Les principaux éléments retenus par le Tribunal au soutien de ses conclusions sont : l'absence de pouvoir de l'agent de vendre les véhicules (point 93), l'absence d'autonomie de l'agent dans la fixation du prix (point 94) et l'absence d'obligation pour l'agent de constituer un stock de véhicules (point 96). Le Tribunal écarte ensuite l'argument de la Commission selon lequel l'agent dispose de la faculté d'accorder une remise aux acheteurs de véhicules, au motif que celles-ci sont imputées sur sa propre commission. Il examine enfin un certain nombre d'exigences imposées à l'agent ou de risques supportés par celui-ci (risques de transport, exigences de réparation en application de la garantie, etc.) pour conclure que la Commission n'a pas caractérisé un véritable partage des risques économiques entre la société et ses agents, lesquels doivent donc être considérés comme formant une unité économique avec celle-ci. La réduction d'amende qui en résulte est substantielle, puisque la Commission avait infligé une amende de 47 millions d'euros pour ces pratiques.

S'agissant des restrictions imposées aux concessionnaires espagnols, le Tribunal constate qu'elles résultent de la législation espagnole et qu'elles ne peuvent donc pas résulter d'un accord de volonté. L'annulation de la décision de la Commission sur ce point porte sur 15 millions d'euros. Restent les pratiques mises en œuvre en Belgique, entre une filiale belge de Mercedes-Benz et une dizaine de concessionnaires. Ici, le Tribunal confirme la décision de la Commission, tout en rappelant les conditions strictes qui encadrent l'imputabilité des pratiques d'une filiale à sa maison-mère. On renverra ici au commentaire de l'arrêt de la deuxième chambre du Tribunal, paru dans cette revue (n° 3-2005, p. 69), où ont été rappelés les termes du débat et la jurisprudence applicable. On relèvera surtout la netteté des termes utilisés par la cinquième chambre dans la présente affaire, qui contraste avec la formulation plus elliptique et, à nos yeux, critiquable, qu'avait retenue la deuxième chambre.

Dans la présente affaire, le Tribunal affirme que « la détention de 100 % du capital de la filiale ne saurait à elle seule suffire à démontrer l'existence d'un tel contrôle par la société mère. L'imputation à la société-mère du comportement de la filiale dépend toujours de la constatation de l'exercice effectif d'un pouvoir de direction » (point 218). Par le recours aux termes « toujours » et « exercice effectif d'un pouvoir de direction », le Tribunal affirme clairement que la présomption tirée de la détention par la société-mère de 100 % du capital de la filiale est insuffisante, à elle seule, à imputer les pratiques de la filiale à la société-mère : l'existence de l'imputation ne dispense pas la Commission d'apporter la preuve de l'exercice effectif du pouvoir de direction par la société-mère. Certes, comme l'avait affirmé l'avocat qénéral Misho dans ses conclusions dans l'affaire Stora (CJCE, 16 novembre 2000, aff. C-286/98), le Tribunal semble admettre que la charge de la preuve pesant sur la Commission se trouve allégée du fait de l'existence de la présomption, puisque la Commission peut également fonder sa décision sur l'absence de contestation, par la société-mère, de la possibilité d'influencer de façon déterminante la politique commerciale de la filiale et sur l'absence d'éléments de preuve au soutien des affirmations de la société-mère relatives à l'autonomie de la filiale (point 219). On peut d'ailleurs s'interroger sur ce qu'il faut entendre concrètement par l'« absence de preuve au soutien [des] affirmations sur l'autonomie d'[une filiale] ».

Par définition, la démonstration d'un fait négatif (l'absence d'instructions données par la maison-mère portant sur le comportement de la filiale sur le marché objet de l'infraction) ou d'un fait indéfini (l'autonomie de la filiale) est particulièrement difficile à faire sur la base d'éléments positifs, directs et clairement identifiés. Sauf à courir le risque d'imposer aux parties une *probatio diabolica*, il faut considérer que la présomption tirée de la détention du capital de la filiale ne suffit jamais à lui seul, que la Commission reste toujours tenue d'apporter des éléments complémentaires au soutien de sa décision d'imputation, et que la charge de la preuve de l'autonomie ou de l'absence d'autonomie d'une filiale est ainsi « partagée » entre la Commission et l'entreprise en cause. À ce sujet, on lira d'ailleurs également avec intérêt les considérations développées par la Cour dans son arrêt *ThyssenKrupp* (extra d'alliage) du 14 juillet 2005 (*cf.* commentaire infra), sur la notion de personnalité des sanctions infligées au titre du droit de la concurrence.

Au cas d'espèce, ayant constaté que Mercedes-Benz s'était présenté, pendant la procédure administrative, comme le seul interlocuteur de la Commission pour l'infraction commise en Belgique et n'avait en outre apporté aucun élément de preuve démontrant l'autonomie de sa filiale, le Tribunal conclut que la Commission a pu, à bon droit, imputer à la société-mère les pratiques de sa filiale.

M. Debroux
Concurrences N° 4-2005, Art. N° 523, p. 63

Voir aussi

D. Ferré, Notion d'entreprise : Le TPICE considère que l'agent ne déterminant pas les conditions de vente et n'assumant pas les principaux risques relatifs à l'activité ne constitue pas en lui-même une « entreprise » au sens de l'art. 81 CE (DaimlerChrysler), 15 septembre 2005, Concurrences N° 4-2005, Art. N° 27257.

Distribution et vente en ligne

CJUE, 13 oct. 2011, Pierre Fabre Dermo-Cosmétique, C-439/09

La Cour de justice de l'Union européenne estime qu'une clause contractuelle interdisant de manière générale et absolue la vente par internet dans le cadre d'un système de distribution sélective constitue une restriction de concurrence par l'objet.

En matière de distribution par internet, « il est interdit d'interdire » semble être la position retenue par la Cour de justice à la question préjudicielle posée par la Cour d'appel de Paris dans le cadre de l'affaire Pierre Fabre.

Pour mémoire, l'origine de l'affaire remonte à la saisine d'office du Conseil de la concurrence en 2006, relative à diverses clauses insérées dans le contrat de distribution sélective de produits cosmétiques et d'hygiène corporelle de Pierre Fabre et d'autres fabricants, exigeant que les ventes de ces produits soient effectuées dans un espace physique en présence d'un pharmacien diplômé. De telles clauses interdisaient *de facto* aux distributeurs agréés le recours à internet pour la commercialisation de leurs produits. À la suite de cette saisine, la majorité des fabricants a eu recours à la procédure d'engagement et modifié, par conséquent, leurs contrats de distribution sélective (Cons. conc., décision n° 07-D-07 du 8 mars 2007). Seul Pierre-Fabre a persisté dans la voie contentieuse, ce qui a abouti à sa condamnation pour interdiction de ventes actives et passives contraire aux règles de concurrence, sans exemption possible, ni individuelle, ni au titre du règlement d'exemption par catégorie n° 2790/1999 (Cons. conc., décision n° 08-D-25 du 29 octobre 2008).

Saisie du recours contre la décision du Conseil de la concurrence, la Cour d'appel de Paris a décidé de surseoir à statuer et d'interroger la Cour de justice, par la voie préjudicielle, sur le point de savoir si l'interdiction générale et absolue de vendre des produits par le biais d'internet, dans un système de distribution sélective, constitue une restriction caractérisée susceptible de faire l'objet d'une exemption.

La question donnait à la Cour l'occasion de clarifier certaines interrogations d'actualité, notamment la notion d'objet anticoncurrentiel, l'articulation entre distribution sélective et internet, et l'interprétation du nouveau règlement vertical d'exemption entré en vigueur en cours d'instance, le règlement n° 330/2010 accompagné de ses lignes directrices (voir notamment Idot L., Europe 2011 n° 12, comm. 471 ; M. Debroux, *Concurrences* n° 2-2011, p. 104). C'est dire si l'arrêt était attendu.

Dans un arrêt conforme aux recommandations de l'Avocat général Jan Mazák en date du 3 mars 2011 et assez succinct, la Cour juge que la restriction en cause est une restriction par objet, insusceptible de bénéficier des dispositions du règlement d'exemption par catégorie n° 2790/1999, tout en laissant entrouverte la possibilité d'une exemption individuelle. Si l'économie de rédaction de l'arrêt ne le cède pas à la rigueur de la démonstration, on regrettera pourtant la brièveté des développements consacrés par la Cour à plusieurs questions qui méritaient sans doute mieux, par exemple certaines considérations susceptibles de justifier les restrictions examinées (image de marque, contexte économique et juridique dans lequel la restriction doit être interprétée, etc.).

Une interdiction absolue de vente en ligne imposée aux distributeurs est une restriction de concurrence par objet, insusceptible de bénéficier du règlement d'exemption par catégorie

Dans un premier temps, la Cour se prononce sur l'existence d'une restriction de concurrence, en reformulant à titre préliminaire la question posée par le juge de renvoi et en substituant la notion de « restriction de concurrence par objet » à celle de restriction « caractérisée » qui était employée ; une précision qui s'inscrit dans la droite ligne de sa jurisprudence récente refusant d'adopter une vision restrictive de la notion de restriction par objet (CJCE, 20 nov. 2008, Competition Authority c/ Beef Industry Development Society, aff. C-209/07). Puis la Cour rappelle qu'« aux fins d'apprécier si une clause contractuelle comporte une restriction de concurrence par objet, il convient de s'attacher à la teneur de la clause, aux objectifs qu'elle vise à atteindre, ainsi qu'au contexte économique et juridique dans lequel elle s'insère » (pt 35).

Ensuite, la Cour reprend à son compte, sans guère de développements, la position de la Commission selon laquelle l'exclusion d'un mode de commercialisation de produits « réduit considérablement la possibilité d'un distributeur agréé de vendre les produits contractuels aux clients situés en dehors de son territoire contractuel ou de sa zone d'activité » et est donc susceptible de restreindre la concurrence dans ce secteur (pt 38). Puis, rappelant sa jurisprudence *AEG-Telefunken* de 1983, elle estime qu'un accord qui constitue un système de distribution sélective influence nécessairement la concurrence et doit donc être considéré, à défaut de justification objective, comme une restriction de concurrence par objet.

S'agissant d'un mode de distribution encore récent, la qualification de restriction de concurrence par objet au terme de développements très brefs peut paraître abrupte. De même, lorsque la Cour rappelle qu'il faut tenir compte du contexte dans lequel la pratique s'insère, elle n'est elle-même guère pédagogue sur ce point, passant sous silence l'importance de la concurrence intermarque et la taille de l'entreprise Pierre-Fabre sur le marché. De même, lorsqu'elle s'interroge sur les éventuelles justifications légitimes susceptibles de revenir sur la qualification de restriction de concurrence par objet, elle fournit au juge de renvoi des « éléments d'interprétation du droit de l'Union » dont la lecture laisse penser qu'ils sont une « solution clé en main » laissant assez peu de marge d'interprétation au juge de renvoi. Elle estime ainsi que la nécessité de fournir un conseil personnalisé au client et d'assurer la protection de celui-ci contre une utilisation incorrecte des produits ne saurait, à l'instar de ce qui a déjà été jugé en matière de libre circulation, constituer une justification légitime à une interdiction de vente par internet. Quant à la nécessité de préserver une image de marque, la Cour balaie l'argument sans guère d'explication.

L'arrêt, succinct, ne fournit que parcimonieusement les justifications et explications que l'enjeu de l'affaire aurait pu laisser attendre

Dans un second temps, la Cour envisage les possibilités d'exemption dont un tel accord est susceptible de bénéficier. S'agissant de l'exemption individuelle, elle se contente de rappeler que cette possibilité est offerte à toute entreprise, sans précision, considérant qu'elle ne dispose pas d'éléments suffisants pour apprécier, dans le cas d'espèce, si les conditions de l'article 101, § 3 TFUE sont réunies. S'agissant de l'exemption par catégorie découlant du règlement vertical d'exemption n° 2790/1999 (prédécesseur du règlement n° 330/2010), elle constate que les parts de marché détenues par Pierre-Fabre, inférieures au seuil de 30 %, pourraient lui permettre de bénéficier d'une telle exemption, mais rappelle aussitôt que certaines restrictions en sont exclues par nature.

Ainsi, l'article 4, sous c), du règlement n° 2790/1999 prévoit que des accords qui ont pour objet la restriction de ventes actives ou passives aux utilisateurs finaux par les membres d'un système de distribution sélective ne peuvent bénéficier de l'exemption. Or, tel est bien l'objet de l'interdiction des ventes sur internet, nous dit la Cour, qui restreint « à tout le moins, les ventes passives aux utilisateurs finals désireux d'acheter par internet et localisés en dehors de la zone de chalandise physique du membre concerné du système de distribution sélective » (pt 54). Enfin, la Cour rejette le dernier argument avancé par Pierre-Fabre qui invoquait à son profit une dérogation aux dispositions de l'article 4, sous c), du règlement, permettant d'imposer à un membre du réseau des restrictions de vente lorsqu'elles sont effectuées à partir d'un établissement non autorisé. La Cour estime en effet qu'il n'y a pas lieu de donner une interprétation large – dépassant la conception physique – de la notion d'établissement non autorisé, car l'entreprise a toujours la possibilité d'invoquer le bénéfice de l'exemption individuelle et de protéger ainsi ses droits.

Au final, la Cour fournit à la question posée, complexe et nouvelle, une réponse tranchante qui laisse peu de place à l'appréciation du juge national. Il est, par conséquent, peu probable que la Cour d'appel de Paris innove et s'éloigne du chemin ainsi strictement balisé.

M. Debroux
Concurrences N° 1-2012, Art. N° 42256, p. 88

Voir aussi

D. Ferré, Distribution selective : La Cour de justice qualifie de restriction par objet l'interdiction de commercialiser des produits sur internet, exclut toute exemption au titre du règlement n° 330/2010 mais laisse ouverte la possibilité d'une exemption individuelle dans la mesure d'un bilan économique positif (Pierre Fabre Dermo-cosmétique), 13 octobre 2011, Concurrences N° 1-2012, Art. N° 41861, pp. 117-118.

Voir aussi, sur les conclusions de l'Avocat général

M. Debroux, Distribution sélective : L'Avocat général Mazák estime qu'une interdiction générale et absolue, imposée par un fournisseur à ses distributeurs agréés dans le cadre d'un réseau de distribution sélective, de vendre sur internet des produits contractuels aux utilisateurs finals, constitue une restriction caractérisée de la concurrence par objet au sens de l'art. 101 TFUE (Pierre Fabre Dermo-Cosmétique), 3 mars 2011, Concurrences N° 2-2011, Art. N° 36010, p. 104.

A.-C. Martin, Distribution sélective : L'Avocat général Mazàk se prononce sur l'interdiction de la vente sur internet par des distributeurs sélectionnés (Pierre Fabre), 3 mars 2011, Concurrences N° 2-2011, Art. N° 36312.

Voir aussi, sur les origines de l'affaire

– La décision de l'Autorité

Cons. conc., déc. n° 08-D-25 du 29 oct. 2008 relative à des pratiques mises en œuvre dans le secteur de la distribution de produits cosmétiques et d'hygiène corporelle vendus sur conseils pharmaceutiques

M. Debroux, Distribution sélective – internet : Le Conseil de la concurrence condamne des restrictions à la distribution sur internet de produits cosmétiques et ordonne la modification des contrats de distribution sélective (Pierre Fabre), 29 octobre 2008, Concurrences N° 1-2009, Art. N° 23408, pp. 115-116.

– L'arrêt de la cour d'appel

CA Paris, 29 oct. 2009, Pierre Fabre Dermo-Cosmétique, RG n° 2008/23812

D. Ferré, Ventes sur internet : La Cour d'appel de Paris saisit la Cour de justice de l'Union européenne d'une question préjudicielle sur la possibilité pour un opérateur d'interdire la commercialisation de ses produits sur internet (« Pierre Fabre Dermo-Cosmétique »), 29 octobre 2009, Concurrences N° 1-2010, Art. N° 30609.

C. Momège, Ventes par internet : La Commission européenne intervient devant la Cour d'appel de Paris sur la question des ventes par internet (Pierre Fabre Dermo-cosmétiques), 29 octobre 2009, Concurrences N° 1-2010, Art. N° 30145, p. 161.

Voir aussi, sur les suites de l'affaire

CA Paris, 31 janv. 2013, Pierre Fabre Dermo-Cosmétique, RG n° 2008/23812

A.-C. Martin, Distribution sélective : La Cour d'appel de Paris confirme, sur le fondement de l'art. 101, § 1 du TFUE, l'impossibilité d'interdiction de la vente par internet dans un réseau de distribution sélective lorsque celle-ci n'est justifiée ni par son contexte économico-juridique ni par ses objectifs et refuse, sur le fondement de l'art. 101, § 3 du TFUE d'accorder le bénéfice d'une exemption individuelle (Pierre Fabre Dermo-Cosmétique), mai 2013, Concurrences N° 2-2013, Art. N° 52187, pp. 89-91.

CJUE, 6 déc. 2017, Coty Germany, C-230-16

La Cour de justice de l'Union européenne considère qu'un fournisseur de produits de luxe peut interdire à ses distributeurs agréés de vendre les produits sur une plateforme internet tierce opérant de façon visible à l'égard des consommateurs.

La décision, qui était très attendue, marque une étape importante dans la prise en compte par le droit de la concurrence de l'importance de la protection des réseaux de distribution sélective face à des comportements de vente sur internet, perçus comme parasitaires. Sans surprise (*cf.* Cass. com., 13 sept. 2017, Caudalie c/ Enova santé, n° 16-15.067 ; CJUE, concl. A.G. N. Wahl, 26 juill. 2017, Coty Germany, aff. C-230/16, obs. D. Ferrier), la Cour de justice de l'Union européenne autorise un fournisseur de produits de luxe à interdire à ses distributeurs agréés de vendre les produits sur une plateforme internet tierce.

C'est une fois encore le réseau de distribution du groupe international Coty qui est à l'origine du contentieux (*cf.* CA Paris, 25 mai 2016, France Télévisions c/ Mme Valentina Z, RG n° 14/03918, obs. N. Ereseo ; CA Paris, 29 juin 2016, Coty France c/ Brandalley, RG n° 14/00335, obs. A.-C. Martin). Dans l'affaire en cause, la société Coty Germany, fournisseur de produits cosmétiques de luxe en Allemagne, avait interdit à ses distributeurs de vendre ses produits par l'intermédiaire de plateformes tierces opérant de façon visible à l'égard des consommateurs. Constatant que l'un de ses distributeurs violait cette interdiction en distribuant ses produits par l'intermédiaire la plateforme « Amazon.de », la société Coty l'avait alors assigné devant les juridictions allemandes. Ayant un doute sur la validité d'une telle clause au regard du droit de la concurrence de l'Union européenne, le juge allemand avait saisi la Cour de justice de l'Union européenne.

Quatre questions avaient été posées à la Cour. La première, générale, portait sur la licéité du réseau de distribution sélective considéré au regard du droit des ententes. Les trois suivantes portaient plus spécifiquement sur la licéité de la clause au regard de l'article 101, § 1 du TFUE qui prohibe les ententes anticoncurrentielles, ainsi qu'aux articles 4 sous b) et 4 sous c) du règlement n° 330/2010 lesquels qualifient de restrictions caractérisées les restrictions de clientèle du détaillant et de ventes passives aux utilisateurs finals.

S'agissant de la licéité du système de distribution sélective considéré

Reprenant un raisonnement désormais classique, la Cour de justice répond qu'un tel système de distribution « visant à titre principal, à préserver l'image de luxe de ces produits » est conforme à l'article 101, § 1 du TFUE, « pour autant que le choix des revendeurs s'opère en fonction de critères objectifs de caractère qualitatif, fixés d'une manière uniforme à l'égard de tous les revendeurs potentiels et appliqués de façon non discriminatoire et que les critères n'aillent pas au-delà de ce qui est nécessaire ».

La Cour de justice rappelle sur ce point (*cf.* dans le même sens CJUE, 29 avril 2009, *Copad,* aff. C-59/08) que la qualité de produit de luxe ne résulte pas uniquement des « caractéristiques matérielles » des produits en cause « mais également de l'allure et de l'image de prestige qui leur confère une sensation de luxe » et que « cette sensation constitue un élément essentiel desdits produits pour qu'ils soient distingués, par les consommateurs des autres produits semblables et que dès lors une atteinte à ladite sensation de luxe est susceptible d'affecter la qualité même de ces produits ».

La précision, capitale pour comprendre comment s'apprécie le caractère luxueux des produits distribués, constitue certainement le nerf de la guerre. Il n'est point besoin, d'ailleurs, de s'en convaincre puisque la Cour de justice prend bien soin de préciser dans sa décision qu'elle ne revient pas sur la position qu'elle avait adoptée dans une autre, non moins célèbre, affaire : « l'affaire Pierre Fabre ». Pour mémoire, elle avait, en effet, à cette occasion, considéré comme illicite un réseau de distribution sélective au sein duquel les distributeurs avaient l'interdiction absolue de vendre en ligne des produits, en l'occurrence des produits cosmétiques et d'hygiène corporelle (*cf.* CJUE, 13 oct. 2011, *Pierre Fabre Dermo-Cosmétique*, aff. C-439/09, obs. D. Ferré ; CA Paris, 31 janv. 2013, *Pierre Fabre Dermo-Cosmétique,* RG n° 2008/23812, obs. A.-C. Martin). Pour justifier qu'une même solution puisse conduire à des décisions différentes dans l'une et l'autre affaire, la Cour de justice de l'Union européenne précise, que c'est au regard de la nature des produits en cause dans « l'affaire Pierre Fabre » qu'elle avait pu considérer que la nécessité de préserver l'image de prestige des produits concernés ne constituait pas une exigence légitime aux fins de justifier une interdiction absolue de vente de ces produits sur internet.

Pour déterminer le caractère licite ou illicite du réseau, il faudra donc répondre à la question cruciale, quoique non juridique (*sic*), de l'appréciation du caractère luxueux, ou non, des produits en cause. Les promoteurs de réseaux de distribution sélective sont donc invités à justifier, spécialement, de « la sensation » de luxe procurée par leurs produits afin d'assurer la licéité de leur réseau et, par voie de conséquence, sa protection par l'interdiction de la distribution en ligne *via* des plateformes tierces.

S'agissant de la licéité de la clause interdisant le recours à des plateformes tierces

Répondant à la deuxième question, la Cour considère que l'interdiction faite aux membres d'un réseau de distribution sélective de produits de luxe, « visant à titre principal, à préserver l'image de luxe de ces produits de recourir de manière visible à des plateformes tierces pour la vente sur internet des produits contractuels » est conforme à l'article 101, § 1 du TFUE « dès lors que cette clause vise à préserver l'image de luxe desdits produits, qu'elle est fixée de manière uniforme et appliquée de façon non discriminatoire, et qu'elle est proportionnée au regard de l'objectif poursuivi ».

La Cour adopte à nouveau un raisonnement classique. Elle insiste toutefois sur le fait que l'interdiction vise des plateformes tierces et précise, à cet égard, que « l'absence de relation contractuelle entre ces dernières et le promoteur du réseau rend impossible l'imposition de conditions de revente identiques à celles respectées par les distributeurs agréés ». Elle insiste également sur le fait que l'interdiction faite aux distributeurs porte sur le recours à des plateformes qui « opèrent de façon visible à l'égard des consommateurs ». La visibilité de la plateforme tierce est, là encore, une condition capitale dans la mesure où c'est précisément cette visibilité qui pourrait affecter la « sensation de luxe » des produits en cause.

A contrario donc, la solution pourrait être différente s'agissant de plateformes cachées au consommateur et à plus forte raison de plateformes appartenant à des distributeurs agréés. En l'occurrence en l'espèce, la Cour relève que « les distributeurs agréés sont autorisés à vendre en ligne les produits contractuels par l'intermédiaire tant de leurs propres sites internet, dès lors qu'ils disposent d'une vitrine électronique du magasin agréé et que le caractère luxueux des produits est préservé, que de plateformes tierces non agréées lorsque l'intervention de ces dernières n'est pas visible pour le consommateur ».

La Cour conclut, au demeurant, sur cette question, que même si la clause lui paraît licite, c'est à la cour de renvoi qu'il appartiendra *in fine* de vérifier la réunion des conditions posées.

Répondant enfin aux troisième et quatrième questions, la Cour décide que « l'interdiction faite aux membres d'un système de distribution sélective de produits de luxe, qui opèrent en tant que distributeurs sur le marché, d'avoir recours de façon visible à des entreprises tierces pour les ventes par internet, ne constitue pas une restriction de la clientèle, au sens de l'article 4, sous b), de ce règlement, ni une restriction des ventes passives aux utilisateurs finals, au sens de l'article 4, sous c), dudit règlement ».

Ces questions, ainsi que le précise la Cour de justice, n'auront à se poser que dans le cas où la juridiction de renvoi conclura, aux termes de l'analyse concrète des faits, à l'illicéité de la clause au regard de l'interdiction des ententes (parce que, par exemple, non justifiée par la nature des produits, fixée de façon non uniforme ou appliquée de façon discriminatoire). Elle pourrait alors encore, dans un tel cas, bénéficier d'une exemption au titre de l'article 2 du règlement UE n° 330/2010. La Cour de justice précise qu'en l'espèce, les seuils de part de marché prévus pour bénéficier de l'application de l'exemption ne sont pas dépassés et qu'il conviendrait donc de vérifier que le type de restriction en cause ne constitue pas une restriction caractérisée prévue par l'article 4 du règlement, exclusive du bénéfice de l'exemption.

Elle considère sur ce point que la clause interdisant « aux membres d'un système de distribution sélective de produits de luxe, qui opèrent en tant que distributeurs sur le marché, d'avoir recours de façon visible à des entreprises tierces pour les ventes par internet », « même si elle restreint une forme particulière de vente sur internet », ne restreint ni la clientèle à laquelle les distributeurs agréés peuvent vendre les produits de luxe ni les ventes passives des distributeurs agréés aux utilisateurs finals.

Point de restriction de clientèle dès lors que, selon la Cour, il ne paraît pas possible de délimiter au sein du groupe des acheteurs en ligne, les clients de plateformes tierces. Point de restriction des ventes passives dès lors que « le contrat de distribution sélective en cause au principal autorise, sous certaines conditions, les distributeurs agréés à faire de la publicité par l'intermédiaire d'internet sur des plateformes tierces et l'utilisation des moteurs de recherche en ligne, de telle sorte que (…) les clients sont normalement en mesure de trouver l'offre internet des distributeurs agréés, en utilisant de tels moteurs » et qu'à la différence de ce qui avait été relevé dans « l'affaire Pierre Fabre », la clause en cause ne « prohibe pas le recours à internet comme mode de commercialisation des produits contractuels » de manière absolue.

L'affirmation catégorique d'une absence de restriction de clientèle semble hâtive ! Mais, là encore, la question dépasse des considérations purement juridiques et laisse une porte ouverte à la considération future d'une clientèle spécifique aux plateformes de vente en ligne qui permettent aux consommateurs de disposer d'offres élargies et concurrentes en recourant à une application internet simplifiée. S'agissant de l'absence de limitation des ventes passives – sans entrer dans le débat de la pertinence, discutable, de l'analogie entre ventes par internet et ventes passives – la solution est là encore peu convaincante dans la mesure où l'on voit mal comment des distributeurs interdits de vendre *via* des plateformes tierces pourraient faire de la publicité par l'intermédiaire de ces mêmes plateformes.

Reste qu'au-delà du caractère discutable des justifications, il convient de saluer cette décision qui constitue un encouragement à l'encadrement contractuel des reventes en ligne dans les réseaux de distribution.

A.-C. Martin
Concurrences N° 1-2018, Art. N° 85905, p. 104

Voir aussi

M. Debroux, Distribution sélective : La Cour de justice de l'Union européenne confirme, dans un arrêt très attendu, qu'un fournisseur de produits de luxe peut interdire à ses distributeurs agréés dans le cadre d'un réseau de distribution sélective, de revendre ses produits sur des places de marchés ou plateformes électroniques indépendantes des producteurs (Coty cl Parfümerie Akzente), 6 décembre 2017, Concurrences N° 1-2018, Art. N° 85800, pp. 74-75.

Distribution automobile

CJUE, 14 juin 2012, Auto 24, C-158/11

La Cour de justice de l'Union européenne explicite la notion de « critère défini » au sens du règlement CE N° 1400/2002 en énonçant que si les critères quantitatifs doivent avoir un contenu précis vérifiable, ils n'ont pas à être objectivement justifiés et appliqués de façon uniforme et non différenciée à l'égard de tous les candidats à l'agrément.

Particulièrement attendue par tous les acteurs du monde de l'automobile, la Cour de justice vient de rendre une décision importante qui offre aux constructeurs une grande liberté d'organisation de leurs réseaux de distribution.

L'affaire concernait les conditions de l'exemption offerte par le règlement (CE) n° 1400/2002 et spécialement la portée de la notion de « critère défini » visée en son article 1er.

À l'origine du litige, un réparateur agréé du réseau Land Rover avait présenté une candidature pour devenir distributeur de véhicules neufs sur le site de Périgueux. Le constructeur s'était opposé à cette demande en s'appuyant sur son « numerus clausus » qui ne prévoyait aucune représentation dans cette ville. Or, quelques mois plus tard, un distributeur déjà agréé pour un point de vente à Limoges avait ouvert un établissement secondaire à Périgueux, usant de la faculté d'essaimage offerte par le règlement (art. 5, paragraphe 2, sous b).

Le constructeur avait alors été assigné devant une juridiction consulaire et se voyait reprocher à la fois l'installation du nouveau point de vente à Périgueux et le principe même de la sélection du nombre de distributeurs.

Sur le premier point, le Tribunal de commerce comme la Cour d'appel de Paris avaient estimé que le fournisseur ne pouvait être tenu pour responsable des conséquences de la faculté d'essaimage, celle-ci ne supposant ni son initiative ni son agrément.

Sur le second point, la Cour d'appel avait retenu « que si les critères qualitatifs [...] requis pour sélectionner les distributeurs et les réparateurs doivent [...] être justifiés par la « nature des biens ou des services contractuels », aucune semblable exigence ne pèse sur l'établissement des critères quantitatifs dès lors qu'ils sont suffisamment « définis » et « établis » uniformément pour tous les distributeurs ou réparateurs souhaitant adhérer au système de distribution ». Les conseillers avaient surtout relevé « qu'il appartient au seul fournisseur, libre de déterminer sa stratégie de développement, de décider de l'opportunité de la dimension de son réseau et du maillage géographique souhaitable de celui-ci en exerçant sa liberté propre d'opérateur économique ; qu'aucune disposition législative ou réglementaire, de droit national ou communautaire, n'impose, en effet, au concédant de justifier des raisons économiques ou autres à l'origine de l'établissement de la liste des implantations de ses distributeurs et qui l'ont amené à arrêter le seul critère objectif quantitatif opposable, identiquement et sans discrimination aucune, à l'ensemble des candidats à l'agrément en qualité de distributeurs de véhicules neufs Land Rover » (CA Paris, 2 décembre 2009, *Land Rover* c/ Auto 24, *Concurrences* N° 2, 2010, obs. N. Eréséo).

Un pourvoi avait alors été formé et son auteur soutenait que « dans la distribution sélective quantitative, le fournisseur doit appliquer pour sélectionner les distributeurs des critères de sélection quantitatifs précis, objectifs, proportionnés au but à atteindre et mis en œuvre de façon non discriminatoire ». Or, les juges du fond s'étaient en l'espèce bornés à constater que le fournisseur « avait établi un numerus clausus décrivant dans un tableau des contrats et des sites ne prévoyant pas la possibilité d'implantation dans la zone du candidat mais sans examiner l'objectivité de ces critères, leur utilité économique, l'amélioration du service rendu à la clientèle et les conditions de leur mise en œuvre ».

En réponse à ces arguments, la Cour de cassation avait prudemment observé « que, dans le silence du règlement et en présence d'interprétations divergentes, se pose la question des exigences relatives aux critères de sélection en matière de distribution automobile sélective quantitative ». Elle avait en conséquence décidé de surseoir à statuer en posant la question suivante à la Cour de justice de l'Union européenne : « Que faut-il entendre par les termes de « critères définis » figurant à l'article 1er, point 1, f) du règlement d'exemption n° 1400/2002 s'agissant d'une distribution sélective quantitative ? » (Cass. com., 29 mars 2011, *Land Rover* c/ Auto 24, n° 10-12.734, *Concurrences* n° 2-2011, p. 123, obs. N. Eréséo).

La Cour de justice vient de répondre en indiquant que par « les termes « critères définis » [...] il y a lieu d'entendre, s'agissant d'un système de distribution sélective quantitative au sens de ce règlement, des critères dont le contenu précis peut être vérifié », ajoutant que « pour bénéficier de l'exemption prévue par ledit règlement, il n'est pas nécessaire qu'un tel système repose sur des critères qui sont objectivement justifiés et appliqués de façon uniforme et non différenciée à l'égard de tous candidats à l'agrément ».

Très discutables, les deux réponses qui s'infèrent de la solution (I.) ne sont pas totalement satisfaisantes puisqu'elles débouchent sur deux nouvelles interrogations qui rendent la portée de l'arrêt pour le moins incertaine (II.).

I. Un contenu discutable

À bien lire la solution, la sélection quantitative opérée par les constructeurs n'est plus contrôlable par les juges ou les autorités de concurrence, ni dans son principe (1.), ni lors de sa mise en œuvre (2.).

1. *Sur le principe de la sélection quantitative*

La Cour de justice l'affirme clairement dans sa décision : à la différence des critères qualitatifs qui doivent être requis par la nature du produit (règlement n° 1400/2002, art. 1, paragraphe 1, sous h), les critères quantitatifs n'ont pas à être « objectivement justifiés » (point 32).

La réponse est suffisamment nette pour permettre aux juges français de mettre un terme au litige : le fournisseur n'avait pas à défendre son choix de ne pas prévoir d'implantation à Périgueux.

Au demeurant, même si la solution contraire avait été retenue, la responsabilité civile du fournisseur pouvait toujours se discuter. Comme la Cour de justice le rappelle (point 22), le non-respect d'une condition nécessaire à l'exemption ne justifie pas en soi des dommages-intérêts et ne saurait contraindre le fournisseur à accueillir un candidat au réseau. En effet, « lorsqu'un accord ne remplit pas toutes les conditions prévues par un règlement d'exemption, il ne tombe sous l'interdiction prévue à l'article [101, paragraphe 1, TFUE] que s'il a pour objet ou pour effet de restreindre de manière sensible la concurrence à l'intérieur du marché commun et s'il est de nature à affecter le commerce entre les États membres » (CJUE, 2 avril 2009, *Pedro IV Servicios*, C-260/07, Rec. p. I 2437, point 68), les parties pouvant encore établir que les conditions d'une exemption individuelle sont satisfaites au sens de l'article 101, paragraphe 3, du TFUE.

La solution aujourd'hui admise par la Cour simplifie considérablement les débats : en dessous des seuils fixés par le règlement, le constructeur n'a pas à justifier l'opportunité économique de la sélection quantitative.

En droit commun, la solution contraire a longtemps été appliquée. Le fournisseur devait justifier les restrictions quantitatives mises en place en s'appuyant, par exemple, sur le potentiel de chalandise de la zone considérée (Cass. com., 13 janvier 1998, n° 95-13.423, Sté Gift Shop c/ Sté Boucheron Parfums, limitation quantitative justifiée par une étude établissant le nombre de points de vente potentiel en fonction du nombre d'habitants) ou sur les menaces qu'une augmentation des points de vente ferait peser sur ses capacités de production (T. com. Nanterre, 30 mars 1989, *Livenais épx Denizet* c/ SA Clarins, D. 1990, somm., p. 373, obs D. Ferrier) ou encore sur la nature du produit qui exige parfois une rotation rapide des stocks et donc un nombre limité de distributeurs (CA Aix-en-Provence, 8 mars 1990, *Pins up* c/ Loris Azarro, D. 1990, somm. p. 373, obs. D. Ferrier).

Ces solutions n'avaient cependant pas été réaffirmées ces dernières années, tout au moins pas dans le contexte de l'exemption par catégorie. À notre connaissance, le bénéfice de l'exemption prévue par le règlement de droit commun n'a jamais été conditionné par une justification des critères quantitatifs. Une telle solution n'était par ailleurs pas défendue pour l'application du règlement n° 1400/2002. C'est pourquoi la Cour de justice ne surprend pas en énonçant aujourd'hui que les critères n'ont pas à être justifiés.

Cette solution confortera ceux qui estiment que, dans les secteurs appelant des infrastructures et des compétences très spécifiques et coûteuses, aucune entreprise ne prendrait le risque d'intégrer le réseau ou d'avancer les fonds en l'absence d'une protection minimale des investissements.

Particulièrement fortes dans le secteur automobile, ces contraintes avaient très tôt conduit les constructeurs et les distributeurs à opter pour la formule de la concession exclusive, idéale pour les produits nécessitant de lourds investissements, avant que la Commission ne vienne les inciter en 2002 à choisir la distribution sélective (Rép. *Droit communautaire Dalloz*, V° Automobile). Dans ces conditions, il n'est pas anormal que cette dernière se voit aujourd'hui offrir les mêmes conditions libérales de sélection qui sont normalement attachées à la concession exclusive (Cass. com., 1er mars 2011, Salentine c/ General Motors France, n° 10-12.144, *Concurrences* N° 2-2011, p. 122, obs. D. Ferrier, énonçant le principe de libre choix d'un concessionnaire exclusif). On peut à ce titre comprendre la solution comme une compensation offerte aux acteurs de l'automobile suite aux graves erreurs commises lors de l'adoption du règlement de 2002 (voir le Rapport d'évaluation très critique, publié le 28 mai 2008, sur le site Europa)... en attendant l'application du règlement de droit commun prévue pour le 1er juin 2013.

2. *Sur la mise en œuvre de la sélection quantitative*

La Cour de justice ne s'est cependant pas contentée de libéraliser le principe de la sélection quantitative, elle en a également conforté la mise en œuvre.

Trois questions étroitement liées étaient posées à la Cour : les critères quantitatifs doivent-ils être objectifs et précis ? Doivent-ils être rendus publics ? Doivent-ils être mis en œuvre de manière uniforme ?

Sur la précision des critères, la Cour apporte une réponse qui affaiblit considérablement la notion de « critère défini » visée à l'article 1, paragraphe 1, h) du règlement n° 1400/2002 et qui s'applique à la sélection qualitative comme à la sélection quantitative (point 29). À lire l'arrêt, « les termes « critères définis » [...] doivent être interprétés comme se référant à des critères dont le contenu précis peut être vérifié » (point 30).

La formule retenue évoque le louvoiement tant le terme « précis » semble ici être employé de manière seulement incidente, comme à regret. La Cour n'affirme pas clairement que les critères quantitatifs doivent être précis, elle indique que leur contenu précis doit pouvoir être vérifié, ce qui n'est pas exactement la même chose. À notre sens, si la Cour avait réellement souhaité insister sur l'exigence de précision attachée aux critères quantitatifs, elle aurait énoncé sa solution avec davantage de force. De sa formule, on retient principalement que le contenu du critère doit pouvoir être connu, mais pas vraiment – ou si peu – qu'il obéit à une exigence de précision et donc d'objectivité.

Interprété ainsi, l'arrêt remet en cause la solution fermement énoncée par la Cour de cassation suivant laquelle les critères doivent être objectifs et précis (Cass. com., 28 juin 2005, rectifié par Cass. com., 12 juillet 2005, pourvoi n° 04-15.279, Bull. civ. IV, n° 139 ; D. 2006. Pan. 512, obs. D. Ferrier). En application de cette directive générale, plusieurs types de critères avaient d'ailleurs été validés : par exemple, ceux définissant « un seul point de vente par aire urbaine de 500 000 habitants [...], les aires urbaines étant constituées d'un pôle urbain et d'une couronne périphérique, chacun des concepts de la définition correspondant à une réalité géographique et économique » (Cass. com., 28 juin 2005 préc.), ceux fixant « un nombre de points de vente limité sur le territoire national à 154, chacun des points étant focalisé par aire urbaine dont [le constructeur] a établi la liste sans considération du nombre d'habitants » (CA Angers, 12 avr. 2005, DaimlerChrysler c/ Garage de Bretagne, RG n° 04 00387), ou encore ceux fondés « à titre principal sur un maillage territorial avec une définition de pôles d'attraction et, à titre subsidiaire, sur l'utilisation des précédents objectifs contractuels de vente supérieurs à 300 véhicules » (Cass. com., 6 mars 2007, n° 05-17.011, Bull. civ. IV, n° 76).

Ces considérations n'ont désormais plus lieu d'être, en parfaite cohérence avec la volonté par ailleurs manifestée de ne pas garantir la transparence des critères.

En effet, l'énonciation précise des critères n'a de sens qu'en vue de leur publication. Or, la Cour énonce dans son arrêt qu'il n'est pas nécessaire que « les critères de sélection utilisés aux fins d'un système de distribution sélective soient publiés, au risque [...] de compromettre le secret des affaires, voire de faciliter d'éventuels comportements collusoires » (point 31).

Souhaitée par le gouvernement français, cette solution apparaît pourtant audacieuse au regard de notre droit national. S'il était couramment admis que le fournisseur n'était pas tenu « de procéder à un appel officiel pour susciter des candidatures » (Cass. com., 28 juin 2005, préc.), il devait répondre aux demandes d'agrément en révélant ses critères qualitatifs et quantitatifs, au moins en application de l'article L. 441-6 du Code de commerce qui exige la communication des « conditions de vente ». C'est la solution inverse qui est aujourd'hui promue par la Cour de justice : un fournisseur peut opposer un critère quantitatif sans avoir à l'expliciter.

Reste à savoir si, dans le cadre d'un contentieux, le secret entourant les critères pourra être maintenu par le fournisseur. Dès lors que la Cour exige que le contenu précis des critères puisse être vérifié (*supra*), on est tenté de répondre par la négative. Pour autant, sauf à garantir la confidentialité des données révélées à la justice, le secret voulu par la Cour serait facilement éventé si une simple action en justice pouvait en venir à bout. Par ailleurs, la perspective de la révélation du secret déboucherait sur une situation pour le moins étonnante : la victime éventuelle d'un refus d'agrément serait condamnée à agir aveuglement. Outre qu'elle manifesterait une compréhension pour le moins discutable du droit d'agir en justice, réduit pour l'occasion à un vulgaire coup de poker, une telle solution entrerait en contradiction avec le cœur de la solution : la Cour ne souhaite pas que la mise en œuvre des critères puisse être contrôlée.

En effet, pour la Cour de justice, les critères quantitatifs n'ont pas à être « appliqués de façon uniforme et non différenciée à l'égard de tous candidats à l'agrément » (point 32). On comprend dès lors pourquoi il n'est pas utile d'insister sur leur précision ou leur transparence.

Un fournisseur est en définitive parfaitement libre d'opposer un refus d'agrément fondé sur un critère quantitatif sans avoir à apporter la moindre explication. Le droit de sélectionner le nombre des distributeurs vient alors rejoindre la catégorie des droits discrétionnaires qui se caractérisent précisément par le fait qu'ils ne sont pas susceptibles de dégénérer en abus.

Ce pouvoir exorbitant est ici accordé aux constructeurs au prix d'une lecture pour le moins contestable de la notion de « critère défini », qui ressort de l'arrêt complètement vidée de sa substance. Le contenu précis des critères doit pouvoir être vérifié, reconnaît la Cour (qui n'avait pas vraiment le choix sur ce point), mais cette reconnaissance ne débouche sur rien puisque la vérification n'a pas vocation à être opérée en pratique.

Une autre interprétation, beaucoup plus évidente, aurait dû s'imposer : les critères doivent être définis parce qu'ils doivent être rendus public, et ils doivent être rendus publics parce que leur mise en œuvre doit pouvoir être contrôlée, comme la Cour de cassation l'avait semble-t-il décidé (Cass. com., 6 mars 2007, n° 05-17.011, Bull. civ. IV, n° 76). En prenant le chemin inverse, la Cour de justice ignore le principe suivant lequel la loi doit être interprétée dans le sens où elle a un effet utile, plutôt que dans le sens où elle n'en a aucun. En l'espèce, l'exigence suivant laquelle les critères doivent être définis a été privée de tout effet utile.

II. Une portée incertaine

En raison de son contenu très discutable, la solution inquiète quant à sa portée, notamment sur le point de savoir si la sélection qualitative a vocation à être impactée (1.). Son éventuelle extension dans le contexte du règlement de droit commun suscite également quelques interrogations (2.).

1. *Sur le régime de la sélection qualitative*

La première question laissée en suspens porte sur l'articulation entre les critères purement qualitatifs et les critères quantitatifs présents dans les réseaux reposant sur une distribution sélective quantitative. La Cour semble en l'espèce avoir sous-estimé le problème en relevant que « le fait que, dans la pratique, les systèmes de distribution de véhicules automobiles neufs comportent très souvent des critères tant qualitatifs que quantitatifs est sans incidence » (point 34).

La question se pose pourtant de savoir si un fournisseur peut opposer son « numerus clausus » à un distributeur sans avoir à justifier, en amont, qu'une sélection qualitative licite a été opérée. Dans l'affaire Garage Gremeau, la Cour de cassation avait à ce titre insisté sur le fait que le critère quantitatif n'était opposable qu'après vérification, même d'office, de la teneur des critères qualitatifs, de leur objectivité et des conditions de leur mise en œuvre (Cass. com., 26 juin 2005, préc.).

La Cour de justice a-t-elle remis en cause cette solution ? Dans sa lettre « creda-concurrence » du 14 juin dernier, Alain Ronzano affirme le contraire : « la Cour a bien conscience que la distribution sélective quantitative s'articule toujours autour de critères quantitatifs et de critères qualitatifs, elle précise que son propos est seulement de définir les obligations pesant sur le fournisseur lorsque celui-ci oppose aux candidats à l'agrément dans le réseau un critère purement quantitatif. Par suite, il nous semble que le présent arrêt ne remet pas en cause, du moins pas directement, la jurisprudence de la chambre commerciale de la Cour de cassation adoptée le 28 juin 2005 dans l'affaire Garage Grémeau ».

Même si cette position est convaincante, il n'est pourtant pas certain que ce soit celle voulue par la Cour de justice. En effet, elle insiste à plusieurs reprises sur la nécessité de ne pas faire de « confusion » entre distribution sélective qualitative et quantitative (point 35), de ne pas « amalgamer ces deux types de distribution sélective », arguant sur le fait que « le règlement envisage des conditions d'exemption distinctes » (point 36), notamment en termes de parts de marché (voir points 26 et 27).

Par ces considérations, la Cour semble estimer que la distribution sélective qualitative et la distribution sélective quantitative se déploient côte-à-côte, dans des catégories bien distinctes, ignorant qu'elles se superposent l'une sur l'autre, comme la Commission le reconnaît elle-même. En effet, dans les lignes directrices du règlement n° 330/2010, elle indique qu'un système de distribution sélective quantitative n'est rien d'autre qu'un système qualitatif dans lequel le fournisseur « ajoute » des critères quantitatifs (point 175). Dans ces conditions, il n'est pas absurde d'exiger que la distribution sélective quantitative obéisse, en amont de la sélection quantitative, aux conditions d'une sélection qualitative licite. Pour la Cour de justice, au contraire, la distribution sélective quantitative semble relever d'une catégorie différente, qui la rapprocherait en définitive de la concession exclusive connue pour son régime très libéral de sélection (*supra*).

Si elle était confirmée, cette interprétation permettrait aux constructeurs ayant recours à des systèmes de distribution sélective quantitative de procéder à une sélection totalement discrétionnaire des distributeurs, même d'un point de vue qualitatif.

2. *Sur l'application de la solution en droit commun*

La seconde question porte sur le point de savoir si la solution doit être étendue au-delà du périmètre du règlement (CE) n° 1400/2002.

Une réponse négative vient spontanément à l'esprit tant la Cour a pris soin d'inscrire sa solution en contemplation des dispositions très spécifiques de ce règlement, notamment de ses articles 1, paragraphe 1, sous f) à h) qui énoncent une série de trois définitions qu'on ne retrouve articulées comme telles dans aucun autre règlement, et de son article 3, paragraphe 1, qui prévoit deux seuils bien distincts, là encore de manière originale par rapport à la règle de droit commun (voir règlement n° 330/2010, art. 3, paragraphe 1). À lire entre les lignes, on comprend que, pour la Commission et la Cour de justice, la distribution sélective purement qualitative doit obéir au régime strict de sélection issu de la jurisprudence *Metro* (CJCE, 25 octobre 1977, Metro SB-Großmärkte c/ Commission, 26/76, Rec. p. 1875, point 20), dans la mesure où le bénéfice de l'exemption n'est pas conditionné par une limite de parts de marché. En revanche, la distribution sélective quantitative peut être soumise à un régime beaucoup plus libéral de sélection puisqu'elle est subordonnée à un seuil de 40 %, jouant en quelque sorte le rôle de garde-fou.

Malgré ces arguments, une réponse plus nuancée finit cependant par s'imposer si l'on relève que la notion de « critère défini » issu du règlement n° 1400/2002 est reprise à l'identique dans le règlement de droit commun n° 330/2010 (article 1er). Elle figurait d'ailleurs déjà dans le précédent règlement qui avait été adopté en 1999. À l'époque, on s'interrogeait sur la signification de ces termes et sur l'application des conditions classiques issues de la jurisprudence *Metro* : les critères qualitatifs obéissaient-ils à la nécessité d'être requis par la nature du produit et mis en œuvre de façon uniforme ?

Aujourd'hui plus que jamais, on est tenté de répondre par la négative. En effet, dans le cadre du règlement n° 330/2010, la distribution sélective, qu'elle soit qualitative ou quantitative, obéit exclusivement à l'exigence de « critères définis », le texte ne reprenant pas, à la différence du règlement automobile de 2002, les conditions de la jurisprudence *Metro*.

Or, sauf pour la Cour à défendre que la notion de critère défini n'a pas la même signification suivant qu'on l'applique dans le cadre du règlement de droit commun ou dans celui du règlement automobile, il lui faudra étendre sa solution très libérale à tous les secteurs.

N'importe quel système de distribution sélective pourra alors être exempté à la seule condition que le fournisseur et le distributeur détiennent moins de 30 % de parts de marché, peu important le contenu des critères qualitatifs ou quantitatifs, leur justification et les conditions de leur mise en œuvre, leur publication n'étant même pas exigée.

Si elle est confirmée, cette transposition de la solution en droit commun permettra aux constructeurs d'en profiter au-delà du 1er juin prochain, date à laquelle le secteur de la vente basculera sous le régime d'exemption prévu par le règlement (UE) n° 330/2010.

N. Éréséo
Concurrences N° 3-2012, Art. N° 48367, p. 116

> ***Voir aussi***
> *C. Sarrazin, Système de distribution sélective quantitative : La Cour de justice interprète la notion de « critères définis » au sens de l'article 1, § 1, sous f), du règlement n° 1400/2002 (Auto 24), 14 juin 2012, Concurrences N° 3-2012, Art. N° 48289, pp. 89-90.*

Accords de licence

CJUE, gde ch., 4 oct. 2011, Football Association Premier League, C-403/08 et C-429/08

La Cour de justice de l'Union européenne, en grande chambre, considère qu'un contrat de licence interdisant de fournir des dispositifs de décodage étrangers aux téléspectateurs en vue d'une utilisation en dehors de l'État membre couvert par ce contrat de licence constitue une restriction de concurrence par l'objet.

Cet arrêt fournit une illustration remarquable des liens étroits unissant le droit européen de la concurrence et l'objectif du traité, consistant à réaliser l'intégration des marchés nationaux par l'établissement d'un marché unique.

La Cour de justice, en grande chambre, était appelée à se prononcer sur plusieurs questions préjudicielles posées respectivement par la Chancery Division et la Queen's Bench Division de la High Court of Justice (England & Wales), saisies de contentieux entre, d'une part, la Premier League anglaise (Football Association Premier League, « FAPL ») et ses licenciés grecs et, d'autre part, plusieurs restaurants ou cafés situés en Angleterre mais ayant acquis en Grèce des décodeurs permettant d'accéder aux rencontres de la division 1 du championnat anglais de football (la Premier League). La FAPL, titulaire des droits de diffusion télévisuelle des matchs de la Premier League, a pour pratique – comme d'ailleurs de nombreux titulaires de droits similaires, ce qui fait l'enjeu de l'affaire – de concéder ces droits aux divers diffuseurs sur une base mondiale, régionale ou nationale, et de garantir à chacun une exclusivité territoriale dont la mise en œuvre effective impose d'empêcher le public de recevoir ses émissions en dehors de la zone pour laquelle la licence est concédée.

Concrètement, cette interdiction d'accès aux programmes faisant l'objet de la licence, en dehors du territoire contractuel, se traduisait par des dispositifs de cryptage nécessitant l'acquisition de décodeurs, vendus exclusivement dans la zone contractuelle et sous condition d'utilisation exclusive dans celle-ci. Il n'était pas contesté qu'en faisant l'acquisition de décodeurs grecs en vue de visualiser en Angleterre des matchs de la Premier League, les défendeurs au principal n'avaient pas respecté les conditions d'usage des décodeurs en question. La question juridique portait sur la validité des exclusivités territoriales consenties par la FAPL et les restrictions imposées en conséquence.

Les exclusivités territoriales et les restrictions contractuelles visant à mettre en œuvre ces dernières, brièvement décrites ci-dessus, soulevaient d'importantes questions de libre circulation des marchandises ou de libre prestation de services, de propriété intellectuelle et d'interprétation des directives applicables en matière de radiodiffusion. Seule une des questions préjudicielles posées à la Cour portait sur l'interprétation de l'article 81, § 1 [101, § 1], du traité, cherchant à savoir quels « critères juridiques la juridiction nationale doit-elle appliquer et quelles circonstances devrait-elle prendre en considération lorsqu'elle décide si la restriction contractuelle contrevient à l'interdiction imposée par l'article 81 § 1 [101, § 1] du traité ? » (§ 54, question n° 10).

Les restrictions contractuelles interdisant l'usage des décodeurs en dehors du territoire visé par la licence exclusive de diffusion ont un objet anticoncurrentiel et ne peuvent bénéficier de l'exemption prévue par l'article 101 § 3 du traité

La réponse de la Cour à cette question est brève et emprunte très largement à un raisonnement développé dans des passages de l'arrêt consacrés à la libre prestation des services, démontrant ainsi l'étroite parenté entre les deux matières, dès lors qu'elles contribuent à atteindre l'objectif central de réalisation du marché unique, poursuivi par le traité. La Cour commence par s'interroger sur la qualification de restriction par objet et y répond par l'affirmative, du moins en ce qui concerne les restrictions contractuelles imposées à l'usage des décodeurs. Elle affirme en effet que l'existence même d'une exclusivité territoriale contenue dans les licences de droits de radiodiffusion ne suffit pas à conclure à l'objet anticoncurrentiel de l'accord, mais qu'en revanche, les restrictions contractuelles absolues qui visent à en assurer l'efficacité, en ce qu'elles reconstituent des « cloisonnements de marché nationaux », constituent, elles, des restrictions par l'objet, contraires à l'article 101, § 1, du traité.

Examinant ensuite l'éventualité d'une exemption au titre de l'article 101, § 3, du traité, la Cour l'écarte en un paragraphe succinct (§ 145), renvoyant pour le détail de son raisonnement, par analogie, aux arguments développés précédemment (§§ 105-124). Ces développements concluaient à l'absence de proportionnalité de la restriction imposée au regard de l'objectif poursuivi (assurer aux titulaires des droits une rémunération « appropriée »), par rapport aux restrictions imposées, à savoir « une exclusivité territoriale absolue qui est de nature à aboutir à des différences de prix artificielles entre les marchés nationaux cloisonnés » (§ 115).

M. Debroux

Concurrences N° 1-2012, Art. N° 42254, p. 87

CJUE, 7 juill. 2016, Genentech, C-567/14

La Cour de justice de l'Union européenne juge que l'obligation imposée au licencié de payer les redevances n'est pas contraire à l'article 101 TFUE même en cas d'annulation ou de non-contrefaçon du brevet sous licence, dès lors que le licencié peut librement résilier l'accord moyennant un préavis raisonnable.

L'arrêt rendu sur question préjudicielle fait suite à la question posée par la Cour d'appel de Paris concernant la compatibilité avec l'article 101 TFUE de la pratique consistant à imposer au licencié, partie à un accord de licence de brevet, de payer une redevance alors que le brevet a été annulé. La question est étendue par la Cour à l'hypothèse dans laquelle le licencié se voit imposer le paiement de redevances en application du contrat, alors qu'il apparaît que l'utilisation de la technologie aurait été insusceptible – même en l'absence de licence – de constituer une contrefaçon.

Ce n'est pas la première fois que la mise en œuvre des droits de la propriété intellectuelle est confrontée aux exigences du droit de la concurrence. Lorsqu'une incertitude entoure l'étendue ou la validité de droits de propriété intellectuelle, la conciliation de ces deux branches du droit est encore plus difficile à réaliser. On sait, par exemple, que la conformité à l'article 101 TFUE des accords de coexistence de marques, par lesquels deux concurrents renoncent à venir contester la validité d'une marque, est sujette à caution (CJCE, 25 février 1986, Windsurfing International c/ Commission, aff. C-193/83). On sait aussi que l'action en contrefaçon peut constituer un abus de position dominante si elle est intentée par le détenteur du brevet, soumis à l'obligation de consentir des licences FRAND, à l'encontre d'un concurrent qui a échoué à obtenir une telle licence (CJUE, 16 juillet 2015, aff. C-170/13).

L'obligation de payer les redevances alors que l'un des brevets a été annulé et que certaines utilisations de la technologie ne nécessitaient pas la conclusion d'une licence

L'accord de licence en cause portait sur un activateur nécessaire à la production d'un médicament. Il est conclu entre deux laboratoires pharmaceutiques, le premier étant détenteur de plusieurs brevets afférents à l'activateur et le second commercialisant le médicament utilisant cette substance. On ne reviendra pas sur les détails procéduraux de cette affaire, dans laquelle plusieurs sentences arbitrales ont été rendues. Le débat porte sur le paiement de redevances. Il est né du fait que, d'une part, un des brevets faisant l'objet de la licence a été annulé et que, d'autre part, l'accord de licence prévoyait le paiement de redevances pour une utilisation qui ne nécessitait pas la conclusion d'une telle licence (ce qui est nommé par la Cour de justice une « non-contrefaçon des brevets sous licence »).

Le contrat est soumis au droit allemand. Soumis au droit français, il aurait pu être invalidé sur le fondement des règles du droit des contrats

Précisons d'emblée que l'accord de licence en cause est régi par le droit allemand. S'il avait été soumis au droit français, les difficultés auraient certainement pu être réglées en application des seules règles du droit français des contrats. En effet, dans cette hypothèse, le licencié n'aurait pas pu être condamné à payer des redevances correspondant à un brevet annulé, puisque, en raison de la rétroactivité de l'annulation, le contrat de licence aurait lui-même dû être annulé pour disparition de son objet et donc défaut de cause au sens de l'ancien article 1131 du Code civil (le nouvel article 1186 qui vise l'hypothèse de la disparition d'un élément essentiel du contrat, pourra, à l'avenir, être mobilisé : il en résulterait une caducité du contrat). Un raisonnement similaire aurait permis de régler le cas du licencié qui doit payer des redevances alors que l'utilisation qu'il fait de la technologie n'est pas couverte par le droit des brevets et est insusceptible de faire l'objet d'une action pour contrefaçon. Concernant cette utilisation, le contrat aurait ici encore mérité d'être annulé pour défaut de cause (ancien droit) ou de défaut de contrepartie (nouveau droit), faute de droit de propriété intellectuelle concédé (v. par exemple, Cass. civ. 1re, 15 juin 1994, B. n° 215). Quelle est la solution en application des règles du droit allemand des contrats ? On ne le saura pas... La Cour de justice élude le débat en rappelant qu'il ne lui incombe pas « dans le cadre de la procédure préjudicielle de revoir les faits constatés par l'arbitre unique ni l'interprétation de l'accord de licence que celui-ci a effectuée au regard du droit allemand », selon laquelle la redevance est due.

Le raisonnement *a fortiori* de la Cour : application des mêmes solutions que celles retenues en cas d'expiration du brevet

Le licencié à qui il est imposé de payer de lourdes redevances pour une contrepartie inexistante supporte, de ce fait, un désavantage dans la concurrence. Peut-il se soustraire à son obligation pour ce motif ? Telle est, en substance, la question posée à la Cour. La Cour va ici raisonner par un argument *a fortiori*. Elle va appliquer la solution qu'elle a déjà pu adopter dans un cas dans lequel il avait été imposé au licencié de payer une redevance alors que le droit de propriété intellectuelle avait expiré. Elle avait alors estimé que l'obligation de payer la redevance ne violait pas les exigences de l'article 101, paragraphe 1, TFUE, dès lors que le licencié restait libre de résilier le contrat (CJCE, 12 mai 1989, aff. 320/87 Ottung).

C'est la même réponse qui va être apportée s'agissant du paiement de redevances en cas d'annulation du brevet ou de « non-contrefaçon de brevet ». Cette obligation ne viole pas l'article 101, paragraphe 1, TFUE dès lors que le licencié peut librement résilier l'accord moyennant un préavis raisonnable. Dans cette hypothèse en effet, le licencié peut toujours se défaire de son engagement et cesser le paiement des redevances pour l'avenir – ce qu'il fera à coup sûr une fois l'annulation du brevet obtenue. Il n'empêche que les sommes payées en exécution de l'accord de licence resteront acquises par le titulaire du droit puisque, par hypothèse, la résiliation n'interviendra qu'après le prononcé de l'annulation du brevet. Quelle aura alors été la contrepartie accordée à ces redevances versées pour l'utilisation d'un brevet nul ? Si l'on se réfère à la jurisprudence *Ottung,* elle réside dans la certitude qu'avait le licencié, durant la période pendant laquelle il avait payé les redevances, que le titulaire de la technologie ne ferait pas obstacle à son utilisation. Cette certitude procure un avantage, surtout dans les hypothèses – fréquentes en pratique – où la validité du brevet comme son étendue sont sujets à discussion.

A.-S. Choné-Grimaldi

Concurrences N° 4-2016, Art. N° 81875, p. 83

Voir aussi

A. Lacresse, Arbitrage : La Cour de justice de l'Union européenne accepte de recevoir la question soumise dans le cadre d'un recours contre une décision arbitrale (Genentech), 7 juillet 2016, Concurrences N° 4-2016, Art. N° 82114, pp. 158-159.

2.3.2 Jurisprudence française

Affaire des « Parfums »

CA Paris, 26 juin 2007, Guerlain e. a., RG n° 2006/07821

La Cour d'appel de Paris confirme le caractère illicite de la fixation des prix de revente minimum en écartant l'application d'une règle de raison, contrairement à l'arrêt Leegin de la Cour suprême.

La fixation d'un prix de revente minimum entre un producteur et un distributeur reste-t-elle une restriction caractérisée ou doit-elle s'apprécier, comme vient de le juger la Cour suprême des États-Unis, selon une règle de raison ? Saisi de comportements constatés sur un marché pertinent, le Conseil peut-il sanctionner des comportements similaires sur un autre marché pertinent sans procéder à une nouvelle saisine ? Quel standard de preuve appliquer à la démonstration de l'existence d'une entente verticale ? Quel niveau d'individualisation des peines est nécessaire dans la détermination de la sanction ? Et (accessoirement ?) combien de temps encore la Cour maintiendra-t-elle sa jurisprudence contestable sur la durée excessive de la procédure ? Telles sont quelques-unes des questions auxquelles l'arrêt du 26 juin apporte des réponses intéressantes.

Durée excessive de la procédure : une jurisprudence aussi constante que désolante

À titre préliminaire, soulignons que la Cour rejette un fois de plus les arguments des requérantes tirés de la durée excessive de la procédure, aux motifs, aussi constants que peu convaincants, (i) que la sanction d'une telle durée excessive serait la réparation du préjudice subi (... remède inopérant s'il en est en pareil cas) et non l'annulation, et (ii) que les parties n'auraient pas apporté la preuve de la déperdition de preuves essentielles de leur politiques tarifaires, « dès lors que les documents commerciaux et comptables (...) concernés par la prescription décennale des articles L. 110-4 et L. 123-22 du Code de commerce devraient leur permettre de parvenir au même résultat ». Le formalisme de l'argument ne saurait convaincre tant il est vrai que les documents visés par ces dispositions – en substance, les contrats et les documents comptables – ne fournissent qu'une image extrêmement limitée et partielle de la réalité complexe, mouvante et multiple qui caractérise l'état d'un marché à une époque donnée. Autant prétendre dépeindre la palette chromatique d'une forêt au début de l'automne à l'aide de quelques feuilles séchées extraites d'un herbier...

À l'heure où l'on accorde un poids croissant à l'analyse économique dans le droit de la concurrence, une telle approche purement théorique reste incompréhensible, comme l'ont été, en leur temps, les réticences de la Cour à condamner la présence du rapporteur lors des délibérés du Conseil, ou à sanctionner les actes interruptifs de prescription purement artificiels auxquels recouraient parfois des rapporteurs peu diligents.

Est-il à ce point nécessaire de sauver certaines instructions interminables que l'on recourt à ces médiocres expédients ? Certes, l'allongement récent de la prescription et les efforts du Conseil pour résorber ses retards pourraient bientôt ne plus conférer à cette question que le statut de souvenir. Mais faut-il vraiment attendre qu'une question ait perdu une bonne part de son intérêt pratique pour espérer voir la Cour abandonner un jour une jurisprudence aussi contestable ?

Les standards de preuve d'une entente verticale

En mars 2006, le Conseil de la concurrence avait lourdement sanctionné une vaste entente sur les prix dans le secteur de la parfumerie de luxe, caractérisée par des mécanismes de prix « indicatifs » considérés comme imposés (*cf.* cette Revue, n° 2-2006, p. 82, note E. C.). Saisie d'un recours contre cette décision, la Cour vient de rendre un arrêt nuancé, qui confirme pour l'essentiel l'approche retenue par le Conseil, notamment sur la méthode de preuve appliquée par celui-ci pour démontrer l'existence d'une entente verticale généralisée sur des prix de revente. La Cour procède en deux temps.

Tout d'abord, elle relève que le Conseil peut, à bon droit, retenir des éléments de preuve généraux, qui concernent indistinctement de nombreuses sociétés pour décrire le contexte et les conditions générales existant sur le marché pertinent.

Mais il convient ensuite, dans un deuxième temps, de démontrer l'existence d'éléments précis qui mettent en cause « les entreprises ou les marques auteurs des comportements incriminés ». Rappelons qu'en droit communautaire comme en droit interne la preuve d'une entente sur les prix (tant horizontale que verticale) requiert que soient démontrés à la fois une invitation à l'accord et d'autre part un acquiescement, même tacite, à cette invitation. Dans le cadre d'une entente verticale, la difficulté provient du très grand nombre potentiel d'acceptants en aval, du côté des distributeurs. La Cour valide la démarche adoptée par le Conseil qui avait retenu trois indices constitutifs d'un faisceau de preuve :

- (i) la connaissance par les distributeurs des prix de vente au détail souhaités par les fournisseurs ;
- (ii) l'existence d'une « police des prix » mise en place par le distributeur (cette notion parfois floue étant elle-même sujette à interprétation) ;
- et enfin, (iii) une application « significative » de ces prix par les distributeurs, constatée notamment au travers de relevés de prix.

Dans son analyse, on relèvera que la Cour semble faire un usage légèrement différent de ces trois critères : le premier et le troisième sont retenus pour démontrer respectivement l'existence d'une invitation à l'entente, et l'acquiescement à celle-ci, tandis que le deuxième (la police des prix) est davantage invoqué pour rejeter toute éventualité d'un parallélisme spontané des comportements des distributeurs.

Pas de règle de raison pour la fixation de prix de revente. Dans le cadre ainsi posé, la Cour procède ensuite à une analyse détaillée des pratiques reprochées à chaque entreprise en cause, au vu des éléments de preuve propres à celles-ci. L'on verra *infra*, que dans cet exercice, la Cour va parfois reprocher au Conseil une approche insuffisamment individualisée. Mais sur le principe, l'interdiction per se des pratiques de fixation de prix minimum demeure et est rappelée en termes dénués de toute ambiguïté : « La fixation de prix de revente au consommateur appartient, ainsi que le Conseil l'a relevé à bon droit, à la catégorie des « restrictions caractérisées » énumérées par le règlement n° 2790/99 de la Commission européenne ; sans atteindre l'ampleur de certains cartels ou restrictions horizontales de concurrence, elles sont donc particulièrement graves ».

Le parallèle avec l'arrêt *Leegin* rendu par la Cour suprême des États-Unis le 28 juin 2007, soit à peine deux jours après l'arrêt ici commenté, est tentant. Après un siècle de condamnation per se des pratiques de fixation du prix de revente depuis l'arrêt Dr. Miles de 1911, la Cour suprême américaine vient de décider, à une courte majorité (5 contre 4), que cette interdiction ne reposait que sur « une doctrine de concurrence défaillante qui sert les intérêts des juristes – en créant des distinctions légales qui sont autant de chausse-trappes pour un public non averti – davantage que les intérêts des consommateurs – en imposant aux producteurs de recourir à des solutions alternatives non optimales pour réaliser leurs objectifs économiques légitimes ». Le débat est vif aux États-Unis, et il est à prévoir qu'un jour ou l'autre, il traversera l'Atlantique...

Marché pertinent et portée de la saisine

Les requérantes critiquaient le Conseil pour avoir étendu ses investigations au secteur des cosmétiques de luxe, alors que le champ de sa saisine d'office ne portait que sur le secteur des parfums de luxe. La Cour fait droit à cette argumentation. Elle souligne que si le Conseil est saisi *in rem* des faits et pratiques qui affectent le fonctionnement d'un marché et s'il peut, à ce titre, retenir toutes les pratiques révélées par ses investigations et qui, bien que non visées dans la saisine, ont le même effet ou le même objet que celles retenues dans la saisine, cette marge de manœuvre ne s'étend pas à d'autres marchés.

Or, les parfums et les cosmétiques ne sont pas des produits substituables et la Cour en déduit que le Conseil ne pouvait pas considérer le secteur des parfums et cosmétiques de luxe comme un seul marché au regard des pratiques dénoncées ; la décision est donc annulée en ce qu'elle concerne les cosmétiques de luxe.

Imputabilité des pratiques d'une société à sa société « sœur »

Un développement consacré à l'imputabilité des pratiques contestées à une société d'un groupe, au lieu d'une autre société appartenant au même actionnaire, retiendra l'attention. Alors que la société Pacific Création Parfums avait répondu à une demande de renseignements adressée à la société Parfums Lolita Lempicka, la confusion initiale n'avait plus duré à compter de la notification des griefs, date à laquelle la première de ces sociétés avait indiqué, en termes clairs et constants, que les pratiques devaient être attribuées à la seconde. Le Conseil n'en avait pas tenu compte et la Cour le censure sur ce point, en relevant qu'en dépit de la confusion initiale, renforcée par la présence comme gérante de Parfums Lolita Lempicka du PDG de Pacific Création Parfums, ces deux sociétés étaient autonomes. La Cour annule par conséquent la décision à l'encontre de Pacific Création Parfums.

Individualisation de la sanction

Enfin, il faut souligner que si la Cour a validé en termes généraux le standard de preuve auquel a recouru le Conseil, elle lui reproche de ne pas avoir suffisamment pris en considération la situation individuelle des entreprises condamnées pour le calcul de la sanction. Rappelons que le Conseil avait appliqué à toutes les sociétés un taux unique de 1,7 %. La Cour se livre alors à une analyse détaillée de l'ensemble des circonstances propres à chaque entreprise (parts de marché, degré d'implication, etc.) pour aboutir à des sanctions très contrastées, inférieures en moyenne de moitié à celles qui avaient été prononcées.

Le soin que prend la Cour à justifier chaque élément pris en compte au titre de la sanction augure sans doute d'une volonté très nettement renforcée d'individualisation réelle, et non plus seulement théorique, de la sanction.

M. Debroux
Concurrences N° 3-2007, Art. N° 13934, p. 81

Voir aussi, sur les origines de l'affaire

Cons. conc., déc. n° 06-D-04 du 13 mars 2006 relative à des pratiques relevées dans le secteur de la parfumerie de luxe

E. Claudel, Distribution sélective : Le Conseil de la concurrence sanctionne lourdement une entente sur les prix (Secteur de la parfumerie de luxe), 13 mars 2006, Concurrences N° 2-2006, Art. N° 695, pp. 82-84.

Voir aussi, sur les suites de l'affaire

– Le premier arrêt de la Cour de cassation

Cass. com., 10 juill. 2008, Guerlain e. a., affaire des « Parfums », n° 07-17.276 e. a.

C. Momège, Saisine d'office : La Cour de cassation casse partiellement l'arrêt « Parfums » sur la question du champ de la saisine du Conseil de la concurrence (Guerlain), 10 juillet 2008, Concurrences N° 4-2008, Art. N° 22369, p. 137.

C. Momège, Prescription : La Cour de cassation tranche la question du rapport d'enquête et réitère sa position sur les demandes de renseignements (Guerlain), 10 juillet 2008, Concurrences N° 4-2008, Art. N° 22367, p. 136.

– Le premier arrêt de la cour d'appel

CA Paris, 10 nov. 2009, Beauté Prestige International e. a., RG n° 2008/18 277

C. Momège, Durée excessive de la procédure : La Cour d'appel de Paris annule contre toute attente une décision du Conseil de la concurrence sur l'argument tiré de la durée excessive de la procédure (Beauté Prestige International ; Secteur de la parfumerie de luxe), 10 novembre 2009, Concurrences N° 1-2010, Art. N° 30149, pp. 162-163.

– Le second arrêt de la Cour de cassation

Cass. com., 23 nov. 2010, Ministre de l'Économie, n° 09-72.031

C. Lemaire, S. Naudin, Délai raisonnable : La Cour de cassation casse l'arrêt de la Cour d'appel de Paris qui avait annulé la décision de l'Autorité de la concurrence dans l'affaire des Parfums, en raison de la durée excessive de la procédure (Parfums), 23 novembre 2010, Concurrences N° 1-2011, Art. N° 34325, pp. 193-195.

– Le second arrêt de la cour d'appel

CA Paris, 26 janv. 2012, « Parfums », RG n° 10/23945

L. François-Martin, Sanction pour pratique anticoncurentielle : La Cour d'appel de Paris sanctionne l'Autorité de la concurrence pour ne pas avoir suffisamment individualisé les sanctions infligées à plusieurs entreprises ayant participé à une entente (« Parfums »), 26 janvier 2012, Concurrences N° 1-2012, Art. N° 45913.

– Le troisième arrêt de la Cour de cassation

Cass. com., 11 juin 2013, affaire des « Parfums », n° 12-13.961 e. a.

C. Lemaire, S. Naudin, Droits de la défense : La Cour de cassation statuant dans l'affaire des Parfums confirme l'arrêt de la Cour d'appel de renvoi ayant jugé le délai de la procédure conforme au principe du délai raisonnable (Marionnaud), 11 juin 2013, Concurrences N° 3-2013, Art. N° 53910, p. 149.

M. Debroux, Prix de revente imposés : La Cour de cassation rejette pour l'essentiel les pourvois formés dans l'affaire des Parfums, et confirme notamment l'ampleur de l'obligation de conservation de documents pesant sur les entreprises en matière de pratiques anticoncurrentielles (Affaire des Parfums), 11 juin 2013, Concurrences N° 3-2013, Art. N° 53659, p. 71.

Affaire « iPhone »

Cass. com., 16 fév. 2010, 2 arrêts, France Télécom et Orange, n° 09-11.968 et 09-65.440

La Cour de cassation casse, un mois après l'acceptation des engagements, l'arrêt de la Cour d'appel de Paris relatif aux mesures conservatoires pour défaut de base légale.

Du jardin d'Eden à l'iTech de Steve Jobs, les pommes sont manifestement toujours aussi… tentantes ! Avant que la sortie de l'iPad de la firme à la pomme ne suscite peut-être à son tour un nouvel engouement – compréhensible – des consommateurs, l'affaire iPhone, que l'on aurait pu croire terminée en raison de l'acceptation des engagements des sociétés Apple et Orange par l'Autorité de la concurrence, a connu un nouveau rebondissement le 16 février dernier, avec la cassation de l'arrêt de la Cour d'appel de Paris du 4 février 2009 relatif aux mesures conservatoires.

Rappelons qu'à la suite du refus de la firme à la pomme de lui livrer le terminal en raison des accords de distribution, qui la liaient à la société Orange, la société Bouygues Télécom avait saisi le Conseil de la concurrence le 18 septembre 2008. Pour cette société, il y avait non seulement entente, mais aussi urgence. Après avoir recueilli l'avis de l'ARCEP, le Conseil de la concurrence avait enjoint les sociétés mises en cause – en attendant l'examen au fond – de suspendre l'application des clauses d'exclusivité qui créait, selon lui, une atteinte grave et immédiate à la situation de Bouygues Télécom et au secteur (Cons. conc., déc. n° 08-MC-01, 17 décembre 2008, voir *Concurrences*, n° 1-2009). Or cette décision, confirmée par la Cour d'appel de Paris le 4 février 2009, a été cassée le 16 février 2010 par la chambre commerciale de la Cour de cassation, un mois seulement après que la décision de l'Autorité de la concurrence ait clôturé l'examen au fond et rendu obligatoire les engagements pris par les sociétés Apple et Orange. Si l'arrêt de cassation invite les juges du fond à préciser les motifs de leur décision, notamment les données économiques (I.), la décision de l'Autorité de la concurrence « réhabilite » les clauses d'exclusivité dans le secteur des télécommunications (II.).

I. Cassation de l'arrêt confirmant l'octroi de mesures conservatoires : pour une appréciation économique plus approfondie

L'arrêt de la Cour d'appel de Paris du 4 février 2009 avait été frappé de deux pourvois : l'un émanait des sociétés France Télécom et Orange, et l'autre des sociétés Apple Sales International et Apple Inc. Ces dernières se sont toutefois désistées en cours d'instance : les propositions d'engagements, d'une part, et surtout la sortie imminente de l'iPad y sont sans doute pour quelque chose.

Dans son arrêt, la Cour de cassation commence par balayer les arguments procéduraux : la recevabilité du pourvoi critiqué par la société Bouygues est rejetée et les autres critiques, soulevées par les sociétés France Télécom et Orange, n'ont pas passé le stade de l'admission (COJ, art. L. 131-6). En revanche, sur le fond, la Cour de cassation va accueillir le deuxième moyen relatif à l'appréciation de l'atteinte à la concurrence. En cassant pour défaut de base légale aux visas, d'une part, des articles 81 du Traité (TFUE, art. 101), L. 420-1 et L. 464-1 C. Com. et, d'autre part, des articles 81, paragraphe 3 TCE,

L. 420-4 et L. 464-1 C. Com., le juge du droit reproche aux juges du fond de ne pas avoir suffisamment motivé l'application du principe d'interdiction des ententes et l'inapplication de l'exemption individuelle de l'entente. L'insuffisance de motifs dans l'arrêt de la Cour d'appel de Paris ne permet pas à la Cour de cassation d'exercer son contrôle.

Sur l'atteinte à la concurrence et le principe d'interdiction des ententes

En premier lieu, le juge de cassation reproche à l'arrêt de la Cour d'appel de ne pas avoir recherché, comme elle y était invitée, « si l'existence de terminaux concurrents de l'iPhone fabriqué par Apple, nouvel entrant sur le marché des terminaux, n'était pas de nature à permettre à des opérateurs de téléphonie mobile concurrents d'Orange, de proposer aux consommateurs des offres de services de téléphonie et internet haut débit mobiles associées à des terminaux, concurrentes de celles proposées par Orange avec l'iPhone ». Pour la Cour de cassation, les juges du fond n'ont pas examiné la possibilité des concurrents de réagir à l'offre iPhone d'Orange en proposant d'autres offres comparables aux consommateurs. Le comportement potentiel des autres opérateurs de téléphonie mobile face à une offre particulièrement attrayante d'un concurrent aurait dû être analysé pour apprécier l'effet anticoncurrentiel de l'offre iPhone d'Orange sur le marché. Rappelons que l'ARCEP dans sa décision n° 2008-1175 du 4 novembre 2008 avait relevé que les caractéristiques de l'iPhone « semblent, du moins à moyen terme, réplicables par des équipementiers concurrents. De fait, les lancements d'« iPhone killers », c'est-à-dire de produits destinés à le concurrencer fortement, se multiplient ». Sur ce marché oligopolistique, la concurrence s'exerce principalement sur les offres capables d'attirer les clients : une fois la clientèle captée, il est plus aisé pour l'opérateur de la fidéliser que pour un autre opérateur de l'attirer à elle. On ne peut donc apprécier les effets anticoncurrentiels d'une offre sans la comparer aux offres des concurrents.

Sur l'atteinte à la concurrence et l'exemption des ententes

En second lieu, le juge de cassation reproche à la Cour d'appel de ne pas avoir suffisamment explicité les raisons pour lesquelles l'exemption individuelle devait en l'espèce être écartée. Reprenant la décision du Conseil de la concurrence, les juges du fond avaient en effet estimé que les exclusivités étaient de nature à conférer à Orange un avantage concurrentiel majeur et que l'accord ne pouvait bénéficier d'une exemption individuelle en raison des gains obtenus par le succès de l'offre iPhone. La Cour de cassation invite les juges de fond à vérifier : « Si la prise en compte de l'intégralité du chiffre d'affaires généré par les communications mobiles des acheteurs d'iPhones, et non d'un revenu additionnel, ne revenait pas à considérer qu'Orange aurait perdu ou n'aurait pas gagné l'intégralité des clients ayant souscrit à ses offres de services de téléphonie mobile comprenant un iPhone si elle n'avait pas commercialisé ce terminal ». De même que l'effet anticoncurrentiel peut être augmenté par une définition plus ou moins large du marché, il peut l'être si les gains générés par un seul produit sont isolés de l'ensemble des gains obtenus par le même opérateur. Pour mesurer les gains générés par la commercialisation de l'iPhone, il convient de s'intéresser à l'attractivité des autres terminaux proposés par Orange.

Conclusion

Par ces critiques, la Cour de cassation apparaît dans son rôle traditionnel de gardienne du droit. La décision de la Cour d'appel de Paris et celle de l'Autorité nationale de la concurrence, qui veille généralement avec succès à l'intelligibilité de ses décisions, étaient difficiles à comprendre : si l'on peut comprendre qu'il faille intervenir pour préserver l'équilibre fragile de la concurrence dans l'offre des services entre les trois opérateurs de réseau de téléphonie mobile, fallait-il prendre des mesures aussi radicales ? Un nouvel entrant sur le marché des terminaux, particulièrement innovant, ne se trouvait-il pas sacrifié un peu trop rapidement ? De plus, la Cour de cassation souligne la place de l'économie en droit de la concurrence et l'importance d'une analyse économique plus poussée de la concurrence potentielle. Elle se situe dans la droite ligne de la modernisation européenne du droit de la concurrence.

En pratique, la cassation n'aura toutefois qu'un effet limité puisque les sociétés Orange et Apple ont modifié leur contrat et l'examen au fond s'est achevé par l'acceptation par la nouvelle Autorité de la concurrence des engagements proposés par les parties. La société Orange, qui voulait lier la portée de ses engagements à la décision de la Cour de cassation, avait été invitée à y renoncer.

II. Engagements admis par l'ADLC : vers une réhabilitation des clauses d'exclusivité dans le secteur de la téléphonie mobile ?

À l'issue de l'examen au fond, l'Autorité de la concurrence a accepté les engagements des sociétés Apple et Orange après que ces dernières y ont apporté des modifications, jugées nécessaires à la suite du test de marché. L'autorité de contrôle et de régulation commence sa décision par un rappel de la procédure (pts 2 à 9), des sociétés concernées (pts 10 à 15), des marchés (pts 16 à 35) et des pratiques (pts 36 à 50) avant d'examiner la situation du marché après la décision n° 08-MC-01 du 17 décembre 2008 (pts 51 à 64). On apprend ainsi qu'Apple a signé des « contrats opérateurs » avec les concurrents d'Orange. Les trois opérateurs de téléphonie (Bouygues Télécom, SFR et Orange) disposent ainsi désormais d'une licence pour vendre l'iPhone 3G avec leurs services de téléphonie mobile. Quant aux distributeurs agréés, ils sont aujourd'hui en mesure de proposer l'iPhone 3G avec les forfaits de tout opérateur de téléphonie mobile actif en France. Et l'iPhone 3GS est distribué sans exclusivité sur le territoire français.

En l'espèce, la procédure d'engagements (pts 65 à 93) avait été déclenchée à l'initiative d'Apple (pts 67 et 68) et suivie par Orange (pts 69 et 70). Pour éviter une nouvelle sanction, pécuniaire cette fois, les parties ont en effet préféré se rapprocher de l'Autorité de la concurrence dans le but de mettre fin à la procédure. Les engagements proposés portaient uniquement sur l'exclusivité, qui avait cristallisé toutes les préoccupations de concurrence. Les réponses au test de marché (pts 71 à 93) ont souligné le caractère conditionnel des propositions, peu compatible avec le principe même de l'engagement (Orange s'engageait notamment sous réserve de l'issue de la procédure concernant les mesures conservatoires) ; leur limitation au territoire métropolitain (plusieurs sociétés d'Outre-mer s'en sont inquiétées). Toutes ces observations ont été prises en compte dans la rédaction finale des engagements. D'autres critiques, en revanche, ont été écartées : la durée de 3 ans des engagements jugée trop courte par certains (l'évolution rapide du secteur ne justifie pas une durée plus longue), ou encore l'absence de mention des clauses de subventionnements (des concurrents avaient reproché à Orange de subventionner dans des proportions beaucoup trop grandes l'iPhone, mais l'Autorité écarte la critique au motif que les services d'instruction sont libres de déterminer le champ d'investigation).

Les engagements définitifs, pris pour une durée de 3 ans, consistent en l'abandon des accords d'exclusivité opérateur ou grossiste sur la distribution sur tout ou partie du territoire français des modèles actuels et futurs d'iPhone. Un accord d'exclusivité ne pourra intervenir sur des modèles futurs d'iPhone que s'ils sont limités à 3 mois pour chaque modèle. La régularisation avec les distributeurs se fera dans un délai de 2 mois à compter de la date de publication sur le site de l'Autorité de la concurrence. Orange en informera l'ADLC dans un délai de 3 mois.

Ces engagements répondent aux préoccupations de la concurrence et tendent surtout à montrer que les clauses d'exclusivité en matière de téléphonie mobile ne sont pas définitivement prohibées. Elles peuvent être tolérées à condition d'avoir une très courte durée ce qui se justifie dans un secteur où l'évolution technologique est rapide. Ce point mérite d'être souligné car le rappel de la licéité de principe des clauses d'exclusivité, avant et après la décision 08-MC-01, n'avait pas suffi à écarter une certaine perplexité. En somme, les engagements pris et la cassation de l'arrêt de la Cour d'appel de Paris ont apporté d'utiles précisions.

L. Nicolas-Vullierme
Concurrences N° 2-2010, Art. N° 31200, p. 65

Voir aussi

J.-P. Tran Thiet, Orion Berg, Télécommunications – Exclusivité abusive : La Cour de cassation casse et annule l'arrêt de la Cour d'appel de Paris dans l'affaire des contrats de distribution exclusive des smartphones (iPhones), 16 février 2010, Concurrences N° 2-2010, Art. N° 31572, pp. 149-150.

Voir aussi, sur les origines de l'affaire

– La décision de l'Autorité

Cons. conc., déc. n° 08-MC-01 du 17 déc. 2008 relative à des pratiques mises en œuvre dans la distribution des iPhones

L. Nicolas-Vullierme, Télécommunications – Mesures conservatoires : Le Conseil de la concurrence affirme que l'exclusivité d'Orange sur l'iPhone est de nature à introduire un nouveau facteur de rigidité dans un secteur qui souffre déjà d'un déficit de concurrence (iPhones), 17 décembre 2008, Concurrences N° 1-2009, Art. N° 23384, pp. 112-113.

J.-P. Tran Thiet, Téléphonie mobile – Mesures conservatoires : Le Conseil de la concurrence suspend l'exclusivité accordée par Apple à Orange pour la commercialisation de l'iPhone (iPhones), 17 décembre 2008, Concurrences N° 1-2009, Art. N° 23449, pp. 200-202.

– L'arrêt de la cour d'appel

CA Paris, 4 fév. 2009, Apple Sales International, Apple Inc., France Telecom, Orange France c/ Bouygues Telecom, RG n° 2008/23828

D. Ferré, K. Biancone, Obligation d'exclusivité : La Cour d'appel de Paris se prononce sur le caractère anticoncurrentiel d'obligations d'exclusivité sur le marché des services de téléphonie mobile (iPhone), 4 février 2009, Concurrences N° 2-2009, Art. N° 29596.

Affaire « Stihl »

CA Paris, 17 oct. 2019, Stihl, RG n° 18/24456

La Cour d'appel de Paris valide pour l'essentiel la décision de l'Autorité de la concurrence ayant sanctionné des restrictions à la vente en ligne de tronçonneuses et débroussailleuses, en adoptant – sans réellement convaincre – une approche ambiguë sur le principe de confiance légitime.

Il est difficile de débroussailler le long arrêt rendu le 17 octobre 2019 par la Cour d'appel de Paris (également commenté dans la chronique « Procédures », *infra*), ce qui est un comble s'agissant d'une affaire qui avait vu la condamnation des restrictions imposées à la vente en ligne de tronçonneuses et autres débroussailleuses de marque Stihl !

Par sa décision n° 18-D-23 du 24 octobre 2018, l'Autorité de la concurrence avait condamné la société Stihl pour diverses mesures de restriction de la vente en ligne d'appareils de débroussaillage et de tronçonneuses. Concrètement, Stihl n'avait pas expressément interdit à ses distributeurs de vendre le matériel en ligne mais imposait une obligation de « mise en main » qui imposait au distributeur une prise de contact directe avec son acheteur pour la délivrance de conseils donnés oralement. L'idée était de garantir la bonne exécution du devoir de conseil, censé permettre le bon maniement de ces appareils, dont certains présentent une dangerosité avérée. Dans les faits, l'Autorité a constaté que les distributeurs avaient fait le choix de ne vendre les produits en cause qu'en magasin. Il faut souligner que le champ d'application de ces restrictions avait évolué dans le temps : alors qu'entre 2006 et 2013, elles s'appliquaient à une vaste gamme de produits disponibles en ligne (y compris des gants ou équipements de protection, par exemple), elles avaient été réduites en 2014 aux produits spécifiquement considérés comme dangereux.

Une restriction par l'objet, fondée sur deux raisonnements distincts en fonction des évolutions dans le temps du champ d'application des restrictions examinées

La Cour confirme la qualification d'infraction par objet en rappelant d'abord le caractère intrinsèquement restrictif de concurrence résultant de l'obligation de mise en main par le revendeur (§ 184), mais procède ensuite à une analyse fine du « degré suffisant de nocivité », en distinguant en fonction des périodes pendant lesquelles les restrictions ont été mises en œuvre, puisque leur champ d'application a varié durant ces périodes.

S'agissant de la période comprise entre 2006 et 2013, l'analyse est rapide : dans la mesure où les restrictions s'appliquaient à l'ensemble des produits de la gamme (donc, y compris ceux ne présentant aucune dangerosité particulière), la restriction ne répondait pas à un objectif légitime de sécurité ou, à tout le moins, n'était pas proportionnée (§ 206).

Oubliez les tutos maquillages, la tendance 2020 est aux tutos tronçonneuses !

S'agissant de la période postérieure à 2014, l'analyse est plus détaillée, et porte entièrement sur le caractère proportionné de la restriction puisque la légitimité de l'objectif poursuivi est reconnue, s'agissant de produits potentiellement dangereux. Ce faisant, la Cour examine le contexte réglementaire, la politique de vente en ligne des concurrents, les conditions d'application de l'obligation de prise en main et la nature des conseils donnés pour considérer finalement que l'obligation de prise en main imposée par Stihl va au-delà de l'objectif légitime poursuivi, « en ce qu'elle s'applique indifféremment aux profanes et aux professionnels » (§ 273). La Cour en veut pour preuve que les conditions mises en œuvre par Husqvarna, le principal concurrent de Stihl, permettent une distinction selon que le client final est un professionnel (justifiant une intervention directe du revendeur) ou non, et permettant même une formation par internet (§ 276).

La Cour d'appel va jusqu'à affirmer que « les caractéristiques du produit peuvent figurer en ligne, de sorte que l'utilisateur est en mesure d'apprécier si la machine n'est pas trop lourde ou trop encombrante pour sa morphologie ou l'usage qu'il compte en faire » (§ 307). On notera qu'il n'est plus question ici d'une distinction entre les utilisateurs profanes et les autres. C'est une belle marque de confiance que témoigne ainsi la Cour à l'égard de l'efficacité d'informations en ligne pour des produits à la dangerosité pourtant avérée, ce qui peut surprendre... Oubliez les tutos maquillages, la tendance 2020 est aux tutos tronçonneuses.

Quoi qu'il en soit, la Cour en conclut que pour la période postérieure à 2014, le « degré de nocivité suffisante » des restrictions, critère nécessaire pour conclure à la qualification de restriction par l'objet, découle du caractère excessif et indiscriminé des restrictions imposées. Dans la foulée, elle confirme le refus qu'avait opposé l'Autorité à une exemption, qu'elle soit par catégorie (§ 286 et suiv.), ou individuelle (§ 297 et suiv.).

Pas de confiance légitime tirée de « contacts » avec d'autres autorités de la concurrence, bien que quand même un petit peu, mais finalement, ah, non

Il faut rappeler ici que la requérante invoquait le principe de confiance légitime découlant des enseignements tirés de ses divers contacts avec trois autorités de concurrence européennes (allemande, suédoise et suisse) concernant la validité des modifications contractuelles mises en œuvre en 2014. Elle soutenait avoir reçu des assurances claires, précises et inconditionnelles de la part de ces autorités, mais la Cour rejette cet argument, en rappelant qu'en application de la jurisprudence de la Cour de justice, seule la Commission est en mesure de fournir (éventuellement) de telles assurances – ce qu'elle ne fait désormais plus en pratique, depuis de longues années. Comme le rappelait cette chronique dans l'analyse de la décision de la Commission (*Concurrences* n° 1-2019, note A.-S. C.-G, p. 81), « de tout cela, on trouverait profit à tirer au moins un enseignement : il convient d'éviter au maximum la pratique des échanges informels entre autorités administratives et entreprises. Ces échanges créent de fausses croyances et nuisent, *in fine*, à la sécurité juridique ».

Expulsé par la porte, l'argument de la confiance légitime revient toutefois partiellement par la fenêtre, au stade de la détermination de la sanction. En effet, la Cour affirme que « l'attache prise avec l'autorité de la concurrence allemande a pu laisser penser aux sociétés requérantes que les réformes entreprises étaient suffisantes, ce qui a été conforté par l'attitude des autorités de concurrence suédoise et suisse ». En somme, les requérantes « ont pu penser » être conformes, mais ont eu tort de le penser. Consciente du risque d'apparaître contradictoire, la Cour ajoute que ces circonstances « ne confèrent aucune impunité aux sociétés requérantes », mais « doivent être prises en compte dans l'appréciation de la gravité de leur comportement » (§ 364).

Cet élément, conjugué à la reconnaissance des incertitudes juridiques ayant précédé l'adoption de l'arrêt Pierre Fabre dermo-cosmétique, conduit la Cour à réduire quelque peu la sanction imposée à Stihl, qui passe de 7 millions d'euros, à 6 millions.

Cet arrêt a fait l'objet d'un pourvoi devant la Cour de cassation, ce qui permet entre autres d'espérer une clarification des questions liées à l'absence de proportionnalité des restrictions imposées à la vente en ligne de produits dangereux, l'arrêt de la Cour n'emportant pas totalement la conviction sur ce point.

M. Debroux

Concurrences N° 1-2020, Art. N° 93056, p. 77

Voir aussi

A.-C. Martin, Distribution sélective : La Cour d'appel de Paris rappelle qu'une restriction des ventes en ligne peut être appropriée sans pour autant être nécessaire (Stihl), 17 octobre 2019, Concurrences N° 1-2020, Art. N° 92947, pp. 97-98.

Voir aussi, sur les origines de l'affaire

– La décision de l'Autorité

Aut. conc., déc. n° 18-D-23 du 24 oct. 2018 relative à des pratiques mises en œuvre dans le secteur de la distribution de matériel de motoculture

A.-S. Choné-Grimaldi, Distribution en ligne : L'Autorité de la concurrence applique les jurisprudences Pierre Fabre et Coty pour apprécier la validité des critères sélectifs choisis par la tête de réseau, s'agissant de la possibilité, pour ses distributeurs, de recourir à la distribution en ligne (Distribution de matériel de motoculture), 24 octobre 2018, Concurrences N° 1-2019, Art. N° 88906, pp. 81-82.

– La demande de sursis de la cour d'appel

CA Paris (ord.), 23 janv. 2019, Stihl, RG n° 18/26546

A.-C. Martin, Distribution sélective : La Cour d'appel de Paris fait droit à la demande de sursis à exécution de la décision de l'Autorité de la concurrence ayant sanctionné l'interdiction de revente en ligne par les distributeurs sur leurs propres sites internet de produits à caractère dangereux (Stihl), 23 janvier 2019, Concurrences N° 2-2019, Art. N° 90149, pp. 87-88.

C. Lemaire, Injonction : La Cour d'appel de Paris accède à une demande de sursis à exécution d'une décision de l'Autorité de la concurrence condamnant une entreprise restreignant de facto ses ventes en ligne de produits à caractère dangereux (Stihl), 23 janvier 2019, Concurrences N° 2-2019, Art. N° 90479, p. 158.

Cass. com., 26 janv. 2022, Stihl, n° 19-24.464

La Cour de cassation rejette le pourvoi intenté par un fabricant de matériel de motoculture condamné pour avoir indirectement interdit à ses distributeurs de vendre ses produits en ligne, estimant qu'à supposer que des conseils individualisés dussent être délivrés aux utilisateurs pour garantir leur sécurité, ils pouvaient l'être en ligne.

Pour avoir imposé à ses distributeurs une obligation dite de « mise en main », imposant un contact physique entre le vendeur et son acheteur, le fabricant de matériel de motoculture (tronçonneuses et débroussailleuses) a été condamné au titre du droit des ententes verticales.

Ce dernier avait tenté – vainement – de faire valoir devant l'Autorité de la concurrence (Aut. conc., déc. n° 18-D-23, 24 oct. 2018, relative à des pratiques mises en œuvre dans le secteur de la distribution de matériel de motoculture ; voir Anne-Sophie Choné-Grimaldi, Distribution en ligne : L'Autorité de la concurrence applique les jurisprudences Pierre Fabre et Coty pour apprécier la validité des critères sélectifs choisis par la tête de réseau, s'agissant de la possibilité, pour ses distributeurs, de recourir à la distribution en ligne (Distribution de matériel de motoculture), 24 octobre 2018, *Concurrences* N° 1-2019, Art. N° 88906), puis devant la Cour d'appel (CA Paris, 17 oct. 2019, Stihl, RG n° 18/24456 ; voir Michel Debroux, Amende : La Cour d'appel de Paris valide pour l'essentiel la décision de l'Autorité de la concurrence ayant sanctionné des restrictions à la vente en ligne de tronçonneuses et débroussailleuses, en adoptant – sans réellement convaincre – une approche ambiguë sur le principe de confiance légitime (Stihl), 17 octobre 2019, *Concurrences* N° 1-2020, Art. N° 93056), deux arguments qui nous paraissaient avoir un certain poids. Premièrement, le fabricant a mis en avant le fait qu'il avait eu des discussions au sujet de sa pratique avec les autorités de concurrence allemande, suédoise et suisse qui, après analyse, avaient fini par renoncer à toute poursuite, estimant la pratique compatible avec les exigences du droit de la concurrence. Deuxièmement, il a expliqué que les produits vendus étaient dangereux, ce qui rendait nécessaire la fourniture aux acheteurs de conseils personnalisés et d'indications d'utilisation et donc, la délivrance du produit en mains propres. Les mêmes arguments ont ensuite été repris, sans succès, devant la Cour de cassation.

Les discussions menées avec d'autres Autorités européennes de concurrence

S'agissant des discussions menées avec d'autres autorités européennes, on se souvient que le fabricant Stihl avait invoqué, devant l'Autorité de la concurrence française puis devant la Cour d'appel de Paris, l'existence d'une violation du principe de protection de la confiance légitime. L'argument avait été rejeté : les autorités nationales, ne disposant pas du pouvoir d'adopter des décisions d'inapplicabilité (CJUE, 3 mai 2011, Tele2Polska, aff. C-375/09), n'ont pas la compétence pour dire qu'une pratique ne constitue pas une entente. Dès lors, les échanges avec ces autorités nationales n'avaient pas pu fournir à l'entreprise en cause des assurances suffisamment précises pour faire naître dans son esprit une confiance légitime. Pour répondre à cet argument, à nouveau développé par le fabricant Stihl devant la Cour de cassation, la même justification est reprise par la Cour de cassation qui redit exactement la même chose.

De manière assez habile, le pourvoi a tenté d'exploiter le même argument sous un autre angle. Il a expliqué que l'existence de ces discussions semait un doute sur la qualification de la pratique, doute qui aurait dû conduire l'autorité française à refuser la qualification de « restriction par l'objet » laquelle, en vertu de l'interprétation restrictive qui est retenue, ne doit s'appliquer qu'aux cas les plus « évidents ». À suivre cette argumentation, la Cour d'appel aurait dû rechercher l'existence des effets anticoncurrentiels. Malheureusement, et en dépit du fait que l'arrêt est doté d'une motivation enrichie, la Cour de cassation ne répond pas vraiment à cet argument.

Une restriction de concurrence par l'objet, constitutive d'une violation de l'article 101, § 1 TFUE

Pour nier le fait que la pratique en cause constitue une entente, d'autres arguments ont été avancés. Sans doute, il était vain de chercher à affirmer que la pratique, qui imposait une obligation de retrait des marchandises en magasin, n'interdisait pas les ventes en ligne. On sait que le procédé fait perdre à la vente en ligne tout intérêt et doit donc être analysé comme une interdiction indirecte de la distribution en ligne (Voir, pour un cas similaire, Aut. conc., n° 19-D-14, 1er juillet 2019, relative à des pratiques mises en œuvre dans le secteur de la distribution des cycles haut de gamme). Pareille interdiction constitue une restriction de concurrence par l'objet depuis la jurisprudence *Pierre Fabre*. Signalons à ce sujet que la Cour de cassation, au détour d'un développement sur le contexte économique dans lequel s'inscrit la pratique, évoque une « présomption d'effets nocifs sur la concurrence » qui, si on lit correctement l'arrêt, semble découler de l'objet anticoncurrentiel de la pratique.

Le fabricant a ensuite cherché à mobiliser la théorie des restrictions accessoires. Il a ainsi expliqué que sa pratique était justifiée au regard de considérations d'intérêt général (à savoir, la sécurité des utilisateurs). Là aussi, l'argument est écarté. Selon la Cour de cassation, pour remplir cet objectif, il suffisait, pour le fabricant, de se conformer aux exigences de la directive dite « Machines » (dir. 2006/42 du 12 mai 2006) qui ne prescrit aucune obligation de « mise en main ». La Cour de cassation juge que d'autres méthodes comme l'« assistance en ligne » pouvait être utilisée pour satisfaire l'objectif de protection des utilisateurs.

L'absence d'exemption individuelle

La Cour de cassation a refusé de faire profiter le fabricant d'une exemption individuelle, estimant que, si la délivrance de conseils personnalisés lors de la remise en mains propres de la machine était porteuse de gains d'efficacité, le procédé n'était pas indispensable pour l'obtention de tels gains d'efficacité. En effet, comme dans l'arrêt *Pierre Fabre* où le même argument avait été développé (CA Paris, ch. 5-7, 31 janvier 2013, n° 2008/23812), la Cour de cassation rétorque que la fourniture de conseils individualisés peut avoir lieu sur internet (visio-assistance, vidéos, tutoriels, etc.). Le jeu de l'article 101, § 3 du TFUE qui, rappelons-le, suppose la réunion de quatre conditions (gains d'efficacité, caractère indispensable de la restriction, partie équitable des profits réservée aux utilisateurs, absence d'élimination totale de la concurrence sur le marché) est donc écarté, la deuxième condition faisant défaut. Encore une occasion manquée pour l'exemption individuelle qui peine à trouver un champ d'application !

A.-S. Choné-Grimaldi

Concurrences N° 2-2022, Art. N° 106425, p. 92

Chapitre 3

ARTICLE 102 TFUE

3.1 La position dominante

Trib. UE, 12 déc. 2018, Servier e. a., T-691/14

Le Tribunal de l'Union européenne sanctionne la Commission européenne pour avoir commis une série d'erreurs dans l'analyse de la définition d'un marché pertinent dans le secteur pharmaceutique.

Par un arrêt rendu le 12 décembre 2018, le Tribunal de l'Union (le « Tribunal ») est venu sanctionner la Commission européenne (la « Commission ») pour avoir commis une série d'erreurs dans l'analyse de la définition du marché pertinent auquel appartient la molécule périndopril, un inhibiteur de l'enzyme de conversion de l'angiotensine (« IEC »), découverte par le laboratoire Servier (« Servier ») et destinée au traitement des maladies cardiovasculaires.

Cet arrêt est l'un des huit arrêts rendus par le Tribunal (Trib. UE, 12 décembre 2018, Biogaran, aff. T-677/14 ; Teva UK, aff. T-679/14 ; Lupin, aff. T-680/14, Mylan Laboratories et Mylan ; aff. T-682/14, Krka, aff. T-684/14 ; Niche Generics, aff. T-701/14 ; Unichem Laboratories, aff. T-705/14 et Servier, aff. T-691/14, sur le volet entente, voir la Chroniques Ententes, *Concurrences* N° 1-2019) à l'encontre de la décision de la Commission AT.39612 du 9 juillet 2014 ayant sanctionné le laboratoire Servier et cinq génériqueurs (Niche, Mylan, Teva, Lupin et Krka) à une amende d'un montant total de 428 millions d'euros (la « Décision »). Ces arrêts concernent, pour l'essentiel, l'analyse des accords de règlement amiable en matière de brevets conclus entre Servier et chacun des cinq génériqueurs visés par la Décision. Le Tribunal a confirmé que ces accords peuvent être anticoncurrentiels par objet lorsqu'un génériqueur se voit octroyer par un laboratoire détenant les droits sur un médicament princeps des avantages l'incitant ainsi à renoncer à entrer sur le marché et à contester le brevet dudit princeps. En l'espèce, le Tribunal a validé la position de la Commission selon laquelle les accords passés entre Servier et quatre génériqueurs (Niche, Mylan, Teva et Lupin) étaient effectivement anticoncurrentiels. En revanche, le Tribunal a estimé que l'accord passé entre Servier et Krka n'était anticoncurrentiel ni par objet, ni par effet.

Dans sa Décision, la Commission avait également estimé que Servier avait mis en œuvre une stratégie d'exclusion constitutive d'un abus de position dominante. C'est ce volet de l'affaire qui est sanctionné par le Tribunal dans l'arrêt T-691/14 et qui fait l'objet de la présente chronique.

Le Tribunal conteste en l'espèce les analyses menées par la Commission des pièces du dossier pour déterminer le marché pertinent du périndopril et y substitue ses propres conclusions. La Commission avait ainsi considéré dans sa Décision que le marché pertinent devait être limité à la molécule périndopril incluant par conséquent uniquement le médicament princeps de Servier, commercialisé sous la marque Coversyl®, et ses versions génériques. Cette remise en cause du Tribunal a porté moins sur les critères juridiques applicables que sur leur mise en œuvre par la Commission. Le Tribunal conteste également l'analyse de la Commission quant à la définition du marché pertinent amont de la technologie de fabrication du périndopril.

Il en résulte que la position dominante de Servier comme l'abus n'étaient pas démontrés par la Commission.

La spécificité du secteur pharmaceutique dans la détermination du marché pertinent de produits

Le Tribunal rappelle dans un premier temps les principes applicables à la délimitation d'un marché pertinent de produits dans le secteur pharmaceutique.

La définition du marché pertinent est d'une apparente simplicité : il s'agit de « tous les produits ou les services que les consommateurs considèrent comme substituables en raison de leurs caractéristiques, de leur prix et de l'usage auquel ils sont destinés » (pt 1382).

Il ne faut donc pas s'en tenir aux seules caractéristiques objectives des produits et services en cause. Doivent également être pris en considération les conditions de la concurrence et la structure de la demande et de l'offre sur le marché (pt 1381). Pour cela, la Commission s'appuie sur la technique du faisceau d'indices mais, d'un point de vue pratique, la définition du marché pertinent peut être axée sur les prix et le report ou non des consommateurs vers d'autres produits lors d'une variation légère mais permanente du prix du produit dont on cherche à déterminer le marché pertinent (pt 1384).

La difficulté vient des caractéristiques « *atypiques* » (pt 1385) du secteur pharmaceutique : le choix des médicaments est le fait des prescripteurs et non des consommateurs (c'est-à-dire les patients) et ce choix est guidé moins par les prix que par l'effet thérapeutique des médicaments (pt 1385), c'est-à-dire par l'appréciation des différences et des similitudes d'usage entre médicaments (pt 1388) et l'appréciation qui en est faite par les prescripteurs (pt 1393). Le facteur prix est donc moins pertinent que dans d'autres secteurs.

Le Tribunal note que c'est d'ailleurs la raison pour laquelle les laboratoires font souvent d'importants efforts de promotion, jusqu'à 30 % de leur chiffre d'affaires, pourcentage qu'il considère comme « *considérable* » (pt 1401), afin d'accroître la fidélisation des prescripteurs ou d'en capter de nouveaux (pt 1389).

En l'espèce, les parties reprochaient à la Commission de s'être limitée, ou en tout état de cause d'avoir accordé une importance trop grande au seul facteur prix aux fins de définir le marché pertinent. Toutefois, le Tribunal a considéré que la Commission avait, au contraire, examiné d'autres critères pertinents (pt1415), mais c'est sur l'appréciation de ceux-ci que le Tribunal sanctionne la Commission.

L'appréciation des critères par le Tribunal et la Commission

Pour le Tribunal, la Commission a considéré à tort que le périndopril se différenciait des autres molécules IEC. Et le Tribunal de reprendre l'analyse sur presque 30 pages (pts 1422 à 1586) pour aboutir à la conclusion que la Commission a commis « *une série d'erreurs* » (pt 1589) dans l'analyse de la définition du marché pertinent. Concrètement, le Tribunal sanctionne sèchement la Commission sur l'intégralité de son analyse en aboutissant systématiquement à la conclusion inverse.

En premier lieu, le Tribunal estime que la Commission « *a considéré à tort, s'agissant de l'usage thérapeutique, que les IEC étaient une classe de médicaments hétérogènes et que le périndopril avait des caractéristiques particulières au sein de cette classe de médicaments* » (pt 1589). En effet, selon les informations figurant dans la Décision, le mode d'action, les indications principales, les contre-indications et les effets secondaires de l'ensemble des IEC étaient similaires (pt 1425).

Le Tribunal rappelle que, dans sa pratique décisionnelle, la Commission accorde une prépondérance à la classification anatomique, thérapeutique et chimique (« ATC ») des médicaments de l'Organisation Mondiale de la santé (OMS), en s'en écartant uniquement sur le fondement de la substituabilité thérapeutique (pt 1309). Plus particulièrement, la classe de niveau ATC3 constitue généralement le point de départ de la détermination du marché pertinent des médicaments, car il regroupe les médicaments ayant les mêmes indications thérapeutiques. La classe ACT4 est également intéressante en ce qu'elle regroupe, pour les médicaments au sein d'une classe ATC3 et donc avec une même indication thérapeutique, ceux ayant le même mode d'action.

En l'espèce, le Tribunal observe que les seize molécules IEC sont toutes regroupées non seulement au sein de la même classe ATC3 mais également dans la même classe ATC4.

Par ailleurs, plusieurs recommandations médicales, à destination des praticiens au niveau international et fondées sur des sources scientifiques, mentionnent également les mêmes indications principales et secondaires pour l'ensemble des IEC, ainsi que les même contre-indications principales et secondaires (pts 1432 à 1435).

La Commission s'était également appuyée sur des articles médicaux pour affirmer la supériorité du périndopril sur les autres IEC. Mais le Tribunal observe qu'aucun de ces articles ne compare véritablement l'efficacité du périndopril à celle des autres IEC (pt 1446). Au demeurant, la Commission n'a pas tenu compte d'autres articles, dont certains étaient utilisés en interne par Servier, et qui rapportent une efficacité équivalente au périndopril d'au moins certains autres IEC tels que l'énalapril, le lisinopril ou le ramipril (pt 1457).

Un autre élément non pris en compte par la Commission concerne les politiques mises en œuvre par des autorités locales compétentes dans le domaine de la santé au Royaume-Uni qui, considérant que le périndopril n'était pas plus efficace que d'autres IEC et, pour des raisons de coût, ont préconisé la substitution d'un autre IEC (pt 1464).

La Commission avait également utilisé un document interne de Servier pour en déduire l'existence de qualités particulières au périndopril. Le Tribunal relativise toutefois l'importance de ce document destiné à assurer la promotion du périndopril et qui ne constitue donc pas « *un résumé équilibré des connaissances scientifiques* » à la différence des recommandations médicales (pt 1468). Et quand bien même, le Tribunal relève que Servier n'était pas parvenu à différencier suffisamment le périndopril des autres IEC (pt 1473).

La Commission avait également procédé à un sondage auprès des prescripteurs, mais son interprétation (pts 1476 et 1477) est contestée par le Tribunal qui relève également l'existence de biais (la sélection retenait des médecins en relation professionnelle et commerciale avec Servier et donc plus susceptibles de prescrire le périndopril, pt 1475). Pour le Tribunal, les résultats du sondage ne corroborent pas la thèse d'une différenciation du périndopril à l'égard des autres IEC.

Enfin, les concurrents de Servier, dans leurs réponses aux questions de la Commission, considéraient eux-mêmes que les autres IEC peuvent être substitués sur le plan thérapeutique au périndopril (pt 1480).

En deuxième lieu, le Tribunal estime que la Commission « a considéré à tort qu'un mécanisme d'« inertie » des médecins avait restreint de façon significative la pression concurrentielle exercée sur le périndopril par les autres IEC pour les nouveaux patients » (pt 1589).

Le phénomène d'inertie des médecins serait la tendance que ces derniers auraient de continuer à prescrire le même médicament à leurs patients, même s'ils ont accès à d'autres, parce que ledit médicament se serait révélé efficace dans le passé (pt 1483). Il s'agit cependant d'une analyse au cas par cas, car c'est une approche empirique qui peut varier dans le temps.

Or, le périndopril n'était pas différent des autres IEC (point déjà relevé par le Tribunal), il avait été lancé après plusieurs autres IEC sur certains marchés et il disposait d'une base de patients en traitement continu plus faible que certains autres IEC (pt 1495). D'ailleurs, ce n'était pas le médicament qui avait connu le plus grand succès au cours de la période en cause dans la Décision et il n'était pas en position de leader sur les quatre marchés géographiques nationaux retenus par la Commission (France, Pays-Bas, Pologne et Royaume-Uni). Servier avait même connu des fluctuations de ventes très importantes au cours des années 2000 (pt 1501).

Enfin, ni une étude commandée par Servier ni la position des concurrents en réponse aux questions de la Commission ne viennent étayer un quelconque effet d'inertie (pts 1508).

En troisième lieu, le Tribunal considère que la Commission « a sous-estimé la propension des patients traités au périndopril à changer de traitement » (pt 1589).

La Commission a estimé que les patients en traitement continu au périndopril étaient peu susceptibles de passer à des médicaments alternatifs une fois qu'ils avaient adopté le périndopril. Mais l'interprétation qui est faite par la Commission des études pour aboutir à cette conclusion est contestée par le Tribunal qui estime, au contraire, que lesdites études sont insuffisantes pour démontrer l'absence de propension des patients à changer de traitement, alors même que d'autres études montrent à l'inverse un tel changement et dans des proportions significatives au cours des cinq années suivant le début du traitement (pt 1531).

Une fois encore, l'interprétation d'une réponse d'un concurrent aux questions de la Commission est contestée par le Tribunal qui considèrent qu'elle ne remet pas en cause l'ampleur des changements de traitement pour les patients traités au périndopril (pt 1539).

En quatrième lieu, le Tribunal considère que la Commission « n'a pas dûment pris en considération les efforts de promotion des laboratoires et leur importance dans l'analyse des rapports de concurrence » (pt 1589).

Pour la Commission, la promotion peut étendre le degré de concurrence si, grâce à elle, la communauté médicale est informée des alternatives thérapeutiques additionnelles, notamment les nouveaux produits ou les nouvelles indications importantes pour les produits existants (pt 1541).

Or, pour la Commission, tel ne serait pas le cas en l'espèce dans la mesure où tout nouvel effort promotionnel pour des médicaments commercialisés de longue date ne ferait que s'ajouter au capital de confiance déjà acquis auprès des prescripteurs « fidèles » (pt 1541).

Toutefois, la Commission a fondé son analyse des efforts promotionnels sur le phénomène d'« inertie » des médecins et l'existence de barrières aux changements de traitement, ce qui est une erreur, comme le Tribunal l'a relevé.

De plus, pour le Tribunal, l'absence de différentiation positive du périndopril à l'égard des autres IEC est cohérente avec la nécessité pour Servier de faire des efforts promotionnels conséquents pour se maintenir sur le marché et s'imposer auprès des prescripteurs (pt 1546). Peu importe que les dépenses promotionnelles de Servier aient visé certaines catégories de patients ou qu'elles aient été stables sur la période considérée dans cette affaire : pour le Tribunal, il ne peut en être déduit que cela serait dû à l'absence d'exposition à de fortes pressions concurrentielles (pt 1564).

En cinquième lieu, le Tribunal considère que la Commission « a méconnu les caractéristiques particulières de la concurrence dans le secteur pharmaceutique, en déduisant à tort d'une analyse des événements naturels fondée essentiellement sur les variations de prix que le périndopril n'était pas soumis à des pressions concurrentielles significatives de la part des autres IEC » (pt 1589).

La Commission a en effet procédé à une analyse des événements dits « naturels » intervenus sur en France, aux Pays-Bas, en Pologne et au Royaume-Uni, en considérant que pour deux produits substituables, une baisse substantielle du prix de l'un devrait entraîner une diminution du chiffre d'affaires de l'autre. La Commission a constaté que les ventes de périndopril avaient été moins affectées par l'arrivée des génériques d'autres IEC que par celle de ses propres génériques, ce qui démontrerait que les IEC n'exerçaient pas de contraintes significatives sur le périndopril en matière de prix (pt 1568).

Un tel constat est acté par le Tribunal. Toutefois, ce dernier rappelle que le prisme des variations de prix ne permet pas de conclure à l'absence de pressions concurrentielles d'ordre qualitatif et non tarifaire (pt 1574) et, en tout état de cause, la Commission aurait accordé une importance excessive au facteur prix car il ressort de sa Décision comme de sa défense devant le Tribunal que la Commission s'est « essentiellement fondée sur l'analyse des événements naturels de nature tarifaire pour exclure du marché pertinent » d'autres IEC (pt 1581) sans prendre pleinement en compte le contexte propre au secteur pharmaceutique.

En conséquence, sans le dire d'ailleurs de manière parfaitement claire, le Tribunal redéfini *a contrario* le marché pertinent auquel appartient le périndopril comme étant celui de l'ensemble des IEC (voir, par exemple, pt 1604). Du point de vue du marché géographique, il n'a jamais été contesté que celui-ci est de dimension nationale, comme habituellement dans le secteur pharmaceutique.

L'absence de position dominante

Après que le Tribunal ait redéfini le marché pertinent, la caractérisation de la position dominante de Servier effectuée par la Commission ne pouvait qu'être mécaniquement remise en cause.

Au surplus, sur ce marché nouvellement défini, la part de marché de Servier n'était plus que de 25 % dans chacun des quatre États membres analysés par la Commission (France, Pays-Bas, Pologne et Royaume-Uni), bien loin d'une quelconque position dominante (pt 1604). La Commission tente bien de remettre en cause cette part de marché en faisant valoir qu'une évaluation des parts de marché en volume exprimées en doses journalières conduisait à surestimer les ventes d'un produit concurrent, le ramipril, mais le Tribunal note qu'en tout état de cause, Servier « ne s'est jamais trouvé en position de leader parmi les IEC en termes de ventes de comprimés et de capsules » (pt 1605).

Enfin, la Commission avait considéré que Servier bénéficiait de rentes économiques substantielles mais cette analyse ne reposait que sur une comparaison entre les ventes de son princeps seul avant et après l'entrée des génériques, ce qui était inexact puisque le marché pertinent ne se limitait pas à cette seule molécule (pt 1606).

Sur le marché de la technologie de fabrication du périndopril

Un autre marché avait été examiné par la Commission en amont du marché du périndopril : celui de la technologie de fabrication de cette molécule.

Pour le Tribunal, la détermination du marché pertinent en amont se trouve viciée en ce que la Commission a établi un lien entre le marché amont de la technologie et le marché aval qui serait limité à la seule molécule périndopril, dont le Tribunal a relevé l'absence de pertinence.

Toutefois, le Tribunal reconnaît que la Commission a aussi utilisé d'autres éléments, indépendants du marché aval (notamment une analyse de la substituabilité du côté de l'offre), pour parvenir à la conclusion que le marché amont constituait un marché pertinent. Or, le Tribunal ne discute pas ces éléments. Il lui suffit de constater que la Commission avait déterminé une position dominante de Servier sur ce marché amont essentiellement en établissant un lien avec sa position dominante sur le marché aval. Cette dernière n'ayant plus court, le Tribunal en déduit mécaniquement l'absence de démonstration d'une position dominante de Servier sur le marché amont (pt 1619).

Sur l'absence, en tout état de cause, d'un abus

L'abus qui était reproché à Servier par la Commission consistait dans la mise en place d'une stratégie combinant l'acquisition d'une technologie concurrente permettant la production du périndopril et la conclusion d'accords de règlement amiable sur ses brevets avec les génériqueurs.

Mais en l'absence de position dominante sur le marché amont, il n'est point d'abus possible (pt 1626). Le Tribunal va cependant plus loin : selon lui, « l'absence de position dominante de Servier sur le seul marché des produits finis remet en cause, à elle seule, l'existence de l'abus de position dominante reproché à Servier dans la décision attaquée » (pt 1627).

En effet, la Commission se serait fondée, pour expliquer et caractériser la pratique reprochée à Servier, sur la volonté prêtée à cette entreprise de défendre sa position sur le marché des produits finis. Or, « en l'absence de position dominante de Servier sur le marché des produits finis, la démonstration de l'existence de l'infraction unique et continue est donc privée de l'un de ses motifs essentiels, sans qu'il soit possible d'appréhender un comportement détachable de Servier dont le caractère infractionnel ne dépendrait pas de l'existence d'une position dominante de l'entreprise sur le marché du périndopril et qui concernerait le seul marché de la technologie » (pt 1631).

L'annulation de l'amende

En conséquence, l'amende d'un montant de 41,27 millions d'euros liée à l'abus de position dominante est annulée par le Tribunal.

N. Zacharie, A. Wachsmann
Concurrences N° 1-2019, Art. N° 89016, p. 84

CA Paris, 17 mai 2018, Umicore, RG n° 16/16621

La Cour d'appel de Paris confirme pour l'essentiel une décision de l'Autorité de la concurrence sanctionnant une entreprise à hauteur de 69 millions d'euros pour avoir abusé de sa position dominante envers ses concurrents en mettant en place, pendant 9 ans, une politique commerciale visant à contraindre ses distributeurs à s'approvisionner exclusivement auprès de lui.

Par un arrêt rendu le 17 mai 2018, la Cour d'appel de Paris a confirmé pour l'essentiel la décision 16-D-14 relative à des pratiques mises en œuvre dans le secteur du zinc et des produits ouvrés en zinc destinés au bâtiment (Aut. conc., déc. n° 16-D-14 du 23 juin 2016 relative à des pratiques mises en œuvre dans le secteur du zinc laminé et des produits ouvrés en zinc destinés au bâtiment, comm. A. Wachsmann, *Concurrences,* N° 4-2016, p. 101).

Dans cette affaire, l'Autorité de la concurrence (« l'Autorité ») avait lourdement sanctionné le fabriquant de zinc belge Umicore pour avoir imposé pendant 9 ans, entre 1999 et fin 2007, à ses distributeurs agréés des obligations d'achat exclusif leur interdisant de vendre des produits concurrents des siens.

À titre liminaire, il sera fait mention que, dans son arrêt, la Cour d'appel écarte tout d'abord plusieurs arguments de procédure, notamment sur la prescription (tant quinquennale que décennale), sur le fait que les services d'instruction ne sont pas tenus de répondre positivement à une demande des parties visant à bénéficier de la procédure d'engagements (ce choix étant discrétionnaire pour les services d'instruction comme pour le collège) et enfin sur la violation supposée par les services d'instruction et par l'Autorité des obligations d'objectivité, d'impartialité et de loyauté leur incombant.

Pour le reste, la Cour d'appel valide l'approche retenue par l'Autorité, tant sur la définition des marchés pertinents et la position dominante d'Umicore que sur l'appréciation de l'abus. Ce n'est que sur la sanction que la Cour d'appel réforme la décision de l'Autorité.

Sur la définition du marché

L'Autorité avait identifié deux marchés pertinents, celui du zinc laminé destiné à la couverture et celui des produits servant à l'évacuation des eaux pluviales (« produits EEP ») en zinc. Du point de vue géographique, l'Autorité avait considéré que chacun de ces deux marchés était de dimension nationale.

Ces définitions des marchés de produits n'allaient pas de soi car l'Autorité avait alors choisi de se départir de sa position antérieure et de celle de la Commission arrêtées en droit des concentrations (CE, déc., 26 févr. 2007, aff. COMP/M.4450 – Umicore/Zinifex/Neptune ; Aut. conc., déc. n° 12-DCC-107 du 13 août 2012 relative à l'acquisition de la société Savoie Métal Toiture SAS par la société Decaber SA). Elle avait pour cela procédé à une analyse minutieuse exposée sur plus de 30 pages de sa décision.

S'ils ne sont pas très fréquents, de tels revirements ne sont toutefois pas isolés quand il s'agit d'analyser des pratiques unilatérales par rapport à l'analyse qui est faite en matière de contrôle des concentrations, comme on a pu le voir auparavant dans le secteur pharmaceutique, par exemple. Il n'est cependant pas surprenant que les parties aient cherché à contester cette analyse.

La Cour d'appel valide l'approche retenue par l'Autorité, en particulier la mise en œuvre du test du monopoleur hypothétique, tout en reprenant les éléments développés par l'Autorité pour vérifier l'absence de substituabilité entre les produits de couverture en zinc et ceux avec d'autres matériaux.

Après avoir réduit le périmètre des deux marchés en cause aux seuls produits en zinc, l'Autorité avait constaté qu'Umicore détenait une position dominante sur chacun de ces marchés pendant toute la durée des pratiques. Ainsi, la part de marché d'Umicore a été constamment supérieure à 70 % sur le marché des produits de couverture en zinc, et elle a oscillé entre 65 % et 53 % sur le marché des produits EEP en zinc (elle a même atteint 95 % sur le segment des gouttières chez les distributeurs spécialistes de la couverture). Là encore, la Cour d'appel de Paris confirme la position de l'Autorité.

Sur l'abus

L'Autorité avait considéré que l'obligation d'approvisionnement exclusif qu'Umicore a imposée à l'ensemble de ses distributeurs agréés, entre 1999 et fin 2007, constitue un abus de sa position dominante, à la fois sur le marché du zinc laminé destiné à la couverture, et sur celui des produits EEP en zinc. Dans cette espèce, l'Autorité avait procédé à une analyse classique des obligations d'approvisionnement, dans le droit fil de l'arrêt de principe *Hoffmann-La Roche* (CJUE, 13 février 1979, Hoffmann-La Roche c./ Commission, 85/76, pts. 89-90) en vertu duquel les engagements d'approvisionnement exclusif imposés par un fournisseur en position dominante à ses clients constituent un abus prohibé par l'article 102 TFUE.

Dans un premier temps, entre 1999 et 2004, les pratiques d'exclusivité ont résulté de clauses contractuelles figurant dans les accords entre Umicore et ses distributeurs agréés, imposant explicitement à ces derniers des obligations d'achat exclusif auprès d'Umicore.

À partir de 2004, l'obligation d'exclusivité explicite a été supprimée des contrats. Pour autant, l'Autorité avait constaté que, jusqu'en 2007, Umicore a détourné l'objet et le sens des nouvelles clauses imposées à ses distributeurs pour continuer dans les faits de leur interdire de s'approvisionner en zinc auprès d'autres fournisseurs. En premier lieu, la décision avait retenu qu'Umicore et ses distributeurs ont interprété les nouvelles dispositions contractuelles comme perpétuant l'obligation d'exclusivité. En second lieu, à partir de 2004, l'Autorité avait indiqué qu'Umicore a mis en œuvre des mesures de surveillance, assorties de menaces et de représailles, à l'encontre des distributeurs qui distribuaient des produits concurrents.

Ce dernier point est bien compris par la Cour d'appel, pour qui Umicore entendait, même après la suppression de la clause d'exclusivité des contrats, faire respecter ce principe par les distributeurs et ceux-ci interprétaient bien comme telle la volonté de leur fournisseur (pt 234).

Enfin, Umicore reprochait à l'Autorité de ne pas avoir tenu compte d'une étude concluant que la pratique de rabais ne pouvait empêcher un concurrent aussi efficace que lui-même de la concurrencer. Toutefois, la Cour d'appel relève que l'Autorité ne s'était pas appuyée sur les résultats d'un test du concurrent aussi efficace (pt 313), ce qui ne pouvait lui être reproché car, selon la Cour d'appel, « les pratiques reprochées ne se bornaient pas à l'application de remises d'exclusivité ou fidélisantes, mais à la mise en œuvre d'une politique commerciale d'ensemble visant, notamment à dissuader les distributeurs d'offrir d'autres produits de ceux de la marque VM zinc et, lorsqu'ils procédaient à de telles offres, à les empêcher d'en faire la promotion. Au surplus, cette politique s'appliquait à l'ensemble des produits concernés par les marchés pertinents » (pt 315).

Sur la sanction

C'est sur la sanction que la Cour d'appel réforme partiellement la décision de l'Autorité, sur un point presque technique mais dont l'impact sur le calcul de l'amende est essentiel : la durée de l'infraction.

Le contrat à l'origine des pratiques avait été signé en fin d'année 1999. L'Autorité avait alors compté l'année 1999 une année pleine et, compte tenu de la fin des pratiques (fin 2007), avait appliqué un coefficient multiplicateur de 5. La Cour d'appel fait preuve ici de plus de réalisme : « [l'Autorité] ne peut, en l'absence d'éléments qui démontreraient que les faits auraient débuté antérieurement, faire remonter au début d'une année la durée d'une pratique matérialisée par la signature d'un contrat qui ne l'aurait été qu'à la fin de l'année » (pt 331). En conséquence, la Cour d'appel a appliqué un coefficient multiplicateur au titre de la durée non pas de 5, mais de 4,5, ce qui modifie le calcul de l'amende.

La Cour d'appel réduit donc cette amende de 69 243 000 euros à 62 318 900 euros, soit une réduction d'environ 7 millions d'euros (après rectification d'une erreur matérielle : CA Paris, Pôle 5, ch. 5-7, 5 juillet 2018, Umicore, n° 18/10061).

A. Wachsmann, N. Zacharie
Concurrences N° 3-2018, Art. N° 87584, p. 99

Voir aussi, sur les origines de l'affaire

Aut. conc., déc. n° 16-D-14 du 23 juin 2016 relative à des pratiques mises en œuvre dans le secteur du zinc laminé et des produits ouvrés en zinc destinés au bâtiment

A. Wachsmann, Clause d'exclusivité : L'Autorité de la concurrence sanctionne une entreprise à hauteur de 69 millions d'euros pour avoir abusé de sa position dominante envers ses concurrents en mettant en place, pendant 9 ans, une politique commerciale visant à contraindre ses distributeurs à s'approvisionner exclusivement auprès d'elle (Umicore), 23 juin 2016, Concurrences N° 4-2016, Art. N° 81889, pp. 101-105.

Voir aussi, sur les suites de l'affaire

Cass. com., 2 sept. 2020, Umicore, n° 18-18.501 e. a.

A. Ronzano, Amendes : La Cour de cassation confirme que l'omission de la prise en compte de l'appartenance de l'auteur de l'infraction à un groupe puissant constitue une erreur matérielle que la Cour d'appel était en droit de rectifier (Umicore), 2 septembre 2020, Concurrences N° 1-2021, Art. N° 96713.

3.2 Pratiques d'exploitation

3.2.1 Jurisprudence européenne

CJCE, gde ch., 16 sept. 2008, Lélos kai Sia EE e. a. c/ GlaxoSmithKline AEVE Farmakeftikon Proïonton, C-468/06 à C-478/06

La Cour de justice des Communautés européennes se prononce en matière d'importations parallèles dans le secteur pharmaceutique par un arrêt satisfaisant l'ensemble des acteurs.

Une solution dégagée par la Cour de justice qui satisfait toutes les parties en présence mérite bien une description détaillée. En l'espèce, les grossistes se voient confortés dans la réaffirmation du principe de libre circulation des marchandises en dépit des spécificités du marché pharmaceutique et les entreprises pharmaceutiques se voient également confirmer dans leur politique commerciale de gestion éventuellement différenciée des circuits de distribution en vue de garantir la disponibilité de leurs médicaments (voir les communiqués de presse du 16 septembre 2008 de l'EFPIA (*European Federation of Pharmaceutical Industries and Associations*) qui représente les laboratoires pharmaceutiques d'une part et de l'EAEPC (*European Association of Euro-Pharmaceutical Companies*) qui représente les exportateurs d'autre part).

Un contexte d'enquête sectorielle à grande échelle

Le secteur pharmaceutique fait actuellement l'objet de toute l'attention de la Commission européenne qui lui consacre depuis le début de cette année une enquête sectorielle dont le rapport préliminaire doit être présenté le 28 novembre. Dans ce contexte, l'arrêt du 16 septembre 2008 de la Cour de justice vient utilement préciser la jurisprudence consacrée à l'épineuse question des importations parallèles de produits pharmaceutiques, en s'inscrivant dans un historique d'affaires déjà bien fourni.

La présente affaire opposait une nouvelle fois la société GlaxoSmithKline plc, *via* sa filiale grecque (« GSK ») à des grossistes en produits pharmaceutiques basés en Grèce (« les Grossistes »). Ces Grossistes achetaient des produits à GSK sous les marques Imigran® pour la migraine, Lamictal® pour l'épilepsie et Serevent® pour l'asthme afin de les distribuer sur le marché grec mais également les exporter vers d'autres États membres de l'Union européenne où le différentiel de prix est important.

Entre novembre 2000 et février 2001, GSK a cessé d'approvisionner les Grossistes pour vendre directement au motif d'une pénurie de ces médicaments sur le marché grec. Par la suite, GSK a recommencé à livrer les Grossistes, mais dans des quantités limitées, et mis fin à ses ventes directes. Ce comportement fut à l'origine de deux séries de procédures, l'une administrative, l'autre civile.

Abus contre attestation négative devant la commission de la concurrence grecque

Au plan administratif, GSK a saisi la Commission de la concurrence grecque en vue d'obtenir une attestation négative portant sur sa politique commerciale. Parallèlement, les Grossistes avaient déposé devant cette même autorité une plainte à l'encontre de GSK pour abus de position dominante.

La Commission de la concurrence grecque imposa tout d'abord des mesures provisoires à GSK consistant l'obliger à satisfaire les commandes de médicaments en cause adressées par les Grossistes, ce qui fut confirmé par la Cour administrative d'appel d'Athènes.

Sur le fond, la Commission de la concurrence grecque a posé une série de questions préjudicielles à la Cour de justice relatives à l'interprétation de l'article 82 du traité CE. Le résultat est connu : la Cour de justice ne s'est pas prononcée, jugeant que la Commission de la concurrence grecque n'avait pas le caractère d'une juridiction au sens de l'article 243 du traité CE (CJCE, 31 mai 2005, Syfait e. a., aff. C-53/03, Rec. p. 3359 et les importantes conclusions de l'Avocat général du 28 octobre 2004, Rec. p. 4609). La Commission de la concurrence grecque a ainsi rendu sa décision en septembre 2006, en constatant d'une part la position dominante de GSK, mais sur le seul marché du Lamictal® et, d'autre part, l'abus de cette position dominante au sens de la réglementation grecque durant la période au cours de laquelle GSK avait totalement cessé de livrer les médicaments.

La Cour de justice a été relancée par la Cour d'appel d'Athènes. Au plan civil, les Grossistes déposèrent également un recours devant le Tribunal de grande instance d'Athènes qui considéra que le comportement de GSK ne constituait pas un abus de position dominante. Les Grossistes interjetèrent appel devant la Cour d'appel d'Athènes. En l'absence de réponses apportées par la Cour de justice à la Commission de la concurrence grecque, la Cour d'appel d'Athènes posa à son tour des questions préjudicielles à la Cour de justice dont les réponses font l'objet du présent arrêt.

Un abus caractérisé

Les questions posées à la Cour de justice portent sur la possibilité qu'auraient les laboratoires pharmaceutiques de limiter les importations parallèles de médicaments dans l'Union européenne.

La Cour de justice rappelle tout d'abord, dans un attendu de principe, que « le refus par une entreprise disposant d'une position dominante sur le marché d'un produit donné de satisfaire les commandes passées par un client antérieur constitue une exploitation abusive de cette position dominante au sens de l'article 82 CE lorsque, sans aucune justification objective, ce comportement est de nature à éliminer la concurrence de la part d'un partenaire commercial » (point 34). Cette élimination de la concurrence peut se manifester sur d'autres marchés géographiques en cas de restriction aux importations parallèles, même si la Cour de justice prend soin de relever que la jurisprudence avait été jusqu'alors appliquée à « d'autres secteurs que celui des produits pharmaceutiques » (point 37).

Sans être très claire sur ce point, la Cour de justice semble ainsi pencher pour une certaine automaticité du caractère abusif d'un tel comportement alors même que son Avocat général, M. Dámaso Ruiz-Jarabo Colomer l'invitait à prendre fermement position contre les infractions per se. En effet, celui-ci considérait qu'il est juridiquement et économiquement inadéquat d'admettre l'existence de tels abus : on lira avec intérêt ses développements militants (points 56 à 76) pour l'abandon de cette approche, notamment en matière de clause d'exclusivité (CJCE, 13 février 1979, Hoffmann-La Roche, aff. 85/76, Rec. p. 461), de rabais de fidélité (CJCE, 9 novembre 1983, Michelin, aff. 322/81, Rec. p. 3461 et CJCE, 15 mars 2007, British Airways, aff. C-95/04 P, Rec. p. 2331) ou de prix prédateurs (CJCE, 3 juillet 1991, Akzo, aff. C-62/86, Rec. p. 3359). Sur l'analyse des considérations objectives permettant d'écarter l'abus, les conclusions de l'Avocat général étaient nettement plus restrictives (voy. sur ces conclusions A.-L. Sibony, *Concurrences*, N° 2-2008, p. 114-116).

En l'espèce, le fait que GSK ait cherché à limiter les importations parallèles effectuées par certains Grossistes n'était pas contesté. Bien au contraire, cela était même revendiqué par ce laboratoire, au motif que les importations parallèles réduisent les bénéfices pourtant nécessaires au financement de la recherche et au développement de nouveaux médicaments.

Les considérations objectives permettant d'échapper à la qualification d'abus

La Cour de justice examine ensuite les considérations objectives qui pourraient priver de son caractère abusif les pratiques en cause, à savoir les deux principaux arguments de GSK tendant, d'une part, à démontrer que les importations parallèles ne profitent pas aux patients, mais seulement aux importateurs eux-mêmes et, d'autre part, à relever l'incidence de la réglementation étatique en matière de prix et d'approvisionnement dans le secteur des produits pharmaceutiques.

Il s'agit là de justifications souvent invoquées qui prennent appui sur les conclusions de l'Avocat général M. Jacobs dans l'affaire Syfait précitée et qui avaient sans doute largement inspiré les questions préjudicielles de la Cour d'appel d'Athènes. Dans ses conclusions, l'Avocat général M. Jacobs avait estimé que le fait, pour un laboratoire pharmaceutique, de ne pas satisfaire intégralement les commandes de ses clients afin de limiter les importations parallèles en Europe ne constituait pas *a priori* un abus de position dominante aux motifs que les importations parallèles n'auraient pas d'effets positifs pour les patients, voire même pourraient être néfastes pour le développement de nouveaux produits. Son raisonnement reposait sur la constatation que les prix sont réglementés différemment dans chaque État membre et que les laboratoires pharmaceutiques doivent pouvoir réaliser des bénéfices suffisant pour permettre le financement de la recherche.

Mise cette fois-ci face à ses responsabilités, la Cour de justice balaye néanmoins ces arguments en quelques paragraphes (points 58 à 69). Selon elle, les importations parallèles peuvent bénéficier aux patients (points 53 à 55) par le seul fait qu'elles constituent une source d'approvisionnement alternative à des prix inférieurs, créant une pression à la baisse sur les tarifs pouvant bénéficier à tout le moins aux hôpitaux qui se fournissent par le biais de procédures d'appels d'offres (point 56).

Par ailleurs, celle-ci considère que sur un marché où les prix sont aussi réglementés que celui des produits pharmaceutiques, les règles du droit de la concurrence doivent néanmoins continuer de s'appliquer. Selon un credo inébranlable à l'encontre du cloisonnement des marchés nationaux et en vue de défendre leur intégration vers un marché unique (point 65), la Cour de justice ajoute que les importations parallèles seraient la seule forme de concurrence possible qu'il conviendrait donc de protéger.

On remarquera que la Cour de justice élude la question du financement de la recherche en relevant simplement que, selon la Directive 89/105/CEE du Conseil du 21 décembre 1988 concernant la transparence des mesures régissant la fixation des prix des médicaments (Journal Officiel L40, 11 février 1989, p. 8), les prix fixés par les État membres doivent tenir compte d'un certain nombre de critères, y compris celui de la nécessité de financer l'innovation.

Un bref principe et de larges exceptions

Par une césure remarquable dans son arrêt, la Cour de justice tempère ensuite largement ses propos à partir des points 67 et s. Elle reconnaît que les importations parallèles dans le secteur pharmaceutique restent d'une nature quelque peu artificielle puisque découlant principalement des différences de réglementations des États membres. La Cour de justice admet par ailleurs qu'une entreprise même dominante doit pouvoir protéger ses intérêts commerciaux sans que le seul choix qui lui soit laissé soit celui de cesser la commercialisation des médicaments dans un pays où les prix seraient fixés à un niveau relativement bas. Tout est alors affaire de nuance en vue de prendre des « mesures raisonnables et proportionnées à la nécessité de préserver ses propres intérêts commerciaux » (point 69). Dès lors, les entreprises pharmaceutiques peuvent refuser les livraisons de médicaments destinés « essentiellement » aux importations parallèles (point 71). Ainsi, face à des commandes de quantités anormales, ce caractère s'apprécie en fonction de deux éléments : lorsque les commandes sont « dans des quantités qui sont hors de proportion avec [i] celles vendues antérieurement par ces mêmes grossistes [ii] pour satisfaire les besoins du marché dudit État membre » (point 76).

En somme, la Cour de justice concilie deux intérêts contradictoires : les grossistes se voient confirmés dans leurs activités d'importations parallèles, mais seront livrés par les laboratoires pharmaceutiques dans des proportions limitées qui doivent être en rapport avec les volumes de consommation du pays d'origine.

Les autres affaires en cours concernent l'article 81. Cet arrêt s'inscrit dans la lignée d'une jurisprudence dont les différents développements constituent une véritable saga tant la question de la limitation des importations parallèles dans l'industrie pharmaceutique constitue un problème récurrent jamais véritablement tranché.

On se souvient des arrêts *Bayer/Adalat* (CJCE, 6 janvier 2004, Bayer, aff. C-2/01 P et C-3/01 P, Rec. p. 23 et TPI, 26 octobre 2000, Bayer, aff. T-41/96, Rec. p. 3383) où le Tribunal de première instance puis la Cour de justice avaient refusé à la Commission le droit de considérer que les systèmes de quotas dans la livraison aux grossistes constituaient des ententes avec les laboratoires, lui fermant ainsi l'accès à l'article 81 du traité CE pour sanctionner ces mécanismes.

Le système de double prix mis en place là par GSK en Espagne a lui aussi fait l'objet d'un examen, sous l'angle de l'article 81 du traité CE. Ici, pas de limitation en volumes mais un prix différent selon que le produit pharmaceutique était acheté par un grossiste en vue de sa distribution en Espagne (auquel cas il était facturé à un prix conforme au système espagnol de Sécurité sociale) ou destiné à être exporté dans un autre État membre (auquel cas il était facturé plus cher). Un tel mécanisme diminuait naturellement l'attrait pour les importations parallèles en réduisant le différentiel de prix entre les États membres. La Commission avait refusé d'accorder une exemption à ce type de système et avait condamné ce système (sans toutefois imposer d'amende) comme contraire à l'article 81 paragraphe 1 du traité CE et sans que les conditions de l'article 81 paragraphe 3 ne soient remplies (Comm. CE, 8 mai 2001, Glaxo Wellcome, aff. IV/36.957/F3 e. a.), mais le Tribunal de première instance a annulé sa décision (TPI, 27 septembre 2006, GlaxoSmithKline Services Unlimited, aff. T-168/01, Rec. p. 2969).

L'affaire est pendante devant la Cour de justice (aff. C-501/06) et ne manquera pas de susciter un très grand intérêt. En effet, le Tribunal de première instance avait rejeté la présomption de la Commission, posée lors de son examen de l'objet anticoncurrentiel du système de double prix au regard l'article 81 paragraphe 1 du traité CE, selon laquelle le commerce parallèle permet une baisse du coût des médicaments au bénéfice du consommateur final (point 134). Il avait également reproché à la Commission de ne pas avoir examiné plus attentivement, lors de son appréciation des conditions d'exemption de l'article 81 paragraphe 3 du traité CE, si la contribution à l'innovation ne devait pas jouer un rôle important dans la justification de ces mécanismes (points 274 et 275).

Les autres affaires en cours au niveau national : les cas français

S'agissant d'une question préjudicielle, la Cour de justice renvoie naturellement à la juridiction étatique le soin d'appliquer les principes posés au cas d'espèce. C'est donc aux autorités nationales qu'il revient d'apprécier le caractère proportionné ou non d'un système de contingentement. En France, le Conseil de la concurrence s'est déjà prononcé sur de tels mécanismes.

Le Conseil de la concurrence a tout d'abord reconnu l'absence d'entente ou d'abus de position dominante lorsqu'un laboratoire refuse de livrer des médicaments à des importateurs qui souhaitent acheter en France à un prix administré dans l'unique but de revendre à l'étranger à un prix plus élevé (Cons. conc., déc. n° 05-D-72 du 20 décembre 2005 relative à des pratiques mises en œuvre par divers laboratoires dans le secteur des exportations parallèles de médicaments, cette décision a fait l'objet d'un recours devant la Cour d'appel de Paris – affaire pendante). Le Conseil avait en effet considéré que ces restrictions constituaient des mesures raisonnables et proportionnées qui n'étaient pas de nature, compte tenu de l'activité limitée qu'exerçaient ces « purs » exportateurs, à empêcher le commerce parallèle. Cette décision paraît compatible avec la décision de la Cour de justice bien que les juges de Luxembourg admettent, en des termes plus nuancés, la limitation des livraisons « en quantités significatives de produits destinés essentiellement aux exportations parallèles » (point 71).

S'agissant des systèmes de quotas à destination des grossistes-répartiteurs en France, le Conseil de la concurrence a validé des engagements de quatre laboratoires pharmaceutiques (Cons. conc., déc. n° 07-D-22 du 5 juillet 2007 relative à des pratiques mises en œuvre dans le secteur de la distribution des produits pharmaceutiques). Là encore, cette décision paraît être en accord avec le présent arrêt. Ces engagements posent le principe de systèmes de quotas fondés sur les consommations antérieures en France auxquelles s'ajoute un pourcentage supplémentaire, gage de souplesse... et de possibilités d'importations parallèles ce qui est ouvertement relevé par le Conseil de la concurrence (point 105). Il faut noter que ces engagements vont même plus loin puisqu'ils mettent en place des mécanismes de mise à disposition de volumes pour de nouveaux entrants éventuels sur le marché français.

Une question fondamentale en suspens : position dominante et définition des marchés

Si l'on essaye d'anticiper sur les suites de la présente affaire, une question fondamentale se pose de façon préliminaire, à savoir la détermination d'une éventuelle position dominante et donc de la délimitation d'un marché pertinent. Cette question est plus complexe qu'il n'y paraît (voir not. Peter Sukosd, "Pharmaceutical parallel trade: A controversial EC approach", *Concurrences*, N° 3-2008, p. 59).

L'analyse classique de la définition des marchés en matière pharmaceutique en Europe commence toujours par la classification ATC (*Anatomical Therapeutic Chemical Classification*, élaborée et révisée annuellement par l'EPhMRA – *European Pharmaceutical Market Research Association*). La classification ATC repose principalement sur l'usage thérapeutique des médicaments. Le plus souvent, l'Autorité de concurrence retient le troisième niveau (ATC3) de la classification, qui en compte cinq au total, voire descend au quatrième niveau (ATC4) pour identifier le marché pertinent (pour un exemple, français récent, Cons. conc., déc. n° 07-D-09 du 14 mars 2007 relative à des pratiques mises en œuvre par le laboratoire GlaxoSmithKline réformé par CA Paris, 8 avril 2008 mais sur d'autres aspects que la définition du marché).

Cependant, l'autorité de concurrence peut procéder à des « retraitements » des marchés en retirant ou ajoutant certains médicaments, voire en tenant compte d'autres critères tels que les différents modes d'actions. Dans les cas extrêmes, l'Autorité de concurrence peut même considérer qu'un marché pertinent se limite à un seul médicament.

Qu'en est-il cependant en matière de distribution de produits aux grossistes ? On peut se demander si le marché de la distribution dans un État membre ne devrait pas, dans son ensemble, être considéré comme le marché pertinent. En effet, les systèmes de contingentement mis en place par les laboratoires s'appliquent à l'ensemble de leurs produits. Dans le présent arrêt, la Cour de justice n'avait pas à se prononcer sur la question. Toutefois, quelques décisions récentes paraissent aller dans le sens de cette dernière solution.

Un marché global de l'approvisionnement en médicaments ?

Dans sa décision précitée rendant obligatoire les engagements de divers laboratoires, le Conseil de la concurrence a retenu un marché qui se définit comme celui « de l'approvisionnement des grossistes-répartiteurs pour l'ensemble de la gamme de médicaments de chaque laboratoire commercialisés auprès des usagers *via* le circuit officinal » (point 46). De même, le Tribunal de première instance, dans sa décision précitée sur les systèmes de double prix mis en place par GSK en Espagne, a considéré avec la Commission qu'il « n'apparaît pas manifestement erroné de considérer que l'acheteur, c'est-à-dire le grossiste espagnol susceptible de se livrer au commerce parallèle, est moins intéressé, à cette fin, par l'indication thérapeutique et par les propriétés pharmacologiques de chacun des médicaments qu'il achète à [GSK] que par le fait que tous ces médicaments sont pris en charge par le système espagnol d'Assurance maladie, en conséquence de quoi leur prix est fixé par l'administration espagnole. De même, il n'apparaît pas manifestement erroné d'estimer que cet acheteur est moins intéressé par le prix de chacun de ces médicaments en tant que tel que par le fait qu'un différentiel de prix suffisant pour rendre le commerce parallèle lucratif existe, pour tous ces médicaments, entre l'Espagne et l'État membre de destination. Dans ces conditions, il n'est pas manifestement erroné de retenir que l'ensemble des médicaments pris en charge par le système espagnol d'Assurance maladie, dont la revente dégage un profit en raison du différentiel de prix existant entre l'Espagne et l'État membre de destination, constitue un marché de produits » (point 159).

Si cette analyse se vérifiait, il est certain qu'elle viderait largement de sa substance l'impact du présent arrêt. En effet, il serait bien plus difficile pour une Autorité de concurrence d'établir l'existence d'une position dominante sur un tel marché élargi.

Or, sans position dominante, il n'est point d'abus...

A. Wachsmann, N. Zacharie
Concurrences N° 4-2008, Art. N° 22219, p. 84

CJCE, gde ch., 16 juill. 2009, Der Grüne Punkt, C-385/07 P

La Cour de justice des Communautés européennes confirme l'arrêt du Tribunal de première instance des Communautés européennes et juge qu'il n'a jamais été demandé à un opérateur d'accorder obligatoirement une licence sur sa marque, mais seulement de ne pas facturer des services non rendus.

La Cour a rendu cet été son arrêt sur pourvoi dans l'affaire *Grüne Punkt*. L'entreprise allemande DSD, qui exploite la marque Grüne Punkt est l'acteur principal, au plan national, du marché allemand de recyclage de déchets. Cette activité est née d'un décret sur les emballages, qui fait obligation aux fabricants et aux distributeurs de recycler certains emballages. Ceux-ci peuvent s'acquitter de cette obligation soit individuellement, soit en adhérant à un système collectif de collecte et de valorisation des déchets. DSD exploite un tel système collectif sur tout le territoire national allemand.

Les relations entre DSD et les adhérents à ce système reposent sur un contrat d'utilisation du logo « Der Grüne Punkt » (DGP). Les entreprises utilisatrices apposent ce logo sur les emballages qu'elles produisent et versent à DSD une redevance proportionnelle au nombre de ces emballages commercialisés sur le territoire allemand (pt 12). C'est précisément ce mode de tarification qui avait conduit la Commission à constater un abus. En effet, le fait que le montant de la redevance due par chaque fabricant soit proportionnel au nombre d'emballages et soit indépendant de l'utilisation effective des services de recyclage de DSD avait pour effet, d'une part, de faire payer aux fabricants liés à DSD des services qu'ils n'utilisaient pas nécessairement, et d'autre part, de les dissuader de mettre en place leur propre système de recyclage ou de s'affilier à d'autres systèmes collectifs que celui de DSD dans les länder où de tels systèmes existaient. La Commission avait donc considéré, approuvée en cela par le Tribunal, que la tarification retenue était constitutive d'un abus exploitation interdit par l'article 82 CE sous a) (prix inéquitables) et créait, d'autre part, un effet d'éviction (pts 30-32).

La Commission avait enjoint à DSD de ne plus faire payer aux fabricants ses services de recyclage sur la quantité totale d'emballages mis en circulation en Allemagne lorsqu'ils rapportaient la preuve que, pour une partie au moins de ces emballages, ils n'y avaient pas eu de recours. Dans son arrêt, le Tribunal avait précisé que cette obligation imposée à DSD de proportionner les redevances perçues à la quantité d'emballages réellement traités dans son système ne préjugeait pas de la possibilité pour elle de demander une rémunération pour l'apposition du logo DGP sur tous les emballages, qu'ils soient traités dans le système DSD ou dans un autre (TPICE, 24 mai 2007, Duales System Deutschland c/ Commission, T 151/01, Rec. p. II-1607, obs. C. Prieto, *Concurrences*, N° 3-2007). Bien entendu, cette redevance ne pouvait être aussi élevée que la redevance destinée à couvrir le coût des services, mais le Tribunal avait jugé qu'il n'était pas exclu que la licence de la marque DGP ait en tant que telle une valeur économique et puisse faire l'objet de la perception d'une redevance même dans le cas où les emballages portant le logo DGP ont été recyclés dans un autre système (pt 196 de l'arrêt du Tribunal).

Dans son pourvoi, DSD prenait appui sur ce point qui lui était favorable pour faire valoir que le Tribunal aurait méconnu l'article 82 CE en lui imposant d'accorder des licences de la marque DGP. La Cour rejette ce moyen, qui était le seul relatif à l'application de l'article 82. Comme le soulignait une des parties intervenantes, l'argument de DSD procédait non seulement d'une lecture erronée de l'arrêt du Tribunal mais aussi d'une perception erronée du litige. DSD avait voulu, lorsqu'elle avait proposé des engagements, restreindre l'utilisation de son logo aux emballages recyclés dans son système. Cette proposition avait été jugée impraticable, non seulement en raison des coûts qu'auraient imposé l'apposition sélective du logo sur certains emballages seulement, mais aussi en raison de l'impossibilité de connaître au moment de l'emballage le mode de retraitement qui serait choisi. Il semble que DSD ait continué à raisonner dans les termes de sa proposition d'engagements, sans accepter la solution qui avait été choisie, à savoir l'apposition du logo DGP par les entreprises utilisatrices sur tous leurs emballages, sans préjudice de la possibilité pour elles d'apposer conjointement sur ces mêmes emballages des signes indiquant que les emballages pouvaient également être confiés à d'autres systèmes. Dans ce schéma, l'utilisation effective des services de recyclage proposés par DSD et par ses concurrents devait faire l'objet d'un comptage au moment du recyclage et non de l'emballage des produits. C'est précisément dans le cadre de cette solution opérant une disjonction entre l'utilisation du logo et l'utilisation des services de recyclage que la remarque du Tribunal sur la valeur de la licence de marque prenait tout son sens.

C'est donc sans surprise que la Cour confirme l'arrêt du Tribunal sur ce point. Elle rappelle que la Commission « ne comporte aucune mesure affectant le libre choix de DSD quant aux personnes avec lesquelles elle conclut un contrat d'utilisation du logo [...] mais oblige seulement DSD à ne pas réclamer à ses cocontractants le paiement de services de reprise et de valorisation qu'elle n'a pas rendus ». Aussi DSD n'a, en aucune manière, été condamnée à accorder des licences forcées, mais seulement à ne pas confondre l'utilisation du signe distinctif de sa marque et l'utilisation des services qu'elle offre.

Si l'arrêt n'apporte rien de substantiel à l'interprétation de l'article 82, on retiendra néanmoins qu'il confirme définitivement la condamnation d'un abus-exploitation, ce qui est suffisamment rare pour être relevé.

A.-L. Sibony

Concurrences N° 4-2009, Art. N° 29257, p. 105

Voir aussi

A. Maitrepierre, Délai de jugement : La CJCE retient le caractère excessif du délai de jugement devant le TPICE mais n'annule pas l'arrêt attaqué (Der Grüne Punkt), 16 juillet 2009, Concurrences N° 4-2009, Art. N° 29291, pp. 172-173.

Voir aussi, sur les origines de l'affaire

TPICE, 24 mai 2007, Der Grüne Punkt – Duales System Deutschland, T-151/01

C. Prieto, Redevances disproportionnées : Le TPICE considère que constitue à la fois un abus d'exploitation et un abus d'éviction le fait d'exiger de ses clients une redevance pour la totalité des emballages commercialisés avec logo, nonobstant la preuve de services fournis partiellement par un tiers (Grüne Punkt), 24 mai 2007, Concurrences N° 3-2007, Art. N° 13870, pp. 94-95.

CJUE, 14 sept. 2017, Autortiesiebu, C-177/16

La Cour de justice de l'Union européenne statue sur un renvoi préjudiciel relatif à la notion de prix excessif.

L'arrêt de la Cour de justice du 14 septembre 2017 prononcé dans le cadre de l'affaire *Autortiesību un komunicēšanās konsultāciju aģentūra/Latvijas Autoru apvienība* (agence lettone de gestion des droits d'auteurs) contre *Konkurences padome* (Conseil de la concurrence de Lettonie) est particulièrement intéressant en ce qu'il permet de préciser l'appréciation par les instances européennes d'une notion mal aimée, celle des abus-exploitation. En effet, si cette notion était d'importance dans la réflexion ordolibérale et si elle occupait une place *a priori* déterminante dans la construction de l'actuel article 102, sa place dans la pratique décisionnelle fut inversement proportionnelle à son influence initiale. La faute en incombe sans doute à la difficulté à disposer de tests économiques permettant de caractériser de façon sûre un prix comme excessif. En l'absence de prix de référence et en tenant compte de la difficulté d'évaluer les coûts, voire de définir ce qu'est un écart raisonnable entre un prix et un coût, l'économiste peut craindre d'être exposé au risque de faux positifs, i.e. de qualifier comme abusive une pratique de prix qui correspond à un comportement normal de marché.

Il est tout d'abord difficile d'établir un contrefactuel ou de comparer les prix avec d'autres acteurs ou marchés. Le différentiel entre les prix et les coûts peut ensuite être difficile à apprécier et à qualifier. En effet, une déconnexion entre les prix et les coûts peut être légitime en ce qu'elle récompense la prise de risques passée et permet d'amortir les investissements. En phase d'investissement, une entreprise peut choisir de ne pas répercuter l'ensemble de ses coûts dans ses prix de court terme de façon à ne pas peser excessivement sur la demande qui s'adresse à elle (Laffont J-J and Tirole J. (2000), Competition in Telecommunications, Cambridge Mass., MIT Press). Une fois l'investissement réalisé, elle doit récupérer les capitaux investis. C'est dans cette logique que le droit antitrust américain ne sanctionne pas l'exploitation même d'une position de monopole. Une firme dominante peut pratiquer des prix de monopole tant sa position dominante n'est pas acquise, maintenue ou étendue (à d'autres marchés) sur une autre base que celle des mérites. La possibilité de pratiquer des prix au-dessus des niveaux théoriques de la concurrence parfaite est à la fois une incitation *ex ante* à investir pour acquérir une position dominante et la meilleure garantie de produire les incitations *ex post* pour les autres opérateurs pour supplanter l'entreprise en cause. La possibilité d'une déconnexion des prix aux coûts serait donc une condition nécessaire au bon fonctionnement du processus de concurrence.

Cependant, deux questions restent posées. La première est celle du traitement du transfert de bien-être qui en découle entre consommateurs et producteurs. La seconde est celle de la capacité même des incitations de marché à remédier spontanément à la situation. Si les conditions sont nécessaires à la contestabilité du marché (absence de barrière à l'entrée notamment), cette hypothèse pourrait être remise en cause.

L'arrêt de la Cour de justice est particulièrement intéressant à ce titre. En effet, au-delà de la réponse aux questions qui ont fait l'objet du renvoi préjudiciel, il vient conforter les conclusions rendues par l'Avocat général Nils Wahl, le 6 avril dernier.

Après avoir présenté succinctement l'affaire, nous analyserons plus en détail le traitement que propose d'appliquer la Cour à la notion de prix non équitables.

Le renvoi préjudiciel

AKKA/LAA (*Autortiesību un komunicēšanās konsultāciju aģentūra/Latvijas Autoru apvienība*) est l'entité de gestion collective des droits d'auteurs qui opère sous le régime de droits exclusifs en Lettonie. Les espaces publics diffusant des œuvres musicales (dont les centres commerciaux) doivent lui verser des redevances au titre de l'utilisation de licences. L'AKKA/LAA avait déjà été sanctionnée par le Conseil de la concurrence letton le 1er décembre 2008 pour abus d'exploitation sous la forme de prix excessifs. Une nouvelle procédure a cependant été ouverte en mai 2012 pour ses pratiques de prix telles que définies en 2011. Comparant les prix aux deux autres républiques baltes, le Conseil de la concurrence letton conclut à un différentiel allant d'un rapport d'un à trois. Par rapport à la moyenne de l'UE, les redevances exigées par l'organisme letton sont supérieures de 50 à 100 %. Seul son homologue roumain exige des redevances supérieures. Concluant à un abus de position dominante, le Conseil de la concurrence infligea, par une décision du 2 avril 2013, une sanction de 32 000 euros, basée sur le chiffre d'affaires réalisé.

Cette décision fut partiellement annulée par un jugement du 9 février 2015 de la Cour administrative d'appel compétente. Si celle-ci reconnut l'abus d'exploitation, elle considérait que le Conseil de la concurrence n'avait pas apporté la preuve d'un niveau excessif des redevances par rapport aux pratiques observées en Estonie et en Lituanie et que le calcul de l'amende basé sur le chiffre d'affaires brut (et non net) des versements aux titulaires de droits d'auteurs avait été réalisé sur des bases indues. Le Conseil de la concurrence letton engagea un pourvoi en cassation devant la Cour suprême. Celle-ci fut à l'origine du renvoi préjudiciel qui donne lieu à l'arrêt que nous nous proposons de commenter.

La position de la Cour quant aux prix excessifs

La Cour répond successivement aux questions préjudicielles posées par la Cour suprême lettone.

Une première question porte sur l'applicabilité de l'article 102 du traité au cas d'espèce. Il s'agit en d'autres termes de savoir si les pratiques de l'organisme de gestion collective des droits d'auteurs pouvaient, en substance, affecter le commerce entre les États membres. Même si l'activité ne concerne qu'un seul État, il est de jurisprudence constante que ces pratiques peuvent être sanctionnées dans la mesure où ce dernier gère également les intérêts de titulaires de droits étrangers et que ces pratiques peuvent avoir pour effet de cloisonner les différents marchés nationaux (voir par exemple les arrêts Tournier du 13 juillet 1989, aff. 395/87 et MOTOE du 1er juillet 2008, aff. C-49/07).

Les trois questions préjudicielles suivantes nous amènent au cœur du sujet : comment caractériser des prix non équitables ? Peut-on les comparer aux niveaux de prix relevés dans d'autres États membres, doit-on prendre en compte un prix moyen ou une segmentation des différentes utilisations et peut-on enfin utiliser une correction à partir des parités de pouvoir d'achat (ci-après PPA) ?

Un premier critère peut tenir à un écart déraisonnable entre le prix et la valeur économique du bien fourni (arrêt *Kanal 5 et TV4* du 11 décembre 2008, aff. C-52/07). Un deuxième critère qui se dégage de la pratique décisionnelle porte sur les rapports entre les coûts et les prix, comme cela était par exemple le cas dans l'arrêt *United Brands* du 14 février 1978 (United Brands et United Brands Continentaal c/ Commission, aff. 27/76).

Les conclusions de l'Avocat général Wahl sont alors particulièrement intéressantes à considérer. Ce dernier insistait tout d'abord sur la difficulté spécifique d'évaluer le caractère excessif d'un prix en regard des coûts. Tout d'abord, l'appréciation des coûts peut être impossible pour les activités immatérielles. Les cas des redevances d'accès à des actifs essentiels intangibles témoignent de ces difficultés. Ensuite, l'évaluation des coûts (et de la profitabilité) à partir des documents comptables se heurte à la nature conventionnelle des règles et aux possibilités d'interprétations et d'arbitrages dont disposent les entreprises dans l'établissement de leurs états financiers (Wahl N., Exploitative high prices and European competition law – a personal reflection, in The Pros and Cons of High Prices, Konkurrensverket – Swedish Competition Authority, 2007, pp.47-64.). Enfin, se pose la question du degré d'homogénéité des concurrents, des marchés ou des périodes sur lesquelles pourraient porter de possibles comparaisons.

Il convient donc de démontrer qu'une entreprise dominante pratique des prix sensiblement supérieurs à ceux observés dans d'autres États membres, sélectionnés en regard de leur comparabilité, pour disposer d'un indice d'abus d'exploitation. Les critères utilisés pour définir cette comparabilité doivent répondre à des exigences d'objectivité et de vérifiabilité. Ils doivent également être appropriés au cas d'espèce. La comparabilité peut être définie à partir d'un faisceau de critères tels que les niveaux de PIB par habitant, le contexte culturel, des habitudes de consommation, etc. L'utilisation de la PPA permet de surcroît de corriger de possibles biais dans l'évaluation, elle est donc validée par la Cour. De la même façon, celle-ci admet que l'évaluation puisse porter sur différents segments (centres commerciaux en fonction de la superficie en l'espèce), si cela permet de caractériser les pratiques.

Cependant, comme le soulignait l'Avocat général Wahl dans ses conclusions du 6 avril 2017, eu égard au contexte d'information imparfaite (i.e. incomplète et asymétrique) dans lequel l'autorité apprécie l'écart entre les prix et les coûts, il est nécessaire de laisser à l'entreprise concernée la possibilité de justifier ces derniers. Une différence avec les produits sélectionnés à des fins de comparaison pourrait, par exemple, procéder de différences en termes de qualité ou de coûts de commercialisation plus élevés. Il est en outre nécessaire de caractériser la significativité et la persistance des pratiques dans le temps. Le caractère sensible des écarts doit également être apprécié en regard de tous les éléments du cas. De la même façon, la déconnexion doit être envisagée sous l'angle de sa durée. Un décalage transitoire ou épisodique entre les prix et les coûts peut difficilement participer d'une stratégie d'abus.

Comme nous l'avions noté en introduction, une décision concurrentielle basée sur la notion de prix excessif fait courir le risque de faux négatif. L'Avocat général Wahl insistait particulièrement sur les difficultés qui pouvaient en découler pour l'autorité en termes d'insécurité juridique et en termes de risque de voir le juge de la concurrence se muer en régulateur des prix. Les différentes préconisations quant aux modes de comparaison, aux possibilités de justification des écarts ou encore de caractérisation de la significativité et de la persistance des écarts participent d'une logique de limitation de tels risques et font écho à la parcimonie observée en matière de recours à la notion d'abus d'exploitation dans la pratique décisionnelle européenne.

Un dernier point relatif au rapport des prix aux coûts est à prendre en considération. Dans ses conclusions l'Avocat général Wahl insistait sur sa conviction selon laquelle des prix excessifs ne pouvaient exister de façon significative et transitoire que dans des marchés pour lesquels l'aiguillon concurrentiel ne pouvait jouer son rôle.

En d'autres termes, l'abus d'exploitation ne pourrait survenir que sur des marchés non contestables. Deux types de marchés pourraient correspondre à une telle situation. Cela pourrait être des marchés dans lesquels un opérateur jouirait d'une position dominante irréversible comme le risque a pu, par exemple, être relevé pour certains marchés numériques où des effets de réseaux positifs ou encore le contrôle de données et de certains algorithmes seraient susceptibles de pérenniser les pouvoirs de marché, tant qu'une innovation de rupture ne viendrait pas rebattre les cartes. L'Avocat général Wahl vise plutôt une autre configuration : celle où les forces de marché ne peuvent jouer le rôle du fait de droits exclusifs ou celle où les niveaux de prix s'expliquent par des décisions de régulation sectorielle.

En l'espèce, l'abus éventuel s'appuie sur l'existence de droits exclusifs et il n'est pas acquis que le niveau des prix s'explique par des coûts de gestion excessifs liés en partie à l'absence d'incitations concurrentielles à la réalisation de gains de productivité.

La position de la Cour quant à la détermination du quantum de la sanction

Une dernière question est à considérer. La sanction concurrentielle doit-elle porter sur le chiffre d'affaires total de l'organisme de gestion des droits ou sur ses recettes nettes des reversements aux titulaires des droits ? La réponse de la Cour de justice est tout à fait conforme aux attentes. Le quantum d'une sanction pécuniaire en matière de concurrence doit-être assis sur le montant des ventes (arrêt Pilkington Group e. a. c/ Commission, 7 septembre 2016, aff. C-101/15P). Prendre l'ensemble du chiffre d'affaires revient à considérer que l'organisme de gestion collective et les titulaires de droit forment une même unité économique. Ce qui correspond à l'analyse de la Cour, appuyée par l'Avocat général Wahl. Ce dernier considère à juste escient que la rémunération versée aux auteurs peut s'analyser comme un coût pour la société collective de gestion des droits. Notons que si ce dernier est possiblement élevé et si la société fait face à des coûts de gestion importants, cela ne revient qu'à une situation somme toute fréquente en matière concurrentielle. Alors que dans la théorie de la sanction optimale, l'amende doit être reliée au surprofit induit par la violation de la règle, la difficulté d'apprécier le surcroît de profitabilité lié à une infraction concurrentielle (Edwards J., Kay J. and Mayer C., The Economics Analysis of Accounting Profitability, Clarendon Press, 1987 ; Bork R. H. and Sidak J. G., , The Misuse of Profit Margins to Infer Market Power, *Journal of Competition Law & Economics*, 2013, volume 9, issue 3, pp. 511-530) conduit à se baser plus raisonnablement sur une assiette en termes de chiffre d'affaires (la valeur des ventes). Il est clair que ce choix n'affecte pas de la même façon les opérateurs avec un fort chiffre d'affaires et de faibles marges, et ceux dont l'activité se caractérise par une très forte profitabilité.

Celle-ci souligne de surcroît que si l'amende concurrentielle doit être proportionnée, elle doit être également dissuasive… ce qui est à considérer dans le cas d'espèce en regard de la réitération possible des pratiques par rapport à la première décision prononcée par le Conseil de la concurrence letton en 2008.

Au final, la question préjudicielle posée par la Cour suprême lettone permet d'éclairer quelques points essentiels de la mise en œuvre du droit de la concurrence de l'UE. Elle ne conduit cependant pas à un grand optimisme quant à une revigoration de la notion d'abus d'exploitation. L'absence de critères sûrs permettant de les caractériser pérennise les réticences quant à l'activation de cette ressource à disposition du juge de la concurrence. L'héritage de Franck Easterbrook sur le coût des erreurs en matière d'antitrust est encore dominant (Easterbrook F.H., Limits of Antitrust, *Texas Law Review*, 1984, volume 63, number 1, August, pp. 1-40). Le problème de la prise en considération des transferts de bien-être entre agents économique liés à l'exercice d'un pouvoir de marché reste donc en suspens. Cependant, les questions reliées à la capacité des algorithmes des plateformes numériques à personnaliser les prix et à extraire tout ou partie du surplus du consommateur pourraient relancer les débats quant aux possibilités et à la nécessité de prendre en compte cette forme spécifique d'abus de position dominante. Il n'est pas dit qu'une approche basée sur le bien-être du consommateur puisse réellement faire l'impasse sur des questions de répartition du bien-être.

F. Marty

Concurrences N° 4-2017, Art. N° 84986, p. 97

Voir aussi, sur les conclusions de l'Avocat général

A.-L. Sibony, Prix abusivement élevés : L'Avocat général N. Wahl propose à la Cour de justice de l'Union européenne de considérer que seuls les prix qui sont situés de manière significative et persistante au-dessus du prix de référence peuvent être abusifs (Biedrība / Konkurences padome), 6 avril 2017, Concurrences N° 3-2017, Art. N° 84483, p. 80.

CJUE, 19 avr. 2018, MEO, C-525/16

La Cour de justice de l'Union européenne confirme, dans le cadre d'une question préjudicielle, la mise en œuvre d'une approche par les effets en matière de traitement des cas de discrimination tarifaire.

La Cour de justice, dans le cadre d'un arrêt sur renvoi préjudiciel, consolide encore l'approche par les effets en matière de mise en œuvre de l'article 102 du traité et précise dans le même temps que la mise en œuvre d'une discrimination tarifaire par un opérateur dominant ne saurait être tenue comme anticoncurrentielle en elle-même.

Suivant les conclusions de l'Avocat général Nils Wahl (conclusions du 20 décembre 2017, EU:C:2017:1020), la Cour de justice précise encore les contours de l'approche par les effets en matière d'application de l'article 102. GDA (*Cooperativa de Gestão dos Direitos dos Artisas Intérpretes ou Executantes CRL*), l'organisme de gestion des droits des artistes interprètes, a appliqué des tarifs différenciés entre différentes entreprises de télévision. L'une d'entre-elles, MEO (*Serviços de Comunicações e Multimédia S.A., issue de PT Comunicações SA*) s'estimait victime d'un abus d'éviction au vu des conditions plus favorables faites à ses deux concurrentes entre 2010 et 2013.

Sa saisine de l'Autorité de concurrence portugaise en juin 2014 fut classée sans suite faute d'éléments probants, le 3 mars 2016. Pour le juge de la concurrence portugais, après l'échec des négociations bilatérales entre GDA et MEO, les tarifs avaient été régulièrement fixés par une décision arbitrale en date du 10 avril 2012, et la différenciation appliquée par GDA entre les trois opérateurs de services de télévision n'avaient pas eu d'effet restrictif sur la position concurrentielle de MEO en regard de sa structure de coûts et de la rentabilité de ses offres. Pour l'Autorité de concurrence lusitanienne, une discrimination mise en œuvre par un opérateur dominant entre ses partenaires aval ne génère pas *ipso facto* un abus de position dominante.

MEO a introduit un recours contre cette décision auprès de la juridiction d'appel compétente, le *Tribunal da concorrência, regulação e supervisão.* Celui-ci a décidé de surseoir et de saisir la Cour de justice. Ce renvoi préjudiciel va nous permettre d'analyser une nouvelle déclinaison de l'approche par les effets en matière d'application de l'article 102 du traité. Les questions préjudicielles tenaient notamment à la nécessité de l'appréciation des effets de la discrimination pour caractériser une violation de l'article 102 du traité et à la possibilité de prendre en considération une éventuelle règle de minimis, en l'espèce un seuil de pertinence tenant à l'ampleur du désavantage induit par rapport aux coûts moyens des entreprises opérant sur le marché affecté par la discrimination.

La position de la Cour de justice épouse les conclusions présentées par l'Avocat général. Si une discrimination opérée par un fournisseur dominant sur un marché amont (i.e. des conditions inégales entre partenaires commerciaux pour des prestations équivalentes sans que les coûts soient différents) crée un désavantage pour une entreprise en concurrence sur un marché aval, elle peut tomber sous le coup de l'article 102, même si les deux marchés sont différents (arrêt du 15 mars 2007, British Airways, aff. C-95/04 P, EU:C:2007:166, § 143). Cependant, cette discrimination doit effectivement fausser la concurrence sur le marché aval. La seule existence d'une différence de traitement des partenaires commerciaux ne suffit pas pour caractériser un abus. Il est donc nécessaire « d'effectuer un examen de l'ensemble des circonstances pertinentes afin de déterminer si une discrimination de prix produit ou est une susceptible de produire un désavantage concurrentiel » (§ 28).

Pour autant, il n'est pas nécessaire de fixer un seuil de sensibilité pour pouvoir qualifier une éventuelle pratique d'exploitation d'abus de position dominante. L'Autorité de concurrence doit apprécier les effets concrets de la pratique en tenant compte de son ampleur, de sa durée, de l'existence éventuelle d'une stratégie d'éviction d'un opérateur d'un segment aval, mais aussi sur les pouvoirs de négociation des différents partenaires commerciaux. Il s'agit en d'autres termes de prendre en considération le pouvoir « compensateur » des partenaires commerciaux pour apprécier les effets potentiels des pratiques. Dans le cas d'espèce, ce contre-pouvoir existait. Qui plus est, le tarif appliqué était celui qui résultait de la décision arbitrale. Le différentiel de traitement qu'il induisait par rapport aux concurrents horizontaux du plaignant ne représentait qu'une faible part de ses coûts totaux et n'apparaissait pas de ce fait comme susceptible d'affecter sa position concurrentielle.

Non seulement la prise en considération des effets potentiels de la pratique conduit à écarter la qualification d'abus de position dominante, mais la Cour intègre un second argument propre à l'approche plus économique et archétypal de la Seconde École de Chicago, celui de la prise en compte des incitations de l'opérateur dominant à mettre en œuvre un tel abus. La loi du profit unique est en effet mise en avant (pour une discussion de la notion voir Elhauge E., (2009), « Tying, Bundled Discounts, and the Death of the Single Monopoly Profit Theorem », *Harvard Law Review*, volume 123, n° 2, pp. 397-481). En effet, dans une chaîne verticale, il existe qu'une seule et unique rente de monopole à extraire. En d'autres termes, un opérateur monopolistique amont a la capacité d'extraire la totalité du surplus produite par la filière. Cela a deux conséquences. La première est qu'il n'a aucun intérêt rationnel à s'intégrer verticalement. La seconde est qu'il a plus intérêt à préserver une concurrence en aval que de renforcer la concentration de ce marché en évinçant l'un de ses opérateurs. En effet rien de pire, au point de vue théorique, pour un monopoleur amont que de voir apparaître un monopoleur aval. Il s'agit du phénomène de double marginalisation qui a pour effet de réduire le surplus qu'il peut extraire de sa position dominante amont. En d'autres termes, un opérateur dominant amont à intérêt à préserver une configuration concurrentielle en aval. Toute autre stratégie serait irrationnelle. Il est possible de s'interroger sur la validité de cette hypothèse au vu du fonctionnement effectif de certaines filières. Cependant, le point le plus important est de relever la prégnance de l'approche à la Chicago la plus classique qui soit dans le raisonnement de la Cour de justice.

Un second point participant de la même logique doit être relevé. Le fait qu'il n'est pas tenu pour abusif en soi que l'opérateur dominant applique des conditions discriminatoires entre ses clients. L'abus de position dominante tient à la caractérisation, au regard de l'ensemble des circonstances pertinentes du cas, d'une distorsion effective ou potentielle de la concurrence sur le marché aval. Peut-on aller jusqu'à considérer que le fait que le monopoleur soit en mesure de profiter de sa position pour imposer des prix qu'il ne pourrait pratiquer en l'absence de dominance n'est pas anticoncurrentiel ? La capacité d'extraire un surplus du fait de sa dominance n'est-elle pas à la source de la notion d'abus d'exploitation ?

À nouveau, un parallèle avec l'approche de l'École de Chicago pourrait être fait. Pour celle-ci, une entreprise dominante peut légitimement extraire la rente associée à sa position de marché. Ce qui est sanctionné dans ce cadre, c'est l'exploitation de la position de marché en vue de la pérenniser ou de l'étendre à d'autres segments sur une autre base que celles des mérites (Carlton D. et Heyer K, (2008), « Assessing Single-Firm Conduct », *Competition Policy International*, volume 4, n° 2, pp. 285-305). Cette vision est celle d'un droit des pratiques anticoncurrentielles basé sur un seul et unique critère : celui de l'efficacité. Il trouve sa source dans les travaux de Robert Bork en 1966 (Bork R. H., (1966), "Legislative Intent and the Policy of the Sherman Act", *Journal of Law and Economics*, 9, pp. 7-48). La répartition du surplus lié aux transactions n'est pas prise en compte dans l'analyse. Cela peut appeler plusieurs remarques. Tout d'abord, d'un point de vue historique, et particulièrement aux États-Unis, les règles de concurrence ont été introduites pour faire face aux phénomènes de concentration du pouvoir économique et aux transferts indus de surplus entre les agents économiques (Lande R. H., (1982), « Wealth Transfers as the Original and Primary Concern of Antitrust: The Efficiency Interpretation Challenged », *Hastings Law Journal*, volume 34, pp. 65-151). Le caractère indu de ces transferts s'apprécie au travers de conditions tarifaires différentes par rapport à celles qui prévaudraient dans le cadre d'une formation concurrentielle des prix. Notons que la question n'est pas spécifique au droit antitrust américain. La notion de concurrence complète, forgée par les ordo-libéraux allemands, suppose également qu'il soit requis d'un opérateur dominant qu'il fixe ses prix comme si une situation de concurrence prévalait (Fève R., (2017), « Le marché sans pouvoir : au cœur du discours ordolibéral », *Revue d'économie politique*, 2017/1, volume 127, pp. 119-151).

La position défendue par la Cour de justice correspond donc parfaitement à l'approche par les effets et donc à une application des règles de concurrence exclusivement basée sur le critère de l'efficacité économique. À ce titre, on ne saurait lui faire grief d'un manque de cohérence. Depuis plusieurs mois, arrêt après arrêt, l'approche plus économique est confortée. Loin d'être un bastion d'une approche formaliste, indifférente aux évaluations économiques des pratiques, la Cour de justice consolide désormais systématiquement les principes proposés dès 2005 par le groupe d'experts économiques constitué par la Commission pour repenser l'application de l'article 102 EAGCP, (2005), An Economic Approach to Article 82, July, Brussels, 53 p). Il est cependant possible d'interroger la cohérence de la dynamique dans laquelle s'inscrit la Cour avec la politique qu'a pu défendre la DG Concurrence ces dernières années. Si des pratiques de discrimination mises en œuvre par un opérateur dominant ne posent pas de problèmes concurrentiels en elles-mêmes, comment apprécier la question de la fairness ? De la même façon, comment mettre en cohérence l'approche susmentionnée avec les réflexions développées par la Commission sur les relations P2B (platform to business) et les relations de dépendance qui peuvent en découler ? L'étude d'impact préliminaire « Fairness in platform-to-business » relations (publiée le 25 octobre 2017 5Ares(2017)5222469) illustre cette dimension.

Enfin, cet arrêt permet de s'interroger sur la place que peuvent réellement occuper dans les règles de concurrence, dans le cadre d'une approche plus économique, des préoccupations tenant à l'équité, à la distribution du surplus entre agents économiques ou encore au contrôle de l'exercice des pouvoirs économiques privés.

F. Marty

Concurrences N° 3-2018, Art. N° 87581, p. 94

3.2.2 Jurisprudence française

Prix excessifs

CA Paris, 14 nov. 2019, Sanicorse, RG n° 18/23992

La Cour d'appel de Paris annule une décision de l'Autorité de la concurrence qui sanctionnait une entreprise pour avoir mis en œuvre une pratique de prix excessif.

Par un arrêt du 14 novembre 2019, la Cour d'appel de Paris (la « Cour d'appel ») a annulé la décision de l'Autorité de la concurrence (« l'Autorité ») rendue le 20 septembre 2018 qui avait sanctionné la société Sanicorse, solidairement avec sa société-mère, la SAS Groupe Cesarini, pour un abus de position dominante prenant la forme de prix excessifs (Aut. Conc., décision n° 18-D-17 du 20 septembre 2018 relative à des pratiques mise en œuvre dans le secteur de l'élimination des déchets d'activités de soins à risques infectieux en Corse, comm. A. Wachsmann, *Concurrences* N° 1-2019, p. 91).

Sanicorse est une société active dans le secteur du traitement des déchets d'activités de soins à risques infectieux ("DASRI") des hôpitaux. Les DASRI font l'objet d'une réglementation particulière puisque le Code de la santé publique impose aux établissements de soins de les traiter et de les éliminer dans des délais contraints, soit par eux-mêmes, soit par l'intermédiaire d'un tiers.

En l'espèce, l'Autorité avait sanctionné Sanicorse pour avoir, entre 2011 et 2015, majoré ses tarifs auprès de plusieurs établissements de soins en Corse dans des proportions excessives (souvent au-delà de 100 %, voire jusqu'à 380 % pour le Centre hospitalier de Castelluccio). Dans tous les cas, l'Autorité avait constaté que les tarifs n'étaient jamais revenus à un niveau comparable à celui observé avant 2011.

L'Autorité avait en outre relevé que Sanicorse avait accompagné ses augmentations de prix de menaces de résilier ses contrats ou en s'abstenant de soumissionner aux appels d'offres des établissements de soins, forçant ces derniers, en l'absence d'autres opérateurs actifs en Corse, de contracter avec Sanicorse hors marché et à ses conditions.

Il est intéressant d'observer que l'Autorité avait considéré que l'abus était non seulement d'exploitation mais également d'exclusion, puisque ces mesures d'augmentation des tarifs avaient eu, selon elle, pour objectif de dissuader les établissements de soins d'envisager toute solution alternative.

Marché pertinent et position dominante de Sanicorse

Le marché pertinent avait été rapidement identifié par l'Autorité : il s'agissait du marché de l'élimination des DASRI comprenant tant les prestations d'incinération que les prestations d'inertage, ce qui n'était pas contesté par Sanicorse.

En revanche, Sanicorse critiquait devant la Cour d'appel la dimension géographique de ce marché retenue par l'Autorité, à savoir le territoire de la Corse, estimant que les déchets pouvaient être traités sur le continent après un transport par bateau. Toutefois, un tel raisonnement semblait se heurter à une réalité économique : la Cour d'appel a retenu que, même si cela était théoriquement possible, un tel transport aurait en pratique rendu le service bien trop cher par rapport aux services rendus en Corse par Sanicorse, et par conséquent non compétitif.

Sur ce marché ainsi défini, seule Sanicorse était présente. Elle bénéficiait en conséquence d'un monopole de fait (pts 14, 76 et 78).

Sur l'abus d'exclusion

La Cour d'appel écarte, en premier lieu, l'hypothèse d'un abus d'exclusion, considérant que la preuve n'a pas été rapportée à suffisance de droit que l'augmentation des tarifs avait pour objet ou pour effet, réel ou potentiel, de dissuader ou d'évincer d'éventuels concurrents, en l'espèce certains établissements de santé qui avaient la volonté de développer leurs propres services de traitement des DASRI (pt 36).

S'agissant d'une volonté d'exclusion par objet, la Cour d'appel observe que Sanicorse n'a jamais reconnu avoir recherché une telle exclusion. Elle aurait simplement voulu, devant cette menace que les établissements de santé développent leurs propres services, rentabiliser plus rapidement ses investissements. De même, aucun établissement de soins n'a indiqué avoir renoncé à un projet alternatif d'élimination des déchets en vue de faire diminuer les tarifs de Sanicorse (pt 36).

S'agissant ensuite d'un éventuel effet d'exclusion, la Cour d'appel observe qu'une augmentation des tarifs devrait, au contraire, inciter les établissements de soins à développer d'autres solutions, de sorte qu'aucun effet potentiel ne peut être relevé (pt 36).

Sur l'abus d'exploitation (prix excessifs)

La Cour d'appel se montre sévère vis-à-vis de l'Autorité, même si elle confirme les deux critères pour déterminer l'existence d'un prix excessif, à savoir :

- d'une part, que ce soit la position dominante de l'entreprise en cause qui lui ait permis d'obtenir les avantages tarifaires ;
- et d'autre part, que ces avantages soient non équitables, notamment, s'agissant de prix, en démontrant que ces prix seraient sans rapport raisonnable avec la valeur économique de la prestation fournie.

Si l'application du premier critère ne faisait pas de doute compte tenu de la position monopolistique de Sanicorse, la Cour d'appel relève cependant que sur le second critère l'Autorité a commis une erreur en confondant augmentation du prix et prix proposé.

Pour la Cour d'appel, ce n'est pas l'augmentation tarifaire en tant que telle qui importe : seul compte le point de savoir si le prix résultant de cette augmentation est équitable ou non : « L'application d'une augmentation tarifaire n'est rien d'autre que la fixation d'un prix » (pt 96). Or, selon la Cour d'appel, l'Autorité s'était focalisée sur l'augmentation elle-même, qu'elle jugeait brutale, significative, non transitoire et injustifiée, sans pour autant démontrer que les prix ainsi augmentés étaient en eux-mêmes non équitables.

Cela ne signifie pas qu'une augmentation tarifaire ne puisse pas être jugée abusive. Tel n'était cependant pas le cas en l'espèce puisque la Cour d'appel relève que Sanicorse a toujours agi dans le respect des stipulations contractuelles en se bornant à refuser la prorogation ou le renouvellement du contrat à son échéance (pt 97). On relèvera cependant que les établissements de santé ayant une obligation légale de traiter les DASRI et Sanicorse étant en position monopolistique, la frontière entre le non-renouvellement du contrat pour imposer de nouvelles conditions et l'abus de position dominante peut être tenue. C'est aussi cela, sans doute, que l'Autorité avait voulu sanctionner.

Faute pour l'Autorité d'avoir pu démontrer que les nouveaux tarifs après augmentation étaient en eux-mêmes excessifs, sa décision de condamnation de Sanicorse et sa société-mère, la SAS Groupe Cesarini a donc été annulée par la Cour d'appel.

A. Wachsmann, N. Zacharie
Concurrences N° 1-2020, Art. N° 93047, p. 88

Voir aussi, sur les origines de l'affaire

Aut. conc., déc. n° 18-D-17, 20 sept. 2018, relative à des pratiques mises en œuvre dans le secteur de l'élimination des déchets d'activités de soins à risques infectieux en Corse

A. Wachsmann, N. Zacharie, Prix excessif : L'Autorité de la concurrence sanctionne une entreprise pour avoir mis en œuvre une pratique de prix excessif constitutif d'un abus d'exploitation et d'un abus d'exclusion (Sanicorse), 20 septembre 2018, Concurrences N° 1-2019, Art. N° 89020, pp. 91-93.

Cass. com., 7 juill. 2021, Sanicorse e. a., n° 19-25.586 e. a.

La Cour de cassation confirme l'approche de la Cour d'appel de Paris en matière de détermination d'une pratique de prix excessif.

Par un arrêt du 7 juillet 2021, la Cour de cassation a rejeté les pourvois de l'Autorité de la concurrence (« l'Autorité ») et du ministre de l'Économie contre l'arrêt de la Cour d'appel de Paris (la « Cour d'appel ») du 14 novembre 2019.

La Cour d'appel avait en effet annulé la décision de l'Autorité du 20 septembre 2018 par laquelle cette dernière avait sanctionné la société Sanicorse, solidairement avec sa société-mère, la SAS Groupe Cesarini, pour un abus de position dominante prenant la forme de prix excessifs (Aut. conc., décision n° 18-D-17 du 20 septembre 2018 relative à des pratiques mise en œuvre dans le secteur de l'élimination des déchets d'activités de soins à risques infectieux en Corse, comm. A. Wachsmann, *Concurrences* N° 1-2019, p. 9 et CA Paris, 14 novembre 2019, *Sanicorse* et *Cesarini* c/ Autorité de la concurrence, RG n° 18/23992, comm. A. Wachsmann, *Concurrences* N° 1-2020, p. 88).

Sanicorse est une société active dans le secteur du traitement des déchets d'activités de soins à risques infectieux (« DASRI ») des hôpitaux. Les DASRI font l'objet d'une réglementation particulière puisque le Code de la santé publique impose aux établissements de soins de les traiter et de les éliminer dans des délais contraints, soit par eux-mêmes, soit par l'intermédiaire d'un tiers.

Le marché pertinent était celui du marché de l'élimination des DASRI comprenant tant les prestations d'incinération que les prestations d'inertage, sur lequel Sanicorse était en position monopolistique sur le territoire de la Corse.

Du fait de cette position, Sanicorse avait été sanctionnée pour avoir, entre 2011 et 2015, majoré ses tarifs auprès de plusieurs établissements de soins en Corse dans des proportions excessives et accompagné ses augmentations de prix de menaces de résilier ses contrats ou de s'abstenir de soumissionner aux appels d'offres des établissements de soins, forçant ces derniers, en l'absence d'autres opérateurs actifs en Corse, à contracter hors marché et à ses conditions.

Selon l'Autorité, un tel comportement aurait constitué un abus d'exclusion parce que l'augmentation des tarifs aurait eu pour objet ou effet, réel ou potentiel, de dissuader ou d'évincer d'éventuels concurrents, en l'espèce certains établissements de santé qui avaient la volonté de développer leurs propres services de traitement des DASRI. Cependant, la Cour d'appel avait écarté cette hypothèse en considérant que la preuve n'en avait pas été rapportée à suffisance de droit. Au contraire, elle avait observé qu'une augmentation des tarifs était plutôt de nature à inciter une forme de concurrence *via* le développement d'une activité autonome par les établissements de soins.

L'Autorité avait ensuite considéré l'abus d'exploitation par Sanicorse de sa position dominante, en étant là encore sanctionnée par la Cour d'appel.

Certes, la Cour d'appel avait confirmé les deux critères pour déterminer l'existence d'un prix excessif, à savoir :

- d'une part que ce soit la position dominante de l'entreprise en cause qui lui ait permis d'obtenir les avantages tarifaires ;
- et d'autre part, que ces avantages soient non équitables, notamment, s'agissant de prix, en démontrant que ces prix seraient sans rapport raisonnable avec la valeur économique de la prestation fournie.

Toutefois, elle avait considéré que ce n'est pas l'augmentation tarifaire en tant que telle qui importe : seul compte le point de savoir si le prix résultant de cette augmentation est équitable ou non : « l'application d'une augmentation tarifaire n'est rien d'autre que la fixation d'un prix » (pt 96 de l'arrêt du 14 novembre 2019). Or, selon la Cour d'appel, l'Autorité s'était focalisée sur l'augmentation elle-même, qu'elle jugeait brutale, significative, non transitoire et injustifiée, sans pour autant démontrer que les prix ainsi augmentés étaient en eux-mêmes non équitables.

Sur ce dernier point, l'Autorité est venue défendre sa position devant la Cour de cassation en arguant qu'il existerait deux méthodes alternatives pour caractériser un prix excessif :

- soit en déterminant si le prix est excessif dans l'absolu, en démontrant qu'il est sans rapport avec la valeur économique de la prestation fournie ;
- soit par comparaison avec un prix de référence, dès lors que l'écart entre le prix litigieux et le prix de référence est sensible.

En l'espèce, l'Autorité s'était fondée sur la seconde méthode mais avait fait face à la difficulté du prix pouvant servir de référence car :

- du fait de la position monopolistique de Sanicorse, il n'y avait pas de concurrents en Corse pratiquant leurs propres prix ;
- et Sanicorse n'exerçait pas son activité en dehors de la Corse, ce qui empêchait toute comparaison en dehors de ce territoire.

Dès lors, le seul prix pouvant servir de référence était celui appliqué par Sanicorse avant les augmentations, de sorte que l'examen de l'augmentation des prix n'était, pour l'Autorité, rien d'autre qu'une comparaison par rapport à un prix de référence dans le temps.

En réponse, la Cour de cassation fait valoir qu'il s'agit d'un moyen nouveau, mélangé de fait et de droit, l'Autorité n'ayant pas expliqué sa méthodologie devant la Cour d'appel. Mais en tout état de cause, elle le rejette en considérant que seule la détermination d'un prix excessif dans l'absolu est valable (il faut démontrer que le prix est sans rapport raisonnable avec la valeur de la prestation fournie), confirmant la Cour d'appel en ce que « l'appréciation du caractère équitable ou non équitable d'une (...) augmentation se confond avec celle du caractère équitable ou non équitable du prix en résultant » (p. 5).

Étant donné que l'Autorité ne s'est pas prononcée, dans sa décision, sur le caractère excessif du prix résultant de l'augmentation, celui-ci est présumé équitable et, selon la Cour de cassation, il ne revenait pas à la Cour d'appel de démontrer le contraire. Dès lors, les autres arguments de l'Autorité et du ministre de l'Économie portant sur des motifs surabondants de l'arrêt du 14 novembre 2019, la Cour de cassation les rejette sans prendre la peine de les examiner.

A. Wachsmann, N. Zacharie
Concurrences N° 4-2021, Art. N° 103447, p. 76

Secteur du numérique

CA Paris, 8 oct. 2020, Google c/ SPEM, RG n° 20/08071

La Cour d'appel de Paris confirme l'essentiel de la décision imposant à un moteur de recherche, à titre de mesures conservatoires, de négocier avec les éditeurs de presse.

On se souvient que dans une décision en date du 9 avril 2019 l'Autorité de la concurrence avait prononcé des mesures conservatoires à l'encontre de Google, dans le cadre d'un potentiel abus de position dominante (voir notre précédente chronique, Discrimination : L'Autorité de la concurrence prononce au profit des agences et des éditeurs de presse des mesures conservatoires à l'encontre d'une entreprise susceptible d'avoir abusé de sa position dominante sur le marché français des services de recherche généraliste (Google/Syndicat des éditeurs de la presse magazine, Alliance de la presse d'information générale et Agence France-Presse), 9 avril 2020, *Concurrences* N° 3-2020, Art. n° 96039, pp. 101-103). La décision est, pour l'essentiel, confirmée par la Cour d'appel de Paris.

L'affaire avait débuté lors de l'adoption de la loi n° 2019-775 du 24 juillet 2019 sur les droits voisins tendant à créer un droit voisin au profit des agences et des éditeurs de presse, qui transpose l'article 15 de la directive n° 2019/790 du 17 avril 2019 sur le droit d'auteur et les droits voisins sur le marché unique numérique. L'objectif était de créer les conditions d'une négociation équilibrée entre les éditeurs, les agences de presse et les services de communication au public en ligne. Dès la transposition de certaines dispositions de la directive en droit français, Google avait annoncé que les aperçus de contenus en France pour les éditeurs de presse européens ne seraient plus affichés, et que les éditeurs de presse ne seraient pas rémunérés pour la reprise de leurs contenus éditoriaux. Dans ce contexte, et dénonçant une modification unilatérale et brutale de la politique d'affichage par Google, ayant pour objectif de contraindre les éditeurs à accepter la reprise de leur contenu sans rémunération, plusieurs syndicats d'éditeurs et l'Agence France-Presse ont saisi l'Autorité de la concurrence. En retenant que ce comportement était susceptible de constituer un abus de position dominante, elle avait alors prononcé plusieurs injonctions au titre de mesures conservatoires.

Parmi ces injonctions, l'Autorité avait notamment ordonné à Google de négocier de bonne foi avec les éditeurs de presse selon des critères transparents, objectifs et non discriminatoires (article 1) et de prendre les mesures nécessaires pour que l'issue des négociations n'affecte, ni le classement, ni l'indexation, ni la présentation des contenus protégés repris par Google (article 5), ni les relations économiques qui existeraient entre Google et les éditeurs et les agences de presse (article 6).

Google a formé un recours, dont l'essentiel des moyens est rejeté par la Cour d'appel de Paris. Plusieurs volets de la décision attirent l'attention : outre la question de l'application de la directive dans le temps, la Cour d'appel de Paris entérine le raisonnement de l'Autorité concernant le marché pertinent et l'abus de position dominante supposé. Ensuite, elle réforme – en la limitant – la portée de l'injonction imposant à Google de prendre les mesures nécessaires pour que l'issue des négociations n'affectent ni le classement, ni l'indexation, ni la présentation des contenus protégés.

Application de la directive dans le temps

C'est d'abord sur le terrain de l'application de la norme dans le temps que Google appuyait son recours. Selon Google, la décision de l'Autorité était contraire à l'article 26(2) de la directive 2019/790 sur le droit d'auteur et les droits voisins sur le marché unique numérique, en ce qu'elle prévoyait une date d'entrée en vigueur antérieure au 7 juin 2021. Or, selon Google, la directive interdisait explicitement aux États membres qui l'auraient transposée avant cette date d'en faire application aux actes d'exploitation antérieure à cette date. L'argument est écarté par la Cour d'appel. D'abord, parce que la directive est entrée en vigueur le 6 juin 2019. Ensuite, si l'article 26 de la directive prévoit que celle-ci s'applique « sans préjudice des actes conclus et des droits acquis avant le 7 juin 2021 », cette disposition se limite aux « *actes conclus et droits acquis* », ce qui n'a pas pour effet d'interdire aux États membres d'appliquer les nouvelles dispositions aux actes d'exploitation antérieurs à cette date. Le moyen n'est donc pas fondé.

Les moyens pris à titre subsidiaire étaient de nature plus substantielle. Google contestait notamment la délimitation du marché pertinent retenue par l'Autorité et la mesure consistant à obliger la plateforme à négocier de bonne foi en proposant aux éditeurs de presse une offre de rémunération objective, transparente et non discriminatoire.

Marché pertinent et abus de position dominante

Premièrement, Google contestait l'existence d'un abus de position dominante et remettait en cause sa position dominante – à travers la délimitation du marché pertinent. L'Autorité avait en effet délimité le marché pertinent comme celui de la recherche en ligne généraliste, sur lequel Google détient près de 90 % des parts de marché. Mais, selon Google, le service proposé sur le marché de la recherche généraliste en ligne est destiné aux utilisateurs qui font des requêtes et n'est nullement circonscrit aux éditeurs de presse. En d'autres termes, le marché pertinent n'était pas celui de la recherche en ligne mais celui de la fourniture de trafic en ligne des éditeurs. L'argument prend tout son sens lorsqu'on sait que sur ce marché la position dominante de Google est sujette à caution. Mais il ne convainc pas la Cour. Elle rappelle, d'abord, que le marché de la recherche généraliste en ligne constitue une activité économique et un marché pertinent qui se distingue de celui des fournisseurs de contenu, et les éléments recueillis ne permettent pas de remettre en cause cette distinction opérée par l'Autorité. La Cour estime, ensuite, que le service de recherche en ligne de Google n'a pas vocation à s'adresser exclusivement aux internautes mais intéresse également d'autres utilisateurs, et notamment les annonceurs publicitaires et les fournisseurs de contenu. Google est ainsi qualifiée de « plateforme génératrice d'audience » (pt 80) : son activité économique résulte de relations avec les éditeurs et les agences de presse qui exploitent des sites que Google indexe, classe, et dont elle présente les contenus pour alimenter ses services de recherche généraliste en ligne. En d'autres termes, les activités sont intimement liées, et c'est à juste titre que l'Autorité de la concurrence a défini le marché pertinent comme celui de la recherche généraliste en ligne. L'argument est donc rejeté.

Quant à la contestation de toute pratique anticoncurrentielle, la Cour d'appel écarte fermement l'argument. En l'état de l'instruction, « le comportement de Google sur un marché qu'il domine, consistant à priver les éditeurs et les agences de presse de toute possibilité de négocier une rémunération liée à la reproduction d'extraits de publications de presse (...) est susceptible d'être qualifié d'abus d'exploitation par l'imposition de transactions inéquitables ». Aucun autre argument n'a convaincu le juge : ni l'absence de lien de causalité entre la position dominante de Google et les pratiques reprochées, ni l'absence d'effets anticoncurrentiels, la Cour renvoyant, fort logiquement, à l'examen au fond.

L'absence d'atteinte grave et immédiate à l'économie générale ou au secteur de la presse fait cependant l'objet d'une attention particulière. Pour Google, aucune atteinte grave et immédiate n'était caractérisée. Allant plus loin encore, Google dénonçait une immixtion de l'Autorité dans « son modèle commercial gratuit pour lui imposer une obligation de paiement sans considération de ses intérêts commerciaux », ce qui menacerait l'équilibre du marché et contribuerait à renforcer les grands éditeurs au détriment des petits. Là encore, les arguments sont écartés : l'atteinte au secteur de la presse résulte de la privation de toute possibilité de négociation. La pratique est, dès lors, susceptible de compromettre la diversité de l'offre numérique, ce qui justifie l'imposition de mesures conservatoires.

Proportionnalité des engagements

Deuxièmement, Google contestait la proportionnalité des mesures conservatoires, et tout particulièrement l'obligation de négocier. Selon la firme, ces mesures « transforment un droit de propriété intellectuelle, juridiquement limité à un droit exclusif sur un contenu, en un nouveau droit inédit, permettant au titulaire de lui imposer l'achat de son contenu » (pt 180), en contradiction avec le principe de libre concurrence et de libre jeu de l'offre et de la demande. Par ailleurs, ces mesures, qualifiées d'obligations d'achat par Google, présenteraient une nature structurelle méconnaissant, *de facto*, la finalité des mesures conservatoires. La Cour d'appel ne retient pas ces arguments. C'était d'abord minimiser la portée des droits voisins, qui ne se limitent pas à la faculté d'autoriser ou de refuser la reproduction totale ou partielle de contenus, mais constituent également un droit patrimonial. Par ailleurs, les mesures conservatoires en cause n'impliquent pas une obligation de paiement et ne constituent pas une mesure de nature structurelle. Elles tendent seulement à garantir la capacité de partenaires à entrer en négociation.

Il s'agit donc d'une obligation de négocier sous certaines conditions, et non une obligation d'achat, et cela n'exclut pas, par exemple, une rémunération égale à zéro si la reprise du contenu ne génère aucun revenu.

Les juges ont cependant concédé que l'une des mesures conservatoires de la décision avait un spectre trop large. Afin de préserver l'équilibre des négociations, l'article 5 obligeait Google à prendre les mesures nécessaires pour que l'existence et l'issue des négociations prévues n'affectent ni l'indexation, ni le classement, ni la présentation des contenus. Mais une telle mesure avait pour effet de l'empêcher de modifier son modèle commercial, de figer le marché et de ne pas permettre à Google, à terme, de développer de nouveaux produits pour le secteur de la presse ou de modifier ses algorithmes. En somme, la mesure conservatoire était de nature à nuire à l'innovation. Dans ce secteur, l'argument a du poids et est accueilli favorablement par les juges, lesquels reconnaissent que cette formulation ne permet pas de circonscrire la mesure à ce qui est strictement nécessaire car elle peut effectivement geler toute innovation nécessaire pour maximiser les performances du moteur de recherche. Le juge use ici de son pouvoir de réformation et complète l'injonction par une exclusion importante : l'injonction ne doit pas faire pas obstacle aux améliorations et innovations des services offerts par Google (pt 243). Encore faudra-t-il, en cas de litige, isoler ce qui relève de l'innovation...

S'il faut se réjouir que des arguments d'innovation soient pris en compte par le juge, l'arrêt de la Cour d'appel, particulièrement étayé, n'est pas sans rappeler plusieurs débats contemporains à propos du droit de la concurrence, et tout particulièrement au sujet de l'appréciation des licences FRAND par les autorités de concurrence ou par le juge, dont les contours sont encore incertains. Mais il y a tout lieu de penser que ce n'est pas cette affaire qui permettra de clarifier la question : Google a en effet annoncé, par le biais d'un article publié sur son blog, qu'un accord-cadre était en cours de négociation, et que plusieurs accords, reflétant « les principes d'universalité, de transparence et de respect de la loi », avaient déjà été signés avec les éditeurs de la presse quotidienne.

M. Cartapanis

Concurrences N° 1-2021, Art. N° 98786, p. 138

Voir aussi, sur les origines de l'affaire

Aut. conc., déc. n° 20-MC-01 du 9 avr. 2020 relative à des demandes de mesures conservatoires présentées par le Syndicat des éditeurs de la presse magazine, l'Alliance de la presse d'information générale et l'Agence France-Presse

M. Cartapanis, Discrimination : L'Autorité de la concurrence prononce au profit des agences et des éditeurs de presse des mesures conservatoires à l'encontre d'une entreprise susceptible d'avoir abusé de sa position dominante sur le marché français des services de recherche généraliste (Google / Syndicat des éditeurs de la presse magazine, Alliance de la presse d'information générale et Agence France-Presse), 9 avril 2020, Concurrences N° 3-2020, Art. N° 96039, pp. 101-103.

Voir aussi, sur les suites de l'affaire

Aut. conc., déc. n° 21-D-17 du 12 juil. 2021 relative au respect des injonctions prononcées à l'encontre de Google dans la décision n° 20-MC-01 du 9 avril 2020

A. Ronzano, Propriété intellectuelle : L'Autorité de la concurrence sanctionne un moteur de recherche à hauteur de 500 millions d'euros pour le non-respect de sa décision de mesures conservatoires (Google), 12 juillet 2021, Concurrences N° 4-2021, Art. N° 101555.

Aut. conc., déc., n° 22-D-13 du 21 juin 2022 relative à des pratiques mises en œuvre par Google dans le secteur de la presse

CA Paris, 7 avr. 2022, Google e. a. c/ Gibmedia e. a., RG n° 20/03811

La Cour d'appel de Paris confirme la décision de l'Autorité de la concurrence sanctionnant un moteur de recherche à hauteur de 150 millions d'euros pour avoir abusé de sa position dominante en maintenant l'opacité des règles de fonctionnement de sa plateforme publicitaire.

À la faveur d'un arrêt rendu le 7 avril 2022, mais qui n'a été mise en ligne que le 4 mai 2022, et ce, directement sur le site web de la Cour d'appel de Paris, la Chambre 5-7 de la Cour est venue confirmer pour l'essentiel la décision n° 19-D-26 du 19 décembre 2019 aux termes de laquelle l'Autorité a sanctionné Google à hauteur de 150 M€ pour avoir abusé de sa position dominante en maintenant l'opacité des règles de fonctionnement de sa plateforme publicitaire Google Ads, appliquées de manière inéquitable et aléatoire, et lui a enjoint de prendre les mesures nécessaires pour rendre intelligibles lesdites règles et pour les appliquer de façon non discriminatoire.

Sur le recours introduit par les sociétés Google contre la décision de l'Autorité de la concurrence, la Chambre 5-7 de la Cour d'appel de Paris commence par examiner les deux moyens soulevés à propos de la légalité externe de la décision attaquée.

Elle écarte tout d'abord le grief tiré de ce que la décision attaquée aurait modifié la qualification juridique et le champ du grief notifié sur deux aspects. Constatant que la formulation finale du grief se réfère à l'article 102 du TFUE dans sa globalité (pt 69), de sorte que les pratiques sont susceptibles d'être qualifiées d'abus de position dominante sur le fondement tant du a) que du c) de l'article 102 du TFUE (pt 70), la Cour estime que le grief retenu par la décision attaquée ne saurait s'analyser comme un nouveau grief qui ne lui aurait pas été régulièrement notifié et qu'elle aurait été privée de la possibilité d'organiser sa défense (pt 73). De même qu'il ne peut être utilement soutenu que la décision attaquée étendrait le champ du grief notifié à de nouveaux marchés qui n'auraient pas été évoqués dans la notification de grief et lors de la procédure contradictoire qui a suivi (pt 80).

Elle écarte ensuite le moyen tiré d'un défaut de motivation. D'une part, Google ne peut utilement soutenir que la décision attaquée ne contiendrait aucun énoncé des considérations de fait et de droit qui fondent la constatation d'une discrimination anticoncurrentielle (pt 96) et, d'autre part, la Cour observe que la décision attaquée n'est pas dépourvue de motivation s'agissant des effets des pratiques, tant sur le marché de la publicité en ligne liée aux recherches que sur les marchés connexes liés à la fourniture d'informations (pt 97).

La Cour d'appel de Paris examine ensuite les moyens tirés d'une qualification erronée des pratiques.

On commencera par observer à cet égard que Google n'a pas chercher à remettre en cause les conclusions de l'Autorité selon lesquelles elle détient sur le marché de la publicité en ligne une position largement dominante, laquelle présente, à bien des égards, les aspects « extraordinaires » relevés par la Commission européenne dans l'affaire Microsoft (pt 103).

Sur l'abus de position dominante par l'imposition de conditions de transactions inéquitables, la Cour de Paris retient, s'agissant donc des abus d'exploitation, que l'Autorité n'avait pas, pour démontrer l'existence de conditions de transaction inéquitables, à établir au cas présent que l'entreprise dominante retirait un avantage des pratiques (pt 132), dans la mesure où l'exigence tenant à la démonstration d'un avantage ou d'une contrepartie dépend de la nature de la pratique en cause (pt 131). Cela étant dit, la Cour relève immédiatement qu'au cas d'espèce, Google a obtenu des avantages de transaction en retirant des revenus publicitaires significatifs de la promotion sur sa plateforme de sites douteux ou aux pratiques similaires à ceux désignés comme non conformes (pts 134-135).

Sur le lien existant entre la position dominante et l'abus reproché, la Cour d'appel estime que la décision attaquée a démontré à suffisance que Google a utilisé les possibilités qui découlent de sa position sur le marché de la publicité en ligne liée aux recherches pour mettre en œuvre les pratiques alléguées, mais aussi sur les marchés connexes sur lesquels interviennent les annonceurs, clients de Google (pt 150). Ainsi, insiste la Chambre de la régulation, la plateforme Google Ads, revêt, du fait de la position occupée par Google tant sur le marché des moteurs de recherche en ligne que sur le marché de la publicité en ligne liée aux recherches, un caractère incontournable pour les éditeurs de services numériques qui ne disposent pas de la notoriété suffisante pour entrer ou se maintenir sur le marché de la vente en ligne, en raison de sa capacité particulière à développer fortement le trafic de certains sites. Cet opérateur peut ainsi, en raison de son pouvoir de marché, définir et appliquer, sans risque de perte de parts de marché, des règles objectivement inéquitables, lesquelles constituent la « norme de fait », puisque Google conditionne l'utilisation de sa plateforme à leur respect (pt 153). Dès lors, Google ne peut s'exonérer des pratiques abusives qui lui sont reprochées en arguant que ces dernières n'ont pas été obtenues grâce à sa position dominante sur le marché (pt 155).

Sur le caractère objectivement inéquitable de la définition et de l'application des règles de fonctionnement de sa plateforme publicitaire Google Ads, la Cour d'appel de Paris parvient à la conclusion que les annonceurs ne pouvaient pas aisément comprendre le sens et la portée de certaines règles et déterminer si leur comportement y était conforme, et ce, alors que l'existence d'une position dominante impose à l'entreprise concernée une responsabilité particulière sur le marché (pt 217). Ainsi, la formulation générique des règles, leur manque de clarté et de cohérence, l'absence de distinction nette entre elles, la possibilité de les modifier à la discrétion de Google, et ce, fréquemment, la manière dont les changements sont portés à la connaissance des annonceurs, leur confère un caractère non transparent et rend difficile l'anticipation par les opérateurs de la conformité de leurs annonces (pt 218).

Quant à l'application qu'a faite Google de ces règles, la Cour constate qu'il ressort des clauses examinées que celle-ci s'est octroyée une marge d'appréciation discrétionnaire et que cette latitude l'a conduite à des différences de traitement injustifiées (pts 223, 232). Observant que Google, de fait, détient un véritable droit de contrôle sur les sites qui souhaitent publier des annonces, la Cour d'appel relève que, considérées isolément ou dans leur ensemble, ces règles, imposées par Google et modifiées à discrétion, ont été appliquées et interprétées de façon différenciée selon les sites des annonceurs et les circonstances, alors qu'ils étaient placés dans des situations comparables (pt 247). L'application qui est faite de ces règles expose tous les annonceurs, y compris ceux de bonne foi, à des variations de position de Google qu'ils n'ont pu anticiper ou prévenir par un comportement déterminé. L'annonceur de bonne foi n'est ainsi pas mis en mesure de déterminer si les annonces qu'il diffuse sont conformes aux règles (pt 248). Au final, la Cour d'appel estime que les règles de la plateforme publicitaire Google Ads ont été définies et appliquées de manière non objective, non transparente et discriminatoire et présentent, au vu de l'ensemble des circonstances de la cause, un caractère objectivement non équitable (pt 249).

S'agissant à présent de l'existence d'effets anticoncurrentiels potentiels, seule démonstration requise, la Cour de Paris considère que l'Autorité les a démontrés à suffisance (pt 290), non seulement pour ce qui concerne le marché de la publicité en ligne liée aux recherches, mais également dans un certain nombre de marchés aval connexes (pt 322).

À ce stade, la Cour d'appel de Paris est passée à l'examen de la durée et de l'imputabilité de la pratique.

S'agissant de la durée, la Cour confirme que les pratiques étaient toujours mises en œuvre à la date de la notification du grief, le 30 octobre 2018, date de fin de constat des pratiques.

En revanche, s'agissant de l'imputabilité de la pratique, la Chambre 5-7 de la Cour d'appel de Paris, faisant le constat que Google France, la filiale française de Google a eu un rôle très circonscrit dans la commission de l'infraction, dans la mesure où elle n'a pas participé à la définition des règles litigieuses, ni n'est intervenue dans leur application discriminatoire, estime que la décision attaquée ne pouvait lui imputer les pratiques en qualité d'auteur et, partant, qu'il convenait de réformer la décision en ce qu'elle a dit que Google France avait enfreint les dispositions des articles L. 420-2 du Code de commerce et 102 du TFUE (pts 346-348).

Sur les sanctions pécuniaires, la Cour d'appel considère, dans un premier temps, que l'infraction en cause ne pouvait être qualifiée d'inédite, quand bien même son comportement n'avait pas encore été qualifié et sanctionné avant l'adoption de la décision attaquée, dans la mesure où elle ne pouvait en ignorer les risques au regard des règles de concurrence (pt 365).

Elle valide ensuite le recours à la méthode forfaitaire, constatant que l'Autorité a expliqué à suffisance les motifs pour lesquels elle s'est écartée de la méthode écrite dans le communiqué sanctions (pt 394).

Par ailleurs, elle confirme en tous points le montant de la sanction (pt 357), en ce compris le caractère proportionné de cette dernière.

Enfin, sur les injonctions, la Cour d'appel de Paris se montre plus exigeante.

S'agissant d'abord du lien entre les pratiques et les injonctions relatives aux mesures de prévention, de détection et de traitement des violations des règles, et singulièrement l'injonction de mettre en place une procédure permettant aux consommateurs de dénoncer les manquements aux règles Google Ads et à la réglementation, et les informations y afférentes qui doivent être communiquées à l'Autorité, la Cour observe que les pratiques consistant en une application discrétionnaire et discriminatoire des règles Google Ads concernent ses relations avec les annonceurs, et non avec les consommateurs, de sorte que cette injonction, qui n'est pas en rapport direct avec les pratiques (pt 500), n'apparaît donc pas nécessaire et implique que la décision soit réformée sur ce point (pt 501).

Quant à la clarté et à la précision des injonctions, la Cour d'appel estime que les injonctions de détection et de traitement des violations aux règles Google Ads n'apparaissent ni nécessaires, ni proportionnées pour faire cesser la pratique, dans la mesure où la clarification des règles protectrices des internautes et des procédures de suspension prévues dans le cadre des injonctions a) et b) constituent déjà, en elles-mêmes, des mesures importantes et qui sont de nature à remédier, à la source, aux difficultés constatées, de sorte que la décision attaquée doit également être réformée sur ce point (pts 555-557).

Enfin, constatant qu'à l'instar des règles Google Ads, la décision attaquée ne comprend pas de définition des « annonces et sites malveillants » contre lesquels les utilisateurs du moteur de recherche doivent être protégés, la Cour d'appel de Paris vient précisé que l'injonction sous a) relative aux « règles Google Ads qui ont pour objet de protéger les utilisateurs du moteur de recherche en ligne Google Search contre les annonces et les sites « malveillants » doit être interprétée comme comprenant, tout d'abord, les règles comportant dans leur intitulé ou leur contenu une référence aux comportements trompeurs, non fiables, aux promotions indignes de confiance et aux pratiques commerciales inacceptables, en cohérence et dans la continuité de la mesure conservatoire n° 1 définie par la décision n° 19-MC-01 du 31 janvier 2019, qui répondait aux mêmes préoccupations de concurrence (pts 521-523).

A. Ronzano *

Concurrences N° 2-2022, Art. N° 106695

Voir aussi, sur les origines de l'affaire

Aut. conc., déc. n° 19-D-26 du 19 déc. 2019 relative à des pratiques mises en œuvre dans le secteur de la publicité en ligne liée aux recherches

M. Cartapanis, Amendes : L'Autorité de la concurrence sanctionne une entreprise à une amende de 150 millions d'euros pour abus d'exploitation sur le marché de la publicité en ligne liée aux recherches (Google), 19 décembre 2019, Concurrences N° 2-2020, Art. N° 94661, pp. 87-89.

3.3 Pratiques d'éviction non tarifaires

3.3.1 Jurisprudence européenne

TPICE, 17 sept. 2007, Microsoft, T-201/04

Le Tribunal de première instance des Communautés européennes rejette le recours formé par Microsoft condamné pour un double abus de position dominante.

Le présent arrêt était attendu à de multiples égards (L. Idot, Comment mettre fin à une superdominance ?, Europe oct. 2007, focus ; M. Debroux, Vers une banalisation de la propriété intellectuelle dans l'analyse d'abus de dominance ?, Contrats, conc., consom. octobre 2007, focus). Il est vrai que la Commission européenne avait engagé un bras de fer audacieux avec les autorités américaines (Comm. 2007/53/CE du 24 mars 2004, COMP/C-3/37.792, JO 2007, L32, p. 23, *Concurrences* 2004-1, Comparaisons transatlantiques dans les affaires Microsoft, C. Pr., p. 44). Il est vrai aussi que la teneur des mesures correctives retenues par la Commission, plus que le montant de l'amende, a saisi par son ampleur. Mais la demande en référé de Microsoft est restée vaine (TPICE 22 décembre 2004, T-201/04, Rev. Aff. Eur. 2004-4, Microsoft privé du sursis à exécution des mesures correctives en faveur de ses concurrents, C. P., p. 705).

À l'annonce de l'arrêt, la réaction du Department of Justice a d'ailleurs été aussi vive qu'immédiate. Celui-ci a fait valoir que, à la différence du droit américain antitrust qui protège les consommateurs et non les concurrents, cet arrêt aurait des conséquences préjudiciables pour le consommateur en fragilisant l'innovation et la concurrence (T. Barnett, Assistant Attorney General issues statement on European Microsoft décision, http://www.usdoj.gov). La Commissaire Neelie Kroes a aussitôt répliqué en déclarant qu'il était inacceptable que des représentants du gouvernement américain critiquent un jugement indépendant. Les crispations transatlantiques demeurent. Pour autant, il ne faudrait pas penser que le traitement des affaires Microsoft par le gouvernement américain suscite un consensus aux États-Unis. Celui-ci a choisi la voie d'un consent decree, après l'infirmation partielle, par la Cour d'appel pour le District de Columbia, du jugement ayant condamné Microsoft à une scission (United States v. Microsoft corp., 253 F.3d 34, D.C. Cir. 2001). Or, nonobstant les satisfecit que s'autodécerne le Department of Justice (v. son site pour le suivi régulier des engagements de Microsoft), ce consent decree est très sévèrement dénoncé tant pour sa teneur que pour son exécution (E. Elhauge, Soft on Microsoft : the Potemkin Antitrust Settlement, http://cyberlaw.law.harvard.edu/msdoj/elhauge-soft-on-law ; H. First & A. I. Gavil, Re-framing Windows: the Durable Meaning of the Microsoft Antitrust Litigation, 2006, New York University, http://lsr.nellco.org/cgi/viewcontent.cgi?article=1085&context=nyu/lewp ; H. Hovenkamp, The Antitrust Enterprise, Principle and Execution, Harvard University Press 2005, p. 298).

Aux États-Unis mêmes, la condamnation de Microsoft en Europe amène certains auteurs à considérer que le droit européen de l'antitrust est une alternative au droit américain, non seulement intéressante, mais aussi opportune. La « vulnérabilité politique » de l'antitrust américain donne un attrait à l'internationalisation de l'antitrust, avec de multiples juridictions garantissant une application plus indépendante (W. S. Grimmes, The Microsoft

Litigation and Federalism in US Antitrust Enforcement: Implications for International Competition, in The Future of Transnational Antitrust, from Comparative to Common Competition Law [ed. J. Drexl], Kluwer Law International 2005).

Les enjeux, liés aux différentes affaires Microsoft, sont assurément essentiels pour une économie de marché dynamique et saine. Cet arrêt est une étape importante dans la confrontation entre les droits de la propriété intellectuelle et l'antitrust. On sait que les critiques de l'antitrust, certes conjuguées à d'autres, font s'interroger sur l'opportunité d'un modèle profondément renouvelé pour la propriété intellectuelle (Cycle de conférences de la Cour de cassation, Droit de propriété intellectuelle : approches juridique et économique, RLC avril/juin 2007, v° synthèse M. Vivant, p. 222 ; v° aussi, même si elles s'avèrent décevantes, car très convenues, les analyses de Antitrust Modernization Commission mandatée par le gouvernement américain, spéc. Chapter I-A, Antitrust Law and the "New Economy", http://www.amc.gov). En l'espèce, la confrontation des deux branches du droit est pleine et entière.

La Commission a choisi, en effet, de ne pas entrer dans le débat sur le point de savoir si les protocoles de communication étaient ou non protégés par des droits de propriété intellectuelle. Elle a donc pris le parti le plus favorable pour Microsoft en supposant que Microsoft était bel et bien titulaire de droits de propriété intellectuelle sur les informations demandées. Le TPI la suit dans cette démarche (point 283). Comme le droit antitrust et le droit de la propriété intellectuelle œuvrent tous deux dans une logique de marché pour une bonne allocation des richesses, il faut bien convenir qu'une conciliation est nécessaire, mais que toute la difficulté réside dans les modalités de cette dernière.

Cet arrêt est aussi important pour la modernisation de l'article 82 CE. On sait que la publication des lignes directrices relatives à l'article 82 CE était suspendue au prononcé de cet arrêt. Un camouflet de la Commission dans cette affaire aurait considérablement affaibli son autorité personnelle et en même temps la portée de ce texte. Au demeurant, ces lignes directrices sont tenues dans un cadre constitué par le corpus jurisprudentiel. L'avant-projet se révèle, à de nombreux égards, comme une synthèse, certes dans une présentation « modernisée », des grands arrêts de la Cour de justice. Il est intéressant de souligner que le présent arrêt fait des références « obligées » à des jalons importants tels que la responsabilité particulière des entreprises en position dominante (point 299) et la concurrence par les mérites (point 1038). Si un test général devait être présenté, il serait difficile d'en faire abstraction.

Le même constat doit être fait pour la détermination de tests particuliers. Certes, s'agissant de la vente liée et du refus de contracter, l'avant-projet reprend le fil de la jurisprudence. Deux points étaient à cet égard très attendus dans le présent arrêt : d'une part, pour le refus d'information, le critère majeur relatif à l'exigence d'un produit nouveau, interprété ici de manière large sous l'angle du perfectionnement du produit pour une innovation permanente ; d'autre part, pour la vente liée, le critère de l'existence de deux produits distincts, interprété ici de manière large du fait d'une dissociation possible et, en l'espèce, avérée notamment sur le plan de la politique commerciale.

Quant au critère de la restriction de concurrence, qui est le noyau dur de l'analyse économique, son appréciation est dans le cas présent dominée… par la super-dominance sur un marché, dans un secteur apparenté à une infrastructure essentielle pour l'accès à des marchés en aval. La position que Microsoft occupe sur le marché des systèmes d'exploitation pour ordinateurs personnels présente des « caractéristiques extraordinaires », au point que Windows constitue « la norme de fait » pour ces systèmes d'exploitation (point 387). Cet élément a indiscutablement pesé pour apprécier la nocivité du refus d'interopérabilité comme de la vente liée.

Le refus d'informations nécessaires à l'interopérabilité

La notion d'interopérabilité est au cœur de la problématique du refus. Le TPI estime opportun d'y consacrer de longs développements préliminaires. On sait que cette notion a été définie par la directive 91/250/CEE et qu'elle justifie une exception au droit exclusif, dite de « décompilation ».

Cependant, la Commission est allée au-delà dans sa décision Microsoft, car l'exception lui est apparue inadaptée (J. Gstalter, Open source, interopérabilité et concurrence, à l'aube de l'arrêt Microsoft, *Concurrences* 2007-3, p. 46). Microsoft a contesté l'interprétation de l'interopérabilité retenue par la Commission. Mais le TPICE a écarté l'interprétation unidirectionnelle de Microsoft et conforté la relation bidirectionnelle retenue par la Commission. Aux termes du douzième considérant de la directive, l'interopérabilité suppose la capacité d'échanger des informations et de les utiliser mutuellement.

Le Tribunal en déduit l'existence de deux composantes indissociables : « d'une part, l'interopérabilité client-à-serveur, d'autre part, l'interopérabilité serveur-à-serveur » (point 231). En tout état de cause, la difficulté n'est pas de dégager la notion, mais le degré d'opérabilité à retenir afin de donner tout son sens à l'article 82 CE – au demeurant d'un rang supérieur à la directive – et, partant, à la responsabilité particulière qui incombe aux entreprises en position dominante pour assurer une concurrence effective (points 227, 229).

Le TPI insiste sur le fait que les informations requises ne portent nullement sur le code source, mais sur les seules interfaces de telle sorte que les serveurs de groupe de travail concurrents soient capables de recevoir un message déterminé de Windows et d'y répondre dans les mêmes conditions que le système d'exploitation Windows pour serveurs de groupe de travail. Ainsi, les concurrents ne seront pas en mesure de constituer des « clones », mais bel et bien de faire valoir leur mérite, comme ils le revendiquent, sur des paramètres aussi importants que la sécurité, la fiabilité et la rapidité d'exécution des tâches ou tout autre mode d'innovation (point 240).

Circonstances exceptionnelles

C'est au regard de circonstances exceptionnelles que le TPI sonde le refus de fournir les informations nécessaires à l'interopérabilité en tant qu'exercice abusif du droit exclusif dont se prévaut le titulaire du droit de propriété intellectuelle. Il s'inscrit dans le sillage de l'arrêt *Magill* (CJCE, 6 avril 1995, aff. C-241/91, Rec. I-743, points 49, 50) et de l'arrêt *IMS* (CJCE, 29 avril 2004, aff. C-418/01, Rec. p. I-5039). Le droit exclusif ne saurait constituer en lui-même un abus de celle-ci (point 323). Le refus de licence, quand bien même il émane d'une entreprise en position dominante, ne saurait pas davantage constituer un abus (point 327). Seules des circonstances exceptionnelles, constituées par quatre conditions, sont de nature à caractériser un abus (point 328). Le TPI souligne que, parmi ces conditions, l'obstacle à l'apparition d'un produit nouveau ne figure que dans la jurisprudence relative à l'exercice d'un droit de propriété intellectuelle (point 334). Cette condition fait donc l'originalité de la conciliation entre propriété intellectuelle et antitrust, par rapport aux conditions habituellement exigées pour apprécier tout refus de contracter, qu'il s'agisse de la fourniture d'une matière première (CJCE, 6 mars 1974,

Commercial Solvents, aff. 6/73, Rec. p. 22) ou de l'accès à une infrastructure (CJCE, 26 novembre 1998, Bronner, aff. C-7/97, Rec. p. I-7791, en l'espèce un réseau de distribution). Avant de l'examiner, il convient au préalable d'envisager le caractère indispensable de l'objet refusé, puis la restriction de concurrence sur le marché en aval.

Caractère indispensable

Le caractère indispensable de l'objet refusé est la toute première de ces conditions. Le TPI conforte l'argumentation en deux temps de la Commission : d'abord, la définition du degré d'interopérabilité avec l'architecture Windows nécessaire pour permettre un accès au marché adjacent des serveurs de groupes de travail ; ensuite, la mise en évidence que les informations refusées sont nécessaires à ce degré d'opérabilité (point 369). Le TPI se plaît d'ailleurs à rappeler que, par nature, les programmes d'ordinateur n'ont pas vocation à fonctionner de manière isolée... mais à s'intégrer dans un environnement de réseau avec d'autres programmes et matériels (point 383). Il souligne surtout que les considérations liées à l'interopérabilité jouent un rôle clé dans les décisions d'acquisition du système d'exploitation des serveurs de groupe de travail (point 426). En effet, une étude de marché révèle que l'interopérabilité est le facteur déterminant d'acquisition pour les utilisateurs, très préoccupés par les risques liés à la pluralité d'identifiants et de mots de passe pour la sécurité du réseau, au point que les facteurs de fiabilité, de disponibilité passent à l'arrière-plan (point 395). Il est piquant de relever que le système pour serveurs de groupe de travail de Windows a obtenu la plus mauvaise note pour le facteur fiabilité/disponibilité (point 409).

Élimination de la concurrence sur le marché en aval

L'élimination de la concurrence sur le marché en aval est la seconde condition. Microsoft contestait tout d'abord l'existence d'un marché pertinent délimité aux systèmes d'exploitation pour serveurs de « groupe de travail ». Mais le TPI considère qu'il n'apporte aucun élément pour contester les constatations de la Commission en termes de substituabilité du côté de la demande (points 486 à 526), puis de l'offre (points 531 et s.). Microsoft contestait ensuite sa position dominante sur ce marché. La méthodologie suivie par la Commission, à partir d'enquêtes de marché et d'analyses des prix des systèmes, est pourtant confortée. Au demeurant, le TPI insiste sur le fait que la Commission ne s'est pas contentée de l'analyse de parts de marché. Elle a pris pleinement en considération l'existence de barrières à l'entrée du marché, principalement constituées par des effets de réseau et d'obstacles à l'interopérabilité, ainsi que par des liens commerciaux et technologiques étroits avec le système d'exploitation pour PC clients (point 558). En tout état de cause, il est vain de contester une position dominante sur le marché adjacent puisque l'abus est caractérisé par l'exercice d'un effet de levier à partir du marché quasi-monopolistique du système d'exploitation pour PC clients. La position dominante sur le marché adjacent n'est que le résultat de l'abus de position dominante sur le premier marché (point 559). Au demeurant, l'évolution des parts de marché de Microsoft et de ses concurrents sur ce second marché est très claire (points 567 à 620).

Exigence d'un produit nouveau

L'exigence d'un produit nouveau est la troisième condition figurant dans les circonstances exceptionnelles. Elle est cruciale puisque c'est la condition spécifiquement exigée en matière d'accès à des informations protégées par des droits de propriété intellectuelle. Elle est la garantie d'équilibre ou de conciliation entre deux logiques divergentes. Il restait à savoir si le TPI allait adopter la conception large de la Commission pour caractériser cette exigence. Or celui-ci a été pleinement convaincu par l'argumentation de la Commission. D'abord, elle s'appuie sur la lettre de l'article 82 § 2 sous b) mentionnant la limitation du développement technique au préjudice du consommateur. L'apparition d'un produit nouveau, selon les termes des arrêts *Magill* et *IMS*, ne saurait réduire la portée de cette disposition et en être l'unique paramètre (point 647). Autrement dit, il convient de préserver un processus continu de l'innovation, notamment par le perfectionnement des produits, et ne pas s'en tenir à l'émergence d'un produit radicalement nouveau. Ensuite, elle fait valoir que le seul avantage concurrentiel auquel pourraient prétendre les concurrents de Microsoft réside dans une politique de différenciation en termes de performance ou d'innovation (point 658). À supposer qu'ils le puissent – ce qui n'est pas réalisable au regard des seules spécifications nécessaires à l'interopérabilité –, cloner ou reproduire le système de Windows ne permettrait pas aux concurrents d'être rentable car l'implémentation de spécifications requiert de lourds investissements. En l'état, la situation inverse se produit : Microsoft empêche et décourage ses concurrents de tirer parti de leurs mérites sur des critères de qualité et de perfectionnement. Le préjudice du consommateur réside dans ce type de privation, au sens où il est enfermé artificiellement dans une solution homogène (points 650, 655).

Absence de justification objective

L'absence de justification objective est la dernière condition requise dans le présent arrêt pour établir des circonstances exceptionnelles. En réalité, il s'agit d'un moyen de défense transversal à tous les types d'abus. C'est d'ailleurs la raison pour laquelle il y a une inversion naturelle dans la charge de la preuve. Elle incombe à l'entreprise dominante. En l'espèce, Microsoft n'a pas démontré que la divulgation des informations utiles pour l'interopérabilité aurait une incidence négative sur ses incitations à innover (point 697). Elle est restée sur des considérations vagues et théoriques.

Réunion de l'ensemble des circonstances exceptionnelles

En définitive, toutes les circonstances exceptionnelles sont réunies pour condamner un exercice abusif de droit de propriété intellectuelle. Le test retenu par le TPI aux fins de qualifier un refus de délivrance d'informations protégées est bien celui proposé dans le Discussion Paper de la Commission (points 237 à 240), puis dans son projet (Draft notice, Guidelines on the application of article 82, points 222-242). Le seul élément qu'il convient d'ajouter concerne la réalité du refus qui appelle, dans le projet, une vérification à la fois de la demande et de la réponse de l'entreprise dominante. Dans le présent arrêt, le point est d'ailleurs examiné par le TPI et celui-ci écarte aisément les arguments de Microsoft qui tendaient à dénaturer la demande en 1998 de Sun Microsystems. Il reste que le point crucial de la discussion résidait dans la conception de l'innovation et du bien-être du consommateur. Le TPI renforce l'ancrage dans les exigences d'une chaîne continue de l'innovation et d'une offre diversifiée pour servir le bien-être collectif.

La vente liée

Les conditions requises pour un abus de vente liée sont bien établies dans la jurisprudence communautaire (CJCE, 3 octobre 1985, 311/84, Centre belge d'études de marché/Compagnie luxembourgeoise de Télédiffusion TPICE, 12 déc. 1991, Hilti, T-30/89, Rec. 1991 II-01439, rejet du pourvoi portant seulement sur marché pertinent et position dominante : CJCE, 2 mars 1994, Hilti, C-53/92 ; CJCE, 14 nov. 1996, C-333/94, Tetra Pak). Les économistes critiquent leur mise en œuvre tant elles paraissent aboutir à une condamnation systématique et occulter l'analyse économique. Pour autant, les risques d'effets anticoncurrentiels ne sauraient être minorés. Entre l'illégalité per se et la légalité per se, l'intérêt d'une nouvelle approche est de proposer « une règle de raison structurée ». En ce sens, la réelle nocivité reposerait sur plusieurs critères : l'existence d'un pouvoir de marché, l'établissement d'effets anticoncurrentiels, la mise en balance d'éventuels effets proconcurrentiels (D.E. Evans, A. J. Padilla, M. A. Salinger, A pragmatic Approach to Identifying and Analysing Legitimate Tying Cases, European Competition Law 2003, in What is an Abuse of a Dominant Position ?, Hart Publishing 2005). La vente liée par intégration technologique, que l'affaire Microsoft illustre, donne au débat une dimension encore plus délicate (L. Idot, Tying after Microsoft and GE Honeywell, *Concurrences* 2005-2, p. 31).

On retiendra d'emblée que la première des conditions requises ne posait pas de difficulté. La position dominante sur le marché du produit liant ne pouvait pas être contestée au regard de la position superdominante de Microsoft sur le marché des systèmes d'exploitation d'ordinateurs personnels. L'absence de choix pour le consommateur a été discutée. Mais c'est surtout l'existence de deux produits distincts et la restriction de concurrence qui ont fait l'objet des discussions les plus serrées.

Existence de deux produits distincts

L'existence de deux produits distincts était sérieusement remise en cause par Microsoft. Celui-ci soutenait que la fonction multimédia ne constituait pas un produit distinct du système d'exploitation, mais qu'elle en faisait partie intégrante. Elle ajoutait que les consommateurs attendent que tout système soit doté d'une telle fonctionnalité. Le TPI rétorque que la notion de fonctionnalité multimédia est bien vague et que la documentation technique de Microsoft fait bien la distinction entre Windows Media Player (WMP) et les autres fichiers multimédias (point 916). En outre, il conforte le point de vue de la Commission selon lequel les faits doivent être appréciés dans le contexte de 1999. Il n'en demeure pas moins que Microsoft avait beau jeu d'invoquer la lettre de l'article 82 § 2 sous d). Celui-ci vise expressément « le fait de subordonner la conclusion de contrats à des prestations supplémentaires qui, par leur nature ou selon les usages commerciaux, n'ont pas de lien avec l'objet de ces contrats ». L'absence de lien ou d'usage commercial est donc un élément constitutif de la qualification d'abus. Or on sait que la Cour de justice a considérablement affaibli cette condition dans l'arrêt *Tetra Pak*.

Non contente d'approuver l'absence de lien naturel entre les cartons et les machines de conditionnement et l'absence d'usages commerciaux, elle a également ajouté des considérations d'ordre général qui ôtent à ces éléments tout leur poids : « La liste des pratiques abusives établie à l'article 86 du traité n'est pas limitative ; en conséquence, même lorsque la vente liée de deux produits est conforme aux usages commerciaux ou lorsqu'il existe un lien naturel entre les deux produits en question, un abus peut être constitué, à moins que la pratique ne soit objectivement justifiée » (point 37).

C'est dire combien l'appréciation du couplage est sévère. Dans le présent arrêt, le TPI se plaît à insister sur la formule (points 861, 942), tout en reconnaissant que les éléments identifiés par la Commission recouvrent en substance l'article 82 § 2 sous d) (point 862).

En premier lieu, le TPI considère que l'intégration technique d'un produit dans un autre n'empêche pas que l'on examine son impact sur le marché (point 935). Il souligne que Microsoft ne démontre aucune contrainte d'ordre technique pour cette intégration. En deuxième lieu, le TPI approuve l'analyse de la Commission sur l'absence de lien par nature. Il existe certes un lien entre un système d'exploitation et un logiciel d'application dans la mesure où ce dernier ne peut fonctionner qu'en présence du premier, mais ce lien n'est pas indissociable (point 939). Plusieurs éléments économiques et commerciaux l'établissent : il existe des éditeurs qui conçoivent des logiciels multimédias indépendamment du système d'exploitation ; Microsoft développe et commercialise des versions de WMP pour des concurrents ; WMP peut être téléchargé indépendamment du système d'exploitation sur le site internet de Microsoft ; Microsoft a des actions ciblées de promotion sur WMP et propose un accord spécifique de licence (points 926- 932). En troisième lieu, le Tribunal reprend à son compte l'argumentation relative aux usages commerciaux : il est singulier d'invoquer un usage dans un secteur contrôlé à 95 % par une entreprise (point 940). De tous ces éléments, le TPI déduit que l'existence de deux produits est bien caractérisée et que le couplage était seulement dicté par la recherche d'un avantage concurrentiel artificiel.

Absence de choix pour le consommateur

L'absence de choix pour le consommateur est une condition qui renvoie à l'énoncé de l'article 82 § 2 sous d) : le fait de subordonner la conclusion de contrats à des prestations supplémentaires. Le TPI retient les arguments de la Commission (points 962-974). D'abord, les équipementiers, dont la tâche consiste à assembler les ordinateurs personnels, sont tenus d'accepter une licence Microsoft à laquelle celle de WMP est liée. À cela s'ajoute une contrainte technique : il n'est pas possible de désinstaller WMP.

Quant aux arguments invoqués par Microsoft, ils sont écartés dans leur existence même, sans discussion sur leurs effets. Il en va ainsi pour la gratuité qui n'est qu'apparente, puisque le prix de WMP est inclus dans le prix du système d'exploitation. Il en va ainsi, également, pour les mesures correctrices introduites dans la transaction américaine, puisque celle-ci est postérieure aux faits reprochés.

En incidente, la Commission ne se prive pas de souligner leur faible portée : Microsoft était seulement tenu de supprimer l'icône WMP sur l'écran et de désactiver l'exécution automatique, mais WMP restait préinstallé et pleinement activé. En définitive, l'absence de choix est bel et bien caractérisée.

Appréciation de la restriction de concurrence

L'appréciation de la restriction de concurrence, en soi l'exercice le plus périlleux, est convaincante. La première étape du raisonnement constate que la vente liée a conféré à WMP une présence à échelle mondiale sur les ordinateurs personnels sans avoir à concurrencer par les mérites les produits concurrents (point 1038). Il s'avère que les équipementiers sont réticents à ajouter un second lecteur multimédia en raison d'une occupation superflue du disque dur et de risques de confusion alourdissant l'assistance de la clientèle (point 1044). Le couplage constitue donc un avantage concurrentiel déterminant. En outre, le TPI rappelle que, jusqu'en 1999, Microsoft n'avait pas réussi à développer un lecteur multimédia en continu et distribuait RealAudioPlayer et RealNetWorks. Avec la vente liée, WMP a bénéficié d'une pénétration sur le marché mondial qui n'a pas été déterminée par ses qualités intrinsèques (point 1046).

La deuxième étape du raisonnement concerne l'influence de la vente liée sur les fournisseurs de contenu et les concepteurs de logiciel. Le TPI prend en compte le phénomène des effets de réseau : plus le nombre d'utilisateurs d'une plateforme logicielle est important, plus les investissements dans le développement de produits compatibles avec cette plateforme sont élevés, ce qui renforce à son tour la popularité de ladite plateforme (point 1061).

La troisième étape porte sur l'étude des parts de marché et le recul des produits concurrents de WMP. Le TPI de tous ces éléments que les concurrents sont dans une situation désavantageuse quand bien même ils présentent des qualités intrinsèques supérieures. Par surcroît, Microsoft envoie ainsi des signes forts qui découragent l'innovation dans toutes les technologies auxquelles elle pourrait s'intéresser et qu'elle pourrait coupler avec Windows (point 1088). L'ampleur de la nocivité réelle et potentielle, par forclusion du marché, est établie.

Absence d'efficience économique et de justifications objectives

L'absence d'efficience économique et de justifications objectives est, comme cela a été souligné pour le refus d'information, un moyen de défense. Le TPI écarte l'argument de Microsoft selon lequel la Commission ne prend pas en considération son modèle commercial fondé sur l'intégration continue de nouvelles fonctionnalités dans Windows.

En effet, la Commission soutient qu'elle ne reproche pas l'intégration en soi, mais seulement le fait que Microsoft offre exclusivement sur le marché une version liée, sans laisser aux équipementiers et, par ricochet, aux consommateurs la possibilité d'acquérir une version de Windows sans WMP. Microsoft prétendait également que la normalisation de fait de la plateforme WMP était bénéfique pour le consommateur. Mais la Commission rétorque qu'une seconde normalisation de fait au profit de Microsoft n'est pas souhaitable et qu'il faut s'attacher à l'existence d'une pluralité de plateformes susceptible de stimuler une innovation permanente.

Après ces considérations qui relevaient en réalité de l'efficience économique, le TPI aborde les justifications objectives avec les prétendus risques de dégradation ou de fragmentation en cas de retrait de WMP. Il constate que Microsoft ne les a pas démontrés.

Conditions pour condamner un couplage abusif

Les conditions pour condamner un couplage abusif sont donc réunies. On retrouve, avec les quatre conditions traitées par le TPI, le test envisagé dans le Discussion Paper (points 177-206) et dans le projet de lignes directrices (points 168-196). On relèvera que la décision Microsoft y est mentionnée pour illustrer le phénomène des effets de réseau.

En tout état de cause, le présent arrêt maintient pour l'avenir une forte pression sur les ventes liées. La condition relative à la qualification de deux produits distincts demeure souple. Les usages commerciaux, déjà superfétatoires, deviennent dérisoires lorsqu'ils sont invoqués dans une situation de superdominance. Quant au lien par nature entre les produits, visé par l'article 82 § 2 d), il fait l'objet d'un glissement en passant de « lien naturel » à « lien indissociable ».

C'est, en définitive, la condition relative à la restriction de concurrence qui semble la plus déterminante. Or, dans le cas d'une superdominance sur le marché liant, le degré de pénétration du marché lié crée artificiellement un avantage concurrentiel si « extraordinaire » que les mérites des concurrents sont radicalement occultés. La défense en termes d'efficience économique ou de justifications objectives demeurera difficile.

Les sanctions

Le recours visait à neutraliser les mesures correctives. Le montant de l'amende n'a pas été contesté par Microsoft. Ce constat souligne encore, s'il en était besoin, la faible dissuasion de l'amende en tant que sanction. Microsoft a d'abord contesté la mesure corrective consistant à divulguer, dans un délai de 120 jours, les informations relatives à l'interopérabilité à toute entreprise souhaitant développer et distribuer des systèmes d'exploitation pour serveurs de groupe de travail. Mais le Tribunal a considéré que la portée de la mesure dépendait exclusivement du degré d'interopérabilité retenu pour caractériser l'abus (point 152).

Le moyen était donc tranché au stade de la qualification de l'abus. Microsoft contestait ensuite la mesure corrective de la vente liée en développant, en définitive, les mêmes moyens que ceux relatifs aux justifications objectives. Loin d'être disproportionnée, elle apparaît au TPI comme le moyen le plus adéquat pour mettre fin à l'abus tout en causant le moins d'inconvénient possible à Microsoft (point 1223).

En effet, celui-ci peut continuer à proposer la version couplée, en parallèle d'une version non couplée et, dans cette dernière hypothèse, commercialiser son lecteur multimédia par le biais d'un téléchargement sur internet. En définitive, c'est seulement l'obligation de désigner un mandataire indépendant, qui fait l'objet d'une annulation. (v. F. Zivy, Concurrences N° 4-2007, Art. N° 14381, pp. 123-124).

On pourrait penser que la Commission a ainsi sauvé l'essentiel de ses efforts. Néanmoins, il faut s'interroger sur la difficulté de mise en œuvre des mesures correctives. Microsoft reste toujours sur le terrain du défi.

C. Prieto

Concurrences N° 4-2007, Art. N° 14477, p. 78

Voir aussi

F. Zivy, Remèdes : Le Tribunal de première instance des Communautés européennes considère qu'un mandataire indépendant peut assister la Commission, mais pas assurer à sa place le suivi de l'exécution d'un remède (Microsoft), 17 septembre 2007, Concurrences N° 4-2007, Art. N° 14381, pp. 123-124.

Voir aussi, sur les suites de l'affaire

F. Marty, Non-respect des engagements : La Commission européenne sanctionne un opérateur dominant du marché des systèmes d'exploitation pour non-respect de ses engagements en matière de possibilité laissée au consommateur de choisir librement son navigateur Internet (Microsoft), mai 2013, Concurrences N° 2-2013, Art. N° 52162, p. 73.

P. Cardonnel, Abus de position dominante – Astreinte : Le Tribunal de l'UE réduit légèrement le montant d'une astreinte imposée en 2008 (Microsoft), 27 juin 2012, Concurrences N° 4-2012, Art. N° 49419, pp. 145-147.

CJUE, 6 déc. 2012, AstraZeneca e. a., C-457/10 P

La Cour de justice de l'Union européenne sanctionne définitivement l'utilisation abusive de procédures réglementaires pour prévenir ou retarder l'arrivée des génériques sur le marché.

L'arrêt de la Cour de justice du 6 décembre 2012 vient clore la saga judiciaire relative à la décision de la Commission européenne (la « Commission ») qui sanctionnait pour la première fois l'usage abusif, par un laboratoire titulaire d'un princeps, de procédures réglementaires du secteur pharmaceutique afin de prévenir ou de retarder l'arrivée des génériques sur le marché. Cette affaire est bien connue. Dans sa décision du 15 juin 2005 concernant AstraZeneca (Commission, 15 juin 2005, AstraZeneca, aff. 37.507), la Commission avait infligé une amende de 60 millions d'euros pour deux abus de position dominante sur le marché des inhibiteurs de la pompe à protons (communément dénommés les « IPP »). À l'époque des faits, AstraZeneca commercialisait depuis une vingtaine d'années l'un des plus grands « blockbusters » du secteur pharmaceutique (définis comme des produits générant plus d'un milliard de dollars par an) : l'oméprazole sous la marque Losec®. Ce produit, qui fut le premier IPP disponible sur le marché, générait plus de 6 milliards de dollars de chiffre d'affaires en 2000. Face à la générification prochaine de son médicament star, AstraZeneca avait mis au point une stratégie destinée à faire basculer le Losec® vers une version de seconde génération de ce médicament. En premier lieu, selon la Commission, AstraZeneca avait, par un ensemble de déclarations délibérément trompeuses auprès des offices de brevets en Allemagne, Belgique, Danemark, Norvège, Pays-Bas et Royaume-Uni, obtenu de manière illégitime un certificat complémentaire de protection (« CCP ») pour le Losec®. En second lieu, toujours selon la Commission, AstraZeneca avait demandé le retrait des autorisations de mise sur le marché (« AMM ») des gélules du Losec® au Danemark, en Norvège et en Suède, ce qui, combiné avec le retrait du marché des anciennes gélules de Losec® et du lancement dans ces trois pays des nouveaux comprimés sous la dénomination Losec® MUPS (« *Multiple Unit Pellet System* »), avait eu pour conséquence d'empêcher les génériqueurs de bénéficier d'une procédure accélérée d'obtention d'une AMM pour leurs génériques du Losec®. AstraZeneca avait fait appel de la décision et celle-ci avait été validée par le Tribunal dans un arrêt du 1er juillet 2010 (arrêt du Tribunal de l'UE du 1er juillet 2010, AstraZeneca c/ Commission, T-321/05, Rec. II-2805, voir not. obs. A. Wachsmann), sauf en ce qui concerne un élément : la Commission n'avait pas démontré à suffisance de droit que le retrait des AMM sur le marché des gélules du Losec® au Danemark et en Norvège était susceptible, du fait de la réglementation alors en vigueur, d'exclure les importations parallèles de Losec® dans lesdits pays. Le Tribunal avait de ce fait réduit l'amende de 60 à 52,5 millions d'euros en diminuant le montant de base pour le calcul de l'amende de 20 à 15 millions d'euros. C'est le pourvoi formé par AstraZeneca contre cet arrêt du Tribunal, complété par les pourvois incidents de la Fédération européenne des industries et associations pharmaceutiques (l'« EFPIA ») et de la Commission, qui vient d'être intégralement rejeté par la Cour de justice.

La délimitation du marché pertinent

Par un premier moyen, les requérantes estimaient que le Tribunal avait retenu une définition du marché pertinent (celui des IPP en écartant les anti-H2), en se fondant sur l'état de concurrence tel qu'il se présentait en 2000. Ce faisant, le Tribunal aurait omis de prendre en compte le caractère graduel de l'augmentation de l'usage des IPP au détriment des anti-H2 (correspondant aux molécules d'ancienne génération) et l'évolution des rapports de concurrence entre ces deux produits tout au long des années 1990. Le Tribunal aurait également écarté, à tort, la pertinence d'un effet d'« inertie » de la part des médecins prescripteurs qui ont maintenu pendant un certain temps les prescriptions d'anti-H2 (pts 31 à 35). La Cour de justice écarte ce moyen en relevant que le Tribunal a correctement tenu compte dans son analyse du caractère graduel de l'augmentation des ventes du Losec®. La Cour de justice précise que ce seul élément ne signifie pas que les anti-H2 aient pu exercer une contrainte concurrentielle significative : même sans les anti-H2, les IPP auraient pu connaître un développement commercial graduel similaire en raison de leur nouveauté et de la méfiance éventuelle des médecins prescripteurs. De la même façon, l'inertie des médecins était plus liée à leur méconnaissance des IPP qu'aux qualités thérapeutiques des anti-H2 qui étaient bien inférieures à celles des IPP. Par un second moyen, il était également reproché au Tribunal de ne pas avoir examiné le coût général d'un traitement à base d'IPP par rapport à celui à base d'anti-H2. Or le Tribunal avait souligné la sensibilité limitée des médecins et des patients aux différences de prix en raison des systèmes réglementaires en vigueur. En tout état de cause, la Cour de justice relève que le prix des IPP n'était pas supérieur à celui des anti-H2. Au demeurant, il est rappelé que la Commission avait, à bon droit, défini le marché dans le cadre d'une évaluation globale, en fonction de nombreux critères s'appuyant sur d'autres éléments que le prix (pts 57 et 59). Ces deux moyens sont donc rejetés et la définition de marché retenue validée.

Sur la position dominante d'AstraZeneca

Dans son pourvoi incident, l'EFPIA reprochait au Tribunal de ne pas avoir suffisamment tenu compte du rôle de l'État qui est tout à la fois payeur et régulateur des prix, ce qui aurait atténué le pouvoir de marché d'AstraZeneca. De plus, le seul fait de détenir un droit de propriété intellectuel ne serait pas suffisant en soi pour conclure à l'existence d'une position dominante (pts 170 et 184). La Cour de justice écarte ce moyen en rappelant que le Tribunal a examiné et correctement pris en compte un ensemble de critères pour déterminer la position dominante d'AstraZeneca (pts 175 et 176). La part de marché en est un élément essentiel mais pas unique et les droits de propriété intellectuels ne sont pas non plus suffisants en eux-mêmes. Quant aux réglementations nationales en matière de prix, elles seraient plutôt un élément confortant le pouvoir de marché des laboratoires dès lors que ceux-ci peuvent obtenir un prix supérieur pour des produits dont la valeur thérapeutique est importante (comme cela était le cas du Losec®) et que le remboursement des systèmes de santé rend la demande inélastique.

Sur le premier abus : le fait de tromper ne peut être équivalent à une concurrence par les mérites

S'agissant du premier comportement reproché à AstraZeneca, les requérantes avaient orienté leurs arguments sous l'angle de l'interprétation de la notion de concurrence par les mérites. Dans un premier moyen, AstraZeneca critiquait le fait que l'arrêt aurait « élevé au rang d'abus le simple fait qu'une entreprise en position dominante sollicite un droit dont elle pense pouvoir bénéficier sans divulguer les éléments sur lesquels elle fonde cette conviction ». De même, « un manque de transparence ne saurait suffire pour qu'il y ait abus » (pt 70). Allant plus loin, AstraZeneca évoquait « des raisons politiques et économiques impérieuses justifiant d'exiger une fraude délibérée ou une tromperie afin de pouvoir constater un abus dans des circonstances comme celles de l'espèce ». En effet, une telle interprétation de la notion d'abus « risquerait d'entraver et de retarder les demandes de droits de propriété intellectuelle en Europe », poussant la comparaison avec le droit américain où seuls les brevets obtenus de manière frauduleuse sont attaquables en vertu du droit de la concurrence (pt 71). De son côté, l'EFPIA craignait que toute erreur d'un laboratoire pharmaceutique en position dominante auprès d'une Autorité réglementaire, même involontaire et rectifiée immédiatement, puisse donner lieu à une condamnation sur la base de l'article 102 TFUE et qu'ainsi « une déclaration « objectivement trompeuse » signifie en réalité « objectivement inexacte » » (pt 72). La Cour de justice ne s'est pas laissée impressionner par ces arguments, en rappelant que la notion d'exploitation abusive est une notion objective, qui interdit à une entreprise en position dominante d'éliminer ses concurrents par des moyens autres que ceux qui relèvent de la concurrence par les mérites (pt 74).

Une absence manifeste de transparence

En l'espèce, elle relève le soin apporté par le Tribunal pour démontrer « l'intention de tromper les offices de brevets » (pt 84), la conscience qu'AstraZeneca pouvait avoir, telle que révélée par des documents internes, du fondement inexact et du caractère erroné des informations transmises aux offices des brevets (pt 88) et globalement, le manque manifeste de transparence : il incombait à AstraZeneca de divulguer aux offices de brevets l'ensemble des informations pertinentes pour leur permettre de se prononcer en toute connaissance de cause (pts 93 et 95). La Cour relève que « (...) le comportement constant et linéaire [d'AstraZeneca] qui était caractérisé par la communication aux offices des brevets de déclarations fortement trompeuses, ainsi que par un manque manifeste de transparence, notamment quant à l'existence de l'autorisation technique française et par lequel [AstraZeneca] a délibérément tenté d'induire les offices des brevets, ainsi que les autorités judiciaires en erreur, afin de préserver le plus longtemps possible son monopole sur le marché des IPP, était étranger à la concurrence par les mérites » (pt 93). La Cour de justice prend également la peine d'indiquer qu'il n'est nullement exigé des entreprises qu'elles soient « infaillibles » (pt 99) dans les procédures devant les autorités réglementaires et qu'il ne résulte nullement de l'arrêt du Tribunal que toute demande de brevet qui serait rejetée pour ne pas avoir rempli les conditions de son obtention équivaudrait à un abus. Dans un second moyen, AstraZeneca avait également fait valoir que la conséquence de l'arrêt du Tribunal serait que le simple fait de demander un CCP pourrait suffire pour constituer un abus, l'EFPIA ajoutant qu'une déclaration trompeuse ne devrait pas constituer un abus si elle n'a pas eu d'effet externe, parce que l'erreur a été corrigée soit par un office des brevets, soit par des tiers, par le biais d'une procédure d'opposition par exemple (pts 101-103). La Cour de justice rappelle qu'une pratique d'une entreprise en position dominante ne saurait être qualifiée d'abusive en l'absence du moindre effet anticoncurrentiel sur le marché. Toutefois, et la nuance peut être de taille, la seule démonstration d'un effet anticoncurrentiel potentiel est suffisante et « il n'est en revanche pas requis qu'un tel effet soit nécessairement concret » (pt 112). En l'espèce, le Tribunal avait relevé que les déclarations trompeuses étaient réellement de nature à conduire les autorités publiques à accorder un CCP. Or, lesdits CCP interdisent l'entrée des concurrents sur le marché au moment de leur mise en œuvre (c'est-à-dire à l'expiration du brevet), mais sont également susceptibles d'altérer la structure du marché en portant atteinte à la concurrence potentielle avant cela. Peu importe donc qu'à l'expiration du brevet,

AstraZeneca ne soit plus en position dominante, la nature anticoncurrentielle de ses actes devant être évaluée au moment où ceux-ci ont été commis (pt 110). Peu importe également que, dans certains pays, les déclarations trompeuses d'AstraZeneca ne lui aient pas permis d'obtenir un CCP, voire même que les CCP aient été délivrés sur la base des dates correctes : « Cette circonstance ne prive pas le comportement d'AstraZeneca dans ces pays de son caractère abusif, dès lors qu'il est établi que ces déclarations étaient fortement susceptibles de conduire à la délivrance de CCP irréguliers » (pt 111).

Sur le second abus : le retrait d'une AMM visant à limiter l'entrée de génériqueurs sur le marché

S'agissant de la seconde pratique, AstraZeneca faisait valoir le droit légitime d'un laboratoire pharmaceutique à retirer une AMM génératrice de lourdes obligations en matière de pharmacovigilance et de coûts pour un produit, le Losec®, qui avait été retiré du marché car remplacé par un produit de seconde génération. Or, en l'espèce, le Tribunal avait relevé l'absence de justification objective expliquant le retrait des AMM après l'expiration du droit exclusif d'exploiter les résultats des essais pharmacologiques, toxicologiques et cliniques, privant de ce fait les génériqueurs de la possibilité d'utiliser lesdits résultats pour obtenir leurs AMM. Quant aux justifications sur la pharmacovigilance, la Cour de justice indique qu'il s'agissait d'éléments nouveaux évoqués pour la première fois au stade de la procédure contentieuse et jamais évoqués dans les documents internes à AstraZeneca. Pour la Cour de justice, qui rejette ce moyen, il s'agissait plus d'un argument opportuniste apporté après coup que d'un motif réellement envisagé à l'époque des faits, d'autant qu'AstraZeneca n'avait pas demandé le retrait de ses AMM dans six autres pays européens (pts 136 et 137).

Sur le montant de l'amende

Les requérantes faisaient valoir que le Tribunal aurait dû tenir compte du caractère inédit des deux abus de position dominante, ainsi que de l'absence d'effets anticoncurrentiels dans le calcul de l'amende. Sur le premier point, il s'agissait certes d'une infraction inédite, mais la Cour de justice estime qu'AstraZeneca « était conscient de la nature fortement anticoncurrentielle de son comportement et aurait dû s'attendre à ce que celui-ci soit incompatible avec les règles de concurrence du droit de l'Union » (pt 164). Si les faits de cette espèce paraissaient somme toute assez indiscutables et fortement entachés d'une dimension « morale » quant à l'appréciation des juges, qu'en est-t-il des nombreuses autres situations plus ou moins ambiguës et complexes à appréhender ? Ainsi, le rapport d'enquête sectorielle de la Commission dans le secteur pharmaceutique, publié en juillet 2009, contient divers scénarios de stratégies potentiellement anticoncurrentielles. Il peut s'avérer très difficile pour les entreprises d'évaluer des pratiques avec pour seul guide le rappel en l'espèce par la Cour de justice que « l'élaboration par une entreprise, même en position dominante, d'une stratégie ayant pour objet de minimiser l'érosion de ses ventes et d'être en mesure de faire face à la concurrence des produits génériques est légitime et relève du jeu normal de la concurrence, pour autant que le comportement envisagé ne s'écarte pas des pratiques relevant d'une concurrence par les mérites, de nature à profiter aux consommateurs » (pt 129). Pour en revenir au calcul de l'amende et la prise en compte des effets des pratiques, la Cour de justice relève que l'absence d'effet concret a été, le cas échéant, la conséquence de comportement de tiers, et notamment des offices de brevets eux-mêmes qui ont su, pour certains, détecter et corriger les informations erronées transmises par AstraZeneca. Or, ce dernier ne peut se prévaloir de circonstances extérieures pour s'exonérer de son comportement abusif, AstraZeneca ne pouvant tirer profit pour le calcul de l'amende « du fait que, grâce à l'intervention de tiers, leur comportement fortement anticoncurrentiel, qui était susceptible d'affecter de manière importante la concurrence, n'a pas toujours produit les effets escomptés » (pt 165). Par ailleurs, la Cour de justice ajoute, en guise de menace, que « des éléments relevant de l'objet d'un comportement peuvent avoir plus d'importance aux fins de la fixation du montant de l'amende que ceux relatifs à ses effets » (pt 165).

Sur le pourvoi incident

Il faut noter enfin que la Cour de justice rejette le pourvoi incident de la Commission qui portait sur la partie annulée de sa décision par le Tribunal, c'est-à-dire celle concernant l'impact des pratiques unilatérales d'AstraZeneca sur les importations parallèles au Danemark et en Norvège. La Commission estimait que le Tribunal ne pouvait exiger, au regard des règles relatives à la charge de la preuve, qu'elle démontre que les autorités nationales étaient susceptibles de retirer, voire retiraient habituellement, les autorisations d'importations parallèles à la suite du retrait de l'AMM (pt 192). La Cour de justice répond que l'absence de démonstration d'une telle hypothèse générait un doute sur l'impact réel ou potentiel du comportement d'AstraZeneca (le retrait des AMM) sur les importations parallèles, doute qui devait dès lors bénéficier à ce dernier (pts 197, 199 et 202).

Sur le contexte de cet arrêt

Cet arrêt confirme une décision déjà ancienne (2005) portant sur des faits qui se sont déroulés il y a presque vingt ans. Cette affaire a aussi constitué un préliminaire à l'enquête sectorielle de la Commission en matière pharmaceutique aboutissant à son rapport précité, publié en juillet 2009. Depuis juillet 2009, d'autres procédures de concurrence dans le secteur pharmaceutique ont été lancées et sont en cours d'examen par la Commission. Celle-ci en a toutefois récemment clôturé quelques-unes, d'abord en juillet 2011 contre Boehringer-Ingelheim puis en mars 2012 contre AstraZeneca et Nycomed ou encore contre GlaxoSmithKline et Synthon. Mais elle a également adressé deux notifications de griefs en juillet 2011. L'une à l'encontre de Servier pour des pratiques relevant tout à la fois d'un abus de position dominante (acquisition de technologies spécifiques pour la production de son médicament, le périndopril) et d'une entente, par le biais de patent settlements. L'autre à l'encontre de Lundbeck, également dans le cadre d'accords avec des génériqueurs en vue de retarder leur entrée sur le marché par le règlement de sommes d'argent (les « reverse payment » ou encore « pay-for-delay »). D'autres procédures sont pendantes contre Cephalon et Teva ou encore Johnson & Johnson et Novartis. Notons enfin qu'un « vieux » sujet revient sur le devant de la scène : celui des importations parallèles. On pensait l'affaire réglée par la Cour de justice, tant en matière d'ententes que d'abus de position dominante depuis les grandes affaires GlaxoSmithKline en matière de doubles prix en Espagne (arrêt de la Cour de justice du 6 octobre 2009, GlaxoSmithKline c/ Commission, C-501/06 P et s., Rec. I-9291, voir not. obs. A. Maitrepierre) et de systèmes de quotas en Grèce (arrêt de la Cour de justice du 16 septembre 2008, Sot. Lélos c/ GlaxoSmithKline, C-468/06 et s., Rec. I-7139, voir not. obs. A. Wachsmann), sans oublier l'affaire Bayer-Adalat sur la notion d'accord (arrêt de la Cour de justice du 6 janvier 2004, Commission c/ Bayer, C-2/01 P et C-3/01 P,

Rec. I-23). Pourtant, à l'occasion d'un discours le 30 mars dernier, le Commissaire à la concurrence, Joaquín Almunia a relancé le débat en s'intéressant aux évolutions concernant le marché espagnol. On le voit, même si l'enquête sectorielle n'a pas abouti à une avalanche de procédures, contrairement à ce que la Commission pouvait laisser entendre lors de son lancement en 2008, l'actualité du droit de la concurrence dans ce secteur reste soutenue.

A. Wachsmann, N. Zacharie
Concurrences N° 1-2013, Art. N° 50454, p. 78

Voir aussi, sur les origines de l'affaire

Trib. UE, 1er juill. 2010, AstraZeneca, T-321/05

A. Wachsmann, N. Zacharie, Déclarations trompeuses auprès des offices des brevets : Le Tribunal de l'UE confirme pour l'essentiel l'analyse de la Commission mais réduit l'amende infligée à un groupe pharmaceutique (AstraZeneca), 1er juillet 2010, Concurrences N° 4-2010, Art. N° 33184, pp. 120-123.

CJUE, 16 juill. 2015, Huawei, C-170/13

La Cour de justice de l'Union européenne précise les conditions de l'action en contrefaçon d'un brevet essentiel.

Il n'est pas très fréquent qu'une entreprise chinoise agisse en contrefaçon de l'un de ses brevets contre une entreprise européenne. Tel était pourtant le cas dans le litige qui a amené le Landgericht Düsseldorf à saisir la Cour à titre préjudiciel d'une question nouvelle à propos d'un cas particulier d'usage abusif de droits de propriété intellectuelle. Huawei Technologies, la société chinoise (qui fait partie d'un groupe de taille mondiale) est titulaire d'une série de brevets essentiels à une norme adoptée par l'ETSI (organisme européen en charge d'adopter des normes techniques en matière de télécommunications). Le brevet européen au centre de l'affaire avait été reconnu par l'organisme de normalisation comme essentiel à une certaine norme (brevet dit « BEN »). Cela signifie qu'il n'est pas possible pour une entreprise de fabriquer un bien conforme à cette norme à moins de mettre en œuvre le procédé breveté. Afin d'éviter que le titulaire d'un tel brevet puisse se réserver un monopole sur la production de biens conformes à la norme, celui doit s'engager, auprès de l'ETSI, à accorder aux tiers des licences à des conditions équitables, raisonnables et non discriminatoires, dites « FRAND » (*Fair, Reasonable and Non-Discriminatory*). Huawei avait pris un tel engagement. Pour autant, aucun accord de licence n'avait pu être conclu avec ZTE, entreprise allemande (appartenant également à un groupe de dimension mondiale). C'est donc sans y être autorisée que ZTE avait mis en œuvre le procédé objet du brevet en cause et mis sur le marché des produits concurrents à ceux de Huawei. Cette dernière avait alors agi en contrefaçon. Elle demandait la cessation de la contrefaçon, la fourniture de données comptables, le rappel des produits, ainsi que des dommages et intérêts.

Une question nouvelle : quand l'action en contrefaçon d'un brevet essentiel à une norme (BEN) est-elle abusive ?

La juridiction saisie de ces demandes s'interrogeait sur l'interprétation à donner à l'article 102 TFUE dans ce contexte. En effet, cette disposition pouvait recevoir application dans la mesure où Huawei détenait une position dominante (ce point n'étant pas contesté). S'il est de jurisprudence constante qu'une entreprise en position dominante conserve son droit d'agir en contrefaçon des brevets dont elle est titulaire, il est également acquis que, dans des circonstances exceptionnelles, une telle action en justice peut constituer un abus (jurisprudence rappelée aux points 46 et 47 de l'arrêt). Or, avant l'arrêt rapporté, il n'y avait pas de jurisprudence relative aux circonstances pertinentes en l'espèce.

L'affaire Huawei présentait en effet deux particularités juridiques et une particularité factuelle. Sur le plan juridique, le brevet en cause était, comme on l'a dit, essentiel à la mise en œuvre d'une norme technique. En outre, l'entreprise dominante titulaire du brevet et demandeuse à l'action en contrefaçon s'était engagée à accorder des licences FRAND. Sur le plan factuel, la circonstance qui doit être soulignée tient au fait qu'aucun accord de licence n'avait été conclu. Des négociations avaient bien été engagées entre les deux entreprises. Huawei avait proposé un montant de redevance qu'elle estimait raisonnable. Toutefois, ZTE souhaitait une concession réciproque de licences (chacune des deux entreprises étant titulaires de nombreux brevets essentiels) de préférence à une licence payante. Après cinq mois de négociations infructueuses, Huawei avait introduit une action en contrefaçon. Deux ans plus tard (en cours de procédure donc), ZTE avait fait une offre de contrat de licences réciproques et avait proposé, mais non versé, un montant de redevance de 50 euros (conclusions, pt 27). C'est dans ces circonstances que ZTE avait produit et mis sur le marché des appareils (« stations de base ») équipés de logiciels faisant appel à la norme liée au brevet (*Long Term Evolution*, « LTE »).

Comme le souligne l'Avocat général Wathelet, c'est la première fois que la Cour était amenée à analyser si, et le cas échéant à quelles conditions, une action en contrefaçon introduite par le détenteur d'un BEN contre une entreprise qui fabrique des produits conformes à la norme sous-jacente est posée à la Cour (conclusions, pt 2).

Faute de jurisprudence pertinente, la juridiction de renvoi s'était tournée vers la pratique décisionnelle de la Commission et avait dû se contenter de communiqués de presse relatifs à une communication des griefs adressée à Samsung (communiqué de presse n° IP/12/1448 et MEMO/12/1021, du 21 décembre 2012). On pouvait y lire la position préliminaire de la Commission, selon laquelle, dans les circonstances de l'affaire Samsung c/ Apple, lorsque l'entreprise dominante titulaire d'un BEN (Samsung) s'est engagée à accorder des licences FRAND et que le preneur de licence potentiel (Apple) s'est montré disposé à négocier les termes d'une telle licence, une action en contrefaçon nuit à la concurrence.

Comme le remarquent tant la juridiction de renvoi que l'Avocat général, cette position préliminaire de la Commission ne semblait réserver aucun rôle aux circonstances de la négociation, ni aux raisons pour lesquelles aucun accord n'avait été trouvé. Le Landgericht Düsseldorf s'interrogeait donc, de façon compréhensible, sur les enseignements à tirer de cette omission. Pouvait-on vraiment considérer que, dès lors que le titulaire du BEN est en position dominante, il suffit que le preneur de licence (Apple, ZTE) se déclare prêt à négocier pour en déduire que, en cas d'échec des négociations, toute action en contrefaçon serait abusive ? Une telle règle paraît exagérément favorable au preneur potentiel de licence, qui est ainsi mis dans une situation où la tentation de profiter du brevet sans payer ni craindre une action en contrefaçon est bien grande.

Une telle règle allait en outre à l'encontre de la jurisprudence allemande. En effet, le Bundesgerichtshof (Cour de justice fédérale) dans un arrêt de 2009 avait jugé que le détenteur d'un brevet n'abuse de sa position dominante lorsqu'il agit en contrefaçon que si deux conditions sont réunies. Premièrement, il refuse d'accorder une licence FRAND alors que l'entreprise concurrente a fait une offre inconditionnelle de conclure un contrat de licence (au-delà de la régularisation des cas de contrefaçon). Selon la jurisprudence allemande, cette condition doit être réputée satisfaite même en l'absence de clause de prix, si l'offre prévoit que le titulaire du brevet devra déterminer « en toute équité » le montant de la redevance (conclusions, pt 31). Deuxièmement, le défendeur à l'action en contrefaçon a respecté par avance les obligations du futur contrat de licence pendant la période antérieure à la conclusion de la licence, en particulier, il a décompté les actes d'exploitation et payé ou consigné les sommes dues.

En appliquant cette jurisprudence, la juridiction de renvoi aurait été conduite à admettre l'action en contrefaçon. En effet, aucune des deux conditions ci-dessus n'était remplie en l'espèce, puisque ZTE n'avait fait une offre limitée aux seuls produits qui donnent lieu à contrefaçon et n'avait pas non plus tenu une comptabilité des actes d'exploitation, ni versé ou consigné une quelconque somme d'argent au titre des redevances. En revanche, en appliquant les principes qui semblaient s'évincer des déclarations précitées de la Commission, la juridiction allemande aurait été amenée à rejeter l'action en contrefaçon comme abusive. Il y avait donc amplement matière en l'espèce à saisir la Cour en vue d'une clarification des principes applicables. Cette clarification était d'autant plus nécessaire que, comme l'indique l'Avocat général, de nombreux recours ont abouti à des solutions divergentes entre les droits de plusieurs États membres (conclusions, pt 7).

Le point d'équilibre à trouver entre droits de propriété intellectuelle et droit de la concurrence

Il s'agissait en substance de trouver une troisième voie entre une solution trop favorable au détenteur de brevet essentiel (position de la jurisprudence allemande) et une solution trop favorable au contrefacteur exploitant la norme sous-jacente au brevet (position préliminaire de la Commission) (conclusions, pts 51-52). Cette voie moyenne constitue aussi un point d'équilibre entre plusieurs principes constitutionnels de l'Union : d'un côté, la protection de la propriété intellectuelle et du droit à un recours effectif (protégés respectivement par les articles 17, paragraphe 2 et 47 de la Charte des droits fondamentaux) dont bénéficie le titulaire du brevet essentiel et, de l'autre, la liberté d'entreprendre de l'entreprise utilisatrice de la norme (conclusions, pt 59), également protégée par la Charte (article 16) et la libre concurrence (arrêt, pt 42).

Les principes de l'équilibre : le rôle de la bonne foi

Tout l'art du juge consiste en pareil cas à identifier les principes de construction du point d'équilibre recherché. Il est significatif que la Cour se réfère ici à la protection des attentes légitimes (arrêt, pt 53) et au principe de bonne foi (arrêt, pt 65). À cet égard, il est intéressant de relever que la version anglaise de l'arrêt fait usage du terme « *good faith* » (et non de « *reasonableness* »).

Ce langage ne fait pas partie du lexique de l'approche économique, et met peut-être mal à l'aise certains commentateurs ou certains praticiens. Qu'ils se rassurent : le langage économique permet d'exprimer la même idée. Il s'agit de trouver une manière de minimiser, d'une part, risque de patent hold-up de la part du détenteur de brevet essentiel (risque qu'il profite du caractère essentiel du brevet pour exiger une redevance excessive) et, d'autre part, le risque de patent hold-out ou reverse patent hold-up qui résulterait du comportement dilatoire du demandeur de licence (une forme de free riding qui aboutit à l'utilisation du brevet sans conclure de licence).

Telles sont précisément les circonstances qui conduisent à faire appel au principe de bonne foi. L'Avocat général les décrit dans le langage du droit (conclusions, pt 11) : si l'appréciation du caractère « équitable, raisonnable et non discriminatoire » des conditions d'une licence de brevet est laissée à l'entière appréciation des parties (dont les intérêts, par hypothèse, sont divergents), il y a tout lieu de penser que le risque de « mauvaise volonté » des parties est élevé (*ibid*). En l'absence de tout cadre aux négociations, on assiste à une utilisation stratégique des règles de concurrence : le recours en contrefaçon tient lieu 'd'argument de négociation' au titulaire du brevet essentiel (*ibid*) (risque de hold-up) et l'article 102 de contre-argument au demandeur de licence (risque de hold-out). Ces armes juridiques de gros calibre entre les mains de multinationales qui ne sont pas effrayées par le contentieux ne favorisent assurément pas la conclusion d'un accord (on laisse ici de côté une partie de l'arsenal, à savoir le contentieux de la validité des brevets, qui existait en parallèle dans la présente affaire, v. conclusions, pt 28).

Comme le souligne encore l'Avocat général Wathelet, il n'est pas certain que le droit de la concurrence soit le mieux armé pour résoudre cette difficulté (pt 9). Il est à cet égard frappant de constater que le dispositif de l'arrêt ne s'appuie que très peu sur la jurisprudence antérieure. En particulier, les conditions du refus abusif de licence dégagées dans l'arrêt *AMS* (rappelées dans les conclusions, pt 69), ne sont pas retenues par la Cour. Aux termes de cette jurisprudence, il faut que le refus de licence (1°) fasse obstacle à l'apparition d'un produit nouveau pour lequel il existe une demande potentielle des consommateurs, (2°) qu'il soit dépourvu de justification et (3°) de nature à exclure toute concurrence sur un marché dérivé » (arrêt *IMS Health*, C-418/01, EU:C:2004:257, point 38). Les particularités juridiques du cas traité dans l'arrêt rapporté – celui de l'échec de négociations en vue d'une licence FRAND accordée par le titulaire d'un BEN qui s'est engagé à accorder de telles licences – font que ces conditions ne sont pas pertinentes (en particulier la première des trois conditions).

C'est donc une série d'obligations inédite dans la jurisprudence qu'énonce la Cour, ou plutôt deux séries, puisqu'il s'agit, d'une part, des obligations qui pèsent sur le titulaire d'un brevet essentiel et, d'autre part, de celles qui pèsent sur le contrefacteur.

Les obligations du titulaire du brevet sont énoncées les premières (pts 60 et s. de l'arrêt). Même si l'arrêt ne les lie pas à la responsabilité particulière d'une entreprise en position dominante, on peut penser, avec l'Avocat général, qu'elles en sont néanmoins une expression particulière (conclusions, pt 80). Ces obligations sont au nombre de deux.

Les obligations du titulaire du brevet : notifier le contrefacteur et faire une offre de licence

En premier lieu, l'entreprise dominante titulaire d'un BEN doit avertir le contrefacteur de la contrefaçon qui lui est reprochée en désignant le BEN concerné et la façon dont il est contrefait (pt 61). Comme le souligne l'Avocat général, cette obligation a du sens dans le contexte de brevets multiples. En l'espèce, 4 700 brevets avaient été notifiés à l'ETSI comme essentiels à la norme en cause (conclusions, pt 81). En pareilles circonstances, il est évidemment possible de contrefaire un brevet essentiel par inadvertance. Les entreprises parties à l'élaboration d'une norme technique déposent des brevets en masse et les notifient comme essentiels de manière stratégique, créant ainsi un brouillard de propriété intellectuelle qu'elles se réservent d'exploiter stratégiquement. L'obligation d'identifier précisément le brevet contrefait revient à empêcher une entreprise en position dominante d'imposer une avalanche de propriété intellectuelle (dont la validité peut être douteuse) dans laquelle elle-même ne se repèrerait pas. En ce sens, cette obligation peut être rattachée à un impératif moral (« repère-toi toi-même dans le brouillard que tu as contribué à créer »), qui n'est pas sans rappeler celui consacré dans l'arrêt *Deutsche Telecom*).

En second lieu, l'entreprise en position dominante doit transmettre au contrefacteur une offre de licence « concrète et écrite » à des conditions FRAND, conformément à l'engagement pris auprès de l'organisme de normalisation, en précisant, notamment, la redevance et ses modalités de calcul (pt 63). Comme le souligne l'Avocat général, cette exigence ne paraît pas disproportionnée. Elle constitue l'expression même de la mise en œuvre de bonne foi de l'engagement pris. Au moment où le titulaire du brevet essentiel s'engage à accorder des licences FRAND, il devrait être prêt à proposer effectivement un contrat. En outre, comme le remarque encore l'Avocat général et, comme la Cour le souligne à son tour (arrêt, pt 64), le titulaire du brevet est le mieux placé pour apprécier le caractère non discriminatoire d'une licence, compte tenu des autres licences qu'il peut avoir déjà accordées.

Lorsque ces deux obligations ont été respectées par le titulaire d'un BEN, certaines obligations naissent dans le chef du contrefacteur.

Les obligations du contrefacteur : répondre, payer et décompter

Il s'agit, premièrement, d'une obligation de « donner suite à cette offre avec diligence, conformément aux usages commerciaux reconnus en la matière [,] et de bonne foi, ce qui doit être déterminé sur la base d'éléments objectifs et implique notamment l'absence de toute tactique dilatoire » (arrêt, pt 65). Dans le cas où le contrefacteur souhaite réserver une suite négative à cette offre, cette obligation de diligence et de bonne foi emporte le devoir de soumettre à bref délai une contre-offre concrète et qui correspond aux conditions FRAND (arrêt, pt 66). L'arrêt ne contient pas d'indication sur les éléments d'appréciation de la diligence ou de la bonne foi. Aussi, on peut supposer que le juge national se référera sur ces points à la jurisprudence interne. Notons toutefois une précision qui figure à cet égard au point 89 des conclusions : selon l'Avocat général, le délai pour l'échange des offres et des contre-offres, ainsi que la durée des négociations doivent être évalués au vu de la « fenêtre commerciale » dont dispose le titulaire d'un BEN pour rentabiliser son brevet dans le secteur en cause. Plus l'évolution technologique est rapide dans un secteur donné, plus cette fenêtre sera de courte durée.

La seconde série d'obligations du contrefacteur est d'ordre financier. Il doit constituer une sûreté en vue de garantir le paiement des redevances dont le montant reste à déterminer. Cette obligation naît à partir du moment où sa contre-offre est rejetée par le titulaire du brevet essentiel. Il est précisé que le montant consigné doit tenir compte du nombre d'actes d'exploitation du BEN. Une obligation annexe consiste à pouvoir produire le décompte de tels actes (arrêt, pt 67). À défaut que le montant de la redevance puisse être déterminé d'un commun accord, le contrefacteur a donc l'obligation de montrer sa bonne foi concernant le principe d'un paiement (constitution d'une sûreté) et les modalités de calcul (en conservant une trace des éléments pertinents pour pouvoir appliquer la formule lorsque celle-ci sera établie).

Aucune obligation procédurale ne pèse, aux termes de l'arrêt, sur l'une ou l'autre des parties. En cas de blocage des négociations, il n'appartient à aucune en particulier de saisir un tiers indépendant en vue de déterminer le montant de la redevance. La Cour se contente d'indiquer qu'une telle possibilité existe et de faire allusion à l'intérêt de saisir un tel tiers indépendant « à bref délai » (arrêt, pt 68). L'arrêt ne précise pas non plus de quel tiers il pourrait s'agir. Dans ses conclusions, l'Avocat général invoque un tribunal ou un tribunal arbitral. La formule adoptée par la Cour ne semble pas exclure un expert ni un médiateur.

Précisons en outre que la portée de l'arrêt se limite à l'action en contrefaçon qui vise la cessation, car c'est la seule à avoir une incidence sur la possibilité pour les concurrents de l'entreprise dominante à rester sur le marché du produit ou du service conforme à la norme sous-jacente au brevet en cause. L'article 102 ne limite pas l'exercice d'autres recours par le titulaire du brevet, qu'il s'agisse des actions visant à obtenir le rappel de produits contrefaits, des dommages et intérêts ou encore la production de données comptables. L'article 102 ne limite pas davantage le droit du contrefacteur de contester la validité des brevets reconnus comme essentiels à une norme qui lui sont opposés.

Conclusion

Au final, la Cour penche donc plutôt du côté de la jurisprudence allemande que du côté de l'appréciation préliminaire de la Commission dans l'affaire Samsung. Il ne suffit pas pour paralyser au titre de l'article 102 l'action en contrefaçon du titulaire d'un BEN que le contrefacteur se déclare prêt à négocier une licence FRAND. Les conditions sont plus strictes et visent à s'assurer que tant le titulaire du brevet que son utilisateur sont de bonne foi. Le premier doit faire preuve de bonne foi dans l'exécution de l'engagement unilatéral demandé et accepté par l'organisme de normalisation, et proposer effectivement un contrat de licence aux conditions FRAND. En outre, en cas d'échec des négociations, il ne sera considéré comme agissant de bonne foi s'il introduit une action en contrefaçon que s'il a au préalable précisé quel brevet il estimait contrefait et en quoi consistait la contrefaçon. Le second doit faire preuve de bonne foi dans la conduite des négociations en proposant une contre-offre de manière diligente. Il doit également démontrer sa bonne foi au regard de son obligation de payer une redevance.

Une fois n'est pas coutume, les spécialistes de droit des obligations trouveront leurs marques dans un arrêt rendu en matière de concurrence.

A.-L. Sibony

Concurrences N° 4-2015, Art. N° 76086, p. 120

CJUE, 25 mars 2021, Deutsche Telekom, C-152/19 P

La Cour de justice de l'Union européenne rejette le pourvoi formé par un opérateur du secteur des télécommunications contre l'arrêt du Tribunal de l'Union européenne confirmant la décision de la Commission européenne établissant sa responsabilité de maison-mère dans un cas de compression des marges mis en œuvre par l'une de ses filiales.

Dans cet arrêt rendu parallèlement à l'arrêt relatif à l'arrêt *Slovak Telekom*, la Cour de justice rejette les différents moyens mis en œuvre par *Deutsche Telekom*, maison-mère de l'opérateur historique slovaque, dans le cadre de son pourvoi contre l'arrêt du Tribunal du 13 décembre 2018 (Deutsche Telekom / Commission, aff. T-827/14). Nous structurons ce commentaire comme suit. Une première section présente succinctement l'historique du contentieux. Les quatre sections suivantes s'attachent aux différents moyens invoqués par la requérante.

Une sanction liée à une stratégie de compression des marges sur le marché de l'internet par ADSL mis en œuvre par Slovak Telekom, opérateur historique slovaque dont Deutsche Telekom est l'actionnaire majoritaire

L'arrêt du Tribunal de l'UE qui fait l'objet du pourvoi de Deutsche Telekom confirmait une décision du 16 décembre 2014 de la Commission européenne. Cette décision avait sanctionné Slovak Telekom et Deutsche Telekom pour un abus de position dominante mis en œuvre par la première sur le marché slovaque de l'accès à internet à haut débit au travers de l'utilisation de la boucle locale de télécommunications. L'opérateur historique avait été soumis par le régulateur sectoriel à une obligation d'accès à son réseau au profit de concurrents. Ces derniers ne pouvaient pas, dans des conditions raisonnables en termes financiers et techniques, déployer une infrastructure concurrente à celle que l'opérateur historique avait mis en place dans le cadre de ses anciens droits exclusifs. Il s'agissait donc de proposer un accès dégroupé à la boucle locale de façon à permettre aux nouveaux entrants de fournir aux consommateurs un accès internet haut débit et des services de télécommunications vocales. En 2005, le régulateur sectoriel slovaque imposa à Slovak Telekom d'accéder à toutes les demandes d'accès à la boucle locale dès lors que celles-ci étaient raisonnables et justifiées (§ 11). Pour la Commission, l'opérateur historique slovaque aurait fait obstacle au développement de la concurrence en dissimulant aux opérateurs concurrents des informations techniques nécessaires au dégroupage, en réduisant le champ d'application de ses obligations et en imposant des conditions d'accès inéquitables tant en termes tarifaires que techniques.

La Commission prononça des amendes de 38,84 millions d'euros à l'encontre de Slovak Telekom et de 31,07 millions à l'encontre de Deutsche Telekom, son actionnaire à hauteur de 51 %. Le recours intenté par Deutsche Telekom ayant été rejeté par le Tribunal *(voir le commentaire de Laurent Binet dans cette chronique, Concurrences n° 1-2019, p. 88)*, un pourvoi fut formé, pourvoi sur lequel la Cour de justice se prononce dans cet arrêt du 25 mars 2021. Les moyens soulevés par Deutsche Telekom portent respectivement sur la démonstration de l'essentialité de l'infrastructure objet de l'accès, sur les conditions dans lesquelles l'influence déterminante de la société-mère sur une de ses filiales peut être établie, sur la possibilité de lui imputer une responsabilité en l'absence d'instructions données à sa filiale et, enfin, sur les droits de la défense.

Sur le caractère indispensable de l'accès à la boucle locale

Selon les arguments avancés par Deutsche Telekom, le Tribunal a commis une erreur de droit en considérant que la Commission n'était pas tenue de démontrer le caractère indispensable de l'accès à la boucle locale pour les opérateurs alternatifs. Cependant, pour le Tribunal, se prononcer sur les caractéristiques permettant de qualifier une infrastructure comme une facilité essentielle au sens de l'arrêt *Bronner* (Cour de justice, 26 novembre 1998, aff. C-7/97) n'était pas requis en ce que l'obligation d'accès reposait sur une réglementation sectorielle (§ 21) et ne résultait pas d'une injonction concurrentielle. La Cour s'écarte également de la jurisprudence *Bronner* en ce qu'elle considère que le cas traité par la Commission ne tient pas en un refus d'accès mais dans des pratiques abusives mises en œuvre dans le cadre même de cet accès. Il convient donc de statuer si dans les circonstances spécifiques de ce cas, Slovak Telekom a abusé de sa position dominante en entravant la capacité de ses concurrents aval à le concurrencer par les mérites au travers de conditions d'accès au réseau discriminatoires.

La Cour établit clairement que les pratiques visées dans le cadre de l'arrêt *Bronner* tenaient à un refus de contracter qui était susceptible d'empêcher des concurrents à accéder au marché. Il s'agissait de déterminer si le refus de contracter était de nature à empêcher le demandeur d'accéder au marché. Pour rappel des circonstances de l'espèce, un éditeur de presse demandait à ce que son concurrent qui avait précédemment mis en place un système de portage à domicile lui donne accès à ce dernier... non pas parce qu'il s'agissait d'une infrastructure indispensable pour accéder au marché, mais parce que ce service de portage constituait l'infrastructure la moins coûteuse pour ce faire. Le risque était alors de faire dériver la théorie des facilités essentielles vers une obligation d'accès à un actif détenu par un opérateur dominant dès lors que cet accès avantage les concurrents (Marty F. et Pillot J., (2011), « Des critères d'application de la théorie des facilités essentielles dans le cadre de la politique de concurrence européenne », *Reflets et Perspectives de la Vie Economique*, tome L, 2011/4, pp. 197-221). Le risque en matière économique serait alors double. D'une part, l'entrant n'est guère incité à développer sa propre infrastructure. Il peut se comporter en passager clandestin au sens économique du terme. D'autre part, l'opérateur dominant voit ses incitations *ex ante* à développer ses infrastructures et *ex post* à les entretenir se réduire. En termes d'efficacité dynamique, une application trop large de la théorie des facilités essentielles peut s'avérer dommageable, quand bien même elle renforcerait la concurrence à court terme en subventionnant les entrées.

Dans le cas Slovak Telekom, la situation est différente. L'accès est rendu obligatoire par le régulateur et la procédure porte sur les effets anticoncurrentiels des agissements de l'opérateur historique dans le cadre de cet accès. Il ne s'agit donc pas de déterminer si la boucle locale est une *essential facility* ou une *convenient facility* au sens de Ridyard (Ridyard D. (2004), « Compulsory Access under EU Competition Law: a New Doctrine of "Convenient Facilities" and the Case for Price Regulation », *European Competition Law Review*, n° 11, pp. 669-674). La problématique concurrentielle est en aval de celle de l'accès, lequel relève de la régulation sectorielle. Les pratiques visées ne portent pas sur un refus d'accès mais sur les effets potentiellement anticoncurrentiels des pratiques d'entraves mises en œuvre par l'opérateur dominant sur le marché de l'accès à internet par la boucle locale.

L'accès à l'infrastructure étant accordé, il ne s'agit pas de se prononcer sur son caractère indispensable à l'activité sur le marché aval mais sur la possibilité que le comportement de l'opérateur dominant ne soit constitutif d'un abus de position dominante au travers d'une compression des marges des nouveaux entrants. Dans la logique de l'arrêt *Deutsche Telekom* (arrêt du 14 octobre 2010, aff. C-280/08), un opérateur dominant est susceptible d'être sanctionné dans le cadre de la mise en œuvre d'une obligation réglementaire sectorielle dès lors qu'il utilise ses marges de manœuvres décisionnelles dans un sens conduisant à entraver l'exercice d'une concurrence par les mérites. Il ne s'agit pas de se prononcer sur le caractère indispensable de la boucle locale pour prester des services de fournisseurs d'accès internet, mais de caractériser des comportements mis en œuvre dans le cadre de l'accès à la paire de cuivre comme faisant obstacle à une concurrence par les mérites.

La Cour valide l'appréciation d'un contrôle effectif de Deutsche Telekom sur Slovak Telekom

Deutsche Telekom conteste également l'imputabilité des pratiques de Slovak Telekom. La requérante considère en effet que la Commission s'est bornée à montrer qu'elle était capable d'exercer une influence déterminante sur Slovak Telekom sans démontrer que cette influence a été effectivement exercée. La Commission a inféré cette capacité à partir de certaines circonstances factuelles, telle la transmission par sa filiale slovaque de rapports relatifs à ses pratiques commerciales. La Cour confirme les analyses de la Commission et du Tribunal. Elle reprend l'analyse en termes d'*entreprise*, laquelle désigne en l'espèce une unité économique au point de vue de la pratique anticoncurrentielle dont le traitement est le même que cette unité soit formée d'une ou de plusieurs personnes physiques ou morales (§ 72). Dès lors, la responsabilité est étendue à l'ensemble de l'entité économique. Une firme peut dans certaines conditions être tenue pour responsable au point de vue concurrentiel des pratiques mises en œuvre par une firme appartenant à une même entité économique (Cour de justice, arrêt du 27 avril 2017, Akzo Nobel e. a. / Commission, C-516/15P).

Dès lors qu'une filiale ne détermine pas de façon autonome son comportement sur le marché, la responsabilité de ses actions peut être imputée à sa maison-mère (§ 74). Faute de mise en évidence d'instructions de la maison-mère à la filiale, la Commission peut se fonder sur un faisceau d'éléments concordants. Il est possible de démontrer à partir de ce faisceau d'indices concordants que la maison-mère est en mesure d'exercer une influence effective et déterminante sur sa filiale. La présence de cadres dirigeants de la maison-mère au conseil d'administration de la filiale et l'accès aux informations liées à ses pratiques commerciales, donnant lieu à l'approbation du plan d'affaires, sont des indices d'un contrôle effectif. La Cour confirme donc l'appréciation du Tribunal : les cadres de la maison-mère « possédaient une connaissance approfondie de la politique et des objectifs commerciaux de la requérante et étaient dès lors conformes à ses intérêts » (§ 85).

La Cour confirme l'imputabilité à la maison-mère des pratiques de sa filiale

Pour la requérante, le comportement de sa filiale ne lui est imputable que si quatre conditions cumulatives sont réunies (Cour de justice, arrêt du 16 novembre 2000, Stora Kopparbergs Berslags / Commission, C-286/98P). Il s'agit de la capacité à exercer une influence déterminante, de son exercice effectif, de l'absence de ce fait de mise en œuvre d'un comportement autonome de la part de la filiale et enfin l'application effective par la filiale de ses instructions. Cette interprétation est rejetée par la Cour de justice (§ 93). Le contrôle sur lequel repose la notion d'entreprise peut être établi soit au travers de la démonstration de la capacité de la société-mère d'exercer une influence déterminante sur le comportement de sa filiale, soit en montrant que celle-ci ne détermine pas son comportement de marché de façon autonome et applique pour l'essentiel les directives de la société-mère (Cour de justice, arrêt du 26 octobre 2017, *Global Steel Wire e. a.* / Commission, C- 457/16P). Les deux conditions sont alternatives et non cumulatives. Il n'était donc pas requis que la Commission apporte la preuve que la filiale a suivi des instructions données par la maison-mère.

La Cour rejette le moyen relatif aux droits de la défense

Le dernier moyen présenté par Deutsche Telekom est relatif au non-respect de son droit d'être entendue, lequel est lié dans ses arguments à un délai insuffisant (36 heures) accordé par la Commission pour formuler ses observations quant à l'estimation de la compression des marges. Non seulement, la Cour considère qu'au stade avancé de la procédure (29 septembre 2014) auquel la transmission avait eu lieu, Deutsche Telekom avait déjà une connaissance approfondie du dossier et que le point visé n'avait été abordé qu'à titre surabondant. Notons enfin que la Cour n'a pas donné droit à un cinquième moyen éventuel lié à une possible annulation de l'arrêt du Tribunal du 13 décembre 2018 dans l'affaire *Slovak Telekom* / Commission (T-851/14) suite à un pourvoi de l'entreprise alléguant d'erreurs dans le calcul des coûts incrémentaux moyens à long terme utilisés pour caractériser la compression des marges. En effet, la Cour a également rejeté ce pourvoi dans son arrêt *Slovak Telekom* / Commission (C-165/19P) que nous commentons dans cette même chronique.

F. Marty

Concurrences N° 2-2021, Art. N° 100392, p. 86

Voir aussi, sur les origines de l'affaire

Trib. UE, 13 déc. 2018, Deutsche Telekom, T-827/14

L. Binet, Refus d'accès : Le Tribunal de l'Union européenne annule partiellement la décision de la Commission européenne relative aux pratiques anticoncurrentielles sur le marché slovaque des télécommunications (Deutsche Telekom ; Slovak Telekom), 13 décembre 2018, Concurrences N° 1-2019, Art. N° 89017, p. 88.

Trib. UE, 10 nov. 2021, Google et Alphabet (Google Shopping), T-612/17

Le Tribunal de l'Union européenne confirme la décision de la Commission européenne dans l'affaire d'abus de position dominante sur le marché des comparateurs de prix en ligne.

Dans un arrêt du 10 novembre 2021, le Tribunal confirme la décision de la Commission dans l'affaire Google Shopping, rendue en juin 2017. Cet arrêt revêt une importance particulière pour la politique de concurrence mise en œuvre par les autorités européennes vis-à-vis des grands écosystèmes numériques. La pratique de marché visée occupe en effet une place importante dans les dispositions prévues par le futur Digital Markets Act (ci-après « DMA »). L'arrêt conforte la théorie du dommage construite en 2017 par la Commission autour de la notion d'autopréférence. Il montre sous quelles conditions une inégalité de traitement appliquée par une plateforme au détriment de partenaires commerciaux utilisant ses services peut être considérée comme abusive. Notre commentaire se structure comme suit. Une première partie reprend l'historique du cas et résume les éléments essentiels de la décision de la Commission de juin 2017. Une deuxième partie détaille l'arrêt du Tribunal en s'attachant successivement à quatre dimensions. La première porte sur la définition du marché pertinent, la deuxième sur la théorie du dommage, la troisième sur la possibilité de réaliser une balance des effets et la quatrième sur l'amende elle-même. Une troisième section s'attache à une discussion de la notion d'autopréférence, telle qu'elle se dégage de l'arrêt… sans être explicitement nommée dans aucun de ses 706 paragraphes.

L'arrêt shopping conforte les actions de la commission dans le domaine du numérique

La chronologie du contentieux

Le Tribunal a confirmé le 10 novembre 2021 la décision du 27 juin 2017 (C(2017) 4444 final) rendue par la Commission dans l'un des trois volets de l'affaire Google Search : le cas Google Shopping. Cet arrêt s'inscrit déjà dans une longue histoire, comme souvent pour les affaires majeures en droit de la concurrence (songeons à Microsoft et à Intel sur notre continent et aux affaires Rank Xerox et IBM aux États-Unis dans le dernier tiers du XXᵉ siècle). La plainte initiale remonte en effet à novembre 2009 (§ 21) et l'ouverture de l'enquête à novembre 2010 (§ 22). Si la procédure fut si longue (les trois décisions respectives dans cette affaire Google Search ayant été rendues en 2017 pour le volet Shopping, 2018 pour Android et 2019 pour AdSense), cela a été en grande partie lié à l'option initiale en faveur d'une procédure d'engagements sur la base de l'article 9 du règlement 1/2003. Entre avril 2013 et janvier 2014, Google transmit à la Commission trois propositions d'engagements ambitionnant de répondre aux préoccupations de concurrence que celle-ci lui avait communiqué, notamment en termes d'égalité de traitement entre son service propre de comparaison de prix et ceux de ses concurrents (§ 23 et 24). Considérant ces propositions successives comme insuffisantes, la Commission décida de revenir à une procédure contentieuse sur la base de l'article 7 du règlement 1/2003 et notifia des griefs le 15 avril 2015 (§ 27).

La décision de la Commission

Dans sa décision de juin 2017 la Commission distingue deux marchés : celui de la recherche générale en ligne et celui des services de comparaison de prix. Le premier répond aux caractéristiques propres aux modèles biface. Le service est rendu gratuitement aux usagers mais les données générées par leur activité sont monétisées auprès d'annonceurs publicitaires. Le second marché se caractérise par une source additionnelle de revenus pour la plateforme liée à une rémunération versée par les sites vers lesquels les internautes sont dirigés (§ 45). Cette distinction est d'importance. Ces deux marchés sont verticalement reliés : une stratégie de levier concurrentiel telle celle qui fût en jeu dans l'affaire Microsoft est possible. Une entreprise dominante sur un marché amont verticalement relié à un marché aval peut induire des distorsions de concurrence pour supplanter les firmes actives sur le second pour étendre sa dominance à ce dernier.

Cependant, la littérature économique a montré que les incitations de la firme dominante en amont à évincer ses concurrentes aval ne sont pas toujours dominantes. De la même façon, le fait qu'une entreprise dominante en amont supplante ses concurrents en aval n'induit pas un préjudice concurrentiel en soi. Ces éléments sont autant de raisons pour pratiquer une analyse au cas par cas, tant des pratiques mises en œuvre que de leurs effets concurrentiels nets. Le différentiel de traitement appliqué par le moteur de recherche amont marginalise potentiellement les sites aval concurrents de Google Shopping, ce qui peut permettre d'étendre la position dominante, mais dans le même temps réduit la qualité des résultats de recherche présentés et peut donc avoir un effet négatif sur le volume de requêtes qui lui sont adressées et donc potentiellement sur les revenus dégagés en amont. Il s'agit donc de s'interroger sur les incitations à discriminer et sur les circonstances concurrentielles propres à ce marché.

L'inégalité de traitement dont il est ici question fait donc écho à la notion d'autopréférence, laquelle peut conduire à un effet de levier anticoncurrentiel. C'est l'intégration verticale qui peut créer les incitations à mettre en œuvre cette pratique. Dans certaines situations, l'inégalité de traitement peut survenir dès lors que l'opérateur dominant en amont privilégie une firme active sur le marché aval au détriment de ses concurrentes. Il s'agit alors de discrimination de second rang (une illustration peut être apportée avec l'arrêt MEO de la Cour de justice du 19 avril 2018, C-525/ 16, EU:C:2018:270). Comme nous le verrons dans notre discussion, une plateforme numérique peut favoriser une firme dont l'activité lui est particulièrement profitable (par exemple, si elle consomme certains de ses services annexes) ou encore sanctionner une entreprise qui serait trop peu « coopérative » à ses yeux (par exemple, une entreprise refusant d'utiliser ses services complémentaires ou préférant maintenir une stratégie de multi-hébergement).

Dans le cas qui nous concerne, le possible levier concurrentiel réside dans une position dominante bien établie sur le marché amont (§ 47). Le marché des moteurs de recherche « généraux » ou « horizontaux » (par opposition aux moteurs de recherche visant à la comparaison des prix que nous nommons « spécialisés » ou « verticaux ») a des caractéristiques encore plus marquées que celui des systèmes d'exploitation sur lesquels Microsoft basait sa dominance dans les affaires de leviers vis-à-vis notamment des navigateurs internet ou des suites logicielles bureautiques. La dominance de Google Search sur le marché européen est très forte, le marché est protégé par des barrières à l'entrée significatives et son premier concurrent au niveau européen, Bing, ne possède qu'une part de marché marginale malgré la puissance du groupe Microsoft. L'accès à Google Search apparaît à ce titre comme déterminant pour pouvoir exercer une activité sur le marché aval dans des conditions garantissant une concurrence par les mérites par rapport à Google Shopping.

Pour la Commission, des pratiques conduisant à étendre une position dominante d'un marché à l'autre tombent sous le coup de l'article 102, sauf si elles font l'objet d'une justification objective ou que l'entreprise en cause démontre que l'effet d'éviction de la concurrence qui en résulte est contrebalancé par des gains d'efficience au profit des consommateurs (§ 56). En l'espèce, les pratiques reprochées à Google résidaient dans la combinaison de deux actions. La première action tient à un affichage des résultats de recherche relatifs aux comparateurs de prix concurrents moins favorable que celui dont bénéficie Google Shopping (§ 58). Les comparateurs de prix concurrents n'apparaissent que dans les résultats de recherche génériques et donc dans un format moins susceptible de générer des clics (§ 62). La seconde action tient au demoting des résultats des services de recherche verticaux concurrents, lequel conduit à dégrader leur position sur la page des résultats de recherche. Le demoting résulte de l'application d'un algorithme d'ajustement de leurs résultats, tenant à certains critères décidés par Google, au rang desquels notamment leur manque de contenu original (§ 59). Du fait de l'application de Panda, l'algorithme d'ajustement, aux seuls résultats des moteurs de comparaison de prix concurrents, l'égalité de traitement était pour la seconde fois mise en cause.

Pour la Commission, les pratiques de Google avaient de surcroît pour effet de réduire la performance des services de comparaison prix concurrents, laquelle dépend du trafic internet dont le moteur de recherche Google Search est un fournisseur irremplaçable (§ 66). Entraver au travers d'une inégalité de traitement l'accès aux flux de requêtes des comparateurs de prix concurrents conduit donc à une dégradation de la qualité des services rivaux. Celle-ci vient se cumuler avec les effets de la réduction de la visibilité des sites qui résulte de la dégradation du classement de ces derniers dans les résultats de recherche. La Commission décrit donc une stratégie de levier concurrentiel dont les deux effets sont d'étendre la dominance d'un marché amont à un marché aval, et de consolider la position dominante sur le premier cité (§ 68). Dans la mesure où selon la Commission Google n'a pas démontré que ces ajustements étaient nécessaires et bénéficiaient aux consommateurs, elle a prononcé une amende de 2,42 milliards d'euros (§ 78).

Une discussion de quelques éléments constitutifs de l'arrêt

Nous ne présentons pas dans ce commentaire l'ensemble des points discutés dans l'arrêt. Nous nous concentrons, comme indiqué en introduction, sur quatre dimensions critiques : la définition du marché pertinent, l'établissement de la théorie du dommage concurrentiel, la place réservée à la défense sur la base de l'efficience et enfin la discussion de l'amende. Il n'est pas inutile – dans un contexte marqué par l'arrêt *Intel* de la Cour de justice (jugement du 6 septembre 2017, Intel v Commission, C-4143/14P, EU:C2017:632) – de rappeler dans quel cadre s'exerce le contrôle juridictionnel du Tribunal. Le contrôle s'exerce à la fois sur les éléments de droit et sur l'analyse des faits économiques. Si la Commission jouit d'une marge de discrétion quant à l'appréciation de ces derniers et qu'il n'appartient pas au Tribunal de se prononcer sur l'interprétation économique réalisée par la Commission, ce dernier n'exerce pas moins un contrôle de l'erreur manifeste d'appréciation. Il doit contrôler si les éléments pertinents ont été pris en compte et si les conclusions qui en sont tirées sont appropriées. Il doit également se prononcer sur les éléments relevés par les parties au recours (§ 131).

La définition du marché pertinent

L'un des points qui avait suscité le plus de débats dans la décision de la Commission en 2017 tenait à la définition du marché pertinent (tout comme d'ailleurs cela a été le cas en 2018 dans la décision Android). En effet, la Commission a choisi de séparer le marché des comparateurs de prix de celui des plateformes marchandes en considérant que les secondes offraient une fonctionnalité spécifique : celle de rendre possible un achat direct (§ 52). La prise en compte de ces acteurs aurait pu avoir un impact très significatif sur la définition de la position dominante mais également sur les incitations et la capacité à mettre en œuvre une stratégie de levier (§ 464). Une question en suspens malgré l'arrêt du Tribunal tient à la possible utilisation par les internautes de certaines places de marché en ligne comme outil de comparaison de prix. Cela est possible dans la mesure où la place de marché commercialise à la fois ses produits et ceux de nombreux vendeurs indépendants. Certaines grandes places de marché peuvent proposer une offre suffisamment large. Cela peut conduire à discuter l'appréciation du Tribunal selon laquelle les services de comparaisons de prix ne sont pas concurrencés par les plateformes de vente en ligne lesquelles « are limited to their own offers and those of only those sellers that have decided to entrust the marketing of all or some of their products to a merchant plaform » (§ 484). Le contentieux engagé par la Commission européenne à l'encontre des pratiques d'Amazon (cas AT.40703, communiqué de presse IP/20/2077 du 10 novembre 2020) et la décision du 9 décembre 2021 de l'Autorité italienne de la concurrence (communiqué de presse A-528 de *l'Autorità garante della concorrenza e del mercato*) tendent à montrer l'existence d'une pression concurrentielle.

À l'instar, du contentieux Android, la définition des limites du marché pertinent a un impact plus que jamais déterminant sur les procédures engagées dans la sphère des activités numériques (sur la révision des lignes directrices européennes relatives à la définition des marchés pertinents, voir dans cette chronique, Cartapanis M. et Marty F., « La Commission européenne poursuit ses consultations sur la définition des marchés pertinents », *Concurrences* N° 3-2020, pp. 84-85).

La plasticité des marchés numériques, les phénomènes de convergences et les stratégies de diversification des firmes ont pour effet de rendre difficile l'établissement des limites des différents marchés pertinents. La capacité des acteurs majeurs du numérique à se comporter unilatéralement sur un marché donné est étroitement associée à la menace effective ou potentielle des services rendus par les autres acteurs. Tant Shopping qu'Android illustrent à ce titre le caractère déterminant de l'appréciation du degré effectif de concurrence avec la place de marché d'Amazon pour le premier et avec le système d'exploitation d'Apple, iOS, pour le second (sur la concurrence entre les différentes grandes entreprises du numérique, voir Petit N., « Big Tech and the Digital Economy: The Molygopoly Scenario », Oxford University Press, 2020).

La construction de la théorie du dommage

La dimension essentielle du recours formé pour Google tenait à l'applicabilité de la théorie des facilités essentielles à la décision de la Commission. Si Google Search était considéré comme une infrastructure essentielle dont l'accès était indispensable aux concurrents aval pour exercer leur activité (sur le marché des moteurs de recherche verticaux), il fallait satisfaire aux critères posés par l'arrêt *Bronner* de la Cour de justice (jugement du 26 novembre 1998, C-7/97, EU:C:1998:569). Il s'agissait en l'espèce du critère de l'indispensabilité de l'accès (§ 137). L'éviction d'un concurrent n'est pas anticoncurrentielle en elle-même (§ 144). De surcroît, selon l'interprétation de l'arrêt *Post Danmark* faite par Google, le consommateur ne perd pas si un concurrent moins efficace quitte le marché (Cour de justice, arrêt du 27 mars 2012, C-209/10, EU:C:2012:172). Un dernier point important du recours est à mettre en exergue : la théorie du dommage utilisée – en l'espèce le levier concurrentiel – manquerait de fondements économiques (§ 145).

Comme le répète le Tribunal en se référant à l'arrêt *Post Danmark* cité *supra*, la finalité de l'article 102 tient à la sanction de comportements qui s'écartant de pratiques de concurrence normales (nous soulignons) ont pour effet de compromettre le maintien ou le développement de la concurrence sur le marché au détriment des consommateurs (§ 151). Une méthode de concurrence anormale est définie comme une pratique de marché qui ayant un effet d'exclusion de la concurrence, ne correspond pas au canon d'une concurrence par les mérites. Le Tribunal relève également que les pratiques sanctionnées sont celles qui portent un préjudice direct au consommateur mais aussi celles qui induisent un dommage indirect en compromettant la concurrence sur le marché (voir l'arrêt du 29 mars 2019 Telefónica v Commission, T-336/07 : EU:T/2012/172).

Le Tribunal insiste également sur un point certes trivial mais déterminant dans ce contentieux : l'article 102 du traité ne désigne pas une liste exhaustive de pratiques prohibées (arrêt du 21 février 1973, Europemballage and Continental Can v Commission, 6/72, EU:C:1973:22). Il insiste notamment sur le fait que l'abus peut résider en l'imposition de différences de traitement non justifiées de la part de l'opérateur dominant (arrêt du 17 juillet 1997, GT Link, C-242/95, EC:C:1997/376). En d'autres termes, une concurrence par les mérites suppose la mise en œuvre par l'opérateur dominant d'un traitement égal entre ses partenaires commerciaux en l'absence de facteurs objectifs pouvant expliquer une éventuelle différence (arrêt du 16 décembre 2008, Arcelor Atlantique et Arcelor Lorraine et autres, C-127/07, EU:C:2008:728). Cette obligation s'inscrit dans la logique de la responsabilité spéciale de l'opérateur dominant quant à la préservation d'une situation concurrentielle (voir l'arrêt du 17 février 2011, TeliaSonera Sverige, C-52/09, EU:C:2011:83).

En l'espèce, la différence de traitement au détriment des concurrents a eu pour le Tribunal un effet d'exclusion et ne correspond pas à des pratiques relevant d'une concurrence par les mérites. Tout d'abord, le Tribunal considère qu'une moindre visibilité des résultats de recherche conduit les sites de comparaisons de prix concurrents à une spirale de l'attrition (§ 171). Moins de trafic induit des résultats moins pertinents et un classement plus défavorable dans les résultats de recherche naturels. En d'autres termes, une moindre visibilité artificielle produite a des effets autoréalisateurs qui sont pérennes. Les utilisateurs tendent à considérer que la pertinence du résultat est indiquée par sa visibilité sur la page du moteur de recherche. L'effet de « relégation » (§ 245) est d'autant plus significatif, qu'il n'existe pas d'alternatives équivalentes à Google Search pour bénéficier de flux de trafic permettant de corriger les effets induits (§ 174).

L'un des points essentiels du raisonnement du Tribunal tient à la qualification des pratiques de Google comme anormales. Une différence de traitement non objectivement justifiée n'est pas, selon le Tribunal, cohérente avec son modèle économique (§ 176). Un comportement normal de la part d'une plateforme biface est de présenter les résultats les plus pertinents aux internautes dans la mesure où sa rémunération se fait sur le marché de l'attention (i.e. *via* le ciblage publicitaire). Réduire la pertinence des résultats présentés ne ferait donc pas sens économiquement et relève donc d'un comportement concurrentiel anormal que l'entreprise dominante doit justifier (§ 179). Le Tribunal se fonde alors sur l'arrêt *Servier* du 12 décembre 2018 (arrêt C-591 :14, EU:T:2018/922).

Le principe d'égal traitement que le Tribunal considère comme répondant à un comportement de marché normal d'un moteur de recherche « ouvert » est de façon très significative rapproché du principe de la neutralité d'internet (§ 180). En effet, le Tribunal se saisit de l'exemple de l'arrêt *Telenor Magyarorszag* (arrêt C-807/18 du 15 septembre 2020, EU:C:2020:708) pour indiquer qu'un opérateur dominant peut faire face à une obligation d'égal traitement conduisant à considérer toute discrimination non objectivement justifiée comme non conforme à sa responsabilité particulière et donc constitutive d'un abus de position dominante.

L'obligation pesant sur Google est selon les propres termes du Tribunal liée à sa « "super-dominant" position, its role as gateway to the internet and the very high barrier to entry on the market for general services » (§ 183). Nous retrouvons ici des termes et des concepts très proches de ceux utilisés dans la proposition du DMA (Caffarra C. et Scott-Morton F., « The EU Commission issues the proposed digital markets act aimed to complement antitrust intervention in digital markets with ex-ante regulation in the form of a set of obligations that platforms identified as 'gatekeepers' should abide by », *e-Competition*, December 2020, n° 98686). Dès lors qu'une firme est en position de contrôleur d'accès (*gatekeeper*) dans un écosystème et que cette position ne peut être remise en cause (contestée), il est nécessaire pour faire face à son pouvoir de régulation privé sur cet écosystème de garantir la loyauté et l'absence de distorsion de concurrence (notion de *fairness*). La loyauté de la concurrence suppose alors une égalité de traitement entre les services propres de la plateforme et les services concurrents et donc une absence de discrimination.

Pour le Tribunal, un affichage moins favorable des résultats concurrents et l'application asymétrique d'un algorithme ayant pour effet de réduire le rang d'apparition de ces mêmes services dans les résultats naturels a bien pour effet de mettre en cause l'égalité de traitement requise (§ 187). Le Tribunal utilise d'ailleurs à plusieurs reprise la notion de fair competition dans son arrêt (§ 433, 435). L'éviction d'un concurrent du marché n'est pas abusive si elle procède d'une rivalité qui met en jeu une concurrence par les mérites (voir l'arrêt du 14 octobre 2010 Deutsche Telekom v Commission, C-280/08P, EU:C:2010:603).

Le Tribunal rejette également l'application de la théorie des facilités essentielles au cas d'espèce. Comme nous l'avons noté *supra*, celle-ci aurait conduit à démontrer le caractère indispensable de l'accès au moteur de recherche pour exercer une activité de service de comparaisons de prix en ligne et aurait également placé le contentieux dans la catégorie des refus de contracter ayant pour effet d'éliminer toute concurrence sur le marché concerné (§ 202). Le Tribunal comme nous l'avons vu situe le contentieux non pas dans la lignée de Bronner mais celle de Microsoft. Le changement d'attitude de Google (§ 181) est sanctionné en ce qu'il conduit à favoriser activement ses propres services au détriment de ceux de concurrents (§ 212) qui n'ont pas d'alternative à son moteur de recherche pour accéder au marché. De surcroît, le Tribunal considère que les risques en matière d'efficience qui existent dans les contentieux relatifs à des accès à des infrastructures essentielles ne se posent pas dans les mêmes termes dans le cas d'espèce. Les effets non désirables d'un accès obligatoire, en matière d'incitations à l'investissement ou à l'entretien de l'infrastructure ne se posent pas dans les mêmes termes.

Même si le moteur de recherche joue le rôle d'une quasi-facilité essentielle, dans la mesure où il n'existe pas de substituts équivalents, la problématique est ici celle d'une discrimination dans l'accès et non celle d'un refus d'accès (§ 239). La pratique constitutive de l'abus est alors plus proche de celui d'une stratégie de compression des marges à ceci près que l'effet d'exclusion ne passe pas par une discrimination par les prix mais par une discrimination en termes de visibilité pour l'internaute (§ 235). Le Tribunal confirme donc l'appréciation de la Commission : la pratique en cause est une forme spécifique de levier anticoncurrentiel ne passant pas par une vente liée comme dans Microsoft mais « par un comportement actif de discrimination » à l'encontre des entreprises concurrentes dépendantes du moteur de recherche pour accéder au marché (§ 240 et 245). En l'occurrence, la discrimination se fonde sur une différence de traitement appliquée aux différents services de recherche verticaux selon qu'il s'agisse de Google Shopping ou des comparateurs de prix concurrents sans qu'il n'existe de justification objective (§ 288, 309).

Pour résumer ce point, le dommage concurrentiel ne réside pas en un refus d'accès absolu opposé à un nouveau demandeur sans justification objective par une firme dominante détenant un actif nécessaire à l'exercice d'une activité sur un marché aval, mais tient à des conditions d'accès qui deviennent progressivement asymétriques au profit de la branche d'activité aval de l'opérateur offrant l'accès en amont.

Une dernière question soulevée quant à l'évaluation du dommage tient à la pertinence de l'application à l'espèce d'un test du concurrent aussi efficace (§ 514). Il est entendu que le recours à ce test en matière de prix d'éviction permet d'éviter que l'application de la règle de concurrence ne vienne protéger un concurrent au détriment des consommateurs. Un concurrent moins efficace qu'un opérateur dominant peut être légitimement évincé au terme d'une concurrence par les mérites. Seules des situations liées à la libéralisation de certaines industries peuvent conduire à nuancer cette approche. De surcroît l'application de l'algorithme de demoting, Panda, ne ferait que refléter la différence de qualité entre les résultats fournis par les différents services verticaux de comparaison des prix. À nouveau, le Tribunal rejette les arguments avancés. Le test du concurrent aussi efficace, repose sur une analyse des prix, laquelle ne saurait être réalisée sur des marchés biface reposant sur la gratuité du service rendu sur le versant de la recherche (§ 539). Ensuite, les effets d'éviction résultant des deux stratégies décrites visant à artificiellement réduire la visibilité des services concurrents peuvent fonctionner quelle que soit l'efficacité relative des concurrents (§ 541).

La possibilité d'une balance des effets

Une autre dimension clé de l'argumentaire développé par Google portait sur la justification objective de son comportement et de son impact sur le consommateur. Le premier point porte sur la qualité du service rendu à l'usager. Améliorer l'expérience-utilisateur est légitime y compris pour une entreprise dominante (§ 141). Le second point porte sur une discussion des effets économiques d'un éventuel effet de levier. Il est possible pour une entreprise dominante d'acquérir par les mérites une position dominante sur un marché adjacent tant que cela passe par l'exercice d'une concurrence normale. La pratique décisionnelle européenne confirme que l'extension d'une position dominante d'un marché à l'autre n'est pas anticoncurrentielle en elle-même si elle a un effet d'éviction sur la concurrence (voir les arrêts *Post Danmark* de 2012 et *Intel* de 2017). Cependant, un levier anticoncurrentiel est sanctionné dans la pratique décisionnelle comme en témoigne le cas de Microsoft (arrêt du 17 septembre 2007, Microsoft v Commission). Dans le cas d'espèce, le refus de communication des protocoles d'interopérabilité avait pour effet de rendre impossible une concurrence par les mérites sur le marché aval (§ 164).

Conquérir une position dominante aval à partir d'une position dominante amont n'est pas anticoncurrentiel dès lors que le comportement répond aux critères d'une concurrence par les mérites – ce que nous avons vu précédemment – ou que le consommateur bénéficie de la pratique. Dans quelle mesure l'amélioration du service rendu (une réduction de prix n'est pas un effet possible dans le cadre d'une plateforme biface active sur le marché de l'attention) peut-elle être considérée comme susceptible de justifier le comportement de Google et donc les différences de traitements entre les résultats internes et les résultats venant des comparateurs concurrents ? La discussion de ce point est particulièrement intéressante, notamment en ce qu'elle conduit le Tribunal à s'intéresser à la question de l'intention en matière de pratiques unilatérales (§ 254). Celle-ci fait partie des éléments de faits que doivent prendre en compte les autorités de concurrence quand elles analysent la stratégie suivie par une entreprise dominante (voir l'arrêt du 19 avril 2012, *Tomra Systems v Commission*, C-549/10P, EU:C:2012:221). Cependant, il n'est pas nécessaire de démontrer l'existence d'une telle intention pour caractériser un abus dans la mesure où ce dernier peut survenir même si l'entreprise dominante visait à exercer une concurrence par les mérites (§ 263). L'abus de position dominante est une pratique objective dont l'évaluation repose sur les effets. L'intention n'a pas alors à être recherchée pour caractériser le caractère abusif d'une pratique de marché donnée.

De façon significative, le Tribunal rejette l'argument selon lequel l'avantage accordé à Shopping aurait un effet positif pour le consommateur en matière de subventions croisées avec le moteur de recherche, le comparateur de prix apportant des ressources spécifiques (§ 323, 331). Cet argument est d'autant intéressant à relever qu'il se retrouve dans l'affaire Android dans laquelle la pré-installation des applications est présentée comme un moyen de financer un système d'exploitation mobile gratuit… au risque de créer un biais de *statu quo* pour les utilisateurs (voir Siciliani P., « On the Law & Economics of the Android Case », *Journal of European Competition Law & Practice*, 10(10), December 2019, pp. 538-645).

Si les arguments relevant d'une défense sur la base de l'efficience (qui peut également, comme c'est le cas dans Android, être une défense sur la base de la qualité du service rendu à l'utilisateur) n'ont pas été suivi par le Tribunal, il convient de s'intéresser à l'autre volet de la balance des effets : celui reposant sur l'évaluation de l'effet anticoncurrentiel. Le défendeur a présenté des analyses contrefactuelles le conduisant à mettre en cause l'appréciation de la Commission. Ces analyses visent à évaluer l'impact de l'application de l'algorithme Panda, i.e. l'algorithme de correction des résultats. Deux analyses sont proposées, une analyse de type « différences-en-différences » (§ 363) et une analyse en termes d'ablation consistant à évaluer dans des résultats algorithmiques l'impact de la suppression d'une partie de l'algorithme (§ 364). Le Tribunal rejette ces évaluations considérant que la mesure des effets qu'elles rendent possible ne capture qu'une partie de la pratique anticoncurrentielle (le demoting), alors que les faits sanctionnés par la Commission reposent sur la combinaison de deux pratiques : le demoting et une inégalité de traitement additionnelle dans l'affichage des résultats (§ 373, 375). Cette appréciation est susceptible de poser un problème pour certaines évaluations économétriques des effets des pratiques de marché complexes dans les contentieux concurrentiels dans la mesure où elles reposent souvent sur la mesure d'effets partiels (§ 376, 379).

La question de l'appréciation des effets peut aussi passer par l'évaluation des conséquences des pratiques pour le consommateur. Ce dernier subit-t-il un dommage en termes d'élévation des prix ou d'un moindre rythme d'innovation (§ 421) ? À nouveau, le Tribunal réaffirme qu'en matière d'application de l'article 102 TFUE les effets d'exclusion n'ont pas besoin d'être effectifs mais peuvent n'être que potentiels (§ 441). Une pratique doit être sanctionnée même si elle n'a pas atteint un éventuel effet d'éviction recherché (voir l'arrêt *TeliaSonera* cité *supra*) ou si elle a « seulement » un effet restrictif de concurrence (§ 441). De la même façon, la communication de la Commission européenne sur ses priorités en matière d'application de l'article 82 (actuel 102) aux abus d'éviction (février 2009, *Journal Officiel* C45, p. 7) ne l'oblige à réaliser une mesure des effets sur les prix ou encore sur l'innovation (§ 443).

De la même façon, le Tribunal rejette l'argument reposant sur une éventuelle justification objective des pratiques pour le service rendu au consommateur. Si un opérateur dominant peut légitimement améliorer le service qu'il rend, il n'en demeure pas moins que les conséquences indirectes de ses efforts pour accroître la qualité de ce dernier ne doivent conduire à l'élimination de la concurrence au travers d'une réduction de la contestabilité de sa position (§ 553). Il appartient de surcroît à l'entreprise dominante, et non à la Commission, de démontrer la justification objective du comportement (§ 554). Pour le Tribunal, Google n'a pas démontré en quoi la dégradation des résultats naturels des concurrents (le demoting) ou le traitement plus favorable de son propre comparateur de prix a généré des gains d'efficience (§ 567). L'inégalité de traitement subie par les concurrents ne s'accompagne pas de la démonstration d'une différence effective de situation (§ 576).

La question de l'amende

L'amende est le dernier point de discussion à aborder. Elle fait l'objet d'une double contestation quant à sa légitimité dans le cas d'espèce et quant à son quantum. Nous considérons successivement ces deux points.

Google conteste l'imposition même d'une sanction financière sur trois fondements. Le premier est lié à la nouveauté alléguée de la pratique sanctionnée ; le deuxième tient au traitement initial de l'affaire dans le cadre d'une procédure transactionnelle (la procédure d'engagement dans le cadre de l'article 9 du règlement 1/2003) ; le troisième réside dans le fait que l'injonction prononcée en complément de la sanction pécuniaire a été proposée en cours de procédure comme remède comportemental (§ 598).

En premier lieu, le Tribunal soutient la position de la Commission sur l'absence de nouveauté de la pratique sanctionnée dans le cadre du droit de la concurrence de l'UE. L'extension d'une position dominante d'un marché à l'autre est sanctionnée dès lors qu'elle ne se fait pas dans des conditions conformes à celles d'une concurrence par les mérites. Un opérateur dominant sur un marché peut étendre ses activités et même supplanter les entreprises actives sur le marché sur lequel il entre mais doit prendre en compte deux éléments. Le premier tient à l'existence d'une responsabilité spécifique (§ 612). Des pratiques acceptables de la part d'une entreprise non dominante peuvent être sanctionnées sur la base de l'article 102 quand elles sont mises en œuvre par un opérateur dominant (voir l'arrêt du 26 mars 2000, *Compagnie Maritime Belge v Commission*, C-395/96P et C-396/96P, EU:C:2000:132).

Le second élément tient en l'introduction d'une distorsion de concurrence sur un marché adjacent à celui dominé (arrêt du 6 mars 1974, *Instituto Chemioterapico Italiano and Commercial Solvents v Commission*, 6/73 et 7/73, EU:C:1974, 18). La pratique décisionnelle sanctionne les comportements de marchés « anormaux » qui ont pour effet de distordre la concurrence (§ 616). À nouveau, la notion de fairness conçue en termes de loyauté de la concurrence et d'équité nécessaire à une concurrence par les mérites est sous-jacente au raisonnement du Tribunal. Selon ce dernier, « Google must have known that its conduct undermined equality of opportunity between the various economic operators » (§ 616). La sanction pécuniaire est donc validée en ce que la théorie du dommage n'est pas inédite.

De la même façon, le fait que la procédure ait été initiée sur la base de l'article 9 avant que la Commission ne décide de revenir à l'article 7 ne doit pas conduire à l'impossibilité de prononcer une sanction pécuniaire (§ 632). Le raisonnement est ici à mener sur la base des incitations. La procédure d'engagements ne peut être efficace que s'il demeure une menace crédible d'un retour à une procédure contentieuse qui peut conduire au prononcé d'une amende. Cette possibilité incite l'entreprise qui propose les engagements à dimensionner les remèdes proposés de façon satisfaisante. Le Tribunal rejette également l'argument selon lequel la décision unilatérale de la Commission de revenir à l'article 7 du règlement 1/2003 peut être de nature à mettre en question la protection des anticipations légitimes de la firme qui propose des engagements (§ 637).

Le dernier point de discussion tient au montant de la sanction prononcée. Si l'amende dans Android en 2018 a établi un nouveau record, il convient de rappeler que celle appliquée dans le cas de Shopping conduisait à dépasser d'un coefficient de presque 2,5 le précédent record en matière d'article 102 (Intel en 2009 avec un peu plus d'un milliard d'euros). La question pour Google portait sur le pourcentage de l'assiette des ventes retenu (10 %) et du coefficient appliqué *in fine* à titre de dissuasion (1,3). Le Tribunal confirme à la fois la possibilité d'appliquer un tel pourcentage à des cas d'abus de position dominante comme le prévoit le communiqué de la Commission sur les amendes et celle d'appliquer le coefficient en regard de la puissance du groupe et de l'intentionnalité retenue (§ 680). Il est à relever que la tendance à l'élévation des amendes dans les cas d'abus de position dominante est désormais bien établie et que le projet de DMA lui-même se caractérise par de possibles sanctions significatives (le Parlement européen a proposé en décembre 2021 des amendes pouvant aller de 4 à 20 % du chiffre d'affaires des entreprises concernées (communiqué de presse du Parlement, 15 décembre 2021, 20211210IPR19211).

Une discussion de la notion d'autopréférence et de sa place dans le contentieux concurrentiel

Il ne s'agit pas à l'issue de cette longue note de développer une discussion de la notion d'autopréférence en droit de la concurrence (voir Marty F., « Competition and Regulation Challenges in Digital Markets: How to Tackle the Issue of Self-Preferencing? », in Molan Gaban E. and Klein V., eds, Concorrência e Inovaçãos : Reflexões e Insights, Instituto Brasileiro de Concorrência e Inovaçãos, November 2021, pp.109-141). Il convient seulement de relever quelques points déterminants pour de futures discussions tant dans les domaines du droit de la concurrence que de l'économie industrielle.

Premièrement, si le terme même d'autopréférence n'est pas directement utilisé dans l'arrêt, il structure ce dernier. Cependant, cette théorie dont il ne faut pas dire le nom (comme cela était jadis souvent le cas dans des affaires mettant en jeu des facilités essentielles) peut correspondre à deux situations distinctes. La première tient à l'extension d'une position dominante vers un marché adjacent dans une logique différente de celle d'une concurrence par les mérites. La seconde correspond à une discrimination de second rang. L'entreprise à l'origine de la pratique n'est pas intégrée verticalement et ne compte pas évincer quelques complémenteurs que ce soit sur le marché adjacent considéré mais va distordre la concurrence entre ces derniers pour favoriser ceux qui sont les plus rémunérateurs pour elle en termes de rémunération (ceux qui contractent pour des services auxiliaires de logistiques, d'analyse des données, etc.) ou en termes d'accès à des données. La logique est alors celle d'un abus d'exploitation et non plus d'un abus d'éviction. Qu'il s'agisse de l'un ou l'autre scénario, il est nécessaire de considérer les incitations qui s'exercent sur l'entreprise dominante et sur l'évolution des conditions de marché. L'intérêt économique peut aller dans un premier temps vers une ouverture non discriminante et évoluer progressivement vers des stratégies d'intégration verticale ou vers des stratégies de pression visant à capturer une part croissante de la rente produite (Hovenkamp H., « Monopolizing and the Sherman Act », working paper SSRN, 2022, https://dx.doi.org/10.2139/ssrn.3963245).

Indubitablement, la théorie du dommage dans notre cas se rattache au premier scénario. Pourquoi ne pas utiliser le terme d'autopréférence alors ? Peut-être dans la mesure où il existe des précédents et une théorie du dommage « efficace » pour sanctionner ces pratiques : celle du levier anticoncurrentiel que la Commission avait sanctionné dans l'affaire Microsoft.

Deuxièmement, quelle que soit la modalité que revête l'autopréférence, il convient de relever que ses résultats en termes d'efficacité économique peuvent être discutés et justifient à cet égard une balance des effets (Hovenkamp E., « The Antitrust Duty to Deal in the Age of Big Tech », *Yale Law Journal*, 2022, à paraître). Pour autant, l'autopréférence soulève des enjeux au-delà de la seule efficacité économique.

Le lien au DMA peut alors être fait. L'extension d'une position dominante à des marchés adjacents pose de premiers problèmes en termes de contestabilité. Le risque est de réduire globalement les capacités des concurrents actuels ou futurs d'entrer dans une concurrence pour le marché. L'intégration verticale et la diversification peuvent être des barrières à l'entrée pouvant conduire à une éventuelle défaillance structurelle de la concurrence qu'il s'agit cependant de discuter. Au-delà cette stratégie, l'autopréférence pose un problème de concurrence dans le marché. Comment garantir l'équité et la loyauté de la concurrence dans un cadre où un acteur est capable de jouer unilatéralement sur ces règles de fonctionnement. La question est alors celle de la prévention des abus dans les écosystèmes qu'il s'agisse d'abus d'éviction, d'abus d'exploitation ou d'abus de dépendance économique (si on considère, pour ce dernier cas, les droits internes de certains États membres).

Le parallèle avec les infrastructures essentielles est possible. Il s'agit de garantir les conditions d'un accès au marché dans des conditions *fair, reasonable, and not discriminatory* (FRAND). Cependant, les cas sont rarement des refus d'accès mais plus des conditions d'accès qui se dégradent dans le temps. La littérature d'économie industrielle illustre les enjeux de la quasi-essentialité de l'accès à certains écosystèmes dès lors que certains acteurs optent pour des stratégies de monohébergement (voir sur la question du monohébergement et du multi-hébergement, Franck J-U. and Peitz M., « Market definition and market power in the platform economy », CERRE Report, 2019).

Troisièmement, l'arrêt ne repose pas que sur une notion d'égalité d'accès qui fait écho aux débats de la décennie précédente sur la neutralité de l'internet. Il met en avant la notion d'anormalité du comportement. Cette anormalité peut être saisie de façons différentes.

Une première façon de saisir l'anormalité peut être considérée comme résultant à l'impossibilité d'appliquer le critère du bien-être du consommateur dans de tels marchés. Il s'agirait de mettre en œuvre des tests alternatifs comme le test du sacrifice (utilisé aux États-Unis pour les prix prédateurs) ou le test d'absence de sens économique. L'insistance sur le changement unilatéral des pratiques non explicable en dehors d'une stratégie d'éviction (mais qui n'induit pas obligatoirement un sacrifice en termes de profits) fait bien entendu écho à des précédents dans le domaine de la théorie des facilités essentielles, notamment le cas américain Aspen Skiing (*Aspen Skiing v. Aspen Highlands Skiing*, 472 US 585 (1985), voir notamment Hovekamp E., 2022, op. cit. pour une discussion). Il fait également écho à la littérature de sciences de gestion sur les logiques de coopétition dans les écosystèmes laquelle montre que les plateformes ont intérêt dans un premier temps à ouvrir leurs écosystèmes à des complémenteurs avant éventuellement de les supplanter ou de leur imposer des termes contractuels de plus en plus défavorables (Marty F. and Pillot J., « Cooperation, dependence, and eviction: how platform-to-business coopetition relationships should be addressed in mobile telephony ecosystems » in Michal Gal and David Bosco eds. Challenges to Assumptions in Competition Law, Edward Elgar, April 2021, pp. 2-22).

Ces changements peuvent comme nous l'avons noté *supra* ne pas induire de pertes pour l'opérateur dominant. Ils peuvent conduire à un degré supérieur de satisfaction des consommateurs. Ils n'en supposent pas moins la mise en œuvre de stratégies basées sur l'exploitation abusive d'une position dominante ne laissant pas aux concurrents de solution alternative en cas de changement de stratégie. La notion de concurrence par les mérites (ou de concurrence libre et non faussée) peut également être mobilisée pour dirimer entre pratiques normales et pratiques anormales. La distinction peut reposer sur une logique de type avant/après. Un changement de pratiques pourrait être considéré comme constitutif d'une telle anormalité si l'entreprise s'écarte de ses pratiques habituelles sans pouvoir apporter de justifications objectives.

Les conclusions de l'Avocat général Rantos dans *Servizio Eletricco Nazionale e. a.* (affaire C-377/20, 9 décembre 2021) pourraient être utilisées : « Toutefois, un comportement qui s'écarte manifestement des pratiques habituelles du marché pourrait être considéré comme un élément factuel pertinent aux fins de l'appréciation du caractère abusif » (§ 61). Il serait également possible de prolonger la réflexion à partir de la distinction entre comportements visant à accroître la performance de la firme et comportements n'ayant pas de sens économique en dehors de l'entrave faite aux concurrents. À nouveau, les conclusions de l'Avocat général Rantos peuvent être utiles : « Les comportements qui ne relèvent pas de la notion de « concurrence par les mérites » se caractérisent généralement par le fait qu'ils ne se fondent pas sur des raisons économiques évidentes ou objectives. Sont donc regardées comme un exemple de concurrence par les mérites, les conduites réduisant les coûts de l'entreprise dominante, en accroissant l'efficacité d'une autre manière, qui ont pour effet d'élargir le choix des consommateurs en mettant sur le marché de nouveaux produits ou en augmentant la quantité ou la qualité de ceux déjà offerts. En revanche, si le comportement ne répond à aucune justification autre que celle d'infliger des préjudices aux concurrents, il ne relève forcément pas de la concurrence par les mérites » (§ 62).

Une deuxième façon de considérer l'anormalité peut être mise en perspective avec les réflexions sur l'inversion de la charge de la preuve dans les contentieux reliés au numériques, telles que développées par Jacques Crémer et ses co-auteurs dans leur rapport pour la Commission (Crémer J., de Montjoye Y-A. and Schweitzer H., Competition policy for the digital era, DG Comp., Brussels, 2019). Dès lors, il s'agirait de concilier ces nouveaux standards avec le maintien dans le domaine de l'application de l'article 102 d'une approche par les effets.

Cette très rapide discussion témoigne du caractère déterminant de cet arrêt pour la politique de concurrence européenne dans le domaine numérique (Caffarra C., « Google Shopping: a shot in arm for the EC's enforcement effort, but how much will it matter ? », *e-Competitions Bulletin*, n° 104053, December 2021). Il témoigne également de la nécessité de croiser droit de la concurrence, économie industrielle et compréhension des algorithmes. L'adaptation de nos standards de décision est nécessaire tout comme le développement d'outils permettant de caractériser la normalité ou l'anormalité du fonctionnement des algorithmes des firmes.

Finalement, l'arrêt du Tribunal doit être considéré dans le cadre des enjeux qui ont conduit à la proposition du DMA. Ces derniers tiennent notamment à la durée des procédures concurrentielles (la plainte initiale dans cette affaire remonte à 2009), à la capacité de remédier à des dommages concurrentiels et enfin à la prise en compte d'objectifs dépassant la seule efficacité économique. La préservation d'une concurrence pour le marché (contestabilité) et des conditions d'une concurrence équitable et loyale dans le marché (*fairness*) sont des éléments structurants du DMA qui ont de nombreux échos dans les différentes affaires que la Commission a à traiter dans le domaine du numérique. Le lien entre Google Shopping et le traitement *ex ante* des stratégies d'auto-préférence tel qu'il apparaît dans la proposition de DMA (en l'espèce son article 6-1-d) est évident. L'arrêt du Tribunal, en insistant sur la notion de traitement non discriminatoire, renforce une dimension importante : celle de la neutralité de traitement requise des contrôleurs d'accès entre leurs services propres et ceux des entreprises devant accéder à leur écosystème.

F. Marty
Concurrences N° 1-2022, Art. N° 105074, p. 93

CJUE, 12 mai 2022, Servizio Elettrico Nazionale, C-377/20

La Cour de justice de l'Union européenne précise les critères à retenir pour qualifier l'exploitation abusive d'une position dominante caractérisée par des pratiques d'éviction

Le 12 mai 2022, la Cour de justice de l'Union européenne [ci-après la « Cour de justice»] a rendu un arrêt dans l'affaire C-377/20 (*Servizio Elettrico Nazionale SpA e. a. contre Autorità Garante della Concorrenza e del Mercato*), laquelle fait suite à une demande de décision préjudicielle introduite par le Conseil d'État italien à propos de l'interprétation et de l'application de l'article 102 TFUE en matière de pratiques d'éviction abusives des entreprises dominantes, plus particulièrement dans un contexte de libéralisation d'un secteur économique (fourniture d'énergie en Italie). Si de telles pratiques ont fait l'objet d'une pratique décisionnelle nourrie en France, c'est la première affaire de ce type au niveau de l'Union européenne et l'arrêt de la Cour de justice était donc très attendu.

Au cas d'espèce, il s'agissait de pratiques qui trouvaient appui sur un avantage concurrentiel qu'un opérateur historique a légitimement « hérité » de son ancien monopole légal, tels que l'image de marque et la notoriété, ou la clientèle. Si l'affaire apporte d'utiles précisions sur la notion de « concurrence par les mérites » et le champ d'application de l'interdiction édictée par l'article 102 TFUE, notamment en posant deux conditions cumulatives à la démonstration d'un abus, il est permis de s'interroger sur la portée réelle de l'arrêt qui a été rendu dans le cadre d'un renvoi préjudiciel et donc dans la limite des éléments de fait et de droit portés à l'attention de la Cour de justice par la juridiction de renvoi.

Dans le litige au principal, l'*Autorità Garante della Concorrenza e del Mercato* [ci-après « AGCM »] a sanctionné trois sociétés du groupe *ENEL SpA* (l'opérateur historique du marché de la fourniture de l'énergie en Italie) pour avoir utilisé des données relatives à la clientèle du marché protégé, c'est-à-dire sous monopole légal, pour conquérir le marché nouvellement ouvert à la concurrence. Il était reproché aux sociétés du groupe *ENEL SpA* d'avoir verrouillé et transféré la clientèle du marché protégé vers le marché libéralisé, rendant plus difficile l'entrée des fournisseurs alternatifs sur le marché libéralisé. L'AGCM a ainsi sanctionné les sociétés du groupe *ENEL SpA* à hauteur de 93 084 790,50 euros. Celles-ci ont ensuite obtenu une réduction de leur amende solidaire à 27 529 786,46 euros devant le Tribunal administratif régional du Latium mais ont néanmoins interjeté appel de ces jugements devant le Conseil d'État italien.

Les questions préjudicielles posées à la Cour de justice

Dans ce contexte, le Conseil d'État italien a posé cinq questions préjudicielles à la Cour de justice afin de préciser certains aspects de la notion d'"exploitation abusive". En substance :

Première question : quels sont les éléments constitutifs d'un comportement abusif permettant de distinguer, en vue de l'application de l'article 102 TFUE, les pratiques qui relèveraient d'une concurrence « normale », et celles qui, au contraire, seraient à considérer comme « abusives » au sens de cette disposition ?

Deuxième question : est-ce que l'article 102 TFUE doit être interprété en ce sens que, afin d'établir si une pratique constitue l'exploitation abusive d'une position dominante, il suffit, pour une autorité de concurrence, de prouver que cette pratique est susceptible de porter atteinte à une structure de concurrence effective sur le marché pertinent ou s'il faut encore, ou alternativement, prouver que ladite pratique est susceptible d'avoir une incidence sur le bien-être des consommateurs ?

Troisième question : est-ce que, aux fins d'établir l'existence d'une violation de l'article 102 TFUE, doit être considérée comme pertinente la preuve produite par une entreprise en position dominante démontrant que, nonobstant sa capacité abstraite à produire des effets restrictifs, le comportement en cause n'a concrètement pas produit de tels effets et, dans l'affirmative, si l'autorité de concurrence est tenue d'examiner les preuves produites par cette entreprise quant à la capacité concrète de ce comportement à produire les effets en question ?

Quatrième question : dans quelle mesure l'intention anticoncurrentielle de l'entreprise dominante doit être prise en compte aux fins de déterminer le caractère abusif du comportement ?

Cinquième question : quelles sont les conditions pour retenir la responsabilité de la société mère en cas de position dominante impliquant une pluralité de sociétés appartenant au même groupe de sociétés ?

La Cour de justice examine les deuxième, troisième, et quatrième questions avant de traiter la première puis la cinquième questions préjudicielles.

La deuxième question préjudicielle : sur l'intérêt protégé par l'article 102 TFUE

La Cour de justice apporte d'utiles précisions sur les intérêts protégés par l'article 102 TFUE et leur prise en compte tant au stade de l'analyse du caractère abusif d'une pratique qu'au stade de la justification de la pratique en cause.

Elle rappelle ainsi de façon traditionnelle que le bien-être des consommateurs, tant intermédiaires que finals, doit être regardé comme constituant l'objectif ultime justifiant l'intervention du droit de la concurrence pour réprimer l'exploitation abusive d'une position dominante sur le marché intérieur ou dans une partie substantielle de celui-ci. Elle précise qu'il est toutefois suffisant pour une autorité de concurrence de démontrer qu'une pratique d'une entreprise en position dominante est susceptible de porter atteinte à une structure de concurrence effective, sans qu'il soit nécessaire de démontrer qu'elle a la capacité de causer un préjudice direct aux consommateurs.

Il revient alors à l'entreprise visée de démontrer que l'effet d'éviction résultant de la pratique est contrebalancé par des effets positifs pour les consommateurs, notamment en termes de prix, de choix, de qualité et d'innovation.

La troisième question préjudicielle : sur l'admissibilité et la pertinence de certains éléments de preuve

L'arrêt de la Cour de justice clarifie le rôle des effets réels dans l'analyse. Dans la mesure où l'article 102 TFUE est concerné tant par les effets réels que les effets potentiels sur la concurrence, ce point méritait d'être tranché par la jurisprudence.

En substance, il était demandé à la Cour de justice si des développements réels et observables au niveau du marché pertinent pouvaient invalider l'analyse de l'impact potentiel d'une pratique sur la concurrence, à savoir notamment que les sociétés du groupe *Enel SpA* n'avaient obtenu, par l'utilisation des données de la clientèle du marché protégé, que 478 clients, soit à peine 0,002 % des clients du marché protégé.

À cet égard, la Cour de justice rappelle qu'une pratique peut être considérée comme étant abusive dès lors qu'elle a la capacité de restreindre la concurrence et de produire les effets d'éviction reprochés, sans qu'il soit nécessaire de démontrer la réalité de ces effets (pts. 50 et 53). La preuve de l'absence d'effets réels imputables à la pratique est néanmoins pertinente et peut être prise en compte pour démontrer que la pratique en cause n'avait pas la capacité de produire les effets d'éviction allégués, bien qu'elle ne soit pas suffisante, à elle seule, pour écarter l'application de l'article 102 TFUE et qu'elle doit être complétée d'autres éléments de preuve visant à établir cette incapacité.

Le faible impact réel de l'utilisation des données de la clientèle du marché n'est donc pas suffisant pour démontrer que la pratique n'avait pas la capacité de produire un effet d'éviction.

La quatrième question préjudicielle : sur la pertinence de l'intention restrictive de concurrence

S'appuyant sur une jurisprudence bien établie, la Cour de justice rappelle que l'exploitation abusive d'une position dominante est une notion objective et que l'existence d'une pratique d'éviction abusive par une entreprise en position dominante doit être appréciée sur le fondement de la capacité de cette pratique à produire des effets anticoncurrentiels.

En conséquence, pour constater l'exploitation abusive d'une position dominante aux fins de l'application de l'article 102 TFUE, une autorité de concurrence n'est pas tenue d'établir l'existence d'une intention anticoncurrentielle dans le chef de l'entreprise en position dominante.

Toutefois, l'intention constitue une circonstance factuelle susceptible d'être prise en compte aux fins de la détermination d'un abus de position dominante.

La première question préjudicielle : sur la notion d'« exploitation abusive »

Rappelant sa jurisprudence récente (notamment dans l'affaire *Intel*), la Cour de justice relève que l'article 102 TFUE n'a pas pour but d'empêcher une entreprise de conquérir, par ses propres mérites, une position dominante sur un marché, ni d'assurer que des concurrents moins efficaces qu'une entreprise occupant une telle position restent sur le marché. Elle note ensuite que les entreprises en position dominante ont une responsabilité particulière de ne pas porter atteinte, par leur comportement, à une concurrence effective et non faussée dans le marché intérieur.

Il en résulte que si des entreprises dominantes peuvent se défendre contre leurs concurrents, elles doivent le faire en recourant à des moyens relevant d'une concurrence « normale », c'est-à-dire fondée sur les mérites. A contrario, elles ne doivent pas empêcher l'entrée de concurrents sur le marché en cause en recourant à des moyens autres que ceux relevant d'une concurrence fondée sur les mérites.

Dans l'arrêt *Servizio Elettrico Nazionale*, la Cour de justice identifie deux situations dans lesquelles le comportement d'une entreprise dominante ne relève pas d'une concurrence fondée sur les mérites :

C'est le cas si la pratique ne peut avoir d'autre objectif plausible que celui de restreindre la concurrence, c'est-à-dire, selon les termes de la Cour de justice, si la pratique mise en œuvre n'a pas d'intérêt économique si ce n'est celui d'éliminer ses concurrents. Autrement formulé, une pratique est considérée comme étant abusive si elle a un objet anticoncurrentiel ce qui ressort nettement de sa jurisprudence. La Cour de justice fait à cet égard référence à l'affaire *Tetra Pak* dans laquelle elle avait jugé qu'une entreprise n'avait aucun intérêt à pratiquer des prix inférieurs à la moyenne des coûts variables si ce n'est celui d'éliminer toute concurrence.

C'est aussi le cas d'une pratique qui ne peut pas être reproduite par un concurrent aussi efficace, dès lors que celle-ci découle de l'exploitation par l'entreprise dominante de ressources ou de moyens propres à la détention d'une telle position. La Cour de justice précise utilement que la pertinence d'une telle impossibilité de reproduire la pratique en cause pour déterminer si la pratique relève d'une concurrence fondée sur les mérites vaut tant pour les pratiques tarifaires que pour les pratiques non tarifaires.

Tel serait notamment le cas d'une entreprise jouissant de droits exclusifs en vertu d'un monopole légal et qui exploiterait des ressources par définition inaccessibles aux autres concurrents afin d'étendre sa position dominante vers un autre marché.

La Cour de justice conclut qu'une pratique peut être qualifiée d'abusive (i) si elle a la capacité de produire des effets d'éviction et (ii) si elle repose de l'utilisation de moyens autres que ceux relevant d'une concurrence par les mérites. Il est néanmoins toujours possible d'échapper à l'interdiction de l'article 102 TFUE en apportant la preuve que la pratique en cause est soit (i) objectivement justifiée et proportionnée à cette justification, soit (ii) contre- balancée, voire surpassée, par des avantages en termes d'efficacité qui profitent également aux consommateurs.

La cinquième question préjudicielle : sur l'imputabilité à la société mère du comportement abusif de ses filiales

La Cour de justice, après avoir rappelé la jurisprudence reposant sur la notion d'entreprise au sens du droit de la concurrence, indique que l'appartenance à un même groupe de sociétés ayant directement participé au comportement abusif est suffisante pour imputer la responsabilité à la société mère qui détient la totalité du capital de ces sociétés, sans qu'il soit nécessaire d'apporter une quelconque preuve supplémentaire, à moins que cette société mère n'apporte des éléments de preuve suffisants de nature à démontrer que ces sociétés se sont comportées de façon autonome sur le marché.

La Cour de justice, tout en laissant le soin à la juridiction de renvoi de trancher, relève que l'allégation selon laquelle les processus décisionnels décentralisés au sein du groupe ne laissaient à *ENEL* que la simple fonction de promouvoir des synergies et de meilleures pratiques entre les diverses sociétés du groupe, n'apparaît pas suffisante pour renverser la présomption capitalistique dans la mesure où elle n'exclut pas que des représentants d'*ENEL* siégeaient dans les organes de décision de *SEN*, ni même ne garantit que les membres de ces organes étaient fonctionnellement indépendants de la société mère.

A. Wachsmann, N. Zacharie, D. Green
Concurrences N° 3-2022, Art. N° 108170, p. 88

3.3.2 Jurisprudence française

Dénigrement

Cass. com., 18 oct. 2016, Sanofi, n° 15-10.384

La Cour de cassation rejette le pourvoi d'un fabricant de princeps dans une affaire de dénigrement anticoncurrentiel.

La Cour de cassation a rejeté le recours formé par Sanofi-Aventis dans l'affaire du Plavix®. La stratégie de dénigrement caractérisé par l'Autorité de la concurrence (décision n° 13-D-11 du 14 mai 2013, confirmée par la Cour d'appel de Paris dans son arrêt du 18 décembre 2014) est donc confirmée et, avec elle, la sanction pécuniaire de 40,6 millions d'euros.

En quelques mots, Sanofi-Aventis a disposé de 1998 à 2008 d'une protection de son princeps, le Plavix®. En juillet 2008, des génériques obtinrent une autorisation de mise sur le marché ouvrant ainsi la possibilité de substitutions de la part des médecins et des pharmaciens. Cependant, les fabricants de génériques ne parvinrent pas à s'imposer contre le princeps et son autogénérique (le Clopidogrel Wintrop®). Pour le plaignant (Teva), suivi par l'Autorité, ce faible taux de substitution était lié à des pratiques abusives, en l'espèce de dénigrement. La communication du fabricant de princeps se fondait sur une absence d'indication thérapeutique des génériques en association avec de l'aspirine pour traiter le syndrome coronarien aigu (SCA). Or, cette absence d'indication ne provenait pas de raisons médicales mais de droits de propriété intellectuelle complémentaires détenus par Sanofi sur le sel utilisé.

Le premier moyen de Sanofi-Aventis repose sur la caractérisation même de ce dénigrement. Ce dernier est rejeté par la Cour. Celle-ci confirme que la communication mise en œuvre par l'opérateur dominant entre septembre 2009 et 2010 a effectivement généré – par son ambiguïté – des doutes chez les prescripteurs et les pharmaciens sur la bioéquivalence entre les génériques et le princeps. La position prise le 24 septembre 2009 par l'Agence française de sécurité sanitaire des produits de santé confirmait bien que la non-homogénéité des indications (liée rappelons-le à un certificat de protection complémentaire) ne présentait aucun risque pour les patients et ne justifiait pas une mention spécifique sur le répertoire des génériques. La communication de Sanofi ne se fondait donc pas sur des différences réelles en termes médicaux. Elle pouvait constituer en outre une pratique de dénigrement dont les effets étaient d'autant plus significatifs que la position dominante était bien assise par dix ans de monopole du Plavix®, par la réputation du groupe et par l'aversion au risque des praticiens de santé. La Cour d'appel a donc eu raison selon la Cour de cassation de confirmer la mise en œuvre d'une telle stratégie dont les effets sur le marché ont été sensibles au travers du nombre exceptionnel de mentions « Ne pas substituer » ou du faible taux de pénétration des génériques par rapport aux standards habituels.

La Cour de cassation rejette également le second moyen de Sanofi-Aventis. Ce dernier tenait au fait que l'Autorité de la concurrence se serait écartée de son communiqué du 16 mai 2011 relatif à sa méthode de détermination des sanctions pécuniaires. La position de Sanofi tient notamment à la prise en compte d'une assiette des ventes couvrant à la fois celles du princeps et de son autogénérique, et d'une durée des pratiques excessives sans que la Cour d'appel ne s'attache à ce point. La Cour reprécise tout d'abord le statut de ce texte de soft law qu'est le communiqué de mai 2011. Il s'agit d'une directive au sens administratif du terme à laquelle l'Autorité est certes tenue mais demeure libre de s'en écarter au cas par cas dès lors qu'elle le motive dans sa décision sur la base de l'existence de circonstances particulières ou de motifs d'intérêt général. Si la Cour d'appel devait donc bien vérifier que l'Autorité suive effectivement son communiqué et non seulement les dispositions de l'article L464-2 du Code de commerce, il n'en demeure pas moins que la cassation n'est pas encourue dans la mesure où l'Autorité a effectivement respecté les termes de son communiqué et a exposé lorsque cela n'était pas le cas les raisons qui l'ont conduites à s'en écarter. Ce point joue sur le cumul des ventes du princeps et de l'autogénérique qui apparaît comme nécessaire pour rendre compte de la gravité et de l'effet économique de la pratique. La question de la durée retenue présente également un intérêt certain : les effets économiques d'un dénigrement se traduisent par un dommage réputationnel dont la durée dépasse celle des pratiques elles-mêmes. Enfin, sur la question de la proportionnalité d'une sanction (majorée au vu de la puissance économique du groupe), le raisonnement de la Cour peut se rattacher à une analyse substantielle de la situation en mettant en exergue la réalité du contrôle que la société-mère exerce sur sa filiale fabricant l'autogénérique).

Il s'agit donc indubitablement d'un arrêt particulièrement intéressant en ce qu'il confirme à nouveau des principes importants en termes de prise en compte des effets économiques des stratégies de dénigrement, d'opposabilité des lignes directrices en matière de fixation du quantum des sanctions pécuniaires et d'intégration dans la décision concurrentielle des réalités économiques des groupes de sociétés.

F. Marty

Concurrences N° 1-2017, Art. N° 83326, p. 105

Voir aussi, sur les origines de l'affaire

Aut. conc., déc. n° 13-D-11, 14 mai 2013, relative à des pratiques mises en œuvre dans le secteur pharmaceutique

F. Marty, Dénigrements : L'Autorité de la concurrence prononce une amende de plus de 40 millions d'euros à l'encontre d'un laboratoire pharmaceutique pour avoir entravé l'entrée sur le marché de médicaments génériques par l'intermédiaire de pratiques de dénigrement (Pratiques mises en œuvre dans le secteur pharmaceutique), 14 mai 2013, Concurrences N° 3-2013, Art. N° 53980, p. 85.

CA Paris, 18 déc. 2014, Sanofi, RG n° 2013/12370

F. Marty, Abus d'éviction : La Cour d'appel de Paris rejette un recours formé par un fabricant de princeps contre une décision de l'Autorité de la concurrence le sanctionnant pour abus d'éviction à l'encontre d'un fabricant de médicaments génériques (Sanofi), 18 décembre 2014, Concurrences N° 1-2015, Art. N° 71086, p. 102.

CA Paris, 11 juill. 2019, Janssen-Cilag et Johnson & Johnson c/ Autorité de la concurrence, RG n° 18/01945

La Cour d'appel de Paris confirme pour l'essentiel la décision de sanction, par l'Autorité de la concurrence, d'un laboratoire pharmaceutique pour des pratiques d'abus de position dominante ayant retardé puis limité le développement de médicaments génériques.

Par un arrêt du 11 juillet 2019, la Cour d'appel de Paris a largement confirmé la décision de l'Autorité de la concurrence (« l'Autorité ») n° 17-D-25 du 20 décembre 2017 qui avait sanctionné le laboratoire Janssen-Cilag, et sa maison-mère Johnson &Johnson, pour avoir d'abord retardé puis limité le développement des génériques de son médicament, le Durogesic® (déc. n° 17-D-25 du 20 décembre 2017 relative à des pratiques mises en œuvre dans le secteur des dispositifs transdermiques de fentanyl, comm. A. Wachsmann, *Concurrences* N° 2-2018, p. 84). La Cour d'appel de Paris a cependant revu le montant de la sanction à la baisse, passant de 25 millions d'euros à 21 millions d'euros.

Le Durogesic® est un antalgique opioïde puissant délivré sous la forme de patchs (dispositif transdermique), dont le principe actif est le fentanyl. Il est prescrit pour le traitement de la douleur sévère, notamment pour les patients atteints de douleurs chroniques d'origine cancéreuse, dont les enfants.

Dans cette affaire, l'Autorité avait été saisie par une plainte de Ratiopharm, devenu depuis Teva Santé, un laboratoire génériqueur qui souhaitait commercialiser un générique du fentanyl. Celui-ci avait assorti sa plainte d'une demande de mesures conservatoires qui avait été rejetée par l'Autorité dans une décision du 31 juillet 2009 (déc. n° 09-D-28 du 31 juillet 2009 relative à des pratiques de Janssen-Cilag France dans le secteur pharmaceutique, comm. A. Wachsmann, *Concurrences* N° 4-2009, p. 117). Par la suite, Ratiopharm s'était désisté, ce qui n'avait naturellement pas empêché l'Autorité de poursuivre la procédure.

Comme l'Autorité, la Cour d'appel de Paris fait d'abord œuvre de synthèse, en rappelant le cadre juridique du droit pharmaceutique encadrant le processus d'attribution des autorisations de mise sur le marché (« AMM ») en Europe (pts 3-29).

Elle résume ensuite les faits de l'affaire. Deux pratiques étaient reprochées à Janssen-Cilag. D'abord celle d'avoir retardé l'arrivée des génériques du fentanyl sur le marché par des actions illégitimes auprès de l'Afssaps (devenue aujourd'hui l'ANSM) au cours de la procédure de délivrance de l'AMM. Ensuite celle d'avoir limité la commercialisation des génériques du fentanyl par des pratiques de dénigrement.

Les moyens de légalité externe

La Cour d'appel de Paris rejette ensuite l'ensemble des moyens de légalité externe soulevés par Janssen-Cilag, qui contestait notamment l'impartialité des services d'instruction et un défaut de notification des actes d'instruction au ministre chargé de la Santé. Ces développements dépassent l'objet de la présente chronique.

Il faut également mentionner un moyen fondé sur la prétendue incompétence de l'Autorité dans cette affaire. Pour Janssen-Cilag, l'appréciation du caractère juridiquement fondé ou non de son intervention auprès de l'Afssaps relèverait de la compétence spéciale et exclusive conférée à cette autorité administrative et non à l'Autorité (pt 58) et l'intervention de son pharmacien responsable ne serait pas détachable de la mise en œuvre de prérogatives de puissance publique (pt 69).

La Cour d'appel de Paris ne s'y trompe pas. Elle considère que l'Autorité ne s'est livrée qu'à une analyse juridique en droit de la concurrence et n'a pour cela fait que replacer les pratiques incriminées dans leur contexte juridique et factuel (pt 87). Ainsi, l'Autorité examine les comportements des opérateurs économiques au regard des règles en droit de la concurrence, sans remettre en cause les décisions prises par les autorités publiques dans l'exercice de leurs prérogatives (pt 100).

Les moyens de légalité interne

Sur le fond, Janssen-Cilag a contesté le caractère anticoncurrentiel de chacune des deux pratiques relevées par l'Autorité, ainsi que l'existence d'une infraction complexe et continue. Il faut observer que ni la définition du marché pertinent (celui du fentanyl par voie transdermique sur les marchés ville et hospitalier, au niveau national) ni la position dominante n'ont été contestées par Janssen-Cilag, ce qui était en réalité déjà le cas au stade de l'instruction devant l'Autorité.

Sur l'intervention de Janssen-Cilag devant l'Afssaps

La Cour d'appel de Paris confirme pour l'essentiel que l'intervention de Janssen-Cilag auprès de l'Afssaps, en tant qu'elle visait à remettre en cause la qualité de générique des produits de Ratiopharm, est constitutive d'un abus de position dominante. Janssen-Cilag avait pourtant fait valoir plusieurs moyens.

Le premier moyen tentait de faire valoir une interprétation erronée par l'Autorité du cadre réglementaire et Janssen-Cilag demandait même qu'une question préjudicielle soit adressée à la Cour de justice par la Cour d'appel de Paris. Au terme de raisonnements assez éloignés du droit de la concurrence, il suffit de retenir que la Cour d'appel de Paris a considéré que l'Autorité avait exactement analysé le cadre juridique, à savoir que, dès lors que la qualité de spécialité générique ne pouvait être déniée aux produits de Ratiopharm par l'Afssaps, le directeur général de cette Autorité était tenu de les inscrire au répertoire des groupes génériques en tant que génériques du Durogesic® (pts 225 et 226).

Le deuxième moyen s'est révélé être le plus efficace pour Janssen-Cilag. Ce dernier faisait valoir que l'Autorité avait dénaturé son intervention devant l'Afssaps. Contrairement à ce qu'avait retenu l'Autorité, Janssen-Cilag n'avait jamais contesté le principe même de la délivrance d'AMM aux produits de Ratiopharm (pt 237), mais faisait valoir des préoccupations sur les conséquences d'une substitution des produits de Ratiopharm avec ses propres dispositifs en cours de traitement.

Pour la Cour d'appel de Paris, cette erreur de l'Autorité n'est pas de nature à remettre en cause la décision en ce qui concerne la première pratique. En revanche, cela a conduit l'Autorité « à considérer le premier terme de l'infraction unique comme plus grave qu'il n'était » (pt 247), ce qui a dès lors un impact direct sur le calcul de l'amende.

Par son troisième moyen, Janssen-Cilag a tenté de faire valoir que les conditions requises pour qu'une intervention auprès d'une autorité publique puisse constituer un abus de position dominante n'étaient pas réunies en l'espèce. Sur ce point, la Cour d'appel de Paris relève de manière intéressante que l'arrêt *AstraZeneca* n'a en rien défini de façon exhaustive toutes les hypothèses dans lesquelles l'intervention auprès d'une autorité publique serait susceptible de constituer une pratique anticoncurrentielle. Autrement dit, il s'agissait d'un arrêt d'espèce, très différent du cas Janssen-Cilag (pt 268).

En l'espèce, la Cour d'appel de Paris fait sienne l'idée selon laquelle il existe une aversion au risque des professionnels de santé, et cela plus encore pour l'Afssaps, dont les responsabilités sont énormes. Ainsi, à la différence de l'affaire AstraZeneca, le fait même de soulever un débat juridiquement infondé était de nature à produire un effet concurrentiel en ce qu'il conduisait « quasi-inéluctablement à un ralentissement du processus décisionnel au sein de l'Afssaps, ce qu'aucun laboratoire pharmaceutique ne peut ignorer » (pt 273).

Il ne s'agit donc pas d'une remise en cause de la liberté d'expression, comme essayait de le faire valoir Janssen-Cilag. Comme le synthétise très bien la Cour d'appel de Paris, « ne relève pas de l'exercice légitime de cette liberté, le fait pour une telle entreprise d'intervenir dans le processus décisionnel d'une autorité publique en soulevant devant celle-ci une analyse juridique dont elle sait, ou doit savoir, qu'elle est contraire à l'interprétation constante des textes applicables, lorsqu'il s'avère que le débat ainsi ouvert devant ladite autorité est susceptible d'entraver le libre jeu de la concurrence sur le marché où elle détient une position dominante » (pt 280).

Finalement, cette idée est confirmée dans le cadre de l'examen du quatrième moyen, par lequel Janssen-Cilag tentait de faire valoir qu'elle n'avait pas agi délibérément et qu'il n'existait pas chez elle de stratégie de grande ampleur visant à retarder ou limiter l'entrée des génériques du Durogesic® sur le marché.

Malheureusement pour Janssen-Cilag, ses documents internes parlaient d'eux-mêmes. La Cour d'appel de Paris n'a pas eu besoin de les examiner tous : le document intitulé « Plan produit pour 2007 » trahissait à lui seul le fait que l'intervention de Janssen-Cilag reposait sur une approche purement commerciale déconnectée de toute considération de santé publique (pt 305).

Enfin, par son cinquième moyen, Janssen-Cilag tentait encore de faire valoir que son intervention était justifiée objectivement (et par conséquent ne pouvait constituer un abus) par des enjeux de santé publique liés à la substitution entre dispositifs transdermiques du fentanyl. La Cour d'appel de Paris relève cependant qu'il aurait été possible pour Janssen-Cilag d'intervenir sans que son action ait été anticoncurrentielle, de sorte que le caractère objectif de son intervention ne pouvait être retenu (pt 326).

Sur les pratiques de dénigrement

Sur l'analyse des pratiques en elles-mêmes, l'arrêt n'appelle que peu de commentaires. La Cour d'appel de Paris confirme de manière particulièrement claire et marquée que le discours de Janssen-Cilag, quelle qu'en ait été la forme (véhiculé par les visiteurs médicaux, *via* une « lettre d'information médicale », par des formations ou même des économiseurs d'écran), laissait transparaître un message anxiogène destiné à remettre en cause le bien-fondé de la reconnaissance de la qualité de générique aux produits de Ratiopharm et la substituabilité pour l'ensemble des patients. Il faut d'ailleurs rappeler que la « lettre d'information médicale » avait suscité une réaction de l'Afssaps qui, par un courrier adressé à Janssen-Cilag, constatait que les termes de cette lettre ne reflétaient pas exactement la teneur de la position qu'elle avait prise.

En revanche, sur les critères retenus pour analyser si un comportement n'est pas dénigrant, la Cour d'appel de Paris surprend un peu. Il faut rappeler que l'Autorité avait, dans sa décision, rappelé que, pour qu'un dénigrement puisse être qualifié d'abus de position dominante, trois critères doivent être remplis :

- l'Autorité s'attache d'abord à vérifier si le discours commercial tenu par l'entreprise en position dominante relève de constatations objectives ou s'il procède d'assertions non vérifiées, inexactes ou incomplètes visant à jeter le discrédit sur les génériques concurrents et à limiter la substitution ;
- l'Autorité vérifie ensuite si le discours commercial de l'entreprise est de nature à influencer la structure de marché, en examinant les effets attendus ou réels de ces discours auprès des partenaires commerciaux ou de la clientèle potentielle de ses concurrents ;
- l'Autorité établit enfin s'il existe un lien entre le discours dénigrant et la position dominante, notamment en prenant en compte la notoriété de l'entreprise en position dominante et la confiance que lui accordent les acteurs du marché.

La Cour d'appel de Paris n'a pas exactement repris ces critères. Elle a considéré « d'une part, que la divulgation d'une information de nature à jeter le discrédit sur un concurrent constitue un dénigrement, peu important qu'elle soit exacte (Com., 24 septembre 2013, pourvoi n° 12-19.790), d'autre part, que la divulgation d'une information de nature à jeter le discrédit sur un produit est constitutive de dénigrement, à moins que l'information en cause ne se rapporte à un sujet d'intérêt général et repose sur une base factuelle suffisante, et sous réserve qu'elle soit exprimée avec une certaine mesure (Com., 9 janvier 2019, pourvoi n° 17-18.350) » (pt 353).

À bien lire, toute vérité ne serait donc pas bonne à dire lorsque l'on est en position dominante, sauf à ce que cela soit dans l'intérêt général, et annoncée avec mesure. En l'espèce, la question ne se posait pas puisque l'Autorité, la Cour d'appel de Paris et dans une certaine mesure l'Afssaps ont relevé la nature inexacte ou incomplète des affirmations de Janssen-Cilag.

Les autres moyens et le calcul de la sanction

Pour finir, Janssen-Cilag a cherché à contester la durée des pratiques telle que relevée par l'Autorité, mais les pièces marquant le début et la fin des pratiques étant parfaitement datées, un tel argument a été rapidement écarté (pts 397 et 398).

De même, Janssen-Cilag a tenté de faire valoir une erreur d'appréciation de l'Autorité en procédant à l'analyse des effets des pratiques. Cela a été oublié un peu rapidement qu'il suffisait pour l'Autorité de démontrer un effet seulement potentiel, qui se déduisait ici du discours dénigrant dans un contexte d'aversion au risque. Du reste, des effets réels ont été constatés sur le marché (pts 412 et 414).

Enfin, Janssen-Cilag a tenté de contester l'existence d'une infraction unique, complexe et continue, ce à quoi la Cour d'appel de Paris a considéré qu'une telle affirmation n'était pas sérieuse. Outre la mise en œuvre du « Plan produit pour 2007 », il était logique que l'intervention auprès de l'Afssaps précède la communication commerciale une fois que les génériques étaient inscrits au répertoire des groupes génériques (pts 426 et 427).

Finalement, c'est l'appréciation revue à la baisse de la gravité de la première pratique (bien que restant « particulièrement grave » [pt 473]) qui a conduit mécaniquement la Cour d'appel de Paris à diminuer le montant de la sanction.

A. Wachsmann, N. Zacharie
Concurrences N° 4-2019, Art. N° 92241, p. 99

Voir aussi, sur les origines de l'affaire

Aut. conc., déc. n° 17-D-25 du 20 déc. 2017 relative à des pratiques mises en œuvre dans le secteur des dispositifs transdermiques de fentanyl

N. Zacharie, A. Wachsmann, Médicaments génériques : L'Autorité de la concurrence sanctionne un laboratoire pharmaceutique pour des pratiques d'abus de position dominante ayant retardé puis limité le développement de médicaments génériques (Dispositifs transdermiques de fentanyl), 20 décembre 2017, Concurrences N° 2-2018, Art. N° 86884, pp. 84-87.

Refus de donner accès à des données

Cass. com., 21 juin 2017, Cegedim, n° 15-25.941

La Cour de cassation rejette le pourvoi d'un opérateur dominant dans le domaine des bases de données médicales et confirme qu'un refus d'accès discriminatoire peut être la base d'une éviction anticoncurrentielle sur le marché connexe des logiciels de gestion de la relation client.

La Cour de cassation rejette un pourvoi formé par la société Cegedim contre un arrêt du 24 septembre 2015 de la Cour d'appel de Paris. Celui-ci avait confirmé la décision n° 14-D-06 du 8 juillet 2014 de l'Autorité de la concurrence qui avait prononcé à son encontre une sanction pécuniaire de 5,68 millions d'euros pour abus de position dominante sur le marché des bases de données d'informations médicales à destination des laboratoires pharmaceutiques pour la gestion des visites médicales.

La décision de l'Autorité et l'arrêt de la Cour d'appel avaient été commentés dans cette chronique (*Concurrences* N° 4-2014 et N° 4-2015. Pour rappeler très succinctement les faits, Cegedim contrôle une base de données OneKey, qui constitue une référence pour les professionnels de santé et elle commercialise également un logiciel de CRM (*Customer Relationship Management* – logiciel de gestion de la relation client). La société Euris, qui est une de ses concurrentes sur ce marché aval, a engagé une procédure pour un abus de position dominante à son encontre. Cette procédure repose sur un refus discriminatoire de commercialiser sa base de données à tout utilisateur de son logiciel de CRM.

Dans sa décision initiale, l'Autorité avait confirmé les faits allégués et prononcé une sanction pécuniaire à l'encontre de Cegedim. La Cour d'appel avait validé cette décision de première instance. Le recours de Cegedim porte sur ce dernier arrêt. Nous allons présenter ici l'analyse de la Cour de cassation sur les cinq moyens de cassation avancés.

Le premier moyen considéré par la Cour portait sur la définition du marché pertinent. Cegedim considérait que la Cour d'appel aurait dû rejeter la définition du marché pertinent retenu par l'Autorité. Celui-ci avait été défini comme celui des « bases de données d'informations médicales à destination des laboratoires pharmaceutiques pour la gestion des visites médicales ». Pour l'entreprise auteure du pourvoi, la base OneKey n'est pas exclusivement destinée à ce marché. La Cour de cassation confirme la définition retenue à partir d'un raisonnement classique en matière concurrentielle, celui des liens de substituabilité entre les produits.

Le deuxième moyen portait sur la position de marché de Cegedim. Celle-ci n'avait pas fait l'objet d'une évaluation précise par l'Autorité. La difficulté, en l'espèce, relevait de la prise en compte de l'autoproduction et de l'autoconsommation. Il s'agissait donc de savoir s'il convenait de prendre en considération les bases de données internes développées par les laboratoires eux-mêmes pour évaluer la part de marché de Cegedim. Pour l'auteure du pourvoi, il appartient à l'Autorité d'évaluer la position de marché de la défenderesse : la charge de la preuve n'a pas à être inversée. De plus, elle relève que la Cour d'appel n'a pas caractérisé sa base de données comme une facilité essentielle. À nouveau, la Cour rejette ces arguments. L'autoproduction n'étant pas intégrée dans les évaluations de marchés pertinents, la Cour retient la position dominante et relève qu'un indice de plus peut contribuer à la caractériser. Ce dernier tient à la présence des plus grands laboratoires pharmaceutiques parmi ses clients. L'estimation de 78 % faite par l'Autorité ne peut donc être mise en doute. En outre, la Cour confirme que la qualification d'infrastructure essentielle n'est guère essentielle pour caractériser un actif constituant un verrou d'accès au marché. Un refus d'accès à OneKey peut bien rendre impossible l'accès au marché même si cette base ne revêt pas toutes les caractéristiques formelles d'une facilité essentielle.

Le troisième moyen analysé par la Cour de cassation portait sur une contestation de l'application dans le cas d'espèce de la théorie du levier anticoncurrentiel, illustrée initialement par l'affaire Microsoft de mars 2004 et plus récemment par la décision de la Commission *Google Shopping* du 27 juin 2017 (communiqué de presse de la Commission IP/17/1784, aff.39740). La contestation portait sur le lien de connexité entre la base de données et les logiciels de CRM. La Cour rejette également ces arguments : il existe une interdépendance fonctionnelle entre les données et les CRM. Ce faisant, en refusant l'accès à la base de données aux utilisateurs d'un CRM déterminé, Cegedim mettait en œuvre une stratégie de discrimination susceptible de susciter une éviction abusive (car sans justification économique) d'un concurrent sur le marché des CRM.

Le quatrième moyen analysé par la Cour tient à la légitimité de cette discrimination. L'auteure du recours, qui suspectait Euris de contrefaçon, considère que son attitude relevait d'une logique de mesures conservatoires. Elle considère estime que conformément à l'arrêt *United Brands* de la Cour de justice (CJCE, 15 février 1978, aff. C-27/76), une entreprise, même dominante, peut prendre les mesures qu'elle juge appropriée pour protéger ses intérêts. Ainsi, le refus d'accès ne serait pas injustifié et aurait constitué une réaction proportionnée et limitée dans le temps. La Cour rejette à nouveau ce moyen en l'ensemble de ses branches. Le refus n'a pas été ponctuel mais portait sur tous les utilisateurs actuels ou potentiels du CRM concurrent. Ensuite, une discrimination au sens des règles de concurrence ne saurait être tenue comme une réponse légitime à des soupçons de contrefaçon.

La Cour rejette également un dernier moyen lié au quantum de la sanction pécuniaire. Ni l'argument de l'arbitraire dans la fixation du quantum, ni ceux relatifs à la durée des pratiques sont retenus.

Ainsi, s'achève une longue affaire sur l'accès aux bases de données médicales et sur leur marché connexe des logiciels de CRM. À l'instar des marchés numériques, ce cas témoigne de l'importance de l'accès aux données et du caractère essentiel de celles-ci pour le développement et la performance des algorithmes. L'arrêt de la Cour de cassation illustre également qu'un refus d'accès à une base de données impossible à répliquer peut constituer la base d'une éviction abusive, et ce même si celle-ci ne remplit pas tous les critères qui permettraient d'appliquer la théorie des facilités essentielles. Celle-ci fonctionne de fait plus comme une heuristique dans le raisonnement économique du juge que comme une réelle qualification juridique.

F. Marty

Concurrences N° 3-2017, Art. N° 84475, p. 74

Voir aussi, sur les origines de l'affaire

Aut. conc., déc. n° 14-D-06 du 8 juillet 2014 relative à des pratiques mises en œuvre par la société Cegedim dans le secteur des bases de données d'information médicales

F. Marty, Discrimination : L'Autorité de la concurrence sanctionne un opérateur dominant du secteur des bases de données d'informations médicales et des logiciels de gestion de clientèle pour refus d'accès discriminatoire (Cegedim), 8 juillet 2014, Concurrences N° 4-2014, Art. N° 69876, pp. 135-137.

CA Paris, 24 sept. 2015, Cegedim/Euris, n° 2014/17586

F. Marty, Facilités essentielles : La Cour d'appel de Paris confirme la décision de l'Autorité de la concurrence sanctionnant l'éditeur d'un logiciel de gestion de base de clientèle pour refus d'accès à un concurrent à la base de données qu'il contrôle (Cegedim), 24 septembre 2015, Concurrences N° 4-2015, Art. N° 76088, pp. 123-124.

3.4 Pratiques d'éviction tarifaires

3.4.1 Rabais et remises

CJCE, 15 mars 2007, British Airways et Virgin Atlantic, C-95/04 P

La Cour de justice des Communautés européennes condamne, pour son effet exponentiel et discriminatoire, le système de rabais fondé non seulement sur les billets vendus après les objectifs de vente atteints, mais aussi sur les billets vendus antérieurement.

Par le présent arrêt, la Cour de justice rejette le recours formé contre l'arrêt du Tribunal qui avait lui-même rejeté le recours contre la décision de la Commission infligeant une amende de 6,8 millions d'euros à la suite d'une plainte de Virgin Atlantic Airways (TPICE, 17 décembre 2003, aff. T-219/99 ; Comm. CE, déc. 2004/74/CE du 14 juillet 1999, aff. IV/D-2/34.780 Virgin/British Airways). On se souvient que les remises de fidélisation offertes par British Airways aux agences de voyage britanniques avaient été qualifiées d'abus de position dominante. Devant le TPICE, British Airways avait contesté la définition du marché pertinent tenant à l'offre de service fournie par les agences de voyage britanniques aux compagnies aériennes qui consiste à promouvoir leurs prestations de transport aérien. Elle avait aussi contesté la qualification de position dominante tenant à la position d'acheteur de British Airways, de même que l'existence d'un abus. Dans le recours formé devant la Cour de justice, elle s'est cantonnée à la contestation de l'abus.

Les débats sur les rabais de fidélité dans la politique de concurrence

Les rabais ont très tôt pu faire l'objet de condamnation (CJCE, 13 février 1979, Hoffmann-La Roche, aff. 85/76, Rec. p. 461). L'attrait de la fidélisation a été assimilé aux effets pervers de l'exclusivité. Mais l'évolution suivie par la Commission et le juge communautaire a été très critiquée, notamment la condamnation des rabais pratiqués par Michelin (CJCE, 9 novembre 1983, aff. 322/81, Rec. p. 3461 ; TPICE, 30 septembre 2003, Michelin II, aff. T-203/01). On a reproché à la Commission et au juge d'avoir opté pour une qualification *per se* et, partant, d'avoir occulté les justifications procompétitives comme les remèdes aux coûts fixes et à la double marginalisation, les programmes de forte incitation aux revendeurs (R. O'Donoghue & A.J. Padilla, The law and economics of article 82 CE, Hart Publishing 2006, p. 375 ; D. Spector, Loyalty rebates and related pricing Practices: When should Competition Authorities worry ?, Chapter 10, in Global Competition Policy, Economic Issues and impacts, D.S. Evans & A.J. Padilla eds, LECG 2004). Cette question du traitement des rabais a donc contribué au débat sur l'opportunité d'une réforme de l'article 82 CE. Les réflexions sont engagées depuis la consultation ouverte par la Commission (DG Competition discussion paper on the application of Article 82 of the Treaty to exclusionary abuses, site DG Concurrence). Dans ce contexte, le présent arrêt était attendu pour déceler un assouplissement possible du juge en vue de revenir à une conception selon laquelle les rabais constituent un mode légitime de concurrence par les prix.

L’ancrage dans une approche fondée sur l’effet anticoncurrentiel

Singulièrement, la Cour de justice conforte l’interprétation du TPICE avec, toutefois, un effort pour une présentation plus claire de l’ancrage de la qualification dans l’effet anticoncurrentiel. Cette clarification est importante car, comme le rappelle l’Avocat général, « même en cas de modification de sa pratique administrative, la Commission devrait continuer à agir dans le cadre que lui fixe l’article 82 CE tel qu’il est interprété par la Cour » (point 28, conclusions).

Certes, la Cour n’a pas réinterprété les faits. Elle était saisie par plusieurs moyens prétextant des erreurs de droit sur les critères d’appréciation de l’abus. En réalité, la formulation de certains d’entre eux cachait plus une appréciation des faits qui incombe exclusivement au Tribunal. Il n’appartient pas à la Cour de substituer, dans le cadre d’un pourvoi, sa propre appréciation des données du marché et de la situation concurrentielle (points 78, 114). Il n’en demeure pas moins que l’occasion est ici offerte à la Cour d’éclaircir ou de réaffirmer des jalons solides dans l’application de l’article 82 CE.

L’effet d’exclusion est caractérisé

En premier lieu, la Cour rappelle que l’énumération des pratiques abusives effectuée dans l’article 82 CE n’épuise pas les modes d’exploitation abusive d’une position dominante au sens de l’article 82 (v. déjà CJCE, 21 février 1973, Continental Can, aff. 6/72, Rec. p. 215). Par conséquent, les rabais et primes peuvent être jugés contraires à cette prohibition et il importe peu de se fonder sur l’article 82 b) ou c) puisque cet article vise de manière générale les comportements de nature à influencer la structure d’un marché où la concurrence est déjà affaiblie. Ainsi, pour juger du caractère abusif d’un système de rabais, il convient de vérifier s’il peut produire un effet d’éviction. Celui-ci est doublement caractérisé : d’une part, l’accès au marché pour les concurrents est rendu plus difficile ; d’autre part, le choix des contractants entre plusieurs sources d’approvisionnement est rendu plus difficile. Elle constate que le Tribunal a correctement caractérisé les deux points.

D’abord, il a relevé des rabais subordonnés à la réalisation d’objectifs de vente définis individuellement. Puis, il a relevé que les rabais concernent non seulement les achats réalisés après la réalisation des objectifs, mais aussi de manière rétroactive ceux réalisés avant la réalisation des objectifs. De la sorte, des variations modestes à la hausse ou à la baisse atteignent des effets disproportionnés sur les cocontractants (pt 73). La pression exercée sur eux est donc particulièrement forte.

La justification économique objective n’est pas établie

Ensuite, il convient de rechercher s’il existe une justification économique objective aux rabais et primes consentis (pts 68 et 69). Il s’agit de vérifier si un système aussi désavantageux pour la concurrence peut être contrebalancé, voire surpassé, par des avantages en termes d’efficacité qui profitent également au consommateur et s’il est vraiment nécessaire pour atteindre ces avantages (pt 85). À cet égard, la Cour s’en tient à l’analyse des faits par le Tribunal qui a écarté, en tant qu’éléments pertinents, le niveau élevé des coûts fixes dans le transport aérien et l’importance du taux de remplissage pour des appareils. Il est vrai que cet argument vaut pour toutes les compagnies aériennes. Il faut bien admettre que les effets procompétitifs n’étaient pas étayés. En définitive, la Cour relève que la fidélisation excessive résulte de l'effet exponentiel du rabais dès qu'un effet à la marge se produit sur la quantité des achats (pt 97). Les contre-offres ne pouvaient pas rivaliser avec un tel système (pt 113).

L'effet discriminatoire est caractérisé

En second lieu, la Cour précise l'appréciation de l'abus par un effet discriminatoire du système de primes en cause. Après la caractérisation correctement établie de l'abus par fidélisation excessive, elle considère que la caractérisation de l'abus par discrimination conserve en l'espèce un intérêt dans la mesure où son absence pourrait avoir une incidence sur le montant de l'amende (point 126).

À cet égard, elle considère que le Tribunal a correctement jugé que les transactions d'un agent de voyages, qui avait augmenté ses ventes de billets pour British Airways, et celles d'un agent, qui ne les avait pas augmentés, constituaient des « prestations équivalentes » pour la période antérieure à la réalisation des objectifs de vente ouvrant droit au rabais. Or, le système de British Airways faisait jouer les rabais sur l'ensemble des billets vendus et non pas sur les billets pour la seule période postérieure à la réalisation des objectifs. Selon la Cour, le Tribunal en a logiquement déduit que ce système conduisait à rémunérer à des niveaux différents la vente d'un nombre identique de billets émis par British Airways (point 139). Ce comportement discriminatoire de British Airways tend à entraver la position concurrentielle d'une partie de ses partenaires commerciaux et il n'est nul besoin de rapporter la preuve d'une détérioration effective quantifiable de ceux-ci (point 145).

L'attente de la réforme

En conclusion, il faut souligner que le texte de la Commission soumis à consultation n'aborde pas le traitement des abus par discrimination. Il ne vise que les abus par éviction, parmi lesquels la problématique des rabais y est longuement exposée. Or, il est tout à fait significatif de relever que la Commission y reprend la jurisprudence de la Cour et du Tribunal, dans les affaires Michelin et British Airways, en essayant d'y introduire un test plus conforme à une approche fondée sur les effets. C'est ainsi qu'elle expose des calculs établissant des seuils à partir desquels les effets des rabais rétroactifs seront de nature à entraîner l'exclusion. Néanmoins, ce test est jugé impraticable (R. O'Donoghue & A.J.Padilla, préc., p. 399).

Entre l'approche quasi *per se* du passé, et l'approche trop complexe pour être utile, proposée par la Commission, la voie médiane semble difficile à dégager (v. toutefois, en moindre mal, la suggestion faite d'appliquer le test des prix prédateurs, *ibid*). En tout état de cause, le présent arrêt de la Cour maintient une forte présomption d'illicéité à l'encontre des rabais rétroactifs.

C. Prieto

Concurrences N° 2-2007, Art. N° 13491, p. 115

Voir aussi, sur les origines de l'affaire

TPICE, 17 déc. 2003, British Airways, T-219/99

CJUE, gde ch., 27 mars 2012, Post Danmark I, C-209/10

La Cour de justice de l'Union européenne, en grande chambre, dit pour droit que ne constitue pas un abus le fait pour une entreprise en position dominante de consentir des rabais ciblés aux clients d'un concurrent dans l'hypothèse où les prix pratiqués sont inférieurs aux coûts totaux moyens mais supérieurs aux coûts incrémentaux moyens et dès lors que l'intention d'évincer le concurrent n'est pas établie.

L'arrêt de la grande chambre dans l'affaire Post Danmark est important, car il marque l'adhésion de la Cour à une approche par les effets en matière d'abus-exclusion d'une manière plus nette que dans les précédents arrêts et dans des termes plus généraux. Rendu à titre préjudiciel et non sur pourvoi, l'arrêt est nécessairement épuré. Les principes dégagés par la Cour n'en ressortent que plus nettement. L'apport essentiel de l'arrêt réside dans le passage que l'on peut y lire entre l'ancienne et la nouvelle approche de l'abus. Sans procéder à aucun revirement, la Cour intègre à sa jurisprudence des éléments caractéristiques d'une approche plus économique, qu'il s'agisse du critère du concurrent aussi efficace ou des justifications tirées de gains d'efficacité. La Cour saisit aussi l'occasion de revenir sur les critères de coûts de l'arrêt *Akzo* et de préciser qu'ils peuvent être adaptés dans le cas où les coûts communs sont importants. Ce cas de figure se présente notamment lorsqu'une entreprise en position dominante est à la fois opérateur d'un service universel et active dans un secteur concurrentiel à travers une activité qui utilise les mêmes infrastructures que le service universel.

En l'espèce, la Cour de justice était saisie d'une question préjudicielle posée par la Cour suprême du Danemark. La juridiction de renvoi devait statuer sur pourvoi dans une affaire qui avait valu à la poste danoise d'être condamnée pour abus de position dominante par l'Autorité danoise de la concurrence, condamnation qui avait été confirmée en appel. Cette affaire concernait des pratiques de rabais octroyés par la poste danoise sur le marché du courrier non adressé (consistant notamment dans l'envoi de prospectus, journaux gratuits et catalogues), une activité importante pour la libéralisation des marchés postaux. Sur ce marché complètement libéralisé, Post Danmark avait principalement un concurrent, la société Forbruger-Kontakt (ci-après « FK »), dont l'activité essentielle était la distribution de courrier non adressé. Trois entreprises de grande distribution étaient les principaux clients de FK (conclusions, pt 8) ou, à tout le moins, des clients importants (arrêt, pt 6). C'est à ces trois entreprises que Post Danmark avait offert, de manière sélective, des remises tout juste suffisantes pour les convaincre de changer de fournisseur (arrêt, pt 7). FK avait alors porté plainte devant l'Autorité de concurrence, arguant qu'une telle stratégie de baisse des prix était constitutive de prédation et que, en outre, la pratique de rabais était abusive car discriminatoire, d'une part, et fidélisante, d'autre part.

Les rabais ciblés : questions de qualification

Si la qualification de prix prédateurs avait été écartée, en revanche, l'Autorité danoise de concurrence avait condamné Post Danmark pour avoir pratiqué une discrimination par les prix. Plus précisément, l'Autorité de concurrence avait retenu une « discrimination principale par les prix » et une « discrimination accessoire par les prix ».

La discrimination accessoire correspond à la pratique visée au point c) de l'article 102 TFUE, qui interdit « [d'] appliquer à l'égard de partenaires commerciaux des conditions inégales à des prestations équivalentes, en leur infligeant de ce fait un désavantage dans la concurrence ». Cette disposition s'intéresse à ce que les économistes appellent une *secondary line injury*, caractérisée par le fait que la concurrence est faussée entre les clients de l'entreprise dominante, sur un marché aval. En l'espèce, la concurrence était apparue faussée entre les entreprises de grande distribution, qui distribuaient leurs catalogues et envois publicitaires par publipostage, à des tarifs différents selon qu'elles étaient anciennes ou nouvelles clientes de Post Danmark. Ce chef de condamnation ne faisait pas l'objet des questions préjudicielles adressées à la Cour (conclusions, pt 43).

En revanche, la Cour était interrogée sur ce que l'Autorité danoise avait appelé « discrimination principale par les prix ». Cette expression visait la discrimination par les prix que Post Danmark pratiquait entre les clients auxquels elle avait fait des offres ciblées (les anciens clients de FK) et ses propres clients, mais non en tant que cette pratique faussait la concurrence entre ses clients. La qualification de « discrimination principale par les prix » correspondait au contraire à ce que les économistes appellent *primary line injury*, c'est-à-dire au fait que la concurrence entre la Poste et ses concurrents était faussée sur le marché principal, ici le marché du publipostage. L'Autorité de concurrence avait retenu qu'une telle pratique de prix différenciés par une entreprise en position dominante est abusive dès lors que les différences de prix « considérables » ne s'expliquaient pas par des considérations relatives aux coûts (arrêt, pt 8).

Dans son arrêt, la Cour fait preuve d'une grande retenue dans l'usage des qualifications intermédiaires d'origine doctrinale comme « prix prédateurs », « discrimination principale » ou « discrimination accessoire » ou même « discrimination par les prix ». L'expression « prix prédateurs » est utilisée, sans guillemets, au point 27, mais à propos de l'arrêt *Akzo* uniquement et non à propos des pratiques en cause. Les expressions « discrimination principale » et « discrimination accessoire » sont citées aux points 8 et 14, mais très explicitement attribuées à l'Autorité danoise de concurrence et sans que la Cour ne les reprenne à son compte. Cette prudence contraste avec les conclusions de l'Avocat général Mengozzi, dans lesquelles il indiquait que « la distinction opérée par les autorités et juridictions danoises entre discrimination accessoire et discrimination principale [lui] parai[ssait] opportune et a[vait], au demeurant, été appelée de ses vœux par une partie de la doctrine (pt 46 des conclusions, citant des sources doctrinales). Quant à l'expression « discrimination par les prix », la seule à être mentionnée dans les mots clés de l'arrêt, elle figure au point 30 de l'arrêt, mais, là encore, entourée de guillemets qui l'attribuent aux Autorités danoises de concurrence.

C'est uniquement au regard de la qualification de « pratique d'éviction abusive », reprise de la communication éponyme de la Commission (Communication de la Commission – Orientations sur les priorités retenues par la Commission pour l'application de l'article 82 du traité CE aux pratiques d'éviction abusives des entreprises dominantes, JOUE, 24 février 2009, C 45/7), que la Cour statue sur les questions dont elle est saisie. Ces choix terminologiques peuvent être lus comme autant d'indices du souhait de la grande chambre de s'éloigner de l'approche fragmentée de l'abus de position dominante qui a pu être reprochée à la Cour (cette approche pratique par pratique a été abondamment critiquée, v. notamment B. Hawk, « À propos de la « concurrence par les mérites » : Regards croisés sur l'article 82 CE et la section 2 du Sherman Act », *Concurrences* N° 3-2005, pp. 33-41). C'est bien sûr là une orientation qu'il convient de saluer. En effet, l'adhésion de la Cour à une approche plus cohérente du droit de l'abus de position dominante que celle qui résulte de sa jurisprudence traditionnelle est indispensable pour que la « réforme » impulsée par la Commission puisse déployer ses effets. De ce point de vue, les formulations générales de l'arrêt sont éminemment bienvenues. En revanche, il faut admettre qu'elles ne facilitent pas l'appréciation de la portée exacte de l'arrêt rapporté au regard de l'arrêt *Akzo*.

Reformulation des critères généraux caractérisant les pratiques d'éviction abusive : la Cour consacre la portée générale du critère du concurrent aussi efficace

La Cour fait précéder sa réponse aux questions posées par la Cour suprême du Danemark d'un préambule, dans lequel elle rappelle sa jurisprudence constante sur les buts de l'article 102 TFUE, tout en reformulant les principes généraux qui régissent la matière. Ce passage peut se lire dans la perspective d'une articulation entre ancienne et nouvelle approche. On y trouve en effet l'ancien (responsabilité spéciale des entreprises en position dominante, concurrence normale) et le nouveau (critère du concurrent aussi efficace) mêlés (pts 20-25).

Du côté des constantes, la Cour ne varie pas dans son interprétation des buts poursuivis par la prohibition de l'abus de position dominante. Elle rappelle qu'il ne s'agit pas seulement d'interdire les pratiques qui causent un préjudice immédiat aux consommateurs mais également celles qui leur causent un préjudice en portant atteinte au jeu de la concurrence (pt 20). Toutefois, par rapport à la formulation traditionnelle issue de l'arrêt *Hoffmann-La Roche*, la référence à la « structure » de la concurrence est abandonnée (CJCE, 13 février 1979, Hoffmann-La Roche, aff. 85/76, pt 125 : « [l'article 102 TFUE] vise dès lors non seulement les pratiques susceptibles de causer un préjudice direct aux consommateurs, mais également celles qui leur causent un préjudice indirect en portant atteinte à une structure de concurrence effective »).

La Cour poursuit par ailleurs son allégeance à la modernisation en relevant, dans une formule en partie inédite, que « l'article [102 TFUE] n'a aucunement pour but d'empêcher une entreprise de conquérir, par ses propres mérites [une] position dominante sur un marché » puis, surtout, en précisant que « cette disposition ne vise pas non plus à assurer que des concurrents moins efficaces que l'entreprise en position dominante restent sur le marché » (pt 21). Généralisant l'admission du critère du concurrent aussi efficace, sur lequel elle s'était déjà prononcée dans des affaires de compression de marge (CJUE, 14 octobre 2010, Deutsche Telekom c/ Commission, aff. C-280/08 P), la Cour reprend aussi à son compte la justification doctrinale de ce critère en relevant que « par définition, la concurrence par les mérites peut conduire à la disparition du marché ou à la marginalisation des concurrents moins efficaces et donc moins intéressants pour les consommateurs du point de vue notamment des prix, du choix, de la qualité ou de l'innovation » (pt 22). Qui plus est, la Cour donne au critère du concurrent aussi efficace une portée plus large que celle qui lui était prêtée explicitement dans la communication de la Commission sur les pratiques d'éviction. En effet, au point 25 de l'arrêt, la Cour dit pour droit que « l'article [102 TFUE] interdit, notamment, à une entreprise occupant une position dominante de mettre en œuvre des pratiques produisant des effets d'éviction pour ses concurrents considérés comme étant aussi efficaces qu'elle-même », une formulation qui ne fait pas spécialement référence aux pratiques tarifaires (Comp. communication préc., pt 23).

Appliquant la logique du critère du concurrent aussi efficace à la discrimination par les prix, la Cour rejette l'idée selon laquelle le fait pour une entreprise en position dominante de pratiquer une discrimination par les prix constituerait, en tant que tel, un abus. La suite de l'analyse, dans laquelle la Cour invite la juridiction de renvoi à raisonner en termes d'effet de la pratique sur un concurrent aussi efficace (pt 38) va encore dans ce sens. C'est en effet parce que la pratique discriminatoire, telle que caractérisée dans la procédure au principal, n'est pas de nature à empêcher un concurrent aussi efficace de rester sur le marché que la Cour indique qu'elle ne peut être qualifiée d'abus.

Enfin, l'approche par les effets se retrouve au cœur de la réponse donnée à la juridiction de renvoi puisque la Cour retient (pt 44) que « [a]fin d'apprécier l'existence d'effets anticoncurrentiels [...], il y a lieu d'examiner si [la] politique de prix [de l'entreprise dominante], sans justification objective, a pour résultat l'éviction effective ou probable de ce concurrent, au détriment du jeu de la concurrence et, de ce fait, des intérêts des consommateurs ». Dans ce dispositif, le dommage aux consommateurs n'est plus inféré de l'altération de la structure de la concurrence, c'est-à-dire de l'éviction d'un concurrent quelconque. Il résulte au contraire des motifs de l'arrêt que c'est seulement l'éviction probable d'un concurrent aussi efficace qui permet, en l'absence de justifications, de constater l'abus. Ces considérations justifient sans doute à ce que l'arrêt *Post Danmark* soit appelé à figurer dans les manuels de droit de la concurrence comme le premier arrêt de portée générale dans lequel la Cour exprime son ralliement à l'approche, dite moderne ou plus économique, de l'abus de position dominante. En effet, si l'arrêt rapporté s'inscrit dans la continuité des arrêts *Deutsche Telekom* (préc.) et *TeliaSoner*a (CJCE, 17 février 2011, TeliaSonera, aff. C-52/09), sa portée paraît plus générale, car ces arrêts portaient tous deux spécifiquement sur des pratiques de compression de marges. Ici en revanche, la Cour statue en termes plus généraux, applicable à tout abus exclusion.

Après ces considérations sur l'approche générale de l'abus, il faut s'arrêter sur la partie la plus technique de l'arrêt, celle dans laquelle la Cour envisage différents critères de coûts pertinents pour examiner une pratique de remises sélectives. C'est, à notre sens, la partie de l'arrêt dont la portée est la moins certaine, car la Cour y revient sur le test de coût de l'arrêt *Akzo*, mais le fait alors qu'elle n'est pas interrogée sur la qualification de prix prédateurs (dans l'affaire *Akzo*, il était bien question de rabais ciblés, comme dans l'affaire au principal, mais ce n'est pas à propos du caractère ciblé des rabais que la Cour formule le test de coût qui constitue jusqu'à présent le test de qualification de la prédation en droit de l'Union).

L'adaptation du test Akzo en présence d'importants coûts communs à une activité de service universel et une activité concurrentielle

Dans l'affaire au principal, la qualification de prix prédateurs avait été alléguée devant l'Autorité de concurrence, mais elle avait été rejetée. L'Autorité de concurrence avait appliqué le test Akzo en le modifiant légèrement. Elle avait constaté que les prix pratiqués par Post Danmark ne couvraient pas les coûts totaux moyens de l'activité de publipostage, mais qu'ils couvraient les coûts « incrémentaux » de cette activité. Elle en avait déduit que, en l'absence de preuve que Post Danmark avait agi dans l'intention d'évincer ses concurrents, cette pratique ne pouvait être qualifiées d'abusive. En somme, l'autorité danoise avait appliqué le test Akzo en remplaçant le seuil des coûts variables moyens par un seuil de coût incrémental moyen.

À cet égard, l'affaire de la poste danoise évoque immédiatement pour le lecteur français, celle des vedettes vendéennes (D. Spector, « Définition des coûts pertinents pour caractériser des prix prédateurs d'un opérateur utilisant les mêmes actifs pour une mission de service public et une activité concurrentielle (RPDEV) », *Concurrences* N° 1-2005, pp. 66-67 ; C. Prieto, « La Cour de cassation censure la Cour d'appel de Paris sur l'analyse du coût incrémental dans l'affaire du transport de passagers entre l'île d'Yeu et le continent (Vedettes inter-îles vendéennes) » ; T. Tuot, D. Lescop, « La Cour de cassation censure la méthode d'analyse du Conseil de la concurrence et de la Cour d'appel pour une question de gabarit (Vedettes vendéennes) » et, en dernier lieu, cette chronique, *Concurrences* N° 4-2010, pp. 126-128).

L'analogie vient du fait que, à l'instar de la Régie départementale des passages d'eau de la Vendée, la Poste danoise exerçait, à l'époque des faits à la fois une activité sous monopole (la distribution du courrier inférieur à un certain poids) et une activité libéralisée (la distribution du courrier non adressé). Comme la Régie dans l'affaire des vedettes vendéennes, la Poste utilisait une même infrastructure – son réseau de distribution du courrier – pour exercer les deux activités. Les coûts communs représentaient donc une part importante des coûts, si bien qu'il était difficile de calculer les coûts variables propres à l'activité concurrentielle, ce qui rendait nécessairement malaisée la comparaison entre les prix et ces coûts.

Comme le Conseil de la concurrence en 2004 (décision du 23 décembre 2004 relative à des pratiques mises en œuvre par la Régie départementale des passages d'eau de la Vendée (RDPEV), n° 04-D-79), l'Autorité danoise de la concurrence avait pris le parti de ne pas raisonner sur les coûts variables moyens, mais sur les coûts incrémentaux moyens, définis comme « les coûts appelés à disparaître à court ou à moyen terme (3 à 5 ans), si Post Danmark cessait d'exercer l'activité de distribution de courrier non adressé » (pt 31). Ce faisant, l'Autorité danoise de concurrence avait procédé à une adaptation du test de coût de l'arrêt *Akzo* sur laquelle il existe un consensus, reflété tant dans des communications de la Commission que dans un rapport de l'OCDE (communication de la Commission relative à l'application des règles de concurrence aux accords d'accès dans le secteur des télécommunications – Cadre général, marchés en cause et principes, *JOCE*, 22 août 1998, C 265/2, pt 110 et s. ; communication sur les priorités de mise en œuvre en matière d'abus-exclusion (préc.), pt 26 ; Predatory foreclosure, DAF/COMP(2005)14, OECD 2004, spéc. p. 35).

Il est en effet admis que, dans des secteurs présentant certaines particularités relatives à la distribution des coûts, le coût variable n'est pas une mesure adaptée à l'objectif poursuivi en matière de répression de la prédation. Cela tient au fait que, pour apprécier l'existence de prix prédateurs, on s'intéresse à la question de savoir si l'entreprise dominante qui ne couvre pas tous ces coûts perdrait moins d'argent en produisant moins. Or, dans le cas particulier où une part importante des coûts de production sont communs à plusieurs produits ou services (disons A, B et C), réduire la production de A n'aura pas nécessairement d'impact à court terme sur les coûts, puisque ceux-ci doivent tout de même être encourus pour continuer à produire B et C. C'est parce que la plupart des coûts ne varient pas avec les quantités d'un seul produit qu'il est inadapté de raisonner en termes de coûts variables dans cette hypothèse. Il est plus pertinent de raisonner en termes de coûts incrémentaux, c'est-à-dire de coûts qui ne seraient pas encourus si l'activité A était abandonnée.

Il ressort des points 32 à 38 de l'arrêt que la Cour admet cette adaptation du test de coûts de l'arrêt *Akzo*. Elle relève en effet que la raison d'être de cette variante tient à la volonté de l'Autorité de concurrence d'« identifier l'essentiel des coûts imputables à l'activité de distribution du courrier non adressé » (pt 34). La Cour reconnaît la légitimité de cette démarche et valide explicitement la transposition du test Akzo en retenant que lorsque des prix se trouvent dans la zone grise entre les coûts incrémentaux moyens et les coûts totaux moyens, ce seul constat ne peut justifier la qualification de pratique d'éviction abusive (pt 37). Cette règle est justifiée par la considération selon laquelle de tels prix couvrent l'essentiel des coûts imputables à l'activité et permettent donc en principe à un concurrent aussi efficace que l'entreprise en position dominante de concurrencer cette dernière sans encourir des pertes insupportables à long terme (pt 38).

Il convient de souligner que l'arrêt rapporté ne constitue pas un revirement en matière de prix prédateurs mais plutôt une adaptation à un cas particulier, que la Cour distingue du cas général. Ce point est parfaitement clair dans la rédaction de l'arrêt, dans la mesure où la Cour précise qu'il s'agit d'adapter le test Akzo « dans les circonstances spécifiques de l'affaire au principal » et, pourrait-on ajouter, dans toutes les affaires où l'importance des coûts communs à plusieurs activités justifient de la même manière le recours aux coûts incrémentaux plutôt qu'aux coûts variables. Il faut se réjouir du fait que la Cour s'attache ici au raisonnement économique qui sous-tend les critères de coûts plutôt qu'à ces critères eux-mêmes, et se départisse de l'application mécanique des critères Akzo qui avait caractérisé l'approche du Tribunal et de la Cour dans l'affaire Wanadoo (TPI, 30 janvier 2007, France Télécom c/ Commission, T-340/03, Rec. p. II-107, V. sur ce point nos obs. LPA 6 juin 2007, pp. 14-22 ; CJCE, 2 avril 2009, France Télécom c/ Commission, C-202/07 P, Rec. p. I-2369).

Si l'arrêt est clair sur l'adaptation du test Akzo, on peut en revanche se demander pourquoi la Cour s'est prononcée sur cette adaptation dans la présente affaire alors que, comme le souligne l'Avocat général Mengozzi dans ses conclusions (pt 30), les questions dont elle était saisie ne portaient pas sur une pratique de prix prédateurs mais sur une pratique de prix discriminatoires. Sans doute la Cour a-t-elle considéré – comme du reste son Avocat général – que ce point méritait suffisamment d'être clarifié, et ce même si les questions préjudicielles n'y faisaient pas référence. Il est vrai qu'il y avait là une lacune dans la jurisprudence de la Cour, le seul précédent en droit de l'Union étant la décision de la Commission dans l'affaire Deutsche Post (Comm. eur., décision du 5 mai 2001, n° 2001/354/EC, JOCE L 125/27). La Cour d'appel de Paris, qui, à l'heure où ces lignes sont écrites, se trouve toujours saisie de l'application du test de coût dans l'affaire des Vedettes vendéennes, ne pourra que se réjouir qu'un arrêt de la Cour ait clarifié, en droit, les critères d'appréciation d'une pratique tarifaire d'éviction en présence de coûts communs à une activité de service universel et à une activité concurrentielle.

Justifications tirées de gains d'efficience : la pertinence des économies d'échelle

Un dernier point mérite d'être signalé dans l'arrêt *Post Danmark*. Il concerne l'analyse des justifications objectives que peut avancer une entreprise en position dominante pour échapper à la qualification d'abus. Comme on l'a souligné, la Cour rappelle à la juridiction de renvoi la place que doit occuper l'examen des justifications dans l'analyse d'une pratique au regard de l'article 102 TFUE. En lui-même, ce rappel n'est pas anodin, tant on pouvait se demander si les justifications objectives ont une existence autre que purement théorique à force d'être rejetées et tant il est difficile de réconcilier la jurisprudence traditionnelle en matière de justifications avec une analyse économique de l'abus (v. E. Rousseva, Rethinking Exclusionary Abuses in EC Competition Law, Hart, 2010, chap. 7).

Sans procéder à une clarification générale, la Cour avance néanmoins une formule nouvelle relative qui mérite d'être citée : « Il appartient à l'entreprise occupant une position dominante de démontrer que les gains d'efficacité susceptibles de résulter du comportement considéré neutralisent les effets préjudiciables probables sur le jeu de la concurrence et les intérêts des consommateurs sur les marchés affectés, que ces gains d'efficacité ont été ou sont susceptibles d'être réalisés grâce audit comportement, que ce dernier est indispensable à la réalisation de ceux-ci et qu'il n'élimine pas une concurrence effective en supprimant la totalité ou la plupart des sources existantes de concurrence actuelle ou potentielle » (pt 42). On retrouve dans cette formule les éléments clés de l'approche proposée par la Commission dans sa communication sur les pratiques d'éviction (préc., pts 28 et s.) avec toutefois des nuances. Dans sa communication, la Commission se propose de mettre en balance les gains d'efficacité avec les effets néfastes de la pratique sur le bien-être des consommateurs. La Cour propose quant à elle une mise en balance des gains d'efficacité non seulement avec les effets préjudiciables pour les consommateurs mais aussi avec l'altération du jeu de la concurrence. L'appréciation sur une balance à deux plateaux présente déjà des difficultés considérables. La balance à trois plateaux est sans doute plus difficile encore à manier. Pour le reste, la Cour reprend les éléments mis en avant par la Commission et inspirés de l'article 101, paragraphe 3, TFUE, à savoir i) un lien de causalité entre les pratiques en cause et les gains d'efficacité ; ii) un lien de nécessité entre ces pratiques et les gains d'efficience qu'elles procurent et iii) l'exigence que les pratiques en cause n'éliminent pas la concurrence effective en supprimant toutes ou la plupart des sources de concurrence actuelle ou potentielle (pt 42 *in fine*).

Dans l'affaire au principal, Post Danmark était en mesure d'invoquer des gains d'efficacité, car sa pratique de rabais sélectifs lui avait permis, grâce à l'acquisition des nouveaux clients, de réaliser des économies d'échelle apparemment significatives (on ne peut en être sûr, car l'arrêt indique seulement le montant absolu de la baisse de coût unitaire et non le montant relatif [pt 10]). L'Autorité danoise avait pour sa part écarté comme non pertinent cet argument tiré de la réalisation d'économies d'échelle (arrêt, pt 11). Au vu de l'arrêt de la Cour, il semble que cela pourrait lui être reproché, si du moins c'est bien au stade de l'examen des justifications que l'Autorité danoise s'est prononcée en ce sens, ce qui n'est pas clair à la lecture de l'arrêt. La Cour précise encore que l'Autorité qui examine les gains d'efficience générés par une pratique ne doit pas se contenter d'examiner les documents commerciaux de l'entreprise en position dominante. Ainsi, en l'espèce, il importe peu qu'aucun critère se référant explicitement aux économies d'échelle n'ait figuré dans les documents décrivant la politique générale de Post Danmark en matière de tarification et de rabais (pt 42). En somme, s'il revient bien sûr à l'entreprise d'alléguer des gains d'efficience, il pèse en revanche sur l'Autorité de concurrence un véritable devoir d'examiner ces allégations avec le sérieux requis.

L'arrêt *Post Danmark*, rendu par la grande chambre, marque à deux égards l'adhésion de principe de la Cour à une approche plus économique des abus-exclusion. D'une part, une portée générale est reconnue au critère du concurrent aussi efficace et, d'autre part, la Cour signale qu'elle prend au sérieux l'analyse des gains d'efficacité au titre des justifications objectives. Il faudra bien sûr attendre des recours en annulation contre des décisions de la Commission pour voir comment les juridictions de l'Union mettent en œuvre les principes ici exposés à l'intention des juridictions nationales.

A.-L. Sibony

Concurrences N° 2-2012, Art. N° 45618, p. 64

CJUE, 19 avr. 2012, Tomra e. a., C-549/10 P

La Cour de justice de l'Union européenne précise la pertinence de l'intention pour la qualification d'abus de position dominante.

L'arrêt *Tomra* de la Cour s'inscrit dans la continuité de la pratique jurisprudentielle en matière d'abus : le pourvoi contre l'arrêt du Tribunal est rejeté, validant définitivement une décision par laquelle la Commission avait condamné en 2006 le groupe Tomra pour avoir pratiqué des rabais de fidélité et ainsi consolidé la position dominante qu'il détenait dans plusieurs pays européens sur le marché des récupérateurs automatiques d'emballages pour boissons (*reverse vending machines*) par une stratégie ne relevant pas d'une concurrence par les mérites.

L'arrêt *Tomra* se situe dans la droite ligne de la jurisprudence en matière de rabais fidélisants. Celle-ci consacre, depuis l'arrêt *Michelin I*, une interdiction *per se* de ce type de rabais lorsqu'ils sont mis en œuvre par une entreprise en position dominante (CJ, 9 novembre 1983, Michelin c/Commission, 322/81, Rec. 1983 p. 3461). Cette approche peut paraître décalée par rapport au mouvement vers une approche plus économique, et c'est du reste ce qu'avait fait plaider Tomra devant le Tribunal (Trib. UE, 9 septembre 2010, Tomra c/ Commission, aff. T 155/06). Il est certain que, dans l'arrêt rapporté, la Cour ne cherche pas à combler ce décalage. Toutefois, à supposer même que la Cour souhaite le faire, Tomra n'aurait sans doute pas été l'affaire idéale. Cela tient en particulier au fait que, comme le relèvent l'Avocat général et la Cour, la décision de la Commission dans cette affaire est antérieure à l'adoption de sa communication relative aux priorités en matière d'abus-exclusion (JOUE, 24 février 2009, C 45/7 ; v. point 37 des conclusions et point 81 de l'arrêt). Comme cela avait été écrit à propos de l'arrêt du Tribunal, Tomra peut être vu comme une affaire de transition, en ce qu'elle ne préjuge pas de l'attitude des juridictions de l'Union par rapport à la méthode d'examen des rabais préconisée dans les orientations de la Commission, laquelle n'avait pas été utilisée en l'espèce (L. Peeperkorn et E. Rousseva, Article 102 TFEU: exclusive dealing and rebates, *Journal of European Competition Law and Practice*, 2010, doi : 101.1093/ jeclap/lpq070).

Dans l'arrêt rapporté, une approche classique – c'est-à-dire abstraite – des effets induits par les pratiques de rabais mises en œuvre par Tomra est admise comme suffisante (2). En cela, l'arrêt n'innove pas. Ce qui mérite davantage de retenir l'attention, ce sont les précisions de la Cour sur le rôle de l'intention dans la qualification d'abus de position dominante (1).

1. La pertinence de l'intention pour la qualification d'abus

L'intention de restreindre la concurrence est-elle un fait pertinent aux fins de la qualification d'abus ? Cette question est controversée. Du côté des opposants résolus à tout critère d'intention, il faut d'abord citer Richard Posner, qui fait notamment valoir que, d'un point de vue conceptuel, l'intention anticoncurrentielle est indistinguable de l'intention proconcurrentielle (l'intention de prévaloir sur ses concurrents étant présente dans les deux cas, contra : T. Eilmansberger, How to Distinguish Good from Bad Competition Under Article 82 EC : In Search of Clearer and More Coherent Standards for Anti-Competitive

Abuses, 42 CML Rev., 129 [2005], qui propose au contraire une distinction entre l'intention proconcurrentielle et l'intention anticoncurrentielle). En outre, d'un point de vue probatoire, Posner souligne que les preuves de l'intention sont manipulables et qu'une entreprise avertie fera usage à dessein, dans sa communication interne, d'un langage policé, qui empêchera, le cas échéant, de constater une intention coupable, alors qu'une entreprise moins sophistiquée, mais animée des mêmes intentions, se verra reprocher un langage guerrier (R. Posner, Antitrust Law, 2ND ed., 2001, p. 214). Cette position et ces arguments initialement exprimés à propos du droit américain ont été repris à propos du droit européen (A. Bavasso, The role of intent under Article 82 EC : from « flushing the turkeys » to « spotting lionesses in Regent's Park », ECLR 2005, 26(11), 616-623).

En dépit de cette doctrine anti-intention, l'intention joue, en droit positif, un rôle dans la qualification d'abus au sens de l'article 102 TFUE. C'est particulièrement clair en matière de prédation, mais le rôle de l'intention dans la qualification d'abus n'est pas limité à cette pratique tarifaire particulière (M. Joao Melicias, The Use and Abuse of Intent Evidence in Antitrust Analysis, World Competition, 2010, 33(4), 569-594).

Dans l'affaire Tomra, le pourvoi ne contestait pas, dans son premier moyen, la légitimité de l'intention comme critère de qualification. Tomra se plaignait de ce que le Tribunal aurait validé les constats faits par la Commission quant à son intention coupable sans tenir compte, à la décharge de l'entreprise, des éléments qui attestaient, par ailleurs, une intention proconcurrentielle. Selon le pourvoi, il y avait là un moyen d'annulation, car l'intention (anticoncurrentielle) aurait été déterminante dans la qualification d'abus retenue par la Commission. Dès lors, refuser de tenir compte des éléments factuels qui jetaient un doute sur l'exacte nature de l'intention faussait nécessairement l'appréciation d'un élément nécessaire à la qualification. La Commission, pour sa part, contestait que l'intention ait été un élément déterminant de sa décision. Le Tribunal avait donné raison à la Commission sur ce point.

La Cour confirme l'analyse du Tribunal et apporte une précision sémantique bienvenue concernant l'articulation de l'intention avec l'analyse économique. Au point 19 de l'arrêt, la Cour énonce que, aux fins de la qualification d'abus, « la stratégie » de l'entreprise dominante est un élément important : « Lorsque la Commission procède à une évaluation du comportement d'une entreprise en position dominante », écrit la Cour, « elle est forcément amenée à apprécier la stratégie commerciale poursuivie par ladite entreprise ». Il y a là une affirmation qui ne nous semble pas pouvoir être contestée par les tenants d'une approche économique (v. p.e. EAGCP Report, An Economic Approach to Article 82 (2005), http://ec.europa.eu/competition/antitrust/art82/index.html). La Cour lie ensuite stratégie et intention en jugeant que, dans le cadre de l'examen de la stratégie d'une entreprise, « il apparaît normal que la Commission évoque des facteurs de nature subjective, à savoir les mobiles qui sous-tendent la stratégie commerciale en question » (point 19). Dire que l'intention est un élément de la stratégie peut, en soi, paraître assez évident. En dehors du contexte du droit de la concurrence, l'affirmation ne susciterait aucun intérêt particulier, car elle semble découler du sens ordinaire des mots, ainsi que le suggèrent les termes employés par la Cour (« forcément », « normal »). Si l'on s'y arrête néanmoins, c'est que, précisément dans le contexte des débats autour d'une approche plus économique de l'abus de position dominante, accorder pertinence à l'intention a pu être critiqué comme archaïque et anti-économique. Nous pensons au contraire que la Cour a raison d'insister sur le lien entre « stratégie », un mot dans lequel les économistes peuvent se reconnaître, et « intention », qui est un mot du droit. Ce lien est important dans la perspective même d'une approche plus économique. En effet, pour revêtir une portée concrète, les arguments économiques doivent être accrochés à des catégories qui jouent un rôle dans la qualification juridique des faits. Or, que cela plaise ou non à certains auteurs, en droit positif, l'intention joue un rôle dans la qualification d'abus au sens de l'article 102 TFUE. L'intention est donc un critère par lequel une argumentation économique peut pénétrer dans la sphère de pertinence du droit, et ce, sans nécessiter de revirement de jurisprudence. C'est là un atout considérable et qui ne devrait pas être négligé par les économistes ni par les plaideurs qui conçoivent avec eux des arguments économiques. Sans doute n'est-ce pas la porte par laquelle les tenants d'une approche plus économique pensaient passer, mais qui sait, entrer par la fenêtre pourrait peut-être convenir aussi ? (sur l'importance du choix des catégories juridiques auxquelles un argument économique peut être rattaché, Sibony, A.-L. (2012), Limits of Imports from Economics into Competition Law. In I., Lianos & D., Sokol (Eds.), The Global Limits of Competition Law. Stanford, États-Unis d'Amérique : Stanford University Press, 39-53).

Concernant le rôle de l'intention dans la qualification, l'arrêt *Tomra* est l'occasion de deux autres précisions. En premier lieu, la Cour indique que l'intention anticoncurrentielle est un élément pertinent aux fins de la qualification d'abus sans être un élément nécessaire. Autrement dit, il n'est pas requis pour la Commission de démontrer que l'entreprise en position dominante a agi dans l'intention de fausser la concurrence. Cela résultait déjà de la jurisprudence, mais le point 21 de l'arrêt *Tomra* pourra, au besoin, être cité comme énoncé concis de ce principe. En second lieu, concernant l'argument du pourvoi selon lequel seuls les éléments d'intention anticoncurrentielle auraient été examinés alors qu'étaient aussi versés au dossier des éléments d'intention proconcurrentielle, la Cour se retranche derrière la compétence du Tribunal pour apprécier les preuves, sous réserve d'un seul contrôle de la dénaturation, dénaturation qui n'était pas alléguée en l'espèce (pts 25 et s.).

Au terme des développements consacrés à l'intention, on peut se demander quel sens donner à l'énoncé, rappelé plusieurs fois dans l'arrêt, selon lequel « la notion d'abus est une notion objective » (p.e. pts 20 et 23). Il résulte clairement de l'arrêt que le caractère objectif de la notion d'abus n'empêche pas d'accorder pertinence à l'intention pour caractériser un abus. Faut-il vraiment voir là un paradoxe ? Dans sa thèse publiée en 1957, le professeur François Terré distinguait l'influence de la volonté sur les qualifications de la prise en considération de la volonté comme élément de qualification (F. Terré, L'influence de la volonté individuelle sur les qualifications, LGDJ, 1957, n° 10, p. 9). Suivant cette inspiration, ne pourrait-on dire que la qualification d'abus est objective au sens où il n'est pas possible à une entreprise en position dominante d'échapper à cette qualification par le seul effet de la volonté ? Dans cette perspective, il serait normal que la preuve éventuelle d'une intention proconcurrentielle ne soit pas de nature à exonérer l'entreprise de sa responsabilité. Le caractère objectif ainsi entendu n'empêcherait pas de faire de l'intention – qui peut être considérée comme un fait – un élément pertinent de la qualification. Que l'on adopte ou non cette tentative de réconcilier le caractère objectif de la notion d'abus et la pertinence de l'intention aux fins de la qualification, le plus important est sans conteste le second de ces deux éléments. L'arrêt *Tomra* met à cet égard les points sur les « i » et consacre plus explicitement et plus généralement qu'aucun autre la pertinence de l'intention aux fins de la qualification d'abus. Il faudra donc en tenir compte y compris dans la perspective d'une approche plus économique.

2. Appréciation de l'effet de fermeture du marché : faut-il des chiffres ?

Les deuxième et troisième moyens portaient sur l'appréciation des effets de la pratique en cause, à savoir, en l'espèce, des rabais consentis par Tomra aux supermarchés acquéreurs de ses « déconsigneurs automatiques » en échange d'une exclusivité ou quasi-exclusivité. Plus précisément, le deuxième moyen soulevait la question de savoir quelle part de la demande devait être liée par les pratiques mises en œuvre pour que celles-ci puissent être qualifiées d'abusives. Le troisième moyen était relatif à la nécessité d'une comparaison entre prix et coûts pour qualifier des rabais d'abusifs. Dans les deux cas, les arguments du pourvoi allaient dans le sens d'exigence de preuves quantitatives. Dans les deux cas, la Cour rejette l'idée qu'une appréciation chiffrée soit nécessaire.

Y a-t-il un seuil de demande liée caractéristique de l'abus ?

Le pourvoi reprochait tout d'abord au Tribunal d'avoir utilisé des termes imprécis pour caractériser l'effet de fermeture du marché. Pour décrire la part de la demande qui était liée à Tomra et donc inaccessible à ses concurrentes, le Tribunal avait retenu qu'il s'agissait d'une partie « substantielle », « loin d'être faible » ou une proportion « très élevée » (pt 31). Les requérantes considéraient qu'une telle motivation était insuffisante. Elles reprochaient plus précisément au Tribunal de n'avoir dégagé aucun critère pour apprécier si l'effet des contrats entre Tomra et ses clientes était tel qu'il fermait l'accès du marché à ses concurrentes d'une manière abusive. Le critère qui, selon Tomra, aurait dû guider cette appréciation est celui de la « taille de viabilité minimale » (*minimal efficient scale*), qui consiste à se demander si la partie de la demande non liée à l'entreprise en position dominante est suffisante pour permettre à un ou plusieurs concurrents d'entrer sur le marché et d'y atteindre la taille critique permettant, compte tenu des coûts, de réaliser un profit.

La Cour constate, avec les requérantes, l'absence de critère non seulement dans l'arrêt, mais dans la décision critiquée elle-même (pt 40). Toutefois, contrairement aux requérantes, elle ne considère pas qu'il y ait là une erreur de droit. Bien plus, on peut se demander si la Cour a jugé que, en droit, il ne doit pas y avoir de critère. En effet, elle reprend un motif du Tribunal, selon lequel « il serait (...) artificiel d'établir *a priori* quelle est la portion du marché liée au-delà de laquelle les pratiques d'une entreprise en position dominante peuvent avoir un effet d'exclusion des concurrents » (pt 43). Cependant, compte tenu du contexte de cet énoncé, il est possible que la Cour ait seulement voulu dire qu'il convenait de ne pas fixer *a priori* un seuil chiffré de part la demande liée au-delà duquel la stratégie d'exclusivité deviendrait abusive.

Force est en tout cas de constater que l'arrêt n'est pas très clair à cet égard. En effet, si la Cour a voulu dire qu'il ne fallait pas fixer de seuil chiffré, elle valide néanmoins comme conforme au droit le constat selon lequel il y a abus lorsque les deux cinquièmes de la demande sont liés par des pratiques d'exclusivité (pt 44). D'un autre côté, si la Cour a voulu dire qu'il ne fallait pas fixer de critère, même conceptuel et déterminable plutôt que déterminé, une autre difficulté surgit. En effet, au point 42, la Cour suggère que, pour exclure l'abus, il faut que « toute la demande » soit contestable et non seulement une partie suffisante pour permettre une concurrence viable. Selon la Cour, « les clients qui se trouvent dans la partie verrouillée du marché devraient avoir la possibilité de profiter de tout degré de concurrence qui est possible sur le marché, et les concurrents devraient pouvoir se livrer concurrence par les mérites pour l'ensemble du marché et pas seulement pour une partie de celui-ci » (pt 42). Cela justifierait que « [l]e verrouillage d'une partie substantielle du marché par une entreprise dominante ne [puisse] être justifié par la démonstration que la partie du marché susceptible d'être conquise est encore suffisante pour faire place à un nombre limité de concurrents » (*ibid*). Comment comprendre ce passage sinon en ce sens que la Cour pose bel et bien un critère relatif à la part de la demande qui est liée ? La Cour semble en effet dire que la part de la demande qui peut être liée à une entreprise en position dominante est égale à 0 %. Cela ne paraît pas cohérent avec l'énoncé de la Cour selon lequel il n'y aurait pas de critère.

En outre et surtout, un tel énoncé est problématique sur le fond. Le critère proposé, selon lequel toute la demande doit être contestable, est un critère particulièrement radical, qui rappelle la notion ordo-libérale de concurrence complète (v. sur ce point, D. Gerber, Law and Competition in Twentieth Century Europe : Protecting Prometheus, Oxford, Clarendon Press, 1998, p. 245). Selon cette conception, l'entreprise en position dominante devait être forcée de faire comme si elle n'avait pas de pouvoir de marché. Il faut espérer que cette lecture du paragraphe 42 de l'arrêt *Tomra* ne soit pas la bonne. Un indice en ce sens se trouve dans la référence à « toute la concurrence qui est possible », qui évoque la notion de concurrence praticable, laquelle traduit une perspective plus souple et plus réaliste que la notion de concurrence complète (la notion a initialement été proposée par Clark, précisément comme un standard réaliste – plus réaliste que celui de concurrence parfaite. J. M. Clark, Toward a Concept of Workable Competition, AER juin 1940).

Une autre lecture pourrait également être proposée, une lecture en termes de protection du choix des consommateurs (au sens large de choix des demandeurs). La Cour relève en effet qu'« il n'appartient pas à l'entreprise dominante de déterminer combien de concurrents viables sont autorisés à la concurrencer pour la portion de la demande encore susceptible d'être conquise » (*ibid*). Si telle est la considération déterminante, elle peut être comprise comme qualitative et non quantitative. L'important ne serait pas alors que 100 % de la demande soit contestable, mais qu'il y ait place sur le marché pour une concurrence suffisante, au sens où le comportement de l'entreprise dominante n'aurait pas pour effet de laisser place à un nombre prédéterminé de concurrents. En d'autres termes, il faudrait qu'il y ait place pour l'indétermination, pour l'incertitude qui caractérise la véritable concurrence.

Si cette lecture correspond à l'intention de la Cour, cela signifie qu'elle privilégie le point de vue de la demande et vise à préserver des possibilités de choix satisfaisantes pour les acheteurs plutôt que de considérer l'entrée du côté de l'offre. Ce serait alors en raison de l'accent mis sur la demande que la Cour refuserait de s'interroger sur la taille minimale efficiente d'un offreur. Il n'est cependant pas certain que la Cour puisse ainsi ignorer cette question. À tout le moins est-il probable qu'elle lui sera posée à nouveau.

Il est par ailleurs souhaitable que, si la Cour souhaite adopter la protection du choix comme principe directeur des décisions en matière d'abus, conformément à une approche promue par certains auteurs (Paul Nihoul, Neil Averitt, Robert Lande, La notion du choix du consommateur : Point de rencontre des politiques de concurrence, Concurrences N° 2-2011, Art. N° 35605), elle clarifie, à l'occasion de prochains arrêts, quel choix mérite protection. À la lecture des passages qui viennent d'être discutés, l'approche semble encore purement négative : la Cour dit seulement que ce n'est pas à l'entreprise en position dominante d'être l'architecte des choix des clients (nous empruntons cette expression à R. Thaler et C. Sunstein, auteurs de Nudge, Penguin, 2008, p. 3). Mais est-il possible qu'elle ne le soit pas ? Comment, avec les outils du droit de la concurrence, maintenir ou restaurer les conditions d'un choix qui soit jugé satisfaisant ? Comment caractériser un tel choix ? Telles sont les questions qui s'ouvrent dès lors que la Cour choisit de ne pas répondre en termes d'échelle minimale efficiente. Ces questions sont plus intéressantes qu'un calcul de coûts, mais pas nécessairement plus faciles à résoudre.

L'autre point sur lequel la Cour tourne le dos aux chiffres concerne la question des pertes.

Faut-il comparer les prix et les coûts pour caractériser des rabais abusifs ?

Selon le pourvoi, la Commission aurait dû, pour caractériser les rabais comme abusifs, procéder à une comparaison des prix pratiqués par Tomra (compte tenu des rabais proposés) avec ses coûts et constater que les prix n'étaient pas inférieurs aux coûts, ce qui, selon la requérante, aurait dû exclure l'abus. La Commission n'avait pas procédé à une comparaison prix/coûts et il lui était donc en substance reproché de ne pas avoir appliqué en 2006 la méthode préconisée dans ses orientations sur l'abus-exclusion adoptées en 2009 (spéc. pt. 44 et s.). Dans le cadre du pourvoi contre l'arrêt du Tribunal, il était plaidé que le Tribunal aurait commis une erreur de droit en ne répondant pas au moyen pris de l'absence d'une comparaison prix/coûts – ce qui revenait à considérer que les orientations de la Commission correspondent au sens qu'aurait toujours eu l'article 102 TFUE.

La Cour rejette le moyen en retenant que, dans la mesure où le Tribunal a constaté que l'abus avait été caractérisé selon les critères dégagés par la jurisprudence (Hoffman-La Roche, Michelin I, cités au pt. 70), il importait peu que les prix n'aient pas été comparés aux coûts (pt 80). Dès lors, le fait pour le Tribunal de ne pas avoir examiné les arguments des parties à ce sujet n'était pas de nature à entacher son arrêt d'une erreur de droit. Assurément, ce raisonnement indique que les critères de qualification ne sont pas modifiés. L'arrêt rappelle le raisonnement classique depuis l'arrêt *Michelin I*, aux termes duquel c'est parce que les rabais sont accordés rétroactivement sur toutes les quantités achetées au cours d'une période de référence qu'ils restreignent les possibilités de choix de l'acheteur entre plusieurs sources d'approvisionnement et contribuent à barrer l'accès au marché aux concurrents (pt 71).

La Cour reprend les éléments qui rendent suffisante la motivation du Tribunal, en particulier le fait que la pratique « augmente artificiellement le coût du passage à un autre fournisseur » (pt 73) et le fait que les rabais permettent au fournisseur « d'évincer ses concurrents en aspirant à son profit la partie disputable de la demande » (pt 79). Ces éléments, tous deux liés au fait que la pratique des rabais altère le processus de choix entre des fournisseurs alternatifs, sont suffisants pour démontrer que la pratique « est susceptible » d'avoir un effet adverse sur la concurrence (pt 79), ce qui reste le standard applicable. Les effets sur la concurrence et sur les consommateurs continuent donc d'être inférés des caractéristiques des rabais.

La Cour conclut avec le Tribunal qu'il n'est pas nécessaire de démontrer que l'entreprise en position dominante aurait subi des pertes. Elle retient à cet égard que, pour l'entreprise en position dominante, le coût du rabais est réparti sur un grand nombre d'unités, tandis que, pour l'entreprise qui cherche à capter une partie de la demande contestable, les sommes auxquelles elle doit renoncer pour rendre son offre attractive auprès des acheteurs bénéficiant du rabais, sont réparties sur un faible nombre d'unités. Il en résulte que l'abus peut très bien être caractérisé, alors même que l'entreprise en position dominante ne subit aucune perte (pt 78). Les rabais peuvent être à la fois profitables à l'entreprise en position dominante et de nature à infliger des pertes à ses concurrentes si elles cherchaient à conquérir une partie de la clientèle liée.

Le rejet du pourvoi sur ce point soulève une difficulté d'articulation avec les Orientations de la Commission sur les abus-exclusion. En effet, au terme de cette communication (spéc. pts 43 et 44), « aussi longtemps que le prix effectif reste supérieur au CMMLT de l'entreprise dominante(c'est-à-dire aussi longtemps qu'il n'y a pas de pertes), un concurrent aussi efficace pourra normalement soutenir la concurrence de manière rentable en dépit du rabais ». Certes, il n'y a pas de contradiction entre le raisonnement de la Cour et celui de la Commission (L. Peeperkorn et E. Rousseva, préc.), il demeure néanmoins que l'arrêt *Tomra* indique que les critères qui orientent les priorités de la Commission ne sont pas des critères de qualification juridique. Loin de faire de la communication un énoncé tardif de ce qui aurait toujours déjà été le droit, comme l'y invitait le pourvoi, la Cour renvoie au contraire ce document à sa nature. Au point 3 de sa communication, la Commission écrivait : « [l]e présent document, qui ne vise pas à établir le droit applicable, est sans préjudice de l'interprétation de l'article 82 par la Cour de justice ou le Tribunal de première instance des Communautés européennes. » Il en est bien ainsi et l'interprétation du droit en matière de rabais fidélisant ne bouge pas.

A.-L. Sibony

Concurrences N° 3-2012, Art. N° 48339, p. 101

Voir aussi, sur les origines de l'affaire

Trib. UE, 9 sept. 2010, Tomra Systems e. a., T-155/06

A.-L. Sibony, Exclusivité – Fidélisation : Le Tribunal de l'Union européenne confirme la décision de la Commission constatant qu'une entreprise productrice de récupérateurs automatiques d'emballages pour boissons, a abusé de sa position dominante en mettant en œuvre une stratégie d'exclusion des concurrents au moyen d'accords d'exclusivité et de remises de fidélité (Tomra Systems e. a.), 9 septembre 2010, Concurrences N° 4-2010, Art. N° 33186, pp. 123-125.

CJUE, 6 oct. 2015, Post Danmark II, C-23/14

La Cour de justice de l'Union européenne refuse de rendre juridiquement obligatoire le critère du concurrent aussi efficace pour l'appréciation des rabais fidélisants.

Était-il besoin de mettre au clair le droit applicable aux rabais fidélisants ? Le tribunal maritime et commercial danois, saisi en cassation d'une affaire relative à des rabais pratiqués par Post Danmark sur des envois en nombre a jugé que tel était le cas. Cette affaire, distincte de celle qui a donné lieu à l'arrêt *Post Danmark I* (C-209/10, EU:C:2012:172), l'a conduit à poser à la Cour de justice une série de trois questions, dont certaines paraissent à première vue surprenantes tant on pouvait les croire résolues (existe-t-il un seuil de minimis ?) mais qui, globalement, sont assez fondamentales. Dans ses conclusions, l'Avocat général Kokott souligne parfaitement, quoique de manière orientée, les enjeux de ce renvoi préjudiciel. Comme dans toutes les affaires de ces dernières années, il s'agit de connaitre la position de la Cour sur l'approche dite plus économique en matière d'abus de position dominante et, plus précisément, sur les orientations de la Commission qui transcrivent cette approche. Tout en soulignant que les questions posées à la Cour ont une incidence qui va bien au-delà de la présente affaire, l'Avocat général indique que, selon elle « la Cour devrait non pas se laisser trop influencer par l'esprit du temps ou des modes passagères, mais plutôt revenir aux bases juridiques sur lesquelles est fondée l'interdiction de l'abus de position dominante en droit de l'Union » (Conclusions, EU:C:2015:343, point 4). Sur ce point, l'Avocat général est entendu. En effet, la Cour refuse de rendre juridiquement obligatoire le critère du concurrent aussi efficace (nous nous rangeons à la terminologie de la Cour quoique nous pensions que le terme conceptuellement correct est « efficient » et non « efficace »). La Cour confirme par ailleurs qu'il n'y a pas lieu d'appliquer en matière d'abus un seuil de minimis et qu'il n'existe pas non plus de seuil de gravité exigé pour que l'éviction anticoncurrentielle soit retenue au titre de l'article 102. On notera encore que, à la différence de ce que proposait l'Avocat général, la Cour refuse d'énoncer ce qui aurait été un standard de preuve en matière d'abus éviction.

Le critère du concurrent aussi efficace n'est pas juridiquement obligatoire

La juridiction de renvoi s'interrogeait sur le statut juridique exact du test du concurrent aussi efficace en matière de rabais. Une telle interrogation se justifiait tant au regard du contexte de l'affaire que de l'état du droit.

Un test obligatoire ? Question décisive en l'espèce

Au regard du contexte de l'affaire tout d'abord, la question était essentielle. En effet, Post Danemark, la demanderesse au pourvoi, avait été condamnée par l'Autorité danoise de la concurrence et sa condamnation avait été confirmée en appel. En cassation, elle faisait plaider que la décision qui lui était défavorable était entachée d'erreur de droit au motif que le test du concurrent aussi efficace n'avait pas été appliqué. De son côté, l'Autorité danoise de la concurrence faisait valoir que la qualification de rabais abusif dépend d'un examen de l'ensemble des circonstances et que, lorsqu'un tel examen révèle un effet d'éviction probable, il n'est pas nécessaire de mettre en œuvre le test du concurrent aussi efficace. La question de savoir si, en droit, le test du concurrent aussi efficace constitue ou non un passage obligé pour la qualification juridique d'abus en matière de rabais, était donc décisive dans l'affaire au principal.

La portée incertaine du test au regard de la jurisprudence antérieure

Au regard du contexte juridique européen, la juridiction de renvoi avait quelques difficultés à réconcilier deux éléments, à savoir, d'une part, la jurisprudence constante de la Cour, indiquant que l'examen doit se fonder sur l'ensemble des circonstances en vue de déterminer si les rabais tendent à éliminer les concurrents et/ou (nous reviendrons sur cette articulation) restreignent les possibilités de choix des acheteurs (arrêts British Airways c/ Commission, C-95/04 P, EU:C:2007:166, point 67, ainsi que Tomra Systems c/ Commission, C-549/10 P, EU:C:2012:221, point 71) ; d'autre part, les Orientations de la Commission, qui mettent en avant le critère du concurrent aussi efficace pour toutes les pratiques d'éviction fondées sur les prix (pts 23 et s. des

Orientations sur les priorités retenues par la Commission pour l'application de l'article 82 du traité CE aux pratiques d'éviction abusives des entreprises dominantes, JOUE 24 fév. 2009, C 45/7).

Il est vrai que, si la Cour a déjà eu l'occasion de se prononcer sur l'application du critère du concurrent aussi efficace, elle ne l'avait encore fait ni de manière tout à fait générale ni de manière spécifique concernant des rabais présentant les caractéristiques pertinentes en l'espèce. Les rabais en cause dans la présente affaire étaient standardisés, conditionnels et rétroactifs. Ils étaient standardisés dans ce sens que, à la différence des rabais ciblés en cause dans l'affaire Post Danmark I, des rabais identiques étaient proposés à tous les clients en fonction de leurs achats cumulés sur une période d'un an. Les rabais étaient conditionnels en ce sens que, chaque année, Post Danmark proposait certains rabais en fonction des quantités d'envois estimées, puis procédait à un ajustement en fin d'année en fonction des quantités réellement expédiées. Ils étaient rétroactifs en ce sens que, lorsque le seuil d'envois initialement prévu était dépassé, le taux de rabais obtenu à la fin de l'année s'appliquait à l'ensemble des envois de l'année et non seulement aux envois excédent le seuil estimé. Il ne s'agissait donc ni de rabais de quantité, qui sont, selon une jurisprudence constante, autorisés, ni de rabais de fidélité sur le modèle de ceux qui ont été condamnés selon l'approche *per se* des arrêts *Michelin* et *Tomra* (arrêts Michelin c/ Commission, 322/81, EU:C:1983:313, point 71 ; Tomra c/ Commission, C-549/10 P, EU:C:2012:221, point 70). En effet, contrairement à ces derniers, les rabais proposés par Post Danmark ne comportaient aucune obligation de faire appel à elle, exclusivement ou pour une proportion substantielle des envois massifs (arrêt, pt 29).

Compte tenu de ces caractéristiques, la juridiction de renvoi doutait à la fois de l'applicabilité du critère du concurrent aussi efficace et de son statut : était-ce un élément juridiquement obligatoire ou bien un critère facultatif ? Le juge danois demandait aussi des précisions sur l'articulation de ce critère avec les autres critères issus de la jurisprudence.

Applicabilité générale mais facultative du test du concurrent aussi efficace

Aucune des affaires dans lesquelles la Cour avait eu l'occasion de statuer sur le critère du concurrent aussi efficace n'était tout à fait explicite sur l'exacte portée du critère et, plus particulièrement, sur le point de savoir s'il s'appliquait nécessairement et à toutes les pratiques d'éviction fondées sur les prix. Dans l'affaire Post Danemark I (*précitée*), la Cour avait retenu le critère du concurrent aussi efficace (pt 25). Toutefois, elle avait, comme le souligne l'Avocat général, pris soin d'utiliser une formule prudente, indiquant que « l'article [102] TFUE interdit, notamment, à une entreprise occupant une position dominante de mettre en œuvre des pratiques produisant des effets d'éviction pour ses concurrents considérés comme étant aussi efficaces qu'elle-même » (c'est l'Avocat général qui souligne, conclusions préc., pt 63). Une formule similaire avait été utilisée dans l'arrêt *Deutsche Telekom* en matière de compression de marges (C-280/08 P, EU:C:2010:603, pt 177). Effectivement, la Cour n'avait pas répondu à la question de savoir si une pratique d'éviction fondée sur les prix devait en toutes circonstances être appréciée au regard du test du concurrent aussi efficace.

Dans l'arrêt rapporté, la deuxième chambre écarte clairement une telle obligation. Ni les autorités de concurrence ni les juridictions nationales n'ont à appliquer ce test si elles sont en mesure d'établir, au vu de l'ensemble des caractéristiques propres aux rabais, d'une part, et au marché concerné, d'autre part, que les rabais limitent le choix des utilisateurs, ont un effet d'éviction, constituent une discrimination entre partenaires commerciaux ou tendent à renforcer une position dominante par une concurrence faussée (pt 29). Le test du concurrent aussi efficient ne fait donc pas partie des éléments juridiquement requis pour la qualification d'abus en matière de rabais. La Cour s'en tient à la tétralogie de critères issue de la jurisprudence, et – il convient de le souligner – ne fait aucune référence à l'efficience comparée des concurrents lorsqu'elle évoque l'effet d'éviction (pts 31 et 42). La Commission (en tous cas la DG COMP) a sans doute éprouvé une certaine gêne à la lecture de cette flagrante omission. Sur le plan des orientations générales, il est clair que la Cour suit la direction indiquée par l'Avocat général Kokott : classicisme juridique plutôt que « mode » économique.

Si l'on revient à l'affaire elle-même, il est exact qu'elle fournit un exemple dans lequel il paraît raisonnable de ne pas insister pour que le critère du concurrent, aussi efficace, soit appliqué. En l'espèce, le marché se caractérisait par une très forte dominance et de très fortes barrières à l'entrée : Post Danmark détenait une part de marché de 95 % des envois de masse, adossée à un monopole sur les envois de moins de 50 g, qui lui garantissait en tout état de cause 70 % du marché. Sa situation de partenaire incontournable était en outre confortée par la circonstance qu'elle était le seul opérateur disposant d'un réseau sur tout le territoire danois, l'infrastructure que représente un réseau postal national constituant assurément une barrière à l'entrée. Dans ces circonstances, la Cour juge que, pour apprécier le caractère abusif des rabais décrits plus haut, « l'application du critère du concurrent aussi efficace est dépourvue de pertinence dans la mesure où la structure du marché rend pratiquement impossible l'apparition d'un concurrent aussi efficace » (pt 59). C'est parce que l'hypothèse d'un concurrent aussi efficace est tout à fait abstraite dans les circonstances de l'espèce que la Cour lui refuse toute pertinence juridique.

Si l'on perçoit bien sûr le bon sens qu'il y a à se préoccuper du marché tel qu'il est plutôt que d'une abstraction, il n'en reste pas moins que la Cour aurait pu, si elle l'avait souhaité, reconnaître en principe une pertinence générale au critère du concurrent aussi efficace, tout en ménageant la possibilité d'exception. Elle choisit de se distancer d'avantage du critère mis en avant par les économistes en disant pour droit que « [l]e critère du concurrent aussi efficace doit ainsi être considéré comme un instrument parmi d'autres en vue d'apprécier l'existence d'une exploitation abusive d'une position dominante dans le cadre d'un système de rabais » (pt 61). Cette position est à la fois plus vague et, somme toute, plus ouverte, que celle de l'Avocat général, qui était d'avis que l'article 102 « interdit d'effectuer une analyse à l'aune du critère du concurrent aussi efficace sur un marché où, étant donné la structure de marché, il est exclu qu'une autre entreprise puisse être aussi efficace que l'entreprise occupant une position dominante » (conclusions, pt 72, nous soulignons). La position de l'Avocat général avait le mérite de la netteté et constituait certainement une « directive » plus claire pour les autorités nationales de concurrence. Toutefois, on voit mal quelle sanction juridictionnelle aurait pu avoir l'interdiction qu'elle préconisait : si une décision motive un constat de rabais abusifs en référence au critère du concurrent aussi efficient dans le contexte d'un marché sur lequel, comme en l'espèce, il ne peut y avoir de concurrent aussi efficient que l'entreprise dominante, de deux choses l'une : soit la décision est par ailleurs motivée à suffisance de droit au regard des critères jurisprudentiels classiques, et elle doit, de ce fait, être maintenue ; soit elle ne l'est pas et la formulation de la Cour suffira à l'annuler pour défaut de motivation ou, dans le cas d'une décision d'appel, manque de base légale. Il n'y a pas lieu d'interdire les motifs erronés, seulement d'expliquer aux juridictions et aux autorités quels sont les motifs pertinents et pourquoi. Le message de la Cour à cet égard est minime mais clair : le critère du concurrent aussi efficace n'est pas pertinent lorsqu'il se réfère à une situation trop éloignée de la réalité. On retrouve ici le peu d'appétence de la Cour pour les abstractions économiques, comme la concurrence parfaite. Ce n'est pas à l'aune des abstractions que les pratiques réelles sur les marchés réels doivent être appréciées.

La volonté de limiter le domaine des tests de coûts

Sur le plan pratique, la Cour a probablement voulu éviter un risque très clairement formulé dans les conclusions : celui que les autorités de concurrence se croient obligées de mettre en œuvre des tests de coûts complexes dans les cas où cela est possible (les données sont disponibles) mais n'aurait aucun intérêt (lorsque les données manquent, on peut supposer que les autorités de concurrence se retranchent, raisonnablement, derrière le principe « à l'impossible nul n'est tenu »). Il faut louer cette précaution, qui n'a pas toujours eu son équivalent en matière de délimitation du marché pertinent. Il est en effet absurde de voir des expertises faire enfler les coûts et les délais des procédures lorsqu'elles portent sur des aspects non pertinents. Cette préoccupation transparait tant dans les conclusions que dans l'arrêt : l'Avocat général comme la Cour n'envisagent la mise en œuvre du critère du concurrent aussi efficace que sous forme d'un test de coûts (arrêt, pt 54 et conclusions, pt 64). C'est bien sûr conforme à son objet, puisqu'un concurrent aussi efficace (on devrait vraiment dire « efficient ») se caractérise précisément par le fait qu'il produit à des coûts qui ne sont pas plus élevés que ceux de l'entreprise dominante. Il n'en reste pas moins que les notions économiques peuvent avoir un rôle dans le raisonnement de qualification, y compris lorsqu'elles ne sont pas associées à une démarche quantitative. Tel est notamment le cas pour la notion de barrières à l'entrée, qui est utilisée de manière tout à fait qualitative dans la qualification de position dominante ou dans l'analyse de l'abus (c'est du reste le cas en l'espèce, comme évoqué plus haut). En matière de délimitation du marché, le test SNIPP ne peut pas toujours être mis en œuvre faute de données. Il n'en reste pas moins que c'est un test régulateur : il indique la question à laquelle il faut répondre, avec de bons chiffres, de moins bons chiffres ou sans chiffres. Cette fonction des notions économiques en droit de la concurrence, qui consiste à désigner des questions pertinentes est conceptuellement séparable de la méthode employée pour répondre à ces questions. Ici, à la lecture des conclusions (très nettement) et de l'arrêt (moins nettement), on a l'impression que la Cour ne distingue pas les deux plans et rejette en bloc la pertinence du test du concurrent aussi efficace pour des raisons mêlées d'arguments réellement relatifs à la pertinence (trop abstraits donc non pertinents) et des arguments qui ont en réalité trait à la mise en œuvre quantitative du test.

Le message adressé aux autorités de concurrence et aux juridictions nationales n'en est que plus défavorable au test du concurrent aussi efficace. Celles-ci ne manqueront sans doute pas de s'interroger sur l'articulation de ce critère facultatif d'appréciation avec les autres critères de qualification de l'abus.

Articulation avec les autres critères de qualification de l'abus exclusion

Dans cet arrêt de synthèse, la Cour reprend toute sa jurisprudence et n'effectue aucun revirement. Elle exclut donc que le critère du concurrent aussi efficace se substitue à l'un ou à plusieurs des critères antérieurement consacrés. Au contraire, l'arrêt indique qu'il faut (continuer à) examiner si un rabais « tend, par un avantage qui ne repose sur aucune prestation économique qui le justifie, à enlever à l'acheteur, ou à restreindre dans son chef, la possibilité de choix, en ce qui concerne ses sources d'approvisionnement, à barrer l'accès du marché aux concurrents, à appliquer à des partenaires commerciaux des conditions inégales à des prestations équivalentes ou à renforcer la position dominante par une concurrence faussée » (arrêt, point 29 citant les arrêts *British Airways* et *Tomra*). Il faut donc comprendre que les autorités de concurrence et les juridictions nationales peuvent, pour justifier un constat d'abus en matière de rabais, utiliser plusieurs justifications alternatives. La Cour en nomme quatre : 1) restriction du choix des utilisateurs, 2) éviction d'un concurrent, 3) discrimination entre partenaires commerciaux, et 4) expansion anormale. On peut remarquer que cette synthèse n'est pas très poussée. En effet, il n'y a sans doute pas quatre types de scénarios de rabais abusif. Il y en a moins. Cela tient en particulier au fait que les deux premiers critères (choix et entrée) sont intimement liés. Si une pratique restreint le choix des utilisateurs, c'est généralement parce qu'elle barre la route aux concurrents. Par ailleurs, il est frappant que cette liste de motivations alternatives d'un constat d'abus est énoncée sans être articulée avec le critère du concurrent aussi efficient.

La Cour donne néanmoins aux juridictions nationales des « directives » (c'est le terme employé par la juridiction de renvoi) lorsqu'elle trace un ordre dans lequel considérer les différentes questions pertinentes. « *D'abord,* indique la Cour, *considérer d'une part, l'effet d'éviction sur les concurrents et, d'autre part, la restriction de choix des utilisateurs* » (pt 31). Notons que, dans la formulation employée, les deux critères qui nous semblent intimement liés sont clairement distingués – à juste titre puisqu'ils traduisent deux perspectives analytiquement distinctes, celle des effets sur les concurrents et celle des effets sur les utilisateurs – tout en étant placés au même stade du raisonnement – à juste titre encore en raison de leur connexité. Notons aussi que la formulation retenue évoque l'éviction sans faire aucune référence à l'éviction de concurrents aussi efficients (v. aussi pt 42 de l'arrêt). Cette omission conforte s'il en était besoin les formulations explicites relevées plus haut et indique clairement que le critère du concurrent aussi efficace n'a pas à être obligatoirement examiné. « *Ensuite,* indique la Cour, *il convient d'analyser les justifications* ». Ce point n'est pas développé, car il ne faisait l'objet d'aucune question en l'espèce. Tout au plus peut-on relever que la Cour emploie, comme dans tous ses derniers arrêts, le langage des « gains d'efficacité » à propos des justifications (pt 49).

Analyse des rabais standardisés

La Cour poursuit son analyse en liant les caractéristiques des rabais standardisés en cause en l'espèce avec deux des critères de l'abus qu'elle a rappelés : éviction et restriction du choix. Suivant sur ce point encore les conclusions de l'Avocat général, elle juge que la circonstance que les rabais soient rétroactifs et que la période de référence soit d'un an permet de conclure à une éviction anticoncurrentielle (pt 42). La seule innovation dans l'analyse est d'ordre terminologique : la Cour adopte, à l'instar de l'Avocat général, une terminologie économique (*suction effect*) lorsqu'elle souligne que les caractéristiques du rabais combinées aux caractéristiques du contexte permettent à Post Danmark « d'aspirer » la partie de la demande soumise à la concurrence (*contestable part of the demand,* traduit dans la version française des conclusions (pt 37) par « la partie disputable de la demande »). L'importance des rabais (de 6 % à 16 %) et la longueur de la période de référence sont à cet égard décisives. Tant l'Avocat général que la Cour relèvent comme particulièrement pertinent le fait, établi dans la procédure au principal, que les plus gros clients, représentant environ la moitié du volume des envois de masse sur la période en cause, auraient subi une perte de rabais sur deux tiers de leurs envois de lettres accessibles à la concurrence (les autres envois relevant du monopole de Post Danmark) (pt 49 des conclusions, pt 36 de l'arrêt). Concernant l'aspect quantitatif des rabais, la Cour, qui était saisie d'une question sur ce point, précise que, dans l'absolu, le nombre de clients pouvant bénéficier du rabais n'est pas un critère de qualification. Toutefois, cet aspect est pertinent pour apprécier l'ampleur de l'effet d'aspiration : concernant l'aspect quantitatif des rabais, la Cour, qui était saisie d'une question sur ce point, précise que, dans l'absolu, le nombre de clients pouvant bénéficier du rabais n'est pas un critère de qualification. Toutefois, cet aspect est pertinent pour apprécier l'ampleur de l'effet d'aspiration : « Le fait de capter un nombre important de clients et une grande partie de la demande disputable sur le marché peut aggraver les effets d'éviction potentiels ou réels par rapport à des systèmes de rabais dont la portée est moins étendue » (pt 54).

Les autres caractéristiques des rabais sont passées en revue, mais pour indiquer qu'elles ne modifient pas l'analyse. Ainsi, le fait que les rabais soient standardisés ne constitue pas un argument de défense. En effet, le caractère discriminatoire d'un rabais est une condition suffisante mais non une condition nécessaire à la qualification d'abus.

Ni seuil de minimis, ni seuil de gravité

Une curiosité de l'arrêt tient au fait que la Cour y revient sur la question pourtant résolue de longue date d'un seuil de minimis. Sans surprise, elle dit pour droit que « la fixation d'un seuil de sensibilité (de minimis) en vue de déterminer une exploitation abusive d'une position dominante ne se justifie pas » (pt 73). On apprend à la lecture des conclusions que c'est une erreur de traduction dans la version danoise de l'arrêt *Post Danmark I* qui avait fait douter la juridiction de renvoi de cette solution bien établie (conclusions, pts 88-90). Pour répondre à la juridiction de renvoi, la Cour précise encore qu'il n'existe pas plus de seuil de gravité que de seuil de sensibilité : « l'effet anticoncurrentiel d'un système de rabais opéré par une entreprise en position dominante (...) doit être probable, sans qu'il soit nécessaire de démontrer qu'il revêt un caractère grave ou notable » (pt 75). La Cour ne le précise pas, mais la gravité n'est prise en considération qu'au stade de la sanction et non au stade de la qualification de la pratique.

Pas de standard de preuve explicite

Un point intéressant dans les conclusions avait trait au standard de preuve. En réponse à la juridiction de renvoi qui s'interrogeait sur la question de savoir à quel point l'effet d'éviction devait être probable pour que la pratique puisse être qualifiée d'abusive, l'Avocat général était d'avis qu'il devait être « plus probable que pas » (pt 82). Elle justifiait l'application de ce qui constitue en common law le standard de preuve applicable en matière civile en expliquant que « il [lui] semblerait peu indiqué de placer la barre plus haut et d'exiger, pour considérer qu'il y a abus de position dominante, que la survenance d'un effet d'éviction [soit] « très vraisemblable » ou « particulièrement vraisemblable » ou, même, se produira « sans doute raisonnable » » (conclusions, pt 83). Cette position, si elle n'est pas consensuelle parmi les avocats généraux, qui ont parfois plaidé en faveur de la nature pénale du droit de la concurrence pour justifier un standard plus exigeant, est en revanche conforme à la jurisprudence. Toutefois, dans la mesure où les développements aussi explicites sur le standard de preuve applicable ne sont pas fréquents dans la jurisprudence abus, il est intéressant de comparer sur ce point la position de la Cour avec celle de l'Avocat général. Exactement comme dans l'arrêt *Tetra Laval* en matière de contrôle des concentrations, la Cour refuse d'utiliser le langage du standard de preuve (Commission c/ Tetra Laval, C-12/03 P, EU:C:2005:87, point 27). Elle ne renvoie sur ce point aux conclusions que sur un point évident, à savoir que l'effet anticoncurrentiel d'une pratique déterminée ne doit pas avoir un caractère purement hypothétique (pt 65 renvoyant au point 80 des conclusions), mais évite soigneusement toute référence aux points suivants des conclusions, dans lesquels Madame Kokott déroule son analyse en termes de standard de preuve.

La Cour se contente de réitérer les formules habituelles selon lesquelles « l'effet anticoncurrentiel (…) doit exister, mais il ne doit pas être nécessairement concret, étant suffisante la démonstration d'un effet anticoncurrentiel potentiel de nature à évincer les concurrents au moins aussi efficaces que l'entreprise en position dominante » (point 65, où, curieusement – contrairement aux points 31 et 42 précités –, on retrouve une mention du concurrent aussi efficace, probablement en raison de la citation de l'arrêt *TeliaSonera*). Tout aussi classiquement, la Cour reprend la formule selon laquelle le comportement doit être « susceptible d'avoir un effet anticoncurrentiel sur le marché » (pt 66). La Cour ne reprend pas non plus sous forme d'*obiter dictum* l'opinion de l'Avocat général selon laquelle « le niveau de probabilité de la survenance d'effets d'éviction peut tout au plus avoir des effets sur la lourdeur de sanctions éventuelles » (pt 85 des conclusions).

Que faut-il retenir de l'arrêt *Post Danmark II* sur le sort réservé par la Cour aux Orientations de la Commission ? Il faut tout d'abord signaler que Post Danmark II nuance singulièrement Post Danmark I, dans lequel la Cour adoptait le critère du concurrent aussi efficace. Pour autant, l'arrêt *Post Danmark II* ne restreint pas la portée du critère du concurrent aussi efficace en extension : la Cour ne dit pas que, pour certaines pratiques fondées sur les prix, le critère ne serait pas applicable. En ce sens, l'approche préconisée par la Commission dans ses Orientations pour toutes les pratiques tarifaires (pts 23 et s.) n'est pas précisément désavouée. Elle est seulement marginalisée. Rappelant le statut juridique de ces Orientations (pt 53 de l'arrêt, v. aussi pt 60 des conclusions), la Cour remet l'approche économique à la place auxiliaire qu'elle lui a souvent réservée. Cette approche peut être suivie lorsque les circonstances s'y prêtent, mais elle ne doit pas obligatoirement l'être. En d'autres termes, cette approche représente pour les autorités de concurrence une ressource pour établir les éléments d'allégation obligatoires en droit ; elle ne dicte pas la liste de ces éléments ni, *a fortiori*, la structure du raisonnement. L'approche économique est un strapontin que les autorités nationales ou la Commission peuvent déplier si ce siège d'appoint se trouve être ponctuellement utile.

A.-L. Sibony

Concurrences N° 1-2016, Art. N° 77414, p. 94

CJUE, gde ch., 6 sept. 2017, Intel, C-413/14 P

La Cour de justice de l'Union européenne, en grande chambre, ouvre le prétoire à l'analyse économique jugeant que, en matière de rabais fidélisants aussi, il faut prendre au sérieux l'analyse des effets d'éviction.

Depuis plusieurs années, l'approche « plus économique » conquiert le droit européen de la concurrence. Après avoir investi le droit des ententes et celui du contrôle des concentrations dans les années 1990, elle a atteint le droit de l'abus de position dominante. La Commission fut la première, en 2009, à proclamer son allégeance dans sa

Communication de février 2009 sur ses priorités dans la mise en œuvre de l'article 102 (Communication de la Commission – Orientations sur les priorités retenues par la Commission pour l'application de l'article 82 du traité CE aux pratiques d'éviction abusives des entreprises dominantes, 2009/C 45/02). À cette époque, le statut juridique des nouveaux principes était pour le moins incertain (Liza Lovdahl-Gormsen, Why the European Commission's Enforcement Priorities on Article 82 EC Should be Withdrawn' (2010) 31(2), The European Competition Law Review, p. 45-55).

L'âge de raison de l'approche plus économique en matière d'abus de position dominante

Faudrait-il dans tous les cas établir les effets d'éviction anticoncurrentiels d'une pratique pour la qualifier d'abusive ? Quelle serait la portée du test du concurrent aussi efficient (ci-après « test AEC » pour *As Efficient Competitor*) ? La balle était dans le camp du Tribunal et de la Cour, qui seuls pouvaient faire des critères mis en avant par la Commission pour définir ses « priorités » des éléments de la qualification juridique d'abus de position dominante. Le moins que l'on puisse dire est que les juges ont saisi la balle au bond.

Les premiers paniers ont été marqués dans des affaires de compression de marges (Deutsche Telekom, aff. C-280/08 P ; TeliaSonera Sverige, aff. C-52/09) et de ciseau tarifaire (Telefonica, aff. T-336/07). Ensuite, statuant à titre préjudiciel dans une affaire de rabais ciblés, la Cour (grande chambre) a consacré ce test en termes qui pouvaient sembler assez généraux (Post Danmark I, aff. C-209/10). Toutefois, la partie n'était pas gagnée, car, dans son arrêt rendu dans la présente affaire, le Tribunal avait maintenu une approche formaliste en matière de rabais (Trib. UE, 12 juin 2014, Intel c/ Commission, aff. T-286/09, comm. Anne Wachsmann, Nicolas Zacharie, Concurrences N° 3-2014, Art. N° 67845, pp. 91-95), ce qui n'avait pas manqué de susciter de vives critiques et de sincères inquiétudes pour l'avenir de l'approche centrée sur les effets (L. Peeperkorn, Conditional pricing: Why the General Court is wrong in Intel and what the Court of Justice can do to rebalance the assessment of rebates). Qui plus est, dans l'affaire Post Danmark II, la Cour, cette fois dans une affaire de rabais standardisés, conditionnels et rétroactifs, avait refusé de rendre juridiquement obligatoire le critère du concurrent aussi efficient (Post Danmark II, aff. C-23/14). La tonalité générale de cet arrêt était empreinte d'une prudence certaine tant vis-à-vis du test du concurrent aussi efficient que de l'approche plus économique en général (nous employons « efficient » car c'est le terme correct, nonobstant l'usage de la Cour qui emploie dans la version française de ses arrêts le terme « efficace »). En particulier, la deuxième chambre avait utilisé une formule qui ne cédait rien à la « mode » de l'approche plus économique (le mot était de l'avocate générale Kokott), jugeant que « [l]e critère du concurrent aussi efficace [devait] être considéré comme un instrument parmi d'autres en vue d'apprécier l'existence d'une exploitation abusive d'une position dominante dans le cadre d'un système de rabais » (Post Danmark II, préc. pt 61).

Sans doute est-il significatif à cet égard que seul l'arrêt *Post Danmark I* soit cité (abondamment) dans l'arrêt *Intel*, tandis que l'arrêt *Post Danmark II* ne l'est pas. Dans l'arrêt *Intel*, la Cour fait un beau cadeau à la Commission pour les 8 ans de sa Communication : l'approche plus économique reçoit les honneurs de la grande chambre et, cerise sur le gâteau, le test AEC va désormais recevoir une attention soutenue dans le cadre du contrôle juridictionnel exercé par le Tribunal. La Commission réclamait depuis des années une approche plus économique, il semble qu'elle l'ait obtenue (les souhaits exprimés par L. Peeperkorn [2015, préc.] sont largement exaucés).

Avant d'analyser plus précisément la portée de l'arrêt *Intel*, il convient de revenir brièvement sur les étapes antérieures de l'affaire, puis de préciser les questions qui se trouvaient posées à la Cour à propos de l'article 102. On abordera ensuite les solutions apportées par la grande chambre et les questions qui restent ouvertes à ce stade.

Les étapes antérieures de l'affaire Intel

Deux séries de pratiques avaient été condamnées par la Commission dans sa décision. D'une part, des rabais accordés par Intel aux fabricants d'ordinateurs sur les microprocesseurs qu'elle leur fournissait, en échange d'un engagement d'exclusivité ou de quasi-exclusivité. Ainsi, c'est à condition de ne pas se fournir chez le concurrent (AMD) que les fabricants d'ordinateurs obtenaient ces rabais sur les composants Intel, et ce rétroactivement, en fin d'année. Outre ces rabais d'exclusivité, la Commission avait pu établir l'existence de pratiques qu'elle appelle des « restrictions non déguisées » (*naked restrictions*), consistant dans des paiements effectués par Intel au profit de distributeurs d'ordinateurs (qui n'étaient donc pas ses clients) pour qu'ils ne proposent pas d'ordinateurs équipés de microprocesseurs AMD aux clients finals. Un paiement pour boycott en somme.

Bien que la communication de la Commission sur ses priorités dans l'application de l'article 102 fut postérieure à la Communication des griefs dans l'affaire Intel, et donc non applicable en l'espèce, la Commission avait néanmoins analysé dans sa décision les effets des rabais pratiqués par Intel selon la méthodologie énoncée dans cette Communication, y compris au en mettant en œuvre le test AEC. Dans sa décision, la Commission avait souligné que ce test ne constituait que l'une des manières d'établir un effet préjudiciable aux consommateurs et devait être considéré comme une démonstration suffisante mais non nécessaire à l'établissement d'un abus (considérant 1155). En somme, sur le plan du strict droit, la Commission était en substance sur la même ligne que la Cour dans l'arrêt *Post Danmark II* (préc.) : la Commission n'est pas tenue de pratiquer un test AEC pour justifier la qualification d'abus de position dominante, elle a la possibilité de s'appuyer sur ce test pour démontrer que la pratique en cause est de nature à produire des effets anticoncurrentiels. Du reste, la Commission n'avait pas appliqué le test AEC aux restrictions non déguisées. Pour ces pratiques, elle avait justifié la qualification d'abus en relevant qu'elles privaient les consommateurs d'un choix qui leur aurait été offert sinon et que, de ce fait, ne relevaient pas de la concurrence par les mérites.

La Commission avait retenu que les rabais d'exclusivité, d'une part, et les paiements pour boycott, d'autre part, s'inscrivaient dans une stratégie d'ensemble visant à évincer AMD du marché. Elle avait sanctionné cette infraction par une amende record de 1,06 milliard d'euros (à l'époque la plus élevée jamais imposée). Dans ces circonstances, Intel avait des incitations particulièrement fortes à agir en annulation.

Le Tribunal avait rejeté son recours dans un arrêt particulièrement peu ouvert à l'approche centrée sur les effets (Trib. UE, 12 juin 2014, Intel c/ Commission, aff. T-286/09, comm. A. Wachsmann). Sur la base de la jurisprudence en matière de rabais, il avait distingué trois catégories de rabais, soumises à des régimes différents. La première catégorie comprenait les remises de volume (présumées licites), la seconde catégorie comprenait les rabais fidélisants et les rabais d'exclusivité, présumés anticoncurrentiels. Enfin, la troisième catégorie était résiduelle et comprenait les autres types de rabais, pour lesquels il était nécessaire d'examiner toutes les circonstances de l'affaire en vue de déterminer s'ils étaient susceptibles de produire un effet anticoncurrentiel. Puisque les rabais en cause en l'espèce ressortissaient de la deuxième catégorie, celles des rabais présumés anticoncurrentiels, le Tribunal avait estimé que la décision était justifiée à suffisance de droit même sans l'analyse des effets.

Dans ses conclusions, l'Avocat général Wahl avait souligné le formalisme de l'approche suivie par le Tribunal et l'avait critiqué sans ambiguïté. En particulier, il avait considéré que le Tribunal avait eu tort de considérer que, dès lors que des rabais peuvent être classifiés comme des « rabais d'exclusivité », il ne serait plus nécessaire d'apprécier « l'ensemble des circonstances » aux fins de vérifier si le comportement en cause était susceptible de restreindre la concurrence, une telle capacité anticoncurrentielle pouvant être admise sur le seul fondement de la forme du comportement (concl. du 6 sept. 2016. Sur ces excellentes conclusions, v. Pablo Ibáñez Colomo, Nicolas Petit, Damien Neven, Sandra Marco Colino, Intel : Analysing the Advocate General's opinion).

Ce raisonnement avait conduit le Tribunal à ne pas juger nécessaire d'entrer dans le détail de l'argumentation des parties en ce qui concerne l'analyse des effets. Ainsi, 150 pages d'analyses économiques relatives au test AEC n'avaient pas fait l'objet d'un examen dans l'arrêt. Intel faisait valoir que ce contrôle n'avait pas du tout été assez approfondi et la nature du contrôle juridictionnel exercé par le Tribunal était ainsi au cœur du pourvoi.

Les enjeux de l'affaire Intel

Dans le cadre de cette chronique, nous nous limitons aux seules questions relatives à l'application de l'article 102 au fond. Pour les questions importantes relatives aux droits de la défense qui étaient soulevées dans le cadre du quatrième moyen, nous renvoyons à d'autres commentaires. Nous ne traitons pas non des précisions apportées dans l'arrêt dans le cadre de l'examen du cinquième moyen à propos de l'applicabilité dans l'espace de l'article 102 à des comportements mis en œuvre en dehors du territoire de l'Union mais déployant leurs effets dans l'Espace économique européen, précisions qui aboutissent à interpréter très généreusement le champ d'application de l'article 102.

En ce qui concerne le fond, la question de principe que soulevait cette affaire était de savoir si l'approche plus économique avait fondamentalement une fonction décorative ou si elle avait une réelle portée. En effet, si c'est seulement à titre surabondant que la Commission mène une analyse des effets – comme elle l'avait indiqué en l'espèce – et que le Tribunal, par une économie de motivation bien justifiée, ne contrôle pas les motifs surabondants, alors, huit ans après son adoption, la Communication de la Commission n'aurait fondamentalement suscité aucun changement de l'état du droit. L'approche centrée sur les effets tant mise en avant resterait un jeu savant sans réelle portée. Certains commentateurs spéculaient même sur un possible retrait de la Communication après l'arrêt *Intel* dans l'hypothèse où la Cour aurait rejeté le pourvoi (v. par ex. A. Komninos, J. Killick, J. F. MacLennan, The EU Court of Justice endorses an effects-based assessment of rebates [Intel], e-Competitions September 2017, Art. N° 84862). C'est donc peu dire que l'arrêt était très attendu.

Il l'était d'autant plus que, dans ses conclusions, l'Avocat général avait soutenu que l'approche plus économique devait être prise au sérieux, que l'analyse des effets était requise, et qu'elle devait faire l'objet d'un contrôle juridictionnel. Il avait conclu à l'annulation de l'arrêt du Tribunal. Le fait que l'affaire ait été attribuée à la grande chambre signale, par ailleurs, que la Cour était pleinement consciente des enjeux et a entendu envoyer un message. Ce message d'adieu au formalisme s'articule en quatre points. Premièrement, la grande chambre réitère solennellement une vision des buts du droit de la concurrence qui positionne l'Europe comme un partenaire sérieux dans le dialogue transatlantique. Deuxièmement, en choisissant de s'appuyer sur *Post Danmark I* plutôt que sur *Post Danmark II*, elle endosse l'approche économique et prend ses distances avec le formalisme qui a longtemps caractérisé l'approche européenne de l'abus de position dominante. Il en découle, troisièmement, qu'il convient de « clarifier » (nous reviendrons sur ce terme) les principes applicables aux rabais et, quatrièmement et plus généralement, que l'analyse des effets qui caractérise l'approche économique appelle un contrôle juridictionnel adéquat.

Les buts du droit européen de la concurrence : "*We too protect competition*"

Soixante ans après l'entrée en vigueur du traité de Rome, le débat fait toujours rage sur l'identification des buts du droit de la concurrence en Europe : s'agit-il de protéger le processus concurrentiel en lui-même (W. P. J. Wils, The judgment of the EU General Court in Intel and the so-called « more economic approach » to abuse of dominance, World Competition, Vol. 37, Issue 4, December 2014) ou bien de promouvoir l'intérêt des consommateurs (v. par ex. L. Peeperkorn, préc.). Ce débat reste aussi vivant sur le plan transatlantique. On connaît l'antienne « *We (Americans) protect competition, you (Europeans) protect competitors* ».

Dans l'arrêt *Intel*, la grande chambre, offre un obiter qui dit clairement aux Américains que, non, le droit européen ne cherche pas à protéger les concurrents moins efficaces et que la raison en est que ces concurrents ne servent pas l'intérêt des consommateurs. La Cour réitère (pts 133-134) des éléments qui, en eux-mêmes, ne sont pas nouveaux, mais avec une insistance particulière : « Il convient de rappeler que l'article 102 TFUE n'a aucunement pour but d'empêcher une entreprise de conquérir, par ses propres mérites, la position dominante sur un marché. Cette disposition ne vise pas non plus à assurer que des concurrents moins efficaces que l'entreprise occupant une position dominante restent sur le marché » (pt 133, références omises). La grande chambre prend soin d'expliciter un corolaire de ce principe « la concurrence par les mérites peut conduire à la disparition du marché ou à la marginalisation des concurrents moins efficaces et donc moins intéressants pour les consommateurs du point de vue notamment des prix, du choix, de la qualité ou de l'innovation » (pt 133, références omises). La Cour ne reprend cependant pas la formule de l'Avocat général Wahl dans laquelle il avait qualifié la promotion de l'efficacité par le droit de la concurrence de « principe directeur » (concl., pts 41-42). Elle réserve peut-être ce faisant la possibilité que la présence sur le marché d'un concurrent moins efficace puisse, dans certaines circonstances, présenter un avantage pour les consommateurs. Toujours est-il que, y compris sur ce point, l'arrêt *Intel II* est tout à fait dans la ligne de la Communication de la Commission sur ses priorités (v. pt 5 et s. sur l'intérêt des consommateurs et pt 24 sur les concurrents moins efficients). Le fait que la grande chambre souscrive clairement à l'énoncé des buts du droit de la concurrence en termes d'efficacité et d'intérêt des consommateurs constitue le socle de la pièce montée.

L'approche par les effets : ce que dit la Cour

Dans l'affaire *Intel*, la question de droit autour de laquelle se cristallisaient les interrogations sur le sort de l'approche par les effets, avait trait au régime juridique des rabais. La jurisprudence issue de l'arrêt *Hoffman-La Roche* (CJCE, 13 février 1979, Hoffmann-La Roche c/ Commission, aff. 85/76, spéc. point 89) était-elle encore l'expression du droit positif ? La lecture qu'en avait proposé le Tribunal en était-elle la juste expression ou bien le temps était-il venu, précisément en raison d'une conversion à une approche plus économique, de ne plus considérer certains types de rabais comme en eux-mêmes contraires au droit de la concurrence lorsqu'ils sont mis en œuvre par une entreprise en position dominante ?

Approche *per se* et règle de raison : ce n'est pas la question

Il faut ici faire justice au Tribunal, non seulement parce que, techniquement, sa synthèse de la jurisprudence ne paraît pas fautive, mais aussi parce que, même si l'approche suivie était certainement formaliste, comme l'avait à juste titre souligné l'Avocat général Wahl, ce n'est pas pour autant une approche que, dans les termes du droit américain, on qualifierait de « *per se* ». En effet, la description correcte de l'approche du Tribunal doit être faite en termes de présomptions.

Aux points 76 et 77 de son arrêt, le Tribunal applique une présomption très forte d'abus aux rabais qu'il nomme des rabais d'exclusivité. Cette présomption, issue de la jurisprudence que cite le Tribunal, n'est pas pour autant irréfragable et c'est en cela qu'il ne s'agit pas d'une approche *per se*. Ce sont bien les effets anticoncurrentiels qui sont présumés lorsque le Tribunal juge que « de tels rabais d'exclusivité, appliqués par une entreprise en position dominante, sont incompatibles avec l'objectif d'une concurrence non faussée dans le marché commun parce qu'ils ne reposent pas – sauf circonstances exceptionnelles – sur une prestation économique justifiant cet avantage financier, mais tendent à enlever à l'acheteur, ou à restreindre dans son chef, la possibilité de choix en ce qui concerne ses sources d'approvisionnement et à barrer l'accès au marché aux autres producteurs (...). En effet, de tels rabais tendent à empêcher, par la voie de l'octroi d'un avantage financier, l'approvisionnement des clients auprès des producteurs concurrents » (pt 77, références omises).

Les effets en termes de réduction du choix pour les consommateurs ne sont pas présumés de manière irréfragable, puisque le Tribunal ménage la possibilité de circonstances exceptionnelles. Les termes de ce paragraphe du jugement n'auraient aucun sens si, en droit, il n'était permis de prouver que, dans les circonstances particulières d'une espèce, des rabais accordés en contrepartie d'un engagement d'exclusivité ne tendent pas à restreindre la liberté de choix des acheteurs et, partant, à fausser la concurrence. La présomption est certes très forte, puisque les circonstances dans lesquelles elle pourrait être renversée sont qualifiées d'exceptionnelles, mais il n'empêche que c'est une présomption et non une règle de fond.

Dès lors, l'enjeu de l'annulation prononcée par la Cour sur ce point ne peut pas être caractérisé comme le passage d'une approche *per se* à une *rule of reason*. On reste dans l'ordre des présomptions, mais la Cour, suivant les conclusions de l'Avocat général, adoucit la présomption. Surtout, elle explicite des pistes de renversement de cette présomption. Cela ne rend à notre sens pas le renversement de la présomption plus probable, car il restera bien difficile de démontrer que des rabais de fidélité n'ont pas d'effet restrictif de concurrence. En revanche, le message est un message d'ouverture : défendeurs, dit en substance la Cour, si vous pensez être en mesure de démontrer que vos rabais n'ont pas d'effet d'éviction, faites-le, vous serez entendus (par la Commission) et lus (par le Tribunal). Le passage essentiel de l'arrêt à cet égard se situe aux points 138 à 144. Ils méritent une lecture détaillée.

Revirement sur les rabais ? La portée des « précisions » apportées par l'arrêt

Après avoir rappelé sa jurisprudence en matière d'engagement d'exclusivité et de rabais fidélisants – celle-là même dont le Tribunal avait cru pouvoir déduire que, pour ces pratiques, aucune analyse des effets n'était exigée – la Cour introduit une nuance. On le sait, en droit européen, les revirements sont discrets (Éric Carpano [dir.], Le revirement de jurisprudence en droit européen, Bruylant, 2012). Certes, il est arrivé que la Cour écrive « contrairement à ce qui a été jugé jusqu'ici » (CJCE, 24 nov 1993, Keck et Mithouard, aff. C-267/91 et aff. C-268/91, pt 16), mais on compte fort peu d'occurrences d'une formule aussi nette.

Ici, la Cour écrit : « Toutefois, il convient de préciser cette jurisprudence ». Il nous semble que, dans le langage de la grande chambre, cela signifie à tout le moins une inflexion. Et, de fait, si l'on raisonne comme nous le suggérons en termes de présomptions, un revirement n'était pas nécessaire pour accommoder une approche centrée sur les effets et, plus prosaïquement, pour faire droit au pourvoi d'Intel.

En effet, la Cour choisit de gravir la montagne économique par le versant procédural. La « précision » qu'elle apporte à la jurisprudence issue de l'arrêt *Hoffmann-La Roche* concerne « le cas où l'entreprise concernée soutient, au cours de la procédure administrative, éléments de preuve à l'appui, que son comportement n'a pas eu la capacité de restreindre la concurrence et, en particulier, de produire les effets d'éviction reprochés ». C'est donc dans le cas où l'entreprise allègue de manière circonstanciée que son comportement est dépourvu d'effets d'éviction anticoncurrentiels qu'il faut s'écarter de ce qui a été jugé précédemment.

À la lettre, la formulation paraît relever du distinguishing : la jurisprudence antérieure reste valable sauf dans un cas particulier qui est défini dans le nouvel arrêt. À ceci près que le cas n'a rien de particulier. Bien sûr, il peut arriver qu'une entreprise ne conteste pas l'analyse de la Commission, mais dans ce cas, elle a intérêt à choisir une procédure d'engagements. En revanche, lorsqu'une procédure administrative s'oriente vers une décision formelle, on imagine mal une entreprise ne pas contester l'analyse économique de la Commission. Si d'aventure cela arrivait, la simple application des principes généraux de procédure justifierait que le juge n'examine pas ce qui n'est pas contesté. C'est la dynamique même du procès. Dans ce cas plutôt improbable, il n'y aurait donc même pas besoin d'invoquer Hoffman-La-Roche ou sa postérité pour justifier que le Tribunal ne contrôle pas l'appréciation portée par la Commission sur les effets de la pratique. Cela vaudrait du reste en matière d'engagements d'exclusivité et de rabais comme dans tout autre.

La « précision » introduite au point 138 de l'arrêt concerne donc « le cas [général] où l'entreprise concernée soutient, au cours de la procédure administrative, éléments de preuve à l'appui, que son comportement n'a pas eu la capacité de restreindre la concurrence ».

La seule réserve qui s'évince de cette phrase concernerait le cas d'une entreprise qui contesterait l'analyse de la Commission sans preuve à l'appui, mais, là encore, on imagine mal, dans le contentieux de la concurrence et des enjeux financiers considérables qui le caractérisent, que les conseils d'une entreprise fassent preuve d'un amateurisme tel qu'ils se contenteraient d'allégations sans preuves.

Notons que le point 138 ne donne pas de précision sur la nature des preuves qui doivent être fournies lors de la phase administrative ni sur le degré de conviction qui doit en résulter. En revanche, et ceci mérite d'être souligné, ce point apporte une réelle précision sur l'étape du raisonnement lors de laquelle les allégations de l'entreprise défenderesse relatives aux effets de sa pratique sont admissibles et doivent être contrôlées. Au point 138 de l'arrêt *Intel*, il est clair que c'est au stade de la qualification d'abus que l'analyse des effets prend place, conformément à l'approche préconisée par la Commission dans sa communication, et non au stade des justifications objectives, ce qui aurait été la seule possibilité au vu de la jurisprudence issue de l'arrêt *Hoffmann-La Roche*. Au-dessus du socle de la pièce montée, voici le premier étage qui se construit.

L'analyse des effets : ce qui est requis de la Commission

« *Dans un tel cas*, poursuit la Cour au point 139, *la Commission est non seulement tenue d'analyser, d'une part, l'importance de la position dominante de l'entreprise sur le marché pertinent et, d'autre part, le taux de couverture du marché par la pratique contestée, ainsi que les conditions et les modalités d'octroi des rabais en cause, leur durée et leur montant, mais elle est également tenue d'apprécier l'existence éventuelle d'une stratégie visant à évincer les concurrents au moins aussi efficaces* ». Les premiers éléments (après « d'une part » et « d'autre part ») sont tous visés dans la jurisprudence antérieure sur les rabais. L'élément partiellement nouveau se situe après le « mais ». La Cour dit ici pour droit que, même en matière de rabais, lorsqu'une décision sur les effets s'engage, la Commission doit avoir égard à l'effet du comportement sur des concurrents au moins aussi efficaces. Ce paragraphe appelle quatre remarques.

Premièrement, il ne s'agit pas ici à proprement parler d'un « test du concurrent aussi efficace », mais d'une approche des effets qui adopte la perspective sous-jacente à ce test. Cette distinction entre test AEC et approche AEC est analogue à celle qu'on peut faire en matière de définition du marché pertinent entre le test SSNIP et l'approche du marché pertinent comme le lieu sur lequel un pouvoir de marché peut être exercé. Même lorsqu'on ne dispose pas des données nécessaires pour effectuer rigoureusement un test SSNIP, ce test donne néanmoins les questions qui orientent l'analyse, celle-ci fût-elle en partie qualitative. De la même manière, on peut distinguer un test AEC – qui suppose des comparaisons de prix et de coûts et, nécessairement, des discussions assez techniques – et une approche AEC qui est une orientation dans l'analyse des effets autour de la question centrale, « Un concurrent aussi efficace pourrait-il se maintenir sur le marché s'il faisait face à la pratique en cause ? » Ici, la grande chambre complète la jurisprudence de la Cour, qui avait déjà consacré l'approche AEC concernant d'autres pratiques (v. *supra*) et en termes généraux dans *Post Danmark I.* Il est à présent clair que cette approche s'étend aussi aux rabais. Le premier étage de la pièce montée, confectionné en ganache Post Danmark reçoit un glaçage.

Deuxièmement, dans cette même phrase du point 139, la Cour parle de stratégie visant à évincer des concurrents aussi efficaces. Porter l'attention sur la stratégie d'une entreprise, *c'est ipso facto* porter moins d'attention à la forme de son comportement. En effet, une stratégie peut être mise en œuvre de différentes manières. Elle peut prendre différentes formes. La Cour signale que c'est moins la forme qui compte – elle ne fait aucune mention à la classification des différents types de rabais retenue par le Tribunal comme par la seconde chambre dans *Post Danmark II* – que la stratégie d'ensemble, dès lors que celle-ci peut être établie sur la base des éléments objectifs cités (après le « d'une part ») et que le scénario peut être corroboré par des preuves. On retrouve ici précisément le langage de la Communication de la Commission (pt 20). Il s'agit du deuxième étage du gâteau d'anniversaire – garanti sans ingrédients de l'approche formaliste.

Troisièmement, et il s'agit ici d'une pause dans la dégustation, l'articulation retenue au point 139 est « non seulement/mais aussi » et non « ou bien/ou bien ». À notre sens, il ne s'agit pas ici d'une alternative qui serait laissée à la discrétion de la Commission, entre soit, se fonder sur les facteurs énumérés au point 139, soit aller plus loin et analyser la stratégie de l'entreprise. Une telle lecture nous semble non seulement ne pas bien correspondre aux termes mêmes du point 139, elle nous paraît en outre difficile à mettre en œuvre en pratique. L'allégation d'un scénario anticoncurrentiel n'est pas optionnelle pour la Commission. C'est la base de la discussion sur les effets de la pratique et le cœur de la Communication des griefs. Dans le cas des rabais, ce scénario doit tenir compte des éléments énumérés au point 139. La stratégie est l'élément intentionnel du scénario. On voit mal comment il pourrait être laissé de côté.

Quatrièmement, il est intéressant de noter ce que la nouvelle formule du point 139 remplace. La Cour renvoie « par analogie » au point 29 de l'arrêt *Post Danmark I*, ce qui est la formule consacrée pour dire qu'elle se réfère à un arrêt tout en s'en écartant. Effectivement, ce point reprenait une formule jurisprudentielle établie en matière de rabais, indiquant qu'il faut « examiner si ce rabais tend, par un avantage qui ne repose sur aucune prestation économique qui le justifie, à enlever à l'acheteur, ou à restreindre dans son chef, la possibilité de choix, en ce qui concerne ses sources d'approvisionnement, à barrer l'accès du marché aux concurrents, à appliquer à des partenaires commerciaux des conditions inégales à des prestations équivalentes ou à renforcer la position dominante par une concurrence faussée ». Cette formule est remplacée par l'indication selon laquelle il faut apprécier « l'existence éventuelle d'une stratégie visant à évincer les concurrents au moins aussi efficaces ».

Cette substitution suggère que l'appréciation ne doit plus spécifiquement porter sur un examen étroit de l'équilibre économique du système de rabais, qui conduisait à faire un sort à part aux rabais de quantité, présumés refléter les économies d'échelle à la différence de tous les autres types de rabais, pour lesquels la contrepartie était moins évidente. En ne reprenant pas cette distinction, la Cour continue d'effacer les traces d'un formalisme recouvert d'un mince voile économique (la référence aux économies d'échelle comme cause de justification des rabais de quantité). Le second élément omis suggère, très logiquement, qu'il n'y a plus lieu de se demander si les rabais « barrent l'accès du marché aux concurrents », mais seulement aux concurrents aussi efficients. Quant aux autres éléments de l'ancienne formule non reprise, on peut se demander quel sera leur sort. Faudra-t-il toujours examiner la discrimination de seconde ligne, entre partenaires commerciaux ? Sans doute cet élément pourra-il encore trouver place dans un scénario anticoncurrentiel, mais il ne sera pas décisif en tant que tel. Quant au critère de la restriction des possibilités de choix des acheteurs, on imagine mal que la grande chambre ait voulu supprimer ce critère fondamental en droit européen de la concurrence, surtout après avoir solennellement érigé l'intérêt du consommateur en but des règles de concurrence. Cela paraît d'autant plus difficilement concevable, dans la présente affaire, la restriction du choix des consommateurs était précisément au cœur des griefs adressés à Intel. Du reste, il ne faut pas non plus surinterpréter le jeu jurisprudentiel de substitution de formule. Le fait qu'une formule ne soit pas reprise ne signifie pas que tous ses éléments changent de statut juridique. On retiendra donc de cette comparaison de la nouvelle formule avec l'ancienne quelques biscuits posés sur le gâteau : l'abandon de la classification formelle des rabais et l'abandon du critère de l'éviction au profit de l'approche AEC.

La Cour souligne ensuite (pt 140) que l'analyse de la capacité d'éviction est également pertinente pour l'appréciation des justifications mises en avant par l'entreprise défenderesse. Ce point est assez évident : si l'on admet que l'examen des justifications objectives s'entend d'une mise en balance des effets proconcurrentiels avec les effets anticoncurrentiels, elle suppose effectivement que l'on dispose d'une mesure – fût-elle qualitative – des effets d'éviction. Ce qui doit retenir l'attention dans ce paragraphe, c'est que la grande chambre consacre à son tour le cadre d'analyse esquissé en premier lieu dans l'arrêt *British Airways* (15 mars 2007, *British Airways* c/ Commission, aff. C-95/04 P), qui prévoit la possibilité d'une « défense tirée des gains d'efficience » (selon l'expression consacrée de la doctrine) dès lors que les consommateurs en profitent aussi. Cette analogie avec le paragraphe 3 de l'article 101 peut être critiquée (elle l'a été très éloquemment, v. notamment E. Rousseva, Rethinking exclusionary abuses in EU Competition Law, Oxford : Hart publishing, 2010, chap 7). Force est cependant de constater que l'arrêt *Intel* grave dans le marbre d'un grand arrêt l'interprétation des « justifications objectives » comme gains d'efficience. Le troisième étage de la pièce montée est donc particulièrement remarquable : un hologramme de l'article 101(3) est posé sur l'article 102.

Le point suivant (141) nous ramène à la portée de la « précision » exposée plus haut. C'est « si, dans une décision constatant le caractère abusif d'un système de rabais, la Commission effectue [une analyse de l'effet d'éviction], [qu'] il appartient au Tribunal d'examiner l'ensemble des arguments de la partie requérante visant à mettre en cause le bien-fondé des constatations faites par la Commission quant à la capacité d'éviction du système de rabais concerné » (nous soulignons). Ce « si » confirme ce que la Cour avait jugé dans l'arrêt *Post Danmark II* : la Commission n'est pas tenue de pratiquer un test AEC (contra : Assimakis Komninos, James Killick, Jacquelyn F. MacLennan, The EU Court of Justice endorses an effects-based assessment of rebates [Intel], e-Competitions September 2017, Art. N° 84862). En revanche, si elle s'adonne à cet exercice d'analyse économique comme elle l'avait fait dans l'affaire Intel et comme sa Communication indique qu'elle le fera en principe, alors l'entreprise mise en cause a droit à un contrôle juridictionnel portant sur les appréciations économiques, y compris le test AEC. Ici, les entreprises défenderesses, leurs conseils et tous leurs amis économistes sont conviés à la fête.

Le Tribunal pour sa part, devra mettre la main à la pâte. L'ampleur du contrôle juridictionnel qu'il doit opérer est gouvernée par la nature dialogique de l'analyse des effets : comme on l'a vu, c'est si – et dans la mesure où – la Commission analyse ces effets d'évictions anticoncurrentiels que l'entreprise défenderesse a droit à ce que ses objections reçoivent l'attention du juge. Ce conditionnel utilisé au point 141 ne doit toutefois pas masquer l'importance du principe qui est ici exprimé ni sa portée pratique considérable. Tant que la Communication de la Commission sur ses priorités dans la mise en œuvre de l'article 102 n'est pas retirée

– et il serait particulièrement paradoxal qu'elle le soit désormais – la Commission s'est fait un devoir d'analyser les effets d'éviction. Dès lors, c'est effectivement dans tous les cas que les effets d'éviction seront analysés et, partant, dans tous les cas que le Tribunal devra se pencher sur les objections qui sont adressées à cette analyse. Le doublement du nombre de juges du Tribunal n'est peut-être pas une mauvaise chose.

En l'espèce, la Cour constate (pt 142) que la Commission, tout en indiquant dans sa décision qu'une analyse de l'ensemble des circonstances n'était pas nécessaire car les rabais de ce type avaient, par leur nature même, la capacité de restreindre la concurrence, s'était tout de même livrée à une analyse très détaillée des effets de la pratique (sur plus de 500 paragraphes), notamment au regard du test AEC. La Cour en conclut que, bien que la Commission soutienne que, en droit, cette analyse économique était surabondante, elle a, en fait, constitué un élément important dans l'appréciation de la capacité de la pratique de rabais en cause de produire un effet d'éviction de concurrents aussi efficients. Elle en déduit que le Tribunal était tenu d'examiner l'ensemble des arguments d'Intel formulés au sujet de ce test (pt 144) et renvoie en conséquence l'affaire au Tribunal.

Belle pièce montée donc pour fêter les huit ans de la Communication. De quoi parleront les convives autour du gâteau ?

Ce que ne dit pas l'arrêt

Trois questions au moins sont ouvertes par l'arrêt *Intel II*.

Concernant la « défense tirée des gains d'efficience », jusqu'où poussera-t-on l'analogie avec à l'article 101(3) ? La question se pose tant sur le fond qu'en termes de charge de la preuve. Considérera-t-on vraiment qu'il peut y avoir un abus, mais qu'il est justifié ? Dans ce cas, il incomberait à la Commission de prouver la potentielle éviction anti-concurrentielle, puis à l'entreprise mise en cause de se défendre en invoquant des gains d'efficience au profit des consommateurs.

C'est ainsi que la Commission voit les choses, mais cette lecture force tant la notion d'abus en général que le texte de l'article 102, qui n'a pas la même structure que l'article 101. Du reste, la Cour ne parle pas de « défense ». Au point 140, elle se réfère à une « mise en balance des effets, favorables et défavorables pour la concurrence, de la pratique contestée » qui doit être « opérée dans la décision de la Commission ». Cette formulation respectueuse du texte de l'article 102 conduit à considérer que les arguments tirés des gains d'efficience doivent être pris en considération au stade de la qualification d'abus et non dans un second temps. Dans ce cas, le règlement 1/2003 ne serait pas favorable à la Commission. Il prévoit en effet, conformément aux principes processuels, que « c'est (...) à l'autorité qui allègue une violation de l'article [102] qu'il doit incomber d'en apporter la preuve requise par la loi ». Cela impliquerait que la Commission doive prouver tant, positivement, la capacité de la pratique à produire un effet d'éviction anticoncurrentiel que, négativement, le fait que d'éventuels gains d'efficience transmis aux consommateurs ne contrebalancent pas les effets négatifs de la pratique.

Une telle lecture n'est cependant pas admise dans la pratique. Du reste, l'arrêt lui-même suggère que c'est à la Commission de prouver la possibilité d'une stratégie qui pourrait exclure un concurrent aussi efficace (pt 139), tandis que c'est à l'entreprise d'alléguer – et de prouver ? – l'absence d'effet d'éviction anticoncurrentiels (pt 138). L'ordre des points précités suscite toutefois une incertitude : faudrait-il que l'entreprise prouve l'absence d'effet d'éviction avant que la Commission ne doive proposer une analyse des effets de la pratique ? La Cour ne dit pas cela, puisqu'elle se réfère aux effets d'éviction « reprochés ». On devrait donc avoir la séquence suivante, qui correspond au déroulement de la procédure et au bon sens : dans la communication des griefs, la Commission reproche à DomCo un comportement de nature à produire l'éviction d'un concurrent aussi efficient. DomCo conteste l'analyse de la Commission, tant sur le plan de l'analyse des effets qu'en alléguant des gains d'efficience susceptible de racheter son comportement. Il demeure que, dans cet échange d'arguments, si l'alternance de la charge d'allégation est claire, des précisions sont nécessaires sur la charge de preuve : une fois que les arguments (économiques, sophistiqués, coûteux mais pas forcément conclusifs) ont été échangés, à qui profite le doute ? Le Tribunal devra trancher. La seule solution compatible avec les principes du procès équitable est bien sûr que le doute doit profiter à l'entreprise mise en cause.

Comment, par ailleurs, concilier l'arrêt *Intel II* avec le principe traditionnel selon lequel le contrôle juridictionnel sur les appréciations économiques complexes est restreint ? La Cour semble en effet inviter le Tribunal à un contrôle poussé, potentiellement beaucoup plus poussé que celui qui avait été jugé suffisant pour satisfaire aux exigences de la CEDH et de la Charte dans l'arrêt *KME* (CJUE, 08 déc. 2011, KME, aff. C-272/09 P). Notre position est que l'intensité du contrôle juridictionnel est une réalité processuelle variable plus qu'une norme uniforme. Cette intensité varie en fonction des contestations. Le rôle du juge est de les trancher et, plus les parties entrent dans une argumentation économique structurée, plus le juge est à son tour obligé d'y entrer (A.-L. Sibony, Le juge et le raisonnement économique, LGDJ, 2008, p. 685 et s.). En l'espèce, le Tribunal sera saisi de contestations nombreuses sur la méthode du test AEC, qui est au cœur de l'appréciation des effets d'éviction dans l'affaire *Intel*. Eu égard à l'injonction qui lui est faite par la Cour de les examiner, on peut s'attendre à un arrêt qui marquera une nouvelle étape dans le contrôle juridictionnel des appréciations économiques complexes. Le Tribunal se trouve donc pris entre le marteau et l'enclume : exercer le contrôle exigeant auquel l'invite la Cour sans toutefois aller trop loin en substituant sa propre appréciation à celle de la Commission (v. sur ce point Fernando Castillo de la Torre et Eric Gippini Fournier, Evidence, Proof and Judicial Review in EU Competition Law, Edward Elgar, 2017, n° 6.049 et s., 6.063 et s.)

Le gâteau d'anniversaire est-il indigeste ? La Commission, qui appelait de ses vœux la consécration d'une approche plus économique l'a obtenue. L'arrêt *Intel* marque, dans le dernier domaine où une approche formaliste prévalait encore, celui des rabais, un tournant vers une approche centrée sur les effets. Cette approche est saine. Elle est aussi exigeante, pour la Commission, pour les entreprises et leurs conseils, et pour les juges – surtout ceux du Tribunal. L'exact degré de difficulté auquel les différents protagonistes seront confrontés dépendra des exigences de preuve qui restent à préciser. D'ici là, les partisans de l'approche centrée sur les effets peuvent se réjouir et fêter leur beau succès. Les économistes, qui sont généralement friands de métaphores pâtissières, sont assurément les premiers à savourer l'arrêt.

A.-L. Sibony

Concurrences N° 4-2017, Art. N° 84985, p. 90

Voir aussi, sur les origines de l'affaire

Trib. UE, 12 juin 2014, Intel, T-286/09

A. Wachsmann, N. Zacharie, Rabais de fidélité : Le Tribunal de l'Union européenne confirme la décision de la Commission européenne tout en réaffirmant clairement le caractère anticoncurrentiel par nature ou par objet des rabais attribués en contrepartie d'une exclusivité et des rémunérations destinées à retarder l'arrivée sur le marché d'un concurrent (Intel / Commission), 12 juin 2014, Concurrences N° 3-2014, Art. N° 67845, pp. 91-95.

P. Cardonnel, Compétence internationale : Le Tribunal de l'Union européenne rejette l'intégralité des griefs procéduraux et précise le régime des interrogatoires dans une importante affaire d'abus de position dominante sur le marché des microprocesseurs (Intel), 12 juin 2014, Concurrences N° 3-2014, Art. N° 68377, pp. 163-165.

Voir aussi, sur les suites de l'affaire

Trib. UE, 26 janv. 2022, Intel, T-286/09 RENV

Le Tribunal de l'Union européenne annule la décision de la Commission européenne sur le caractère anticoncurrentiel de rabais de fidélité dans le domaine des microprocesseurs sur la base d'erreurs dans la démonstration de la capacité de ces derniers à produire un effet d'éviction anticoncurrentiel.

L'affaire *Intel* constitue indubitablement l'une des grandes sagas du droit de la concurrence : tout d'abord, par son importance dans la jurisprudence (il s'agissait en 2009 d'une amende record pour un abus de position dominante [Comm. eur., affaire *Intel*, COMP/C-3/37.990], ensuite, par sa durée (la plainte initiale remonte en 2000), par ses revirements (le Tribunal confirma une première fois la décision de la Commission en 2014 [Trib. UE, 12 juin 2014, *Intel*, aff. T-286/09, EU:T:2014:547] avant que la Cour de justice ne la lui renvoie en 2017 [CJUE, 6 sept. 2017, *Intel*, aff. C-413/14P, EU:C:2017 : 632]) enfin, et peut-être surtout par son influence sur la dynamique de l'application du droit de la concurrence de l'Union.

L'affaire *Intel* est consubstantiellement liée au débat sur l'approche par les effets en matière d'antitrust. Des rabais rétroactifs accordés par un opérateur dominant et incitant à une quasi-exclusivité doivent-ils être sanctionnés sur la base de leur forme même ou seulement après une évaluation de leurs effets ? L'arrêt du Tribunal semble apporter une réponse claire à cette question, réponse qui n'est pas isolée au vu des conclusions de l'Avocat général Rantos, rendues en décembre 2021 dans le cadre du renvoi préjudiciel *Servizio Elettrico Nazionale*, selon lequel il est possible de déduire des arrêts *Post Danmark* I (CJUE, 27 mars 2012, *Post Danmark* I, aff. C-209/10, EU:C:2012:172) et *Intel*, l'un et l'autre rendu par la Cour, réunie en grande chambre, que « le bien-être des consommateurs constitue l'objectif ultime justifiant l'intervention du droit de la concurrence en matière de pratiques d'éviction » (§ 97).

Pour autant, l'annulation de la décision de la Commission par le Tribunal ne doit pas être lue seulement sous l'angle d'une victoire d'une approche plus économique sur une approche « formaliste », voire « structuraliste », mais également et peut-être surtout comme celle des garanties juridictionnelles associées à l'application des règles de concurrence de l'Union. La procédure contradictoire organisée par l'article 7 du règlement 2003/1 et le contrôle juridictionnel ont fait montre dans cette affaire de leur efficacité, nonobstant les limites liées à la durée de la procédure. En effet, dans l'optique similaire à celle qui fût défendue par Rudolf von Jehring (avec son ouvrage *Der Kampf ums Recht* publié en 1872, rééd. TP Verone Publishing, 2017), le contentieux concurrentiel n'est pas seulement un règlement d'un cas singulier impliquant une entreprise donnée mais créé un bien public en termes économiques, une information nouvelle sur laquelle les acteurs du marché peuvent caler leurs anticipations quant à la licéité de leurs pratiques de marché ou aux règles qui seront appliquées pour en caractériser un éventuel caractère anticoncurrentiel d'une nouvelle stratégie. En l'espèce, l'arrêt du Tribunal apporte une information fondamentale quant à la charge et au standard de la preuve. L'effet d'éviction anticoncurrentielle ne se présuppose pas en l'espèce et doit être établi par la Commission.

L'arrêt illustre également les modalités du contrôle exercé par le Tribunal. Les erreurs factuelles de la Commission dans la réalisation du test du concurrent aussi efficace ont non seulement une importance déterminante dans le cas d'espèce, mais illustrent plus généralement la nécessité d'une évaluation économique attentive sous peine d'affaiblir considérablement la robustesse de la décision prise dans le cadre du contrôle juridictionnel.

Notre commentaire se structure comme suit. Une première section présente l'arrêt du Tribunal. Une seconde section s'attache à des questions plus générales liées à l'arrêt. Elle traite d'abord des répercussions sur la mise en œuvre du droit de la concurrence l'Union de la communication de février 2009 de la Commission quant à ses priorités en matière de mise en œuvre de l'article 82. Elle porte ensuite sur les enseignements qu'il est possible de tirer de la décision quant à la notion de responsabilité particulière de l'opérateur dominant. En filigrane de l'arrêt, se dessinent, en effet, deux questions. La première porte sur la réplicabilité de la stratégie mise en œuvre par l'opérateur dominant pour les concurrents dotés d'une moindre part de marché et dont les structures productives pourraient ne pas permettre un ajustement à sa stratégie dans des conditions raisonnables en termes de délai et de coûts. La seconde question, plus large, tient aux enseignements qu'il est possible de tirer de l'arrêt quant à l'approche par les effets. Il convient alors de relire l'arrêt comme indiqué *supra* selon le prisme des conclusions de l'Avocat général Athanasios Rantos dans l'affaire C-377/20, *Servizio elletrico nazionale*, rendues le 9 décembre 2021.

L'arrêt : la nécessaire évaluation des effets

L'affaire *Intel* a fait l'objet d'une abondante littérature en droit et économie de la concurrence. Les différentes étapes de la procédure ont été présentées et analysées dans cette chronique (v. Sibony A.-L., (2017), « Analyse économique : La Cour de justice de l'Union européenne, en grande chambre, ouvre le prétoire à l'analyse économique jugeant que, en matière de rabais fidélisants aussi, il faut prendre au sérieux l'analyse des effets d'éviction ? », *Concurrences* N° 4-2017, p. 90-96 ; Wachsmann A. et Zacharie N., (2014), « Rabais de fidélité : Le Tribunal de l'Union européenne confirme la décision de la Commission européenne tout en réaffirmant clairement le caractère anticoncurrentiel par nature ou par objet des rabais attribués en contrepartie d'une exclusivité et des rémunérations destinées à retarder l'arrivée sur le marché d'un concurrent », *Concurrences* N° 3-2014, pp. 91-95, et Sibony A.-L., (2009), « Pratiques d'abus-exclusion : La Commission européenne inflige l'amende la plus élevée jamais prononcée pour des pratiques d'abus-exclusion consistant, d'une part, dans des rabais conditionnels en contrepartie d'engagements d'exclusivité et, d'autre part, dans des pures restrictions de concurrence liées à des rémunérations versées à la fois aux fabricants d'ordinateurs et aux distributeurs pour qu'ils retardent l'arrivée sur le marché de produits incorporant des composants fabriqués par un concurrent (*Intel*) », *Concurrences* N° 4-2009, pp. 108-112).

Nous nous bornons donc à rappeler les faits et les traits saillants du parcours juridictionnel du cas, avant de nous attacher en détail à l'arrêt du Tribunal.

La Commission a sanctionné par une décision du 13 mai 2009 (C (2009) 3726 final), Intel sur la base de pratiques d'éviction anticoncurrentielles au détriment d'*Advanced Micro Devices* [« *AMD* »] son principal concurrent sur le marché des microprocesseurs et plus précisément celui des CPU (*central processing units*) d'architecture x86. L'affaire avait débuté neuf ans plus tôt avec le dépôt d'une première plainte en octobre 2000. En mai 2004, la Commission avait lancé une enquête et avait finalement notifié des griefs le 26 juillet 2007 et le 17 juillet 2008.

La sanction prononcée par la Commission a porté sur des pratiques mises en œuvre d'octobre 2002 à décembre 2007, période durant laquelle Intel et AMD étaient les pratiquement les deux seules entreprises à produire des CPU x86 (§ 22). Cette structure quasi-duopolistique du marché a deux caractéristiques additionnelles qui ont quelque importance pour la compréhension des risques concurrentiels liés aux pratiques d'Intel. Premièrement, l'opérateur dominant a toujours détenu une part de marché supérieure à 70 % (§ 25). AMD était à sa création à la fin des années 1960, un sous-traitant de capacités pour IBM et ne disposait pas au moment de l'affaire des capacités de production adéquates pour couvrir l'ensemble de la demande (Marty F. et Pillot J., (2009), « Protéger la concurrence ou protéger les concurrents ? L'affaire Intel en perspective », *Revue Économique et Sociale*, 2009-4, pp. 65-74). Deuxièmement, la fonction de production même des firmes présentes sur le marché induit non seulement de fortes barrières à l'entrée (investissements spécifiques, coûts échoués...) mais également à l'expansion, notamment du fait des coûts d'investissements et des délais nécessaires à un accroissement des volumes de production.

Il ne convient pas ici de présenter la décision rendue par la Commission en mai 2009, celle-ci a été analysée par les commentaires d'Anne-Lise Sibony, Anne Wachsmann et Nicolas Zacharie, cités *supra*. Il est seulement nécessaire de rappeler que la sanction prononcée à l'encontre d'Intel portait sur deux pratiques distinctes. La première pratique, qui a conduit au renvoi vers le Tribunal, porte sur des rabais conditionnels. La seconde pratique tient à des restrictions de concurrence non déguisées (§ 27). Celles-ci consistaient notamment en des paiements directs en faveur d'une entreprise de distribution (Saturn), « à la condition que cette dernière vende exclusivement des ordinateurs équipés de CPU x86 produits par elle » (§ 28) mais également en des paiements à des fabricants d'ordinateurs (HP, Acer et Lenovo), « à la condition que ceux-ci reportent ou annulent le lancement de produits équipés de CPU x86 ou imposent des restrictions à la distribution de ces produits » (§ 32).

Le renvoi de la Cour de justice a été motivé par le traitement de la première pratique par la Commission : les rabais de fidélité. L'enjeu tenait à l'évaluation de leur capacité à évincer à un concurrent aussi efficace que l'opérateur dominant. Le recours qui avait donné lieu au premier arrêt du Tribunal, le 12 juin 2014, portait notamment sur le test du concurrent aussi efficace, réalisé par la Commission dans sa décision de mai 2009. Pour Intel, le test réalisé par la Commission était caractérisé par de nombreuses erreurs factuelles (§ 45). Or, le Tribunal ne se prononça pas sur ce point en ce « que la qualification d'abusif d'un tel rabais ne dépendait pas d'une analyse des circonstances de l'espèce visant à établir la capacité de celui-ci à restreindre la concurrence » (§ 80-89 de l'arrêt de 2014, cités au § 46 de l'arrêt de 2022). La forme même des rabais – des rabais fondés sur une quasi-exclusivité accordés rétroactivement par un opérateur dominant – était tenue pour suffisante en 2014 par le Tribunal pour caractériser un abus d'éviction. L'évaluation de la capacité de tels rabais à restreindre la concurrence, en regard des circonstances de l'espèce, n'avait été réalisé par la Commission qu'à titre surabondant (§ 47). À ce titre, il était inutile de réexaminer la façon dont le test du concurrent aussi efficace avait été mise en œuvre.

Il est important de noter que la Commission n'avait pas fondé sa décision sur un raisonnement économique de nature structuraliste, lequel conduirait à la protection d'un concurrent pour lui-même, de façon à maintenir une situation de rivalité effective sur le marché. Elle avait considéré que la forme même des rabais conduisait à qualifier la pratique d'abusive. Dans ce cadre, l'arrêt de la Cour procède d'un raisonnement juridique. Le standard de preuve utilisé par la Commission est tenu pour insuffisant en ce que les effets des rabais ne peuvent être présumés et doivent être établis. Le test du concurrent efficace n'est plus réalisé de façon surabondante mais devient déterminant dans la qualification juridique de la pratique. Dès lors, des erreurs dans sa réalisation sont de nature à conduire à une annulation de la décision.

C'est dans cette logique que la Cour a annulé l'arrêt du Tribunal dans son arrêt du 6 septembre 2017 (C-413/14P, EU:C:2017:632), pour erreur de droit, et lui a renvoyé l'affaire. Il lui appartient en effet d'examiner les rabais litigieux au regard de l'ensemble des circonstances pertinentes, pour vérifier si la Commission n'a pas commis une erreur d'appréciation économique. Cependant, il convient de relever que le Tribunal est appelé à se prononcer sur l'ensemble des moyens d'annulation soulevés par les requérantes dans la mesure où son arrêt de 2014 est annulé dans son intégralité.

Le Tribunal considère alors que l'objet du litige qui lui est soumis porte sur la seule capacité des rabais litigieux à restreindre la concurrence et non pas sur la question des restrictions non déguisées, lesquelles pourraient pour reprendre des termes d'économie industrielles, être vues comme une *naked exclusion* (Rasmusen, E. B., Ramseyer, J. M., and Wiley, J. S., (1991), « *Naked Exclusion* », *American Economic Review*, 81(5), 1137-1145). Cette notion recouvre l'ensemble des pratiques d'un opérateur dominant dont le seul effet est l'exclusion des concurrents sans pouvoir recevoir de justification sur la base de gains d'efficience induits. Celles-ci pourraient être tenues comme *prima facie* anticoncurrentielles.

Ainsi, l'arrêt ne porte que sur la question des rabais et non sur celle des restrictions non déguisées. Deux questions sont au centre du raisonnement du Tribunal. La première tient à d'éventuelles erreurs dans l'analyse juridique des rabais ; la seconde porte sur des erreurs dans l'analyse économique développée dans le test du concurrent aussi efficace.

La question juridique : une présomption simple prévaut en matière de rabais de fidélité

L'une des clés du raisonnement du Tribunal porte sur la qualification juridique du mécanisme de rabais. Il est nécessaire d'évaluer ses effets restrictifs sur la concurrence. Ceux-ci ne peuvent être présumés. Les rabais ne peuvent être tenus dans cette perspective comme anticoncurrentiels par nature (§ 133). Il s'agit, en ce sens, d'une présomption simple. La Commission doit établir la capacité de la pratique de marché en cause à produire un effet d'éviction anticoncurrentiel. Ce faisant, le test du concurrent aussi efficace n'est pas produit à titre complémentaire, comme le considère la Commission, mais comme une étape nécessaire dans la caractérisation de la pratique. Il convient d'insister sur le fait que pour la Commission l'exclusivité à laquelle les rabais conduisaient ou encore l'objectif qui les sous-tendait suffisaient à qualifier la pratique d'anticoncurrentielle. Or, pour le Tribunal, l'arrêt *Hoffman-Laroche* (affaire C 85/76, EU:C:1979:36) sur lequel s'appuie la Commission ne permet pas de considérer les rabais comme abusifs par nature et lui impose de démontrer que ceux-ci sont effectivement capables de restreindre la concurrence (§ 145).

Comme le note le Tribunal, la nature quasi-pénale du droit de la concurrence impose de mettre en œuvre des règles de procédure basées sur une présomption d'innocence (arrêt *E.On Energie* / Commission, C-89/11, P, EU:C:2012:738). La charge de la preuve appartient à la Commission et les entreprises mises en cause doivent pouvoir avancer « une argumentation qui donne un éclairage différent aux faits établis par la Commission et qui permet de substituer une autre explication plausible des faits à celle retenue par la Commission pour conclure à l'existence d'une infraction » (§ 165). En l'espèce, la discussion porte sur la validité du test du concurrent aussi efficace (pour une présentation de ce critère, voir notamment : Marty F., (2013), « Critère du concurrent aussi efficace et approche par les effets en matière d'éviction par les prix », *Concurrences* N° 3-2013, pp. 20-23.) qui n'apparaît plus comme réalisé de façon complémentaire mais qui doit constituer l'élément probant de la démonstration de la Commission.

La question économique : le test du concurrent aussi efficace

En effet, même si la décision est entachée d'une erreur de droit, la Commission avait réalisé le test du concurrent aussi efficace. Celui-ci est cependant entaché de nombreuses erreurs factuelles. Comme nous avons pu le voir dans les analyses de la décision de première instance, l'effet d'éviction des rabais de fidélité reposait sur le fait qu'AMD ne pouvait répondre à l'intégralité de la demande des fabricants de PC (§ 152 – voir également Marty F. et Pillot J., (2011), « Remises de fidélité et abus d'éviction : quelles évolutions dans la pratique décisionnelle de la Commission européenne ? », *Revue Internationale de Droit Économique*, n° 3-2011, pp. 379-404). Le marché des processeurs se décomposait donc en deux segments : l'un disputable, l'autre captif d'Intel. Le rabais d'exclusivité venait donc lier le segment disputable au segment captif. Il permettait donc, dans cette perspective, d'étendre par levier anticoncurrentiel la position dominante du segment captif au segment disputable, sans qu'un concurrent aussi efficace qu'Intel sur le second ne puisse y répondre.

En d'autres termes, plus la part de la demande qui est disputable est faible, plus élevé sera la possibilité que le rabais permette d'évincer un concurrent aussi efficace (§ 156). Or, l'évaluation de la part disputable de la demande pour le fabricant de PC Dell qui s'élevait à 7,1 % dans la décision de la Commission (§ 171) est mise en cause (§ 244) et n'a pas été établie à suffisance de droit (§ 256). En effet, le Tribunal considère qu'il était possible que celle-ci s'établisse entre 8,2 et 10,1 %. Un même raisonnement est mené pour l'ensemble des fabricants de PC concernés par les ristournes. Même les avantages en nature octroyés à Lenovo font l'objet d'une évaluation contestable en ce que la mise en œuvre du critère du concurrent aussi efficace ne devait prendre en compte l'évaluation de la valeur des services pour Lenovo mais celle de leur coût pour (§ 432). Ces éléments conduisent donc à s'écarter des règles applicables pour la réalisation du test du concurrent aussi efficace (§ 456). Il est en effet essentiel de prendre en compte les coûts de l'opérateur dominant, sous peine de faux positif, c'est-à-dire de qualification comme anticoncurrentielles de pratiques qui ne peuvent évincer qu'un concurrent moins efficace que l'opérateur dominant. Dès lors, les intérêts des consommateurs seraient sacrifiés au profit de ceux des concurrents. Ainsi, un ensemble d'erreurs entache la démonstration de la capacité des rabais accordés à écarter un concurrent aussi efficace que l'opérateur dominant (§ 439).

Plus important encore, le Tribunal considère que la Commission a également failli dans sa démonstration selon laquelle les paiements d'Intel au distributeur Saturn avaient soit en eux-mêmes, soit en tant que facteur de renforcement de sa position vis-vis de concurrents aussi efficaces que lui-même, la capacité d'avoir des effets anticoncurrentiels (§ 481). À nouveau, c'est l'utilisation du test du concurrent aussi efficace qui est requis pour établir cette capacité et c'est la façon dont la Commission a utilisé ce dernier qui justifie l'annulation du Tribunal (§ 471).

De surcroît, le Tribunal considère que la décision rendue par la Commission est également caractérisée par des défaillances en matière de caractérisation du taux de couverture du marché par la pratique de rabais concernée (§ 500) mais également en matière d'évaluation de sa durée (§ 520). La Commission n'a donc pas établi la capacité des rabais d'Intel à produire un effet d'éviction anticoncurrentiel.

Ainsi, le Tribunal considère que dans la mesure où les rabais en question ne constituent pas une violation *per se* de l'article 102 mais font l'objet d'une présomption simple, il appartient à la Commission d'en examiner les effets anticoncurrentiels. En la matière, l'effet restrictif ne se présume pas ; il faut établir la capacité des rabais à produire un effet d'éviction et donc mettre en œuvre le test du concurrent aussi efficace (§ 522). Comme nous l'avons noté *supra*, si le test a effectivement mis en œuvre par la Commission, ce dernier a été caractérisé par des erreurs ou des insuffisances dans l'évaluation de paramètres essentiels, tels les taux de couverture du marché par les rabais, la part disputable de la demande ou encore la durée des pratiques en cause.

La partie de la décision de la Commission relative aux rabais de fidélité est donc annulée. Dans la mesure où celle-ci n'avait pas dans sa décision de mai 2009 distingué la partie de l'amende relative aux rabais de fidélité de celle afférente aux restrictions non déguisées, c'est l'ensemble de l'amende qui est annulé (§ 529).

La discussion : quels enseignements pour l'application du droit de la concurrence

Réflexions sur la responsabilité particulière de l'opérateur dominant et sur la réplicabilité des pratiques par un concurrent aussi efficace

L'arrêt du Tribunal conforte indubitablement l'approche par les effets au détriment d'une approche souvent qualifiée de formaliste. Il témoigne également de l'impact de la communication de la Commission de février 2009 sur ses priorités en matière de mise en œuvre de l'article 82 (actuel article 102 TFUE) quant aux abus d'éviction (Orientations de la Commission sur ses priorités retenues pour l'application de l'article 82 CE aux pratiques abusives des entreprises dominantes, *JO* 2009 C45, p. 7 et s.). La production d'un texte de droit souple par la Commission a donc eu un effet déterminant sur les modalités du contrôle juridictionnel qui est exercé sur ses décisions.

Cependant, il serait excessif de considérer que cette annulation marque la prédominance d'une approche plus économique par rapport à une approche « juridique ». L'annulation s'est fondée sur des erreurs dans l'appréciation des paramètres de réalisation du test du concurrent aussi efficace et surtout sur une question de présomption. L'arrêt réaffirme qu'il est nécessaire en l'espèce de démontrer la capacité des rabais à évincer un tel concurrent. La seule forme du rabais ne suffit pas à caractériser une infraction aux règles de concurrence. Il ne s'agit pas en l'espèce d'une pratique pouvant faire l'objet d'une prohibition par objet, à l'instar d'ententes sur les prix entre concurrents horizontaux en matière d'article 101. Pour reprendre un vocabulaire plus adapté à l'article 102, il ne s'agit pas de pratiques qui peuvent être tenues comme *prima facie* anticoncurrentielles, comme pourraient par exemple l'être de prix prédateurs. Dans ce cas, les pratiques peuvent être tenues comme produisant de façon inhérente des effets anticoncurrentiels. À l'inverse, d'autres pratiques supposent qu'un effet restrictif, au moins potentiel, soit mis en évidence pour être qualifiées d'anticoncurrentielles. Il faut établir cet effet, au cas par cas, en fonction des circonstances précises de l'espèce. C'est à la Commission d'en faire la démonstration et non à la firme mise en cause. Une présomption de légalité est ici en jeu.

Il est essentiel de relever que l'arrêt *Intel* semble marquer un déplacement de la frontière entre ces deux catégories de pratiques. Suivant Pablo Ibáñez-Colomo, il était possible de répliquer la distinction entre prohibition par objet et prohibition par effet dans le domaine de l'article 101 avec celle dans le domaine du 102 entre les pratiques tenues pour être *prima facie* abusives et celles pour lesquelles il était nécessaire de mettre en évidence un effet anticoncurrentiel (Ibáñez-Colomo P., (2021), « Anticompetitive effects in EU Competition Law », *Journal of Competition Law and Economics*, 17(2), pp. 309-362). Les pratiques pour lesquelles la mesure des effets étaient nécessaires excluaient les stratégies de ventes liées (v. *Tetra Pak* II, affaire T-83/91, EU:T:1994:426), les stratégies de prix mettant en jeu une tarification en deçà des coûts (*Akzo Chemie BV* v Commission, affaire C-62/86, EU:C:1991:286), ainsi que les clauses d'exclusivité et les rabais fidélisant conduisant à des résultats comparables (voir les affaires *Michelin I* et *II* ainsi que *British Airways* (affaire 322/81, NV *Nederlandsche Banden Industrie Michelin* / Commission, EU:C:1983:313 ; affaire T-203/01, Manufacture française des pneumatiques *Michelin* / Commission, EU:T:2003:250 ; affaire C-95/04P, *British Airways* plc / Commission, EU:C:2007:166).

L'appréciation des effets était nécessaire pour des pratiques pouvant se traduire par des prix d'éviction, telles les stratégies de compression des marges ou des rabais accordés par des opérateurs dominants ne se caractérisant pas par des mécanismes d'octroi rétroactifs, basés sur des parts de marché ou encore avec des seuils de déclenchement particulièrement élevés. Le cas Intel pouvait être assimilé à des rabais d'exclusivité et pouvait être considéré comme correspondant à des pratiques contraires aux règles de concurrence *prima facie.*

L'arrêt de la Cour en septembre 2017 et celui du Tribunal nous conduisent donc à exclure les rabais concernés de cet ensemble. Dès lors qu'ils ne font l'objet d'une présomption simple, il convient de mesurer un effet anticoncurrentiel. Ce dernier, comme le montre Pablo Ibáñez-Colomo (2021, *op. cit.*, p. 315) saurait être assimilé en regard de la pratique décisionnelle européenne, ni au bien-être du consommateur, ni à un désavantage concurrentiel subit par un compétiteur. Il se rapproche à une entrave aux incitations et à la capacité d'un concurrent aussi efficace à exercer une pression concurrentielle sur l'opérateur dominant. L'effet anticoncurrentiel en question ne peut se résumer à une atteinte à la structure du marché, en d'autres termes à la sortie d'un concurrent. La sortie d'un concurrent moins efficace ne génère pas en soi un dommage concurrentiel et serait logiquement advenu en l'absence même de toute pratique. Ensuite, dans le domaine du droit de la concurrence, le fait pour un opérateur dominant de placer un concurrent dans une situation de désavantage compétitif n'est pas sanctionné en soi à moins qu'il s'agisse d'une stratégie conduisant à verrouiller l'accès au marché.

Une pratique de rabais pourrait faire obstacle à la concurrence si elle n'est pas réplicable par les concurrents (du fait de barrières à l'entrée ou à l'expansion, par exemple) ou si elle ne correspond pas à une concurrence normale axée sur la performance, dans le sens ordolibéral de *leistungswettbeverb*, mais dans une stratégie dont l'intérêt ne s'explique que dans le cadre de l'entrave des concurrents, en d'autres termes de *behinderungswettbeverb* (v. notamment Vatiero M., (2015), « Dominant market position and ordoliberalism », *International Review of Economics*, 62, pp.291-306 et Vickers J., (2005), « Abuse of market power », *Economic Journal*,115, pp. F244-F261). Dans une pareille situation, une pratique de rabais pourrait avoir pour effet d'entraver les capacités des concurrents à développer leur offre dès lors qu'ils ne peuvent par exemple répliquer des offres sur l'ensemble des deux segments (le disputable et celui que ne peut servir qu'Intel dans notre d'espèce). La prise en compte de ces deux segments distincts en regard des barrières à l'expansion pourrait conduire à une réflexion sur la transposabilité du test du concurrent raisonnablement aussi efficace utilisé dans le domaine des industries de réseaux en cours de libéralisation.

Réflexions quant à l'approche par les effets

De fait, l'arrêt *Intel* s'inscrit dans un mouvement important du droit de la concurrence européen dont témoignent également les conclusions de l'Avocat général Rantos dans l'affaire *Enel / Servizio Elettrico Nazionale* (affaire C-377/20, 9 décembre 2021). Sans revenir sur le fond de ces conclusions, certains éléments de réponse proposés pour la question préjudicielle transmise par le Conseil d'État italien peuvent éclairer notre discussion. Parmi les réponses aux questions posées, quelques-unes peuvent nous permettre de mieux saisir quels pourraient être les enseignements de l'arrêt *Intel*.

La première tient à la ligne de partage entre des méthodes de concurrence normale et des méthodes relevant d'une concurrence faussée (§ 30). Doit-on, en d'autres termes, jauger la licéité d'une pratique de marché parce ce qu'elle s'écarte des moyens qui gouvernent une concurrence normale ou de par sa capacité à restreindre la concurrence ? Des comportements peuvent recevoir des qualifications différentes selon l'entreprise qui les met en œuvre et selon leurs effets sur le marché. Il incombe en effet à l'opérateur dominant de ne pas porter atteinte par son comportement à une concurrence effective et non faussée sur le marché intérieur. Pour autant, le caractère abusif d'un comportement doit s'apprécier en regard des circonstances factuelles de l'espèce et son effet, en termes de restriction de concurrence, même s'il ne peut être que potentiel, ne peut demeurer seulement hypothétique (§ 41). De la même façon, un comportement d'un opérateur dominant ne peut être qualifié d'anticoncurrentiel s'il ne conduit qu'à l'éviction du marché de concurrents moins efficaces (§ 45). Il ne s'agit pas de protéger une structure de concurrence donnée (§ 93).

La qualification d'un comportement de marché comme anticoncurrentiel ne peut donc se faire que simultanément à l'évaluation de son effet restrictif (§ 49). Il s'ensuit donc dans l'évaluation de l'Avocat général, le rejet d'une approche formaliste. Pour autant, dans sa note de bas de page 36 (§ 54), ce dernier indique, citant l'arrêt *Intel* de la Cour de justice, que « à [sa] connaissance, le seul type de comportement pour lequel existe une présomption simple de restriction de concurrence donnant lieu à une inversion de la charge de la preuve est celui des rabais exclusifs de fidélité, c'est-à-dire de remises liées à la condition que le client, quel que soit le montant de ses achats, s'approvisionne exclusivement pour la totalité ou pour une partie importante de ses besoins auprès de l'entreprise dominante ». Ainsi, les remises d'exclusivité pouvaient être rattachées aux pratiques sanctionnées en elles-mêmes, comme « intrinsèquement abusives indépendamment de leur effet anticoncurrentiel » (§ 55).

La question peut apparaître comme formaliste : les rabais d'exclusivité peuvent être traités différemment des rabais de fidélité, lesquels doivent faire l'objet du test du concurrent aussi efficace. Pour autant, une grille de lecture ordolibérale conduirait à évaluer la pratique en regard de sa réplicabilité par un opérateur non dominant en regard notamment des limitations des capacités de production et de l'existence de barrières à l'expansion. Cette notion ne doit cependant pas s'interpréter comme une protection des concurrents pour eux-mêmes (sous peine d'induire un dommage en termes d'efficience) mais comme une déclinaison du principe de responsabilité particulière de l'opérateur dominant ou de préservation de la liberté d'accès au marché des concurrents (pour le cas qui nous concerne, sa part disputable). Dans cette perspective, une pratique peut conduire à l'élimination de concurrents sans qu'une qualification anticoncurrentielle ne soit retenue dès lors qu'elle repose sur des ressources qui ne sont pas consubstantiellement liées à l'existence d'une position dominante.

Si on considère la pratique abusive selon l'angle d'une présomption simple, il appartient à la Commission de montrer qu'elle a la capacité de restreindre la concurrence (arrêt *Generics* (UK), 30 janvier 2020, C-307/18, EU:C:2020:52). La démonstration d'une effectivité est inutile. Comme le note l'Avocat général Rantos, il n'est pas nécessaire d'attendre que les effets anticoncurrentiels se manifestent pour sanctionner l'abus (§ 110) et il est possible de sanctionner des pratiques qui pourraient seulement avoir un effet d'éviction potentiel. La Commission et les autorités nationales de concurrence ont « l'obligation d'apprécier toutes les circonstances pertinentes de l'espèce afin de déterminer si un comportement est effectivement capable de produire des effets anticoncurrentiels, que ces effets se soient ensuite effectivement produits ou non » (§ 115) et d'examiner dans le cadre de la procédure administrative les éléments fournis par l'entreprise mise en cause pour discuter de la capacité de ses pratiques à évincer des concurrents au moins aussi efficace qu'elle (§ 116). La charge de la preuve appartient bien à l'autorité chargée de l'application des règles de concurrence et ne peut s'exonérer d'une analyse des effets sur la seule base de la démonstration d'une intention anticoncurrentielle (§ 132). En d'autres termes, « la preuve d'une intention d'éviction présumée n'emporte aucun renversement de la charge de la preuve de la nature abusive dudit comportement » (§ 139).

Se dessine donc pour les rabais au centre de l'affaire Intel, un glissement que semble confirmer les conclusions de l'Avocat général dans la question préjudicielle du Conseil d'État italien entre une interdiction *prima facie* des rabais d'exclusivité (avec une charge de la preuve incombant au défendeur), relevant d'une approche formaliste, et une présomption simple propre à une approche par les effets. Comme l'indique l'Avocat général

Santos, la notion d'abus est une notion objective, qui doit reposer sur la démonstration d'une capacité à restreindre la concurrence.

Au-delà même de la question du traitement des différents types de rabais (exclusivité, fidélité…) par les règles de concurrence, quelques points de discussions demeurent. L'approche par les effets permet-elle de se saisir en pareilles circonstances de pratiques de marché qui ne sont pas accessibles aux concurrents en cas de barrières à l'expansion (dans des conditions de coûts et de délais raisonnables) ? Quelle est la limite entre protection des concurrents et préservation de la liberté de choix des consommateurs (finals et intermédiaires) ou encore la protection de l'innovation subséquente ? Ce cas dont les premières étapes remontent maintenant à une vingtaine d'années s'avère en tout cas le révélateur, sinon l'inducteur de transformations significatives et lourdes de conséquences des conditions de mise en œuvre de l'article 102 pour ce qui est des abus d'éviction.

Le *continuum* tracé par Pablo Pablo Ibáñez-Colomo (2021, *op. cit.*, p. 316) entre protection de l'autonomie d'action des firmes sur le marché, préservation d'une concurrence effective, mise en œuvre du critère du concurrent aussi efficace et enfin maximisation du bien-être du consommateur trouve ici tout son intérêt analytique.

F. Marty
Concurrences N° 2-2022, Art. N° 106487, p. 100

3.4.2 Prix prédateurs et ciseau tarifaire

3.4.2.1 Jurisprudence européenne

CJCE, 2 avr. 2009, France Télécom, C-202/07 P

La Cour de justice des Communautés européennes refuse d'ériger la possibilité de récupération des pertes en condition nécessaire à la qualification de prix de prédation et confirme l'inexistence d'un droit absolu de s'aligner sur les prix des concurrents.

Le Tribunal, dans son arrêt Wanadoo, avait confirmé la condamnation par la Commission de pratiques de prix mises en œuvre par France Télécom à l'époque du lancement de l'accès à internet haut débit pour les particuliers en France (TPICE, 30 janvier 2007, France Télécom/Commission, T 340/03, Rec. p. II-107, note A.-L. Sibony, LPA, 6 juin 2007, p. 14-22). Cet arrêt avait retenu l'attention, car l'affaire Wanadoo était la première depuis longtemps à donner au juge communautaire l'occasion de se prononcer sur l'analyse des prix de prédation. Or, depuis les arrêts *Akzo* et *Tetra Pak II* (CJCE, 3 juillet 1991, AKZO/Commission, C 62/86, Rec. p. I 3359 ; CJCE, 14 novembre 1996, Tetra Pak/Commission, C 333/94 P, Rec. p. I 5951), nombre d'analyses doctrinales favorables à une évolution de la jurisprudence s'étaient fait jour, ainsi que l'a souligné l'Avocat général Mazák dans ses conclusions (pt 75, pour une synthèse de cette doctrine dans une perspective pratique, v. OCDE, Predatory Foreclosure, 2005, DAF/COMP(2005)14, disponible sur le site de l'OCDE ; adde A. Perrot, « Les pratiques de prix bas sont-elles anticoncurrentielles ? », *RLC*, 2006/8, n° 613. Pour une discussion, v. A.-L. Sibony, Le juge et le raisonnement économique en droit de la concurrence, *LGDJ*, 2008, n° 760 et s., p. 480 et s.).

Au regard de l'abondante production doctrinale concernant la prédation, mais surtout de l'argumentation des parties, l'arrêt du Tribunal avait paru faiblement motivé, au point que l'Avocat général dans ses conclusions préconisait une cassation pour défaut de motivation notamment (pts 58 à 60 des conclusions). Dans l'arrêt rapporté, la Cour juge pour sa part l'arrêt du Tribunal suffisamment motivé et ne semble pas gênée par les défauts de réponse aux moyens des parties (soulignés au pt 61 des conclusions de l'Avocat général). En ce sens, l'arrêt *Wanadoo* de la Cour s'inscrit dans la lignée de ceux qui illustrent un contrôle de motivation de faible intensité, y compris sur les points de droit, ce que rien ne paraît justifier.

Sur le fond, la Cour refuse nettement d'exiger de la Commission qu'elle établisse la possibilité pour l'entreprise soupçonnée de prédation de récupérer les pertes qu'elle a consenties pour pratiquer des prix bas. À première vue donc, la Cour rejette un critère mis en avant par l'analyse économique, ce qui semble aller à l'encontre de l'approche plus économique de l'abus de position dominante promue par la récente communication de la Commission. Pourtant, il faut prendre garde à ne pas lire l'arrêt trop vite. En effet, l'argument économique de la récupération peut être intégré à un jugement selon plusieurs techniques juridiques. En faire un élément obligatoire de la qualification n'est qu'une technique parmi plusieurs et ce n'est pas nécessairement la meilleure (en ce sens, A.-L. Sibony, Le juge et le raisonnement économique, précité, n° 781 et s., p. 491 et s.). C'est pourquoi le refus de la Cour d'ériger la possibilité de récupérer les pertes en critère de fond de la prédation ne paraît pas critiquable en tant que tel (I). En revanche, la place donnée par la Cour à l'argument de la récupération dans le raisonnement d'ensemble menant à la qualification d'abus par prédation n'est pas convaincante et conduit à s'interroger sur la compatibilité de l'arrêt *Wanadoo* avec une véritable approche économique (II). Il convient par ailleurs de noter que l'arrêt rapporté, qui rejette le pourvoi en toutes ses branches, confirme également la position du Tribunal en ce qui concerne l'impossibilité pour une entreprise dominante de justifier une pratique de prix abusive par la nécessité de s'aligner sur les prix des concurrents (III).

I. Le refus d'ériger la possibilité de récupérer les pertes en critère de fond de la prédation

1. *L'argument économique relatif à la possibilité de récupération*

L'un des leitmotivs de la critique économique adressée à la jurisprudence communautaire en matière de prédation consiste à mettre en avant l'intérêt qu'il y aurait pour les autorités de concurrence et pour le juge à tenir compte de la possibilité pour l'entreprise soupçonnée de comportement prédateur de récupérer les pertes occasionnées par la baisse de prix à l'origine des soupçons. Le raisonnement économique qui sous-tend cette proposition part de la définition de la prédation comme une stratégie en deux temps. Dans un premier temps, l'entreprise prédatrice subit volontairement des pertes en vue d'évincer ou de discipliner ses concurrents, puis, dans un second temps, elle récupère ces pertes et tire profit de sa position renforcée. Les économistes déduisent de cette analyse que, si, dans une situation donnée, il est possible de dire *a priori* qu'une entreprise qui vendrait à perte pendant un certain temps ne pourrait raisonnablement espérer recouvrer par la suite les sommes ainsi sacrifiées, une entreprise rationnelle se trouvant face à cette situation n'aurait aucune raison de se lancer dans une stratégie de prédation. Partant, une Autorité de concurrence n'aurait aucune raison non plus de la soupçonner de prédation.

L'impossibilité de récupérer les pertes consenties lors d'un épisode de prédation peut résulter de certaines circonstances de marché, notamment de l'absence de barrières à l'entrée. En effet, si l'entrée est aisée, la réentrée l'est aussi. Dès lors, les concurrents de l'entreprise dominante qui seraient évincés par une baisse des prix pourraient facilement revenir sur le marché dès que l'entreprise prédatrice s'aviserait d'augmenter à nouveau ses prix. C'est la raison pour laquelle il a été proposé d'examiner à titre liminaire la possibilité de récupération des pertes, telle que celle-ci peut être évaluée *a priori* par l'entreprise concernée, c'est-à-dire au moment où celle-ci définit sa stratégie de prix (en ce sens, OCDE, Predatory Foreclosure, préc.). La raison de procéder à cet examen à titre liminaire tient à la recherche d'économie de moyens dans les décisions des Autorités de concurrence. En effet, si l'on conclut à l'absence de possibilité de récupération, le reste de l'analyse – notamment les comparaisons prix/coûts toujours délicates – n'est plus nécessaire. La prédation est tout simplement invraisemblable. Ainsi, selon ce raisonnement, la possibilité de récupération devrait être vérifiée systématiquement et son absence devrait conduire à écarter la qualification de prédation. En d'autres termes, la possibilité de récupération serait une condition nécessaire de la prédation.

2. *Le traitement juridictionnel de l'argument économique : le défaut de motivation non sanctionné*

Dans le pourvoi à l'origine de l'arrêt rapporté, la requérante avait précisément fait valoir cet argument au soutien de l'un des moyens de cassation (7e moyen). Elle invoquait une erreur de droit commise par le Tribunal en ce qu'il avait jugé que la démonstration de la possibilité de récupérer les pertes n'était pas un préalable à la constatation d'une pratique de prix prédateurs (pt 101). Dans ses conclusions, l'Avocat général Mazák avait à juste titre critiqué les faiblesses de ce passage de l'arrêt et souligné que le Tribunal procédait à une généralisation à partir d'une formule qui ne s'y prêtait absolument pas, et ce sans la moindre explication (pt 59 des conclusions). De fait, le Tribunal s'était appuyé sur un point de l'arrêt *Tetra Pak II* dans lequel la Cour avait considéré que, « dans les circonstances de la présente espèce, il ne serait pas opportun d'exiger en outre, à titre de preuve supplémentaire, qu'il soit démontré que Tetra Pak avait une chance réelle de récupérer ses pertes » (CJCE, C 333/94 P, 14 novembre 1996, *Tetra Pak*/Commission, Rec. p. I-5951, pt 44). Le Tribunal, défiant d'un même mouvement les lois de la déduction et les exigences de motivation, en avait conclu abruptement que « [c'était] dès lors à bon droit que la Commission [avait] considéré que la démonstration d'une récupération des pertes n'était pas un préalable à la constatation d'une pratique de prix prédateurs » (TPICE, T 340/03, 30 janvier 2007, *France Télécom*/ Commission, Rec. p. II-107, pt 228).

Il est indéniable que, comme l'avait souligné l'Avocat général dans ses conclusions, ce seul défaut de motivation aurait en lui-même dû suffire à justifier l'annulation. La Cour n'en a pas jugé ainsi. Comme il est peu vraisemblable que les juges aient eux-mêmes été convaincus par l'arrêt du Tribunal, on en est réduit à se demander si ce ne sont pas les faiblesses de la motivation des conclusions de l'Avocat général qui ont dissuadé la Cour de prononcer l'annulation. En effet, sur un point connexe, ces conclusions ne sont pas convaincantes. L'Avocat général émet l'opinion que la jurisprudence de la Cour exigerait déjà la démonstration de la possibilité de récupération, du moins en principe. Le passage cité plus haut de l'arrêt *Tetra Pak II* étant en quelque sorte l'exception qui confirme la règle. On avouera être demeurée perplexe face aux arrêts auxquels les conclusions renvoient pour étayer cette opinion (spécialement les arrêts *Akzo* et *Hoffmann-La Roche* cités au pt 73 des conclusions). On ose toutefois espérer que, même si la Cour a partagé cette perplexité, ce n'est pas là ce qui l'a dissuadée de prononcer une cassation méritée. Le défaut de motivation pouvait en tout état de cause être censuré, quand bien même la formation de jugement aurait été partagée sur le statut exact qu'a ou que devrait avoir la possibilité de récupération dans la qualification de prédation. Toujours est-il que la Cour a confirmé l'arrêt du Tribunal et s'est contentée de réitérer les formules des arrêts *Akzo* et *Tetra Pak II* (pts 103 et s.).

3. *Les ouvertures au raisonnement économique*

Tout au plus peut-on se réjouir de constater que la Cour, même sans censurer le Tribunal, corrige une confusion fâcheuse relative à l'argument tiré de la possibilité pour l'entreprise prédatrice de récupérer ses pertes. En effet, comme cela a été rappelé plus haut, ce qui compte du point de vue économique c'est la possibilité *a priori* pour l'entreprise dominante de récupérer les pertes si elle se livrait à un épisode de prédation. Ce n'est pas la récupération effective des pertes, qui ne peut être appréciée qu'à l'issue de l'épisode de prédation et ne peut être constatée qu'en cas de succès de celle-ci. Il semble que la confusion entre ces deux critères remonte aux conclusions de l'Avocat général Colomer dans l'affaire *Tetra Pak II* (citées au pt 71 des conclusions Mazák sous l'arrêt rapporté). Cette confusion avait fâcheusement perduré et conduit la Cour puis le Tribunal à rejeter à plusieurs reprises pour de mauvaises raisons l'argument de la récupération (A-L. Sibony, « Les prix prédateurs entre la lettre de la jurisprudence et l'esprit du raisonnement économique : à propos de l'arrêt *Wanadoo* du Tribunal de première instance des communautés européennes », *LPA*, 6 juin 2007, p. 14-22, spéc. p. 20).

Dans l'arrêt rapporté, la Cour prend acte de la distinction qu'il convient d'opérer entre, d'une part, la possibilité de récupération, telle qu'elle peut être appréciée par un exercice mental, en se replaçant fictivement à la date à laquelle l'entreprise a arrêté sa stratégie de prix et, d'autre part, la récupération effective des pertes, qui ne peut être appréciée qu'*ex post* et ne saurait en aucun cas constituer un critère de qualification acceptable. Cette clarification résulte du point 32 de l'arrêt.

Un autre point positif de l'arrêt se trouve dans un obiter par lequel la Cour précise que l'interprétation qu'elle donne de l'article 82 CE comme n'exigeant pas, en droit, la démonstration de la possibilité de récupération, « n'exclut pas, bien entendu, que la Commission puisse considérer une telle possibilité de récupération des pertes comme étant un élément pertinent dans l'appréciation du caractère abusif de la pratique en question » (pt 111). Autrement dit, la Cour refuse d'ériger la possibilité de récupération des pertes en élément nécessaire à la qualification de prédation, mais reconnaît qu'il peut s'agir d'un élément pertinent. Ayant recommandé ailleurs un tel usage du critère de la possibilité de récupération, l'auteur de ces lignes ne saurait y trouver d'objection (v. nos observations sous l'arrêt *Wanadoo* du Tribunal, préc.). La pertinence de la possibilité de récupération dans un cas donné devrait être appréciée en relation avec le scénario retenu par la Commission et devrait résulter de la motivation retenue dans sa décision. Comme on le verra (*infra* II. 2), cette pertinence peut être liée non seulement à l'analyse de l'intention prédatrice, mais aussi à l'appréciation du risque de dommage pour les consommateurs.

Dans l'arrêt rapporté, la Cour évoque à titre d'illustration deux cas de figure dans lesquels un argument tiré de la possibilité de récupération serait a priori pertinent, à savoir pour « exclure, en cas d'application de prix inférieurs à la moyenne des coûts variables des justifications économiques autres que l'élimination d'un concurrent, ou [pour] établir, en cas d'application de prix inférieurs à la moyenne des coûts totaux mais supérieurs à la moyenne des coûts variables, l'existence d'un plan ayant pour but d'éliminer un concurrent » (*ibid*). On confessera ne pas trouver ces précisions particulièrement éclairantes. Sans doute indiquent-elles que la Cour envisage d'assigner à l'argument tiré de la possibilité de récupération des pertes une fonction de simple renforcement des critères retenus dans l'arrêt *Akzo.* En effet, dans les deux hypothèses évoquées dans ce passage de l'arrêt, l'argument pris de l'existence ou de l'absence d'une possibilité de récupération serait interprété comme un indice de la rationalité ou de l'irrationalité – donc de vraisemblance ou d'invraisemblance – d'une stratégie de prédation. Le rôle d'indice d'une intention prédatrice que la Cour assigne à l'argument de la possibilité de récupération est conforme à sa nature, car, dans le raisonnement des économistes aussi, la possibilité de récupération est une condition de vraisemblance de la stratégie de prédation. En ce sens, l'arrêt rapporté, en dépit des reproches que l'on peut par ailleurs lui adresser, intègre un argument économique sans le dénaturer. C'est pour cela que le rejet de la thèse selon laquelle la possibilité de récupérer les pertes devrait être un critère de fond de la qualification de prédation nous paraît devoir être approuvé. En revanche, approuver l'admission d'un nouvel indice de l'intention prédatrice ne signifie certainement pas que l'intention prédatrice devrait demeurer le seul critère de fond de la prédation. C'est sur ce point que l'on peut se demander si l'arrêt rapporté est vraiment compatible avec l'approche économique que la Commission souhaite promouvoir.

II. L'arrêt *Wanadoo* est-il compatible avec une approche économique ?

L'approche économique ne se caractérise pas principalement par l'admission ou le refus de tel ou tel critère de qualification, mais par une démarche d'ensemble, qui consiste à tenir compte des effets des pratiques examinées, en particulier des effets sur les consommateurs. Or l'arrêt rapporté maintient la rigidité de la jurisprudence sur les critères de coûts issus de l'arrêt *Akzo* et ne marque aucun progrès dans la prise en considération de ces effets.

1. *La rigidité maintenue des critères de l'arrêt Akzo et les incohérences qui en résultent pour la preuve de l'intention prédatrice*

La Cour maintient les critères de coûts issus de l'arrêt *Akzo* sans saisir l'occasion de les réinterpréter dans le sens d'un raisonnement plus économique. Cela n'aurait pourtant pas été superflu, car, si le raisonnement de l'arrêt *Akzo* lui-même est assez satisfaisant d'un point de vue économique, l'utilisation qui en a été faite par le Tribunal est loin de l'être (v. nos obs. précitées). Les critères de coûts sont des critères de vraisemblance de l'intention prédatrice. C'est pourquoi, ils devraient être considérés comme le fondement de deux présomptions distinctes mais toutes deux relatives à l'intention. Les prix inférieurs aux coûts variables moyens permettent de présumer l'intention prédatrice, tandis que des prix supérieurs aux coûts variables moyens mais inférieurs aux coûts totaux moyens ne donnent naissance qu'à une présomption partielle, autrement dit une présomption valant commencement de preuve de l'intention. Si l'on suit cette interprétation, il en résulte que les critères de coûts ne sont pas des critères de fond de la qualification de prédation, mais des indices qui se rapportent à un objet de preuve unique : l'intention prédatrice.

Le Tribunal était très loin de cette interprétation, puisqu'il avait au contraire appliqué de manière particulièrement mécanique les critères de l'arrêt *Akzo*. La Cour ne se rallie pas non plus à notre point de vue. Au contraire, ces seuils de coûts semblent bien demeurer des passages obligés pour la qualification de prédation. Il en résulte une certaine incohérence dans le traitement de différents arguments pertinents pour la démonstration de l'intention prédatrice. Aux termes de l'arrêt, on comprend en effet qu'une décision de la Commission en matière de prédation devra toujours être motivée au regard des critères de coûts de l'arrêt *Akzo* et qu'elle pourra, à titre surabondant donc, être en outre motivée au regard de la possibilité de récupération des pertes. Si cette lecture de l'arrêt est correcte, une bonne partie de l'intérêt de l'analyse de la possibilité de récupération sera perdue. En effet, comme on l'a dit plus haut, cet argument est mis en avant comme un argument permettant de faire, au moins dans un certain nombre de cas, l'économie d'une analyse des coûts. Si au contraire cette analyse des coûts reste exigée en tout état de cause, aucune simplification dans la mise en œuvre de l'article 82 CE aux pratiques de prix bas ne sera obtenue.

En outre, on ne peut que critiquer l'asymétrie de traitement entre les différents indices de l'intention prédatrice. Les critères de coût restent des indices obligatoires, et ce alors même qu'ils ne sont pas meilleurs et sont les plus difficiles à établir, tandis que l'indice tiré de la possibilité de récupérer des pertes est facultatif, alors qu'il est *a priori* plus simple à mettre en œuvre dès lors qu'un raisonnement qualitatif suffit.

2. *L'absence de toute considération relative aux effets de la pratique de prix condamnée*

On ne peut s'empêcher de relever que l'arrêt rapporté ne comporte aucune indication concernant le bien-être des consommateurs, dont la Commission a récemment affirmé dans sa communication sur les abus-exclusion qu'elle devait orienter sa démarche de qualification toute entière (Orientations sur les priorités retenues pour l'application de l'article 82 du traité CE aux pratiques d'éviction abusives des entreprises dominantes, *JO* C 45 du 24 février 2009, p. 7-20, pts 19 et s. ; cette chronique, n° 1-2009, p. 118-121). Certes, il ne faut jamais oublier que la Cour doit avant tout trancher un litige et non faire œuvre doctrinale. Elle ne statue que sur les moyens dont elle est saisie, et ce pour autant qu'ils soient recevables. En l'espèce, la requérante soulevait bien un moyen pris du fait que l'épisode de prédation supposée n'avait pas été suivi d'une augmentation des parts de marché de France Télécom et donc n'aurait pas eu d'effet néfaste sur la concurrence (pts 83 et s.). Mais elle le soulevait pour la première fois devant la Cour, si bien que le moyen est jugé irrecevable (pt 87).

Il n'en reste pas moins que, sans statuer *ultra petita*, la Cour aurait pu, si elle l'avait souhaité, envoyer un signal de son accord avec l'approche proposée par la Commission, par exemple dans l'obiter cité plus haut. Ainsi, la Cour aurait pu indiquer que la possibilité de récupération, qui était indéniablement au centre du litige, peut aussi être envisagée comme un indice de probable dommage aux consommateurs. En effet, la possibilité de récupération des pertes n'est pas seulement un indice de rationalité d'une stratégie de prédation du point de vue de l'entreprise. C'est aussi, du point de vue de l'Autorité de concurrence ou du juge, un fait qui peut être interprété en vue d'apprécier le risque de dommage pour les consommateurs. Cela résulte très simplement du fait que, si elle avait lieu, la récupération des pertes par l'entreprise responsable de la prédation s'effectuerait au détriment direct des consommateurs, qui verraient les prix augmenter à l'issue de l'épisode de prédation.

Là encore, tout n'est cependant pas perdu. En faisant de la possibilité de récupération un critère pertinent et non un critère nécessaire, la Cour ne limite pas son rôle dans la qualification de prédation à l'appréciation de l'intention. Les exemples que donne la Cour d'emplois possibles de cet argument ne sont heureusement pas limitatifs (pt 111 évoqué *supra*). L'arrêt rapporté laisse donc à la Commission et aux parties la possibilité d'invoquer la possibilité ou l'impossibilité de récupération des pertes à différents stades du raisonnement, y compris en relation avec un risque de dommage pour les consommateurs.

En ce sens, l'arrêt *Wanadoo*, tout en ne constituant certainement pas un jalon marquant de la réception du raisonnement économique par la Cour, n'apparaît pas non plus incompatible avec l'approche décrite dans la communication de la Commission. Si la motivation décevante de l'arrêt donne l'impression que la Cour a privilégié la fidélité à sa jurisprudence antérieure et qu'aucun consensus n'a pu être réuni autour d'une vision claire du rôle que doit jouer le critère de récupération dans la qualification de prédation, du moins cette motivation ne dresse-t-elle pas d'obstacle *a priori* au développement par la Commission comme par les parties et leurs conseils d'argumentations qui feraient un usage sensé du critère de la possibilité de récupération.

On peut même, en adoptant une lecture optimiste de l'arrêt, se demander si la Cour ne fait pas une ouverture au raisonnement par scénarios que la communication de la Commission annonce en matière d'abus de position dominante. Cette ouverture se situerait dans un paragraphe inédit qui apparaît au sein d'une suite de considérants repris d'arrêts antérieurs (pt 107). La Cour y indique qu'« il convient de considérer qu'exploite de façon abusive sa position dominante une entreprise qui, dans un marché dont la structure concurrentielle est déjà affaiblie en raison précisément de sa présence, met en œuvre une politique de prix ne poursuivant d'autre finalité économique que celle d'éliminer ses concurrents pour pouvoir, ensuite, tirer profit de la réduction du degré de concurrence existant encore sur le marché ». Certes, cette formulation nouvelle reprend des éléments connus et sa portée n'est sans doute pas considérable. Néanmoins, par cette nouvelle formule, sans doute appelée à être à son tour répétée par la suite, la Cour met l'accent sur la stratégie de prédation et en accepte la caractérisation économique comme une stratégie en deux temps orientée vers la conquête d'un supplément de pouvoir de marché. Encore une fois, il n'y a là rien de révolutionnaire, mais il est quelque peu rassurant de constater que, après l'application purement mécanique des critères de l'arrêt *Akzo* par le Tribunal dans l'arrêt déféré, la Cour rappelle, fût-ce du bout des lèvres, que l'essentiel est la démonstration de l'existence d'une stratégie répréhensible et non les critères de coûts en tant que tels.

III. La confirmation de l'inexistence d'une exception d'alignement sur les prix des concurrents

Un dernier point de l'arrêt doit être mentionné. Il s'agit de la possibilité pour une entreprise dominante de justifier une pratique de prix qui lui est reprochée par le fait qu'elle s'est contentée d'aligner ses prix sur ceux de ses concurrents. La requérante avait en première instance cherché à donner un éclat particulier à cet argument, en invoquant un « droit fondamental » de s'aligner sur ses concurrents (pt 72 de l'arrêt du Tribunal). Cette approche en termes de droits fondamentaux n'avait pas convaincu les premiers juges. Le Tribunal s'était montré en cela parfaitement fidèle à la jurisprudence. En effet, contrairement à ce que prétendait la requérante, la jurisprudence communautaire ne consacre pas de droit pour une entreprise occupant une position dominante d'aligner en toutes circonstances ses prix sur ceux de ses concurrents. L'alignement peut certes être invoqué par une telle entreprise, mais au titre d'une mesure commerciale visant à « préserver ses intérêts commerciaux ». Or le droit de préserver ses intérêts commerciaux est un droit protégé mais non un droit absolu. Cela résulte de l'arrêt *United Brands* dans lequel la Cour avait mis en balance le droit d'une entreprise en position dominante de défendre ses intérêts légitimes avec les nécessités de la répression des abus (CJCE, 27/76, 14 février 1978, *United Brands/* Commission, Rec. p. 207, pt 189). La Cour avait alors jugé que le droit d'une entreprise en position dominante de protéger ses intérêts commerciaux justifiait que soit accordée à cette entreprise « dans une mesure raisonnable, la faculté d'accomplir les actes qu'elle juge appropriés en vue de protéger ses intérêts, pour autant, cependant, que de tels comportements n'aient pas pour objet de renforcer cette position dominante et d'en abuser ». Pour plus de clarté encore, la Cour ajoutait « qu'il est donc loisible à une entreprise dominante d'invoquer des motifs de nature à justifier les pratiques qu'elle adopte, sans toutefois que puissent être admis l'existence de motifs d'exemption » (*ibid*). Cette jurisprudence n'a pas été démentie par la suite (TPICE, T 228/97, 7 octobre 1999, *Irish Sugar*/Commission, Rec. p. II 2969, point 112 et jurisprudence citée).

Avant les arrêts *Wanadoo* du Tribunal et de la Cour, il n'y avait donc pas, dans la jurisprudence communautaire, d'exception d'alignement au sens où une pratique abusive pourrait être sauvée du seul fait qu'elle procède d'un alignement sur les prix des concurrents. C'est au contraire le droit de s'aligner sur les prix des concurrents qui a toujours été limité par l'interdiction des abus formulée à l'article 82 CE. L'arrêt rapporté ne fait que s'inscrire dans cette jurisprudence constante et l'on peut donc en conclure que, après l'arrêt *Wanadoo*, il n'y a pas davantage d'exception d'alignement en droit communautaire.

À l'époque de l'arrêt du Tribunal, on ne pouvait que constater une tension entre cette solution et le document de travail soumis à la consultation par la Commission dans le cadre de sa recherche de principes de mise en œuvre de l'article 82 CE plus orientés vers une approche économique. En effet, la Commission y proposait que l'exception d'alignement soit acceptée en principe, sous réserve d'un examen de proportionnalité et sous réserve qu'ils ne soient pas prédateurs (DG Competition discussion paper on the application of Article 82 of the Treaty to exclusionary abuse, décembre 2005, pts 81 à 83). Cette proposition a disparu des Orientations sur les priorités retenues pour l'application de l'article 82 du traité CE aux pratiques d'éviction abusives des entreprises dominantes (préc.), si bien que la cohérence du droit des abus de position dominante sur ce point n'est plus menacée.

A.-L. Sibony
Concurrences N° 2-2009, Art. N° 26021, p. 112

Voir aussi, sur les origines de l'affaire

TPICE, 30 janv. 2007, France Télécom (Anciennement Wanadoo Interactive), T-340/03

L. Flochel, Prix prédateurs : Le Tribunal de première instance des Communautés européennes confirme la condamnation de Wanadoo pour des pratiques de prix prédateurs (France Télécom-Wanadoo), 30 janvier 2007, Concurrences N° 2-2007, Art. N° 13489, p. 115.

CJUE, 14 oct. 2010, Deutsche Telekom, C-280/08 P

La Cour de justice de l'Union européenne rend son premier arrêt sur l'abus par compression de marge et confirme que le ciseau tarifaire constitue un abus même lorsque l'un des éléments du tarif de l'entreprise en position dominante a été approuvé par le régulateur sectoriel.

L'arrêt du 14 octobre 2010 dans l'affaire Deutsche Telekom est le premier rendu par la Cour dans un cas de « compression de marge », puisque tel est le terme choisi par la Cour de préférence à « ciseau tarifaire », qui avait été utilisé par la Commission [1], repris par le Tribunal puis adopté par l'Avocat général Mazák [2]. En l'espèce, l'opérateur historique de télécommunications en Allemagne avait pratiqué des prix de détail pour ses services d'accès à internet qui, compte tenu du prix d'accès à la boucle locale facturé à ses concurrents, « compressaient » les marges bénéficiaires de ces derniers lorsqu'ils offraient aux particuliers leurs propres services concurrents pour l'accès à internet. En effet, l'accès à la boucle locale de l'opérateur historique était pour les opérateurs concurrents un passage obligé. Le prix de gros facturé par Deutsche Telekom pour cet accès représentait donc pour les nouveaux entrants sur le marché de l'accès à internet un coût inévitable. Ils devaient acheter cet accès à une infrastructure essentielle sur le marché amont dominé par Deutsche Telekom pour pouvoir entrer sur le marché aval libéralisé. Comme ces nouveaux entrants ne pouvaient par ailleurs pas espérer pénétrer sur ce marché aval s'ils ne proposaient pas aux clients finals des abonnements à internet plus avantageux que ceux de l'opérateur en place, ils étaient pris « en ciseau » entre les deux tarifs de l'opérateur historique. Autrement dit, leur marge bénéficiaire était « compressée » au point que l'entrée sur ce marché aval nouvellement ouvert à la concurrence ne pouvait être profitable.

La particularité de l'affaire, sur le plan juridique, tenait au fait que les tarifs d'accès à la boucle locale avaient été approuvés par la Reg TP, le régulateur sectoriel, chargé de superviser, en Allemagne, l'ouverture à la concurrence du marché des télécommunications. Cette circonstance n'avait pas empêché la Commission de considérer que l'écart entre les prix d'accès à la boucle locale et les prix de vente au détail des abonnements à internet était abusif. La Cour, après le Tribunal, valide cette analyse et admet l'imputabilité à l'entreprise dominante d'un écart tarifaire abusif dans la circonstance où l'un des éléments de ce tarif est fixé par le régulateur (I). Les autres aspects intéressants de l'arrêt tiennent à la question que ne peut manquer de se poser le commentateur de tout arrêt postérieur à la communication de la Commission sur les abus-exclusions : comment la Cour se situe-t-elle par rapport à l'approche plus économique envisagée dans cette communication ? À cet égard, la lecture de l'arrêt conduit à une réponse nuancée : du côté de l'accompagnement de la démarche de la Commission, on relèvera que la Cour, dans ce premier arrêt sur un cas d'abus par compression des marges, se réfère au critère du concurrent aussi efficient (II). Elle consacre aussi la nécessité d'apprécier les effets des pratiques d'éviction (III). Pour autant, l'analyse de ces effets reste relativement abstraite (IV), et il est difficile de mesurer l'exacte portée d'une nouvelle formule utilisée par la Cour dans cet arrêt (V).

I. L'imputabilité des pratiques tarifaires en présence de prix régulés : des prix partiellement régulés peuvent être abusifs

Dans son arrêt, le Tribunal avait jugé que le fait que les prix de détail pratiqués par Deutsche Telekom pour l'accès à internet aient été approuvés par le régulateur sectoriel ne supprimait pas toute marge de manœuvre dans le chef de l'opérateur historique [3]. En effet, celui-ci aurait pu solliciter une hausse de ses tarifs de détail et réduire ainsi l'effet de ciseau tarifaire. Dès lors, l'infraction à l'article 102 TFUE consistant en une tarification qui avait pour effet de compresser les marges de ses concurrents lui était imputable.

Dans son pourvoi, Deutsche Telekom ne niait pas avoir disposé d'une marge de manœuvre (il s'agit là d'une question de fait et une telle prétention aurait été inopérante au stade du pourvoi) [4]. En revanche, elle faisait valoir que, en droit, l'existence d'une marge de manœuvre ne devait pas être considérée comme suffisante pour établir l'imputabilité d'un abus tarifaire en présence de prix régulés [5]. La Cour était donc amenée à trancher une question qui concerne non seulement l'articulation entre droit de la concurrence et régulation sectorielle, mais aussi la portée de la responsabilité spéciale des entreprises en position dominante.

Concernant l'imputabilité à une entreprise en position dominante d'une pratique tarifaire contraire à l'article 102 TFUE lorsque les tarifs litigieux ont été approuvés par une autorité de régulation, la Cour confirme le raisonnement du Tribunal : tant que la régulation laisse une marge de manœuvre à l'entreprise en position dominante, l'usage que fait celle-ci de sa marge de liberté lui est imputable. La Cour rappelle à cet égard la jurisprudence – commune aux articles 101 et 102 TFUE – selon laquelle une restriction de concurrence s'apprécie par rapport à la concurrence qui est possible (ou « praticable »), compte tenu du cadre réglementaire [6]. Ce n'est donc que lorsqu'une entreprise est obligée par le droit interne à adopter un comportement contraire au droit de la concurrence que celui-ci ne lui est pas imputable. En revanche, lorsqu'une entreprise en position dominante est seulement « incitée » à maintenir des tarifs contraires à l'article 102 TFUE, cela ne suffit pas à rendre cette disposition inapplicable [7]. La responsabilité spéciale d'une entreprise en position dominante et soumise à une régulation sectorielle comprend donc l'obligation d'auto-évaluer la licéité de son comportement au regard de l'article 102 TFUE, et ce, indépendamment des appréciations du régulateur (en l'espèce, la Reg TP avait écarté à plusieurs reprises le reproche tiré d'une compression de marges restrictive de concurrence [8]).

Cet aspect de la responsabilité spéciale d'une entreprise régulée paraîtra sans doute bien exigeant aux entreprises concernées, puisqu'il signifie qu'elles ne doivent pas se fier aux appréciations du régulateur quant à l'application de l'article 102 TFUE. Cela n'en est pas moins cohérent avec le schéma institutionnel de mise en œuvre du droit de la concurrence : pas plus que la Commission n'est liée par les appréciations des autorités nationales de concurrence sur l'application des règles de concurrence à un cas donné, elle ne saurait être liée par les appréciations des régulateurs sectoriels – qui peuvent en outre avoir des missions autres que d'appliquer les règles de concurrence. *A fortiori*, la Commission n'est pas liée par une décision négative d'un régulateur [9]. Le fait que, en l'espèce, le régulateur allemand puisse avoir commis une erreur d'appréciation concernant l'existence d'un abus par compression de marges ne saurait faire échapper Deutsche Telekom à sa responsabilité ni la protéger d'une sanction prise par la Commission, puisque cette dernière n'est pas tenue par les décisions du régulateur.

En ce sens, la confiance qu'une entreprise en position dominante peut placer dans les décisions négatives du régulateur sectoriel paraît n'être pas légitime, en tout cas pas digne de protection. La Cour toutefois ne va pas aussi loin, puisqu'elle considère irrecevable le moyen pris de la violation de la confiance légitime, au motif qu'il viserait à remettre en cause les appréciations du Tribunal et ne soulèverait pas de point de droit [10]. À la lecture de l'arrêt, il est difficile de dire si cela tient à la formulation du moyen, à la lecture qu'en fait la Cour ou aux deux. Il nous semble en tout cas prudent, du point de vue des entreprises concernées, de tirer de cet arrêt l'enseignement suivant : l'approbation d'un tarif par le régulateur sectoriel ne crée aucune assurance quant à sa compatibilité avec l'article 102 TFUE et toute défense tirée de la confiance légitime est à cet égard hasardeuse. En effet, même si, encore une fois, la Cour n'a pas écarté le principe de cette défense dans l'arrêt *Deutsche Telekom*, il existe néanmoins des raisons en droit pour considérer qu'une entreprise ne doit pas placer sa confiance dans les décisions négatives d'une autorité qui n'est pas compétente pour les adopter.

II. La compression des marges des concurrents : l'abus est constitué si la tarification est de nature à exclure des concurrents aussi efficaces

En ce qui concerne l'analyse au fond, l'arrêt rapporté est le premier rendu par la Cour dans une affaire de compression de marges. Il énonce donc pour la première fois les conditions auxquelles ce type de schéma tarifaire constitue un abus. Rappelons à cet égard, une fois encore, que l'hypothèse de compression de marges ne concerne pas un prix abusif, mais un écart de prix abusif. C'est l'écart entre le prix d'accès à une infrastructure essentielle (ici la boucle locale) et le prix de détail sur le marché aval qui est concerné. Si cet écart est trop faible, les concurrents de l'entreprise en position dominante, pour qui le premier de ces prix représente un coût inévitable, ne peuvent entrer profitablement sur le marché aval.

La Cour rappelle que la liste des exemples d'abus contenue dans le paragraphe 2 de l'article 102 TFUE n'est pas exhaustive [11] et confirme que la compression des marges peut constituer un abus. À vrai dire, elle le fait en passant, car l'existence de ce type d'abus n'était pas contestée par la requérante, qui soutenait en revanche que les critères d'appréciation d'une compression des marges abusive devaient être adaptés dans le cas où, comme en l'espèce, les tarifs de l'entreprise en position dominante étaient régulés [12]. Il est toutefois intéressant de relever que, à travers un point non contesté, le critère du concurrent aussi efficace est adopté par la Cour. Celle-ci énonce en effet que « pour autant que [l'entreprise en position dominante] dispose d'une marge de manœuvre pour réduire ou éliminer une telle compression des marges par l'augmentation de ses prix de détail pour les services d'accès aux abonnés [...], cette compression de marges, eu égard à l'effet d'éviction qu'elle est susceptible d'engendrer pour les concurrents aussi efficaces que [l'entreprise en position dominante], est susceptible, en elle-même, de constituer un abus au sens de l'article [102, TFUE] [13] ».

Le critère du concurrent aussi efficace, promu par la communication de la Commission sur les abus-exclusions se trouve ainsi admis par la Cour. Il convient de souligner qu'il ne l'est pas uniquement dans l'hypothèse particulière de la compression de marges. En effet, dans le passage le plus important de l'arrêt (pts 174-183), la Cour discute l'insertion de cette forme d'abus dont elle connaît pour la première fois au sein de sa jurisprudence. Au point 177 de l'arrêt, c'est en termes généraux que la Cour énonce la pertinence du critère du concurrent aussi efficace. Elle juge en effet que « l'article [102, TFUE] interdit, notamment, à une entreprise en position dominante de se livrer à des pratiques tarifaires produisant des effets d'éviction pour les concurrents aussi efficaces, actuels ou potentiels [14] ». Il est vrai que la généralité de cette affirmation reste limitée aux pratiques tarifaires, mais il en est de même dans la communication de la Commission [15].

Sans doute peut-on considérer que ce n'est pas la première référence de la Cour à au critère du conçurent aussi efficient : comme la Commission le relève dans sa communication [16], la Cour s'y était référée dans son arrêt *Akzo* [17], lorsqu'elle avait indiqué, à propos des prix prédateurs que « [c]es prix peuvent écarter du marché des entreprises, qui sont peut-être aussi efficaces que l'entreprise dominante mais qui, en raison de leurs capacités financières moindres, sont incapables de résister à la concurrence qui leur est faite [18] ». Le critère n'avait toutefois pas la même portée que dans l'arrêt Deutsche Telekom, car il prenait place alors dans l'énoncé d'une justification de l'interdiction des prix prédateurs. Dans l'arrêt commenté en revanche, il s'agit d'une condition nécessaire pour que la compression de marges soit qualifiée d'abus. Sur ce point, l'arrêt est donc d'assez bon augure en ce qui concerne la réception par la Cour de l'approche promue par la Commission. Il en va de même sur un autre point, qui est une véritable question de principe concernant l'insertion d'une l'approche économique dans le droit de l'abus de position dominante : faut-il apprécier les effets des pratiques pour les qualifier d'abusives ? La Cour répond clairement oui, même si elle valide une approche relativement abstraite.

III. L'exigence d'appréciation des effets

L'arrêt *Deutsche Telekom* marque une ouverture claire à une analyse des effets. La clarté de la Cour sur la nécessité d'une analyse des effets est, sauf erreur, sans précédent. Il faut dire que la question était très clairement posée : devant le Tribunal, la Commission avait soutenu que, en l'état du droit de l'Union issu de la jurisprudence concernant les abus de position dominante, aucune démonstration d'un effet anticoncurrentiel n'était nécessaire [19]. Le Tribunal avait rejeté cette affirmation et jugé que « l'effet anticoncurrentiel que la Commission est tenue de démontrer se rapporte aux entraves éventuelles que les pratiques tarifaires de [l'entreprise en position dominante] ont pu causer au développement de la concurrence sur le marché [aval] » [20] (effet sur les concurrents donc, plus que sur les consommateurs). La Cour précise que c'est à bon droit que le Tribunal a jugé ainsi [21].

Elle juge aussi, en réponse aux arguments du pourvoi, que, dans une hypothèse comme celle en cause, où la compression des marges concerne les tarifs d'accès à une infrastructure essentielle, l'effet d'éviction est automatique : comme les concurrents n'ont d'autre choix que de recourir à cette infrastructure, ils subissent nécessairement un effet d'éviction si l'écart entre le coût d'accès à cette infrastructure et les prix de détail avec lesquels les leurs doivent être concurrentiels est trop faible. Autrement dit, l'effet d'éviction résulte du caractère nécessaire de l'accès à l'infrastructure essentielle.

En revanche, la Cour indique – ce qui pourrait peut-être constituer une ouverture à une analyse plus concrète dans d'autres cas – que « en l'absence du moindre effet sur la situation concurrentielle des concurrents, une pratique tarifaire telle celle en cause ne saurait être qualifiée de pratique d'éviction lorsque la pénétration de ces derniers sur le marché concerné n'est en rien rendue plus difficile par cette pratique [22] ». Sans doute, le standard est peu exigeant (« moindre effet », « en rien ») et l'ouverture est donc timide. Il n'est pas non plus évident d'apercevoir à quelles hypothèses factuelles elle pourrait se rapporter (y aurait-il compression de marges si l'accès n'était pas essentiel à l'entrée sur le marché aval ? [23]). Toujours est-il que la Cour a jugé qu'une démonstration des effets d'éviction est exigée. Sans constituer une révolution, il nous semble donc que l'arrêt *Deutsche Telekom* signale que la Cour est disposée à laisser une approche plus économique de l'abus de position dominante se développer. Un développement lent est cependant à prévoir, dans la mesure où la Cour, conformément à sa jurisprudence antérieure, mais avec des évolutions qui méritent d'être signalées, admet une approche des effets que l'on peut qualifier de raisonnablement abstraite [24].

IV. L'approche des effets reste raisonnablement abstraite

Effets sur les consommateurs

Le fait qu'une appréciation relativement abstraite des effets satisfasse aux exigences de la Cour se marque, en ce qui concerne l'appréciation des effets sur les consommateurs, dans le raisonnement par lequel la Cour rejette l'objection formulée par Deutsche Telekom selon laquelle, pour éviter l'abus qui lui est reproché, elle aurait dû augmenter ses prix de détail. Dans le cadre d'un pourvoi, la Cour n'examine naturellement pas la question factuelle de savoir si une telle augmentation des prix de l'opérateur historique aurait, en l'espèce, nuit aux consommateurs allemands. En revanche, elle statue en ce sens que, en droit, « la seule circonstance que la requérante devait augmenter ses prix de détail pour les services d'accès aux abonnés pour éviter la compression des marges des concurrents aussi efficaces qu'elle-même n'est nullement, en tant que telle, de nature à écarter la pertinence du critère retenu [25] ». Cette affirmation, qui suit le rappel de l'objectif de protection des consommateurs [26], trouve sa justification dans l'horizon temporel long auquel se réfère la Cour. Elle juge en effet que « la compression de marges [...] a également pour effet que les consommateurs subissent un dommage du fait de la limitation de leurs possibilités de choix et, partant, de la perspective d'une réduction, à plus long terme, des prix de détail en raison de la concurrence exercée par les concurrents au moins aussi efficaces sur ledit marché [27] ».

Il se dégage de ce passage l'impression que l'effet du comportement reproché à l'entreprise en position dominante sur les consommateurs est pris en considération, mais qu'il peut être établi, comme par le passé, par un raisonnement relativement abstrait. En réalité, l'adoption du critère du concurrent aussi efficace permet d'affiner une présomption qui existait déjà dans la jurisprudence, selon laquelle les consommateurs souffrent d'une altération de la structure du marché ; le structuralisme initial cède le pas à une approche plus en cohérence avec l'analyse économique contemporaine, mais l'approche par présomption n'est pas remise en cause. Faut-il du reste le regretter ? Ce n'est pas certain. En effet, une exigence de démonstration *in concreto* du préjudice subi par les consommateurs paraît impraticable à plusieurs égards, ne serait-ce que parce que ce préjudice ne peut être établi avant d'être réalisé. Or, il est certain que la Commission n'a pas l'obligation d'attendre que l'abus soit consommé pour le sanctionner [28]. Pourra-t-on néanmoins aller plus loin et trouver un meilleur compromis entre une approche tout à fait abstraite et une approche tout à fait concrète de l'effet des pratiques sur les consommateurs ? Pourrait-on définir, sinon des exigences probatoires, du moins des exigences de motivation plus précises concernant le préjudice des consommateurs ? Gageons que les plaideurs sauront poser à nouveau ces questions aux juridictions de l'Union.

Effets d'éviction des concurrents

En ce qui concerne l'analyse des effets d'éviction, l'effectivité de l'approche économique à laquelle la Cour semble disposée à s'ouvrir en principe – en adoptant le critère du concurrent aussi efficace – dépendra en pratique de l'application de ce critère. Là encore, il apparaît dans l'arrêt commenté qu'une approche raisonnablement abstraite peut être suffisante.

Le premier élément d'abstraction dans l'approche des effets d'éviction est déjà connu : il ne s'agira pas d'examiner si un concurrent donné est ou non aussi efficace que l'entreprise en position dominante. Comme la Commission le recommande dans sa communication et comme l'avait jugé le Tribunal dans l'arrêt qui se trouve ici confirmé, comme la Cour elle-même l'avait déjà jugé dans son arrêt *Wanadoo*, c'est par rapport aux coûts de l'entreprise en position dominante elle-même que le critère sera appliqué [29]. La question pertinente est donc de savoir si, en imaginant par un exercice mental que l'entreprise en position dominante se trouve en position de nouvel entrant sur le marché aval et en tenant compte des coûts d'accès à l'infrastructure essentielle qu'elle devrait alors subir, ainsi que de ses autres coûts pertinents, elle pourrait ou non entrer profitablement sur le marché aval. Comme nous l'avions écrit à propos de l'arrêt du Tribunal [30], les entreprises en position dominante sont donc invitées à appliquer à leur comportement tarifaire une éthique de la réciprocité, exprimée dans ce qu'on appelle parfois la règle d'or de la morale : « Ne fais pas aux autres ce que tu ne voudrais pas qu'on te fasse. »

L'approche est encore abstraite et générale en ce que la circonstance alléguée par Deutsche Telekom, selon laquelle elle aurait été soumise à une régulation asymétrique, est jugée sans pertinence [31]. Le standard à l'aune duquel le critère du concurrent aussi efficace est appliqué est donc celui d'un concurrent hypothétique, ayant exactement les mêmes coûts que ceux de l'entreprise en position dominante. Le fait que ce concurrent fictif puisse ne pas correspondre à une hypothèse réaliste – par exemple, parce que l'entreprise en position dominante est la seule à pouvoir réaliser des économies d'échelle – est sans importance. En effet, ce mode de raisonnement ne tire pas sa justification de son ancrage dans la réalité des circonstances de chaque espèce, mais dans la sécurité juridique qu'il confère aux entreprises en position dominante, du fait que celles-ci ne peuvent connaître les coûts de leurs concurrents mais bien les leurs [32].

De la même manière, c'est une approche principielle de l'égalité des chances entre concurrents qui conduit la Cour à rejeter le moyen pris du fait que le Tribunal n'avait pas examiné concrètement les possibilités pour les concurrents de Deutsche Telekom de compenser par des subventions croisées les pertes qu'ils subissaient, du fait du comportement en cause, en ce qui concerne les abonnements à internet (ils auraient pu se rattraper sur le prix des communications téléphoniques). Selon la Cour, le Tribunal était en droit de ne pas étendre son analyse au-delà du marché concerné (l'accès à internet et non les communications téléphoniques) pour apprécier la viabilité des concurrents [33]. Le contrôle effectué par le Tribunal, que la requérante jugeait excessivement restreint et « incompatible avec l'état de la science économique » est donc jugé suffisant par la Cour [34].

V. Vers une nouvelle formule de l'abus ?

La jurisprudence de la Cour se construit par formules [35]. Les formules de la Cour, ce sont ces paragraphes familiers qui reviennent d'arrêt en arrêt, comme des refrains de la jurisprudence. En ce qui concerne l'abus de position dominante, la formule historique est celle de l'arrêt *Hoffmann-La Roche* selon laquelle « l'article [102, TFUE] vise les comportements qui sont de nature à influencer la structure du marché où, à la suite précisément de la présence de l'entreprise en question, le degré de concurrence est déjà affaibli et qui ont pour effet de faire obstacle, par le recours à des moyens différents de ceux qui gouvernent une compétition normale des produits ou des services sur la base des prestations des opérateurs économiques, au maintien du degré de concurrence existant encore sur le marché ou au développement de cette concurrence [36] ». Cette formule est répétée dans la plupart des arrêts – sinon tous – rendus en matière d'abus de position dominante. Elle l'est encore dans l'arrêt commenté [37].

Toutefois, ce paragraphe si souvent répété de l'arrêt *Hoffmann-La Roche* n'est pas la seule formule de l'abus. Une autre, presque aussi fréquemment présente [38], est issue des arrêts *United Brands* et *Michelin I* lus conjointement : « L'article [102, FTUE] visant non seulement les pratiques susceptibles de causer un préjudice immédiat aux consommateurs, mais également celles qui leur causent préjudice en portant atteinte à une structure de concurrence effective [39], il incombe à l'entreprise qui détient une position dominante une responsabilité particulière de ne pas porter atteinte par son comportement à une concurrence effective et non faussée dans le marché commun [40] ». Cette dernière formule, qui était encore citée telle quelle dans l'arrêt *Wanadoo* [41] subit une légère modification dans l'arrêt rapporté. En effet, la référence à la structure du marché – issue de l'arrêt *United Brands* – disparaît dans le passage suivant : « L'article [102, TFUE] visant ainsi non seulement les pratiques susceptibles de causer un préjudice immédiat aux consommateurs, mais également celles qui leur causent préjudice en portant atteinte au jeu de la concurrence… ».

Il n'est pas certain que cette modification lexicale soit décisive. Du reste, les formules, surtout les mieux ancrées, ne sont modifiées durablement que par la répétition d'une nouvelle formule, et la nouvelle rédaction ci-dessus est donc encore trop jeune pour accéder même au statut de nouvelle formule. Il faut donc se contenter pour l'heure de relever que la Cour fait peut-être ici une ouverture vers une conception de la notion de restriction de concurrence qui ne serait plus aussi structuraliste que par le passé. La responsabilité spéciale des entreprises en position dominante ne serait plus de préserver la structure du marché, mais la concurrence. Souhaitons longue vie à cette nuance ! Elle pourrait en effet être importante pour l'introduction d'une approche plus économique, dans la mesure où elle pourrait signifier qu'il ne suffit plus d'établir que le comportement en cause est de nature à provoquer une altération de la structure de marché (éviction d'un concurrent) pour conclure à un abus. Le préjudice résultant, pour les consommateurs, du comportement de l'entreprise en position dominante pourrait ne plus être présumé à partir de l'effet sur la structure du marché [42]. Ce serait du reste cohérent avec le critère du concurrent aussi efficace consacré dans le présent arrêt : l'abus ne serait pas constitué par l'éviction de n'importe quel concurrent, mais seulement par celle d'un concurrent aussi efficace.

À petits pas donc, et pour toutes les raisons qui précèdent, il est possible de lire dans l'arrêt *Deutsche Telekom* plusieurs indices de la réceptivité de la Cour à l'approche mise en avant par la Commission sur les abus-exclusions. À tout le moins, la Cour ne fait pas obstacle au développement d'une approche plus économique des abus-exclusions.

A.-L. Sibony

Concurrences N° 1-2011, Art. N° 34038, p. 91

Voir aussi, sur les origines de l'affaire

TPICE, 10 avr. 2008, Deutsche Telekom, T-271/03

A.-L. Sibony, Effet de ciseaux : Le Tribunal de première instance des Communautés européennes retient qu'une tarification approuvée par une autorité nationale de régulation peut être abusive, lorsque l'opérateur régulé conserve une marge de manœuvre suffisante dans la fixation de ses tarifs pour éviter un effet de ciseaux (Deutsche Telekom), 10 avril 2008, Concurrences N° 2-2008, Art. N° 16544, pp. 112-113.

Voir aussi, sur les conclusions de l'Avocat général

A.-L. Sibony, Ciseau tarifaire : L'Avocat général Mazák rend ses conclusions dans une affaire de pratique abusive de ciseau tarifaire (Deutsche Telekom), 22 avril 2010, Concurrences N° 3-2010, Art. N° 31988, p. 90.

CJUE, 17 fév. 2011, TeliaSonera, C-52/09

La Cour de justice juge qu'il peut y avoir abus par compression des marges même si la prestation intermédiaire n'est pas un intrant indispensable pour les nouveaux entrants sur le marché aval, dès lors qu'un effet d'éviction potentiel peut être établi.

Peu de temps après avoir rendu son premier arrêt sur l'abus par compression des marges dans l'affaire Deutsche Telekom (CJUE, 14 octobre 2010, aff. C-280/08 P, *Concurrences*, N° 1 2011, cette chronique, pp. 91-95), la Cour a été invitée à préciser sa jurisprudence en la matière. L'occasion lui en est donnée par la juridiction suédoise chargée de la concurrence, qui avait posé pas moins de dix questions préjudicielles, dans une affaire opposant l'opérateur historique de télécommunications, devenu TeliaSonera, à l'autorité suédoise de concurrence.

Dans l'affaire au principal, il s'agissait de savoir si cet opérateur avait pu ou non commettre un abus de position dominante en compressant les marges de ses concurrents sur le marché de l'accès internet haut débit pour les particuliers. Les faits étaient donc très proches de ceux de l'affaire Deutsche Telekom. Dans les deux cas, un opérateur historique verticalement intégré disposait d'un monopole sur la boucle locale. Cet opérateur vendait, d'une part, aux utilisateurs finals, un service d'accès à internet et, d'autre part, à ses concurrents, des prestations qui leur permettaient de proposer au public leurs propres services d'accès à internet.

Une particularité factuelle doit toutefois être soulignée, car elle joue un rôle important dans l'analyse : en l'espèce, Telia fournissait à ses concurrents deux types de services, qui constituaient pour eux deux moyens alternatifs en vue de mettre au point leur propre offre sur le marché aval. L'un de ces moyens était classiquement un accès dégroupé à la boucle locale ; l'autre, un service à valeur ajoutée appelé prestation RNA (pts 5-6). L'important est ici que cette prestation, dont la tarification était en cause, n'était pas indispensable aux nouveaux entrants en vue de pénétrer sur le marché aval. Ceux-ci pouvaient faire usage de leur droit d'accès dégroupé à la boucle locale pour composer leur offre. Autrement dit, l'affaire soulevait la question de savoir si un opérateur peut commettre un abus par compression des marges de ses concurrents alors même que l'écart de prix trop faible qui lui est reproché porte sur la différence entre les prix de détail (ici prix de l'accès internet proposé par Telia aux abonnés) et le prix de gros d'un intrant « non indispensable » aux concurrents pour pénétrer sur le marché aval. En n'excluant pas que la compression des marges puisse être abusive dans un tel cas, la Cour adopte une acception extensive de ce type d'abus.

L'intrant fourni aux concurrents doit-il être indispensable ?

On pouvait penser que l'abus par compression des marges n'était susceptible d'être constitué que lorsqu'une entreprise en position dominante et verticalement intégrée prend dans un « ciseau tarifaire » ses concurrents en leur facturant un intrant indispensable à un prix tel que, compte tenu du prix de détail par ailleurs pratiqué sur le marché aval par l'entreprise en position dominante elle-même, les concurrents se trouvent dans l'impossibilité d'entrer sur ce marché aval de manière profitable. En d'autres termes, on pouvait penser que, si l'intrant fourni n'était pas indispensable aux concurrents, l'abus était exclu. En effet, plusieurs sources semblaient à première vue aller en ce sens, mais l'arrêt rapporté, en ce qu'il écarte la condition d'indispensabilité comme condition nécessaire à la qualification de compression des marges abusive (pt 72), invite à s'y pencher de plus près.

Dans ses conclusions sous l'arrêt commenté, l'Avocat général Mazàk avait très clairement exposé que, selon lui, l'intrant devait être indispensable pour qu'il y ait abus (pt 12). Cette position se justifiait par le rapprochement entre la compression des marges et le refus de vente, rapprochement qui se trouve déjà dans la communication de la Commission sur les abus-exclusion et que l'Avocat général considère comme pleinement justifié (v. Orientations sur les priorités retenues par la Commission pour l'application de l'article 82 du traité CE aux pratiques d'éviction abusives des entreprises dominantes, JOUE C 45 du 24 février 2009, pp. 7-20, pts 75 et s.). Ce rapprochement se fonde sur l'idée selon laquelle les deux pratiques aboutissent à l'éviction des concurrents en les privant d'une source d'approvisionnement indispensable ; la privation vient dans un cas du refus pur et simple de contracter et dans l'autre d'une offre de contracter à des conditions inacceptables pour les concurrents, car elles ne leur permettent pas une activité rentable (v. pt 80 de la communication). Dès lors, la Commission a pu, dans la définition de ses priorités – puisque tel est l'objet de sa communication sur les abus-exclusion – s'en tenir au cas de l'intrant indispensable (pt 81), ce cas étant assez clairement assimilable à un refus de vente.

Mais dans la présente affaire, et ce d'autant que la Cour statuait à titre préjudiciel, il ne s'agissait pas de définir des priorités, il s'agissait de dire le droit, et de le dire précisément dans le cas où l'intrant proposé par l'entreprise en position dominante n'est pas indispensable à ses concurrents. C'est donc un saut que faisait l'Avocat général Mazàk par rapport à la doctrine de la Commission lorsqu'il proposait à la Cour de considérer que, en droit, il est « nécessaire », pour qu'une pratique de compression des marges soit abusive, que l'intrant fourni par l'entreprise dominante à ses concurrents leur soit indispensable (pt 12). Il proposait en réalité de restreindre la catégorie de compression des marges abusive au cas de figure que la Commission considère comme prioritaire. Au soutien de cette position, l'Avocat général invoquait notamment un arrêt de la Cour de cassation française, l'arrêt SFR du 3 mars 2009 (Cass. com., 3 mars 2009, SFR et France Télécom, n° 08-14.435 et 08-14.464, « téléphonie fixe vers mobile des entreprises », *Concurrences*, N° 2-2009, cette chronique, pp. 118-120). Il faut à cet égard avouer que nous avions fait de cet arrêt la même lecture que l'Avocat général. Mais, dans la mesure où la Cour ne suit pas son Avocat général, il est intéressant de revenir sur cet arrêt de la Cour de cassation et de se demander s'il y a vraiment une divergence entre les deux Cours ou bien s'il est temps pour l'auteur de ces lignes de faire amende honorable. En réalité, nous allons voir que, même s'il convient sans doute de corriger la lecture de l'arrêt SFR que nous avions proposée, cela ne permet pas d'échapper au constat d'une divergence entre les deux Cours.

Une divergence de jurisprudence entre la Cour et la Cour de cassation ?

Dans son arrêt *SFR*, la chambre commerciale avait jugé qu' « une pratique de « ciseau tarifaire » a un effet anticoncurrentiel si un concurrent potentiel aussi efficace que l'entreprise dominante verticalement intégrée auteur de la pratique ne peut entrer sur le marché aval qu'en subissant des pertes ; qu'un tel effet peut être présumé seulement lorsque les prestations fournies à ses concurrents par l'entreprise auteur du « ciseau tarifaire » leur sont indispensables pour la concurrencer sur le marché aval ». Nous avions cru pouvoir écrire à propos de ce passage que, « malgré les termes de l'arrêt, il ne s'agit pas d'une véritable présomption, c'est-à-dire d'un mode de preuve, mais d'un critère de fond explicitant le critère général de l'impossibilité d'entrer sauf à perte. En effet, le caractère indispensable des biens ou services en cause est une condition nécessaire pour gêner l'entrée » (Obs. préc. p. 119). À la réflexion, il était sans doute hasardeux d'interpréter l'arrêt de cette manière. En tout cas, la comparaison avec l'arrêt *Telia* de la Cour invite à revenir à la lettre même de l'arrêt de la Cour de cassation, qui sait évidemment mieux que quiconque la différence entre une condition de fond et une présomption. Si on lit l'arrêt exactement pour ce qu'il dit, il n'y a pas de contradiction entre l'arrêt *SFR* de la Cour de cassation et l'arrêt *Telia* de la Cour sur la question de la présomption. En effet, les deux Cours disent pour droit que, si l'intrant fourni par l'entreprise dominante à ses concurrents leur est indispensable, l'effet d'éviction de concurrents aussi efficients – effet qui est pour les deux Cours le critère de fond – peut être présumé. C'est du reste ainsi que la Cour d'appel de Paris a lu l'arrêt de la Cour de cassation, dans un nouvel arrêt *SFR*, rapporté ci-dessous.

En revanche, il existe bien une divergence entre les deux Cours sur un point de fond. La Cour de cassation avait en effet retenu qu' « une pratique de « ciseau tarifaire » a un effet anticoncurrentiel si un concurrent potentiel aussi efficace [...] ne peut entrer sur le marché aval qu'en subissant des pertes ». Or, la Cour de justice retient une acception plus large des circonstances dans lesquelles une tarification en ciseau compresse les marges des concurrents de manière abusive. En effet, elle juge qu'il peut aussi y avoir abus lorsque les concurrentes « ne subissent pas de pertes », mais que la pratique induit néanmoins des effets anticoncurrentiels (pt 72). Cela amène la Cour à distinguer deux cas : celui où la marge est « négative », dans lequel l'effet d'éviction de concurrents aussi efficients est « probable » (pt 73), et celui où la marge est « positive », et dans lequel il faut (mais il est loisible de) démontrer que la pratique tarifaire « est susceptible de rendre au moins plus difficile pour les opérateurs concernés l'exercice de leurs activités sur le marché concerné ». Un peu comme dans le test Akzo en matière de prix prédateurs, on a donc deux cas de figure, un cas simple et un cas difficile, qui nécessite un effort probatoire supplémentaire. Le cas simple est celui de la marge négative, dans lequel l'effet d'éviction peut être présumé et le cas difficile est celui de la marge positive, dans lequel il faut prouver par tout moyen l'effet d'éviction. On imagine sans peine les difficultés de cette preuve, surtout dans le cas de firmes multiproduits où il faut, pour calculer la marge réalisée pour un produit, allouer des coûts communs d'une manière nécessairement conventionnelle et le plus souvent non consensuelle.

Pour revenir au droit, on peut retenir qu'une divergence existe bien entre l'arrêt *Telia* de la Cour et l'arrêt *SFR* de la Cour de cassation, mais elle est circonscrite à l'admission en principe de la possibilité d'un abus dans le cas où la marge des concurrents est compressée sans être négative. La Cour de justice retient une acception en principe plus large de l'abus par compression des marges que la Cour de cassation, puisque les juges de Luxembourg n'excluent pas qu'un abus puisse être constitué dans le cas où la marge des concurrents est positive.

Une fois encore, la jurisprudence de la Cour pourra donc être lue comme plus favorable en principe aux concurrents que soucieuse du bien-être des consommateurs. En effet, on ne retrouve pas dans l'arrêt les considérations qui plaident dans le sens d'une acception restrictive de l'abus au nom des incitations néfastes que pourrait produire une interprétation trop extensive. Ces considérations, que l'on trouve à la fois dans les conclusions de l'Avocat général (pt 26) et dans la communication de la Commission (pt 75), ont essentiellement trait aux incitations à investir. L'argument principal est pris du risque que les concurrents laissent l'entreprise dominante investir en espérant pouvoir profiter indirectement de l'investissement qu'ils n'auraient pas réalisé, grâce aux obligations de contracter – ou, dans le cas de la compression des marges, de contracter à certaines conditions – qui peuvent être imposées à ladite entreprise dominante en application des règles de concurrence. Il serait sans doute intéressant de mettre cet argument économique en termes d'incitation à l'épreuve d'une approche empirique, qui s'attacherait à étudier comment les décisions d'investissement sont réellement prises. Alors, seulement, on pourrait dire si vraiment la Cour tourne le dos à une saine approche économique ou si, au contraire, elle fait preuve d'une certaine clairvoyance empreinte de réalisme.

Les autres précisions de l'arrêt *Telia*

Dans l'arrêt *Telia*, la Cour devait répondre en tout à dix questions préjudicielles. Elle se prononce donc sur d'autres points que ceux qui viennent d'être discutés. Ceux-ci n'appellent toutefois qu'une simple mention, car ils représentent essentiellement des confirmations.

Prix et coûts pertinents : ceux de l'entreprise en position dominante

En ce qui concerne les prix et coûts à prendre en considération pour apprécier l'existence d'une compression des marges, la Cour confirme qu'il convient de raisonner en principe à partir des coûts de l'entreprise dominante elle-même (pt 41). Il faut se demander dans quelles conditions de profitabilité cette entreprise aurait pu pénétrer sur le marché aval si elle avait été à la place de ses concurrentes et avait dû faire face à sa propre tarification, mais en tant que cliente et concurrente. Cela résultait déjà de l'arrêt *Deutsche Telekom*, qui est abondamment cité dans l'arrêt rapporté. La seule précision additionnelle apportée ici est la suivante : selon la Cour, « il ne peut pas être exclu que les coûts et les prix des concurrents puissent être pertinents dans l'examen de la pratique tarifaire » dans certains cas (détaillés au pt 45). Toutefois, la Cour indique clairement que c'est à titre subsidiaire, uniquement lorsqu'il n'est pas possible de raisonner exclusivement à partir des coûts de l'entreprise en position dominante, que l'on s'attachera aux coûts des concurrents (pt 46).

Indifférence d'une obligation réglementaire de fourniture

Dans l'affaire Telia, l'une des questions soulevées par la juridiction de renvoi concernait la prise en considération de l'existence (ou de l'absence) d'une obligation réglementaire de fourniture. Comme on l'a signalé plus haut, l'opérateur historique proposait à ses concurrents deux types de prestations : l'accès dégroupé, qu'il était obligé de fournir en application de la réglementation sectorielle, et les services dits « RNA », objets de la plainte, services qu'il n'était pas obligé de fournir. L'Avocat général s'était attaché dans ses conclusions à cet aspect de l'articulation entre l'article 102 TFUE et la régulation sectorielle. Il avait conclu en ce sens qu'il pouvait, en droit, y avoir compression des marges abusive lorsque, soit l'intrant était indispensable, soit il existait une obligation réglementaire de le fournir (pt 11). Il était compréhensible de mettre les deux cas de figure sur le même plan, dans la mesure où une obligation légale de fourniture est généralement fondée sur le jugement du législateur selon lequel l'intrant dont la fourniture est rendue obligatoire est indispensable aux concurrents (et donc au développement de la concurrence sur un marché nouvellement ouvert). Autrement dit, l'existence d'une obligation légale de fourniture semble pouvoir être assimilée à une présomption légale du caractère indispensable de l'intrant. Mais, comme on l'a vu, la Cour n'a pas suivi son Avocat général dans le traitement de la condition d'indispensabilité de l'intrant. Assez logiquement, elle s'est également écartée de ses conclusions en ce qui concerne le traitement de l'obligation réglementaire de fourniture. En réalité, la Cour n'a considéré cet aspect que sous l'angle de la marge de manœuvre dont dispose l'entreprise régulée, laquelle définit le champ de sa « responsabilité particulière » en tant qu'entreprise en position dominante (pt 53). La Cour a conclu que l'absence de toute obligation réglementaire de fourniture n'a aucune incidence (pt 59) sur la qualification d'abus par compression des marges.

Autres considérations indifférentes : « super-dominance », nouveau client, récupération des pertes et nouvelles technologies

La Cour a par ailleurs écarté, sans surprise, la pertinence d'autres considérations sur lesquelles elle était interrogée. Elle a ainsi jugé que l'étendue de la position dominante était sans pertinence (pts 83-89). Par conséquent, il n'y a pas lieu de réserver un traitement particulier au cas des entreprises en situation de « super-dominance ».

De même, la Cour a déclaré indifférente la circonstance selon laquelle le client qui se plaint du ciseau tarifaire est un nouveau client plutôt qu'un client habituel. Il n'y a donc pas de parallèle à faire sur ce point avec le refus de livrer.

La Cour a encore été amenée à préciser qu'il n'y avait pas lieu de tenir compte d'une possibilité de récupérer des pertes, pour la simple et bonne raison qu'une pratique de compression des marges n'implique pas nécessairement des pertes pour l'entreprise en position dominante (pts 96-103).

Pas d'avantage ne convient-il de tenir compte de la circonstance selon laquelle on est en présence d'une nouvelle technologie (pts 104 et s.). Les avocats pourront donc s'appuyer sur ce passage de l'arrêt pour essayer de convaincre leurs clients qu'il n'est pas utile de passer du temps à développer une argumentation tirée de la spécificité de leur secteur, et ce, même si ce secteur est celui des nouvelles technologies. Cela vaut *a fortiori* si l'on est dans le domaine des télécoms, dont la Cour remarque au passage qu'il ne s'agit pas précisément de technologies très nouvelles (pt 109).

A.-L. Sibony
Concurrences N° 2-2011, Art. N° 35665, p. 108

Trib. UE, 29 mars 2012, 2 arrêts, Telefonica et Telefonica de España, T-336/07 ; Espagne c/ Commission, T-398/07

Le Tribunal de l'Union européenne donne des précisions sur la mise en œuvre du critère du concurrent aussi efficient en matière de ciseau tarifaire.

Dans deux arrêts du 29 mars 2012, le Tribunal rejette deux recours distincts relatifs à une même décision de la Commission du 4 juillet 2007 (aff. COMP/38.784 *Wanadoo España/Telefónica*). La Commission avait condamné l'opérateur historique espagnol à une amende de près de 152 millions d'euros pour un abus par compression de marge (ciseau tarifaire) ayant restreint la concurrence sur le marché naissant de l'internet haut débit. Les faits étaient donc similaires à ceux qui ont donné lieu à des affaires récentes contre d'autres opérateurs historiques de télécommunication. Dès lors, il s'agissait essentiellement pour le Tribunal de faire application des principes consacrés dans les arrêts *Deutsche Telekom* et *TeliaSonera* (CJ, 14 octobre 2010, *Deutsche Telekom* c/ Commission, C 280/08 P et CJ, 17 février 2011, *TeliaSonera*, C 52/09), ce qu'il fait.

Les principes dégagés par la jurisprudence antérieure en matière de compression de marge peuvent être résumés en cinq points : (i) la conformité des pratiques de l'entreprise en position dominante à une régulation tarifaire sectorielle n'exonère pas l'opérateur dominant de sa responsabilité au titre de l'article 102 TFUE ; (ii) la compression des marges est un abus de position dominante autonome, pour lequel il n'est nécessaire de démontrer ni que le prix de gros est excessif, ni que le prix de détail est trop bas : c'est uniquement l'écart entre ces deux tarifs qui doit être analysé ; (iii) le critère pertinent aux fins de cette analyse est celui du concurrent aussi efficace que l'opérateur dominant verticalement intégré ; (iv) un effet d'éviction potentiel suffit pour caractériser un abus de position dominante ; (v) le caractère indispensable de l'intrant fourni par l'entreprise en position dominante à ses concurrentes sur le marché aval est pertinent pour l'appréciation de l'effet de la pratique, mais il n'est pas exclu qu'une pratique de compression de marge soit abusive même si l'intrant n'est pas indispensable.

Par rapport à ces principes, les arrêts rapportés contiennent quelques précisions. En droit, la principale clarification a trait à la comparaison entre compression de marge et refus de contracter (I). Pour le reste, c'est principalement sur la méthode d'appréciation du ciseau tarifaire que les arrêts *Telefónica* et *Espagne/Commission* apportent des précisions (II).

I. L'abus par compression de marge diffère du refus abusif de contracter

Les deux pourvois invitaient la Cour à une interprétation de l'abus par compression de marge qui l'aurait rapproché du refus de contracter abusif. En effet, tant le Royaume d'Espagne que Telefónica faisaient plaider que les conditions dégagées dans l'arrêt *Bronner* (CJ, 26 novembre 1998, *Bronner*, C-7/97, Rec. 1998 p. I-7791) étaient d'application et que, pour caractériser un abus par compression de marge, la Commission devait en particulier établir que l'intrant fourni par l'entreprise en position dominante verticalement intégrée à ses concurrentes sur le marché aval (ici un accès au réseau de l'opérateur historique) était « indispensable » à la fourniture du service sur le marché aval (ici des services d'accès à internet haut débit au consommateur final). Cette position avait été défendue en doctrine (D. Géradin, Refusal to supply and margin squeeze: A discussion of why the "Telefónica exceptions" are wrong, http://ssrn.com/abstract=1762687). On pouvait pourtant penser que, entre-temps la Cour avait tranché cette question dans l'arrêt *TeliaSonera* (CJ, 17 février 2011, C 52/09, obs. ALS). En effet, il avait alors été jugé que le caractère indispensable de l'intrant est pertinent pour apprécier l'effet d'éviction anticoncurrentiel, sans toutefois qu'il soit nécessaire dans tous les cas de rapporter la preuve de cette caractéristique des intrants en cause (TeliaSonera, pts 69-71). Lorsque l'intrant est indispensable, cela rend l'effet d'éviction probable (TeliaSonera, pt 72), mais cela ne veut pas dire qu'il ne peut y avoir d'effet anticoncurrentiel lorsque que l'intrant n'est pas indispensable (Telefónica, pt 182).

En dépit de cette jurisprudence, le Royaume d'Espagne cherchait à introduire une distinction selon que la fourniture de l'intrant est ou non rendue obligatoire par la régulation à laquelle l'entreprise en position dominante est soumise (*Espagne* c/ Commission, T 393/07, pts 4-65). Comme le souligne le Tribunal (pt 73), l'argument manquait de clarté. Sans doute l'idée était-elle de soutenir que, lorsque la fourniture d'un intrant est rendue obligatoire par le régulateur, c'est que l'intrant est indispensable. En revanche, lorsque la fourniture de l'intrant n'est pas obligatoire, mais volontaire, comme c'était le cas en l'espèce, il reviendrait à la Commission d'établir que l'intrant est néanmoins indispensable avant de pouvoir qualifier d'abusive une tarification qui compresse les marges des acheteurs de cet intrant. La Cour écarte cet argument sur la base des principes consacrés dans Deutsche Telekom et réitérés dans TeliaSonera (pt 51) : l'existence d'obligations réglementaires – y compris une obligation de fourniture – est indifférente dès lors qu'une marge de manœuvre subsiste dans le chef de l'entreprise dominante régulée (*Espagne* c/ Commission, pts 70-72). En ce qui concerne l'articulation entre antitrust et régulation, l'Europe continue donc à se distinguer des États-Unis (Marty F., (2011), Les stratégies de ciseau tarifaire : analyse économique et mise en perspective des pratiques décisionnelles européenne et américaine, *Revue Lamy de la Concurrence*, n° 27, avril-juin, pp. 107-117).

Dans les arrêts rapportés, le rejet de l'exception de régulation renforce la distinction entre compression de marge et refus de contracter abusif. Logiquement, les critères de l'arrêt *Bronner* ne sont pas transposés à l'abus par compression de marge (Telefónica, pts 178-180). Toute interprétation contraire, précise la Cour, aurait indûment réduit l'effet utile de l'article 102 TFUE (*Espagne* c/ Commission, pt. 75). Cette distinction entre les deux formes d'abus paraît justifiée. En effet, en matière de compression de marge, la question essentielle est de savoir si les activités aval peuvent être profitables et non si elles sont possibles. L'approche est distincte de celle du refus de contracter, car les questions sont distinctes. Du reste, la Cour admet que, dans un cas extrême de compression de marge – lorsque le ciseau est tel que, pour les opérateurs entrant sur le marché aval, l'écart entre le prix de revient des intrants qu'ils doivent acheter à l'entreprise en position dominante et le prix plafond qu'ils peuvent pratiquer sur le marché aval (imposé par le prix de détail de l'entreprise en position dominante) est négatif – il y a lieu d'assimiler la situation à un refus de contracter (*Espagne* c/ Commission, pt. 73).

L'autonomie de l'abus par compression de marge étant rappelée, il convient de se tourner vers la caractérisation de ce type d'abus. Les deux pourvois soulevaient un certain nombre de questions relatives à la méthode d'appréciation et aux coûts qu'il convient de prendre en considération.

II. Appréciation de la compression de marge

Les parties contestaient sur différents points la méthode de la Commission. Il ne s'agissait pas d'une critique radicale selon laquelle un niveau de marge faible sur le marché aval n'est pas suffisant pour caractériser un abus (telle est la position du droit américain, défendue par Veljanovski C., (2012), Margin Squeeze and Competition Law: An Overview of EU and National Case Law, 13 p. Sur le risque de faux-positifs d'une méthode d'appréciation de l'abus à partir du niveau de profitabilité, v. aussi Spector D., (2010), Quelques éléments sur l'appréciation économique des affaires de ciseau tarifaire, *Concurrences* N° 4-2010).

Les critiques étaient plus circonstanciées. Elles portaient sur la manière dont avait été mis en œuvre le test du concurrent aussi efficace et sur la façon dont avait été appréciée la possibilité pour un tel concurrent de réaliser un profit sur le marché aval. Pour aborder cette partie très technique des arrêts (essentiellement *Telefónica*), nous examinerons successivement les hypothèses retenues concernant les coûts du concurrent aussi efficace puis les méthodes de calcul de l'effet de ciseau.

Les coûts du concurrent aussi efficace : quelles hypothèses retenir ?

Pour l'application du test du concurrent aussi efficace dans une affaire de compression de marge, les hypothèses relatives aux coûts sont cruciales. Si la jurisprudence avait déjà posé le principe selon lequel les coûts pertinents sont ceux de l'entreprise en position dominante, la question de savoir si ce principe devait être complété par des règles plus précises restait ouverte. On pouvait en particulier se demander s'il faut réellement transposer sans aucune correction les coûts de l'entreprise en position dominante pour obtenir ceux du concurrent aussi efficient. En effet, un nouvel entrant opère nécessairement au départ à une échelle réduite lorsqu'il entre sur un marché encore dominé par un opérateur historique. Dès lors, faut-il vraiment faire l'hypothèse que l'efficience d'un concurrent se caractérise par des coûts identiques à ceux de l'opérateurs historique, alors même que ceux-ci reflètent des économies d'échelle et d'envergure inaccessibles aux nouveaux entrants ? À cette question qui affleurait dans les précédentes affaires de compression de marge sans avoir été résolue s'en ajoute une autre : un concurrent aussi efficace doit-il minimiser ses coûts ?

Point de départ : les coûts de l'entreprise en position dominante

Conformément à la jurisprudence antérieure, le Tribunal retient que l'appréciation de l'existence d'un effet de ciseau n'a pas à se faire en tenant compte des niveaux de marge effectifs des concurrents, mais uniquement à partir des données de l'opérateur dominant lui-même (Telefónica, pt. 190). La justification de ce choix ne varie pas depuis l'arrêt *Deutsche Telekom* : cette solution est la seule à garantir une bonne sécurité juridique, en permettant à l'opérateur dominant de se demander si, compte tenu de ses coûts et de ses tarifs, il pourrait, s'il était à la place de ses concurrents, avoir une activité profitable sur le seul marché aval. Le marché pertinent étant le marché aval, les coûts pris en considération sont ceux de l'opérateur dominant sur ce segment.

Faut-il ajuster les coûts de l'entreprise en position dominante ?

La question des ajustements éventuels à apporter aux coûts de l'entreprise en position dominante fait l'objet de discussions doctrinales. Ainsi, deux variantes du critère du concurrent aussi efficace sont envisageables. La première est celle du concurrent aussi efficace *stricto sensu* (*hypothetical equally efficient competitor*). Elle consiste à prendre les coûts de l'opérateur dominant tels quels. La seconde variante est celle du concurrent hypothétique raisonnablement aussi efficace (*hypothetical reasonnably equally efficient competitor*) (décision Telefónica, pt 311). Elle consiste à admettre des adaptations pour tenir compte du fait que les nouveaux entrants peuvent objectivement ne pas être en situation d'être aussi efficients que l'entreprise historiques.

Dans l'affaire Telefónica, la Commission opte pour la première variante à savoir la transposition pure et simple des coûts de l'opérateur dominant (comme elle l'avait fait dans Deutsche Telekom ou plus anciennement dans Napier Brown). Ce choix correspond à l'approche la plus favorable à l'opérateur dominant, puisque seule l'exclusion d'un concurrent réellement aussi efficient et non celle d'un concurrent seulement potentiellement aussi efficient peut lui être reprochée. Cette option vise donc à prévenir le risque de protéger des opérateurs entrants au détriment du bien-être du consommateur, risque qui serait réalisé si l'on sanctionnait les stratégies d'exclusion de concurrents moins efficients.

Cependant, la prise en compte d'une efficacité potentiellement équivalente, qui caractérise la seconde variante, peut avoir du sens dès lors que l'on considère qu'un concurrent nouvel entrant fait face à des coûts intrinsèquement et inéluctablement supérieurs à ceux d'un opérateur historique. Comme le soulignait la Commission elle-même dans sa décision Telefónica (pt. 314), un concurrent sur le marché aval ne peut bénéficier des mêmes économies d'échelle et d'envergure qu'un opérateur historique verticalement intégré. En outre, la présence sur plusieurs segments permet à la firme intégrée d'allouer ses coûts fixes et charges communes de manière optimale entre ses différentes activités. Elle bénéficie à cet égard d'un net avantage sur de nouveaux entrants, dont le périmètre d'activités est par définition plus étroit.

De façon générale, la variante stricte du critère du concurrent aussi efficace tend à être privilégiée par les autorités de concurrence dans le cadre d'une approche *ex post*, alors que la variante adaptative, qui consiste prendre comme référence un opérateur potentiellement aussi efficace, est plus souvent utilisée par les autorités de régulation sectorielle dans une logique *ex ante*. Ainsi, le régulateur britannique des télécommunications, l'OFCOM, qui est par ailleurs en charge de l'application des règles de concurrence dans son secteur de compétence, utilise non pas le critère de l'opérateur aussi efficient mais celui de l'opérateur potentiellement aussi efficient. Il considère, en effet, que le nouvel entrant fait intrinsèquement face à des coûts supérieurs à ceux de l'opérateur historique dans la mesure où il ne saurait bénéficier des mêmes économies d'échelle et de gamme. Par conséquent, pour ne pas pénaliser les nouveaux entrants, l'OFCOM refuse d'appliquer strictement le critère du concurrent aussi efficace et met en œuvre une norme ajustée, conduisant à reconstituer hypothétiquement les coûts de l'opérateur dominant en l'absence des dites économies (OCDE, (2009), Margin Squeeze, Policy Roundtable, DAF/COMP(2009) 36, septembre, 322p).

Dans la décision Telefónica, les coûts aval pris en considération étaient bien ceux de l'opérateur historique et non des coûts ajustés. On était donc à première vue bien en présence d'un cas d'application stricte du critère du concurrent aussi efficace. Cependant, on peut remarquer que, devant le Tribunal, la discussion relative à l'ajustement des coûts était déplacée du segment aval vers le segment amont. Les coûts de l'entreprise en position dominante sur le segment aval, où elle est en concurrence avec les nouveaux entrants, n'avaient pas été ajustés. En revanche, certains coûts de l'entreprise dominante liés à son activité amont n'avaient pas été pris en considération. Il s'agissait des surcoûts engendrés pour un opérateur intégré par le fait de fournir un opérateur tiers plutôt qu'une de ses propres divisions aval. Dans la littérature, ces coûts sont appelés *additional upstream costs* (AUCs).

Le fait de ne pas tenir compte de ces surcoûts a pu, selon Telefónica, biaiser l'évaluation réalisée par la Commission. Le Tribunal, suivant la Commission, rejette cet argument au motif que test du concurrent aussi efficace doit porter sur les seules activités aval, celles pour lesquelles les nouveaux entrants sont en concurrence avec l'opérateur intégré. La compression des marges s'apprécie par rapport à la capacité d'un opérateur, qui supporterait des coûts équivalents à ceux de l'opérateur dominant sur le seul marché aval, à dégager une marge suffisante en utilisant le produit de gros dans les conditions de sa commercialisation sur le marché (Telefónica, pt 209). Ce raisonnement paraît convaincant, car il est vrai que les nouveaux entrants n'ont pas à supporter de coûts comparables à ceux de l'opérateur intégrés pour ses opérations amont. Dès lors intégrer ces coûts à ceux d'un opérateur aussi efficace reviendrait à augmenter artificiellement ses coûts et, partant, à abaisser artificiellement le seuil d'efficacité requis des nouveaux entrants.

Pour autant, une efficience optimale n'est pas requise des concurrents, comme le montre le rejet par le Tribunal d'une autre objection soulevée à l'encontre de la décision de la Commission.

Le concurrent aussi efficient doit-il optimiser ses coûts ?

Une autre question soulevée par les requérantes était en substance la suivante : en présence de plusieurs solutions techniques, le concurrent contrefactuel qu'est le concurrent aussi efficient ne pourrait-il pas combiner de manière optimale les différents intrants à sa disposition pour échapper à une possible compression des marges ? L'enjeu de cette question était en réalité de savoir si le concurrent aussi efficient a l'obligation de minimiser ses coûts. Telle n'est pas la solution que retient le Tribunal.

En l'espèce, Telefónica prenait argument de l'existence de trois intrants substituables à disposition des nouveaux entrants, à savoir le produit de gros national, les produits de gros régionaux et enfin le dégroupage de la boucle locale (Telefónica, pt 114). Cet argument avait été également soulevé dans le recours introduit par le Royaume d'Espagne (*Espagne* c/ Commission, pt 80). Il revenait à reprocher à la Commission d'avoir surévalué les tarifs de gros applicables aux concurrents de Telefónica. Une telle surévaluation de leurs coûts conduisant à reconnaître, à tort selon les requérantes, une compression de marges alors qu'une meilleure combinaison des différentes offres amont disponibles aurait pu permettre aux nouveaux entrants de remédier aux conséquences de l'effet de compression des marges qui pouvait exister sur l'une des trois offres.

Le Tribunal rejette cette argumentation, à la fois en fait et en droit. En fait, le Tribunal retient qu'il n'était pas établi en l'espèce que les nouveaux entrants combinaient plusieurs offres (*Espagne* c/ Commission, pt 82). Le Tribunal s'appuie en outre sur le constat de la Commission selon lequel les produits de gros nationaux et régionaux constituaient deux intrants très différents (Telefónica, pt 116) et que les coûts de substitution de l'un à l'autre étaient très élevés. La substitution aurait supposé un long processus technique et requis que le nouvel entrant ait atteint une taille critique minimale, ce qui, dans une phase de développement de la concurrence, n'est pas réaliste. Le Tribunal souligne aussi que le dégroupage de la boucle locale était encore moins substituable à court terme aux deux premières options techniques pour les opérateurs alternatifs (Telefónica, pt 134).

En droit, l'idée selon laquelle un nouvel entrant devrait compenser les pertes d'un éventuel ciseau tarifaire sur l'un de ces intrants par une combinaison optimale entre ces trois derniers est rejetée (Telefónica, pt 203). Il est vrai que l'accepter aurait considérablement réduit la possibilité de prouver un abus par compression de marge. Toutefois, le Tribunal n'adopte pas sur ce point une motivation en termes d'effet utile. L'argument mis en avant est celui de l'égalité des chances (Telefónica, pt 204). L'égalité des chances entre l'opérateur dominant intégré et ses concurrents implique, selon le Tribunal que « les prix des [différents intrants disponibles] puissent être répercutés sur les prix de détail » (*ibid*). Si l'on comprend bien, cela signifie qu'un opérateur nouvel entrant doit pouvoir faire un profit sur le marché aval quelle que soit la combinaison d'intrants qu'il choisit. Ce principe paraît cohérent avec la position prise par le régulateur espagnol des télécommunications, la *Comisión del Mercado de las Telecomunicaciones* (ci-après « CMT »), qui faisait obligation à l'opérateur historique de veiller à ce que ses offres de détail soient reproductibles sur la base de son produit de gros régional, c'est-à-dire l'un des intrants disponibles (Telefónica, pt 208). Il semble que le raisonnement doive être généralisé et que l'opérateur aussi efficient doit être en mesure de proposer une offre rentable sur la base de l'un quelconque des intrants disponibles ou d'une combinaison de ceux-ci qu'il détermine lui-même.

La logique suivie par la Commission, et validée par le Tribunal, vise à prévenir l'éviction du marché d'opérateurs même s'ils utilisent dans un premier temps des intrants plus coûteux que ceux dont peut disposer l'opérateur historique verticalement intégré. Ce n'est qu'ensuite que, moyennant des investissements, ils pourront accéder à des combinaisons d'intrants plus efficientes. La logique retenue sur ce point est celle de l'échelle des investissements (*new entrants that are climbing the ladder of investments*, pt 392 de la décision Telefónica de la Commission). Il s'agit d'une approche qui prend son sens dans une conception dynamique de la concurrence. Tenir compte d'une telle échelle s'inscrit dans une logique de compensation des handicaps des nouveaux entrants vis-à-vis des opérateurs historiques. Or, le fait de compenser le handicap conduit à relâcher l'exigence d'égale efficacité, si bien que l'on passe en réalité à un critère moins exigeant, qui ressemble, au final, à celui du concurrent hypothétique raisonnablement aussi efficace (v. *supra*). L'objectif sous-jacent d'ouverture du marché participe d'une logique proche de celle d'un régulateur sectoriel (Edwards G., (2010), Margin Squeezes and the Inefficient « Equally Efficient » Operator, CRA Competition Memo, November).

Une telle logique n'est pas illégitime dans une vision dynamique de la concurrence Il peut être souhaitable de permettre à de nouveaux entrants d'exercer une pression concurrentielle sur les opérateurs installés, quand bien même ils seraient moins efficaces que ces derniers. En particulier, cette politique n'est pas condamnable lorsque cette relative moindre efficacité procède d'une entrée plus tardive sur le marché et pourra être progressivement réduite au fur et à mesure que les nouveaux entrants pourront gravir « l'échelle des investissements" » et bénéficier de coûts marginaux décroissants, à raison d'effets d'échelle et d'envergure initialement absents. Il serait également possible de considérer comme abusif le fait que, par sa politique tarifaire, un opérateur installé puisse empêcher ses concurrents plus tardivement arrivés sur le marché d'acquérir la taille critique nécessaire pour le concurrencer (Fumagalli C. and Motta M., (2010), A Simple Theory of Predation, Working Paper Fondazione ENI Enrico Mattei, Markets and Institutions Series). Toutefois, le risque est alors que le souci de compenser les désavantages intrinsèques aux nouveaux entrants – par volonté de garantir une égalité d'opportunités en termes d'accès au marché – se traduise par un subventionnement de ces derniers (Veljanovski C., (2008), Margin Squeezes in Telecoms, Intermedia – *Journal of the International Institute of Communications*, Summer, vol. 36).

Ainsi, l'approche suivie par les autorités de concurrence en matière de ciseau tarifaire peut avoir deux effets possibles, très différents en termes de bien-être du consommateur. Elle peut certes promouvoir des entrées efficientes que cela soit à court terme ou à moyen terme, une fois la question de l'échelle des investissements résolue. Elle peut néanmoins favoriser des entrées inefficientes, priver le consommateur de baisses de prix potentielles sur le marché aval (Choné P., Komly B. and Meunier V., (2010), « Margin Squeeze, Entry and Price Umbrella », Document de travail, CREST). La sanction des stratégies de ciseau tarifaire expose indubitablement à un risque significatif de « faux positifs ». Une sortie du marché peut ne pas être le fruit d'un abus d'éviction, mais procéder d'une moindre efficacité productive et commerciale de la part de l'opérateur alternatif. Tout bien considéré, il apparaît que, symétriquement, un concurrent plus efficace en aval que l'opérateur historique – ce qui peut être envisageable s'il met en œuvre des techniques plus innovantes – pourrait être excessivement protégé par le droit de la concurrence. Il pourrait donc dégager une marge additionnelle au détriment du consommateur (Geradin D. and O'Donoghue R., (2005), The Concurrent Application of Competition Law and Regulation: The Case of Margin Squeeze Abuses in the Telecommunications Sector, *Journal of Competition Law and Economics* n° 355). Quant au concurrent moins efficace, il pourrait être artificiellement maintenu sur le marché, également au détriment du consommateur si l'opérateur dominant ne peut baisser ses prix de détail ou au détriment de ce dernier si les prix de gros sont fixés trop bas par le régulateur sectoriel.

Ainsi, une conception de la compression des marges qui vise à corriger les handicaps en termes d'efficience des nouveaux entrants pourrait donc à la fois être préjudiciable au bien-être du consommateur et brouiller la distinction entre la politique de concurrence et la régulation sectorielle (Grout P., (2003), Defining a Price Squeeze in Competition Law, in The Pros and Cons of Low Prices, Swedish Competition Authority).

Il ne nous paraît toutefois pas certain que ces risques soient réalisés par les arrêts rapportés. La position de la Commission et du Tribunal pourrait être inspirée par un certain pragmatisme : les incitations des nouveaux entrants à minimiser leurs coûts existent. Elles viennent du marché et n'ont pas besoin d'être soutenues par le droit de la concurrence. Celui-ci gagne en revanche en utilité s'il permet de tenir compte des circonstances qui, sur un marché en cours d'ouverture, peuvent conduire les opérateurs nouveaux entrants à opter pour les intrants auxquels ils ont réellement accès même s'ils ne correspondent pas à la plus grande efficience technique possible. À vrai dire, sauf à revenir sur le principe selon lequel les coûts réels des entrants ne sont pas pris en compte, seules des études empiriques sur les effets de l'ouverture à la concurrence de marchés comme les télécoms permettraient d'éclairer utilement ce débat.

Une fois tranchées les différentes questions relatives à l'identification des coûts qui caractérisent un concurrent aussi efficace, reste à déterminer la méthode selon laquelle ils doivent être pris en considération dans le calcul de la marge possible du concurrent aussi efficient.

Estimation de l'effet de ciseau : questions de méthode

Telefónica soulevait dans son recours de nombreuses critiques sur l'appréciation de la profitabilité des activités aval à laquelle la Commission était arrivée. En l'espèce, la Commission avait conclu, sur la base de deux méthodes distinctes, que la différence entre les prix aval et amont de Telefónica ne permettait pas à un concurrent aussi efficace de répliquer ses offres (Telefónica, pt 211 et 232), ce qui caractérisait l'existence d'un effet de ciseau tarifaire (*Espagne* c/ Commission, pt 23).

Deux méthodes avaient paru valoir mieux qu'une, car chacune a ses avantages et ses inconvénients. La méthode dite « période par période » consiste à comparer les revenus et les coûts d'une activité année par année (pt 328 de la décision Telefónica de la Commission). La Commission avait utilisé cette méthode mais avait préféré privilégier la méthode « des flux de trésorerie actualisés » (ci-après méthode « FTA »). Utilisée par la Commission dans sa décision Wanadoo, mais aussi par l'OFCOM et l'OFT au Royaume-Uni, cette méthode d'évaluation a pour principal avantage de saisir la profitabilité d'une activité donnée sur une base pluriannuelle (souvent basée sur la durée de vie économique des actifs concernés). La profitabilité de l'activité est appréciée au travers de l'actualisation des flux de ressources futures. Une valeur actuelle nette (VAN) positive indique que l'activité a créé de la richesse au cours de la période considérée.

Cette méthode est cependant porteuse d'une difficulté liée à la nécessité d'affecter une valeur dite « terminale » à certains actifs, dont la durée de vie économique dépasse la période de référence concernée par les pratiques considérées, en l'espèce 5 ans et 4 mois (septembre 2001-décembre 2006). La valeur des actifs à la fin de la période de référence est ainsi ajoutée aux flux de recettes de Telefónica afin de déterminer l'impact des pratiques sur sa profitabilité (Telefónica, pt 215). Les désaccords relatifs à valorisation résiduelle des éléments d'actifs en fin de période peuvent être, comme en l'espèce, particulièrement importants et compliquer d'autant l'évaluation de la profitabilité des activités aval.

La méthode FTA se heurte en outre à trois autres types d'écueils. Tout d'abord, elle repose sur des prévisions de profit de l'entreprise. Ensuite, elle peut conduire à intégrer dans les flux de ressources les gains liés à la pratique anticoncurrentielle. Enfin, elle occulte le fait qu'un opérateur historique a de plus fortes capacités à absorber des pertes en début de période que de nouveaux entrants, quand bien même ces derniers seraient des filiales de grands groupes.

D'un autre côté, l'approche « période par période » présente aussi des inconvénients, comme le notait d'ailleurs déjà Telefónica dans sa réponse aux griefs notifiés par la Commission (pt 336 de sa décision). En particulier, elle est peu adaptée aux marchés en phase de démarrage. En effet, une approche période par période tend à méconnaître le rôle des investissements dans les marchés en phase d'émergence. Des pertes de court terme, liées aux investissements, sont des conditions *sine qua non* pour les profits futurs. Corrélativement, les investissements destinés à devenir rentables sur plusieurs années ne devraient pas être imputés intégralement sur l'exercice de leur réalisation (Laffont J.-J. and Tirole J., (2000), Competition in Telecommunications, MIT Press., Cambridge Ma. ; Gaffard J.-L. et Quéré M., (2003), Innovation, coopération interentreprises et politique de la concurrence, *Économie Rurale*, n° 277-278, pp.152-166). Pour ces raisons, la méthode FTA est plus adaptée dans le cas d'un marché en forte croissance, tandis que la méthode « période par période » convient mieux à un marché mature.

Dans son recours, Telefónica critiquait la mise en œuvre de chacune des deux méthodes.

Concernant la méthode FTA, Telefónica reprochait à la Commission la durée retenue pour le calcul. La question de la durée d'une évaluation dans le cadre d'une méthode FTA est particulièrement cruciale en ce sens qu'un allongement excessif peut conduire tout à la fois à une forte hausse du risque d'erreurs et à l'intégration de surprofits liés à la pratique d'éviction mise en œuvre (Telefónica, pt 217). À ce titre, la durée prise en compte dans le cadre d'une évaluation d'une pratique de marché potentiellement anti-concurrentielle doit être inférieure à celles utilisées dans le cadre d'autres exercices, comme la valorisation d'une activité donnée dans le cadre d'une fusion acquisition. Sur ce point, le Tribunal fait sienne la position qui était celle de la Commission (pt 354 de sa décision), consistant à limiter la période considérée à celle de la durée de vie des actifs concernés. Ainsi, selon le Tribunal, c'est à bon droit que la Commission a opté pour une période d'estimation de 5 ans, équivalant à la durée de vie des actifs de réseaux, à la durée d'amortissement des nouveaux abonnés dans les objectifs financiers de Telefónica et à la durée d'estimation standard retenue dans les estimations *ex ante* de ciseaux tarifaires réalisées par les régulateurs sectoriels (Telefónica, pt 223).

Parmi les moyens soulevés par Telefónica relativement à la mise en œuvre de la méthode FTA figuraient aussi des questions relatives à la valorisation des actifs, notamment les actifs incorporels complexes (base clients, savoir-faire, marques), dont la durée de vie excède la durée retenue par la Commission. Comme nous l'avons noté, les estimations qui peuvent être faites de la valeur résiduelle des actifs dont la durée de vie excède la période considérée jouent un rôle potentiellement déterminant en matière de caractérisation d'une éventuelle stratégie de ciseau tarifaire. Le différend portait en l'espèce sur les capacités des clients acquis en fin de période et de certains actifs immatériels à générer des profits futurs, lesquels devraient, selon Telefónica, être intégrés dans la balance.

En outre, Telefónica faisait valoir que la Commission aurait pu utiliser des méthodes alternatives d'estimation des valeurs terminales, fondées sur les valeurs de cessions d'actifs comparables observées sur le marché (Telefónica, pt 228). Il s'agit, en l'espèce, de la méthode dite « des multiples », laquelle revient à déduire un coefficient correcteur des valeurs de transactions faites sur le marché. Il suffirait de supposer que Telefónica cède sa branche aval en fin de période et d'en estimer la valeur. L'idée est alors de se baser sur des opérations passées comparables sur le marché et d'en déduire – pour le secteur considéré – un multiple entre le chiffre d'affaires réalisé et la valeur de marché, coefficient multiplicateur qu'il serait alors possible d'imputer au chiffre d'affaires réalisé en aval. À nouveau, le Tribunal valide l'analyse de la Commission en considérant que, si cette méthode permet effectivement de s'affranchir de la nécessité de définir des périodes d'évaluation, elle n'en conduit pas moins à intégrer l'ensemble des flux de ressources futurs de l'entreprise – y compris ceux procédant d'une éventuelle pratique anticoncurrentielle.

En ce qui concerne la mise en œuvre de la méthode « période par période », les critiques se concentraient sur une sous-estimation des coûts de commercialisation (Telefónica, pt 236) ou de la longévité moyenne de la clientèle (Telefónica, pt 245), sur une surestimation des coûts de réseau (Telefónica, pt 252) et du coût moyen pondéré des capitaux utilisés (Telefónica, pt 255). Ces arguments sont tous rejetés par le Tribunal. Certains choix de la Commission étaient fondés sur les estimations du régulateur sectoriel, plus favorables à Telefónica que ceux figurant dans ses propres plans d'affaires (Telefónica, pt 249). Si le Tribunal constate que des erreurs de calcul ont été commises par la Commission, ce que la Commission elle-même admettait (Telefónica, pt 253), il considère qu'elles n'ont pas eu d'impact sur l'appréciation économique des pratiques en cause.

D'autres divergences portaient sur la valeur du coût moyen pondéré du capital de Telefónica pour ses activités aval. Ce coût de financement avait été intégré par la Commission aux coûts incrémentaux. Le Tribunal valide le choix de la Commission d'opter pour une valeur supérieure à celle de la moyenne des activités de Telefónica, déjà utilisée par le régulateur sectoriel (Telefónica, pt 255). Cette hypothèse se justifie en ce que le niveau de risque d'un marché en phase d'émergence est naturellement plus élevé que celui d'un marché mature.

On le voit, à la lumière des contestations qui viennent d'être évoquées à propos des coûts et des méthodes de calcul, le contentieux de la compression de marge n'échappe pas aux querelles de chiffres. Elles sont techniques, mais cruciales, car ce qui est en jeu n'est rien moins que l'appréciation – indirecte – des effets de la pratique, qui est la seule présente dès lors que l'appréciation concrète des effets n'est pas exigée dans le cadre de l'article 102 TFUE, comme le rappelle le Tribunal (*Espagne* c/ Commission, pt 93 ; Telefónica, pt 268).

A.-L. Sibony, F. Marty
Concurrences N° 3-2012, Art. N° 48341, p. 105

Voir aussi

H. Delzangles, S. Martin, Communications électroniques : Le Tribunal de l'UE confirme les rapports qu'entretiennent droit de la concurrence et droit de la régulation européens (Telefónica et Telefónica de España/Commission), 29 mars 2012, Concurrences N° 2-2012, Art. N° 45799, p. 151.

Voir aussi, sur les origines de l'affaire

Comm. CE, 4 juill. 2007, Telefonica, COMP/38.784

L. Flochel, Ciseau tarifaire : La Commission européenne inflige une amende de 151 millions d'euros pour des pratiques d'exclusion sur le marché de l'accès à internet haut débit (Wanadoo Espana/Telefonica), 4 juillet 2007, Concurrences N° 4-2007, Art. N° 14475, pp. 76-78.

Voir aussi, sur les suites de l'affaire

– Les conclusions de l'Avocat général

A.-L. Sibony, Amendes : L'Avocat général Wahtelet propose de renvoyer une affaire d'abus de position dominante au Tribunal pour que le calcul de l'amende fasse l'objet d'un examen approfondi (Telefonica), 26 septembre 2013, Concurrences N° 1-2014, Art. N° 63632, pp. 66-67.

– L'arrêt de la Cour de justice

CJUE, 17 juill. 2014, Telefónica, C-295/12 P

A.-L. Sibony, Ciseau tarifaire : La Cour de justice de l'Union européenne maintient sa jurisprudence Telefonica (Telefonica), 10 juillet 2014, Concurrences N° 4-2014, Art. N° 69870, pp. 130-132.

A. Lacresse, Protection juridictionnelle effective : La Cour de justice de l'Union européenne rappelle l'exigence de clarté et de précision que doivent respecter les pourvois et poursuit son travail d'explication concernant les limites du contrôle juridictionnel opéré par le Tribunal sur les décisions de la Commission européenne (Telefonica), 10 juillet 2014, Concurrences N° 4-2014, Art. N° 69998, pp. 204-206.

CJUE, 25 mars 2021, Slovak Telekom, C-165/19 P

La Cour de justice de l'Union européenne rejette le pourvoi de l'opérateur historique slovaque des télécommunications formé contre un arrêt du Tribunal de l'Union européenne confirmant une décision de la Commission européenne le sanctionnant pour une stratégie de compression des marges.

Simultanément à l'examen du pourvoi de *Deutsche Telekom* contre l'arrêt du Tribunal du 13 décembre 2018, lequel avait confirmé la décision de la Commission européenne du 15 octobre 2014, la Cour de Justice statue sur le pourvoi formé par Slovak Telekom. Rappelons que la Commission avait sanctionné l'opérateur historique slovaque et sa maison-mère allemande pour un abus de position dominante du premier cité sur le marché de l'accès internet par ADSL en Slovaquie au travers d'une stratégie de compression des marges en matière d'accès à la boucle locale de télécommunications. Slovak Telekom devait, dans le cadre de la réglementation sectorielle, donner accès à sa boucle locale pour permettre à des fournisseurs d'accès alternatifs de prester des services d'accès internet par ADSL (en application du règlement européen n° 2887/2000).

La Commission a établi qu'entre le 12 août 2005 et le 31 décembre 2010 Slovak Telekom a entravé l'accès de ses concurrents au marché en leur dissimulant des informations techniques nécessaires au dégroupage, en réduisant le champ de ses obligations, en imposant des conditions contractuelles inéquitables et surtout, pour ce qui va concerner notre commentaire, en appliquant des « tarifs inéquitables ne permettant pas à un opérateur aussi efficace que la requérante s'appuyant sur l'accès de gros aux boucles locales dégroupées de cet opérateur de reproduire les services de détail offerts par ledit opérateur sans encourir de pertes » (§ 16).

Parmi les points qui avaient été soulevés par l'opérateur historique slovaque dans le cadre de son appel devant le Tribunal figurait l'estimation des coûts moyens incrémentaux de long terme (CMILT) faite par la Commission pour estimer la compression des marges. Slovak Telekom considérait que la Commission ne lui avait pas transmis sa méthode de calcul et que celle-ci n'avait pas pris en considération sa demande de prise en compte d'ajustements d'optimisation dans l'évaluation de son CMILT. Le pourvoi repose sur trois moyens. Le premier, que nous présentons dans une première section, porte sur la qualification même d'abus de position dominante. Il fait écho à de nombreux éléments déjà présentés dans le commentaire sur l'arrêt *Deutsche Telekom*. Les deux suivants portent sur l'appréciation même de la compression des marges. Nous les considérons dans une seconde section.

La Cour confirme l'absence de nécessité de qualifier l'accès à boucle locale comme indispensable dans le cas d'espèce

Comme présenté dans le commentaire relatif à l'arrêt *Deutsche Telekom*, prononcé ce même 25 mars 2021, la Cour rejette l'argument du requérant selon lequel il était nécessaire de démontrer le caractère indispensable de l'accès à la boucle locale, conformément à la pratique décisionnelle en matière de refus d'accès à une infrastructure essentielle telle qu'issue de l'arrêt *Bronner*. La Cour rejette ce moyen. Sur la base de l'arrêt *Generics* (Cour de justice, arrêt du 30 janvier 2020, *Generics* (UK) e. a., C-307/18), la Cour définit l'abus de position dominante comme une notion objective visant les comportements d'une entreprise dominante sur un marché où le degré de concurrence est par définition déjà affaibli qui « ont pour effet de faire obstacle, par le recours à des moyens différents de ceux qui gouvernent une compétition normale des produits ou des services sur la base des prestations des opérateurs économiques, au maintien du degré de concurrence existant encore sur le marché ou au développement de cette concurrence » (§ 41).

La qualification des pratiques se fait alors en prenant en considération toutes les circonstances spécifiques de l'affaire. Dans le cas Bronner, il était requis d'évaluer le caractère indispensable de l'accès au service de portage de la presse développé par l'opérateur dominant. La Cour a, de jurisprudence constante, établi qu'une entreprise dominante n'est obligée de contracter avec un concurrent sur un marché aval que si elle détient une « *véritable mainmise* » sur un actif en amont indispensable à l'accès à ce marché et pour lequel il n'existe de substitut effectif ou potentiel (§ 49). Cependant, quand le cas porte sur des conditions d'accès inéquitables, la qualification d'essentialité telle que requise par l'arrêt *Bronner* ne s'applique pas en ce que cet accès a déjà été rendu obligatoire (§ 51).

La Cour valide la méthode d'estimation des coûts de l'opérateur historique mise en œuvre par la Commission

Slovak Telekom conteste également l'évaluation des CMILT réalisée par la Commission. Non seulement les éléments de coûts pris en considération sont mis en cause par la requérante mais celle-ci soutient que les droits de la défense n'ont pas été respectés en ce que la Commission n'a pas répondu à ses arguments et n'a « pas exposé tous les éléments de ses principes, de sa méthodologie et de ses données concernant le calcul des CMILT » (§ 65).

La Cour montre que les estimations initiales réalisées par la Commission se fondaient sur des coûts historiques (il s'agissait d'une classification comptable de l'opérateur historique en coûts spécifiques). Cependant, la Commission a demandé au défendeur, dans le courant de la procédure, de lui transmettre des données de rentabilité sur les services à haut débit pour lui permettre de recalculer ces derniers selon la méthodologie des CMILT. C'est l'absence de réponse positive de celui-ci qui a conduit la Commission à retenir les éléments qui ont constitué la base d'estimation des CMILT. Les éléments comptables sur lesquels la Commission s'est basée constituaient la base disponible la plus satisfaisante pour évaluer si « l'écart entre les prix de gros des prestations concernées et ceux de détail pour les prestations fournies en aval aux clients finals était soit négatif, soit insuffisant pour couvrir les coûts spécifiques desdites prestations des services concernés que la société en position dominante doit supporter pour la fourniture de ses propres prestations de détail aux clients finals, de sorte que cet écart ne permet pas à un concurrent aussi efficace que cette société d'entrer en concurrence avec elle pour la fourniture desdites prestations aux clients finals » (§ 73 – sur la base de l'arrêt de la Cour de justice, *TeliaSonera Sverige*, 17 février 2011, C-52/09).

Il est nécessaire, en effet, de baser l'évaluation de la compression des marges sur les coûts de l'opérateur dominant et non sur ceux des nouveaux entrants. La méthode mise en œuvre par la Commission était donc connue par la requérante et la demande d'accès à ses coûts ne constitue pas un renversement de la charge de la preuve (§ 77). De surcroît, les évolutions de l'analyse de la Commission entre la notification des griefs et la décision finalement prise n'ont pas privé la requérante de sa capacité à faire valoir ses droits durant la procédure. Comme le relève la Cour, la qualification juridique retenue dans la communication des griefs est par nature provisoire et permet à la Commission de préciser ces derniers. Les droits de la défense ne sont pas amoindris dès lors que l'entreprise mise en cause a pu fournir dans le courant de la procédure les éléments nécessaires à sa défense (Cour de justice, arrêt du 5 décembre 2013, SNIA contre Commission, affaire C-448/11P). La requérante était pleinement informée de la méthode d'évaluation par les CMILT que mettait en œuvre la Commission.

La Cour rejette également les arguments de la requérante indiquant que l'estimation de la compression des marges a été altérée par la non-prise en considération de l'ensemble de ses demandes de retraitements des coûts intégrés dans le calcul. La Commission a, durant la procédure, accepté de réévaluer certains de ses actifs mais n'a pas donné droit à la demande de l'opérateur historique en matière d'ajustements d'optimisation. En effet, si la Commission a modifié ses estimations pour pouvoir prendre en compte le coût des actifs et des amortissements selon les principes d'une comptabilité en coûts actuels (i.e. prendre en compte les coûts d'équipement et d'exploitation qu'impliqueraient le déploiement et la mise en œuvre d'une infrastructure équivalente au moment de l'estimation), elle a refusé d'intégrer des ajustements d'optimisation tels que proposés par *Slovak Telekom* (§ 107) qui visaient à tenir des comptes des inefficiences propres à son réseau.

Selon la requérante, ces ajustements auraient permis de baser l'évaluation sur les coûts d'un opérateur parfaitement efficace qui aurait développé son réseau en 2011, année de l'évaluation des CMILT. Il apparaît pour la Cour que c'est à raison que la Commission n'a pas fait droit à cette demande en ce que l'analyse doit permettre de vérifier « si l'entreprise dominante elle-même aurait été suffisamment efficace pour proposer ses prestations aux clients finals autrement qu'à parte si elle avait été préalablement obligée d'acquitter ses propres prix de gros pour les prestations intermédiaires » (§ 110, citant l'arrêt de la Cour de justice *Deutsche Telekom* du 14 octobre 2010, C-280/08P). Dans cette perspective, intégrer les ajustements d'optimisation fait basculer l'analyse d'une estimation des coûts effectifs de l'opérateur historique à une estimation des coûts que supporterait un réseau construit aujourd'hui sur la base d'un calibrage optimal par rapport à la demande future telle qu'évaluée aujourd'hui. Pour reprendre des termes d'économie publique, il s'agit de baser l'évaluation non plus sur les coûts marginaux actuels mais sur les coûts marginaux de développement i.e. basé sur une infrastructure optimale (voir Yon G., (2014), « L'intérêt général et l'investissement : Coût marginal de long terme et tarification à Électricité de France (1948-1949) », *Annales historiques de l'électricité*, 2014/1, n° 12, pp.43-63). Prendre en considération les coûts qui seraient reliés à cette infrastructure théorique écarte inéluctablement des coûts effectivement supportés par l'opérateur historique et dénature la logique même du test de compression des marges (§ 116).

Ainsi, écartant les différents moyens du pourvoi formé par *Slovak Telekom*, la Cour confirme le jugement du Tribunal.

F. Marty

Concurrences N° 2-2021, Art. N° 100393, p. 88

Voir aussi, sur les origines de l'affaire

Trib. UE, 13 déc. 2018, Slovak Telekom, C-165/19 P

L. Binet, Refus d'accès : Le Tribunal de l'Union européenne annule partiellement la décision de la Commission européenne relative aux pratiques anticoncurrentielles sur le marché slovaque des télécommunications (Deutsche Telekom ; Slovak Telekom), 13 décembre 2018, Concurrences N° 1-2019, Art. N° 89017, p. 88.

3.4.2.2 Jurisprudence française

Affaire « TENOR », devenue « ETNA »

Cass. com., 3 mars 2009, 2 arrêts, SFR et France Télécom, n° 08-14.435 et 08-14.464

La Cour de cassation juge que le caractère indispensable des prestations de l'entreprise intégrée pour les nouveaux entrants ainsi que les pertes infligées aux nouveaux entrants sont des éléments indispensables à la qualification.

L'affaire qui a donné lieu à l'arrêt SFR et France Télécom du 3 mars est bien connue des observateurs du secteur des télécoms comme des lecteurs de cette chronique. En effet, il s'agit du second arrêt de cassation.

I. Retour sur la saga : ciseau tarifaire, reroutage, cassation sibylline et analyse désordonnée des effets

Les pratiques initialement condamnées par le Conseil de la concurrence étaient des pratiques de prix, dites de ciseau tarifaire. Ces pratiques sont propres aux entreprises verticalement intégrées, qui sont en mesure d'adopter une combinaison de prix de leurs produits ou services situés respectivement sur un marché amont et sur un marché aval ne laissant aux opérateurs non intégrés aucun espace pour concurrencer les entreprises en place. En l'espèce, il s'agissait de France Télécom et SFR, deux opérateurs intégrés en ce sens qu'ils sont actifs à la fois dans la téléphonie fixe et dans la téléphonie mobile. En fixant la redevance facturée aux autres opérateurs pour acheminer les appels en provenance de postes fixes à destination de leurs réseaux mobiles respectifs, ils déterminent certains coûts des opérateurs concurrents, appelés coûts de terminaison d'appel (CTA). Si ces coûts sont élevés, ainsi qu'en l'espèce, un opérateur non intégré doit payer ces CTA au prix fort sans recevoir lui-même de recettes de même type dès lors qu'il ne dispose pas d'un réseau mobile. Si par ailleurs les coûts pratiqués par les opérateurs intégrés pour les communications initiées à partir de postes fixes sont relativement bas (compte tenu des CTA élevés qu'ils doivent intégrer), les opérateurs concurrents se retrouvent dans une situation impossible : d'un côté, ils ne peuvent facturer les communications « fixe vers mobile » à un tarif plus élevé que celui des opérateurs intégrés, mais, d'un autre côté, leur tarif doit néanmoins leur permettre de couvrir les coûts élevés que ces opérateurs leurs imposent pour les terminaisons d'appels sur leurs réseaux mobiles respectifs (coûts d'autant plus élevés globalement que ces réseaux sont grands). C'est l'effet de ciseau tarifaire.

C'est précisément un tel effet que le Conseil avait constaté et condamné dans sa décision de 2004 (déc. n° 04-D-48 du 14 octobre 2004, obs. *D. Spector, Concurrences*, N° 1-2005). En appel, cette décision avait été annulée au motif que le Conseil aurait, à tort, supposé que les nouveaux entrants étaient contraints de payer les CTA litigieux, alors qu'il aurait dû, selon la Cour d'appel, s'assurer qu'il n'existait pas d'autres solutions techniquement disponibles. Toute une discussion avait en effet été menée autour des techniques de contournement, notamment le « reroutage », consistant pour un opérateur à dérouter artificiellement un appel national « fixe vers mobile » en un appel « fixe vers international » puis à le transformer en appel « international vers mobile » afin de bénéficier des tarifs de CTA plus avantageux réservés aux appels entrants internationaux.

Cet arrêt de la Cour d'appel avait été cassé par un premier arrêt de la chambre commerciale (Cass. com. 10 mai 2006, *ETNA France*, obs. A. Wachsmann, *Concurrences,* N° 3-2006, p. 98-99). La cassation était prononcée pour erreur de droit, la Cour de cassation reprochant à la Cour d'appel d'avoir mis à la charge du Conseil la démonstration d'un élément non requis en droit, à savoir l'impossibilité pour les concurrents non intégrés d'échapper au ciseau tarifaire. Pour le reste, la chambre commerciale n'avait pas donné beaucoup de directives sur la méthode de qualification des abus par tarification de ciseau. Elle s'était contentée de rappeler les critères généraux de qualification de l'abus de position dominante en droit français (alors que l'arrêt est également rendu au visa de l'article 82 CE) à savoir si les pratiques en cause « avaient pour objet ou pouvaient avoir pour effet de restreindre ou de fausser le jeu de la concurrence sur le marché de la téléphonie fixe vers mobile des entreprises ».

La Cour d'appel statuant sur renvoi avait alors confirmé la décision du Conseil en tentant d'appliquer les critères généraux (CA Paris, 1RE ch. H, 2 avril 2008, *SFR et France Télécom*, n° 2007/05604, Obs. C. Prieto, *Concurrences,* N° 2-2008, p. 116). Constatant qu'il n'était pas dans cette affaire question d'objet anticoncurrentiel (p. 7), les juges d'appel s'étaient tournés vers l'examen des effets des pratiques tarifaires condamnées par le Conseil. Ce faisant, la Cour d'appel avait été amenée à revenir sur les possibilités de contournement de l'effet de ciseau. Ce raisonnement de manquait pas de logique, puisque si de telles possibilités sont avérées, cela réduit nécessairement l'effet de la tarification en ciseau. Cependant, l'arrêt illustrait aussi les difficultés à séparer, selon une lecture littérale des textes français, l'objet et l'effet. Ainsi, après avoir dit qu'elle situait son analyse sur le plan des effets, la Cour d'appel prenait en considération l'intention qui avait pu animer France Télécom et SFR dans le choix de leur tarification, et ce à juste titre puisqu'il s'agit de stratégie, mais néanmoins à distance de sa propre motivation (p. 8). Paradoxalement encore, mais sans doute en vue d'appliquer les directives de la chambre commerciale, la Cour d'appel déclarait qu'il n'était pas nécessaire d'apprécier dans quelle mesure le reroutage international avait ou non permis aux opérateurs concurrents d'échapper au ciseau tarifaire de France Télécom et SFR (p. 8). Pour confirmer la décision du Conseil, l'arrêt se fondait finalement sur la stratégie de France Télécom, qui avait consisté à rendre le reroutage moins avantageux en renégociant ses accords avec les opérateurs étrangers et sur la circonstance, relevée par le Conseil, selon laquelle, pendant la période en cause, aucun concurrent ne s'était connecté aux réseaux mobiles des opérateurs intégrés (p. 9). La motivation un peu sinueuse de la Cour d'appel mêlait donc des éléments de stratégie et des éléments objectifs relatifs aux effets, mais sans les intégrer dans un schéma de raisonnement véritablement apparent.

II. Une leçon de qualification

L'arrêt est cette fois cassé pour manque de base légale. La chambre commerciale, statuant sur le rapport du Conseiller Jenny, explicite le raisonnement devant présider à la qualification spécifique de l'abus-exclusion par tarification en ciseau et en précise les éléments indispensables. Un considérant de principe commence par énoncer le critère qui doit guider l'analyse de l'effet d'une pratique de ciseau tarifaire. Une telle pratique, expose la Cour, « a un effet anticoncurrentiel si un concurrent potentiel aussi efficace que l'entreprise dominante verticalement intégrée ne peut entrer sur le marché qu'en subissant des pertes ». Voici qui est clair et pleinement compatible avec le principe du concurrent aussi efficace retenu tant par le Tribunal dans l'arrêt *Deutsche Telekom* que par la Commission dans sa communication relative aux abus-exclusion (TPICE, T 271/03, 10 avril 2008, *Deutsche Telekom*/Commission, obs. A.-L. Sibony, *Concurrences*, N° 2-2008, p. 112-113 ; Orientations sur les priorités retenues pour l'application de l'article 82 du traité CE aux pratiques d'éviction abusives des entreprises dominantes, *JO* C 45 du 24 février 2009, p. 7-20, pts 19 et s., commentaire A.-L. Sibony, *Concurrences*, N° 1-2009, p. 118-120).

Ayant énoncé le critère de fond – l'impossibilité pour un concurrent aussi efficace de pénétrer sur le marché sinon à perte – la Cour précise l'objet de la démonstration exigée. Ainsi est-il énoncé « qu'un tel effet peut être présumé seulement lorsque les prestations fournies à des concurrentes par l'entreprise auteur du « ciseau tarifaire » sont indispensables à la concurrence sur le marché aval ». Cela paraît aller de soi, puisque la tarification ne poserait pas de problème d'exclusion si elle ne concernait pas un bien ou un service auquel il est nécessaire d'avoir accès pour entrer sur le marché. Néanmoins, la précision n'a rien de superflu puisque cet élément de la qualification n'avait pas retenu l'attention lors des précédents épisodes de la saga. Il en résulte que, malgré les termes de l'arrêt, il ne s'agit pas d'une véritable présomption, c'est-à-dire d'un mode de preuve, mais d'un critère de fond explicitant le critère général de l'impossibilité d'entrer sauf à perte. En effet, le caractère indispensable des biens ou services en cause est une condition nécessaire pour gêner l'entrée, comme le dit du reste la Cour dans la même phrase. Pour dire les choses simplement, si cette condition n'est pas remplie, il peut exister un ciseau tarifaire, mais les nouveaux entrants ne seront pas pris dedans.

La cassation est donc prononcée au motif que la Cour d'appel aurait dû démontrer que les opérateurs non intégrés étaient obligés de passer par l'interconnexion directe – ce qui aurait supposé de trancher la question que la Cour d'appel avait laissée en suspens – ou bien, s'il existait des possibilités de contournement, que l'entrée ne pouvait néanmoins se faire qu'à perte. Dans son troisième arrêt, la Cour d'appel devra donc, dans chaque hypothèse factuellement pertinente et pour chaque période sous examen, réexaminer les faits au regard de la question unique : « L'entrée sur le marché des appels fixe vers mobile pour les entreprises était-elle ou non être profitable pour un concurrent non intégré de France Télécom et/ou de SFR ? ».

III. L'appréciation du critère du concurrent aussi efficace

La saga touche sans doute à sa fin. Pour autant, l'arrêt rapporté ne résout pas tout. La question qui vient à l'esprit à propos des pratiques de ciseau tarifaire est en effet de savoir comment l'on doit comparer l'efficacité d'entreprises concurrentes. À cet égard, la position adoptée par le Tribunal dans l'arrêt *Deutsche Telekom* (préc.) paraît un bon guide, sous réserve de l'arrêt de la Cour actuellement saisie d'un pourvoi. Le Tribunal avait considéré qu'il n'était pas nécessaire pour mettre en œuvre le test du concurrent aussi performant d'avoir égard aux coûts réels des concurrents et qu'il était possible de raisonner sur les seuls coûts de l'entreprise en position dominante. Un tel critère présente des avantages, en particulier celui de permettre à l'entreprise en position dominante d'évaluer la légalité de sa propre tarification en se demandant si elle-même serait à même d'y résister si elle était un nouvel entrant. Toutefois, ce critère n'est pas suffisant dans tous les cas, car il ne permet pas un raisonnement *a fortiori*. En effet, les coûts de l'entreprise en place sont, par hypothèse, une borne supérieure des coûts des concurrents aussi performants. Aussi est-il envisageable que, face à une tarification suspecte de produire un effet de ciseau, un concurrent beaucoup plus performant que l'entreprise en place puisse entrer sur le marché sans faire de pertes. Pour autant, s'il existe par ailleurs d'autres concurrents aussi efficaces que l'entreprise en place mais moins efficaces que le nouvel entrant le plus efficace, cette même tarification pourrait prendre ces concurrents en ciseau. Conviendrait-il alors de retenir que la tarification doit pour être abusive infliger des pertes à tout nouvel entrant aussi efficace que l'entreprise en place ?

A.-L. Sibony
Concurrences N° 2-2009, Art. N° 26029, p. 118

Voir aussi, sur les origines de l'affaire

– La décision du Conseil de la concurrence

Cons. conc., déc. n° 04-D-48 du 14 oct. 2004 relative à des pratiques mises en œuvre par France Télécom, SFR Cegetel et Bouygues Télécom

D. Spector, Ciseau tarifaire – Téléphonie : Le Conseil de la concurrence sanctionne France Télécom et SFR Cegetel pour des pratiques de « ciseau tarifaire » sur le trafic téléphonique fixe vers mobile (France Telecom-SFR Cegetel-Bouygues Telecom), 14 octobre 2004, Concurrences N° 1-2005, Art. N° 1516, pp.65-66.

– Le premier arrêt de la cour d'appel

CA Paris, 12 avr. 2005, RG n° 07/05604

– L'arrêt de la Cour de cassation

Cass. com., 10 mai 2006, Association Tenor devenue ETNA France, n° 05-14.501 et 05-15.187

A. Wachsmann, Affaire Tenor : La Cour de cassation casse et renvoie l'affaire devant la Cour d'appel (ETNA France), 10 mai 2006, Concurrences N° 3-2006, Art. N° 1637, pp. 98-99.

– Le second arrêt de la cour d'appel

CA Paris, 2 avr. 2008, SFR et France Telecom, RG n° 07/05604

C. Prieto, Ciseau tarifaire : La Cour d'appel de Paris confirme les amendes prononcées contre France Télécom et Cegetel pour pratiques de ciseau tarifaire sur les marchés de téléphonie fixe et mobile (ETNA), 2 avril 2008, Concurrences N° 2-2008, Art. N° 16560, p. 116.

CA Paris, 27 janv. 2011, SFR et France Télécom, RG n° 2010/08945

La Cour d'appel de Paris annule l'amende de 18 millions d'euros prononcée en 2004 contre deux opérateurs de téléphonie fixe et mobile pour un abus par compression des marges, au motif que l'effet d'éviction ne pouvait pas être présumé – le caractère indispensable de la prestation litigieuse n'étant pas suffisamment établi – et qu'il n'était par ailleurs pas suffisamment établi.

Hasard du calendrier, la Cour d'appel de Paris a rendu en janvier un arrêt en matière d'abus par compression des marges (« ciseau tarifaire » dans l'arrêt), quelques semaines à peine avant l'arrêt *Telia* de la Cour rapporté ci-dessus. La Cour d'appel, qui statuait sur renvoi après seconde cassation, annule finalement la décision du Conseil de la concurrence, ainsi que la sanction de 18 millions infligée à SFR et à France Télécom. L'affaire dans laquelle la Cour d'appel statuait ici pour la troisième fois concernait des pratiques tarifaires de deux opérateurs de téléphonie fixe et mobile, à savoir SFR et France Télécom. Il leur avait été reproché d'avoir abusé de leur position dominante sur leurs réseaux mobiles respectifs (chacun détenant par hypothèse un monopole sur les prestations d'interconnexion vers son réseau), et ce en pratiquant un « ciseau tarifaire ». Plus précisément, ce ciseau concernait l'écart entre les prix de détail facturés aux abonnés mobiles et le coût de terminaison d'appel (CTA) facturé par les deux entreprises en cause aux autres opérateurs pour acheminer les appels émis par les abonnés de ces opérateurs et destinés aux abonnés des réseaux mobiles SFR et France Télécom. Il avait initialement été retenu qu'il était impossible pour les opérateurs nouveaux entrants d'entrer sur le segment des prestations téléphoniques fixes vers mobiles sans faire de pertes, dès lors qu'ils devaient payer ces CTA élevés et qu'il n'était pas possible pour eux de les répercuter dans les tarifs de détail, dès lors que ceux-ci devaient être compétitifs avec ceux proposés par SFR et France Télécom.

Rappel des épisodes précédents

Dans un premier arrêt du 12 avril 2005, la Cour d'appel avait annulé la décision du Conseil de la concurrence, pour un motif assez proche de celui qui sera retenu finalement, à savoir que le Conseil n'avait pas suffisamment établi que les opérateurs nouveaux entrants étaient contraints de recourir à l'interconnexion directe, c'est-à-dire à la prestation des opérateurs en position dominante pour laquelle ceux-ci facturaient des CTA élevés. Cet arrêt avait été cassé par un arrêt de la Chambre commerciale du 10 mai 2006, dont l'attendu de cassation contenait une formule que nous continuons de trouver fâcheuse, en ce qu'elle assimile l'article 102 à l'article 101 TFUE (conformément à la rédaction du Code de commerce français, il est vrai). La Cour de cassation avait ainsi reproché à la Cour d'appel de ne pas avoir recherché si les pratiques de ciseau tarifaire litigieuses « avaient pour objet ou pouvaient avoir pour effet [...] de restreindre ou de fausser le jeu de la concurrence ».

Sur la base de cette cassation pour manque de base légale qui manquait elle-même de précision, la Cour d'appel avait à nouveau statué. Elle avait examiné, comme elle y était invitée, les accords conclus par France Télécom et SFR avec des opérateurs étrangers afin de rendre moins attractive la solution qu'avaient trouvée leurs concurrents pour échapper aux CTA, à savoir le reroutage international. Il s'agissait d'acheminer artificiellement un appel issu d'un téléphone fixe français et destiné à un mobile français dans un premier temps vers un autre pays, puis de le réacheminer vers le réseau mobile destinataire (SFR ou France Télécom). Cette manœuvre permettait à l'opérateur de l'appelant de bénéficier des tarifs entrants applicables aux appels issus d'un réseau étranger, lesquels étaient beaucoup plus avantageux que les CTA (environ huit fois moins élevés). Cet examen avait conduit la Cour d'appel, dans son arrêt du 2 avril 2008, à se pencher sur cette pratique du reroutage (sur cet arrêt, v. *Concurrences,* N° 2-2008, obs. C. Prieto, cette chronique, p. 116). Elle avait constaté que le reroutage était une solution techniquement aberrante et que l'existence même d'accords anti-reroutage conclus par France Télécom et SFR avec leurs homologues étrangers, attestait une stratégie d'éviction dans le chef de ces opérateurs. En effet, le développement de ces accords était une manière de chercher à supprimer pour leurs concurrents les solutions alternatives à l'interconnexion directe, de sorte qu'ils ne puissent échapper au ciseau tarifaire qui leur était tendu. La Cour d'appel avait cru pouvoir en déduire que la stratégie d'éviction de France Télécom et SFR était suffisamment établie. Elle avait donc rejeté la demande d'annulation, redonnant ainsi effet à la condamnation prononcée en 2004 et à l'amende correspondante.

Cet arrêt avait à son tour été cassé, à nouveau pour manque de base légale (Cass. com., 3 mars 2009, SFR et France Télécom, n° 08-14.435 et 08-14.464, « téléphonie fixe vers mobile des entreprises »), mais cette fois pour un motif très clairement formulé et qui a été rappelé ci-dessus dans la discussion sur l'arrêt *Telia* de la Cour. La chambre commerciale avait dit pour droit que « qu'une pratique de « ciseau tarifaire » a un effet anticoncurrentiel si un concurrent potentiel aussi efficace que l'entreprise dominante verticalement intégrée auteur de la pratique ne peut entrer sur le marché aval qu'en subissant des pertes ». Elle avait ensuite précisé « qu'un tel effet peut être présumé seulement lorsque les prestations fournies à ses concurrents par l'entreprise auteure du « ciseau tarifaire » leur sont indispensables pour la concurrencer sur le marché aval ». La Cour d'appel était donc renvoyée à l'examen des effets de la pratique litigieuse et, pour savoir si cet effet pouvait en l'espèce être présumé, à la question de savoir si la prestation d'interconnexion directe était ou non indispensable. C'était revenir à la question même qui avait retenu l'attention de la Cour d'appel dès 2005 et à laquelle elle avait alors répondu par la négative.

Une application des arrêts de cassation en forme de retour à la case départ : de la condition d'indispensabilité

Dans son nouvel arrêt, la Cour d'appel ne s'est pas contentée d'appliquer le second arrêt de cassation. Elle a visiblement tenu à intégrer l'intégralité des apports de la chambre commerciale qui ont jalonné cette affaire. C'est ce qui explique le début au premier abord un peu mystérieux de la partie consacrée à la qualification d'abus (les autres parties de l'arrêt ne sont pas commentées ici). Le considérant qui tient lieu de visa surprend en effet, puisque la Cour d'appel amorce son raisonnement sur l'abus par un « considérant que sont prohibées lorsqu'elles ont pour objet ou peuvent avoir pour effet d'empêcher, de restreindre ou de fausser le jeu de la concurrence sur un marché les actions concertées, contentions, ententes expresses ou tacites ou coalitions » (p. 15). On est surpris de trouver l'interdiction des ententes au visa d'un arrêt qui porte exclusivement sur des pratiques d'abus. C'est que les pratiques en cause examinées à nouveau par la Cour d'appel ne sont pas seulement les pratiques tarifaires de compression des marges, mais aussi les accords anti-reroutage conclus par les deux entreprises en position dominante avec les opérateurs étrangers. Sous cet angle, il s'agissait de savoir si ces accords avaient restreint la concurrence pour des tiers, que sont les concurrents des demanderesses. De fait, c'était là le point crucial, puisqu'il s'agissait de déterminer si, par le biais de ces accords avec des tiers, les deux entreprises en position dominante avaient « rendu indispensable » pour leurs concurrents l'interconnexion directe (et facturée au prix fort) à leurs réseaux mobiles respectifs.

Cette particularité factuelle de l'affaire met en lumière le caractère contingent de la condition d'indispensabilité discutée plus haut à propos de l'arrêt *Telia* : le caractère indispensable d'une prestation proposée par un opérateur en position dominante à ses concurrents n'est pas, on le voit, une question purement technique. C'est une question de fait dont l'appréciation mêle des aspects techniques, tarifaires et éventuellement d'autres aspects comportementaux (comme ici le choix de conclure des accords anti-reroutage avec des opérateurs étrangers des pays limitrophes, mais pas avec des opérateurs de pays plus lointains). Surtout, le caractère indispensable ou non d'une prestation pour pénétrer sur un marché donné peut varier au cours du temps. Lorsque la condition d'indispensabilité est de droit, comme cela semble être le cas en droit français, l'appréciation rigoureuse de l'ensemble des circonstances pertinentes sera donc cruciale, comme elle l'était dans cette affaire.

En effet, le constat d'abus – et, partant, l'amende – est ici annulé au motif que le caractère indispensable de l'interconnexion directe n'est pas suffisamment établi. France Télécom avait dès l'origine contesté avec force ce constat, comme l'avait relevé la Cour d'appel dans son premier arrêt. Dans l'arrêt rapporté, la Cour d'appel revient sur les éléments de fait qui suggèrent que le reroutage a été pratiqué, au moins pour une partie (non négligeable) des appels fixes vers mobiles, jusqu'en 2002, notamment en faisant transiter les appels par des pays plus lointains, comme les États-Unis. Elle s'appuie sur ce constat pour considérer qu'il n'était donc pas possible d'estimer que, au cours de la période couverte par la décision (1999-2001), les nouveaux entrants étaient contraints de recourir à l'interconnexion directe. Les juges d'appel relèvent en outre que les opérateurs à l'origine de la plainte n'avaient, à l'époque des faits, ni conclu ni demandé à conclure des accords d'interconnexion directe, ce qui indique derechef, selon la Cour d'appel, que cette prestation ne leur était pas indispensable (p. 14). Le caractère indispensable de la prestation en cause n'étant pas établi, l'effet anticoncurrentiel des pratiques litigieuses ne pouvait pas, en application du second arrêt de la Cour de cassation (et conformément à la jurisprudence *Telia* de la Cour), être présumé. Comme la Cour d'appel constate par ailleurs que l'effet d'éviction n'est pas suffisamment prouvé par d'autres éléments, elle annule, pour la seconde fois, la décision de 2004.

Questions de preuve

Les entreprises mises en cause pourront se féliciter de leur ténacité et de celle de leurs conseils. Ceux-ci pourront peut-être, pour leur part, se féliciter des perspectives de contentieux ouvertes par l'arrêt rapporté. En effet, la Cour d'appel juge à propos de la preuve d'un effet anticoncurrentiel que « seul le procédé d'un examen objectif et approfondi de la situation relative aux pertes subies par un concurrent aussi efficace que l'auteur de la pratique reprochée permet d'apporter la démonstration que la pratique a eu ou pouvait [a]voir un effet anticoncurrentiel » (p. 15). On imagine déjà combien cet examen approfondi pourra faire les délices des avocats et des économistes. Ces derniers seront sans doute également enchantés d'apprendre que la Cour d'appel motive encore son annulation en retenant que « l'autorité de concurrence n'a pas rapporté d'éléments de preuve suffisants de nature à identifier les pertes exactes subies par un concurrent potentiel aussi efficace que l'entreprise dominante » (p. 16). Peut-être était-ce ce genre de preuve impossible que la Cour de justice a voulu éviter d'exiger en retenant dans son arrêt *Telia* qu'il n'est pas indispensable de prouver des pertes, *a fortiori* de les chiffrer avec précision.

A.-L. Sibony

Concurrences N° 2-2011, Art. N° 35674, p. 114

Voir aussi, sur les suites de l'affaire

Cass. com., 17 janv. 2012, n° 11-13.067

A. Lacresse, Pourvoi de l'Autorité de la concurrence : La Cour de cassation élargit, en application de la jurisprudence Vebic, le droit du Président de l'Autorité de la concurrence de former un pourvoi contre les arrêts de la Cour d'appel (SFR et France Télécom, Aximum et Sécurité et signalisation), 17 janvier 2012, Concurrences N° 2-2012, Art. N° 45875, pp. 137-139.

Affaire des « Vedettes vendéennes »

Cass. com., 17 juin 2008, Vedettes inter-îles vendéennes (VIIV), n° 05-17.566

La Cour de cassation censure la Cour d'appel de Paris sur l'analyse du coût incrémental dans l'affaire du transport de passagers entre l'île d'Yeu et le continent.

La Cour de cassation censure l'arrêt de la Cour d'appel de Paris dans l'affaire de la vedette vendéenne l'Amporelle exploitée par un établissement public industriel et commercial départemental (CA Paris, 1re ch. section H, 28 juin 2005, 2005/01605). Cet arrêt avait lui-même confirmé l'analyse du Conseil de la concurrence (déc. n° 04-D-79 du 23 décembre 2004 relative à des pratiques mises en œuvre par la Régie départementale des passages d'eau de la Vendée). On se souvient que le Conseil avait considéré que les tarifs pratiqués sur la vedette l'Amporelle n'étaient pas prédateurs si on les rapportait aux coûts de l'entreprise. Pour cette analyse, il avait pris en compte les seuls coûts incrémentaux, c'est-à-dire ceux que l'entreprise ne supporterait pas si elle n'exerçait pas l'activité concurrentielle. Mais la détermination de ces coûts, en l'espèce, n'avait pas complètement convaincu (David Spector, "Definition of the relevant cost benchmark for a predatory pricing assessment in the case of a firm using the same assets for a public service activity taking place in a competitive market", *Concurrences* N° 1-2005, p. 66). Le présent arrêt conforte les doutes suscités par le contenu du coût incrémental et casse l'arrêt pour manque de base légale sous le visa de l'article L. 420-2 (la mention de l'article L. 420-1 est bien évidemment une erreur de plume).

Cette affaire est très intéressante dans son illustration de la problématique posée par la coexistence, au sein d'une même entreprise, d'une mission de service public avec une activité concurrentielle et, partant, la crainte récurrente que l'entreprise se serve des subventions allouées pour sa mission de service public afin de financer une stratégie prédatrice à l'encontre de ses concurrents existant sur le marché concurrentiel. C'est toute la raison de la recherche par la Commission d'un test pour analyser le coût pertinent. Elle se réfère au coût incrémental, à savoir l'ensemble des coûts spécifiquement occasionnés pour le service en cause en excluant les coûts communs (Comm. 2001/354/CE, 20 mars 2001, *Deutsche Post*, aff. COMP/35.141, *JOCE* n°L 125, 5 mai 2001, p. 27, à propos des tarifs de l'opérateur historique pour le transport de colis dans le secteur de la VPC ; v° aussi TPICE, 12 septembre 2007, aff. T-60/05, *UFEX, DHL, FEI* c/ Commission, pt 181, à propos de la difficulté de preuve d'une infraction à l'article 82 CE à partir du coût incrémental de chaque service d'infrastructure fourni par La Poste à la SFMI-Chronopost). Le problème est que, sous l'apparence d'un test objectif, se cachent des gouffres d'interrogation sur le périmètre exact à donner à l'une ou l'autre de ces catégories de coûts.

Dans la détermination du coût incrémental, ne doit-on pas prendre en compte les besoins réels de la mission de service public ?

Le Conseil de la concurrence a rappelé que ne devaient pas être compris dans le coût incrémental les coûts que l'entreprise était obligée d'engager pour assurer sa mission de service public et qu'elle serait obligée d'engager même si elle n'offrait pas de prestations en concurrence. étaient ainsi exclus les coûts fixes communs à la mission de service public et à l'activité concurrentielle (pt 98). Pouvait-on à ce stade faire l'économie d'une recherche sur ce qu'exigeait véritablement le bon accomplissement de sa mission de service public ? Nous verrons qu'il n'en est rien. Au titre de sa mission de service public, la Régie est tenue d'assurer un service quotidien de transport des voyageurs, des marchandises et de véhicules divers, et de réserver des tarifs spéciaux aux islais durant toute l'année. Pour cela, la Régie dispose de deux ferries de 700 passagers chacun et d'une vedette dénommée l'Amporelle avec une capacité de 350 passagers. Aucune autre entreprise ne dispose de ferries. La Régie se trouve ainsi en monopole de fait toute l'année pour le transport de véhicules. La seule activité concurrentielle porte donc sur le transport de personnes pendant la période estivale. Les faits révèlent que pendant l'hiver les ferries circulent tous les jours, alors que l'Amporelle n'est mise en service que le week-end et certains mercredis et que les taux de remplissage sont faibles. Dans ce contexte, quelle est la raison impérieuse qui justifie le recours à l'Amporelle pendant l'hiver ? Est-ce vraiment la nécessité d'affronter les intempéries ? Les besoins de la continuité territoriale pendant l'hiver requièrent-ils un troisième bateau ? La plaignante reprochait de pratiquer des prix prédateurs sur le marché concurrentiel grâce à l'utilisation des aides accordées par le département de la Vendée pour la mission de service public. En d'autres termes, elle reprochait un surdimensionnement de la navette rapide, dicté en réalité par la volonté de saisir la clientèle touristique très importante pendant l'été.

La portée prêtée à l'arrêt du Conseil d'État

Il s'avère que le Conseil de la concurrence a choisi d'éluder l'appréciation au fond. Pour répondre à la question du surdimensionnement de l'Amporelle, il invoque un arrêt du Conseil d'État statuant sur une requête du département de la Vendée en annulation d'un arrêt de la Cour administrative d'appel de Nantes (CE 8e et 3e sous-sections réunies, 30 juin 2004, n° 25012). La même société Vedettes Inter-Iles Vendéennes avait en effet contesté l'arrêté du 30 mars 1998 pris le président du Conseil général de la Vendée, lequel avait considérablement réduit les possibilités d'accostage des vedettes privées dans le port de Fromentine au profit de l'Amporelle. Le Tribunal administratif de Nantes avait rejeté sa demande, mais il avait été infirmé par la Cour administrative. Or, le Conseil d'État considère que le détournement de pouvoir du président du Conseil général n'était pas établi. À cette occasion, il déclare que l'accomplissement de la mission de service public toute l'année et par tous temps justifiait que la vedette départementale ait un tirant d'eau plus important que les vedettes privées et qu'elle ait l'appui nécessaire à l'exploitation du service public en la faisant bénéficier de la possibilité d'un stationnement prolongé. Néanmoins, le Conseil d'État annule les articles litigieux de l'arrêté au nom d'une rupture d'égalité entre les vedettes privées et la vedette publique dans les contraintes de sécurité publique liées aux conditions de navigation. Il considère qu'il ne ressort pas du dossier que la mission de service public implique une exonération de l'Amporelle du respect de règles édictées dans l'intérêt de la sécurité des mouvements des navires et des passagers. En tout état de cause, et c'est là l'essentiel, le Conseil d'État n'a pas spécialement envisagé le point de savoir si l'exploitation de l'Amporelle était absolument nécessaire pendant la saison d'hiver, parallèlement à l'exploitation toute l'année des deux ferries. Le Conseil de la concurrence ne convainc pas lorsqu'il s'abrite derrière le pouvoir d'autorité persuasive du Conseil d'État dans cet arrêt (pt 102), car les mises en perspective sur l'appréciation de la mission de service public ne sont pas les mêmes.

La question éludée de la surcapacité amène à exclure le loyer du périmètre du coût incrémental

Ceci conduit le Conseil de la concurrence à retenir le loyer de l'Amporelle dans les coûts fixes et donc à l'exclure des coûts incrémentaux. Il le fait d'ailleurs à regret, puisqu'il ajoute immédiatement que cette considération ne préjuge pas de l'efficacité économique, au rang desquelles la pertinence de l'utilisation d'une vedette de la dimension de l'Amporelle et les conditions dans lesquelles la mission de service public est exercée par la Régie (pt 103). Selon lui, cela ne relève pas de sa compétence. Cette faille dans la détermination du coût incrémental fut immédiatement relevée (D. Spector, préc.). L'exclusion de la totalité des coûts de location aboutissait mécaniquement à neutraliser la prédation, puisqu'il s'agissait du poste le plus lourd dans les comptes de résultat. Le Conseil de la concurrence le reconnaissait également : si le loyer n'est pas introduit dans les coûts incrémentaux, les traversées effectuées par l'Amporelle durant l'été n'aggravent pas le déficit de la Régie, mais au contraire permettent de le réduire légèrement (pt 106). Les critiques n'ont pas manqué et ont suscité un débat dans cette revue (J.-P. Tran Thiet, V. Thouvenin, N. Mouy et C. Barthélémy, Coûts incrémentaux : retour sur les avantages concurrentiels du secteur public, *Concurrences* N° 2-2005, Tendances, p. 10-19). Il y était invoqué que le Conseil de la concurrence n'était ni le juge de la délimitation par les collectivités locales des obligations de service public, ni le juge des aides d'État (N. Mouy, rapporteure au Conseil). En contrepoint, était regrettée la fausse objectivité d'une méthode d'analyse économique et l'impuissance d'un droit à condamner une inefficacité non justifiée par une mission de service public (J.P. Tran Thiet, préc., V. Thouvenin, préc., D. Spector, préc.). La Cour de cassation n'est pas restée insensible à ces sirènes.

Le reproche de la Cour de cassation sur un petit air de l'article 86 § 2 CE

La Cour de cassation ne censure pas l'arrêt confirmatif de la Cour d'appel de Paris pour violation de la loi, mais bien pour manque de base légale. Elle ne tranche pas mais déclare qu'elle n'est pas convaincue par la motivation de la Cour : « en se déterminant ainsi par des motifs impropres à établir que si elle ne consacrait pas l'Amporelle d'avril à fin septembre à l'exploitation d'une activité sur un marché ouvert à la concurrence, la Régie, qui disposait par ailleurs de ferries, serait obligée de supporter le coût de l'Amporelle pour assurer ses missions de service public, la Cour d'appel n'a pas légalement justifié sa décision ». Les éléments constitutifs du coût incrémental sont-ils bien réunis ? La Régie était-elle vraiment obligée de supporter le coût de location de l'Amporelle pour assurer sa mission de service public ? Au préalable, la Cour de cassation reproche à la Cour d'appel d'avoir méconnu l'obligation pour le juge de ne pas dénaturer les éléments de la cause (sous le visa déroutant de l'article 1134 du Code civil). C'est ainsi qu'elle se réfère à l'arrêt rendu par le Conseil d'État. Il lui paraît excessif d'en avoir déduit que la taille de l'Amporelle répondait à des contraintes liées à l'état de la mer en hiver et qu'elle correspondait aux nécessités de la mission de service public. Elle insiste sur le fait que le Conseil d'État ne s'est pas prononcé sur la nécessité d'utiliser l'Amporelle afin d'accomplir la mission de service public. La question cruciale est donc bien de savoir si l'exploitation de l'Amporelle est véritablement une nécessité impérieuse pour l'accomplissement de la mission de service public. On ne peut s'empêcher de penser que la Cour de cassation intègre implicitement dans sa réflexion l'énoncé de l'article 86 § 2 CE : « Les entreprises chargées de la gestion de service d'intérêt économique général... sont soumises... aux règles de concurrence, dans les limites où l'application de ces règles ne fait pas échec à l'accomplissement en droit ou en fait de la mission particulière qui leur a été impartie ». La pertinence du coût incrémental ne vaut pour dégager le prix prédateur que dans la mesure où il départage ce qui est requis pour la mission de service public de ce qui ne l'est pas. Les ferries ne suffiraient-ils pas à satisfaire les exigences de service public ? L'exploitation d'une vedette en hiver, parallèlement aux ferries, se justifierait-elle éventuellement par des besoins de rapidité de transport des personnes ? Comment cette rapidité entrerait précisément dans la mission de service public ? C'est à ces questions que la Cour de renvoi devrait répondre. Il n'est pas inutile de souligner ici un contexte marqué par un imbroglio d'intérêts : le propriétaire de la vedette l'Amporelle n'est autre que le Conseil général de la Vendée ; c'est lui qui met à disposition de la Régie cette vedette rapide et en fixe le loyer, en même temps qu'il attribue à la Régie des subventions pour sa mission de service public.

Les leçons provisoires de l'arrêt

La fiabilité du test relatif au coût incrémental est remise en cause si l'on hésite à se poser frontalement la question des besoins requis pour l'accomplissement de la mission de service public. C'est une question de bon sens, directement inspiré de l'article 86 § 2 CE dans l'interprétation raisonnable qui en est maintenant faite par le juge communautaire. L'apparente neutralité d'une analyse des coûts ne saurait faire illusion. Elle repose sur des données complexes et aléatoires, selon les prémisses choisies. C'est d'ailleurs la raison pour laquelle on peut s'interroger sur son utilité. La question mérite d'autant plus d'être posée qu'elle vient en écho aux vives critiques de la doctrine économique adressées au double test des coûts dégagé par la jurisprudence *Akzo* : celui des prix inférieurs à la moyenne des coûts variables créant une présomption suffisante de prédation ; celui des prix inférieurs à la moyenne des coûts totaux, mais supérieurs à la moyenne des coûts variables demandant d'être étayé par la preuve d'une stratégie de prédation (CJCE, 3 juillet 1991, aff. C-62/86, *Akzo*, Rec. p. I-3359). Sont également en cause les caractères complexe, aléatoire... et coûteux de ces tests ! Le Conseil de la concurrence, lui-même, se rallie à ce courant majoritaire et considère dans l'affaire *Glaxo* que le premier test devrait lui aussi être étayé par une stratégie prédatrice, en l'espèce bien établie (déc. n° 07-D-09, 14 mars 2007, A.-L. Sibony, RLC 2007-12 ; *Concurrences* N° 2-2007, A. Wachsmann, p. 110-115 ; Revue des contrats 2007-2, p. 776, obs. C. P. ; infirmation par CA Paris, 8 avril 2008, 2007/07008, *GlaxoSmithKline*, *Concurrences* N° 2008-2, p. 118). Il serait donc logique de considérer le test incrémental comme un simple signal et de focaliser l'attention sur la caractérisation d'une stratégie prédatrice par un faisceau d'indices, en intégrant dans ce cadre une discussion sur les besoins réels de la mission de service public.

C. Prieto

Concurrences N° 3-2008, Art. N° 20017, p. 97

Voir aussi

T. Tuot, D. Lescop, Coût incrémental : La Cour de cassation censure la méthode d'analyse du Conseil de la concurrence et de la Cour d'appel pour une question de gabarit (Vedettes vendéennes), 17 juin 2008, Concurrences N° 3-2008, Art. N° 20291, pp. 155-156.

▶

Voir aussi, sur les origines de l'affaire

Cons. conc., déc. n° 04-D-79 du 23 déc. 2004 relative à des pratiques mises en œuvre par la Régie départementale des passages d'eau de la Vendée (RDPEV)

D. Spector, Prix prédateurs : Le Conseil de la concurrence définit les coûts pertinents pour caractériser des prix prédateurs d'un opérateur utilisant les mêmes actifs pour une mission de service public et une activité concurrentielle (RPDEV), 23 décembre 2004, Concurrences N° 1-2005, Art. N° 1518, pp.66-67.

CA Paris, 17 janv. 2006, RG n° 2005/18952

Voir aussi, sur les suites de l'affaire

CA Paris, 9 juin 2009, Vedettes inter-îles vendéennes, RG n° 2008/20337

A.-L. Sibony, Prix prédateurs – Service public : La Cour d'appel de Paris juge qu'aucun test de prix prédateur n'est applicable à une entreprise chargée d'un service d'intérêt économique général lorsqu'il est trop difficile de distinguer rationnellement entre les prestations effectuées au titre du service public et les prestations soumises à la concurrence (Vedettes inter-îles vendéennes), 9 juin 2009, Concurrences N° 3-2009, Art. N° 27519, pp. 88-91.

Cass. com., 13 juill. 2010, Vedettes inter-îles vendéennes (II), n° 09-67.439

La Cour de cassation rend un deuxième arrêt de cassation dans l'affaire des Vedettes inter-îles vendéennes.

Il y a quelques numéros, dans cette même chronique, nous pensions que l'affaire des vedettes inter-îles vendéennes avait trouvé son épilogue devant la Cour d'appel de Paris [1]. Heureusement, nous avions tort : le fait que l'entreprise à l'origine de la plainte fût en redressement n'a finalement pas empêché l'affaire de revenir devant la chambre commerciale, son liquidateur ayant formé un pourvoi en cassation.

Sans doute n'est-il pas nécessaire de rappeler au lecteur de cette chronique les faits à l'origine de cette affaire. Qu'il suffise de se remémorer les questions qui étaient en jeu dans ce contentieux. Lors du premier pourvoi, la question essentielle portait sur la méthode d'appréciation des prix prédateurs. Dans sa décision initiale, le Conseil avait utilisé un critère de coûts incrémentaux pour qualifier de prédateurs les prix pratiqués par la Régie départementale des passages d'eau de Vendée (ci-après « La Régie »). La Cour d'appel avait validé cette décision, mais, sur pourvoi, la Cour de cassation lui avait reproché de ne pas avoir vérifié que certains coûts (les coûts relatifs à la vedette rapide L'Amporelle) entraient bien dans les coûts fixes communs du service public assuré par la Régie. Cette vérification était importante, car les coûts fixes communs étaient précisément exclus du calcul aboutissant à la qualification de prix prédateurs, lesquels tenaient compte uniquement des coûts incrémentaux, c'est-à-dire les coûts propres à l'activité sous examen, en l'espèce l'activité de transport de passagers en été.

Sur renvoi après cassation, la Cour d'appel n'avait pas tranché cette question de qualification des coûts de L'Amporelle comme coûts fixes du service public ou coûts incrémentaux de l'activité concurrentielle. Elle avait en revanche mené une réflexion sur les particularités des activités de service public et le traitement juridique spécial qu'il conviendrait de réserver aux entreprises qui assurent ces services, d'une part, au regard de la délimitation du marché pertinent et, d'autre part, s'agissant de l'application des tests de coûts issus de la jurisprudence en matière de prix prédateurs. Le décalage entre le motif de cassation pour manque de base légale et l'arrêt de renvoi ne pouvait que frapper [2]. C'est précisément ce décalage qui explique les deux premiers motifs de cassation retenus dans l'arrêt rapporté. Ils sont pris, respectivement, d'une violation du principe du contradictoire et d'un déni de justice. Par cette première partie de l'arrêt, la chambre commerciale rappelle que les principes fondamentaux qui définissent l'office du juge restent applicables même dans un contentieux très technique et dans lequel l'application de la loi requiert des appréciations économiques très difficiles.

L'office du juge par-delà les appréciations économiques complexes

Le premier devoir du juge ici rappelé est son obligation de respecter et de faire respecter le contradictoire. Aux termes de l'article 16 du Code de procédure civile, « [l]e juge doit, en toutes circonstances, faire observer et observer lui-même le principe de la contradiction ». Il peut certes relever d'office des moyens de droit, mais, aux termes de l'alinéa 3 du même texte, il ne peut fonder sa décision sur de tels moyens sans avoir au préalable invité les parties à présenter leurs observations. C'est au visa de ce texte que l'arrêt de la Cour d'appel est une première fois censuré.

En l'espèce, les parties avaient bien contesté la délimitation du marché devant la Cour d'appel (contrairement à ce que nous avions cru pouvoir écrire), mais ce qui importe est qu'elles ne fondaient pas leurs critiques sur une spécificité liée aux services publics. C'est donc la Cour d'appel qui avait d'office soulevé ce point. Elle était en droit de le faire s'il lui semblait que la solution à intervenir en dépendait, mais elle aurait alors dû ouvrir le débat entre les parties sur cet argument déterminant.

Le second principe rappelé avec force par la Cour de cassation est tout aussi fondamental, puisqu'il s'agit de l'obligation de juger. Celle-ci est énoncée à l'article 4 du Code civil, qui dispose « le juge qui refusera de juger, sous prétexte du silence, de l'obscurité ou de l'insuffisance de la loi, pourra être poursuivi comme coupable de déni de justice ». En l'espèce, c'est bien ce qui s'était produit, car les arguments soulevés d'office par la Cour d'appel aboutissaient à des apories. L'arrêt censuré rappelait à la fois que le marché devait être caractérisé et retenait que, en l'espèce, il n'était pas possible de délimiter le marché de manière rationnelle, exacte et juste. La chambre commerciale pour sa part retient que, « en refusant de délimiter le marché », la Cour d'appel a « méconnu son office » et violé l'article 4 du Code civil.

Les juges d'appel avaient sans doute raison d'éprouver un certain malaise à ce qu'une étape aussi déterminante que l'est la délimitation du marché dans les affaires d'abus de position dominante dépende d'appréciations véritablement difficiles et, partant, nécessairement un peu incertaines. Il n'en reste pas moins que, en droit, et puisque le marché est un élément nécessaire de la qualification de position dominante, le juge du fond n'est pas autorisé à s'arrêter à des scrupules méthodologiques, fussent-ils fondés. En l'espèce, les doutes mis en avant par la Cour d'appel étaient profonds car quasiment philosophiques. À défaut de supprimer ces doutes, il sera en revanche certainement possible de répondre à la question factuelle de savoir si le transport de passagers par vedette rapide fait partie du même marché que le transport de passagers par ferries.

Délimitation du marché : les SIEG relèvent du droit commun

Outre qu'elle justifie la cassation pour violation de l'article 4 du Code civil, l'absence de délimitation du marché dans l'arrêt sous pourvoi justifie aussi une cassation pour manque de base légale. En effet, la chambre commerciale souligne que Cour d'appel aurait dû, pour délimiter le marché, avoir égard au critère habituel, à la substituabilité pour les passagers (des deux modes de transport maritime en cause) « au regard de leurs caractéristiques, de leur prix et de leur usage ». En ne se référant pas à ces critères, la Cour d'appel n'a pas justifié sa décision de manière juridiquement correcte. Implicitement mais certainement, la Cour de cassation, en rappelant ainsi ces critères traditionnels de délimitation d'un marché de produit, rejette l'idée selon laquelle une démarche différente serait de mise lorsqu'est en cause un service économique d'intérêt général.

La chambre commerciale rappelle encore la Cour d'appel à plus d'orthodoxie à un autre égard. Dans leur arrêt, les juges du fond avaient nourri leur discussion sur la segmentation à opérer au sein du marché en cause avec des arguments liés aux coûts des différents services. La Cour de cassation rappelle que c'est au stade de l'appréciation du caractère prédateur des prix et non au stade de la délimitation du marché que les coûts doivent être analysés. Le lien que la Cour d'appel avait fait entre les deux étapes – lien qui restait difficile à apercevoir clairement – est jugé non pertinent, ce qui est une autre manière de dire que les SIEG n'appellent pas une analyse particulière au stade de la délimitation du marché.

Prédation : les SIEG relèvent encore du droit commun

Au stade de l'appréciation de l'abus, plus précisément de l'appréciation du caractère prédateur des prix, la Cour d'appel avait aussi jugé que les SIEG se trouvaient dans une situation particulière et même si particulière qu'il lui paraissait non seulement difficile, mais aussi mal fondé d'appliquer les critères de coûts issus de la jurisprudence *Akzo*. Cette conscience aiguë de la spécificité des services publics aboutissait, comme à propos du marché, à une aporie, laquelle aurait aussi pu tomber sous le coup de l'article 4 du Code civil. Là encore, la Cour de cassation invite la Cour d'appel à appliquer le droit. Elle souligne que les tests dégagés par la jurisprudence « ont précisément vocation à permettre de calculer le coût auquel doit être comparé le prix pratiqué sur le marché concurrentiel par l'entreprise exerçant par ailleurs une activité concurrentielle ». Sans doute cette observation se réfère-t-elle davantage à l'arrêt *Deutsche Post* qu'à l'arrêt *Akzo*, qui ne traitait pas d'une entreprise chargée d'un service public.

Quoi qu'il en soit, la Cour d'appel de Paris, autrement composée, devra trancher les questions restées en suspens : délimiter le marché sur lequel la Régie était éventuellement dominante et, si elle l'était effectivement, déterminer si ces prix étaient prédateurs. Le rappel du droit ne supprime évidemment pas les difficultés de son application et peut-être la Cour d'appel éprouvera-t-elle le besoin de faire appel à un expert ? En tout cas, dix ans après les faits, l'affaire des vedettes vendéennes n'est pas close. Cette chronique ne manquera pas de se faire l'écho du véritable épilogue.

A.-L. Sibony

Concurrences N° 4-2010, Art. N° 33190, p. 126

CA Paris, 20 déc. 2012, Pelletier c/ Régie départementale des passages d'eau de la Vendée, RG n° 2011/05667

La Cour d'appel de Paris annule la décision du Conseil de la concurrence dans l'affaire des vedettes vendéenne et renvoie l'affaire à l'instruction pour la détermination des coûts incrémentaux.

Après 8 années de péripéties judiciaires, la décision du Conseil de la concurrence du 23 décembre 2004 dans l'affaire des vedettes vendéennes est annulée et l'affaire est renvoyée à l'instruction devant l'Autorité de la concurrence. Par cette décision, le Conseil avait retenu que la Régie des passages d'eau de Vendée n'avait pas commis d'abus. Cette décision avait été confirmée en appel, mais sa motivation n'avait pas convaincu la Cour de cassation. Statuant sur renvoi, la Cour d'appel avait éludé le point crucial, relatif à la caractérisation des prix prédateurs dans le cas particulier d'une entreprise dominante exerçant à la fois une mission de service public et une activité concurrentielle. L'arrêt avait donc donné lieu à une seconde cassation (sur les précédents épisodes, v. D. Spector, *Concurrences* N° 1-2005 ; J.-P. Tran Thiet, V. Thouvenin, N. Mouy, C. Barthélémy, *Concurrences* N° 2-2005 ; C. Prieto, *Concurrences* N° 3-2008 ; T. Tuot, D. Lescop, *Concurrences* N° 3-2008 ; A.-L. Sibony, *Concurrences* N° 3-2009 et *Concurrences* N° 4-2010, pp. 126-128). L'affaire revient donc pour la troisième fois devant la Cour d'appel, cette fois saisie par le mandataire liquidateur de la société VIIV – l'un des deux opérateurs concurrents à la régie, en faillite. Dans un arrêt à la motivation soignée et plus discursif que ne le sont généralement les arrêts français, la Cour d'appel reprend l'historique procédural de l'affaire, celui, factuel, de la régie (depuis les années 1940) et même l'historique de la doctrine économique à propos de la prédation (citant Areeda et Turner ainsi que Baumol). Elle intègre en outre dans son raisonnement les apports de l'arrêt *Post Danmark* (CJUE, 27 mars 2012, *Post Danmark*, aff. C 209/10, obs. ALS) et s'attache à circonscrire précisément le point qui aurait dû être analysé pour pouvoir apprécier le caractère prédateur des prix pratiqués par la Régie des passages d'eau de Vendée sur le marché du transport estival de passagers entre l'île d'Yeu et le continent. Après un arrêt qui avait prêté le flanc à la critique, la Cour d'appel se saisit cette fois frontalement des questions importantes que soulève véritablement l'affaire des vedettes vendéennes.

Les apports de l'arrêt *Post Danmark* intégrés au droit français

Comme nous avions eu l'occasion de le relever, l'affaire qui a donné lieu à l'arrêt *Post Danmark* présentait des similarités factuelles avec celle des vedettes vendéennes (obs. préc.) En effet, dans l'affaire qui avait conduit la Cour suprême du Danemark à interroger la Cour de justice à titre préjudiciel, les comportements reprochés à la poste danoise (réductions ciblées de prix) s'étaient déroulés sur un marché ouvert à la concurrence. Comme dans l'affaire française des vedettes, on était en présence d'une entreprise chargée d'une mission de service public opérant pour une partie de son activité sur un marché concurrentiel : celui de la livraison de plis non adressés pour la poste danoise, celui du transport de passagers en été pour la Régie des passages d'eau de Vendée. Dans l'un et l'autre cas, l'existence de coûts communs aux activités de service public et aux activités concurrentielles compliquait l'analyse. L'arrêt *Post Danmark* de la grande chambre était donc pertinent en l'espèce. L'arrêt rapporté le cite longuement et en reprend les enseignements tant généraux que particuliers, ce qui est naturellement heureux, à la fois sur le fond et par souci de cohérence entre le droit français et le droit de l'Union. Deux éléments sont plus particulièrement repris de l'arrêt *Post Danmark* : l'adhésion de principe à une approche par les effets et l'admission des coûts incrémentaux comme seuil de coûts pertinent pour analyser le caractère prédateur des prix dans le cas d'une entreprise multi-produits.

Priorité à l'analyse des effets

L'enseignement le plus général de l'arrêt *Post Danmark* tient à l'adoption du principe selon lequel l'analyse d'une pratique d'exclusion aux abus de position dominante doit être prioritairement orientée vers l'appréciation des effets de cette pratique (pt 44). Certes l'intention reste pertinente, certes les effets peuvent n'être que potentiels ou futurs, mais l'intention seule ne suffit pas à caractériser l'abus et, en l'absence de toute caractérisation de l'effet d'éviction, une condamnation n'est pas motivée à suffisance de droit. Plus précisément, dans l'arrêt *Post Danmark*, la Cour a dit pour droit qu'il était nécessaire pour caractériser l'effet d'éviction pertinent de se demander si la pratique en cause tendait à évincer des concurrents « considérés comme aussi efficaces » que l'entreprise dominante (pt 25).

La Cour d'appel de Paris reprend cette analyse. Elle rappelle tout d'abord que le test de coût consacré dans l'arrêt *Akzo* (CJCE, 3 juillet 1991, *Akzo* c/ Commission européenne, C 62/86, Rec. I-3359) et habituellement retenu en matière de prix prédateurs est issu des travaux d'Areeda et Turner (p. 14). Elle analyse ensuite ce test en s'appuyant notamment sur une étude que le Conseil de la concurrence avait consacrée dans son rapport annuel pour 2003 aux monopoles publics dans le jeu concurrentiel. Citant cette étude, la Cour d'appel retient que le test de l'arrêt *Akzo* consiste « à inférer de manière automatique un objet anticoncurrentiel à partir de la constatation d'un prix inférieur au coût moyen variable » (nous soulignons). Nous souscrivons pleinement à cette analyse : dans le raisonnement suivi par la Cour dans l'arrêt *Akzo*, les seuils de coûts fonctionnent comme des indices de l'intention d'évincer un concurrent : indice concluant pour le premier seuil et indice devant être complété par d'autres pour le second (A.-L. Sibony, "Les prix prédateurs entre la lettre de la jurisprudence et l'esprit du raisonnement économique" : note sous TPICE, 30 janvier 2007, *France Telecom* c/ Commission européenne, T-340/03, LPA 14-22, http://hdl.handle.net/2268/412).

C'est ayant ainsi exactement caractérisé le raisonnement de l'arrêt *Akzo* comme un raisonnement en termes d'objet que la Cour expose de manière très claire les raisons de s'en écarter dans le cas d'une entreprise chargée d'un service public. Donnant un bel exemple de distinguishing à la française, la Cour, citant encore le Conseil, retient que « les prémisses sur lesquels est fondé l'arrêt *Akzo* (...) peuvent n'être qu'imparfaitement satisfaites dans les cas où se trouvent confrontés sur un même marché des opérateurs privés et un opérateur public (...) » du fait que l'opérateur public peut avoir pour objectif de maximiser le niveau de sa production plutôt que son profit. La Cour en conclut que le test Akzo est impropre à établir l'intention anticoncurrentielle d'un opérateur public.

Intégrant la logique de l'arrêt *Post Danmark*, elle n'en conclut pas qu'il faudrait un test différent pour établir une telle intention. Prenant au contraire acte du fait que l'intention est difficile à établir et, surtout, du fait qu'elle ne doit pas être déterminante, la Cour juge qu'il faut s'attacher aux effets de la pratique. Dans un attendu qui sera sans doute cité dans les manuels français, les juges parisiens énoncent que « l'objet anticoncurrentiel étant souvent difficile, voire impossible à démontrer dans le cas des entreprises publiques, c'est l'appréciation des effets qui prime » (p. 15, nous soulignons). Il nous semble que la clause restrictive « dans le cas des entreprises publiques », pertinente en l'espèce, ne doit pas conduire à sous-estimer la portée de l'arrêt rapporté. En effet, quelques pages plus loin, la Cour d'appel reprend à son compte un énoncé général sur l'approche par les effets en matière de prédation : « *Il y a lieu,* écrit la Cour, *d'apprécier l'existence d'effets anticoncurrentiels en examinant si cette politique de prix, sans justification objective, a eu pour résultat l'éviction effective ou probable de ses concurrents au détriment de la concurrence, et ce nonobstant le fait qu'il n'était pas établi que l'entreprise en cause avait l'intention d'évincer ses concurrents* » (p. 22). La Cour d'appel en conclut que l'Autorité de la concurrence ne pourra se contenter de constatations relatives à l'absence d'intention anticoncurrentielle de la Régie. Elle devra se pencher sur les indices, effectivement présents en l'espèce, d'effets d'éviction, à savoir les pertes structurelles subies par les concurrents de la Régie à partir de la date de mise en service de l'Amporelle puis la faillite successive de deux opérateurs privés (NVG en 2006 et VIIV en 2007). L'Autorité devra vérifier si les évictions qui ne peuvent à présent qu'être constatées ont ou non été causées par les pratiques tarifaires de la Régie. En ce sens, la Cour conclut qu'il conviendra de déterminer « si la disparition de deux des trois concurrents de la Régie relève d'une mauvaise politique de gestion interne ou de facteurs extérieurs ou [au contraire] si elle peut être imputée à la pratique tarifaire mise en place par la Régie, dans la mesure où lesdits concurrents seraient considérés comme étant aussi efficaces que cette dernière » (p. 22). L'approche par les effets et le critère du concurrent aussi efficace semblent désormais bien ancrés en droit français.

L'adaptation du test de coût

L'adaptation du test de coût de l'arrêt *Akzo* au cas de coûts communs entre une activité de service public et une activité concurrentielle avait déjà été discutée lors des précédentes étapes de cette affaire et l'avaient été essentiellement sur la base de la décision de la Commission dans l'affaire *Deutsche Post* (Commission européenne, décision du 5 mai 2001, n° 2001/354/EC, *JOCE* L 125/27). Entre temps, la Cour de justice a donné dans l'arrêt *Post Danmark* (pts 32-38) une consécration jurisprudentielle aux arguments admis de longue date en doctrine et repris tant par la Commission et l'OCDE que par certaines autorités nationales de concurrence (communication de la Commission relative à l'application des règles de concurrence aux accords d'accès dans le secteur des télécommunications – Cadre général, marchés en cause et principes, *JOCE*, 22 août 1998, C 265/2, pt 110 et s. ; communication sur les priorités de mise en œuvre en matière d'abus-exclusion (préc.), pt. 26 ; Predatory foreclosure, DAF/COMP(2005)14, OECD 2004, spéc. p. 35).

En l'espèce, la requérante reprochait au Conseil de la concurrence d'avoir mal appliqué le test Akzo modifié. Selon elle, la modification consiste à remplacer dans le test Akzo la notion de coût variable par la notion de coût incrémental. Si les coûts incrémentaux de l'activité concurrentielle sont couverts mais que les coûts totaux ne le sont pas, on se trouve dans la seconde branche du test et l'Autorité de concurrence devait s'attacher aux indices d'intention prédatrice (p. 18). Or, poursuivait la requérante, de tels indices étaient nombreux en l'espèce (pp. 18-19). Pour sa part la Régie faisait valoir que, dans le test Akzo modifié, la notion de coût incrémental remplace la notion de coûts totaux moyens et non la notion de coût variable moyen (p. 19).

La Cour d'appel rejette cette dernière interprétation et confirme, conformément à la logique et à l'arrêt *Post Danmark*, que l'adaptation du test Akzo au cas d'une entreprise multi-produits consiste à remplacer la notion de coût variable par la notion de coût incrémental. La Cour cite à cet égard la décision Deutsche Post qui retenait déjà cette solution et qui a été abondamment utilisée dans les précédentes décisions dans cette affaire (p. 20). Pour autant, elle ne donne pas raison à la requérante sur son analyse de l'application du test correct par le Conseil de la concurrence. Elle retient au contraire que le Conseil n'a pas commis d'erreur en n'analysant pas les indices d'intention prédatrice dès lors qu'il avait constaté que les prix pratiqués n'étaient pas dans la zone grise, les coûts totaux étant en moyenne couverts. « *La question de savoir si la Régie suivait un plan d'éviction ne se posait alors plus* », conclut la Cour (p. 20). En d'autres termes, on se situait bien dans la seconde branche du test Akzo modifié, mais pas dans l'hypothèse où le test de coût constitue un commencement de preuve de l'intention prédatrice.

La véritable question, dit la Cour, reste celle de savoir si « la décision querellée a ou non exactement mesuré les coûts incrémentaux » (p. 20). C'est donc une insuffisance de motivation en fait que l'Autorité de la concurrence devra réparer et non une erreur de droit, ainsi que cela résultait déjà des deux arrêts de la chambre commerciale, la Cour de cassation ayant par deux fois cassé pour manque de base légale.

La question qui reste à trancher : quels coûts étaient évitables ?

Pour appliquer le test Akzo modifié – qu'il faut peut-être appeler le test Post Danmark – la question cruciale est celle de savoir quels coûts sont imputables à la mission de service public et quels sont les coûts propres à l'activité concurrentielle. Le Conseil de la concurrence dans sa décision initiale s'était appuyé sur une décision du Conseil d'État (CE, 30 juin 2004, n° 250124) pour retenir que les coûts relatifs à l'Amporelle – notamment le loyer que la Régie versait au département, propriétaire du bateau – étaient imputables à la mission de service public. En conséquence, ces coûts n'avaient pas été comptabilisés au titre des coûts incrémentaux liés à l'activité concurrentielle (définis comme les coûts que l'entreprise en position dominante pourrait éviter si elle ne se livrait pas à l'activité concurrentielle). Dès lors ces coûts incrémentaux étaient très réduits et ils étaient couverts par les prix pratiqués. Comme l'avait observé une commentatrice (C. Prieto, préc.), le Conseil avait tranché en ce sens « à regret, puisqu'il ajoute immédiatement que cette considération ne préjuge pas de l'efficacité économique (...) de l'utilisation d'une vedette de la dimension de l'Amporelle » (pt 103).

La Cour d'appel énonce clairement la lacune de ce raisonnement : la décision du Conseil d'État ne dit pas ce que le Conseil lui a fait dire. Comme l'avait déjà constaté la Cour de cassation dans son premier arrêt, l'instance devant le Conseil d'État avait un tout autre objet et la juridiction administrative n'avait pas à se prononcer sur la question de savoir si, d'un point de vue de bonne gestion du service public, l'Amporelle était nécessaire à l'accomplissement des missions de la Régie ou bien si, au contraire, la Régie avait surdimensionné sa flotte par rapport aux besoins du service public et disposait ainsi d'un avantage concurrentiel anormal dans son activité concurrentielle. En validant la décision du président du Conseil général accordant à la Régie une autorisation de stationnement prolongée de l'Amporelle dans le port de Fromentine, alors qu'une autorisation similaire n'était pas accordée aux autres compagnies, le CE n'avait pas pris parti sur la nécessité pour la régie d'affréter l'Amporelle pour satisfaire à ses missions de service public. Contrairement à ce qu'avait cru pouvoir dire le Conseil de la concurrence, la question n'avait donc pas été tranchée. Il lui appartenait au contraire de le faire. En annulant sa décision, la Cour d'appel lui donne donc l'occasion de revenir sur ses regrets et de tenir pleinement compte des critiques qui avaient été adressées à son choix de considérer la totalité des coûts liés à l'Amporelle comme des coûts communs (D. Spector, préc.). Il s'agit donc à présent pour l'Autorité de mener un raisonnement contrefactuel et de répondre à la question déjà formulée par la Cour de cassation : « Si elle ne consacrait pas l'Amporelle d'avril à fin septembre à l'exploitation d'une activité sur un marché ouvert à la concurrence, la Régie, qui disposait par ailleurs de ferries, [aurait-elle été] obligée de supporter le coût de l'Amporelle pour assurer ses missions de service public [?] ».

Tout vient à point à qui sait attendre. La longueur de la saga des vedettes vendéennes n'aura pas porté chance aux entreprises concurrentes à la Régie, mais l'intervention de l'arrêt *Post Danmark* en cours d'instance aura du moins permis que le retour à la question essentielle et plusieurs fois évitée, celle de la détermination des coûts incrémentaux, se fasse dans une logique économique pleinement satisfaisante. Ce retour nécessaire à la question qui aurait dû être tranchée *ab initio* aurait sans doute de toute façon eu lieu, car la logique le commandait. Cependant, les coûts sont toujours difficiles à mesurer et l'imputation des coûts communs ne peut être faite sur la base de seuls calculs. Les choix qui doivent nécessairement être faits gagnent donc à l'être dans la perspective d'une interprétation téléologique du droit. C'est en ce sens que l'adhésion claire de la Cour d'appel à une approche par les effets est particulièrement bienvenue. Elle l'est de manière générale, bien sûr, mais aussi de manière particulière, pour les besoins de cette affaire. L'autorité à présent saisie a le devoir de s'attacher à caractériser l'effet d'éviction des pratiques en cause. Ce sera non seulement l'occasion d'appliquer les notions de coût incrémental et de concurrent aussi efficient, ce qui intéressera tous les praticiens et universitaires qui suivent les questions d'abus de position dominante, et ce sera peut-être aussi l'occasion de rendre justice – fût-ce *post mortem* – aux entreprises évincées en mettant au centre de l'analyse les effets dont elles ont peut-être (il ne faut pas préjuger de la décision de l'Autorité) été victimes.

En dehors de quelques scories de forme (visa de l'article L 420-1 au lieu de l'article L. 420-2 [p. 20] ; Décision Deutsche Post de la Commission érigée en arrêt de la Cour (p. 21) et référence à l'arrêt *Akso* [p. 21]), l'arrêt de la Cour d'appel rassure. Il mérite d'être entièrement approuvé sur le plan des principes et, en l'espèce, parce qu'il remet enfin l'affaire des vedettes sur le droit chemin.

A.-L. Sibony

Concurrences N° 2-2013, Art. N° 52171, p. 74

Voir aussi, sur les suites de l'affaire

Aut. conc., 31 mai 2018, déc. n° 18-D-07 relative à des pratiques mises en œuvre dans le secteur des services de traversées maritimes de passagers entre le continent et l'Ile d'Yeu

F. Marty, Prix d'éviction : L'Autorité de la concurrence rend une décision de non-lieu dans une affaire de prix d'éviction dans le domaine des dessertes maritimes (Services de traversées maritimes de passagers entre le continent et l'Île d'Yeu), 31 mai 2018, Concurrences N° 3-2018, Art. N° 87589, pp. 105-107.

Affaire « GlaxoSmithKline »

Cass. com., 17 mars 2009, Ministre de l'Économie, n° 08-14.503

La Cour de cassation approuve l'analyse de la Cour d'appel de Paris concernant l'absence de prix prédateurs.

Le 14 mars 2007, le Conseil de la concurrence avait rendu sa première décision, particulièrement remarquée, condamnant une société pour avoir pratiqué des prix prédateurs (Cons. conc., déc. n° 07-D-09 du 14 mars 2007 relative à des pratiques mises en œuvre par le laboratoire GlaxoSmithKline France, voir not. obs. A.-L. Sibony, « Retour sur la méthode de qualification des prix prédateurs », *RLC* 2007, n° 12, p. 17 et A. Wachsmann et L. Flochel, *Concurrences*, N° 2-2007, p. 110).

Le Conseil de la concurrence avait considéré que le laboratoire GSK avait mis en œuvre une politique de prix bas sur un marché où il ne disposait pas d'une position dominante, dans le but de dissuader ses concurrents d'entrer sur un autre marché où il était en revanche l'opérateur dominant. Le Conseil avait considéré qu'« observant cette agressivité, et pourvu que la crédibilité du message soit assurée, les concurrents potentiels s'abstiendront d'entrer sur les autres marchés, redoutant un comportement identiquement agressif du prédateur » (Cons. conc., déc. n° 07-D-09 du 14 mars 2007, précitée, pt 257). Le Conseil de la concurrence avait à cette occasion fait sienne la notion de prédation dite « par réputation » ou « par signal ».

Cette approche avait été critiquée par la Cour d'appel qui, dans son arrêt du 8 avril 2008, Laboratoire GSK (obs. A.-L. Sibony, « Prix prédateurs : La Cour d'appel de Paris réforme la décision condamnant Glaxo pour une pratique de prix prédateurs évinçant les fabricants de médicaments génériques du marché des hôpitaux », *Concurrences*, N° 2-2008, p. 118), avait annulé la décision du Conseil de la concurrence en considérant que les deux marchés en cause n'étaient pas étroitement liés et qu'il n'était pas établi que les concurrents potentiels de GSK disposaient immédiatement d'informations précises et complètes sur les prix pratiqués et sur les pertes subies par GSK, dont l'analyse aurait dû influer sur leur propre décision d'entrer ou non sur le marché en cause. La Cour d'appel avait en outre indiqué que les notions de perception d'une « réputation » et d'identification d'un « signal » étaient « empreintes d'une forte part de subjectivité » (p. 13).

Se prononçant sur le pourvoi formé par le ministre de l'Économie contre cet arrêt, la Cour de cassation fait sienne l'analyse de la Cour d'appel en énonçant clairement que « les articles L. 420-2 du Code de commerce et 82 du traité CE présupposent l'existence d'un lien entre la position dominante et le comportement prétendument abusif qui n'est normalement pas présent lorsqu'une pratique abusive est mise en œuvre sur un marché distinct du marché dominé ». Cette situation peut toutefois se présenter lorsqu'il est démontré que :

- « c'est pour renforcer sa position dominante sur un marché qu'une entreprise a mis en œuvre une pratique abusive sur un marché distinct qu'elle ne domine pas » (voir sur ce point l'arrêt de la CJCE du 3 juillet 1991, *Akzo Chemie BV*, C-62/86, pts 35 à 45, selon lequel : « la Commission était fondée à considérer que le marché des peroxydes organiques était le marché en cause, et cela même si le comportement abusif allégué était destiné à saper l'activité principale d'ECS sur un marché distinct ») ;
- ou bien lorsque « des marchés présentent des liens de connexité si étroits qu'une entreprise se trouve dans une situation assimilable à la détention d'une position

dominante sur l'ensemble des marchés en cause » (voir sur ce point, l'arrêt de la CJCE du 14 novembre 1996, *Tetra Pak International*, aff. C-333/94, pts 21 à 33, selon lequel : « c'est à bon droit que le Tribunal a admis l'application en l'espèce de l'article 8[2] du traité, compte tenu de ce que la position quasi-monopolistique détenue par Tetra Pak sur les marchés aseptiques et sa position prééminente sur les marchés non aseptiques, distinctes, mais étroitement connexes, plaçaient cette entreprise dans une situation assimilable à la détention d'une position dominante sur l'ensemble des marchés en cause »).

Au cas présent, la Cour de cassation approuve la Cour d'appel pour avoir considéré qu'il n'y avait pas de circonstances particulières permettant d'établir un lien entre le comportement de GSK sur le marché non dominé et la position dominante détenue sur l'autre marché.

A. Wachsmann, B. Thomas
Concurrences N° 2-2009, Art. N° 26027, p. 117

Voir aussi, sur les origines de l'affaire

Cons. conc., déc. n° 07-D-09 du 14 mars 2007 relative à des pratiques mises en œuvre par le laboratoire GlaxoSmithKline France

A. Wachsmann, L. Flochel, C. Pommies, Prix prédateurs : Le Conseil de la concurrence condamne lourdement un laboratoire pharmaceutique pour avoir freiné le développement des médicaments génériques à l'hôpital par une pratique de prix prédateurs (GlaxoSmithKline), 14 mars 2007, Concurrences N° 2-2007, Art. N° 13487, pp. 110-115.

CA Paris, 8 avr. 2008, Laboratoire GlaxoSmithKline, RG n° 2007/07008

A.-L. Sibony, Prix prédateurs : La Cour d'appel de Paris réforme la décision condamnant Glaxo pour une pratique de prix prédateurs évinçant les fabricants de médicaments génériques du marché des hôpitaux (GlaxoSmithKline), 8 avril 2008, Concurrences N° 2-2008, Art. N° 16564, p. 118.

C. Momège, Instruction : La Cour d'appel de Paris apporte quelques précisions en matière d'instruction et confirme la procédure suivie par le Conseil (GlaxoSmithKline), 8 avril 2008, Concurrences N° 2-2008, Art. N° 16774, p. 157.

Affaire « Orange Caraïbe »

Cass. com., 6 janv. 2015, 2 arrêts, Orange Caraïbe, n° 13-21.305 et 13-22.477

La Cour de cassation rejette un pourvoi et confirme définitivement la condamnation pour abus sur le marché de la téléphonie mobile.

Pour la seconde fois, la chambre commerciale statue sur un recours concernant la décision de l'Autorité de la concurrence dans l'affaire Orange Caraïbe, qui remonte à 2009 (Aut. conc., déc. n° 09-D-36 du 9 décembre 2009, cette chronique). Orange Caraïbe, filiale de France Telecom, avait alors été condamnée, solidairement avec sa société-mère, à une amende de 53 millions d'euros pour avoir abusé de sa position dominante au début des années 2000. Les différentes pratiques reprochées à Orange Caraïbe avaient en commun d'ériger des barrières à l'entrée sur un marché où Orange avait joui d'un monopole de fait pendant quatre années. Ces pratiques étaient de quatre types. Premièrement, elles concernaient la distribution des terminaux mobiles, abonnements et cartes prépayées.

À cet égard, Orange Caraïbe avait opté pour des distributeurs mono-marque, ce qui rendait plus coûteuse l'entrée des concurrents, qui avaient dû créer leur propre réseau de distribution dans un environnement où les possibilités de trouver des partenaires commerciaux étaient relativement limitées. Deuxièmement, Orange avait pratiqué une discrimination tarifaire entre les appels « on-net » et « off-net ». En s'appuyant sur un effet de réseaux et en l'amplifiant, elle avait fidélisé ses clients, agrandi sa base et limité les revenus des opérateurs concurrents, ceux-ci apparaissant aux clients comme « chers à appeler ». Une troisième barrière à l'entrée résultait de l'offre de fidélisation permettant aux clients d'Orange Caraïbe de changer de téléphone mobile à moindres frais lorsqu'ils avaient acquis un certain nombre de points de fidélité et s'engageaient pour une durée de 24 mois. Enfin, quatrièmement, Orange Caraïbe avait préempté l'unique réparateur de téléphones agréé présent dans la zone, rendant plus difficile l'organisation d'un service après-vente performant pour ses concurrents.

Après un appel, un pourvoi (Cass. com., 31 janvier 2012, n° 10-25.772, 10-25.775 et 10-25.882), un deuxième arrêt de la Cour d'appel (CA Paris, 4 juillet 2013, Orange Caraïbe, cette chronique), on pensait l'affaire close. C'était négliger l'ardeur contentieuse de l'opérateur historique, qui a formé un second pourvoi.

À vrai dire, il était difficile de trouver dans cette affaire un point qui n'avait pas déjà été abondamment discuté en fait comme en droit, aussi l'arrêt de la chambre commerciale n'apporte-t-il rien de vraiment nouveau. En réponse au premier moyen, la Cour de cassation applique les règles de droit européen concernant la responsabilité des sociétés-mères pour les actes de leurs filiales. Ce point était important à la fois en pratique pour France Télécom et en droit dans la décision de l'Autorité de concurrence, car, à l'époque, le droit français n'était pas aligné sur le droit de l'Union concernant l'imputabilité (*Concurrences* N° 1-2010). Toutefois, l'imputabilité avait entretemps été amplement discutée et la jurisprudence européenne récente n'a pas modifié les principes applicables. Dans l'arrêt rapporté, la Cour de cassation se borne donc à appliquer les règles bien établies : la présomption d'imputabilité des actes d'une filiale à la société-mère est réfragable et, contrairement à ce qu'avançait France Télécom, la Cour d'appel n'en a pas fait une présomption irréfragable en retenant que, en l'espèce, France Télécom était restée en défaut de prouver l'autonomie de sa filiale Orange Caraïbe.

Le second moyen portait sur l'appréciation de l'effet sensible des pratiques reprochées à Orange Caraïbe sur la concurrence. Il comportait non moins de 18 arguments, tendant tous à faire juger que la Cour d'appel n'aurait pas convenablement tenu compte de différents éléments qui, selon le pourvoi, tendaient à démontrer l'absence d'effet sensible des pratiques en cause sur la concurrence. La Cour de cassation y répond en sept points, parmi lesquels cinq retiennent l'attention.

Les effets potentiels difficiles à démêler : une analyse pratique par pratique n'est pas requise

Le premier point a trait à l'appréciation des effets sur la concurrence. La chambre commerciale rappelle que l'application de l'article 102 ne suppose pas la démonstration d'un effet concret des pratiques mais seulement un effet probable. Ceci n'était pas discuté. Le pourvoi cherchait en revanche à faire juger que la Cour d'appel aurait dû identifier l'effet probable de chacune des pratiques reprochées à Orange Caraïbe. À cet égard, la Cour d'appel avait relevé que, en présence d'une multiplicité de pratiques visant toutes à ériger des barrières à l'entrée, il était très difficile d'identifier l'effet (potentiel) propre de chacune. La Cour de cassation l'admet et précise que, lorsque plusieurs pratiques différentes sont en cause comme en l'espèce, il n'est pas exigé que l'effet propre de chacune des pratiques soit analysé de manière séparée. Il suffit que, prises ensemble, les pratiques soient de nature à provoquer une éviction anticoncurrentielle. En l'espèce, un effet probable d'éviction était caractérisé de manière circonstanciée dans la décision de l'Autorité de 2009 dont l'analyse au fond avait été validée par la Cour d'appel. La chambre commerciale retient donc que l'érection de barrières à l'entrée de différentes natures et, partant, d'un effet anticoncurrentiel potentiel, a été démontré à suffisance de droit.

La preuve de l'absence d'effets : la Cour d'appel n'a pas privé sa décision de base légale

En deuxième lieu, la chambre commerciale répond à une série d'arguments par lesquels le pourvoi reprochait à la Cour d'appel de ne pas avoir convenablement tenu compte d'éléments factuels d'où il résulterait que les pratiques litigieuses n'auraient pas eu d'effet. Le pourvoi reprochait aussi à la Cour d'appel de ne pas avoir correctement analysé l'incidence des mesures conservatoires qui avaient été prononcées par le Conseil de la concurrence en 2004. L'argumentation du pourvoi était assez difficile à soutenir d'un point de vue purement logique. En effet, qu'il s'agisse de l'exclusivité vis-à-vis des distributeurs et du réparateur agréé, France Télécom faisait plaider que ses pratiques n'avaient pas eu d'effet et en voulait pour preuve le fait que les mesures conservatoires qui avaient mis fin aux exclusivités n'avaient pas conduit à une évolution majeure du marché : la distribution de téléphones mobiles et d'abonnements était restée mono-marque, et le nouvel entrant n'avait pas eu recours au réparateur agréé bien que la possibilité lui ait été formellement ouverte. Bien sûr, le fait que les mesures conservatoires n'aient pas conduit à une modification de l'organisation de la distribution ou de la réparation ne dit rien de l'effet initial des pratiques. Le fait que ces mesures n'aient pas suffit à ouvrir le marché dans certaines de ses dimensions n'implique pas que celui-ci n'ait pas été préalablement fermé par les pratiques reprochées à Orange Caraïbe. Par ailleurs, la Cour d'appel avait bien tenu compte de l'effet probable des mesures conservatoires en relevant que c'est après leur mise en œuvre que la part de marché d'Orange Caraïbe avait commencé à subir une érosion.

L'effet du programme de fidélisation : une motivation en forme d'ouverture à l'analyse comportementale

Concernant le programme de fidélisation « changez de mobile » qui permettait aux abonnés d'Orange Caraïbe ayant accumulé un certain nombre de points de fidélité de pouvoir changer de téléphone à condition de se réabonner pour 24 mois, la Cour de cassation considère que le lien de causalité entre cette pratique et l'effet d'éviction a suffisamment été établi dès lors que les juges du fond ont relevé une augmentation des parts de marché d'Orange Caraïbe lorsque le programme a commencé à faire sentir ses effets. Le point intéressant concerne l'explication qui est donnée du mécanisme opératoire du plan de fidélisation. La chambre commerciale retient que cette offre « était de nature à dissuader [l'abonné] de migrer vers d'autres opérateurs pour ne pas perdre la contre-valeur de ses points et ainsi à ériger une barrière à l'entrée du marché pour tout nouvel opérateur ». Le mot qui nous paraît important dans ce motif (adopté) est « perdre ». Il reflète très exactement – peut-être sans que les juges français n'en aient une claire conscience – un résultat acquis de la science. En psychologie, l'aversion aux pertes est en effet bien documentée (depuis D. Kahneman, and A. Tversky, (1984), « Choices, Values, and Frames », *American Psychologist* 39 (4) : 341-350). L'aversion à la perte a notamment été mise en évidence par des expériences qui montrent que les sujets éprouvent lorsqu'on leur retire quelque chose (par exemple, des points de fidélité) un désagrément beaucoup plus fort que l'agrément qu'ils retirent lorsqu'ils reçoivent la même chose. L'asymétrie dans nos évaluations de la valeur des choses selon que nous les possédons ou non, se combine souvent avec ce qu'on appelle l'effet de dotation (*endowment effect*) pour produire des comportements (par exemple, le choix d'un contrat de téléphonie mobile) qui tendent à conserver ce qu'on a le sentiment de posséder. Une argumentation comportementale aurait tout à fait pu soutenir les appréciations de la Cour d'appel qui se trouvent ici validées par la Cour de cassation. Le choix par la chambre commerciale de termes qui reflètent très exactement la manière dont la psychologie appréhende les comportements des consommateurs dans une situation comme celle en cause, est peut-être un signe d'ouverture à des argumentations comportementales en droit de la concurrence et peut être au-delà (pour une perspective comportementale en droit des contrats de consommation, v. notamment O. Bar-Gill, Seduction by Contract, OUP, 2013).

L'effet de la différenciation tarifaire

En ce qui concerne la tarification différenciée des appels « on-net » et « off-net », la chambre commerciale considère que les effets potentiels de cette pratique ont suffisamment été caractérisés dès lors que la décision critiquée retient que cette tarification a potentiellement les trois effets suivants. Premièrement, elle fait apparaître les opérateurs concurrents comme des opérateurs « chers à appeler » pour les clients concernés d'Orange Caraïbe (ceux qui utilisaient des cartes pré-payées, qui sont peut-être les plus sensibles au prix). Ces clients, dès lors, sont susceptibles de limiter volontairement le nombre et/ou la durée de leurs appels vers des abonnés de l'opérateur concurrent (à l'époque Bouygues Telecom Caraïbe, devenu Digicel). Cet effet vraisemblable sur les comportements des clients est à son tour (troisième effet) de nature à réduire les revenus de l'opérateur qui reçoit ainsi moins d'appels entrants sur son réseau, car il reçoit alors *ipso facto* de moindres sommes au titre des terminaisons d'appels. Le scénario est crédible et corroboré par le fait que les parts de marché d'Orange Caraïbe ont commencé à baisser après la mise en œuvre des mesures conservatoires, qui comportaient un volet relatif à la tarification différenciée. Là encore, un scénario crédible d'éviction qui repose sur une hypothèse vraisemblable quant au comportement des clients face à une tarification est tout ce qui est requis pour motiver à suffisance de droit un constat d'abus de position dominante.

Causalité et marchés connexes

Sans surprise, la chambre commerciale refuse de revenir sur l'analyse du lien de causalité entre la position et les pratiques qualifiées d'abusives. Ce lien est suffisamment caractérisé dès lors que la Cour d'appel a pris soin d'établir que la possibilité de proposer une tarification différenciée découlait de la position dominante d'Orange Caraïbe sur le marché de la terminaison d'appels vers son propre réseau (par hypothèse, chaque opérateur détient une position dominante sur un tel marché). À cet égard, sa position dominante sur le marché des services de téléphonie mobile aux particuliers était sans incidence. Le fait de consentir une réduction de ses revenus de terminaison d'appels entrants permettait à Orange Caraïbe d'élargir sa base de clientèle et d'affermir encore sa position dominante sur le marché de détail.

Prise en considération des effets au stade de la sanction

Le dernier point concerne une contradiction de motifs alléguée par le pourvoi. D'un côté, la Cour d'appel avait retenu qu'un effet potentiel suffisait à la qualification de pratique abusive mais, au stade de la sanction, elle avait retenu que les pratiques avaient eu un effet réel. Très logiquement, la Cour de cassation retient qu'il n'y a aucune contradiction à juger que, en droit, il n'est pas nécessaire d'établir des effets réels au stade de la qualification et, par ailleurs, à tenir compte au stade de la sanction des effets réels qui sont établis. Cette précision d'ordre logique va de soi mais peut avoir une incidence lorsque, comme ici, parmi les effets de plusieurs pratiques, seuls quelques-uns sont certains ou quantifiables.

Cette précision est aussi rassurante. Il serait tout de même paradoxal que, lorsque de tels effets peuvent être établis, il n'en soit tenu aucun compte. Assurément, ce serait la fin de l'approche par les effets.

A.-L. Sibony
Concurrences N° 2-2015, Art. N° 72753, p. 94

Voir aussi, sur les origines de l'affaire

– La décision de l'Autorité

Aut. conc., déc. n° 09-D-36 du 9 déc. 2009 relative à des pratiques mises en œuvre par Orange Caraïbe et France Télécom sur différents marchés de services de communications électroniques dans les départements de la Martinique, de la Guadeloupe et de la Guyane

A.-L. Sibony, Distribution exclusive : L'Autorité de la concurrence inflige conjointement et solidairement à France Telecom et à Orange Caraïbe une amende de 52,5 millions d'euros au titre de la violation des articles L. 420-1 C. com. et 82 CE par des pratiques de distribution exclusive et par ailleurs sanctionne individuellement à hauteur de 10,5 millions d'euros des pratiques de ciseau tarifaire de France Telecom (Orange Caraïbe ; France Télécom), 9 décembre 2009, Concurrences N° 1-2010, Art. N° 30238, pp. 107-109.

– Le premier arrêt de la cour d'appel

CA Paris, 23 sept. 2010, Digicel Antilles Françaises Guyane e. a., RG n° 2010/00163

L. Nicolas-Vullierme, Notion d'affectation : La Cour d'appel de Paris fait une lecture erronée de la notion d'affectation du commerce entre États membres (Digicel Antilles Françaises Guyane e. a.), 23 septembre 2010, Concurrences N° 4-2010, Art. N° 32947, pp. 106-107.

– L'arrêt de la Cour de cassation

Cass. com., 31 janv. 2012, France Telecom, Orange Caraïbe, n° 10-25.772 e. a.

C. Lemaire, S. Naudin, Affectation du commerce entre États membres : La Commission européenne fait usage des prérogatives que lui confère l'article 15, § 3 du règlement n° 1/2003 et intervient comme amicus curiae devant la Cour de cassation sur la définition de la notion d'affectation du commerce entre États membres (France Telecom, Orange Caraïbe), 31 janvier 2012, Concurrences N° 2-2012, Art. N° 45965, p. 146.

– Le second arrêt de la cour d'appel

CA Paris, 4 juill. 2013, Orange Caraïbe, RG n° 2012/05160

A.-L. Sibony, Abus d'éviction : La Cour d'appel de Paris fait une application orthodoxe du droit de l'Union en ce qui concerne la notion d'affectation du commerce entre États membres et valide la décision du Conseil de la concurrence qui avait condamné des pratiques d'éviction sur le marché de la téléphonie mobile aux Caraïbes (Orange Caraïbe), 4 juillet 2013, Concurrences N° 4-2013, Art. N° 59136, p. 87.

Voir aussi, sur les suites de l'affaire

Cass. com., 5 avr. 2018, Orange et SFR, n° 16-19.186 et n° 16-19.274

L. Binet, Différenciation tarifaire : La Cour de cassation rejette l'ensemble des pourvois formés contre un arrêt de la Cour d'appel de Paris confirmant une décision dans laquelle l'Autorité de la concurrence avait sanctionné des opérateurs de téléphonie mobile pour des pratiques de différenciation tarifaire on net / off net (Orange et SFR), 5 avril 2018, Concurrences N° 3-2018, Art. N° 87587, pp. 104-105.

Affaire « Différenciation tarifaire off net / on net »

CA Paris, 19 mai 2016, Orange et SFR, RG n° 13/01006

La Cour d'appel de Paris réduit les sanctions pécuniaires infligées à des opérateurs téléphoniques pour différenciation tarifaire abusive entre les appels on-net et off-net.

Le droit de l'abus de position dominante doit décidément beaucoup à l'ouverture à la concurrence dans le secteur des télécoms. Cette fois, il s'agit de pratiques qui ont eu lieu en France métropolitaine, entre 2005 et 2011. À l'époque, les opérateurs de téléphonie mobile offraient des abonnements distinguant les appels dit on-net (appels entre abonnés du même opérateur) et les appels off-net (appels vers un abonné d'un autre opérateur que celui de l'appelant). Selon des formules diverses, les appels on-net étaient « illimités » tandis que les appels off-net étaient décomptés d'un forfait. En réalité, les appels on-net n'étaient pas réellement illimités, ou plutôt ils l'étaient... dans certaines limites temporelles (soir et week-end, par exemple) ou quantitatives (par exemple, pour trois numéros de membres de la « tribu » de l'abonné). Il n'en reste pas moins que ces offres dites « d'abondance » réservaient un traitement différencié aux appels on-net et aux appels off-net, en créant précisément pour l'abonné un sentiment d'abondance pour les premiers et un sentiment de rareté pour les seconds.

Situation inédite : une différenciation tarifaire implicite

Cette caractéristique était *a priori* difficile à saisir au regard des catégories habituelles du droit de la concurrence, car il ne s'agissait pas d'une différence de prix nominal. Contrairement aux situations envisagées dans d'autres affaires, les opérateurs ne facturaient pas dans le cas présent un prix par minute pour les appels off-net et un autre pour les appels on-net (pour l'hypothèse de différenciation tarifaire nominale, v. par exemple CA Paris, 4 juill. 2013, *Orange Caraïbe*, RG 2012/05160 et Cass. com., 6 janv. 2015, *Orange Caraïbe*, n° 13-21.305 13-22.477 et Aut. conc., déc. n° 15-D-17 du 30 nov. 2015, cette chronique, *Concurrences* N° 1-2015, p. 105).

C'est cette subtilité qui avait conduit l'Autorité à reconstruire par un savant calcul une tarification différenciée. La manière dont elle avait monétisé l'avantage d'abondance avait bien sûr été contestée par les opérateurs concernés, pour qui l'enjeu n'était pas tout à fait anecdotique, puisqu'ils avaient respectivement été condamnés à des amendes de 117,4 millions d'euros (Orange) et 65,7 millions d'euros (SFR). Au-delà du calcul, les opérateurs condamnés contestaient plus fondamentalement la qualification d'abus. Ils faisaient valoir que des pratiques de différenciation comme celles en cause en l'espèce n'avaient jamais été jugées abusives. Orange et SFR faisaient valoir que, en droit, le seul test pertinent était le test de ciseau tarifaire, test au regard duquel les pratiques ne pouvaient pas être condamnées.

Sur le plan de la qualification, cette affaire soulevait donc la question de savoir si une pratique de différenciation tarifaire peut être abusive même lorsqu'elle est implicite. Plus fondamentalement, elle est éclairante sur la philosophie de l'article 102. S'applique-t-il à des pratiques qui augmentent les coûts des concurrents (*raise rival's costs*) sans toutefois aller jusqu'à rendre leur exploitation non rentable ? On touche ici aux limites de la « responsabilité spéciale » des entreprises en position dominante. En d'autres termes, derrière la question technique apparaît comme souvent la question lancinante des buts de l'article 102. Cela n'a toutefois pas conduit la Cour d'appel à saisir la Cour de justice de questions préjudicielles, alors même qu'elle y était invitée par les parties. Il est vrai que les questions suggérées étaient formuées de manière très proche des faits et ne se prêtaient pas bien à une saisine de la Cour. Quoi qu'il en soit, la Cour s'est estimée suffisamment éclairée par l'avis de la Commission européenne qu'elle avait sollicitée à titre d'*amicus curiae.*

La différenciation tarifaire abusive

La différenciation tarifaire abusive, qualification intermédiaire relativement récente dans le droit de l'abus de position dominante, n'est pas inspirée par la doctrine économique. Elle semble venir tout droit du principe général de non-discrimination (p. 11 de l'arrêt). Pour autant, le constat de discrimination doit être complété par un scénario de restriction de concurrence (il n'est pas spécifiquement question de dommage aux consommateurs).

La discrimination au cœur de la qualification

Le test adopté par l'Autorité de la concurrence, approuvé par la Commission et validé par la Cour d'appel de Paris est en effet un test général de discrimination. Il consiste en deux étapes : 1. Les situations (ici les prestations qui rendent possibles les appels on-net et off-net) sont-elles comparables ? et 2. Sont-elles traitées différemment ? Ici, il était constant que les appels on-net et off-net étaient traités différemment par les opérateurs – c'était précisément l'objet des offres d'abondance. La seule question était donc de savoir si les situations étaient comparables. Les arguments avancés par les opérateurs pour considérer qu'elles ne l'étaient pas sont rejetés. La comparaison est effectuée non pas du point de vue des consommateurs, pour qui, en raison précisément des offres d'abondances, il n'était pas équivalent de passer un appel on-net ou off-net, mais du point de vue des opérateurs. Plus précisément, l'élément que la Cour retient comme déterminant au regard des pratiques en cause est que, dans les deux cas, une prestation de terminaison d'appel est nécessaire. Dans le cas des appels off-net, celle-ci donne lieu à une facturation effective entre opérateurs (selon des tarifs régulés), tandis que dans le cas des appels on-net, il s'agit d'une auto-facturation. La Cour ne considère pas que le fait que les tarifs de terminaisons d'appel soient différents pour les deux types d'appel les rende incomparables, ce qui nous semble convaincant. Une discrimination tarifaire – à l'égard des abonnés – est donc bien présente. Si l'on suit bien le raisonnement de la Cour d'appel – il n'est pas explicité en ces termes – le constat d'une discrimination doit être complété par un scénario d'éviction.

Le scénario d'éviction

La Cour admet que l'Autorité a démontré à suffisance de droit la possibilité d'une éviction anticoncurrentielle. Cette démonstration repose sur deux éléments : le rapport entre le prix pratiqué (qui était un prix régulé) et les coûts, d'une part, et l'effet de réseau, d'autre part, ou plus exactement une série d'effet de réseau minutieusement analysés.

L'augmentation des coûts du concurrent

Concernant les coûts, l'Autorité avait établi que les deux principaux opérateurs de téléphonie mobile facturaient la terminaison d'appel sur leurs réseaux respectifs (marchés pertinents sur lesquels chacun détenait un monopole) à des prix « significativement supérieurs » aux coûts supportés. Selon les calculs de l'Autorité, ces prix étaient plus de six fois supérieurs aux coûts.

Concernant l'effet de réseau, les offres on-net sont bien sûr un cas d'école. Par hypothèse, elles sont plus attractives venant d'un opérateur qui a une part de marché importante, puisque d'avantage de correspondants potentiels sont sur ce réseau et pourront être appelés à des conditions avantageuses. À l'époque des faits, Orange (alors France Télécom) détenait environ 45 % du marché des abonnés mobiles en France, SFR 35 % et Bouygues 17 %. Dans ces conditions, l'Autorité avait estimé qu'il n'était pas possible pour Bouygues, qui était à l'origine de la plainte, de proposer une offre on-net attractive (pts 512 à 520 de la décision).

En appel, SFR contestait cette appréciation au motif que la possibilité pour Bouygues de répliquer l'offre on-net de ses concurrentes n'avait pas été sérieusement examinée. La Cour d'appel rejette ce grief en se référant à deux études versées aux dossiers (p. 17). La première indiquait que la perte de profit par abonné liée au lancement d'une offre on-net est plus importante pour le plus petit opérateur que pour les plus grands. C'était sans doute démontré en l'espèce, mais on notera que ce résultat n'est pas *a priori* évident, puisque, précisément, le plus petit opérateur peut facturer une plus grande proportion des communications au tarif off-net que des opérateurs au réseau plus important. Pour lui, les communications on-net subventionnées pèsent donc relativement moins lourd. La seconde étude citée par la Cour d'appel livrait un résultat très intéressant : des consommateurs qui avaient été interrogés sur l'attractivité de différentes offres changeaient d'avis lorsqu'on leur révélait que l'offre qu'ils avaient sélectionnée était celle de Bouygues Telecom. Ce retournement des préférences est interprété comme une indication du fait que les consommateurs percevaient le réseau Bouygues comme sous-dimensionné pour que des offres d'abondance on-net de cet opérateur soient attractives.

La Cour d'appel considère donc qu'il n'y avait pas lieu d'investiguer plus avant si, sur un plan strictement économique, Bouygues aurait pu lancer une offre on-net. On laissera de côté la question des exigences de preuve appliquées par la Cour d'appel, sur lesquelles il est difficile de porter une appréciation sans avoir connaissance des études citées. Il nous paraît en revanche intéressant de relever que, sur le fond, la Cour semble considérer que la question soulevée par SFR était bien pertinente.

Cette question était de savoir si Bouygues, qui prétend que les pratiques en cause étaient de nature à l'évincer du marché, aurait pu répliquer les offres d'abondances on-net. La question de savoir si Bouygues pouvait faire autre chose pour concurrencer efficacement les offres d'abondance des deux principaux opérateurs ne semble pas avoir été au cœur des débats. C'est là, nous semble-t-il, qu'on touche à l'esprit de l'article 102. Cette disposition vise-t-elle vraiment à permettre aux nouveaux entrants sur un marché à faire la même chose que les opérateurs en place ? La responsabilité spéciale de ceux-ci va-t-elle jusqu'à les obliger à garantir aux concurrents la possibilité d'entrée sur le marché en imitant la stratégie des entreprises en place ? Nous n'en sommes pas très loin. En effet, l'article 102 est ici utilisé pour aller au-delà de ce à quoi la régulation sectorielle obligeait Orange et SFR.

Situation à la Deutsche Telekom : les prix abusifs étaient conformes à la régulation sectorielle

Comme dans l'affaire Deutsche Telekom (C 280/08 P, EU:C:2010:603, cette chronique, *Concurrences* N° 1-2011, pp. 91-95), les entreprises en cause dans la présente affaire avaient pu penser que leurs tarifs de terminaison d'appel étaient conformes au droit, puisqu'ils respectaient les plafonds fixés par l'ARCEP. Mais, pas plus que dans l'affaire Deutsche Telekom, la conformité des pratiques en cause à la régulation sectorielle ne constitue pour les entreprises en position dominante un bouclier efficace contre l'application de l'interdiction des abus de position dominante. La Cour d'appel relève à cet égard que le prix de la terminaison d'appel était systématiquement aligné sur les tarifs maximums fixés par l'ARCEP (p. 18). Certes, ce n'est pas ce qui, en soi, rend les prix abusifs. C'est l'écart entre les prix pratiqués et les coûts supportés (*supra*) qui conduit à qualifier les prix de « supra-concurrentiels » en ce qu'ils ont provoqué une « élévation significative des coûts des concurrents » (p. 18). La Cour d'appel se réfère sur ce point à l'avis de la Commission, selon lequel « la régulation sectorielle dans un cas comme le présent n'exclut pas l'application de l'article 102 TFUE » (p. 22, v. aussi p. 25). Il n'y a là rien qui puisse surprendre, puisque ce principe résultait déjà clairement de la jurisprudence européenne, aux termes de laquelle, tant que la régulation laisse aux entreprises régulées une marge de manœuvre, celles d'entre elles qui sont en position dominante doivent l'utiliser dans les limites de leur responsabilité spéciale (*Deutsche Telekom*, préc., *Telia Sonera*, C-52/09, EU:C:2011:83, cette chronique, *Concurrences* N° 2-2011, p. 108).

En revanche, l'affaire présentait une hypothèse qui n'avait pas été explicitement couverte par la jurisprudence antérieure. Cela tient au fait que la régulation en cause en l'espèce était asymétrique : elle avantageait le nouvel entrant, à savoir Bouygues Telecom (p. 23). À l'époque, cet opérateur était en effet autorisé à pratiquer des prix de terminaison d'appel plus élevés que ceux des entreprises en place depuis plus longtemps. Cette asymétrie dans la régulation était destinée à compenser, pendant une période initiale (jusqu'en 2008) les coûts de terminaison d'appel plus élevés de Bouygues Telecom, ces surcoûts étant liés au fait que Bouygues Telecom ne pouvait bénéficier économies d'échelle semblables à celles des opérateurs plus anciens. Au cours de la période suivante (qui a duré jusqu'en 2011), la régulation asymétrique a perduré, mais au nom d'une justification un peu différente. Il s'agissait alors de compenser non seulement les asymétries de coûts, mais aussi les asymétries de trafic (la proportion d'appels sortants destinés à un autre réseau – appels pour lesquels il faut payer une charge de terminaison – est nécessairement plus élevée pour un opérateur plus petit que pour un opérateur plus grand).

Les deux défenderesses prenaient appui sur le caractère asymétrique de la régulation pour avancer une cause d'exonération inédite : les décisions du régulateur auraient, selon elles, abouti à compenser entièrement – voire à surcompenser – les asymétries de coûts qui existaient entre elles et Bouygues Telecom. Cette dernière aurait, toujours selon les appelantes, bénéficié d'une compensation (indue) du déséquilibre de son solde d'interconnexion alors que celui-ci provenait pour partie de sa stratégie commerciale, et plus précisément du lancement de son offre d'abondance cross-net (offre dite « Néo »). La Cour d'appel rejette cet argument, retient que la régulation asymétrique n'avait pas vocation à compenser en totalité l'asymétrie des soldes d'interconnexion et n'avait pas non plus abouti à ce résultat en fait. Pour cette raison, la Cour décline (p. 24) l'invitation d'Orange à saisir la Cour de justice d'une question préjudicielle tendant à faire juger si, en droit, un abus peut être imputé à une entreprise en position dominante alors que les conséquences du comportement en cause sont compensées pour le concurrent qui se dit injustement évincé par une intervention du régulateur. Si la question manquait peut-être de pertinence en l'espèce au regard des faits, elle n'en reste pas moins intéressante. Pour rare que soit l'hypothèse visée, la question non posée aurait en effet constitué un révélateur du véritable rôle de l'intention dans la notion d'abus.

Analyse des différents effets

En l'espèce, ce scénario reposait sur l'analyse de quatre effets : un effet amplification de l'effet dit « de tribu » et un effet corrélatif de « verrouillage », ainsi qu'un effet de « club statistique » et un effet de rétention du trafic. Ces quatre « effets » sont autant de mécanismes qui, pris ensemble, contribuent à rendre vraisemblable un effet sur la structure du marché (v. p. 34).

Effet de tribu

La Cour d'appel note (p. 27), que les consommateurs ont naturellement tendance à recommander à leurs proches de s'abonner chez le même opérateur. Ce fait était constant entre les parties et ne fait donc l'objet d'aucune discussion. Une offre d'abondance, qui distingue les communications on-net et off-net, a pour effet de renforcer cet effet de tribu, dans la mesure où la tendance naturelle des consommateurs à recommander ce qu'ils ont eux-mêmes choisi est renforcée par une incitation économique. En l'espèce, l'Autorité de la concurrence s'était appuyée sur les données disponibles pour chiffrer le renforcement de l'effet de tribu. Elle avait conclu que, parmi les abonnés à SFR, la proportion de leurs proches (téléphoniques) eux-mêmes abonnes à SFR était passée de 51 % à 68 % suite à l'introduction de l'offre d'abondance. À partir d'indicateurs différents, elle avait également constaté chez Orange un effet de migration des abonnés, qui paraissait explicable par une logique de regroupement de tribus.

À cet égard, les explications alternatives produites par un cabinet de conseil mandaté par Orange n'ont pas convaincu la Cour (p. 28). On retire de la lecture de l'arrêt l'impression qu'Orange et SFR ont même été « piégées » par des études qu'elles avaient produites, d'où il ressortait que les offres on-net avaient constitué une puissante motivation pour les abonnés. L'étrange leçon pratique semble être que les opérateurs devraient prendre garde à mesurer le succès des stratégies de croissance qu'ils mettent en œuvre. De l'article 102 comme incitation à naviguer à vue.

Effet de verrouillage

L'autorité avait également retenu parmi les effets probables de la pratique un effet de verrouillage. Celui-ci est probable une fois qu'une tribu est regroupée chez un même opérateur. Il se produit alors pour tous les membres de la tribu un effet fidélisant, lié au fait que tout changement d'opérateur s'accompagnerait de la perte du bénéfice d'abondance. L'autorité avait pu mesurer que le taux de « churn » (c'est-à-dire de résiliation d'abonnement) chez les membres de tribus utilisant effectivement une offre d'abondance était de neuf à seize fois inférieurs (selon les types d'abonnement) aux taux de churn des abonnés dont le forfait ne comportait pas de composante d'abondance. Là non plus, les objections soulevées par Orange à l'encontre de la méthode de calcul employée par l'Autorité ne sont pas retenues.

Effet de club statistique

L'effet que l'Autorité nomme effet de club statistique est lié au déséquilibre entre des parts de marché respectives des opérateurs. Il s'agit de l'incitation qu'ont les consommateurs à choisir, toutes choses égales par ailleurs, l'offre d'abondance on-net de l'opérateur qui dispose de la part de marché la plus importante, afin de maximiser ses chances de trouver des interlocuteurs abonnés auprès du même opérateur (p. 31, citant l'Autorité). L'Autorité avait souligné que les offres d'abondance amplifient cet effet et la Cour d'appel valide ce constat en se référant à d'autres affaires françaises dans lesquels le même effet avait été identifié. Notons qu'ici, seule une analyse abstraite est proposée, sans recours à des données factuelles. Il est vrai que cet effet peut être analytiquement dérivé des caractéristiques intrinsèques d'une offre d'abondance on-net, sous l'hypothèse d'une rationalité minimale des consommateurs, qui n'est pas choquante.

Effet de rétention de trafic

Le quatrième et dernier effet identifié par l'Autorité est un effet de distorsion des flux de trafic au détriment des appels off-net (pp. 31-32). Là encore, c'est par hypothèse que les offres d'abondance on-net incitent les abonnés à appeler de manière privilégiée des correspondants abonnés du même opérateur. Cette fois cependant, l'Autorité s'était efforcée d'établir la réalité et d'approximer l'ampleur de cet effet à partir des données disponibles. Ainsi, elle avait reconstitué l'évolution de la part respective du trafic on-net et du trafic off-net pour Orange et SFR dans leur trafic sortant et avait constaté que, suite au lancement des offres d'abondance, la proportion du trafic on-net était passée de 63 % à 78 % pour Orange et de 66 % à 77 % pour SFR, cette part ayant par la suite décru suite au lancement des offres d'abondance cross-net (p. 31). Ces offres avaient donc produit un fort effet de rétention du trafic sur le réseau de chacun des opérateurs.

L'Autorité avait ensuite comparé ces évolutions constatées à la situation qui aurait résulté de l'extrapolation des tendances constatées avant l'introduction des offres d'abondance. Elle avait ainsi pu estimer pour chaque opérateur le manque à gagner ayant résulté de la diminution des recettes de terminaison d'appel par ses concurrents. La perte de Bouygues Telecom avait ainsi été estimée à 42 millions d'euros. La Cour écarte les arguments des appelantes contestant la méthode utilisée pour parvenir à cette estimation, au motif que, de l'aveu même de l'Autorité, il s'agissait par ce calcul d'avantage de mettre en évidence la réalité de l'effet de rétention que de mesurer avec précision l'ampleur d'un tel effet.

Le contrôle juridictionnel sur l'appréciation des effets

Toujours à propos des effets des pratiques (bien que cela figure dans la section relative aux justifications, p. 34), la Cour d'appel rejette l'argument selon lequel les pratiques n'auraient pas eu d'effet d'éviction puisque Bouygues Telecom avait survécu et s'était même développée. Elle s'appuie à cet égard sur l'avis de la Commission et, en substance, sur un raisonnement à la British Airways, aux termes duquel le fait que l'entreprise qui se plaint des pratiques d'éviction – ici Bouygues Telecom – ait vu sa part de marché augmenter ne suffit pas à établir que la pratique a été sans effets sur la concurrence. La Cour d'appel approuve l'Autorité d'avoir caractérisé l'effet anticoncurrentiel comme une atteinte à « la fluidité » de la concurrence par l'érection de barrières à l'entrée (p. 34). Elle valide également la prise en considération au stade de l'appréciation de la gravité du fait que la stratégie n'ait été de nature qu'à augmenter les coûts d'un concurrent et non à l'évincer (*id*).

L'analyse partiellement abstraite et partiellement concrète de ces effets qu'avait proposée l'Autorité est validée par la Cour d'appel au terme d'un contrôle que l'on pourrait qualifier de contrôle léger de vraisemblance. S'agissant de ce que la Cour de justice appelle des appréciations économiques complexes, la Cour d'appel de Paris fait en effet preuve d'une large déférence à l'égard de l'Autorité, tout en envoyant le signal que les effets doivent être étayés soit par des arguments abstraits mais solides (liés par exemple aux caractéristiques mêmes des pratiques), soit par des éléments factuels et des appréciations qui ne sont pas manifestement contredits.

Standard de preuve inchangé : même lorsqu'une analyse rétrospective est possible, un effet concret n'est pas exigé

En lien avec le standard de contrôle juridictionnel, l'arrêt comporte une discussion sur le standard de preuve applicable en matière d'effets. Le principe selon lequel il suffit pour l'Autorité de concurrence des effets potentiels est bien ancré dans la jurisprudence. Il s'agit à notre avis d'une règle relative à l'objet de preuve (que faut-il prouver ?) et non au standard de preuve (quel degré de certitude faut-il créée dans l'esprit du juge ?), mais il est vrai que, lorsque la preuve porte sur une probabilité, les deux questions sont étroitement connexes. Quoi qu'il en soit, les appelantes faisaient valoir que, lorsque, comme en l'espèce, la décision intervient longtemps après la fin des pratiques en cause (5 ans dans le cas présent), l'Autorité de concurrence est en mesure d'établir les effets réels de la pratique et ne doit pas se contenter d'avancer des effets potentiels.

À cela on pourrait répondre que la dimension temporelle n'est pas la seule difficulté dans l'appréciation des effets d'une pratique. La multiplicité des développements sur un marché peut aussi rendre difficile d'isoler les effets propres d'une pratique. Le fait que ces développements soient observables *ex post* ne supprime pas cette complexité. Si le recul permet sans doute d'écarter certains scénarios, il ne permet pas d'être sûr du contrefactuel correct pour déterminer ce qui se serait passé si la pratique en cause n'avait pas été mise en œuvre.

La Cour d'appel n'entre pas dans une telle argumentation. Elle opte pour une économie de moyens et s'appuie sur l'arrêt *Telefonica* du Tribunal, qui traitait explicitement de cette question (T-336/07, EU:T:2012:172, pt 272). La Cour cite aussi les arrêts *TeliaSonera* (préc.) et *British Airways* (C-95/04 P, EU:C:2007:166, cette chronique, *Concurrences* N° 2-2007, p. 115), en précisant que la portée des principes qu'y pose la Cour est tout à fait générale (p. 26). Peu importe le recul temporel dont dispose l'Autorité de concurrence ; en droit, celle-ci n'est tenue que d'établir que l'entreprise en position dominante « tend à restreindre la concurrence ou, en d'autres termes, que son comportement est de nature ou susceptible d'avoir un tel effet » (p. 27).

Il n'en reste pas moins – et ceci est bien une question de standard de preuve – qu'il est nécessaire d'établir de manière convaincante qu'un scénario d'éviction pouvait raisonnablement être à l'œuvre lorsque les pratiques contestées se sont déroulées.

Justification : les gains d'efficacité et les bénéfices pour les consommateurs ne sont pas démontrés à suffisance de droit

Orange et SFR faisaient valoir que les pratiques qui leur étaient reprochées avaient contribué à la maturation du marché et avait bénéficié aux consommateurs. Elles cherchaient à en tirer une justification des comportements qui leur étaient reprochés.

Les offres d'abondance, faisaient-elles valoir, avaient permis que les consommateurs cessent de considérer les appels téléphoniques mobiles comme un luxe que l'on ne peut se permettre qu'avec parcimonie et les avaient amenés à les envisager comme un service courant, utilisable sans restriction.

L'Autorité, sans nier que ces offres aient effectivement pu changer les perceptions et bénéficier aux consommateurs avait néanmoins écarté la défense tirée des gains d'efficience au motif que les entreprises n'établissaient pas que toutes les conditions exigées pour l'admission d'une telle défense étaient remplies. Citant l'arrêt *Post Danmark* (C 209/10, EU:C:2012:172, cette chronique, *Concurrences* N° 2-2012, p. 64), l'Autorité estimait que, en droit, trois conditions analogues à celles de l'article 101, paragraphe 3 TFUE, doivent être réunies : « Il appartient à l'entreprise occupant une position dominante de démontrer que les gains d'efficacité susceptibles de résulter du comportement considéré [i] neutralisent les effets préjudiciables probables sur le jeu de la concurrence et les intérêts des consommateurs sur les marchés affectés, que [ii] ces gains d'efficacité ont été ou sont susceptibles d'être réalisés grâce audit comportement, que [iii] ce dernier est indispensable à la réalisation de ceux-ci et qu'il n'élimine pas une concurrence effective en supprimant la totalité ou la plupart des sources existantes de concurrence actuelle ou potentielle » (*Post Danmark*, préc., pt 42). En l'espèce, l'Autorité avait considéré qu'aucune des trois conditions – compensation des effets anticoncurrentiels, nécessité et proportionnalité – n'était établie.

Il apparaît clairement à la lecture de l'arrêt que l'appréciation du caractère non nécessaire de l'offre cross-net pour procurer aux consommateurs l'avantage décrit a semblé injuste aux entreprises mises en cause, qui déclarent que l'alternative envisagée par l'Autorité – une offre d'abondance cross-net – n'était absolument pas réaliste à l'époque, car elle aurait été trop coûteuse compte tenu de l'avantage dont bénéficiait Bouygues Telecom en termes de tarification des terminaisons d'appel. La Cour d'appel rejette cet argument en se contentant curieusement de rappeler la raison d'être de la régulation asymétrique en vigueur à l'époque (p. 34).

Sanctions atténuées en raison de la nouveauté de la qualification de différenciation tarifaire abusive

Si elle a validé en tous points l'analyse de l'Autorité de la concurrence, la Cour d'appel diminue néanmoins de 20 % les sanctions imposées. Cette réduction des amendes est motivée par le fait que ni l'article L 420-2 ni l'article 102 TFUE n'avaient encore été appliqué à un cas similaire. Si des pratiques de différenciation tarifaire avaient déjà été condamnées comme abusives précisément dans le secteur des télécommunications (v. arrêts cités en introduction), il s'agissait de différenciations explicites, par exemple d'un prix par minute nominalement différent pour les appels on-net et off-net. Ici, comme on l'a vu, la différenciation tarifaire n'avait été révélée ex post que par l'analyse de l'Autorité de concurrence. La Cour d'appel admet donc qu'il existait une incertitude juridique pour les parties, mais ne considère pas que cette incertitude fût telle qu'elle justifierait une réduction des amendes à un montant symbolique.

Cet arrêt se signale donc comme le premier en France et peut-être au niveau européen à appliquer l'article 102 TFUE à une offre d'abondance qui instaure une différenciation tarifaire implicite. Les offres illimitées étant désormais très courantes, il est heureux que la Cour d'appel ait pris soin de détailler les raisons pour lesquelles cette pratique avait pu être considérée comme un abus d'exclusion. L'élément crucial est à cet égard que, dans les circonstances de l'époque, la pratique avait vraisemblablement eu pour effet de retarder le déploiement de l'offre d'un nouvel entrant, et donc le passage d'un duopole à un oligopole à trois. Sans doute, toute incertitude juridique n'est-elle pas levée pour les opérateurs et l'on ne peut que conseiller aux entreprises dominantes qui conçoivent des offres attractives de revisiter souvent leurs classiques en matière d'abus de position dominante.

Une dernière question mérite d'être soulevée à propos de cet arrêt, bien qu'elle soit sans incidence sur la solution. Est-ce au titre de l'article 102 sous a) ou sous c) que la pratique de différenciation tarifaire a été condamnée ou bien ni l'un ni l'autre ? En matière de différenciation tarifaire, on pense tout de suite à l'alinéa c) qui vise le fait « d'appliquer à l'égard de partenaires commerciaux des conditions inégales à des prestations équivalentes, en leur infligeant de ce fait un désavantage dans la concurrence ». Cet alinéa pourrait à première vue s'appliquer aux charges de terminaison d'appel, mais tel n'est en réalité pas le cas, car un opérateur n'impose aux autres opérateurs qu'un seul prix de terminaison d'appel. Or un prix unique ne peut évidemment pas être discriminatoire. La différenciation tarifaire ne concerne en réalité pas les prix imposés aux partenaires commerciaux mais les prix proposés (implicitement) aux consommateurs, hypothèse qui n'est pas visée par l'alinéa c). Faut-il alors qualifier la discrimination tarifaire de « de prix d'achat non équitables » (art. 102 sous a) ? S'agissant de prix implicite, cela manquerait de clarté. Il convient donc de conclure que la différenciation tarifaire abusive est un nouveau type d'abus à insérer en tant que tel dans les manuels.

A.-L. Sibony

Concurrences N° 3-2016, Art. N° 80337, p. 74

Voir aussi, sur les origines de l'affaire

– La décision de l'Autorité

Aut. conc., déc. n° 12-D-24 du 13 déc. 2012 relative à des pratiques mises en œuvre dans le secteur de la téléphonie mobile à destination de la clientèle résidentielle en France métropolitaine

– L'arrêt de la cour d'appel

CA Paris, 19 juin 2014, France Télécom e. a., RG n° 2013/01006

C. Lemaire, REC – Coopération : La Cour d'appel de Paris saisit pour la première fois la Commission européenne pour avis sur le fondement de l'article 15, § 1 du règlement n° 1/2003 (France Télécom), 19 juin 2014, Concurrences N° 4-2014, Art. N° 70004, pp. 206-211.

Voir aussi, sur les suites de l'affaire

Cass. com., 5 avr. 2018, Orange et SFR, n° 16-19.186

L. Binet, Différenciation tarifaire : La Cour de cassation rejette l'ensemble des pourvois formés contre un arrêt de la Cour d'appel de Paris confirmant une décision dans laquelle l'Autorité de la concurrence avait sanctionné des opérateurs de téléphonie mobile pour des pratiques de différenciation tarifaire on net / off net (Orange et SFR), 5 avril 2018, Concurrences N° 3-2018, Art. N° 87587, pp. 104-105.

Affaire dite du « fret ferroviaire »

Cass. com., 22 nov. 2016, Euro cargo rail, SNCF e. a., n° 14-28.224 et 14-28.862

La Cour de cassation renvoie à la Cour d'appel de Paris l'affaire du fret ferroviaire.

La Cour de cassation casse et annule partiellement l'arrêt rendu par la Cour d'appel de Paris rendu le 6 novembre 2014 dans l'affaire du fret SNCF. Sa cassation partielle ne porte que sur les prix d'éviction caractérisés par l'Autorité de la concurrence dans sa décision n° 12-D-25 du 18 décembre 2012 qui n'avaient pas été retenus par la Cour d'appel. Elle rétablit donc les parties dans les situations qui étaient les leurs lors de la décision de l'Autorité et renvoie l'affaire devant la Cour d'appel.

La Cour a joint deux pourvois formés contre l'arrêt de la Cour d'appel. L'un émanant du nouvel entrant à l'origine de la saisine initiale et l'autre de l'Autorité. Elle statue en outre sur les pourvois incidents relevés par l'opérateur historique.

De façon simplifiée, l'arrêt de la Cour d'appel qui avait conduit à rejeter les prix d'éviction retenus par l'Autorité avait conduit à réduire le quantum de la sanction pécuniaire de près de 13 millions d'euros (sur les 61 d'origine).

Notre commentaire se structure en trois parties. Une première s'attache à résumer l'affaire notamment le traitement par la Cour d'appel des prix d'éviction mis en œuvre par la SNCF selon l'Autorité de la concurrence. La deuxième traite des recours incidents de la SNCF. La troisième s'attache plus précisément à la position prise par la Cour de cassation quant aux modalités de traitement des prix d'éviction. Cette dernière question revêt une importance particulière considérant la construction progressive par la pratique décisionnelle de la Cour de justice de l'UE d'un test unifié d'éviction par les prix, dépassant le seul cas des prix de prédation.

Quand la Cour d'appel rejetait une éviction par les prix des concurrents de la SNCF sur le marché du fret par train massif

La décision n° 12-D-25 du 18 décembre 2012 avait conduit l'Autorité de la concurrence à sanctionner très lourdement l'opérateur historique (une sanction pécuniaire de 61 millions d'euros et un ensemble d'injonctions tenant notamment à la séparation des coûts comptables entre différentes activités) pour avoir ériger des barrières à l'entrée sur le marché du transport par train massif au détriment des nouveaux entrants et pour avoir mis en œuvre des prix de nature à les évincer du marché sur une autre base que celle des mérites. Au-delà de pratiques dont l'énoncé ressemble à une table des matières d'un manuel d'économie industrielle (refus d'accès à des infrastructures essentielles, stratégies d'augmentation des coûts des rivaux, stratégies de préemption de ressources rares destinées à créer des congestions de nature à entraver l'accès des rivaux ou de désorganiser leur organisation productive...), l'Autorité considérait que la politique de prix suivie par la branche fret de l'opérateur historique était susceptible d'évincer du marché du transport par train massif des concurrents aussi efficaces (voire plus, de fait) que lui. Pour autant, le caractère structurellement déficitaire de l'activité ne pouvait permettre de qualifier les prix pratiqués de prédateurs. En effet, bien que le critère n'ait jamais été requis en droit de la concurrence de l'UE, la notion même de récupérabilité des sacrifices consentis (la prédation est un investissement en pouvoir de marché) était hors de propos.

Cette décision, qui fût commenté dans cette chronique (*Concurrences* N° 1-2013), fit l'objet d'un recours. Celui-ci donna lieu à un arrêt de la Cour d'appel aussi détaillé (68 pages) que lapidaire dans certaines de ses démonstrations. Ce dernier (commenté également dans cette chronique, *Concurrences* N° 1-2015) confirmait la décision de l'Autorité dans ses volets relatifs aux pratiques non tarifaires. Elle s'en écartait néanmoins sur un volet, celui des prix d'éviction. Reprenant le raisonnement issu de la règle d'Areeda et Turner, consacré en droit de la concurrence de l'UE par les arrêts *Akzo* et *Post Danmark*, la Cour considérait que si le test de coûts effectivement mis en œuvre par l'Autorité était adéquat, il eût été nécessaire dans la mesure où les prix pratiqués se trouvaient dans la zone grise de caractériser un plan d'élimination de la concurrence et de permettre à l'entreprise mise en cause de développer une défense sur la base de l'efficience. Or, pour la Cour d'appel plusieurs éléments étaient absents ou mal intégrés dans le raisonnement de l'Autorité : la plus grande efficacité des concurrents par rapport à l'opérateur historique, l'imputabilité des pertes à la stratégie de verrouillage de marché, la durée des pratiques, le périmètre des activités concernées, ou encore des justifications du comportement reposant sur des dimensions qualitatives (préserver le service pour maintenir la liberté de choix des utilisateurs [entre le rail et la route)] ou porter des objectifs plus large de défense de l'environnement ou d'aménagement du territoire). Ce faisant, la stratégie tarifaire de la SNCF (qui aurait également pu être vue en termes d'alignement vis-à-vis des concurrents) n'était pas considérée comme constitutive d'un abus d'éviction. La sanction fut donc réduite de 13 millions d'euros, suscitant ainsi le double pourvoi que nous allons analyser *infra*.

Une Cour de cassation intraitable sur les pourvois incidents relevés par l'opérateur historique

Nous présentons très succinctement la position de la Cour sur les moyens soulevés par la SNCF dans le cadre de ses pourvois incidents. Tout d'abord, la Cour démontre à nouveau que les pratiques mises en œuvre par la SNCF ne relevaient en rien de prérogatives de puissance publique (organisation et exercice d'une mission de service public) mais d'activités économiques relevant en ce pleinement du Code de commerce et donc de la compétence du juge de la concurrence et non du juge administratif. La Cour rejette également les moyens liés à l'absence de révision du quantum de la sanction pour les pratiques d'éviction non tarifaires. Elle ne fait pas siens les arguments de la SNCF selon lesquels sa position concurrentielle (perte de parts de marché, moindre efficacité productive que ses concurrents...) la rendait inapte à exercer un quelconque pouvoir de marché (apprécié au travers de la capacité à accroître unilatéralement, profitablement, significativement et de façon pérenne ses prix). La Cour relève à fort juste escient les spécificités du marché (niveau des barrières à l'entrée et des investissements requis, dissymétries des acteurs notamment en termes de capacité à servir l'intégralité de la demande...) et l'importance du moment concurrentiel (l'ouverture à la concurrence) pour rejeter le moyen de la SNCF. Les pratiques mises en œuvre sont effectivement susceptibles d'avoir un effet d'éviction.

La SNCF souligne ensuite des questions relevant de la proportionnalité de la sanction. La sanction unique pour des pratiques de durées hétérogènes, la prise en compte d'une assiette des ventes très différentes des marchés visés et l'imputation de la responsabilité à l'intégralité du groupe et non à la seule filiale fret, conduirait à une disproportion susceptible de priver l'arrêt de la Cour d'appel de base légale. À nouveau, la Cour de cassation rejette les arguments de la SNCF. L'Autorité peut infliger une sanction pour des pratiques différentes en termes de durée, de gravité ou de dommages induits dès lors qu'elle peut relier les marchés concernés, l'entité en cause et la stratégie suivie. La Cour de cassation considère également que la Cour d'appel a correctement évalué ces pratiques (caractère ciblé notamment) et a en ce satisfait à ses obligations.

Où la Cour de cassation s'écarte de la Cour d'appel ?

Si la Cour de cassation soutient l'arrêt de la Cour d'appel sur les pratiques non tarifaires, il n'en va pas de même pour ce qui est de son traitement des prix d'éviction. La première rejette les arguments de la seconde dans son arrêt de 2014 pour justifier une réduction d'amende de 13 millions d'euros. Si la Cour d'appel considérait que l'Autorité de la concurrence n'avait pas effectivement réfuté les objections de la SNCF, par exemple en termes de confusion alléguée entre le coût évitable moyen et le coût incrémental moyen (élément essentiel pour savoir si les prix étaient en zone grise ou en zone noire) ou en termes de durée des pratiques, il lui appartenait de vérifier elle-même la licéité des pratiques de la SNCF ou de renvoyer l'affaire à l'instruction et non d'annuler la décision de l'Autorité sur ce point. La divergence des vues entre la Cour de cassation et la Cour d'appel peut également être mise en exergue en matière d'application des circonstances aggravantes dans le cas d'espèce. En effet, l'Autorité les avait retenues au titre de la réitération des pratiques en regard de sa décision n° 09-D-06 du 5 février 2009 dans l'affaire voyages-sncf.com où l'opérateur historique avait également été sanctionné pour des pratiques de verrouillage anticoncurrentiel lors de l'ouverture d'un segment de marché à la concurrence.

L'affaire est donc renvoyée devant la Cour d'appel autrement composée. Si sa durée tend peu à peu à devenir exceptionnelle, elle présente le mérite de contribuer à la construction progressive d'un test unique de prix d'éviction dépassant le seul cas si spécifique des prix prédateurs.

F. Marty

Concurrences N° 1-2017, Art. N° 83328, p. 105

Voir aussi, sur les origines de l'affaire

Aut. conc., déc. n° 12-D-25 du 18 déc. 2012 relative à des pratiques mises en œuvre dans le secteur du transport ferroviaire de marchandises

F. Marty, Pratiques d'éviction – Injonction comportementale : L'Autorité de la concurrence prononce une injonction et une sanction pécuniaire pour rétablir les conditions de la concurrence sur le marché français du fret ferroviaire, 18 décembre 2012, Concurrences N° 1-2013, Art. N° 50488, pp. 91-98.

CA Paris, 6 nov. 2014, SNCF, RG n° 2013/01128

A.-L. Sibony, Intention d'éviction : La Cour d'appel de Paris annule un constat d'abus éviction de l'Autorité de la concurrence au motif principal que l'intention d'éviction de l'opérateur n'est pas établie à suffisance de droit (SNCF), 6 novembre 2014, Concurrences N° 1-2015, Art. N° 71084, pp. 97-101.

CA Paris, 20 déc. 2018, SNCF, RG n° 17/01304

La Cour d'appel de Paris met un terme à l'affaire du fret ferroviaire en confirmant l'essentiel de la décision de l'Autorité de la concurrence sur la caractérisation de la stratégie d'éviction et sur le calcul du quantum de la sanction pécuniaire.

L'affaire du fret SNCF, qui avait donné lieu à une décision de l'Autorité le 18 décembre 2012 (décision n° 12-D-25) sanctionnant notamment au travers d'une sanction pécuniaire un abus d'éviction mis en œuvre dans le secteur du fret ferroviaire alors en cours d'ouverture à la concurrence, avait fait l'objet d'un premier recours devant la Cour d'appel de Paris. Celle-ci dans son arrêt du 6 novembre 2014 (arrêt RG 2013/01128) avait réduit la sanction prononcée de 60 à 48 millions d'euros en rejetant l'application d'un coefficient d'aggravation du quantum de la sanction au titre de la réitération des pratiques qui avait été initialement retenue par l'Autorité. Elle avait, en revanche, réformé la décision de l'Autorité sur le grief de prix d'éviction que celle-ci avait retenu (mais qui avait donné lieu à une injonction en termes d'établissement d'une comptabilité analytique permettant de séparer les coûts relatifs aux différents segments d'activités et non à une sanction pécuniaire). L'arrêt de la Cour fût partiellement cassé par la Cour de cassation dans le cadre de son arrêt du 22 novembre 2016. Celle-ci s'est écartée de l'analyse de la Cour d'appel sur la question de la réitération des pratiques et sur celle de la caractérisation des prix d'éviction. À la suite de cette cassation partielle, la SNCF a saisi la Cour d'appel le 16 janvier 2017.

Nous nous proposons d'analyser l'arrêt qu'a rendu la Cour d'appel en nous attachant successivement à la question de la réitération des pratiques, à celle sur les tests de coûts utilisés pour caractériser les prix d'éviction, à la discussion sur la théorie du dommage, et enfin à celle relative à l'injonction initialement prononcée par l'Autorité.

De la réitération des pratiques

Il convient de noter que la discussion sur le montant de la sanction pécuniaire ne porte que sur le facteur d'aggravation de son quantum relié à la réitération des pratiques. Le montant de base de la sanction n'a pas fait l'objet de contestation. La contestation de la majoration tient à deux arguments. Le premier argument n'est pas directement relié à la réitération. Il porte sur la justification même de la majoration dans le cas d'une activité structurellement déficitaire et en l'absence d'une stratégie globale et délibérée d'éviction. Le second argument tient quant à lui directement à la réitération. Pour l'opérateur historique, non seulement le précédent de la décision n° 09-D-06 portant sur l'affaire voyages-sncf.com (Cons. conc., déc. n° 09-D-06 du 5 févr. 2009 relative à des pratiques mises en œuvre par la SNCF et Expedia Inc. dans le secteur de la vente de voyages en ligne) ne peut être tenu comme similaire à l'affaire en cause mais le coefficient d'aggravation serait, dans tous les cas, disproportionné.

Pour la SNCF, la première décision portait sur un marché distinct, celui de la vente en ligne de billets voyageurs, qui avait toujours été ouvert à la concurrence, et consistait en des discriminations en matière d'accès à des fonctionnalités techniques des systèmes de réservation. La cour rejette les arguments de la SNCF. Tout d'abord, les pratiques étaient concomitantes à la décision du 5 février 2009. Elles ont débuté le 27 novembre 2006 et se sont achevées le 28 juillet 2011. Pour la Cour, une telle persistance montre que l'entreprise « n'était pas disposée à respecter les règles d'une concurrence non faussée » (§ 43). De surcroît, la réitération peut être caractérisée même si les pratiques ne sont pas identiques et ne portent pas sur le même marché, comme la Cour a pu le souligner récemment dans l'affaire du photovoltaïque (CA Paris, 27 sept. 2018, *EDF*, RG n° 17/22720). Il s'agit d'une stratégie ayant pour effet de réduire artificiellement l'attractivité des offres de nouveaux entrants. Les deux pratiques sont donc similaires par leurs effets.

Sur la proportionnalité, la Cour arrive aux mêmes conclusions que l'Autorité. Alors que le taux d'aggravation pour une réitération peut être placé entre 15 et 50 %, selon le communiqué de 2011 de l'Autorité relatif aux sanctions pécuniaires, il n'a été que de 10 % dans la décision de décembre 2012. Il apparaît en outre que l'Autorité a choisi des coefficients favorables à l'entreprise. Premièrement, le pourcentage de l'assiette des ventes choisi pour fixer le montant de base de la sanction n'a été que de 6 % (il peut pour un abus de position dominante aller jusqu'à 15 %). Deuxièmement, l'Autorité n'a retenu qu'une durée d'un an et trois mois, période bien plus courte que celle couvrant la réitération en cause. Enfin, la Cour souligne que le montant de la sanction pécuniaire ne s'apprécie pas grief par grief mais sur l'ensemble de ceux-ci ; ce qui est *a priori* plus favorable aux intérêts de l'entreprise sanctionnée.

En conséquence, la Cour d'appel rétablit la majoration de 10 % au titre de la réitération. La sanction pécuniaire revient donc à 53 millions d'euros. Cette somme est inférieure à celle initialement prononcée par l'Autorité dans la mesure où l'annulation de la majoration au titre de l'appartenance à un groupe détenant une puissance de marché n'a pas été réexaminée.

De la discussion du test de coûts pour la caractérisation des prix d'éviction

Le test de coûts utilisé par l'Autorité peut apparaître comme des plus classiques. Il tire ses racines des travaux d'Areeda et Turner en 1975 (voir Hovenkamp H., (2015), « The Areeda–Turner Test for Exclusionary Pricing: A Critical Journal », *Review of Industrial Organization*, 46(3), pp.209-228). Il fût bien plus récemment réutilisé dans l'épilogue de la saga des vedettes vendéennes (Aut. conc., déc. n° 18-D-07 du 31 mai 2018 relative à des pratiques mises en œuvre dans le secteur des services de traversées maritimes de passagers entre le continent et l'Île d'Yeu).

Le test d'Areeda-Turner, retenu dans l'arrêt *Akzo* du 3 juillet 1991 (Cour de justice, C-62/86), définit trois zones de prix à partir des zones délimitées par les courbes de coûts variables moyens et de coûts totaux moyens. Ce test a été adapté aux entreprises multi-activités, en distinguant entre coûts évitables moyens (CEM) et coûts incrémentaux marginaux moyens de long terme (CMMLT). Cette situation correspond à celle du fret ferroviaire pour lequel il est possible de distinguer les transports en wagons isolés (branche la plus déficitaire) des transports en trains massifs (segment dans lequel les pertes sont moindres et où se font les entrées). Chacun de ces coûts est évalué sur la base des coûts de l'entreprise dominante. Non seulement cela lui permet d'auto-évaluer la compatibilité de ses pratiques avec les règles de concurrence mais cela évite également, pour le juge de la concurrence, de protéger indûment un concurrent qui serait moins efficace que l'opérateur en place.

Les conclusions habituelles des tests vont dans le sens de la licéité des pratiques dès lors que les prix sont supérieurs au CMMLT. On parle de zone blanche. Quand les prix sont inférieurs au CEM, il n'existe pas de rationalité économique pour poursuivre cette activité, en dehors d'une stratégie d'éviction des concurrents. On parle alors de zone noire. Entre les deux seuils, s'observe une zone grise. Pour que les prix soient considérés comme des prix d'éviction, il faut montrer qu'ils s'intègrent dans une stratégie d'éviction de la concurrence.

Selon l'opérateur historique, l'Autorité a mis en œuvre un test inédit pour caractériser les prix d'éviction. En effet, le test utilisé a conduit à confondre les seuils de rentabilité et les seuils de fermetures utilisés dans le cas de firmes multi-activités, en ne distinguant pas entre coûts évitables moyens et coûts incrémentaux marginaux moyens de long terme. L'Autorité a justifié son choix en montrant que l'abandon de l'une des activités ne permettrait pas de supprimer de postes de coûts. Ce faisant, la distinction entre les deux coûts n'apparaît pas pertinente. L'Autorité a également adopté, pour réaliser ses tests, un horizon temporel de trois ans, correspondant à la durée des contrats relatifs au fret par trains massifs. Enfin, considérant que les coûts des concurrents étaient inférieurs de 15 à 30 % à ceux de la SNCF, l'Autorité a bâti son test sur un monopoleur hypothétique adoptant un prix fictif concurrentiel de 15 à 30 % inférieurs aux coûts de la SNCF. Cela correspondrait au cas d'un opérateur efficace que fixerait son prix au niveau de ses coûts.

La SNCF conteste la pertinence de ces tests de coûts. En effet, elle considère qu'elle ne peut pour des raisons législatives et réglementaires baisser ses coûts au niveau de ses concurrents. De surcroît, les prix de l'ancien titulaire de droits exclusifs pourraient être certes inférieurs à ses coûts, mais seraient encore supérieurs à ceux des nouveaux entrants. Il n'y aurait alors pas de risques d'éviction. Pour la Cour d'appel, cet argument ne peut être retenu, dans la mesure où il conduit à priver les nouveaux entrants d'une partie de leur avantage pour conquérir des parts de marché. La notoriété de l'opérateur historique fait que l'entrée doit se baser, pour être effective et pérenne, sur un avantage en termes de prix. De la même façon, la Cour considère que l'existence de handicaps réglementaires ne peut être invoquée pour justifier une pratique anticoncurrentielle.

La Cour d'appel adopte une position plus nuancée sur le choix de l'Autorité de ne pas distinguer entre CEM et CMMLT (§ 157). La confusion ne permet pas de distinguer entre zone grise et zone noire. La question est d'importance dans la mesure où pour la première citée, il est nécessaire de montrer que l'entreprise s'est engagée dans une stratégie de prédation, ce qui est ici contesté. En conséquence, la Cour reconnaît qu'en pareille situation, il lui appartient « de procéder elle-même à un test de coûts » (§ 158). Cependant, elle s'y refuse et renonce à renvoyer l'affaire à l'Autorité pour refaire un tel test, comme l'avait envisagé l'arrêt de cassation du 22 novembre 2016 (§ 159). Deux raisons sont mises en exergue pour justifier ce choix. La première tient au manque de données et la seconde réside dans le fait que s'il est possible de montrer que l'opérateur historique a effectivement mis en œuvre une telle stratégie d'éviction, peu lui chaut si les prix se situent en zone noire ou en zone grise (§ 159).

La caractérisation d'une stratégie d'éviction

Le fait pour un opérateur dominant de défendre sa position de marché n'est pas anticoncurrentiel en soi. La sanction de la SNCF se fonde ici sur la caractérisation par l'Autorité de concurrence de prix d'éviction (§ 172). Le problème tient, en l'espèce, au fait que l'entreprise ne couvrait pas ses coûts avant même la libéralisation du secteur. Cependant, si après cette ouverture, elle a continué à conclure des contrats non rentables, cette attitude peut être considérée comme anticoncurrentielle dès lors que les nouveaux contrats ne visaient pas à résorber les déséquilibres ou du moins à ne pas aggraver les pertes mais étaient conclus à n'importe quel prix. Dès lors la seule rationalité à l'œuvre ne pouvait tenir qu'à la fermeture des marchés aux nouveaux entrants.

En outre, la stratégie peut être caractérisée comme abusive même si elle ne porte pas sur l'ensemble des contrats de l'opérateur. Dans un contexte d'ouverture d'un marché à la concurrence, un opérateur dominant bénéficiant d'un avantage informationnel peut cibler certains contrats stratégiques pour lui mais également pour ses concurrents. Pour un nouvel entrant un contrat donné peut être essentiel à sa compétitivité dès lors qu'il lui permet de mutualiser certains coûts. La perte d'un contrat précis peut compromettre la rentabilité d'une stratégie d'entrée.

Enfin, la Cour s'appuie sur des éléments matériels réunis par l'Autorité, notamment des courriels, montrant que certains contrats étaient ciblés « sans considération de rentabilité » pour « limiter au maximum la pénétration des nouveaux entrants » (§ 180 et 181). Pour la Cour d'appel, sont donc réunis des indices sérieux et concordants de l'existence, non pas d'un plan d'élimination de toute concurrence, mais, du moins, d'une stratégie consciente et délibérée de préemption anticoncurrentielle de contrats stratégiques (§ 204).

La Cour rejette également une défense consistant pour l'opérateur dominant à arguer que sa stratégie ne consiste qu'en un simple alignement sur les prix des concurrents. Proposer des prix inférieurs de 15 à 30 % à ses coûts a un effet anticoncurrentiel qui ne peut être tenu comme simplement hypothétique (§ 211).

La discussion de l'injonction

Au terme de ce cas, il convient de s'arrêter sur une dernière demande de l'opérateur historique. Celui-ci considère que l'injonction prononcée par l'Autorité en vue de la production d'une comptabilité analytique permettant de retracer les coûts des différentes activités n'a pas de lien avec les pratiques en cause, est disproportionnée et constitue une ingérence dans sa gestion économique et financière (§ 215). Rappelons, que c'est le manque de données qui a empêché le calcul du CMMLT et donc la réalisation d'un test de coûts classique (§ 137), ce que la SNCF avait reproché à l'Autorité (§ 68). La Cour insiste sur le fait que la durée de l'injonction ne saurait être subordonnée à la cessation des pratiques, dans la mesure où elle participe d'une politique de dissuasion (§ 223). Elle répond également à la mission de régulation concurrentielle des marchés confiée à l'Autorité par le législateur (article L. 461-1 C. com.).

L'injonction vise à permettre à l'entreprise à autocontrôler la conformité de ses pratiques et non à s'immiscer dans ses décisions de gestion. À ce titre, un seul des termes de l'injonction est modifié par la Cour. Celui qui imposait de couvrir l'ensemble des CMMLT liés à l'activité de fret par train massif (§ 241). Le raisonnement de l'Autorité était cohérent si on assimilait CMMLT et CEM. Or un prix situé entre CEM et CMMLT n'est pas anticoncurrentiel en soi. Il ne l'est que s'il s'accompagne d'une stratégie d'éviction. Ce faisant imposer de couvrir tous les coûts pouvait bien apparaître comme une immixtion injustifiée dans la gestion de la firme. C'est pour cela que la cour remplace le CMMLT par le CEM dans le troisième terme de l'injonction.

F. Marty

Concurrences N° 2-2019, Art. N° 90413, p. 77

Voir aussi, sur les suites de l'affaire

Cass. com., 9 juin 2021, SNCF mobilités, n° 19-10.943

M. Cartapanis, Test AEC : La Cour de cassation confirme l'analyse de la Cour d'appel de Paris dans la mise en œuvre du test du concurrent aussi efficace (SNCF), 9 juin 2021, Concurrences N° 3-2021, Art. N° 101906, pp. 95-97.

3.5 Abus relevant de l'article 102 lu en liaison avec l'article 106, § 1 TFUE

CJUE, 17 juill. 2014, 2 arrêts, Dimosia Epicheir Ilektrismou, C-553/12 P et C-554/12 P

La Cour de justice de l'Union européenne dit pour droit que dans le cadre de l'application conjointe des articles 102 et 106 TFUE, il n'est pas nécessaire de démontrer que l'entreprise en position dominante a commis ou pourrait commettre un abus déterminé ; il suffit de constater que l'action de l'État fausse l'égalité entre concurrents.

Ancien monopole d'État, la DEI reste un opérateur électrique majeur en Grèce. Détenue à un peu plus de 51 % par l'État, l'entreprise dispose d'un accès aux gisements de lignite du pays qui la met dans une situation avantageuse par rapport à ses concurrents. Le lignite est en effet un combustible qui permet de produire de l'électricité de manière rentable. Plus précisément, la DEI détenait à l'époque des faits 91 % des droits sur les gisements de lignite ouverts à l'exploitation. Tant sur le marché de gros de la lignite (marché amont) que sur le marché de gros de l'électricité (marché aval), la DEI occupait une position prééminente, avec respectivement 97 % et 85 % de parts de marché (pt 10).

Par un décret de 2003, l'État grec avait accordé à la DEI de nouveaux droits d'accès à des gisements de lignite, tout en n'ouvrant pas les réserves abondantes encore disponibles aux autres opérateurs électriques. C'est cette réglementation et cette abstention qui ont donné lieu à une plainte devant la Commission. Par une décision de 2008, la Commission a constaté une violation des articles 102 et 106 TFUE pris ensemble et a enjoint à l'État grec de prendre des mesures en faveur de l'ouverture réelle du marché. Sur recours, le Tribunal avait annulé la décision de la Commission, occurrence rarissime dans l'histoire de l'article 102 TFUE (cette chronique, *Concurrences* N° 1-2013). Statuant pour la première fois sur une affaire d'application conjointe des articles 102 et 106 TFUE (conclusions Wathelet, pt 41), le Tribunal avait jugé que la Commission avait manqué à son obligation de caractériser un abus. Selon le Tribunal, la décision aurait en effet dû préciser quel abus avait été commis ou risquait d'être commis par la DEI. La question soulevée par le pourvoi était donc de savoir si, lorsque l'article 102 est appliqué en conjonction avec l'article 106, il est nécessaire de caractériser un comportement abusif.

Cette question semblait pourtant tranchée, ainsi que le démontre l'Avocat général Wathelet à travers son analyse minutieuse de la jurisprudence (v. aussi Faull & Nipkay (eds), The EC Law of Competition, 2e éd. (disponible à l'époque du pourvoi), Oxford : Hart, 2007, n° 6.64). L'arrêt *Raso*, rendu à titre préjudiciel, était particulièrement clair à cet égard : la Cour ayant jugé qu'une mesure étatique pouvait – et en l'espèce devait – être considérée comme en elle-même contraire à l'article [106, paragraphe 1, TFUE], lu en combinaison avec l'article [102 TFUE] alors même que la juridiction de renvoi n'avait pas relevé d'abus effectif (CJCE, 12 février 1998, *Raso* e. a., C-163/96, Rec. p. I-533 et conclusions pt 48). Comme le souligne l'Avocat général (pt 51), cette interprétation sauvegarde l'effet utile de la combinaison des articles 102 et 106 TFUE. En effet, s'il était nécessaire de prouver que les conditions d'application de l'article 102 TFUE sont réunies, on pourrait appliquer cette disposition seule. L'article 106 TFUE n'aurait plus de portée et la combinaison des deux articles plus de domaine utile d'application. Le sens de l'article 106, paragraphe 1, TFUE au sein du droit européen de la concurrence est d'imposer aux États une obligation de ne pas fausser la concurrence. Si l'on retenait qu'un État fausse la concurrence uniquement lorsqu'une entreprise, par son comportement, viole les dispositions de l'article 101 ou 102 TFUE, cela viderait de sa substance le devoir des États de veiller à assurer l'égalité des chances entre les concurrents.

Or, comme le rappelle la Cour dans l'arrêt rapporté (pts 43 et 44), c'est ce devoir des États d'assurer une concurrence non faussée qui sous-tend la jurisprudence en la matière. Selon la formule jurisprudentielle classique, il y a violation des articles 102 et 106 TFUE pris ensemble lorsqu'un État « prend une mesure législative, réglementaire ou administrative qui crée une situation dans laquelle une entreprise publique ou une entreprise à laquelle il a conféré des droits spéciaux ou exclusifs est amenée, par le simple exercice des droits privilégiés qui lui ont été conférés, à exploiter sa position dominante de façon abusive ou lorsque ces droits sont susceptibles de créer une situation dans laquelle cette entreprise est amenée à commettre de tels abus » (pt 41 et jurisprudence citée). Le fait de donner, comme en l'espèce, à une entreprise en position très dominante de nouveaux droits d'exploitation sur une ressource essentielle à la poursuite rentable de son activité alors que ses concurrents n'ont pas un tel accès et alors qu'un tel accès serait possible compte tenu des ressources disponibles maintient et accroit la position dominante de l'opérateur privilégié. Cela permet aussi à l'opérateur dominant, par le simple exercice de ses droits, de freiner l'expansion de ses concurrents, même aussi efficaces.

En proposant une nouvelle obligation de motivation de la Commission, tout en ne disant pas qu'elle était nouvelle, le Tribunal avait rendu un arrêt maladroit. Il était aussi entré dans une voie dangereuse pour les secteurs libéralisés, tant il est nécessaire que les États puissent y être rappelés à leur devoir de ne pas privilégier les opérateurs historiques. Tant en termes d'effet utile que du point de vue du sens de la concurrence non faussée, la solution sans surprise de l'arrêt DEI est donc pleinement justifiée.

A.-L. Sibony

Concurrences N° 4-2014, Art. N° 69872, p. 132

Voir aussi

G. Marson, Droits exclusifs : La Cour de justice de l'Union européenne considère que l'octroi ou le maintien d'un droit exclusif/spécial peuvent être déclarés contraires aux dispositions combinées des articles 106-1 et 102 du TFUE dans la mesure où ceux-ci peuvent entraîner des conséquences anticoncurrentielles susceptibles de résulter d'une mesure étatique (DEI), 17 juillet 2014, Concurrences N° 4-2014, Art. N° 70061, pp. 237-239.

Voir aussi, sur les origines de l'affaire

Trib. UE, 20 sept. 2012, 2 arrêts, DEI, T-161/08 et T-421/09

A.-L. Sibony, Entreprise titulaire d'un droit spécial ou exclusif – Abus automatique : Le Tribunal de l'UE annule la décision de la Commission au motif que, pour appliquer l'article 102 conjointement avec l'article 106 TFUE, la Commission aurait dû identifier le comportement abusif reproché à l'entreprise électrique grecque et non seulement l'avantage concurrentiel que lui conférait la réglementation en cause (DEI), 20 septembre 2012, Concurrences N° 1-2013, Art. N° 50458, pp. 81-82.

Trib. UE, 15 déc. 2016, 2 arrêts, DEI, T-169/08 RENV et T-421/09 RENV

Le Tribunal de l'Union européenne rend son épilogue sur l'application conjointe des articles 106 et 102 TFUE au secteur électrique en Grèce.

L'arrêt du 15 décembre 2016 valide définitivement une décision par laquelle la Commission avait en 2008 (suite à une plainte qui remontait à 2003) condamné la Grèce pour avoir accordé un traitement privilégié à DEI, une entreprise publique qui réalise l'essentiel de l'extraction du lignite (une forme de charbon) en Grèce et le transforme dans ses centrales électriques. Les mesures litigieuses consistaient à avoir *de facto* réservé à DEI l'exploitation des ressources de lignite grecque, tout en refusant aux producteurs d'électricité concurrents l'accès à des ressources de lignite disponibles, abondantes et inexploitées.

Le Tribunal avait annulé la décision de la Commission au motif qu'elle n'aurait pas établi de manière suffisamment circonstanciée en quoi consistait le risque d'abus (Trib. UE, 20 sept. 2012, *DEI* c/ Commission, aff. T-169/08 et T-421/09). Par cet arrêt, le Tribunal avait cherché à remettre en cause la doctrine dite de l'abus automatique, aux termes de laquelle les États ne doivent pas, par les mesures qu'ils prennent, placer les opérateurs sur un marché dans une situation telle que ceux-ci seraient amenés à abuser nécessairement d'une situation de monopole ou de droits exclusifs ou spéciaux. Cette doctrine met au centre de l'analyse la question de savoir si la mesure étatique fausse l'égalité entre les concurrents. Si c'est le cas, tout se passe comme si on inférait l'abus à partir de la rupture d'égalité. Il est évident qu'une telle doctrine facilite l'intervention de la Commission dans les politiques publiques des États membres et conduit à une analyse moins sophistiquée dans le cadre de l'application conjointe des articles 106 et 102 que celle qui doit être déployée dans le cadre de l'application du seul article 102. En effet, la doctrine de l'abus automatique dispense la Commission d'établir un risque d'éviction d'un concurrent aussi efficient ou toute forme de dommage aux consommateurs.

Sans doute cette doctrine, qui était un peu tombée en désuétude, mérite d'être discutée. En ce sens, la tentative du Tribunal était intéressante. D'un point de vue strictement juridique, le Tribunal avait clairement ajouté aux exigences de la jurisprudence antérieure en matière d'application conjointe des articles 106 et 102 TFUE. La Commission avait formé un pourvoi et obtenu l'annulation de l'arrêt par la Cour (CJUE, 10 juill. 2014, *DEI*, aff. C-553/12 P).

La Cour avait confirmé que la doctrine de l'abus automatique est admise en droit de l'Union et, rejetant l'exigence de motivation supplémentaire formulée par le Tribunal, la Cour avait dit pour droit que, dans le cadre de l'application conjointe des articles 106 et 102 TFUE, il n'est pas exigé que la Commission démontre une violation autonome de l'article 102 par l'entreprise bénéficiaire de la mesure étatique. Toujours d'un point de vue strictement juridique, cette solution pouvait se justifier par l'effet utile de l'article 106 appliqué en combinaison avec l'article 102, car, s'il fallait dans ce cadre prouver l'abus, l'article 106 n'aurait plus d'effet propre. Dans son arrêt, la Cour avait rappelé que les États ont pour obligation de ne pas privilégier les opérateurs historiques (par exemple, dans l'accès aux intrants permettant une production rentable, comme en l'espèce) et que ce devoir de ne pas fausser la concurrence sur un marché libéralisé était bien fondé sur les articles 106 et 102 TFUE pris ensemble. Dans ce cadre, il suffit que la Commission établisse que la mesure étatique favorise l'entreprise en position dominante au détriment de ses concurrents, ce qui avait bien été le cas en l'espèce.

C'est donc sur renvoi après cette cassation que le Tribunal statue sur les points non tranchés par la Cour. Par hypothèse dans ce type de recours, il ne s'agit plus de points de droit mais uniquement d'appréciation des faits. L'affaire ayant déjà été examinée trois fois, il n'y avait plus guère de nouveauté et la lecture des arrêts donne l'impression que tous les arguments étaient déjà passablement usés. De nombreux griefs mis en avant par les avocats de DEI manquaient en fait (par exemple, sur des éléments non pris en considération par la Commission) ou s'attachaient à l'utilisation de certains mots « combustibles primaires ») sans comporter de substance juridique. Aussi, ces arrêts ne présentent que peu d'intérêt doctrinal. On se limitera dans le cadre de cette chronique à quelques éléments relatifs à la définition du marché pertinent et à l'appréciation de l'inégalité des chances créée par la mesure étatique contestée (premier moyen).

Définition du marché pertinent

La requérante contestait la délimitation tant du marché amont (extraction du lignite) que celle du marché aval (production d'électricité), marché sur lesquels elle avait été considérée comme dominante avec plus de 97 et 90 % de part de marché respectivement.

Concernant la définition du marché amont la requérante faisait valoir qu'il n'aurait pas dû se limiter au lignite mais aurait dû englober tous les combustibles à partir desquels de l'électricité (marché aval) pouvait être produite en Grèce. L'argument portait donc sur la relation qui doit exister entre marché amont et marché aval (même si, dans le cadre de cet arrêt, ce point conceptuel n'est pas mis en avant). L'argument est rejeté pour les motifs suivants (pts 68-72) : s'il est exact que le lignite est en concurrence avec d'autres combustibles et que cette concurrence joue au moment où un opérateur décide de construire une centrale et opte pour un type de centrale, il n'en demeure pas moins que, une fois les centrales construites, la concurrence entre les combustibles est neutralisée puisque chaque centrale ne peut fonctionner qu'avec un seul type de combustible (les coûts de conversion étant très élevés). Comme le relève le Tribunal, il existe donc un marché captif (pt 70) sur lequel la demande de lignite est indépendante des variations de prix des autres combustibles. Ce n'est donc que sur le marché aval de l'électricité livrée au réseau que la concurrence entre combustibles joue et la délimitation du marché amont ne peut être remise en cause.

La délimitation géographique du marché grec du lignite n'est pas non plus remise en cause, car les importations de lignite de pays limitrophes se heurtent à des coûts de transports élevés et à des difficultés logistiques (nombre de camions par jour nécessaire au transport depuis le Kosovo épuiserait les capacités de dédouanement du poste de douane le plus proche, pt 90). Le Tribunal confirme donc que la Commission n'avait pas commis d'erreur manifeste d'appréciation en excluant les importations du marché pertinent.

Concernant le marché aval, les arguments de la requérante manquaient tous en fait et ne doivent donc pas retenir l'attention.

Appréciation de l'inégalité des chances créées par la mesure étatique

L'inégalité des chances était au cœur de l'affaire puisque cet effet de la mesure étatique contestée était, comme l'a confirmé l'arrêt de la Cour, nécessaire mais aussi suffisant à l'application conjointe des articles 106 et 102 TFUE. Cette inégalité était d'autant plus nette que, outre les ressources de lignite dont l'exploitation était confiée à DEI, il existait des ressources disponibles à peu près également abondantes qui n'était pas exploitées et sur lesquels les concurrents de DEI n'avaient pu obtenir des droits.

Le Tribunal, reprenant la séquence des demandes et procédures grecques d'appel d'offres conclut que l'existence formelle d'une procédure qui aurait permis aux concurrents d'accéder aux ressources disponibles n'est pas suffisante et que c'est l'impossibilité pratique d'accéder à ces ressources qui est déterminante. Encore une fois, l'abus – ou ici l'abus automatique – peut trouver sa cause dans un comportement de résistance passive de l'État à la concurrence.

Les ressources alternatives dans des mains privées et dont l'accès n'était donc pas subordonné au bon vouloir de l'État, ne constituaient pas des alternatives viables, car ces gisements étaient trop petits pour garantir l'approvisionnement d'une centrale sur sa durée de vie. Un investisseur « moyennement » (et non « normalement ») avisé (pt 144) ne pouvait donc s'engager dans la construction de centrales au lignite et, partant, faire concurrence à DEI sur le marché aval. Dès lors, les effets de la mesure qui réservait à DEI les ressources publiques de lignite ouvertes à l'exploitation, n'étaient pas contrebalancés par des solutions alternatives pour les concurrents.

Enfin, la requérante revient sur le constat effectué par la Commission selon lequel le lignite aurait été le combustible le plus avantageux. Elle mettait en avant les coûts fixes élevés des centrales au lignite. Le Tribunal revient donc sur les raisons pour lesquels la Commission a néanmoins considéré que la production électrique à partir de lignite était compétitive. Cela tient au fonctionnement du marché de gros, qui appelle en priorité sur le réseau les productions dont le coût variable est faible, ce qui est le cas du lignite (pt 157 et s.).

Pour ces raisons (et quelques autres), le Tribunal valide l'appréciation de la Commission selon laquelle l'accès privilégié au combustible qui permettait la production d'électricité la plus avantageuse faussait l'égalité des chances au bénéfice de DEI et au détriment de ses concurrents.

On le voit, l'arrêt rendu est très factuel, ce qui bien sûr s'explique compte tenu du stade de la procédure auquel l'affaire était parvenue. Au final, la tentative du Tribunal de renverser la présomption d'abus à laquelle revient la doctrine de l'abus automatique a échoué non seulement en droit mais aussi en l'espèce et la décision initiale de la Commission est confirmée en tous points après huit années de procédure.

A.-L. Sibony
Concurrences N° 1-2017, Art. N° 83322, p. 100

Biographies

Martine Behar-Touchais

Martine Behar-Touchais est Professeur à l'Ecole de Droit de la Sorbonne (Université Paris I Panthéon-Sorbonne). Elle a dirigé pendant cinq ans l'Institut de recherche juridique de la Sorbonne (IRJS-Institut Tunc). Elle dirige actuellement le Département des masters de droit privé. Elle a été membre du collège du Conseil de la concurrence de janvier 2003 à janvier 2009. Elle est spécialiste de droit de la concurrence, de droit des contrats, spécialement des contrats de distribution, de droit de la consommation, et du droit du numérique.

Marie Cartapanis

Marie Cartapanis est maître de conférences à Aix-Marseille Université et membre du Centre de droit économique. Elle enseigne l'Introduction générale au droit, le Droit de la concurrence, le Droit du marché intérieur de l'Union et le Droit commercial. Sa thèse, soutenue en 2017 et publiée par la LGDJ, est intitulée « Innovation et droit de la concurrence ». Elle a obtenu en 2018 le Prix de l'Institut Universitaire Varenne en Droit privé des activités économiques (prix Joinet) et le Premier Prix de la Faculté de Droit et de Sciences Politiques d'Aix-Marseille Université. Marie Cartapanis contribue régulièrement aux chroniques Concurrences. Ses activités de recherche portent sur le droit de la concurrence et sur les rapports qu'entretiennent droit et innovation.

Anne-Sophie Choné-Grimaldi

Anne-Sophie Choné-Grimaldi est Professeur des universités, agrégé des facultés de droit, à l'Université Paris Nanterre où elle dirige, depuis 2017, le Centre de Droit Civil des Affaires et du Contentieux Économique (CEDCACE) et enseigne, à titre principal, le droit de la concurrence. Auteur d'une thèse intitulée « Les abus de domination. Essai en droit de la concurrence et en droit des contrats » (Economica. 2010), elle est également co-auteur, aux côtés de Jean-Bernard Blaise du thémis « droit des affaires de l'Union européenne » (PUF. 2017) et a contribué au commentaire article par article de « La réforme du droit des contrats, du régime général et de la preuve des obligations » (Gualino. 2018). Elle est en charge de la chronique « Ententes » de la revue Concurrences et publie, en outre, régulièrement sur des sujets intéressant le droit de la distribution et le droit du numérique.

Michel Debroux

Michel Debroux est un membre des barreaux de Paris et de Bruxelles, dont la pratique s'étend sur plus de trente ans. Associé du cabinet Rizom Legal, basé à Paris, il possède une grande expérience des questions de concurrence en France et dans l'Union européenne, notamment en matière d'aides d'État, de fusions et d'ententes. Il conseille principalement des clients dans les industries de réseau et les industries réglementées, notamment dans le secteur de l'énergie. M. Debroux est un contributeur régulier de la revue Concurrences depuis 2004, avec plus de 300 publications. Il est chargé de cours en droit de la concurrence à l'Université Paris-Panthéon-Assas (Paris II), et en droit des affaires et droit des aides d'Etat à l'Université Paris Nanterre.

Nicolas Éréséo

Nicolas Éréséo est maître de conférences à l'Université de Strasbourg depuis 2008. Après avoir obtenu une maîtrise en droit des contrats commerciaux à la faculté de droit de Montpellier en 2001, M. Éréséo a rédigé une thèse de doctorat portant sur « l'exclusivité contractuelle », sous la direction du Professeur Didier Ferrier. Il a soutenu sa thèse en décembre 2007, et l'a rapidement publiée chez Litec dans la série intitulée : Bibliothèque du droit de l'entreprise (2008). Nicolas Éréséo est spécialisé en droit de la distribution, droit de la concurrence et protection des consommateurs. Il enseigne à la faculté de droit de l'Université de Strasbourg mais aussi au Centre d'études internationales de la propriété intellectuelle (CEIPI) et à l'Institut d'études politiques (IEP) ainsi que dans diverses universités à l'étranger : Université Saint-Esprit de Kaslik (Liban), Université de Damas (Syrie), etc. Il est par ailleurs associé à la Fédération Nationale pour le Droit de l'Entreprise (Dir. Prof. J. Raynard) pour laquelle il enseigne au niveau Master (Master II, Diplôme de juriste conseil en entreprise).

Didier Ferrier

Didier Ferrier (1945-2020) a enseigné le droit de la distribution et le droit des affaires à l'Université de Montpellier. Il était le directeur du programme de doctorat « Master Recherche de Droit des Contrats d'Affaires ». Il a également été Professeur et administrateur du Centre d'études internationales de la propriété intellectuelle (CEIPI) et Professeur invité dans plusieurs universités : Le Caire (IDAI), Varsovie, Turin… Didier Ferrier a écrit plusieurs ouvrages de droit économique (Droit de la distribution, Litec, 5e éd. 2009 ; La protection du consommateur, Dalloz 1986 et Litec 1996 ; Droit du contrôle national des concentrations, Dalloz, 2004). Il a également publié une centaine d'articles et de notes de jurisprudence dans plusieurs ouvrages et revues français et étrangers. Il a été responsable de la rubrique Distribution de la revue Concurrences. Vice-président de l'Institut de la distribution internationale, il a également été co-président du groupe de travail « Contrats internationaux » de la Chambre de commerce internationale (CCI). Un *In Memoriam* a été publié en l'hommage de son œuvre et de sa personne au sein de la revue Concurrences (Nicolas Éréséo, Anne-Cécile Martin, *In Memoriam* : Didier Ferrier (1945-2020), février 2020, Concurrences N° 1).

Daniel Green

Daniel Green est collaborateur au sein du groupe *Antitrust & Foreign Investment* de Linklaters à Paris. Avant de rejoindre Linklaters, M. Green a travaillé en tant que collaborateur chez Fréget Glaser & Associés. Il conseille sur tous les aspects du droit européen et français de la concurrence, y compris sur des contentieux complexes devant les autorités de concurrence et des transactions globales impliquant des procédures de contrôle des concentrations multi-juridictionnelles. Son expérience passée comprend également des litiges devant les tribunaux de commerce en lien avec des relations commerciales et contractuelles. Daniel Green assiste des clients issus d'un large éventail d'industries, et plus particulièrement dans les secteurs de la technologie, de l'aérospatial, des sciences du vivant, des biens de consommation courante et de la distribution alimentaire. Il s'intéresse également à l'interaction entre différents domaines tels que la protection des données personnelles ou le sport, et le droit de la concurrence.

Nathalie Jalabert-Doury

Nathalie Jalabert-Doury est l'associée responsable du département *Antitrust & Competition* du bureau de Mayer Brown en France et en co-dirige la pratique européenne. Elle dispose d'une expertise reconnue dans tous les aspects du droit de la concurrence, tant au niveau français qu'européen. Mme Jalabert-Doury dispose notamment d'une expérience particulière en matière de cartels internationaux, de par son rôle de conseil dans le cadre de plusieurs affaires communautaires et françaises emblématiques. Elle est l'auteur des ouvrages « Les inspections de concurrence des autorités françaises » et « *Competition Inspections under EU Law* » ainsi que la rédactrice en chef du Guide « *Competition Inspections in 21 Jurisdictions – A Practitioner's Guide* » parus chez Concurrences.

Jean-Philippe Kovar

Jean-Philippe Kovar est Professeur de droit public à l'Université de Strasbourg (Sciences Po Strasbourg) où il enseigne le droit public économique, le droit de la concurrence et le droit de la régulation sectorielle. Ses domaines de recherche portent sur les relations entre la puissance publique et le marché, le droit de la concurrence appliqué aux interventions des personnes publiques et la régulation bancaire et financière. Après avoir soutenu une thèse de doctorat en droit public consacrée à l'Etat et aux modes d'organisation du marché, il a été maître de conférences à l'Université de Strasbourg, Professeur à l'Université Paris VIII et directeur, adjoint au directeur de la formation à l'Ecole nationale d'administration.

Alexandre Lacresse

Alexandre Lacresse est référendaire au Tribunal de l'Union européenne. Spécialiste du droit de la concurrence et du droit de l'Union européenne, il était précédemment avocat. Il a également travaillé à la Cour de justice de l'Union européenne et à l'Autorité de la concurrence française. M. Lacresse contribue régulièrement à des ouvrages et des revues juridiques, dont la chronique Procédures de la revue Concurrences. Il participe à la direction du Master 2-DJCE de Nancy (Université de Lorraine) et enseigne le droit de la concurrence au sein de plusieurs formations universitaires.

Anne-Cécile Martin

Anne-Cécile Martin est maître de conférences à l'Université Sorbonne Paris Nord où elle enseigne le droit des affaires, dirige le Master 2 « Contentieux » et co-dirige le Master 1 "Droit privé général" ainsi que le DU « Droit et Grande distribution ». Elle est l'auteur de « La charge du risque entre contractants » (Prix de la revue des contrats 2008, éd. LGDJ 2009, t. 508), et de nombreux articles en droit des affaires et de la concurrence. Elle est également, en tant qu'avocate, membre de la Direction nationale de recherche et développement en droit économique du cabinet Fidal.

Frédéric Marty

Ancien élève de l'Ecole Normale Supérieure Paris Saclay, Frédéric Marty est chargé de recherche CNRS au sein du Groupe de Recherche en Droit, Economie et Gestion (GREDEG, CNRS – Université Côte d'Azur). Ses travaux portent sur le droit et l'économie de la concurrence appliqués notamment au numérique.

Laurence Nicolas-Vullierme

Laurence Nicolas-Vullierme est maître de conférences en droit privé à l'Université Paris-Panthéon-Assas (Paris II). Elle est titulaire d'un diplôme de troisième cycle en droit du commerce international à la WWU de Münster et d'un Doctorat Européen (prix Albert Wahl). Elle a publié un ouvrage en droit européen et français de la concurrence et plusieurs études en droit de la concurrence pour les Éditions Lexis-Nexis et la revue Concurrences. Ses domaines de recherche sont en particulier le droit de la concurrence et le droit comparé franco-allemand.

Catherine Prieto

Membre de l'Autorité de la concurrence depuis le 19 mars 2019, Catherine Prieto est Professeur de droit (1995) à l'Ecole de droit de la Sorbonne, Université Paris I Panthéon-Sorbonne. Elle était auparavant Professeur à l'Université Paul Cézanne Aix-Marseille où elle a été vice-doyenne (1999), puis vice-présidente (2002-2005). Elle enseigne le droit de la concurrence et le droit du marché européen. Elle est co-auteur de plusieurs ouvrages et articles sur le droit européen de la concurrence, le droit européen du marché unique et le droit européen des contrats. Elle publie régulièrement des commentaires sur les affaires de la CJUE concernant le droit de la concurrence et la libre circulation des services et des établissements dans plusieurs revues juridiques. Elle est co-rédactrice de la Revue trimestrielle de droit européen (Dalloz). Ses activités de conseil portent sur le droit des ententes et le marché unique européen. Elle est l'un des membres fondateurs du réseau européen d'experts juridiques Trans Europe Experts (TEE).

Alain Ronzano

Alain Ronzano est le rédacteur en chef de L'actu-concurrence. Il est également membre du comité de rédaction de Concurrences. Les commentaires d'Alain Ronzano marqués d'un astérisque (*) ont fait l'objet d'une première publication dans L'actu-concurrence.

Cyril Sarrazin

Cyril Sarrazin est administrateur au sein de la Direction de la recherche et documentation de la Cour de justice de l'Union européenne. De 2005 à 2022, il a occupé la fonction de référendaire du Tribunal de l'Union européenne, au sein de plusieurs cabinets. En 1999, il a travaillé comme consultant juridique pour Coutrelis & Partners à Paris et en 2000, il a rejoint, en qualité d'avocat collaborateur, le bureau de droit européen de la concurrence du cabinet Linklaters à Bruxelles. De 2001 à 2005, il a été associé puis directeur de la Représentation des Barreaux français à Bruxelles (DBF) où il était notamment chargé de la représentation et de la défense des intérêts des barreaux français auprès des institutions européennes. De 2004 à 2005, il a été chargé de l'information de la délégation française au Conseil des Barreaux d'Europe (CCBE). M. Sarrazin est titulaire de la mention de spécialisation d'avocat en droit européen (2003), d'une maîtrise de droit administratif français, d'un master de droit public comparé des Etats européens (DEA) et d'un master de droit européen (DESS) délivrés par l'Université Paris I Panthéon-Sorbonne.

Anne-Lise Sibony

Anne-Lise Sibony est Professeure de droit européen à l'UCLouvain (Louvain-La-Neuve, Belgique) et Professeure invitée à la KULeuven (Louvain, Belgique), où elle enseigne le droit et les sciences comportementales. Ses recherches couvrent plusieurs domaines du droit européen : marché intérieur, droit de la concurrence et droit de la consommation. Les principaux intérêts de recherche d'Anne-Lise Sibony sont la manière dont le droit incorpore les idées des autres sciences sociales. Ses premières recherches ont porté sur la manière dont les tribunaux utilisent le raisonnement économique dans l'application du droit de la concurrence. Elle s'est ensuite intéressée à l'éclairage des sciences comportementales pour la protection des consommateurs. Ses recherches portent sur quand, comment et dans quelles conditions le droit se tourne vers des apports extérieurs et comment le système juridique les transforme.

Étienne Thomas

Étienne Thomas est diplômé du Collège d'Europe (LL.M., Bruges, 2014) et docteur en droit de l'Université Paris-Panthéon-Assas (2019 – L'entreprise contrevenante en droit des pratiques anticoncurrentielles, Concurrences, 2021). De 2015 à 2022, il travaille en tant que référendaire au sein du Tribunal de l'Union européenne, où il est principalement en charge de dossiers en droit de la concurrence et des aides d'Etat. Il rejoint en février 2022, l'Ecole nationale de la magistrature.

Bastien Thomas

Bastien Thomas co-dirige la pratique concurrence du cabinet Racine. Fort d'une expérience de plus de quinze ans en droit de la concurrence français et européen, Bastien a acquis une expérience substantielle en matière d'ententes (pratiques anticoncurrentielles et abus de position dominante), de contrôle des concentrations et d'aides d'État, tant au niveau français que communautaire. Bastien Thomas a acquis une connaissance approfondie de secteurs spécifiques, tels que la mobilité, l'automobile, l'énergie, la microélectronique et l'agroalimentaire. M. Thomas est également spécialisé dans le contrôle des investissements étrangers. Il enseigne le droit européen et international de la concurrence dans le cadre du partenariat universitaire Panthéon-Sorbonne, Columbia University et Sciences Po Master 2 et contribue régulièrement à la revue Concurrences depuis 2006. Bastien est titulaire d'un MBA de l'Essec Business School et d'un Master en droit européen des affaires de l'Université Paris-Panthéon-Assas.

Thierry Tuot

Thierry Tuot, conseiller d'Etat, est président adjoint de la section de l'intérieur. Il est également président du CoRDiS de la Commission de régulation de l'énergie (CRE). Diplômé de l'Institut d'études politiques de Paris, ancien élève de l'ENA (promotion Diderot), Thierry Tuot entre au Conseil d'Etat en 1986. Il devient Président de la 10e chambre de la section du contentieux du Conseil d'Etat de 2008 à 2016. Il a été membre de l'Autorité de la concurrence entre 2009 et 2014 et Président de la commission des sanctions de l'autorité de régulation des jeux en lignes de 2010 à 2016. M. Tuot a été directeur général de la CRE de 2000 à 2003 et chargé de différentes missions auprès du ministre en charge de l'énergie. Il est également président d'honneur de l'Association française de droit de l'énergie (AFDEN) et enseigne le droit de la régulation à l'Université Dauphine PSL.

Anne Wachsmann

Anne Wachsmann est associée en droit la concurrence chez Linklaters depuis le début des années 2000. Elle est diplômée de l'Université de Strasbourg et du Collège d'Europe à Bruges. Elle conseille des grands groupes internationaux actifs notamment dans la pharma, l'automobile ou la grande distribution, en contrôle des concentrations et en matière de concurrence. Elle est également très active dans le domaine des contentieux indemnitaires. Mme Wachsmann est classée en « Tier 1 » à titre individuel par Chambers Europe et Legal 500. Elle est conseiller non-gouvernemental (NGA) auprès de l'Autorité de la concurrence pour l'ICN et professeure au Collège d'Europe où elle dispense un séminaire de vingt-cinq heures sur le contrôle européen des concentrations.

Marc van der Woude

Marc van der Woude est président du Tribunal de l'Union européenne depuis septembre 2019. Il est juge au Tribunal depuis le 13 septembre 2010. Il a également été professeur à l'Université Erasmus de Rotterdam à partir de 2000 et est l'auteur de nombreuses publications. Il a été membre du service juridique de la Commission des Communautés européennes (1993-1995), coordinateur politique à la direction générale de la concurrence de la Commission des Communautés européennes (1992-1993) et rapporteur à la direction générale de la concurrence de la Commission des Communautés européennes (1987-1989). Il a obtenu son diplôme de droit à l'Université de Groningen en 1983 et a ensuite étudié au Collège d'Europe de 1983 à 1984.

Nicolas Zacharie

Nicolas Zacharie est *Counsel* au sein du département Concurrence du cabinet Linklaters à Paris, spécialisé en droit européen et français de la concurrence (contrôle des concentrations, coopération horizontale, restrictions verticales, abus de position dominante, aides d'État, contentieux devant le Conseil de la concurrence et la Commission européenne). Nicolas Zacharie possède également une vaste expérience dans le conseil aux clients sur des transactions impliquant des questions de contrôle des concentrations multi-juridictionnelles, avec un accent particulier sur la Chine. Les secteurs particuliers dans lesquels Nicolas possède une expertise comprennent l'industrie pharmaceutique et le secteur de la distribution. Nicolas Zacharie est diplômé de l'Université de Paris I Panthéon-Sorbonne (France), de l'Université de Nottingham (Royaume-Uni) et de la London School of Economics (Royaume-Uni).

Table des matières

Concurrences
Revue des droits de la concurrence

Revue Concurrences

Revue trimestrielle dédiée aux droits interne et européen de la concurrence

Concurrences est une revue universitaire trimestrielle dédiée aux droits interne et européen de la concurrence. Créée en 2004 par Laurence Idot, Frédéric Jenny et Nicolas Charbit, la revue est un forum de discussions entre universitaires, magistrats et praticiens du droit de la concurrence. Son rayonnement en dehors du champ des spécialistes est tel que plusieurs personnalités publiques de premier plan ont publié des points de vue dans ses colonnes : Jacques Attali, Elie Cohen, François Hollande, Christine Lagarde, Emmanuel Macron, Nicolas Sarkozy, Margrethe Vestager…

Comité scientifique et comité international

Le Comité scientifique, présidé par Laurence Idot assure l'indépendance de la revue et sélectionne les articles soumis à la revue sur des critères de rigueur de la démonstration et d'objectivité. Le Comité international, présidé par Frédéric Jenny, contribue à la diffusion de la revue à l'international et à l'organisation des conférences hors de l'Europe.

Contributeurs

Plus de 2 500 contributeurs provenant de 30 pays ont publié dans la revue Concurrences. Ces contributeurs sont universitaires, magistrats ou représentants d'autorités de concurrence, avocats ou conseils juridiques, tous spécialisés en droit ou en économie de la concurrence.

Version électronique

Depuis 2004, Concurrences a publié plus de 14 000 articles (au 20 décembre 2022). La version électronique reprend l'intégralité des articles parus dans la version imprimée depuis 2004 ainsi qu'environ 30 % d'articles supplémentaires. Ce supplément électronique correspond à des contributions publiées exclusivement sur le site de la revue notamment en raison de leur ampleur : actes de colloques, articles de fond, contributions économiques...

www.ingramcontent.com/pod-product-compliance
Lightning Source LLC
LaVergne TN
LVHW050053061026
849532LV00001BA/146
* 9 7 9 1 0 9 4 2 0 1 6 5 7 *